अध्यापक, अध्यापन और अध्यापक शिक्षा : नीतियाँ, बहसें और अनुभव

अध्यापक, अध्यापन और अध्यापक शिक्षा : नीतियाँ, बहसें और अनुभव

सम्पादक :

हृदय कान्त दीवान, शिवानी नाग,

मनोज कुमार, मनीष जैन

वाणी प्रकाशन

Azim Premji University

वाणी प्रकाशन
4695, 21-ए, दरियागंज, नयी दिल्ली 110 002
फ़ोन : +91 11 23273167 फ़ैक्स : +91 11 23275710
शाखाएँ
अशोक राजपथ, पटना 800 004, बिहार
कॉफ़ी हाउस कैम्पस, महात्मा गांधी मार्ग, इलाहाबाद 211 001, उत्तर प्रदेश
महात्मा गांधी अन्तरराष्ट्रीय हिन्दी विश्वविद्यालय, वर्धा 442 001, महाराष्ट्र
सुल्तानिया रोड, मोतिया पार्क, भोपाल 462 001, मध्य प्रदेश
www.vaniprakashan.com
marketing@vaniprakashan.in
sales@vaniprakashan.in

ADHYAPAK, ADHYAPAN AUR ADHYAPAK SIKSHA :
NEETIYAN, BAHASEN AUR ANUBHAV
Edited by Hirday Kant Dewan, Shivani Nag,
Manoj Kumar and Manish Jain

ISBN : 978-93-89563-54-2
Education

पेपरबैक प्रथम संस्करण 2020

मूल्य : ₹ 399

सिटी प्रेस, दिल्ली-110 095 में मुद्रित
वाणी प्रकाशन का लोगो मक़बूल फ़िदा हुसेन की कूची से

अनुक्रम

खण्ड : 1
संस्थागत अनुभव

खण्ड : 2

सेवारत शिक्षक : सामूहिक चिन्तन और अभ्यास

खण्ड : 3

शिक्षक की अनवरत तैयारी : कुछ अनुभव, कुछ विचार

खण्ड : 4
विषय शिक्षक की तैयारी

खण्ड : 5
शिक्षक शिक्षा : कुछ व्यापक प्रश्न

प्रस्तावना

अध्यापक और अध्यापक शिक्षा का समकालीन सन्दर्भ

हाल के वर्षों में भारत और दुनिया के कई देशों में ऐसे अनेक नीतिगत दस्तावेज़ आये हैं जिनमें बच्चों के सीखने की प्रक्रिया और स्कूली शिक्षा की गुणवत्ता में अध्यापक[1] की केन्द्रीय भूमिका को रेखांकित किया गया है (एन.सी.टी.ई.–2009; एम.एच.आर.डी.–2012; ओ.ई.सी.डी.–2005; गोमेंडियो, 2017), लेकिन इन विभिन्न दस्तावेज़ों और बहसों में शिक्षा की गुणवत्ता, अध्यापन, अध्यापक और पेशेवर होने के अर्थ, शिक्षकों की वांछनीय योग्यताओं और अपेक्षित भूमिकाओं, पूर्व–सेवा प्रशिक्षण की ज़रूरत और उसकी प्रकृति, कार्यकाल के दौरान शिक्षकों की क्षमता–वर्द्धन के लिए व्यवस्थित कार्यक्रमों और अवसरों की उपलब्धता, उनके उत्साह को बनाये रखने और उन्हें प्रोत्साहित करने के संस्थायी प्रयासों की आवश्यकता और महत्त्व, शिक्षकों की काम की परिस्थितियों, उनकी जवाबदेही, शिक्षक की सामाजिक हैसियत, विद्यालयों तथा शिक्षा–तन्त्र में उनकी आवाज़ की ताकत पर गहरे मतभेद हैं।

इन दस्तावेज़ों में दो तरह के परिप्रेक्ष्य स्पष्ट नज़र आते हैं। एक तरफ़, अधिगम उपलब्धि (Learning Achievement), विद्यालय सुधार, पेशेवर होने, जवाबदेही, कार्य–कुशलता और कार्य–निष्पादन पर केन्द्रित सुधारों

1. इस किताब में हमने अध्यापक और शिक्षक शब्द का उपयोग पुरुष एवं महिला दोनों अध्यापकों के लिए किया है। यह उपयोग इस सचेतना के साथ किया गया है कि भाषा जेंडर भूमिकाओं को गढ़ने और उनके पुनरुत्पादन में अपनी भूमिका निभाती है और विभिन्न सामाजिक कार्यों और अनुभवों के सन्दर्भ में पुल्लिंग शब्दों का इस्तेमाल स्त्रियों, उनके श्रम और पहचान को अदृश्य करने का काम करता है। हम मानते हैं कि अध्यापन और पेशेवर जैसी अवधारणाओं तथा शिक्षक बनने और होने के अनुभवों की चर्चा जेंडर के बिना सम्भव नहीं है और इस आलेख में आगे इन मुद्दों की चर्चा की गयी है।

के ज़रिये शिक्षा, अर्थव्यवस्था और समाज में सुधार लाने का मैनेजरवादी और नवलोक प्रबन्धन परिप्रेक्ष्य है। इस परिप्रेक्ष्य में सुधारों द्वारा अध्यापकों से ऐसी सुयोग्य श्रम–शक्ति/मानव–पूँजी तैयार करने की अपेक्षा है जो वैश्विक प्रतियोगिता में राष्ट्र और देशी/विदेशी पूँजी के काम आ सकें (ओ.ई.सी.डी. 2005)। नव लोक प्रबन्धन के सिद्धान्त से जुड़ी इस समझ में अध्यापक के काम पर नियन्त्रण और उसके प्रबन्धन के ज़रिये जवाबदेही सुनिश्चित करना एक प्रमुख सरोकार है। इसमें अध्यापन के काम को एक तकनीशियन की तरह देखा गया है जिसे कोई भी अंजाम दे सकता है बशर्ते वह बतलाई गयी तकनीक और निर्धारित चरणों का पालन करता रहे।

दूसरा परिप्रेक्ष्य शिक्षाशास्त्र, समता और न्याय को केन्द्र में रखते हुए, शिक्षण को अन्तर्सम्बन्धीय मानता है और अध्यापकों तथा उनके काम व श्रम को ऐतिहासिक, संस्थायी और सामाजिक–सांस्कृतिक–भौतिक सन्दर्भों में समझने की कोशिश करता है (मुखोपाध्याय एवं सारंगपाणि, 2018)। इस परिप्रेक्ष्य में शिक्षा, ज्ञान और कौशल के हस्तान्तरण की तकनीक से कहीं ज़्यादा है। उसमें शिक्षा के उद्देश्यों, ज्ञान, सीखने वाले की प्रकृति, अध्यापन और सीखने की प्रक्रिया के बारे में मान्यताएँ तथा सामाजिक और राजनीतिक धारणाएँ जुड़ी हुई हैं। यह परिप्रेक्ष्य शिक्षा को न्यूनतम संसाधनों के ज़रिये पैदा की जा सकने वाली एक उपभोग की वस्तु नहीं मानता है। इस परिप्रेक्ष्य में अध्यापन और सरकारी विद्यालय के शिक्षक तथा उसके काम को विद्यार्थी, सहकर्मियों और अधिकारियों से औपचारिक और अनौपचारिक सम्बन्धों, विभिन्न पहचानों तथा आजीविका सम्बन्धी निर्णयों के जटिल इतिहास के सन्दर्भ में समझने की कोशिश होती है। यहाँ जवाबदेही का सवाल केवल एक व्यक्तिगत प्रश्न न रहकर व्यवस्थागत मुद्दों जैसे ख़राब अध्यापन शिक्षा, सेवा–कालीन प्रशिक्षण और परामर्श के अपर्याप्त अवसर तथा विभिन्न सरकारी कार्यक्रमों में भागीदारी और दस्तावेज़ीकरण की प्राथमिकता के चलते पढ़ने–पढ़ाने के काम के दोयम दर्जे के बन जाने पर हमारा ध्यान दिलाता है। इस परिप्रेक्ष्य में अध्यापक की पेशेगत स्वायत्तता का महत्त्व और रोज़मर्रा के अध्यापकीय अनुभव में उसकी अनुपस्थिति चिन्ता का विषय बनता है।

एक पेशे के तौर पर अध्यापन पर होती इन बहसों के भारत में चार सन्दर्भ हैं, जिन्हें समझना बेहद महत्त्वपूर्ण है। पहला सन्दर्भ, शिक्षा के सार्वजनीकरण की पहलक़दमियों के साथ वंचित समुदायों के बच्चों का

विद्यालय में पहुँचना है। स्कूल पहुँचने वाली पहली पीढ़ी के ये बच्चे, सांस्कृतिक पूँजी वाले मध्यवर्गीय समूह के बच्चों से अलग हैं और अध्यापक की मध्यवर्गीय सामाजिक–आर्थिक स्थिति इन बच्चों और अध्यापकों के बीच एक सामाजिक अन्तर दर्शाती है (मजूमदार और मूइज, 2011; वासवी, 2015)। इसी दौर में विद्यालय सरकारों द्वारा वंचित समूहों के लिए अनेक तरह की योजनाओं का केन्द्र बने हैं और अध्यापकों को इन योजनाओं के क्रियान्वयन का ज़िम्मा दिया गया है।

दूसरा सन्दर्भ, सरकारी विद्यालयों के अध्यापक की नकारात्मक छवि का निर्माण है जिसमें उसे बच्चों को सिखाने में असफल, ग़ैर–ज़िम्मेदार, सरकारी नौकरी की सुरक्षा और राजनीतिक प्रश्रय के कारण किसी भी जवाबदेही से परे, विद्यालय और कक्षा से अनुपस्थित तथा बाज़ार के नियमों से अधिक वेतन पाने वाला, अनैतिक, नाकारा, कामचोर और अक्षम चित्रित किया गया है (किंगडन और मुज़म्मिल, 2003; क्रेमर एवं अन्य, 2004)। इस विमर्श में सरकारी विद्यालयों के अध्यापक, व्यवस्थागत असफलता और सार्वजनिक शिक्षा–व्यवस्था की सारी ख़ामियों का मूर्त रूप ग्रहण कर लेते हैं।

तीसरा सन्दर्भ, वैश्वीकरण और नवउदारवाद से प्रभावित शैक्षिक नीतियों के मध्य निजी विद्यालयों और निजी शिक्षण–प्रशिक्षण संस्थानों का फैलाव है। सन् 2015 में लगभग 92 : शिक्षक–शिक्षा संस्थान निजी क्षेत्र में थे (मेनन और मैथ्यू, 2016 : 150)। अध्यापक–शिक्षा की नियामक संस्था अध्यापक–शिक्षा के राष्ट्रीय परिषद् (एन.सी.टी.ई.) द्वारा नियमन में कमी, निजी शिक्षण–प्रशिक्षण संस्थाओं को व्यापारिक संस्थान की तरह चलाना, उनमें संकाय की अपर्याप्त विषय–विशेषज्ञता, घटिया कुंजियों पर निर्भरता, जड़ पाठ्यचर्या तथा शहरी इलाक़ों में केन्द्रीकरण अध्यापन–शिक्षा में परिवर्तन की अनेकों चुनौतियाँ खड़ी करती है (बत्रा, 2012)।

चौथा महत्त्वपूर्ण सन्दर्भ, अध्यापन पेशे का बिखराव, विविधतापूर्ण बनना और उसका अनियमितीकरण/अनौपचारिकीकरण होना है[2] (सुब्रह्मण्यम,

---

2. सी.एन. सुब्रह्मण्यम ने अम्बेडकर विश्वविद्यालय दिल्ली (ए.यू.डी.) और टाटा सामाजिक शिक्षा संस्थान (टी.आई.एस.एस.) द्वारा सेवाकालीन अध्यापक शिक्षा पर आयोजित चर्चा (अप्रैल 2018) में भारत के सन्दर्भ में इस चौथे सन्दर्भ की चर्चा की। इंग्लैंड के सन्दर्भ में लीटन ग्रे और व्हिटी (2010) ने श्रम–शक्ति के पुनर्नियोजन की पहलक़दमियों के तहत शिक्षक पेशे में अच्छी–ख़ासी विशेषज्ञता और उसके बाद भूमिकाओं के विखण्डन की ओर ध्यान खींचा है।

2018)। पिछले दो दशकों में पैरा–टीचर की नीतियों के तहत विभिन्न राज्यों में सरकारी विद्यालयों में अध्यापकों की नियमित नियुक्तियाँ न होने, अलग–अलग तरह के ठेका, 'संविद' शिक्षकों की नियुक्ति ने नौकरी की असुरक्षा तथा बाज़ार आधारित वेतन के द्वारा शोषण की सामाजिक स्वीकृति पैदा करने की कोशिश की है। पूर्व–सेवा अध्यापक–प्रशिक्षण को दरकिनार कर 21 दिन से कुछ सप्ताह के प्रशिक्षण और अध्यापक–शिक्षा के दूरस्थ शिक्षा के कार्यक्रमों के फैलाव ने अध्यापक–शिक्षा की आवश्यकता पर प्रश्न–चिह्न खड़े किये हैं। टीच फ़ॉर इंडिया जैसे कॉर्पोरेट सामाजिक ज़िम्मेदारी के कार्यक्रमों ने विषय–वस्तु पर पकड़ होने, आन्तरिक अभिप्रेरणा तथा इच्छाशक्ति को अध्यापक–प्रशिक्षण की ज़रूरत से ज़्यादा महत्त्वपूर्ण बताया है। प्रारम्भिक शिक्षा में डिप्लोमा (डी.एल.एड.) कार्यक्रमों में दलित, अन्य पिछड़ी जाति एवं मज़दूर वर्ग की लड़कियों के बढ़ते नामांकन तथा अध्यापकों के जनसांख्यिकीय चरित्र में बढ़ती विविधता ने अध्यापक के पेशे को बेहद विविधतापूर्ण बनाया है (एन.सी.ई.आर.टी.–2006)iii[3]। सूचना प्रबन्धन की व्यवस्थाओं के तहत अध्यापकों पर शिक्षा सम्बन्धी विभिन्न क़िस्म के आँकड़े जुटाने और पहुँचाने की ज़िम्मेदारी बढ़ी है, और शिक्षकों ने अपने काम तथा अपनी क़ीमत को टुकड़ों में बँटकर कार्य–निष्पादन की लम्बी जाँच सूची में तब्दील होते देखा है।

ये चार सन्दर्भ और दो परिप्रेक्ष्य कई सवाल खड़े करते हैं। पूर्व–सेवा और सेवा–कालीन अध्यापक शिक्षा में वंचित समुदायों और स्कूल पहुँचने वाले पहली पीढ़ी के बच्चों की क्षमताओं के विकास तथा विद्यालयी परिवेश में समावेश के लिए किस तरह के बदलावों की आवश्यकता है? अध्यापक समाज, शिक्षा, बच्चों और जिन विषयों को वे पढ़ायेंगे, उनके बारे में किस दार्शनिक, समाजशास्त्रीय, मनोवैज्ञानिक और शिक्षाशास्त्रीय परिप्रेक्ष्य और तैयारी के साथ कक्षा में जायेंगे? औद्योगीकृत पश्चिमी देशों में जहाँ अध्यापक को एक पेशेगत स्वायत्तता मिली थी, वहाँ अध्यापन के सन्दर्भ में पेशेवर होने के क्या अर्थ और दौर रहें? भारत में जहाँ शिक्षक–शिक्षा औपनिवेशिक सन्दर्भ में उभरी तथा आज़ाद भारत में भी शिक्षक–शिक्षा कौशलों तथा डिलीवरी मॉडल के संकुचित परिप्रेक्ष्य में ही विकसित हुई

3. सन् 2014 में तमिलनाडु में अध्यापक शिक्षा पर संयुक्त समीक्षा मिशन के अवलोकन के दौरान हमारा ध्यान इस ओर गया।

और अध्यापक की हैसियत 'भीरू तानाशाह' (कुमार, 2006) की रही, वहाँ अध्यापक शिक्षा में होते नीतिगत सुधारों के सन्दर्भ में एक पेशे के तौर पर शिक्षण और एक पेशेवर के तौर पर शिक्षक होने के क्या मायने हैं? भारत में पूर्व–सेवा और सेवारत प्रशिक्षण के प्रयोगों से क्या सीख मिलती है और हमें किन मुद्दों पर ध्यान देना चाहिए?

पेशेवर शिक्षक की संकल्पना और बहसें

भारत में अध्यापन को एक पेशा न मानकर, उसे धर्म का काम, सेवा भाव से जोड़ा जाता रहा है। एक अध्यापक की कल्पना में उसकी इस भौतिक दुनिया से दूर, एक साधु–सा होने की प्रतीति दीख पड़ती है। ऐसे में जब पेशेवर शिक्षक की अवधारणा का इस्तेमाल होता है, तब वह क्या संकल्पना है और पश्चिमी देशों तथा भारत में उसके क्या अर्थ हैं?

हर्ग्रीव्स (2000 : 152) पेशेवर (Professional), होने पेशेवर रवैय्या (professionalism) तथा पेशेवरीकरण (professionalisation) में अन्तर करते हैं। उनके अनुसार अध्यापक पेशेवर होने को दूसरों की निगाहों में अपनी हैसियत, महत्त्व, इज़्ज़त और पेशेवर होने के प्रतिफल से जोड़ते हैं। पेशेवर रवैय्या, व्यवहार की गुणवत्ता तथा मापदण्ड में सुधार से जुड़ा है। वे पेशेवरीकरण को सामाजिक दर्जा और प्रतिष्ठा से जोड़ते हैं। वे समझाते हैं। हालाँकि आमतौर पर पेशेवर रवैय्ये और पेशेवरीकरण को एक साथ जोड़कर तथा एक–दूसरे के अनुपूरक की तरह देखा जाता है पर वे कई बार अन्तर्विरोधी हो सकते हैं। उदाहरण के लिए, ज्ञान तथा कौशलों के पेशेवर मापदण्डों को उच्च–स्तरीय, वैज्ञानिक और तकनीकी तरीक़ों से परिभाषित करने पर अध्यापकीय काम के भावात्मक पहलुओं जैसे पढ़ाने को लेकर जोश या विद्यार्थियों के जीवन और सीखने के बारे में चिन्ता करने को कम महत्त्व का माना जा सकता है।

हर्ग्रीव्स (2000) विभिन्न अंग्रेज़ी–भाषी देशों के अनुभव के आधार पर अध्यापकों के पेशेवर रवैय्ये और पेशेवराना सीखने को ऐतिहासिक रूप से चार मोटे–मोटे कालों में बाँटते हैं।[4] इन कालों की चर्चा करते समय हमारे ज़हन में अंग्रेज़ी–भाषी देशों और भारत में अध्यापन पेशे के ऐतिहासिक निर्माण

4. समाज–विज्ञान में पश्चिमी अनुभव के आधार पर सार्वभौमिक सिद्धान्त निर्माण की परिपाटी है जो कि ऐतिहासिक सन्दर्भों और औपनिवेशिक इतिहास को नज़रअन्दाज़ करती है। अतः ऐसी किसी भी कालावधि को भारतीय अनुभव पर आरोपित करना सही नहीं होगा।

का अन्तर तुरन्त उभरता है। हमने इन कालों की चर्चा कुछ सैद्धान्तिक और ऐतिहासिक बिन्दुओं को उठाने के लिहाज़ से की है। यहाँ हम इनमें से पहले दो कालों की ही विस्तृत चर्चा करेंगे क्योंकि हमारी राय में भारत में अध्यापन पेशे के ऐतिहासिक निर्माण और तुलना के लिहाज़ से यही दो काल महत्त्वपूर्ण हैं और सम्भवतः अन्य दो कालों के अनुभवों और बहसों से हम अभी दूर हैं।

- पूर्व–पेशेवर काल
- स्वायत्त पेशेवर का युग
- दोस्ताना (Collegial) पेशेवर काल
- उत्तर–पेशेवर या उत्तर–आधुनिक युग

पूर्व–पेशेवर काल

जन–शिक्षा के आरम्भिक दौर में अध्यापक कम संसाधनों और बड़े समूहों की उम्र–आधारित कक्षाओं में मानकीकृत पाठ्यचर्या पढ़ाते थे। दोहराव, भाषण, नोट्स लिखना, सवाल–जवाब के ज़रिये अध्यापक विद्यार्थियों का ध्यान बनाये रखने, पठन–सामग्री को ख़त्म करने, कुछ अभिप्रेरणा पैदा करने और किसी हद तक कुछ प्रवीणता हासिल करने का उद्देश्य पूरा करने की कोशिश करते थे। अध्यापक विद्यार्थी की व्यक्तिगत ज़रूरतों पर ध्यान नहीं देते थे और मानो पूरी कक्षा ही उनके लिए एक सामूहिक विद्यार्थी थी। इस दौर में मुख्य प्रश्न व्यवस्था और नियन्त्रण का था और एक बार पढ़ाना सीख लेने के बाद किसी और मदद की दरकार नहीं थी। यहाँ नौसिखिया प्रशिक्षुशिक्षण शिल्प में मंजे और अनुभवी गुरु को देखकर सीखता था जो असल जीवन में अपने अध्यापकों की कक्षा में बरसों बिताये समय के दौरान हुआ प्रशिक्षण था (लोर्ती,1975)। परम्परागत शिक्षण की मज़बूत पकड़ यह सुनिश्चित करती थी कि भले ही शिक्षण–प्रशिक्षण काल में विद्यार्थी संस्थान के सीखने–सिखाने के नये दर्शन का जाप करे, पर जल्द ही वे हस्तान्तरण और दोहराव के ढाँचों पर लौट आते थे (हर्ग्रीव्स, 2000 : 153–156)। यहाँ व्यवहार में किया जाता शिक्षण ही व्यवहार को पुनः रचता है।

पूर्व–पेशेवर काल की यह चर्चा कई प्रश्नों को जन्म देती है। क्या भारत में हम पूर्व–पेशेवर काल में ही हैं जहाँ अध्यापक बनने के लिए उत्साह, विषय पर पकड़ और दूसरों तक अपनी बात पहुँचाने की कला

तथा कक्षा में व्यवस्था और अनुशासन बनाये रखने की सफलता काफ़ी है। अगर शिक्षण इतना ही सरल काम है तो सरकार की नयी नीतियों पर कुछ सत्रों के अलावा सतत् पेशेवर विकास के कार्यक्रमों में निवेश की आवश्यकता ही कहाँ है (हर्ग्रीव्स, 2000)? भारतीय समाज में अध्यापक के काम को बच्चों को घेरकर रखने के तौर पर देखा जाता रहा है और कक्षा में तथा बच्चों पर उसके प्राधिकार तथा सत्ता में समाज का गहरा विश्वास है। क्या ये मान्यताएँ लोकतन्त्र में अध्यापक की कल्पना से मेल खाती हैं? क्या भारतीय राज्य और नागरिक समाज की संस्थाएँ भी इस पूर्व–पेशेवर कालीन समझ से संचालित हैं?[5] और इस पूर्व–पेशेवर परिप्रेक्ष्य को चुनौती देने की ज़रूरत क्यों है?

स्वायत्त पेशेवर का युग

यूरोप और उत्तरी–अमेरिका के विभिन्न देशों में सन् 1960 और 1970 के दशकों में अध्यापकों की हैसियत और वेतन में सुधार हुआ और लगभग सभी जगह अध्यापक शिक्षा विश्वविद्यालयों में अन्तःस्थापित हो गयी। शीत–युद्ध के दौरान अन्तरिक्ष में पहुँचने की अन्तर्राष्ट्रीय प्रतियोगिता के सन्दर्भ में, वैज्ञानिक तथा तकनीकी दक्षता के प्रति प्रतिबद्धता तथा सरकार और अन्य परोपकारी संस्थाओं द्वारा ख़ासकर गणित और विज्ञान में (और अन्य विषयों में भी) नवाचार पाठ्यचर्या के लिए निवेश किया गया। इस दौर में व्यक्तिगत अध्यापक की पहलक़दमी के ज़रिये शिक्षायी बदलाव लाने के आग्रह किये गये, पर व्यवहार में ये प्रोजेक्ट कक्षाओं में शायद ही ढंग से क्रियान्वयित किये गये और शिक्षकों के रोज़मर्रा के रुटिन में उनकी कोई संस्थायी जगह नहीं बनी। स्कूलों से दूर विशेषज्ञों द्वारा आयोजित कार्यशालाओं और पाठ्यक्रमों में अध्यापकों की व्यक्तिगत भागीदारी वहाँ सीखे हुए ज्ञान और कौशल को अपनी कक्षाओं और व्यवहार में समाहित

---

5. आज़ादी के तुरन्त बाद विश्वविद्यालयी शिक्षा पर गठित राधाकृष्णन आयोग (1948–49) ने जहाँ सेकेंडरी स्तर के अध्यापक के प्रशिक्षण को पेशेवर माना और उसे विश्वविद्यालय में दी जाने वाली शिक्षा में शामिल किया और उसके लिए 'सम्यक और अनुशासित विद्वत्ता एवं प्रशिक्षण' को आवश्यक माना, वहीं उसने प्रारम्भिक स्तर के अध्यापक के प्रशिक्षण को उतनी सख़्त माँग वाला न मानते हुए, विश्वविद्यालयीय शिक्षा से बाहर रखा। छोटे बच्चों के पढ़ाने को राधाकृष्णन आयोग ने 'ईश्वरीय आह्वान' (vocation) पुकारा (सारंगपाणि, 2004:100)।

करने में असफल रहीं क्योंकि उनकी काम की जगहों ने उनकी कोशिशों को न समझा और न ही उन्हें समर्थन दिया।

एक ओर 1960 के बाद से यूरोप और उत्तरी–अमेरिका में कक्षायी शिक्षाशास्त्र बाल–केन्द्रित बनाम विषय–केन्द्रित, खुली बनाम बन्द कक्षाओं, परम्परावादी बनाम प्रगतिशील शिक्षण पद्धतियों की विचारधारात्मक बहसों का युद्धक्षेत्र बनने लगीं, और दूसरी ओर खोज आधारित शिक्षण या सहकारी सामूहिक कार्यों के उदाहरण काफ़ी कम थे और अध्यापक अपने साथियों से कटकर अकेले ही इन प्रयोगों को कर रहे थे। अध्यापकों ने जब अपने साथी–शिक्षकों से बात भी की तो उन्होंने सामग्री, अनुशासन और व्यक्तिगत विद्यार्थियों की समस्याओं पर चर्चा की, न कि पाठ्यचर्या के उद्देश्यों, शिक्षण अनुभव व व्यवहार या कक्षा में सीखने पर (लोर्ती, 1975; हर्ग्रीव्स, 2000:158–160)।

यूरोप और उत्तरी–अमेरिका में स्वायत्त पेशेवर युग का अनुभव भारत से कई तुलनाओं और प्रश्नों को जन्म देता है। भारत में शिक्षक–शिक्षा का विकास औपनिवेशिक सन्दर्भ में हुआ।

उपनिवेश में भारतीय भाषाओं में पठन–सामग्री की कमी, इंग्लैंड से अनुवाद पर निर्भरता, औपनिवेशिक शासकों द्वारा अध्यापक शिक्षा में निवेश की कमी, कम वेतन और हैसियत के चलते कम पढ़े–लिखे और कमज़ोर सामाजिक–आर्थिक पृष्ठभूमि के विद्यार्थियों के अध्यापक प्रशिक्षण संस्थाओं में प्रवेश लेने के कारण, चिन्तनशील शिक्षक बनाने पर ज़ोर नहीं था।

सारंगपाणि (2004) ने इस बात की चर्चा की है कि किस तरह प्रारम्भिक शिक्षक के प्रशिक्षण को अत्यधिक काम की अपेक्षा रखने वाला नहीं बनाया गया। साथ ही भारत में इस स्तर का प्रशिक्षण विश्वविद्यालयों से बाहर रहा है और बी.एल.एड. कार्यक्रम एक अपवाद है। हाल में बी.एड. कार्यक्रम की बढ़ी प्रशिक्षण अवधि क्या पेशेवरीकरण की दिशा में एक क़दम है? एक ज्ञान–अनुशासन और अध्यापक–प्रशिक्षण के सन्दर्भ में शिक्षा का विश्वविद्यालयों में क्या स्थान होना चाहिए? क्या अध्यापक शिक्षा के ज्ञानाधार को अधिक अकादमिक बनाने से हम बेहतर शिक्षक बना सकते हैं या यह रणनीति शिक्षकों के पेशेवर सीखने को अकादमिक एजेंडा के अधीन करती है? व्यक्तिगत मॉडल पर आधारित अध्यापक शिक्षा क्या एक सामूहिक पेशेवर शिक्षक समूह का निर्माण करती है (हर्ग्रीव्स, 2000:161–162)?

यह सवाल भी पूछा जाना चाहिए कि जब हम स्वायत्त पेशेवर की बात करते हैं तो वह किस समुदाय का हिस्सा होता है? क्या यह समुदाय पेशेवरों का समुदाय है? या यह राज्य के वेतनभोगी कर्मचारियों का समुदाय है? क्या इस समुदाय की ज़मीन विद्यालय है? क्या अध्यापकों का समुदाय, जाति–वर्ग–जेंडर की सामाजिक विषमताओं, हिंसाओं और धार्मिक–भाषायी पहचानों से परे है? अध्यापक जिस स्तर पर और जिन विषयों को पढ़ाते हैं तथा उससे उनकी हैसियत, प्रतिष्ठा और कमाई के अन्तर किस तरह अध्यापकों के समुदाय के भीतर कई समुदाय रचते हैं? और विद्यालय के सन्दर्भ में अभिभावकों की उपस्थिति, शिक्षक–समुदाय के रिश्तों में क्या नये पेंच खड़े करते हैं जिन्हें अध्यापक बनने और होने की प्रक्रिया से अलग नहीं किया जा सकता है?

भारत में अध्यापक शिक्षा का नवाचारी प्रयोग

1970 और 1980 के दशकों में भारत में भी शिक्षा के नवाचार के अनेक प्रयोग आरम्भ हुए। मध्य प्रदेश की एक तहसील में 1970 के दशक के आरम्भिक वर्षों में 'होशंगाबाद विज्ञान शिक्षण कार्यक्रम' (हो.वि.शि.का.) की शुरुआत हुई। हालाँकि इस प्रयोग ने यूरोप और उत्तरी–अमेरिका में होते प्रयोगों और बहसों से प्रेरणा पायी पर इसका अपना इतिहास भारत में अध्यापक शिक्षा के इतिहास और भविष्य के लिए अत्यन्त दृष्टिपूर्ण है।[6] इस प्रयोग ने शिक्षा के क्षेत्र में कई नवाचार किये लेकिन अभी हम अपना ध्यान इस बात पर केन्द्रित करेंगे कि सेवारत अध्यापक–प्रशिक्षण के सन्दर्भ में यह कोशिश यूरोप और उत्तरी–अमेरिका में स्वायत्त पेशेवर युग के अनुभव से किन मायनों में अलग नज़र आती है और इसकी अपनी क्या सीमाएँ रहीं।

सरकारी अध्यापकों के साथ इस नवाचारी कार्यक्रम की सफलता के लिए यह ज़रूरी था कि अध्यापकों का उन्मुखीकरण हो। इस उन्मुखीकरण को कार्यशालाओं के अतिरिक्त मासिक बैठकों और अध्यापकों तथा विद्यार्थियों के सवालीराम से सवालों के ज़रिये भी सम्बोधित किया गया। यूरोप और उत्तरी–अमेरिका की तरह पाठ्यपुस्तकों और सामग्री के निर्माण में विश्वविद्यालयों के प्राध्यापकों को शामिल तो किया गया पर ये सन्दर्भ–व्यक्ति

---

6. आलेख का यह हिस्सा हृदय कान्त दीवान द्वारा मनीष जैन को दिये गये साक्षात्कार (दीवान और जैन, 2018) तथा उनसे निजी ई–मेल व्यवहार (दीवान, 2018) पर आधारित है।

स्कूलों में अवलोकन के लिए भी गये, उन्होंने क्या हो पाया क्या नहीं और क्यों पर अध्यापकों से चर्चाएँ कीं, वहाँ होती कार्यशालाओं में भी भागीदार बने और गाँव में ही रहे। कार्यशालाओं के सत्रों की योजना और आयोजन कक्षा में बाल वैज्ञानिक पाठ्यपुस्तक किस तरह पढ़ाई जायेगी के इर्द–गिर्द हुआ। इन कार्यशालाओं में सभी स्कूली अध्यापक और विश्वविद्यालय से आये सन्दर्भ–व्यक्ति वही वैज्ञानिक प्रयोग करते थे और उन प्रश्नों के उत्तर लिखते थे जिन्हें अध्यापक को कक्षा में करना था और पूछना था। इस तरह विद्यालयी शिक्षकों और विश्वविद्यालय के प्राध्यापकों के बीच ऐसे सम्बन्ध बने जो परस्पर सम्मान और विश्वास पर आधारित थे। 'होशंगाबाद विज्ञान शिक्षण कार्यक्रम' में मनोविज्ञान और समाजशास्त्र की बातचीत अलग से न होकर बाल वैज्ञानिक और कक्षा के सन्दर्भ में होती थी। उदाहरण के लिए, बच्चे कैसे सीखते हैं, उन्हें कैसे जगह दें, कुपोषण पर कक्षा में कैसे सवाल पूछ सकते हैं।

'होशंगाबाद विज्ञान शिक्षण कार्यक्रम' में यह समझ थी कि अध्यापक और बच्चे कुछ ऐसी चीज़ें जानते हैं जो विश्वविद्यालय से आये सन्दर्भ–व्यक्ति नहीं जानते। साथ ही उसमें अध्यापकों और बच्चों की क्षमताओं में विश्वास था। यह विश्वास राज्य के शिक्षा–प्रशासकों की मान्यता –अध्यापक सीखेंगे नहीं, से अलग था। उन्मुखीकरण कार्यशालाओं में सन्दर्भ को बेहद महत्त्वपूर्ण माना जाता था और यह प्रयास था कि अध्यापक को नया सीखने को मिले और नया सीखने का उत्साह हो। यह मान्यता थी कि इसी तरह यह नया सीखना और उसका उत्साह कक्षाओं और बच्चों तक पहुँचेगा। सारे सवालों के जवाब देने के बजाय अध्यापकों को पढ़ने, अपने जवाब ढूँढ़ने व नये सवाल पूछने के लिए पठन सामग्री दी जाती थी। अध्यापक के साथ यह समझने की कोशिश होती थी कि खुली परीक्षा और खुले प्रश्न का क्या अर्थ है। इन नयी क़िस्म की परीक्षा पद्धतियों ने रटन्त की परम्परा और परीक्षा की केन्द्रीय भूमिका की औपनिवेशिक विरासत को तोड़ने की कोशिश की। ये सारे प्रयास इस विश्वास में निहित थे कि जब तक सीखने का मौक़ा नहीं मिलेगा तब तक किसी के लिए यह तय करना सम्भव नहीं है कि उसे बतायी गयी चीज़ चाहिए या नहीं। प्रशिक्षण का उद्देश्य एक संवेदनशील, क्षमतावान और चिन्तनशील अध्यापक का निर्माण था जिसे फिर किसी मॉड्यूल की ज़रूरत नहीं थी और उसके लिए दुनिया खुली थी। इस तरह, हो.वि.शि.का. का विमर्श आज आवश्यकता–आधारित

प्रशिक्षण से अलग था जो मानता है कि अध्यापकों में कमी है और प्रशिक्षण का किसी भी तरह का ढाँचा और परिकल्पना उसे थोपना लगता है।

यूरोप और उत्तरी–अमेरिका के बरक्स हो.वि.शि.का. ने व्यक्तिगत अध्यापक आधारित नवाचार के बजाय एक ख़ास भूगोल के सभी विद्यालयों और अध्यापकों के साथ काम किया। सरकारी स्कूलों में संसाधनों की कमी को ध्यान में रखते हुए, स्थानीय अध्यापकों की मदद से सस्ती शिक्षण–सामग्री विकसित की गयी। हो.वि.शि.का., किशोर भारती तथा एकलव्य की एक प्रमुख उपलब्धि रचनावाद के विचार को गाँव तथा छोटे कस्बों के शिक्षायी विमर्श में लाना था। एक ऐसे समय में जब हमारी राष्ट्रीय शिक्षायी संस्थाएँ व्यवहारवाद की जकड़ में थीं, किशोर भारती तथा एकलव्य ने अपने विभिन्न कार्यक्रमों के ज़रिये रचनावाद के विमर्श को ज़मीनी धरातल पर एक अर्द्ध–सामन्ती समाज में उतारा और उसे करके दिखाया।

हो.वि.शि.का. और किशोर भारती विज्ञान के लोकव्यापीकरण के ज़रिये समाज में जिस विज्ञान प्रसार की कोशिश कर रहे थे, वह उस काल के आधुनिकीकरण प्रोजेक्ट का ही हिस्सा थी। इस समझ में आधुनिकीकरण को सामाजिक संरचना से बाहर देखा गया, विज्ञान की एक तटस्थ सुधार घटक की तरह संकल्पना की गयी और जाति, भूमि–स्वामित्व, जेंडर सम्बन्धों में निहित प्रभुत्व की अनदेखी की गयी। इस परिप्रेक्ष्य में पिछड़े समाज को आधुनिक राज्य द्वारा विकसित करने की औपनिवेशिक मानसिकता और उत्तर–औपनिवेशिक भारतीय समाज में राज्य की अगवानी में लागू किये जाते विकास–पथ पर कोई प्रश्न–चिह्न नहीं लगाये गये। जिस ऐतिहासिक काल में किशोर भारती और हो.वि.शि.का. पनपे, वह राष्ट्र–राज्य के पुनर्निर्माण का दौर था और यह संस्था व कार्यक्रम विषमता की राजनीति तथा उसे चुनौती देने में सामाजिक–राजनीतिक आन्दोलनों की भूमिका समझने में असफल रहा। ये प्रयोग एक द्वीप की तरह रहे जिनसे मुख्यधारा और राज्य के स्कूल बाहर रहे।

आज के दौर में जब अध्यापक शिक्षा के सुधार की ज़ोर–शोर से बातचीत हो रही है तब क्या राज्य और प्रभावशाली सामाजिक तबकों के चरित्र तथा सामाजिक–आर्थिक बदलाव के राजनीतिक पहलुओं को नज़र–अन्दाज़ कर हम एक समतामूलक शिक्षा और समाज की बात कर सकते हैं, यह प्रश्न और उसका जवाब अध्यापक शिक्षा पर होती बहसों से दरकिनार नहीं किया जा सकता।

अज़ीम प्रेमजी विश्वविद्यालय, बेंगलूरु और अम्बेडकर विश्वविद्यालय दिल्ली भी अध्यापक शिक्षा और उसके सुधार पर होती बहसों से अछूते नहीं हैं। बल्कि इन अन्तर–आनुशासनिक विश्वविद्यालयों में पढ़ाये जाने वाले विभिन्न कार्यक्रमों में भारतीय समाज में शिक्षा और अध्यापक शिक्षा विचार–विमर्श का महत्त्वपूर्ण हिस्सा है, लेकिन क्या विश्वविद्यालयों की भूमिका इस विचार–विमर्श को विश्वविद्यालय में कर के पूरी हो जाती है? और कौन लोग, कौन से प्रश्न और अनुभव इस विमर्श का हिस्सा होने चाहिए और यह विमर्श किस भाषा में हो, ऐसी ही कुछ चिन्ताओं ने इस गोष्ठी और किताब के बीज बोये जिनकी चर्चा हम आगे करेंगे।

अज़ीम प्रेमजी विश्वविद्यालय एवं अम्बेडकर विश्वविद्यालय द्वारा आयोजित सेमिनार और यह किताब :

आमतौर पर अध्यापक, अध्यापन और अध्यापक शिक्षा पर होते बहस–मुबाहिसों में अंग्रेज़ी ही विचार–विमर्श की मुख्य भाषा रही है। इस विमर्श तथा नीति–निर्माण में स्कूली अध्यापकों, उनके साथ ज़मीन पर काम करती संस्थाओं और कर्मियों तथा अध्यापन–शिक्षा के शिक्षकों की हिस्सेदारी नगण्य रही है। भारत में महानगरीय और क्षेत्रीय बुद्धिजीवी वर्ग और लोक–वृत्त का निर्माण, अंग्रेज़ी माध्यम और क्षेत्रीय/स्थानीय भारतीय भाषा में स्कूली शिक्षा द्वारा निर्मित भाषायी विभाजन से प्रभावित होता है। इस सन्दर्भ में अंग्रेज़ी केवल एक भाषा ही नहीं है बल्कि वह एक विश्वदृष्टि और सत्ता–सम्बन्धों की ओर भी इशारा करती है। एक लोकतान्त्रिक समाज और लोकतान्त्रिक शिक्षा व्यवस्था में/के लिए यह आवश्यक है कि हम अंग्रेज़ी में अध्यापक–शिक्षा के कुछ अभिजात्य कार्यक्रमों का निर्माण कर इतिश्री न मान लें। भारत में बड़ी संख्या में अध्यापकों की ज़रूरत के सन्दर्भ में यह ध्यान रखना ज़रूरी है कि अंग्रेज़ी माध्यम में चलाये जाते कुछ कार्यक्रम न तो भारत भर की ज़रूरत को पूरा कर सकते हैं और न ही वे शिक्षा के अभिजात्य चरित्र को चुनौती दे सकते हैं। भारतीय लोक–वृत्त में शिक्षा और अध्यापन पर विमर्श को केवल अंग्रेज़ी या अन्य विदेशी भाषाओं में विमर्श के अनुवाद के द्वारा ही सम्पन्न नहीं किया जा सकता है। इसके लिए आवश्यक है कि वह अनुवाद पुनर्सृजन की एक प्रक्रिया हो जिसमें वही तर्क, देशज मुहावरों, उदाहरणों और सामाजिक

परिस्थितियों में उनके महत्त्व के सन्दर्भ में रखे जायें।[7] लेकिन यह पुनर्लेखन भी शिक्षा, शिक्षा की गुणवत्ता, शिक्षण, शिक्षा, शिक्षक बनाने की तैयारी आदि विषयों पर अन्य भारतीय भाषाओं में भी विस्तृत चर्चा और मूल लेखन के बिना भारतीय लोक–वृत्त में शिक्षा पर विमर्श को गहरा करने के लिए नाकाफ़ी होगा। सामाजिक विमर्श में बृहद् भागीदारी का अर्थ केवल संख्या ही नहीं, बल्कि आम समाज में शिक्षा और शिक्षक की कल्पनाओं, बिम्बों, मुहावरों, छवियों, अपेक्षाओं, सिद्धान्तों, अनुभवों और सृजन की जगह होना है। इसके लिए आवश्यक है कि विभिन्न भाषाओं में ऐसे मंचों का निर्माण किया जाये जहाँ चिन्तन, अनुभव, तर्क और उसका विवेक–सम्मत औचित्य तथा निष्कर्ष साझे हों। उपरोक्त सरोकारों के साथ अज़ीम प्रेमजी विश्वविद्यालय, बेंगलूरु और अम्बेडकर विश्वविद्यालय दिल्ली ने मई 2017 में संयुक्त रूप से 'स्कूली शिक्षा के बदलते परिदृश्य में अध्यापन–कर्म की रूपरेखा' विषय पर तीन–दिवसीय सेमिनार का आयोजन किया। इस सेमिनार में शिक्षण, प्रशिक्षण, समर्थन या शोध के ज़रिये किसी भी रूप में सार्वजनिक शिक्षा व्यवस्था से अनेक तरह से सीधे–सीधे तौर पर जुड़े लोगों ने शोध–पर्चे प्रस्तुत किये। ये प्रतिभागी सरकारी व निजी विद्यालयों में पढ़ाते शिक्षक–शिक्षिकाएँ, इनको विद्यालय व अन्य शिक्षायी सन्दर्भों में समर्थन देते सन्दर्भ–व्यक्ति, अध्यापक–शिक्षा संस्थानों में पढ़ाते प्राध्यापक, सेवा–कालीन अध्यापक–शिक्षा कार्यक्रमों से जुड़े संसाधन–कर्मी, शिक्षा पर शोध करते शोधकर्ता, राष्ट्रीय अध्यापक–शिक्षा परिषद् और राज्य शैक्षिक अनुसन्धान और प्रशिक्षण परिषद् से जुड़े व्यक्ति थे। हिन्दी–पट्टी के विभिन्न इलाक़ों में काम करते और वहाँ से आये इन प्रतिभागियों द्वारा इन पर्चों के पुनर्लेखन के बाद इन्हें विभिन्न खण्डों में सम्पादित किया गया है। इस सम्पादित खण्ड में 'अध्यापक बनने की प्रक्रिया' विषय पर केन्द्रित पर्चों को शामिल किया गया है।

---

7. रोहित धनकर ने ये और नीचे दिये गये तर्क ए.पी.यू. – ए.यू.डी. संगोष्ठी के उद्घाटन सत्र में रखें। भारतीय भाषाओं लोक–वृत्त और समाज–विज्ञान में ज्ञान–निर्माण सम्बन्धी यह चर्चा अनेक मंचों और पुस्तकों में विभिन्न रूपों में प्रस्तुत हुई है। यहाँ यह दोहराना ज़रूरी है कि विभिन्न भारतीय भाषाओं में लोक–वृत्त का निर्माण भी ऐतिहासिक प्रक्रियाओं, भारतीय समाज में वर्ग–जाति–जेंडर–धार्मिक आधिपत्य, पहचानों और सत्ता–संघर्षों से अछूता नहीं है।

इस पुस्तक में शामिल पर्चों और उनके विषयों पर चर्चा से पहले यह सोचना श्रेयस्कर होगा कि अध्यापक–शिक्षा और अध्यापक बनने की प्रक्रियाओं पर इस पुस्तक में क्या ख़ास है। अध्यापक–प्रशिक्षण, अध्यापन–कर्म की रूपरेखा, अध्यापक की पहचान पर चर्चा के समय यह बेहद ज़रूरी है कि हम ज़मीन पर काम कर रहे लोगों की आवाज़ सुनें। आमतौर पर नीति–निर्माण के विमर्श में इन आवाज़ों की अनुपस्थिति नीति–निर्माताओं के ज्ञान–विशेषज्ञता से उपजते उनके रुतबे और शक्तिशाली स्थिति और ज़मीन पर काम करते लोगों के इस नीति–निर्माण में अदृश्य होने, नीति की विषय–वस्तु, लक्ष्य और सम्भावित क्रियान्वयन–कर्मी और लाभान्वी होने से पैदा होते एक द्वैध की ओर इशारा करती हैं। गोष्ठी और पुस्तक ज़मीन पर होते इन संवादों के ज़रिये हम न केवल नीतिगत प्रश्नों पर इस का लोकतान्त्रीकरण कर सकते हैं, बल्कि सिद्धान्तों और व्यवहार आपसी सम्बन्धों, और वे किस तरह एक–दूसरे को प्रभावित करते हैं, लते हैं, चुनौती देते हैं, इसकी समझ बनती है। सिद्धान्तों और व्यवहार की अन्तःक्रिया और उनके बीच की फाँक की पहचान किसी भी अर्थपूर्ण हस्तक्षेप के लिए बेहद महत्त्वपूर्ण है। भारत में आधारभूत सुविधाओं की कमी और अन्य अवरोधों के सन्दर्भ में, किस तरह शिक्षण, अध्यापक प्रशिक्षण, सेवारत अध्यापकों के दक्षता–निर्माण के कार्यक्रमों और शोध को अंजाम दिया जाता है, किस तरह के रचनात्मक हस्तक्षेप किये गये हैं, और वे सिद्धान्त और व्यवहार के किस साझे अभ्यास या उसकी अनुपस्थिति की ओर हमारा ध्यान आकर्षित करते हैं?

सेमिनार के लिए पर्चों के आमन्त्रण, उनके चयन, प्रस्तुति, संवाद, सुझाव एवं समीक्षा और पुनर्लेखन की इस लगभग दो साल चली लम्बी प्रक्रिया में ज़मीन पर कार्य करते लोगों और अकादमिकों के बीच संवाद को प्रोत्साहित करने की भी एक कोशिश है; जिसके द्वारा ज़मीनी अभ्यासकर्ता अधिक चिन्तन–मनन करने वाले ऐसे अभ्यासकर्ता बन सकें जिनका उद्देश्य केवल वर्तमान व्यवस्था के माकूल बनना ही न हो। आलोचनात्मक शिक्षाशास्त्र एक ऐसे अभ्यासकर्ता की कल्पना करता है जो अपने काम को पढ़ने, सोचने और विश्लेषित करने वाला शोधकर्ता भी हो।

इस पुस्तक में 'अध्यापक बनने की प्रक्रिया' विषय पर केन्द्रित पर्चों को पाँच खण्डों में बाँटा गया है। पुस्तक का पहला खण्ड अध्यापक शिक्षा के दोनों रूपों–पूर्व–सेवा और सेवारत के संस्थायी अनुभवों, चुनौतियों, पाठ्यक्रम, पाठ–योजना और अध्यापकों के अभिमत पर ध्यान केन्द्रित करता है। यह

खण्ड शिक्षक–शिक्षा के ढाँचे में विभिन्न स्तरों पर और विभिन्न तरह के कार्य कर रहे शिक्षाकर्मियों के अनुभवों पर आधारित है। शिक्षक–शिक्षा का ढाँचा बहुत बृहद् व जटिल है, उसके ढाँचागत व अकादमिक विश्लेषण पर बहुत–सी किताबें व लेख उपलब्ध हैं। हम जानते हैं कि शिक्षक की तैयारी के प्रोग्राम की गुणवत्ता को कई बातें प्रभावित करती हैं। इसमें शिक्षा के महाविद्यालयों के भौतिक संसाधनों, ढाँचे के काम करने का ढँग व उसकी गुणवत्ता भी एक महत्त्वपूर्ण पहलू है। पाठ्यचर्या की रचना से लेकर उसके क्रियान्वयन तक कई क़दम हैं जो इस कार्यक्रम की गुणवत्ता को प्रभावित करते हैं। शिक्षक–शिक्षा की पाठ्यचर्या, उसकी अवधि, उसमें स्कूल अनुभव का महत्त्व व उसकी सम्भावना, शिक्षक–शिक्षा के संस्थानों की व्यवस्थाएँ, भावी शिक्षकों की शिक्षकीय कार्य के प्रति प्रवृत्तियाँ, प्रशिक्षकों की तैयारी व उनकी गुणवत्ता आदि कुछ पहलू इस हिस्से में खँगाले गये हैं। इन पर प्रस्तुत व्याख्याएँ अनुभवजनित हैं और इसके लिए बने ढाँचे की जटिलता व उसके अनेक पहलुओं को उभारते हैं। कैसे राष्ट्रीय स्तर पर बना कार्यक्रम क्रियान्वयित होने तक एक नया स्वरूप ले लेता है जो प्रस्तावित कार्यक्रम की प्रक्रिया से ही नहीं मूल भावना से ही अलग हो जाता है। *प्रिया जायसवाल* और *नेहा यादव* के लेख इसी बात को उभारते हैं। प्रिया का पर्चा बी.एड. कार्यक्रम के क्रियान्वयन की समग्र व्याख्या है और नेहा का पेपर शाला अनुभव व उसके हिस्से के रूप में पाठ–योजना निर्माण की समझ व वास्तविकता का एक छोटा अध्ययन है। इसके निहितार्थ व्यापक हैं व अनेक तरह से इन्हें महसूस किया गया है और इनके विवरण व व्याख्या लिखी गयी हैं।

मितेश जुनेजा का पर्चा भावी शिक्षकों की अपनी तैयारी के प्रति रुख के बारे में है और आज इस कार्यक्रम की राह में इसके एक बड़े रोड़े के रूप में सामने आने को रेखांकित करता है। यदि भावी अध्यापक इसके प्रति गम्भीर नहीं हैं और बाद में इसे किसी भी तरह से उपयोगी नहीं मानते तो इस कार्यक्रम की गुणवत्ता अति सीमित रहेगी। *डॉ. मोइन* का पर्चा एक बड़े स्तर पर सेवारत शिक्षकों को शिक्षक के पूर्व तैयारी कोर्स से गुज़ारने की मुहिम, उसकी कल्पना, मुख्य शैक्षिक व व्यवस्थागत पहलू, लोगों को एकत्र करने की मुहिम, उसके संचालन में आने वाली दिक्क़तों और कुछ पहलुओं के बारे में बुनियादी समग्र जानकारी देता है और आगे की सम्भावनाओं को इंगित करता है।

यह भी पिछले कुछ समय में स्पष्ट होने लगा है कि शिक्षक की तैयारी एक अनवरत प्रक्रिया है और कार्य करने के शुरू में ही पूरी–की–पूरी तैयारी को सम्पूर्ण मान लेना अनुपयुक्त है। मानव संसाधन मन्त्रालय द्वारा आयोजित तीन अन्तर्राष्ट्रीय संवादों में कई तरह से बातें सामने आई हैं। यह तीनों दस्तावेज़ हिन्दी में भी उपलब्ध हैं और पढ़े जा सकते हैं। *स्मिता पंचौली* का पर्चा सेवारत शिक्षकों के क्षमतावर्द्धन के अपने अनुभव के विश्लेषण के आधार पर है और ज़मीनी स्तर पर आने वाली चुनौतियों को रेखांकित करता है। यह पर्चा अगले खण्ड के मसौदे यानी शिक्षकों के अनवरत उन्मुखीकरण और संस्थागत मसलों से सम्बन्धित पहलुओं दोनों से जुड़ा है।

अगला खण्ड शिक्षक की तैयारी के आयामों पर है। इसमें शामिल पाँच पर्चे अलग–अलग पहलुओं को छूते हैं। *घनश्याम तिवारी* और *मधुलिका झा* के पर्चे शिक्षक की तैयारी के दो ऐसे अनुभवों पर आधारित हैं जो सामान्य से अलग थे और जिनमें इस तरह की तैयारी के लिए आवश्यक पहलुओं की झलक मिलती है। मधुलिका झा का पर्चा इसके शैक्षिक पहलू और उसमें अध्ययन, मनन, विमर्श व विश्लेषण के महत्त्व को और इसके क्रियान्वयन के एक अनुभव को प्रस्तुत करता है। घनश्याम का पर्चा सरकारी व्यवस्था में शिक्षक की तैयारी के एक गम्भीर प्रयास में प्रशिक्षकों की तैयारी व मनोस्थिति का और साथ–साथ प्रशिक्षण में शामिल होने वाले शिक्षकों की प्रतिक्रिया व मनोदशा का चित्रण है व उन दोनों के आधार पर प्रशिक्षण के कुछ सिद्धान्त व उनके हासिल होने की सम्भावनाओं को खँगालता है। *रमा कान्त अग्निहोत्री* का पर्चा दो पहलुओं को इंगित करता है। एक तो यह कि भाषा के बारे में अच्छी बुनियादी समझ न सिर्फ़ भाषा शिक्षक वरन् सभी शिक्षकों के लिए अनिवार्य होनी चाहिए। और इसी के साथ–साथ वे कहते हैं कि तैयारी के दौरान शिक्षा व समाज के सम्बन्ध में शिक्षकों में व्याप्त दुराग्रहों और पूर्वाग्रहों के साथ जूझना अनिवार्य है और इन पर शिक्षकों के बीच और उनके साथ तार्किक व तथ्य आधारित संवाद होना चाहिए। इनमें बहुत से महत्त्वपूर्ण दुराग्रह भाषा से सम्बन्ध रखते हैं और उनके बारे में समुचित बातचीत किये जाने के लिए पर्याप्त स्त्रोत व अनुभव हैं।

अगले दो पेपर शिक्षक की तैयारी व उसके शिक्षक होने के सामाजिक अर्थों से सम्बन्धित हैं। *अमित* का पर्चा अध्यापक बनने की प्रक्रिया के

बदलावों और उनके मक़सदों से उभरते सवालों को रखता है। उनके अनुसार इनमें से कई मक़सदों के निहितार्थों से शिक्षक हो भी या नहीं और उनकी तैयारी हो भी या नहीं, यह सवाल भी उठता है। यानी शिक्षक के पेशे की अर्हता पर ही प्रश्नचिह्न लगता है। यह पूरा विश्लेषण उनके ख़ुद के अनुभव व दस्तावेज़ों के बारीक अध्ययन से उभरा है। इस हिस्से का अन्तिम पेपर शिक्षक बनने के *शचीन्द्र आर्य* के निजी अनुभव पर आधारित है और इस बात को रेखांकित करता है कि शिक्षक का निर्माण सामाजिक व स्कूली ढाँचे के अन्तर्गत ही होता है। प्रशिक्षण के दौरान हुए अनुभव के अतिरिक्त, उनको पढ़ाने वाले शिक्षकों के व्यवहार व उनके साथ बतौर शिक्षक अब हो रहा व्यवहार भी इसे गढ़ता है। इसके अलावा शिक्षक बनने के बाद साथी शिक्षकों, छात्रों व समाज से मिले सन्देश व पेशे के सन्दर्भ में व्याप्त विमर्श की उसकी समझ को बनाने में महती भूमिका होती है।

किताब का तीसरा खण्ड शिक्षक की अनवरत तैयारी के विचार के सन्दर्भ में सम्भव मंचों के आयामों और इस कार्य के कुछ अनुभवों व उनके विश्लेषण पर आधारित है। इस हिस्से में शामिल चार पेपर सेवारत शिक्षकों की तैयारी के आयामों पर हैं। प्रशिक्षण की निरन्तरता बनाये रखने के ये प्रयास ढाँचे के अन्दर व बाहर किये गये। यह खण्ड इन प्रयासों के अनुभवों व उनके विश्लेषण पर है। *विपिन चौहान, प्रतीक श्रीवास्तव, अनानास कुमार* का पेपर संकुल संसाधन केन्द्रों के अनुभव पर आधारित है। यह ढाँचे में बनाये गये शिक्षक संकुल केन्द्रों को उनके मक़सद, शिक्षकों के निरन्तर अकादमिक संवर्द्धन की ओर मोड़ने का प्रयास है और इन केन्द्रों की सम्भावनाओं के लिए योजना बनाने में शिक्षकों की भागीदारी व समन्वयक की पर्याप्त तैयारी की आवश्यकता को उभारता है। *कमलेश चन्द्र जोशी* ने शिक्षकों के साथ मिलकर काम करके उन्हें मननशील शिक्षक बनाने के अपने प्रयास से उपजे अनुभवों की कैस्केड मॉडल से तुलना की है। इसके आधार पर उन्होंने शिक्षक समुदाय के सीखते रहने की सम्भावनाओं और चुनौतियों के बारे में अपनी समझ को प्रस्तुत किया है। *सुरेश साहू, जयकिशन गोडसरा* और *नीरज राणा* का पर्चा शाला संकुल के विमर्श को आगे बढ़ाते हुए शिक्षक के लिए बनाये गये अधिगम केन्द्रों की स्थापना के उद्देश्यों, औचित्य व अनुभव के आधार पर शिक्षक की अनवरत तैयारी की ढाँचागत सम्भावनाओं के आयामों को प्रस्तुत करता है। इसमें वह इन केन्द्रों के स्थान, उपलब्ध संसाधनों की प्रकृति व गुणवत्ता के अलावा

केन्द्रों के सफल होने की ढाँचागत सम्भावनाओं और इन सम्भावनाओं को कैसे बढ़ाया जा सकता है, पर अपनी राय ज़ाहिर करता है। यह लेख इन शिक्षण–अधिगम केन्द्रों की स्थापना के पीछे के दृष्टिकोण और इनकी स्थापना व संचालन की चुनौतियों को भी रेखांकित करता है। *स्नेहलता गुप्ता* और *पूजा बहुगुणा* का लेख भी स्वचिन्तनकारी शिक्षक के महत्त्व व उसकी तैयारी की प्रक्रिया को उभारता है। इसके लिए सेवाकालीन शिक्षकों की शिक्षा को जारी रखने में इन केन्द्रों में स्वचिन्तन के अवसर उपलब्ध कराने वाले कार्यक्रमों के बीच के फ़र्क़ को उजागर करता है। इन सब ढाँचों की कल्पना के पीछे तैयारी व सीखने की दो–तरफ़ा प्रकृति की झलक मिलती है। यह बात इनकी पृष्ठभूमि में झाँकती प्रतीत होती है कि शिक्षकों के साथ अन्तःक्रिया सिर्फ़ उन्हें सिखाने के मक़सद से नहीं हो सकती। उसी प्रक्रिया का चलते रहना सम्भव है जिसमें उनके अनुभवों से अन्य लोग सीखें व सुगमकर्ता अथवा रिसोर्स पर्सन कहलाये जाने वाले लोग भी यह मानें कि वे इनमें कुछ नया सीखेंगे। इसमें हम सब को यह याद रखना होगा कि वही किसी को कुछ सिखा सकता है जो स्वयं भी उस प्रक्रिया में कुछ सीखे।

पुस्तक का चौथा खण्ड विषय शिक्षक की तैयारी पर केन्द्रित है। इस खण्ड में सम्मिलित पर्चे नीति दस्तावेज़ों, शिक्षकों के साथ हुए साक्षात्कार, कक्षा अवलोकन और लेखकों के निजी अनुभवों के आधार पर विषय शिक्षक की तैयारी में आने वाली चुनौतियों और शिक्षक–प्रशिक्षण में मौजूद रिक्तताओं को चिह्नित करने के साथ–साथ, इनके मद्देनज़र कुछ सुझावों को प्रस्तुत करने का भी प्रयास करते हैं।

इस कड़ी में पहला लेख *रजनी द्विवेदी* का है जो हिन्दी भाषा शिक्षण पर केन्द्रित है। इस पर्चे में उन्होंने यह समझने की कोशिश की है कि भाषा, भाषा सीखने की प्रक्रिया तथा भाषा शिक्षण को नीति दस्तावेज़ों में कैसे समझा गया है और भाषा शिक्षक इनके बारे में क्या समझ रखते हैं। इस प्रक्रिया में उन्होंने भाषा–शिक्षण से जुड़ी कुछ रूढ़िबद्ध धारणाओं पर भी प्रकाश डालने का प्रयास किया है जिन्हें बदलने की ज़रूरत है। दूसरा लेख *हनीत गाँधी* और *रुचि गर्ग* का है जिसमें उन्होंने अपने गणित शिक्षक होने के अनुभवों पर किये चिन्तन के आधार पर उन पहलुओं पर प्रकाश डालने की कोशिश है जिनका एक मुख्य परिणाम गणित में बच्चों की निम्न उपलब्धि है। इन पहलुओं में एक पहलू जिस पर लेखिकाओं

ने विशेष ध्यान दिया है, वह है गणित शिक्षकों की तैयारी में होने वाले विषय ज्ञान की कमी।

इस खण्ड के अन्तिम दो लेख विज्ञान शिक्षण पर केन्द्रित हैं। *युक्ति शर्मा* और *नेहा मलिक* ने अपने लेख में विज्ञान शिक्षक बनने की प्रक्रिया पर प्रकाश डालने की कोशिश की है और शिक्षक–प्रशिक्षुओं के साथ हुई चर्चाओं के आधार पर उनके विज्ञान, विज्ञान–अध्ययन और विज्ञान–शिक्षण से सम्बन्धित विचारों को जानने की कोशिश की है। लेखिकाओं का मानना है कि शिक्षण–प्रशिक्षण की प्रक्रिया में शिक्षक–प्रशिक्षुओं के इन विचारों को जानने के साथ–साथ जो कि उनके अपने अनुभवों के आधार पर गढ़े गये हैं, उन्हें इन विचारों की समीक्षा करने के लिए प्रेरित किया जाना भी ज़रूरी है। शैक्षणिक संस्थानों और शिक्षक संगठनों को विज्ञान शिक्षकों के बीच विज्ञान, विज्ञान के स्वरूप, उसे सीखने से जुड़ी गतिविधियाँ, विभिन्न दार्शनिकों की विज्ञान पर सोच, विज्ञान का विकास इत्यादि जैसे विषयों पर विचारों के सतत् आदान–प्रदान की प्रक्रिया को संगम करना चाहिए। विज्ञान शिक्षण पर चर्चा आगे बढ़ाते हुए, *हिमांशु श्रीवास्तव* का लेख विज्ञान शिक्षकों में पाठ्यचर्या, पाठ्यक्रम और पाठ्यपुस्तकों की समीक्षा कर पाने की योग्यता पर ज़ोर देता है। लेखक का कहना है कि यह योग्यता एक विज्ञान शिक्षक के बौद्धिक विकास के लिए अनिवार्य है और इस हेतु शिक्षक–शिक्षा कार्यक्रमों में इस योग्यता को विकसित और प्रोत्साहित करने के अवसर उपलब्ध करवाये जाने चाहिए। इस उद्देश्य की साध्यता को स्थापित करने हेतु उन्होंने एकलव्य द्वारा आयोजित की गयी विज्ञान शिक्षा पर एक कार्यशाला से कुछ अनुभव साझा किये हैं।

इस खण्ड के सभी लेख, विषय शिक्षक की शैक्षिक समझ के साथ–साथ उसकी विषय समझ और उसके निरन्तर बौद्धिक विकास को विषय शिक्षक बनने की प्रक्रिया का एक अहम उद्देश्य मानते हैं, जिस में दोनों– सेवा–पूर्व और सेवारत शिक्षक–शिक्षा के कार्यक्रमों पर ध्यान देना चाहिये।

इस पुस्तक का अन्तिम खण्ड शिक्षक–शिक्षा के कुछ व्यापक प्रश्नों के इर्द–गिर्द रचित है। ये सभी लेख व्यापक मसलों के इर्द–गिर्द बुनियादी सवाल उठाते हैं। *शरद चन्द्र बेहार* हर शिक्षक को एक अलग सम्पूर्ण व्यक्तित्व मानते हुए ही अध्यापक–केन्द्रित अध्यापक शिक्षा के बुनियादी सिद्धान्त, उसका स्वरूप और उसकी कार्ययोजना को प्रस्तुत करते हैं। अध्यापक केन्द्रित अध्यापक शिक्षा का प्रमुख उद्देश्य शिक्षक का समग्र इन्सान

के रूप में, स्वत्व और अस्मिता के साथ का विकास है। वे सभी शिक्षकों को एक–सा मानकर उनकी एक जैसी तैयारी पर भी सवाल उठाते हैं। *गुंजन शर्मा* का आलेख अध्यापक–शिक्षा के क्षेत्र में पिछले दो दशक में हुए नीतिगत बदलावों और बहसों पर केन्द्रित है और अध्यापक शिक्षा की नीतियों में निरन्तरता, परिवर्तन और सुधार की चुनौतियाँ पर भी नज़र डालता है। वह शिक्षा की अनुशासन के रूप में पहचान, विश्वविद्यालयों में जगह तथा राज्य के नियन्त्रण से जुड़े महत्त्वपूर्ण प्रश्न उठाता है। *निमरत खण्डपुर* का पर्चा शिक्षक की तैयारी के लिए आवश्यक दो हिस्सों, शाला अनुभव व अभ्यास शिक्षण की सैद्धांतिक पक्ष से अन्तःक्रिया व इनके बीच के द्वन्द पर चर्चा करता है। इनकी परस्पर संपूरकता मानते हुए वह चिन्तनशील शिक्षा की रचना के लिए शिक्षक की महत्ता की चर्चा करता है। *भारती पण्डित* का पर्चा ज़मीनी अनुभवों, विभिन्न नीतिगत दस्तावेज़ों एवं रपटों पर आधारित है और सेवापूर्व एवं सेवाकालीन शिक्षक–शिक्षा की स्थिति का विश्लेषण करते हुए शिक्षक–शिक्षा में सुधार की अनुशंसाओं पर चर्चा करता है।

यह अज़ीम प्रेमजी विश्वविद्यालय और अम्बेडकर विश्वविद्यालय दिल्ली द्वारा आयोजित संगोष्ठी में प्रस्तुत पर्चों में से चयनित पर्चों की पहली पुस्तक है।

सन्दर्भ सूची

- बत्रा, पूनम (2012), *पोजिशनिंग टीचर्स इन द इमर्जिंग एजुकेशन लैंडस्केप ऑफ़ कंटेम्परारी इंडिया,* इंडिया इंफ्रास्ट्रक्चर रिपोर्ट 2012 : प्राइवेट सेक्टर इन एजुकेशन, नयी दिल्ली, आइडीएफसी फ़ाउंडेशन, रूटलेज, पृष्ठ : 219–231।
- दीवान, हृदय कान्त (2018), हृदय कान्त दीवान की मनीष जैन को ई–मेल।
- दीवान, हृदय कान्त और जैन, मनीष (2018)। हृदय कान्त दीवान का अप्रकाशित साक्षात्कार।
- डिल्लाबौघ, जौन (1999), जेंडर पॉलिटिक्स एंड कोन्सेपशंस ऑफ़ द मॉडर्न टीचर : वीमेन, आइडेंटिटी एंड प्रोफ़ेशनलिज्म, *ब्रिटिश जर्नल ऑफ़ सोशियोलॉजी ऑफ़ एजुकेशन,* 20:3, पृष्ठ : 373–394।
- गोमेंडियो, एम. (2017), *एम्पोवेरिंग एंड एनेबलिंग टीचर्स टू इम्प्रूव इक्विटी एंड आउटकम्स फ़ॉर ऑल : इंटरनेशनल समिट ऑन द टीचिंग प्रोफ़ेशन* , पेरिस : ओ.ई.सी.डी. पब्लिशिंग।
- गुप्ता, लतिका (2011), शिक्षक और गृहिणी नीति का संघर्ष, शिक्षा विमर्श, नवम्बर–फरवरी, पृष्ठ 89–92।

- हर्ग्रीव्स, एंडी (2000), *फ़ोर एजिस ऑफ़ प्रोफ़ेशिनलिज़्म एंड प्रोफ़ेशिनल लर्निंग, टीचर्स एंड टीचिंग*, 6:2, पृष्ठ 151—182।
- किंगडन, गीता गाँधी और मुज़म्मिल, एम (2003), *द पॉलिटिकल इकॉनमी ऑफ़ एजुकेशन इन इंडिया : टीचर्स पॉलिटिक्स इन उत्तर प्रदेश*, नयी दिल्ली : ऑक्सफ़ोर्ड यूनिवर्सिटी प्रेस।
- क्रेमर, माइकल, नजमुल चौधरी, एफ. हल्से रोगेर्स, कार्तिक मुरलीधरन और जेफरी हैमर (2004), टीचर एब्सेंस इन इंडिया : अ स्नैपशॉट, जर्नल ऑफ़ द यूरोपियन इकोनोमिक एसोसिएशन, 3(2/3), पृष्ठ : 658—67।
- कुमार, कृष्ण (2006), *गुलामी की शिक्षा और राष्ट्रवाद*, नयी दिल्ली : ग्रन्थ शिल्पी।
- लीटन ग्रे, सांड्रा और व्हिटी, जिओफ़ (2010), सोशल ट्रेजेक्तोरिज़ ऑर डिसरपतिद आइडेनटीटीज़?: चेंजिंग एंड कम्पीटिंग मॉडल्स ऑफ़ टीचर प्रोफ़ेश्निलिज़्म अंडर न्यू लेबर, कैम्ब्रिज जर्नल ऑफ़ एजुकेशन, 40:1, पृष्ठ : 5—23।
- लोर्ती, डी. (1975), *स्कूल टीचर : अ सोशियोलॉजिकल स्टडी*, शिकागो : यूनिवर्सिटी ऑफ़ शिकागो प्रेस।
- मजूमदार, मानबी और मूइज, जोइस (2011), *एजुकेशन एंड इनइक्वलिटी इन इंडिया : ए क्लासरूम व्यू*, लन्दन : रूट्लेज।
- मेनन, एस. और मैथ्यू, आर. (2016), टीचर एजुकेशन इन यूनिवर्सिटीज : ए केस फ्रॉम इंडिया, इन बॉब मून (एडिट) डू यूनिवर्सिटीज हेव ए रोल इन दी एजुकेशन एंड ट्रेनिंग ऑफ़ टीचर्स? ऐन इंटरनेशनल एनालिसिस ऑफ़ पॉलिसी एंड प्रैक्टिस, पृष्ठ : 149—168, कैम्ब्रिज : कैम्ब्रिज यूनिवर्सिटी प्रेस।
- एम.एच.आर.डी., (2012), *विज़न ऑफ़ टीचर एजुकेशन इन इंडिया : क्वालिटी एंड रेगुलेटरी पर्सपेक्टिव, रिपोर्ट ऑफ़ दी हाई—पोवरड कमीशन ऑन टीचर एजुकेशन कोंस्टीटूटेड बाय दी सुप्रीम कोर्ट ऑफ़ इंडिया* (चेयरपर्सन : जस्टिस)वी. एस. वर्मा, नयी दिल्ली : एम.एच.आर.डी.।
- मुखोपाध्याय, राहुल एवं सारंगपाणि, पदमा एम. (2018), *एजुकेशन इन इंडिया बिटवीन द स्टेट एंड मार्केट — कॉन्सेप्ट्स फ्रेमन द न्यू डिस्कोर्स : क्वालिटी, एफिशिएंसी, एकाउंटेबिलिटी*, मनीष जैन, अर्चना मेहंदले, राहुल मुखोपाध्याय, पदमा एम., सारंगपाणि और क्रिस्टोफर विंच (सम्पादक) स्कूल एजुकेशन इन इंडिया : मार्केट, स्टेट एंड क्वालिटी, लन्दन : रूट्लेज, पृष्ठ : 1—27।
- नेशनल कॉउंसिल ऑफ़ एजुकेशनल रिसर्च एंड ट्रेनिंग (एन.सी.ई.आर.टी.) (2006), सेवंथ ऑल इंडिया स्कूल एजुकेशन सर्वे (टीचर्स एंड देअर क्वालिफिकेशंस), दिल्ली : एन.सी.ई.आर.टी.।
- एन.सी.टी.ई., (2009), *नेशनल करिकुलम फ्रेमवर्क फॉर टीचर एजुकेशन : टुवड्‌र्स प्रीपेयरिंग प्रोफेशनल एंड ह्यूमेन टीचर*, नयी दिल्ली : एन.सी.टी.ई.,
- ओ.ई.सी.डी. (2005), *टीचर्स मैटर : एटरेक्टिंग, डेवलपिंग एंड रिटेनिंग इफेक्टिव टीचर्स*, पेरिस : ओ.ई.सी.डी. पब्लिशिंग।

- सारंगपाणि, पदमा एम. (2004)। यूनिवर्सिटीज : द इनविजिबल डायमेंशन ऑफ़ एलिमेंट्री एजुकेशन, इन करुणा चानना (एडिट), ट्रांसफोर्मेटिव लिंक्स बिटवीन हायर एंड बेसिक एजुकेशन। नयी दिल्ली : सेज पब्लिकेशंस, पृष्ठ : 95–107।
- सुब्रह्मण्यम, सी.एन. (2018), सेवाकालीन अध्यापक शिक्षा पर अम्बेडकर विश्वविद्यालय दिल्ली (ए.यू.डी.) और *टाटा सामाजिक शिक्षा संस्थान (टी.आई.एस.एस.)* द्वारा आयोजित चर्चा में दिया वक्तव्य। अप्रैल, नयी दिल्ली।
- वासवी, ए.आर. (2015), *कल्चर एंड लाइफ़ ऑफ़ गवर्नमेंट एलिमेंट्री स्कूल्स, इकोनॉमिक एंड पोलिटिकल वीकली,* 50 : 33, पृष्ठ : 36–50।

शिक्षा के सरोकार : शृंखला परिचय

अध्यापक बनने की तैयारी और अध्यापन से जुड़े कुछ अन्य महत्त्वपूर्ण मुद्दों पर केन्द्रित यह संकलन अज़ीम प्रेमजी विश्वविद्यालय के सरोकारों को ज़्यादा–से–ज़्यादा लोगों के साथ साझा करने और उनके साथ निरन्तर संवाद स्थापित करने की दिशा में एक शुरुआती पहल है। इस संकलन में हमने विश्वविद्यालय द्वारा हिन्दी में आयोजित सेमिनार शृंखला 'शिक्षा के सरोकार' के पहले सेमिनार में प्रस्तुत कुछ आलेखों को संकलित किया है। इस क्रम में हम अलग–अलग मुद्दों पर प्रतिवर्ष एक सेमिनार आयोजित करने और संकलन तैयार करने की दिशा में प्रयासरत रहेंगे।

यह संकलन ज़मीनी स्तर पर काम कर रहे शिक्षाकर्मियों तथा विश्वविद्यालय व अन्य संस्थानों में शोध एवं अध्ययन कर रहे अध्येताओं के बीच पारस्परिक संवाद का प्रतिफलन है। हमारा प्रयास है कि स्कूल से सीधे जुड़े हुए लोगों के साथ काम कर रहे कार्यकर्ता अपने प्रयासों को दर्ज करें, अपने अनुभवों पर मनन व चिन्तन करें तथा उन्हें ज़्यादा बारीकी से और व्यापक परिप्रेक्ष्य में देखें। अपने अनुभव का विश्लेषण कर वे अपनी सीख व समझ औरों के सामने रखें ताकि उस पर व्यापक चर्चा हो सके। सेमिनार और प्रकाशन की इस पहलक़दमी का उद्देश्य शिक्षा के क्षेत्र में नये अनुभवों से गुज़र रहे लोगों की अभिव्यक्तियों और संवेदनशीलताओं को शामिल करने के लिए एक बड़ा मंच प्रदान करना है।

हमारा मानना है कि यह विमर्श उन्हीं भाषाओं में सुदृढ़ हो सकता है जिन भाषाओं में स्कूली शिक्षा से जुड़े दैनंदिन कार्य निष्पादित किये जाते हैं। इसके माध्यम से उन लोगों का एक नेटवर्क भी बनेगा जो समाज, शिक्षा व स्कूल के रिश्तों के साथ–साथ, शिक्षक–शिक्षा व उच्च शिक्षा जैसे मुद्दों के बारे में नये ढंग से सोचना चाहते हैं। इस नेटवर्क व इस विमर्श में उन लोगों की भागीदारी भी सुनिश्चित करनी होगी जिन्हें अंग्रेज़ी में चल रहे

ऐसे संवादों व विचार–विमर्शों में शामिल होने के अवसर नहीं मिलते हैं। इससे भारतीय भाषाओं में बेहतर और प्रासंगिक सामग्री उपलब्ध हो पायेगी।

यह प्रयास अज़ीम प्रेमजी विश्वविद्यालय की 'अनुवाद पहल' टीम व विश्वविद्यालय के विभिन्न स्कूलों की साझीदारी से हो रहा है। हिन्दी के सन्दर्भ में अनुवाद पहल के मुख्य काम हैं :

- पहले से हिन्दी में उपलब्ध उचित और गुणवत्तापूर्ण सामग्री की पहचान, चयन और संग्रहण करना।
- ध्यान से चुनी गयी सामग्री तथा क्षेत्रीय टीमों द्वारा अनुवादित सामग्री का संग्रहण व व्यवस्थापन।
- विषयवार व्यक्तियों और संस्थानों के ऐसे ज्ञाता समूहों की पहचान जो अनुवाद करने में रुचि लें।
- अकादमिक अध्ययन को व्यापक करने हेतु प्रासंगिक मुद्दों पर मौजूदा सामग्री से रीडर विकसित करना।
- जिन क्षेत्रों में उपयुक्त सामग्री का अभाव है उनमें प्रासंगिक विषयों और मुद्‌दों पर हिन्दी में सहकारी लेखन को प्रोत्साहित कर शैक्षिक सामग्री तैयार करना।

हमारा मानना है कि भारतीय भाषाओं में संवाद के बढ़ने से ज़्यादा व्यापक समूह के लिए अवधारणाओं और विचारों के साथ गहरी अन्तःक्रिया की सम्भावनाएँ बनेंगी। वे अवधारणात्मक रूप से समृद्ध व परिप्रेक्ष्यों के बारीक पहलुओं से युक्त सामग्री के कारण यथार्थ को सही अथवा ग़लत, काला अथवा सफेद के द्विविभाजन, आमफ़हम व चालू कथनों व रूढ़ियों में फँसने से बच पायेंगे और एक न्यायसंगत और मानवीय लोकतान्त्रिक समाज निर्माण के विमर्श में ज़्यादा शिद्दत से शामिल हो सकेंगे।

इस संकलन में शामिल लेख अध्यापक शिक्षा के अलग–अलग पक्षों को उजागर करते हैं। मसलन शिक्षक बनाने के लिए किस प्रकार की आरम्भिक तैयारी अपेक्षित है, कुशल शिक्षण के लिए किस प्रकार की नियमित तैयारी की ज़रूरत है, शिक्षकों के लगातार क्षमतावर्द्धन के लिए किस प्रकार के प्रयासों की आवश्यकता है, इस दिशा में चल रहे प्रयासों के सामने किस प्रकार की चुनौतियाँ हैं आदि। संकलन में शामिल ज़्यादातर आलेखों में ठोस अनुभवों के आधार पर इन मुद्दों पर विचार करने की कोशिश की है।

'शिक्षा के सरोकार' के पहले सेमिनार के आलेखों का दूसरा संकलन 'अध्यापन कर्म, अध्यापक की छवि व अस्मिता' के मुद्दों से सम्बन्धित होगा।

यह सेमिनार अम्बेडकर विश्वविद्यालय दिल्ली के साथ संयुक्त रूप से आयोजित किया गया था। इसमें अम्बेडकर विश्वविद्यालय के फैकल्टी सदस्य मनीष जैन और शिवानी नाग ने सेमिनार के आयोजन में हमारा साथ दिया। वे इस संकलन को तैयार करने में भी साथ रहे हैं। सेमिनार आयोजन में अम्बेडकर विश्वविद्यालय के प्रशासनिक अधिकारियों और व्यवस्था सहकर्मियों ने पूरी तत्परता से हमारा सहयोग किया। हम उनके साथ–साथ, शिवानी और मनीष के भी आभारी हैं।

'शिक्षा के सरोकार' श्रृंखला का अगला सेमिनार 'भारतीय विज्ञान शिक्षा एवं अनुसन्धान संस्थान मोहाली' के साथ मिलकर 'विज्ञान–शिक्षण' पर आयोजित किया गया है। इस सेमिनार में प्रस्तुत आलेखों को संकलित कर 'विज्ञान–शिक्षण' पर भी ऐसा ही संकलन प्रकाशित करने की योजना है।

हृदय कान्त
मनोज कुमार
अज़ीम प्रेमजी विश्वविद्यालय, बेंगलूरु

आभार

'शिक्षा के सरोकार' शृंखला के पहले सेमिनार के आयोजन में अज़ीम प्रेमजी विश्वविद्यालय और अम्बेडकर विश्वविद्यालय दिल्ली के अनेक साथियों का सक्रिय सहयोग मिला।

अज़ीम प्रेमजी विश्वविद्यालय के राजेश उत्साही और रंजना सिंह की मदद के बगैर यह आयोजन हो पाना असम्भव ही था। उन्होंने शुरुआत से ही इस आयोजन की ज़िम्मेदारी सँभाली। सम्भावित सहभागियों से निरन्तर सम्पर्क में रहते हुए उनसे सेमिनार में पढ़े जाने वाले आलेखों की रूपरेखा मँगवाने, प्राप्त रूपरेखा पर उन्हें समीक्षकों की टिप्पणियों से अवगत करवा कर लेख को अन्तिम रूप दिलवाने व स्वीकृत आलेखों को व्यवस्थित करने के साथ–साथ सेमिनार की व्यवस्था सँभालने में उन्होंने महती भूमिका निभायी। सेमिनार के आयोजन के बाद इस संकलन के प्रकाशन के काम में भी राजेश उत्साही का सक्रिय सहयोग सम्पादकों को मिला है।

अम्बेडकर विश्वविद्यालय दिल्ली और जामिया मिल्लिया इस्लामिया के अनेक विद्यार्थियों ने स्वयंसेवक के रूप में तीन दिवसीय सेमिनार के संचालन में आयोजकों की मदद की।

शान्ता, गुरबचन सिंह और दिनेश मडगाँवकर अज़ीम प्रेमजी विश्वविद्यालय की 'अनुवाद पहल' टीम के सदस्य हैं। इस सेमिनार के आयोजन में हमें इनका निरन्तर सहयोग मिला।

हम उन सब लेखकों के भी आभारी हैं, जिन्होंने कई–कई बार अपने लेख को सुझावों के अनुरूप संशोधित व परिमार्जित किया।

जैसा कि हमने शुरू में कहा, यह 'शिक्षा के सरोकार' शृंखला के पहले सेमिनार के आलेखों का पहला संकलन है। इस सेमिनार के आलेखों का दूसरा संकलन भी हम जल्द ही प्रकाशित करेंगे।

सम्पादक मण्डल

हृदय कान्त दीवान

हृदय कान्त दीवान अज़ीम प्रेमजी विश्वविद्यालय, बेंगलूरु में प्राध्यापक के पद पर कार्यरत हैं। वे अज़ीम प्रेमजी विश्वविद्यालय के 'अनुवाद पहल' कार्यक्रम से जुड़े हुए हैं।

ई–मेल : hardy@azimpremjifoundation.org

शिवानी नाग

शिवानी नाग अम्बेडकर विश्वविद्यालय, दिल्ली के स्कूल ऑफ़ एजुकेशन स्टडीज़ में सहायक प्राध्यापक हैं। वे पिछले एक दशक से शिक्षा और सामजिक मसलों पर लेखन एवं एक्टिविज़्म से जुड़ी हुई हैं। उनके लेखन, अध्यापन और शोध के मुख्य विषय हैं : 'क्रिटिकल और फैमिनिस्ट पेडागॉजी' (आलोचनात्मक और नारीवादी शिक्षणशास्त्र), बहुभाषी शिक्षण, शिक्षा में हाशिए का समावेश और ज्ञान और सीखने के सामाजिक–सांस्कृतिक सिद्धान्त।

ई–मेल : shivani@aud.ac.in

मनोज कुमार

मनोज कुमार अज़ीम प्रेमजी विश्वविद्यालय के स्कूल ऑफ़ एजुकेशन में सहायक प्राध्यापक हैं। वे विश्वविद्यालय के एम.ए. एजुकेशन प्रोग्राम के विद्यार्थियों को शिक्षा का समाजशास्त्र और राजनीतिक–अर्थशास्त्र पढ़ाते हैं। विश्वविद्यालय में अध्यापन के अतिरिक्त मनोज ने 'दिगन्तर' और 'रूम टू रीड' आदि स्वयंसेवी संस्थाओं के साथ मिलकर सेवारत शिक्षक–प्रशिक्षण, बाल–साहित्य, भाषा–शिक्षण और साक्षरता के क्षेत्र में काम किया है। वे पिछले दो दशकों से शिक्षा और साहित्य के क्षेत्र में सक्रिय हैं।

ई–मेल : manoj.kumar@apu.edu.in

मनीष जैन

मनीष जैन अम्बेडकर विश्वविद्यालय दिल्ली (AUD) के शिक्षा विभाग में प्राध्यापक हैं और उन्होंने लगभग एक दशक तक विद्यालय में अध्यापन किया है। उनका शैक्षणिक और शोध कार्य शिक्षा के इतिहास और राजनीति, शिक्षा नीतियों, समाज–विज्ञान और नागरिक शिक्षा की पाठ्यचर्या और पाठ्यपुस्तकों की राजनीति, अध्यापक शिक्षा तथा तुलनात्मक शिक्षा के इर्द–गिर्द रहा है।

ई–मेल : manish@aud.ac.in

लेखकों की संस्थागत सम्बद्धता

1. **स्मिता पंचौली**
व्याख्याता, विद्या भवन गोविन्दराम सेकसरिया शिक्षक महाविद्यालय, उदयपुर।
ई–मेल : smiteshombharti@gmail.com

2. **गिरीश शर्मा**
व्याख्याता, विद्या भवन गोविन्दराम सेकसरिया शिक्षक महाविद्यालय, उदयपुर, एवं विद्या भवन शिक्षा सन्दर्भ केन्द्र, उदयपुर (राजस्थान)।
ई–मेल : girish@vidyabhawan.org

3. **मितेश जुनेजा**
व्याख्याता, श्री रतनलाल कँवरलाल पाटनी गर्ल्स कॉलेज, किशनगढ़ (राजस्थान)।
ई–मेल : smiteshjuneja@gmail.com

4. **प्रिया जायसवाल**
अज़ीम प्रेमजी फ़ाउंडेशन, ज़िला संस्थान, देहरादून (उत्तराखण्ड)।
ई–मेल : priya.jaiswal@azimpremjifoundation.org

5. **नेहा यादव**
विद्या भवन शिक्षा सन्दर्भ केन्द्र, उदयपुर (राजस्थान)।
ई–मेल : nehayadav1110@gmail.com

6. **एस. ए. मोईन**
निदेशक, दूरस्थ शिक्षा, राज्य शिक्षा शोध एवं प्रशिक्षण परिषद् (बिहार)।
ई–मेल : samoin@rediffmail.com

7. **मधुलिका झा**
प्रोजेक्ट एसोसिएट, सेंटर फॉर अर्ली चाइल्डहुड केयर एंड एजुकेशन (सी.ई.सी.ई.डी.), अम्बेडकर विश्वविद्यालय दिल्ली।
ई–मेल : madhulika.jha@apu.edu.in

8. **घनश्याम तिवारी**
एकलव्य, शाहपुर (मध्य प्रदेश)।
ई–मेल : gstiwari2012@gmail.com

9. **रमा कान्त अग्निहोत्री**
विद्या भवन शिक्षा सन्दर्भ केन्द्र, उदयपुर (राजस्थान); पूर्व प्राध्यापक, भाषा विज्ञान विभाग, दिल्ली विश्वविद्यालय।
ई–मेल : agniirk@yahoo.com

10. **अमित कोहली**
एकलव्य, होशंगाबाद (मध्य प्रदेश)।
ई–मेल : amt1205@gmail.com

11. **शचीन्द्र आर्य**
शोधार्थी, केन्द्रीय शिक्षा संस्थान (CIE), दिल्ली विश्वविद्यालय, दिल्ली।
ई–मेल : shachinderarya@gmail.com

12. **विपिन कुमार चौहान**
अज़ीम प्रेमजी फ़ाउंडेशन, ज़िला संस्थान, देहरादून, उत्तराखण्ड।
vipin@azimpremjifoundation.org

प्रतीक श्रीवास्तव
अज़ीम प्रेमजी फ़ाउंडेशन, ज़िला संस्थान, ऊधमसिंह नगर (उत्तराखण्ड)।
ई–मेल : prateek@azimpremjifoundation.org

अनानास कुमार
अज़ीम प्रेमजी फ़ाउंडेशन, ज़िला संस्थान, ऊधमसिंह नगर (उत्तराखण्ड)।
ई–मेल : ananas.kumar@azimpremjifoundation.org

13. **कमलेश चन्द्र जोशी**
अज़ीम प्रेमजी फ़ाउंडेशन, ज़िला संस्थान, ऊधमसिंह नगर (उत्तराखण्ड)।
ई–मेल : kamlesh@azimpremjifoundation.org

14. **सुरेश कुमार साहू**
अज़ीम प्रेमजी फ़ाउंडेशन, ज़िला संस्थान, धमतरी, छत्तीसगढ़
ई–मेल : suresh.sahu@azimpremjifoundation.org

जयकिशन गोडसरा
अज़ीम प्रेमजी फ़ाउंडेशन, ज़िला संस्थानन, धमतरी, छत्तीसगढ़
ई–मेल : jaykishan.godsora@azimpremjifoun.org
नीरज राणा
अज़ीम प्रेमजी फ़ाउंडेशन, ज़िला संस्थानन, धमतरी, छत्तीसगढ़
ई–मेल : neeraj_rana@azimpremjifoundation.org

15. **स्नेहलता गुप्ता**
शिक्षक, शिक्षा निदेशालय, दिल्ली सरकार; एवं पीएच.डी. स्कॉलर, शिक्षा विभाग, दिल्ली विश्वविद्यालय
ई–मेल : snehlatag@gmail.com
पूजा बहुगुणा,
पीएच.डी. स्कॉलर, शिक्षा विभाग, दिल्ली विश्वविद्यालय, दिल्ली
ई–मेल : pooja_bahuguna@yahoo.com

16. **रजनी द्विवेदी**
वर्तमान में शिक्षकों और शिक्षक प्रशिक्षकों के लिए सामग्री निर्माण का काम कर रहीं हैं। तेजपुर,आसाम में रहती हैं।
ई–मेल : rajni@vidyabhawan.org

17. **हनीत गाँधी**
सहायक प्राध्यापक, शिक्षा विभाग, दिल्ली विश्वविद्यालय, दिल्ली
ई–मेल : haneetgandhi@gmail.com
रुचि गर्ग
सहायक प्राध्यापक, माता सुन्दरी कॉलेज, दिल्ली विश्वविद्यालय, दिल्ली
ई–मेल : ruchigarg00@gmail.com

18. **युक्ति शर्मा**
शिक्षा विभाग, दिल्ली विश्वविद्यालय, दिल्ली
ई–मेल : ygosain@gmail.com
नेहा मलिक
शिक्षा विभाग, दिल्ली विश्वविद्यालय, दिल्ली
ई–मेल : nehaa2010@gmail.com

19. **हिमांशु श्रीवास्तव**
होमी भाभा विज्ञान शिक्षण केन्द्र, टाटा मूलभूत अनुसन्धान संस्थान, मुंबई (महाराष्ट्र)
ई–मेल : srihim@gmail.com

20. शरद चन्द्र बेहार

पूर्व शिक्षा सचिव मध्य प्रदेश सरकार; पूर्व कुलपति, गुरु घासीदास विश्वविद्यालय, बिलासपुर (मध्य प्रदेश)

ई–मेल : sharadbehar@gmail.com

21. गुंजन शर्मा

सहायक प्राध्यापक, स्कूल ऑफ़ एजुकेशन स्टडीज़, अम्बेडकर विश्वविद्यालय दिल्ली

ई–मेल : gunjan@aud.ac.in

22. निमरत खण्डपुर, अज़ीम प्रेमजी विश्वविद्यालय के स्कूल ऑफ़ कॉन्टीनुइंग एजुकेशन एंड यूनिवर्सिटी रिसोर्स सेंटर से सम्बद्ध है।

ई–मेल : nirmat.kaur@azimpremjifoundation.org

23. भारती पण्डित

भाषा विभाग, अज़ीम प्रेमजी फ़ाउंडेशन, भोपाल (मध्य प्रदेश)

ई–मेल : bharti.pandit@azimpremjifoundation.org

खण्ड : 1

संस्थागत अनुभव

सेवारत अध्यापक प्रशिक्षण कार्यक्रम : योजना निर्माण, क्रियान्विति एवं चुनौतियाँ

–डॉ. स्मिता पंचौली

अध्यापक शिक्षा के आधार स्तम्भों में सेवारत अध्यापक शिक्षा की भी अहम भूमिका है। विद्यालयों में पढ़ाना शुरू करने के बाद अध्यापकों को उनके विषय, उसमें परिवर्तनों और अध्यापन से जुड़े नवाचारों से रू–ब–रू करवाने और उनके अनुभवों को साझा करने के लिए सेवारत अध्यापक शिक्षा कार्यक्रम आयोजित किये जाते हैं। माध्यमिक स्तर के अध्यापकों के लिए सेवारत प्रशिक्षण कार्यक्रमों का आयोजन अध्यापक शिक्षा महाविद्यालय (सी.टी.ई.) के द्वारा किया जाता है। यह पर्चा इस तरह के एक अध्यापक शिक्षा महाविद्यालय (सी.टी.ई.) के प्रशिक्षण कार्यक्रमों पर आधारित है। अध्ययन से पता चलता है कि सेवारत प्रशिक्षण कार्यक्रमों के सफल क्रियान्वयन हेतु संस्थान को अनेक चुनौतियों का सामना करना पड़ता है। इसके साथ–साथ यह पर्चा कार्यक्रम से जुड़े कुछ ढाँचागत सुधारों की ओर इशारा भी करता है।

परिचय

समाज के विकास में शिक्षा का महत्त्वपूर्ण योगदान होता है और सेवारत अध्यापक शिक्षा के माध्यम से इसके योगदान को और मज़बूत बना सकते हैं। इससे अध्यापकों को उनके विषय और उससे सम्बन्धित क्षेत्रों में समसामयिक परिवर्तन, चुनौतियों और सम्भावनाओं पर चर्चा का मौक़ा दिया जा सकता है। सी.टी.ई. संस्थान द्वारा आयोजित प्रशिक्षण कार्यक्रम कई प्रकार की चुनौतियों के साथ सम्पन्न किये जाते हैं। चुनौतियाँ कार्यक्रमों की योजना से शुरू होकर उनकी क्रियान्विति और आकलन तक से जुड़ी होती हैं। हालाँकि यह लेख एक ही सी.टी.ई. के प्रशिक्षण कार्यक्रम के आधार पर तैयार है किन्तु यह कुछ गम्भीर मसलों की ओर इशारा करता है। जैसे कि

स्कीम की भावना व उसके क्रियान्वयन के बीच की खाई। इन संस्थानों को स्वायत्त ढंग से अपने क्षेत्र के विद्यालयों व अन्य शिक्षक–शिक्षा संस्थानों के कार्य की गुणवत्ता बढ़ाने के प्रयास के लिए सी.टी.ई. का दर्जा प्रदान किया गया किन्तु वास्तविकता में कार्यक्रमों के आयोजन में भागीदारी को तयशुदा परिस्थितियों में ही पूरा करना होता है। कार्यक्रम के आयोजन में कुछ हद तक अपनी भूमिका दर्ज कराने के अलावा, उनमें भागीदारी वाले शिक्षक और उनकी उपस्थिति में इन संस्थानों की भागीदारी नहीं है। ऐसा लगता है जैसे एक औपचारिक प्रक्रिया की तरह प्रशिक्षण सम्पन्न होते जा रहे हैं। ख़ास बात यह है कि प्रशिक्षण कार्यक्रमों में ऐसी कोई व्यवस्था नहीं है जिससे उपयुक्त व्यक्ति इनमें भागीदार हो। इसका असर प्रशिक्षण में रुचि की कमी और उसके प्रभाव पर भी पड़ता है।

सेवारत प्रशिक्षण कार्यक्रम

सेवारत प्रशिक्षण कार्यक्रमों का आयोजन लगातार होता रहा है। इसमें शिक्षा और अध्यापक शिक्षा से जुड़े राष्ट्रीय दस्तावेज़ों की महत्त्वपूर्ण भूमिका रही है। कार्यक्रमों की आवश्यकता और प्रासंगिकता का रेखांकन विविध आयोगों की रिपोर्ट और दस्तावेज़ों में बार–बार हुआ है। शिक्षा आयोग (1964) कहता है कि अध्यापकों के वृत्तिक विकास (Continuing Professional Education of Teacher) के लिए अन्य सभी व्यवसायों की तरह लगातार व्यवस्था की जानी चाहिए और शिक्षा में बदलावों के अनुसार अध्यापकों के प्रशिक्षण कार्यक्रम आयोजित किये जाने चाहिए (शिक्षा आयोग रिपोर्ट, पृष्ठ संख्या 152–154)। राष्ट्रीय शिक्षा नीति (1986) भी सेवा और पूर्व सेवारत अध्यापक शिक्षा को एक–दूसरे से जुड़ा हुआ बताती है (राष्ट्रीय शिक्षा नीति, पृष्ठ संख्या 31)। राष्ट्रीय पाठ्यचर्या की रूपरेखा– 2005 कहती है कि अध्यापकों के प्रशिक्षण कार्यक्रम उनके लिए प्रासंगिक होने चाहिए जिनमें उन्हें अपने अनुभवों की अभिव्यक्ति का पर्याप्त अवसर मिले। प्रशिक्षण कार्यक्रम कक्षानुभव पर आधारित हो और उनमें अध्यापकों की पाठ्यचर्या की चुनौतियों का सामना करने की क्षमताओं का विकास करने का प्रयास किया जाये (एन.सी.एफ. 2005, पृष्ठ संख्या 124–126)। अध्यापक शिक्षा की राष्ट्रीय पाठ्यचर्या की रूपरेखा–2009 में सेवारत प्रशिक्षण कार्यक्रम के आकल्प के सन्दर्भ में कहा गया है कि सेवारत प्रशिक्षण ऐसे हों जो शिक्षकों को समुदाय से जुड़े उनके अनुभवों को साझा करने का अवसर

सुलभ करायें, और इस तरह अध्यापक की आवश्यकताओं और अपेक्षाओं से जुड़े हों जिससे वे यह समझ पायें कि इस प्रकार के कार्यक्रम में वे क्यों सम्मिलित हुए और इससे उनकी किन आवश्यकताओं की पूर्ति होगी (एन.सी.एफ.टी.ई.– 2009, पृष्ठ संख्या 65–67)।

इस महत्त्व को ध्यान में रखते हुए विशेष रूप से कई संस्थानों को अध्यापक शिक्षा संस्थान सी.टी.ई. का दर्जा दिया गया। अगले हिस्से में हम सी.टी.ई. क्या है और वह किस प्रकार प्रशिक्षण कार्यक्रमों पर केन्द्रित है, इन पहलुओं पर चर्चा करेंगे।

अध्यापक शिक्षा महाविद्यालय (सी.टी.ई.) योजना

सी.टी.ई. योजना की पृष्ठभूमि राष्ट्रीय शिक्षा नीति (1986) और प्लान ऑफ़ एक्शन (1992) के तहत तैयार हुई थी। इन संस्थाओं का मक़सद माध्यमिक स्तर से जुड़े सेवापूर्व और सेवारत प्रशिक्षण कार्यक्रमों का आयोजन करना है। इसके अलावा शिक्षा के क्षेत्र में अनुसन्धान, शिक्षा में नवाचार, सामग्री निर्माण, विद्यालय और शिक्षा के अन्य अंगों में व उनकी क्षमता में आकलन व ऐसे अन्य दायित्व इन संस्थानों से अपेक्षित हैं। इन संस्थानों का कार्य अध्यापक शिक्षा के क्षेत्र में प्रोफ़ेशनल विकास के लिए आवश्यकतानुरूप पाठ्यक्रम निर्माण व उसे लागू करने में अन्य अध्यापक शिक्षा महाविद्यालयों की मदद भी है (राष्ट्रीय शिक्षा नीति 1986, 1992 पृष्ठ संख्या 49–50)। सी.टी.ई. से अन्य अध्यापक शिक्षा महाविद्यालयों शिक्षक–प्रशिक्षण, विद्यालयों एवं शिक्षकों से लगातार सम्पर्क, स्वयं को नवीन ज्ञान से स्थापित करना, अन्य संस्थाओं के साथ नेटवर्किंग, राष्ट्रीय माध्यमिक शिक्षा अभियान को सहयोग, शिक्षण–अधिगम सामग्री का निर्माण तथा शिक्षक–प्रशिक्षण एवं अकादमिक सहयोग भी अपेक्षित है।

अध्ययन के उद्देश्य

उक्त अध्ययन चयनित सी.टी.ई. संस्थान के सम्बन्ध में निम्नलिखित उद्देश्यों पर केन्द्रित है :

- सी.टी.ई. संस्थान द्वारा आयोजित सेवारत प्रशिक्षण कार्यक्रम की योजना, क्रियान्विति एवं आकलन का विश्लेषण करना।
- सेवारत प्रशिक्षण कार्यक्रमों को आवश्यतानुरूप बनाने हेतु सी.टी.ई. संस्थान के विविध प्रयासों का अध्ययन।

अध्ययन आकल्प

यह अध्ययन केवल एक ही सी.टी.ई. द्वारा आयोजित सेवारत शिक्षण–प्रशिक्षण कार्यक्रम की योजना, क्रियान्विति, आकलन, चुनौतियों, अध्यापकों की उपस्थिति और उनमें सुधार की सम्भावनाओं तक ही सीमित है। अध्ययन हेतु उपकरण के रूप में साक्षात्कार अनुसूची का निर्माण किया गया। इसके माध्यम से सी.टी.ई. की प्रभारी एवं संस्थान में कार्यरत उन 5 अध्यापक शिक्षकों का साक्षात्कार लिया गया जो कि कई वर्षों से समन्वयक के रूप में सेवारत अध्यापक प्रशिक्षण कार्यक्रमों का आयोजन कराते रहे हैं। साक्षात्कार उपकरण में 32 खुले प्रश्न हैं जो सेवारत प्रशिक्षण कार्यक्रम से सम्बन्धित तथ्यों पर केन्द्रित हैं। इनमें प्रशिक्षण कार्यक्रम की योजना बनाने की प्रक्रिया, राज्य सरकार की भूमिका तथा उनके द्वारा प्राप्त आदेश और निर्देश, महाविद्यालय में आयोजन की स्थिति, कार्यशाला और समन्वयक, उनके उत्तरदायित्व, कार्यशाला की प्रारम्भिक तैयारी, समय सारणी, वार्ताकार अथवा विषय विशेषज्ञों के चयन, सम्पर्क और उनसे अपेक्षाएँ, कार्यशाला से जुड़ी गतिविधियाँ, उनके आयोजन से जुड़े प्रयास, प्रतिभागियों का पूर्व परीक्षण, प्रतिपुष्टि, उसका विश्लेषण, दस्तावेज़ एकत्रण आदि से जुड़े कथन शामिल थे। अध्ययन में इन कार्यक्रमों में तथ्य संकलन में अध्यापकों की उपस्थिति को भी शामिल किया गया है।

तथ्यों की व्याख्या एवं विश्लेषण

साक्षात्कार से मिले उत्तरों को उपस्थिति के आँकड़ों के आलोक व परस्पर सहसम्बन्ध के आधार पर श्रेणीबद्ध कर विश्लेषित किया गया। साक्षात्कार के दौरान मिली जानकारी से अध्ययन के उद्देश्यों के सीमित दायरे में विविध उत्तरों का विश्लेषण किया गया। अगले हिस्से में प्राप्त तथ्यों को विविध भागों में बाँटकर प्रस्तुत किया जा रहा है।

सेवारत प्रशिक्षण कार्यक्रमों के सम्बन्ध में योजना निर्माण

यह प्रशिक्षण कार्यक्रम राज्य सरकार के निर्देशानुसार और उन पर अनुमोदन उपरान्त ही आयोजित किये जाते हैं। इसके दो चरण हैं–

- पहले संस्थान गहन चर्चा के उपरान्त सम्भव व अपेक्षित प्रशिक्षण कार्यक्रमों की सूची तैयार करते हैं जिसे राज्य सरकार के निर्देशानुसार निदेशालय, विद्यालय शिक्षा को प्रेषित किया जाता

है। महाविद्यालय में इन कार्यक्रमों की सूची बनाते समय विषय के अतिरिक्त मुद्दे आधारित कार्यक्रम जैसे पर्यावरण शिक्षा, जेंडर, किशोरावस्था शिक्षा, मानवाधिकार आदि के अतिरिक्त शिक्षा और अध्यापक शिक्षा के क्षेत्र में बदलाव और समसामयिक मुद्दों को रेखांकित किया जाता है।

- इसके बाद प्रशिक्षण कार्यक्रमों की सूची के अनुमोदन उपरान्त इनके आयोजन की तैयारी की जाती है। प्रत्येक के लिए प्रशिक्षण कार्यक्रम समन्वयक निर्धारित किया जाता है जिसके कार्य में कार्यक्रम की विस्तृत रूपरेखा तैयार करने व उसे क्रियान्वयित करने की ज़िम्मेदारी शामिल है। इसमें विषय विशेषज्ञों से सम्पर्क, उपयुक्त समय, अध्यापक को दी जाने वाली सामग्री और सुविधाएँ, कार्यशाला हेतु स्थान एवं अन्य सभी कार्यों का दायित्व सम्मिलित है।

सेवारत प्रशिक्षण कार्यक्रमों की क्रियान्विति

प्रशिक्षण हेतु कार्यक्रम समन्वयक सम्बन्धित कार्यक्रम का आधार पत्र बनाता है। इसमें कार्यक्रम की सैद्धान्तिक रूपरेखा व उसके आयोजन के उद्देश्य, सम्भावित रणनीतियाँ, अपेक्षाओं आदि को निरूपित किया जाता है। कार्यक्रम की समय सारणी क्रियान्विति से एक माह पूर्व ही बन जाती है जिससे समय रहते प्रभावी योजना बन सके। इसमें विषय विशेषज्ञ का नाम, अन्य जानकारी और उनकी वार्ता के विषय को भी स्पष्ट किया जाता है। विषय विशेषज्ञ से बातचीत के दौरान उन्हें सत्र के सन्दर्भ में संस्थान की मंशा, उद्देश्यों व अध्यापकों की आवश्यकता से अवगत कराया जाता है।

प्रशिक्षण कार्यक्रमों के आयोजन में अकादमिक चर्चा और गतिविधियों की तैयारी ही नहीं होती वरन् प्रशिक्षण के दौरान आवास, भोजन और अन्य सुविधाओं की व्यवस्था पर भी ध्यान दिया जाना होता है ताकि कार्यक्रम में कोई व्यवधान न हो।

प्रशिक्षण की अवधि व विषय

निर्देशानुसार सी.टी.ई. संस्थान में आयोजित कार्यक्रम दो प्रकार के हो सकते हैं–

1. विषय आधारित प्रशिक्षण कार्यक्रम (सात दिवसीय)।
2. मुद्दे आधारित प्रशिक्षण कार्यक्रम (पाँच दिवसीय)।

अध्ययनित संस्थान में उपर्युक्त आधार पर विषय आधारित प्रशिक्षण कार्यक्रमों में हिन्दी, संस्कृत, सामाजिक विज्ञान, गणित, अंग्रेज़ी, विज्ञान आदि विषय और मुद्दे आधारित कार्यक्रमों में मूल्य शिक्षा, समावेशी शिक्षा, स्वास्थ्य शिक्षा, आपदा प्रबन्धन, पुस्तकालय प्रबन्धन, क्रियात्मक अनुसन्धान, लैंगिक संवेदनशीलता, कम्प्यूटर प्रशिक्षण, जीवन कौशल, सी.सी.ई., सूचना तकनीकी, शान्ति शिक्षा, एन.सी.एफ. 2005, दृश्य श्रव्य सामग्री, मार्गदर्शन एवं परामर्श, बाल अधिकार, किशोरावस्था शिक्षा, महिला एवं बालिका संबलन, स्मार्ट क्लास प्रबन्धन व पर्यावरण शिक्षा आदि आयोजित किये जाते हैं। संस्थान इनके अतिरिक्त राष्ट्रीय माध्यमिक शिक्षा अभियान (RMSA) के तहत भी इसी तरह के प्रशिक्षण कार्यक्रम आयोजित करता है।

कार्यक्रम में आये सम्भागियों को पूर्व निर्मित आधार पत्र माध्यम से कार्यक्रम के आयोजन और विविध गतिविधियों के बारे में अवगत कराया जाता है जिससे कि वे प्रशिक्षण कार्यक्रम की अवधि व रूपरेखा से अवगत हों। प्रशिक्षण की शुरुआत में पूर्व परीक्षण से अध्यापकों की आवश्यकताओं को और गहनता से जानने का प्रयास किया जाता है। इसके आधार पर सत्रों में आवश्यक परिवर्तन किया जा सकता है व ऐसे दस्तावेज़ों को शिक्षकों को उपलब्ध कराने का प्रयास किया जाता है जो उनके लिए उपयोगी हों।

सेवारत अध्यापक प्रशिक्षण कार्यक्रम की प्रभावी क्रियान्विति एवं प्रशिक्षण के सन्दर्भ में संस्था कई बातों का ध्यान रखती है। जैसे इनमें कक्षा में विषय–वस्तु के लिए गतिविधियों का चयन व आयोजन की समझ के विकास हेतु कार्यक्रम में उपयुक्त गतिविधियों को सम्मिलित करना आवश्यक माना जाता है। विषय से जुड़े सम–सामयिक मुद्दों और चुनौतियों पर भी अध्यापकों से गहन संवाद को भी महत्त्वपूर्ण माना जाता है। अध्यापकों के लिए अपने विचार रखने के पर्याप्त अवसर बनाये जाते हैं ताकि विद्यालयीन अनुभवों को साझा करने का यह एक मंच बने। इसके अलावा कार्यक्रम में अध्यापकों का विषय से जुड़ी पुस्तकों और सम्बन्धित विषय–वस्तु, मूल्यांकन पद्धति आदि चुनौतियों के रास्ते खोजने के अवसर भी उपलब्ध कराये जाते हैं। कुछ सम्भव शिक्षण गतिविधि यथा दल चर्चा, समूह शिक्षण आदि को भी उदाहरणस्वरूप करवाया जाता है। राष्ट्रीय पाठ्यचर्या की रूपरेखा में प्रस्तुत विषयानुरूप युक्तियों और चुनौतियों की चर्चा भी की जाती है

ताकि पाठ्यचर्या में व्यापक परिवर्तन की वस्तुस्थिति और सम्भावनाओं पर गहनता स्थापित की जा सके।

सेवारत प्रशिक्षण कार्यक्रमों का आकलन

प्रशिक्षण कार्यक्रमों का आकलन अध्यापकों के अधिगम और अभिमत के फ़ीडबैक के आधार पर किया जाता है। निर्धारित प्रपत्र के माध्यम से अध्यापकों व विषय विशेषज्ञों का फ़ीडबैक लिया जाता है। जिसमें विषय विशेषज्ञ पर अध्यापकों की राय भी शामिल है। इसमें कार्यक्रम की विशषताएँ व इससे सम्बन्धित सुझावों को भी जानने का प्रयास किया जाता है।

सी.टी.ई. की कार्यक्रम सलाहकार समिति (PAC) बैठक में सेवारत अध्यापक प्रशिक्षण की योजना, क्रियान्विति और आकलन के साथ प्रशिक्षु की उपस्थिति और विविध अनुसन्धान विषयों पर चर्चा भी की जाती है।

इसके अलावा कार्यक्रम का आधार पत्र, अध्यापकों द्वारा लिखित प्रतिवेदन प्रतिपुष्टि प्रपत्र एवं आयोजित गतिविधियों का सारांश सी.टी.ई. विभाग में जमा कराया जाता है। संस्थान द्वारा दोनों प्रकार के कार्यक्रमों के लिए कई मॉड्यूल बनाये हैं जिनमें नित सुधार होता रहता है। इसके अलावा समय–समय पर आवश्यकतानुसार नये मॉड्यूल भी बनाये जाते हैं।

- सेवारत प्रशिक्षण कार्यक्रमों को आवश्यतानुरूप बनाने हेतु विविध प्रयास
- संस्थान विद्यालय और अध्यापकों से सम्पर्क बनाये रखने हेतु लेब एरिया गतिविधियों का आयोजन भी करता है। इसमें अध्यापक शिक्षकों की वार्ताएँ आयोजित की जाती हैं।
- संस्थान अध्यापकों की प्रशिक्षण आवश्यकता जानने के लिए अनुसन्धान भी करता है।
- सेवारत प्रशिक्षण का प्रतिबिम्ब संस्थान के प्रकाशनों में दिया जाता है।
- संस्थान द्वारा 12वीं पंचवर्षीय योजना एवं शिक्षा और अध्यापक शिक्षा के विविध दस्तावेज़ों की अनुपालना में उच्च अध्यापक शिक्षा संस्थान (आई.ए.एस.ई.), अन्य अध्यापक शिक्षा महाविद्यालय (सी.टी.ई.), विश्वविद्यालय, राज्य शैक्षिक अनुसन्धान प्रशिक्षण परिषद् एवं अन्य अध्यापक शिक्षा महाविद्यालयों के बीच सम्बन्धों को सुदृढ़ बनाने के लिए प्रयास किये जाते हैं। इसमें शिक्षा अनुसन्धान,

पीएच.डी. मार्गदर्शक चर्चाएँ, राष्ट्रीय पाठ्यचर्या की रूपरेखा और अध्यापक शिक्षा की राष्ट्रीय पाठ्यचर्या की रूपरेखा आदि मसलों पर सामूहिक कार्यक्रम शामिल हैं।

सेवारत प्रशिक्षण कार्यक्रम से जुड़ी चुनौतियाँ

अध्ययन में सेवारत प्रशिक्षण कार्यक्रम से सम्बन्धित निम्नलिखित चुनौतियों का पता चला–

- सबसे प्रमुख चुनौती है भागीदार अध्यापकों की संख्या जिसके कारण कार्यक्रम की पूरी क्रियान्वयित, योजना के पश्चात् भी कभी–कभी उसे निरस्त करना पड़ता है। ऐसा भी बताया गया कि यह अन्य सी.टी.ई. एवं आई.ए.एस.ई. में भी होता है। कुछ मर्तबा तो शुरू होने के दिन विशेषज्ञों के आने के पश्चात् कार्यक्रम रद्द करना पड़ता है। सत्र 2014–15, 2015–16 एवं 2016–17 में अध्यापकों की उपस्थिति हिन्दी में 44.28, संस्कृत में 53.50, सामाजिक विज्ञान में 50.00, गणित में 51.07, अंग्रेज़ी में 73.33 और विज्ञान में 49.28 प्रतिशत थी।
- इसके अलावा मुद्दे आधारित कार्यशालाओं में, मूल्य शिक्षा में 80.83, समावेशी शिक्षा में 48.75, स्वास्थ्य शिक्षा में 45.83, आपदा प्रबन्धन में 43.75, क्रियात्मक अनुसन्धान में 52.00, पुस्तकालय प्रबन्धन में 32.50, लैंगिक संवेदनशीलता में 40.00, कम्प्यूटर में 66.67, शैक्षिक तकनीकी में 67.50, जीवन कौशल में 27.50, सी.सी.ई. में 52.50, शान्ति शिक्षा में 38.33, एन.सी.एफ. 2005 में 38.75, दृश्य–श्रव्य में 30.83, मार्गदर्शन एवं परामर्श में 27.50, बाल अधिकार एवं किशोरावस्था शिक्षा में 25.00, महिला एवं बालिका संबलन में 32.50, स्मार्ट क्लास प्रबन्धन में 35.00 एवं पर्यावरण शिक्षा में 35.00 प्रतिशत उपस्थिति रही। यह भी बताया गया कि अध्यापकों की उपस्थिति को निश्चित करने पर प्रयास जारी है जिससे कार्यक्रमों के निरस्त होने की सम्भावना कम होगी और उपस्थिति बढ़ेगी।
- अध्यापक प्रशिक्षण कार्यक्रमों में स्व–अभिप्रेरित होकर भाग लें यह दूसरी चुनौती है। कई बार ऐसा प्रतीत होता है कि अध्यापक औपचारिकता की पूर्ति हेतु ही कार्यक्रम का हिस्सा बनते हैं जिससे वे प्रमाण पत्र प्राप्त कर आवश्यक शर्तों की पूर्ति कर सकें।

- कई बार अध्यापकों का एक भाग यह महसूस करता है कि सन्दर्भ व्यक्ति द्वारा प्रस्तुत किये जाने वाले विचारों और चर्चाओं से वे परिचित हैं और ऐसी स्थिति में चर्चा में सहभागिता के स्थान पर उसमें व्यवधान का प्रयास भी उत्पन्न किया जाता है जिससे कार्यशाला और सत्र के उद्देश्य को पूर्ण करने में कठिनाई आती है।
- अक्सर प्रशिक्षण में ऐसे प्रतिभागी भी सम्मिलित होते हैं जिनकी सेवानिवृत्ति में अधिक समय नहीं है। कई बार सेवानिवृत्ति के वर्ष में भी अध्यापकों को प्रशिक्षण हेतु प्रतिनियुक्त कर दिया जाता है। इन सबको प्रशिक्षण हेतु अभिप्रेरित करना चुनौतीपूर्ण बन जाता है।
- कई बार एक ही शैक्षणिक सत्र में एक अध्यापक विषय व मुद्दे आधारित प्रशिक्षण दोनों में प्रतिभागी के रूप में आ जाता हैं जिससे इनकी रुचि प्रशिक्षण के मसौदे में नहीं रह पाती व प्रशिक्षण से लाभ भी नहीं होता।
- कई बार प्रतिभागी कार्यशाला के मसौदे अथवा उसके क्षेत्र से सम्बन्धित नहीं होते।

सेवारत प्रशिक्षण कार्यक्रम के सम्बन्ध में सुझाव

इन चुनौतियों के सम्बन्ध में एक महत्त्वपूर्ण सुझाव यह था कि एक बृहद् स्तर का ऑनलाइन सिस्टम बनाया जाये जिसमें सभी सी.टी.ई. संस्थानों द्वारा आयोज्य कार्यक्रमों, उनकी समयाविधि व रूपरेखा को बताया गया हो। अध्यापक अपनी इच्छानुसार समयाविधि और कार्यक्रम का चयन कर वर्ष में एक प्रशिक्षण के लिए अपनी रुचि प्रस्तुत करें व इसके आधार पर ही उन्हें चुना जाये। इसके सफल क्रियान्वयन और अध्यापकों की निश्चित संख्या हेतु विस्तृत कार्ययोजना बनाने की आवश्यकता है। एक ऐसा डाटा बेस भी बने जिसमें संस्थानों के क्षेत्र के विद्यालयों में पढ़ा रहे अध्यापकों के विषय क्षेत्र, क्षमताओं, अभिरुचियों, उनके द्वारा पिछले तीन–चार वर्षों में प्राप्त किये प्रशिक्षणों का ब्यौरा हो। यह हर प्रशिक्षण में भागीदारी उपरान्त अपडेट हो जाये। इस प्रकार की व्यवस्था को बनाने से अध्यापकों के दोहराव, उनकी आवश्यकता, कार्यक्रम के सम्बन्ध में उसकी उपयोगिता और अनिवार्यता, स्व–अभिप्रेरणा आदि चुनौतियों का स्थायी समाधान खोजने का प्रयास किया जा सकता है।

निष्कर्ष

यह स्पष्ट है कि सी.टी.ई. द्वारा सेवारत प्रशिक्षण में अनेक चुनौतियों का सामना किया जाता है। प्रशिक्षण कार्यक्रम के औचित्य को सार्थक बनाने के लिए विविध स्तरों पर प्रयासों की आवश्यकता है। अध्ययन में यह भी सामने आया कि अध्यापकों की उपस्थिति के अतिरिक्त भी कई चुनौतियाँ हैं जिनके समाधान पर गहनता से विचार करने की आवश्यकता है लेकिन इन सब के बावजूद ऐसा लगता है कि इस तरह के कार्यक्रमों की आवश्यकता है और इन्हें व्यवस्थित कर जारी रखना चाहिए।

सन्दर्भ सूची

1. *शिक्षा और राष्ट्रीय विकास, शिक्षा आयोग रिपोर्ट 1964–1966*, एन.सी.ई.आर.टी., नयी दिल्ली।
2. राष्ट्रीय शिक्षा नीति 1986, 1992 में परिवर्तन के साथ, मानव संसाधन विकास मन्त्रालय, नयी दिल्ली।
3. राष्ट्रीय पाठ्यचर्या की रूपरेखा 2005 एन.सी.ई.आर.टी., नयी दिल्ली।
4. अध्यापक शिक्षा की राष्ट्रीय पाठ्यचर्या की रूपरेखा 2009, एन.सी.टी.ई., नयी दिल्ली।
5. टीचर एजुकेशन प्लानिंग हैंडबुक 2013–14, अध्यापक शिक्षा की केन्द्र प्रवर्तित योजना 2012, भारत सरकार, मानव संसाधन विकास मन्त्रालय विभाग, विद्यालय शिक्षा एवं साक्षरता विभाग, मार्च 2013, नयी दिल्ली।

स्कूल से बाहर शिक्षण : वनशाला शिविर

–गिरीश शर्मा

प्रस्तुत पर्चा बी.एड. की पाठ्यचर्या में किये जाने वाले वनशाला शिविर प्रयोग की उपयोगिता पर आधारित है। पर्चा वनशाला शिविर की विशेषताओं पर प्रकाश डालने के साथ–साथ, उनके आयोजन और कार्यान्वयन में आने वाली चुनौतियों को भी चिह्नित करता है। पर्चे में वनशाला शिविर में भाग लेने वाले शिक्षक–विद्यार्थियों के साथ किये गये एक अध्ययन के आधार पर उनके अनुभवों को भी प्रस्तुत करने की कोशिश की गयी है जिससे शिक्षक की तैयारी में वनशाला शिविरों की उपयोगी भूमिका साबित होती है।

परिचय

एक विद्यालय में पढ़ने वाले शिक्षार्थियों की रुचियाँ अलग–अलग हैं, मनोवृत्तियाँ अलग–अलग हैं। यदि इन्हें कक्षा से बाहर शिक्षा प्राप्त करने के मौक़े मिलें तो समाज की वास्तविक परिस्थितियों को समझने के भी अवसर मिलेंगे। साथ ही वे अपने आपके लिए सोचने के प्रति भी अग्रसर होंगे और मूल्यों को भी ग्रहण करेंगे। शिक्षार्थी में ऐसा सृजनात्मक परिवर्तन ही सच्ची शिक्षा है। किन्तु वर्तमान सन्दर्भ में कक्षा की चारदीवारी में जिस प्रकार की पुस्तकीय शिक्षा दी जा रही है वह न तो व्यक्तित्व विकास में सहायक होती है और न ही समुदाय के लिए उपयोगी हो पाती है, क्योंकि केवल अध्यापक के द्वारा सूचनात्मक जानकारी देना तथा शिक्षार्थियों द्वारा इसे सुनकर ग्रहण करना ही शिक्षा का पर्याय बन चुका है। इस प्रकार की शिक्षा गाँधीजी द्वारा बतायी गयी हाथ, मस्तिष्क और हृदय की समन्वित शिक्षा से कोसों दूर होती है, किन्तु विद्यार्थियों को कक्षा के बाहर अनुभवजन्य शिक्षा प्रदान करने में गाँधीजी द्वारा प्रस्तावित शिक्षा के उद्देश्यों को प्राप्त करने में होती है। कक्षा के बाहर शिक्षण में देखना, अनुभव करना, वार्तालाप करना,

निरीक्षण करना और उत्पादक कार्य शामिल हैं। शिक्षण की इस प्रक्रिया में शिक्षार्थी जब बहुत सारी ज्ञानेन्द्रियों का एक साथ उपयोग करता है तो सीखना स्थायी, रुचिकर हो जाता है और सीखने में समझ का भी विकास हो जाता है। सीखने वाले जब वास्तविक रूप से विषय–वस्तु व उससे जुड़े मसलों का अनुभव करते हैं और अनुभव विश्लेषण के साथ–साथ सीखते हैं तो न सिर्फ़ सीखना ज़्यादा गहरा होता है, वे ज़्यादा उत्साह के साथ भी कार्य करते हैं। ऐसे अनुभव व कार्य जीवन भर याद रहते हैं, उसका प्रभाव जीवन भर स्मृति पटल पर बना रहता है। ऐसा कहा जा सकता है कि कक्षा में सीखा गया अक्सर भूल जाता है किन्तु अनुभव याद रहता है और गहराई से समझने में मदद करता है।

बुनियादी शिक्षा/नयी तालीम

गाँधी व उनके साथियों ने अपनी बुनियादी शिक्षा के मूल में भी उत्पादक–उद्योग को रखा। इन्हीं उत्पादक–उद्योगों के माध्यम से उन्होंने बालक के व्यक्तित्व के विकास पर ज़ोर दिया। इसके लिए उन्होंने स्कूली विषयों को भी इन्हीं उद्योगों के इर्द–गिर्द रखने की बात कही। गाँधीजी का मानना था कि यदि स्कूलों में इस प्रकार की शिक्षा को शामिल किया जाये और निरन्तर वैज्ञानिक ढंग से उसका अभ्यास कराया जाये तो बालकों के हाथ और मस्तिष्क में भी समन्वय बना रहेगा और उनमें स्वावलम्बन की भावना का भी विकास होगा और वे शिक्षा को अपने व्यावहारिक जीवन में भी उपयोग कर पायेंगे। सम्पूर्ण शिक्षा के ऐसे विचार की ध्वनि देश में शिक्षा में काम कर रहे कई लोगों के विचारों से मिलती है, किन्तु गाँधी ने इसका प्रचार–प्रसार एवं वकालत सबसे ज़्यादा की।

मोटे रूप में देखा जाये तो आज भी बुनियादी शिक्षा के बारे में लोगों को भ्रम है। उनका ऐसा मानना है कि बुनियादी शिक्षा के पाठ्यक्रम में तकली घुमाना सीखना और ऐसे ही अन्य व्यवसाय शामिल होने चाहिए और नये विचारों और नयी दिशा में सोचना निषिद्ध है। आज से लगभग 70 वर्ष पूर्व जब भारत में बुनियादी शिक्षा का विचार विकसित हो रहा था उस समय स्कूल के लिए चुने गये या प्रचलित उद्योग या व्यवसाय ही बुनियादी शिक्षा के विचार की जड़ में थे। वे इसका आधार हैं ही, लेकिन वास्तव में बुनियादी शिक्षा की मूल बातें कुछ ओर कहती हैं। अपने लेख 'बुनियादी शिक्षा आज के सन्दर्भ में' दीवान (2008) बुनियादी शिक्षा के

मूल सिद्धान्तों में कुछ अहम बातों को शामिल करते हैं। उनके अनुसार, 'बुनियादी शिक्षा एक ऐसी प्रक्रिया है जो समुदाय, उनके विचारों, सरोकारों और अनुभवों को शामिल करने पर आधारित है। इस प्रक्रिया में बच्चों को उसके सन्दर्भ व अनुभवों के साथ शामिल करने पर ज़ोर दिया जाता है। इसके साथ ही बच्चे और समुदाय के सभी सदस्यों तक उनके काम का सम्मान करते हुए और उनके अनुभवों को स्कूल में शामिल करना तथा ऐसे एकीकृत अनुभवों का इस्तेमाल करना जो नैतिकता और सरोकार (दिल) अवधारणाएँ, प्रक्रियाएँ और तार्किक क्षमता (दिमाग़) और चीज़ों को उत्पन्न करने की क्षमता, सहनशक्ति, सृजनात्मकता और क्रियाशीलता (हाथ) विकसित करे। बच्चों में (व समाज में) स्कूल को चलाने में, समुदाय में अपनी काम करने की भूमिका को खोजने और ज़िम्मेदारी ग्रहण करने के साथ आत्मविश्वास और सामाजिक प्रतिबद्धता का विकास करना भी बुनियादी शिक्षा में शामिल है।'

'हिन्दुस्तानी तालीमी संघ की एक मीटिंग में (पूना 1945) में गाँधीजी ने कहा कि शिक्षा जन्म से लेकर मृत्यु पर्यन्त तक चलने वाली है। नयी तालीम का उद्देश्य नयी समाज–रचना जिसका आधार था सहयोगी कार्य, सभी की भलाई के लिए। शिक्षा का अर्थ एक विशेष प्रकार का जीवन जीना तथा इसी जीने के साथ सीखना कि कैसे सहकारी जीवन के द्वारा जीवन की मूल आवश्यकताओं की पूर्ति की जा सकती है। इस प्रकार नयी तालीम ''समाज–शिक्षण'' के उस मूल विचार के लगभग निकट आ जाती है जिसका अर्थ केवल निरक्षरता उन्मूलन ही नहीं वरन् व्यक्ति का विकास है, जिसमें वह अपने आत्म–सम्मान को जगा सके, अपनी गरिमा को पहचान सके व उसमें आत्मविश्वास पनपे।' (आचारुलु के. एस., पृष्ठ संख्या : 97)

ऐसा नहीं है कि ऐसे विचार सिर्फ़ भारत में ही हो रहे हैं। दुनिया भर में अलग–अलग जगहों पर लोगों ने सम्पूर्ण व्यक्ति के विकास व शिक्षा के मात्र पुस्तक व कक्षा–केन्द्रित स्वरूप पर चिन्ता ज़ाहिर करते हुए अनुभवजन्य शिक्षा पर ज़ोर डाला है। उदाहरण के तौर पर जॉन ड्यूवी (1938) भी अनुभवजन्य शिक्षण प्रक्रिया का समर्थन करते हुए कहते हैं कि यही जीवनोपयोगी शिक्षा का प्रभावी प्रकार एवं प्रभावी विधा है। ड्यूवी ने परम्परागत और प्रगतिशील शिक्षण दोनों को अपर्याप्त बताते हुए अनुभवजन्य शिक्षण के विकल्प को महत्त्वपूर्ण बताया।

ड्यूवी के अनुसार शिक्षा की प्रक्रिया में केवल सूचनाओं के प्रस्तुतीकरण पर आग्रह न रखते हुए जीवन्त अनुभवों को स्थान देने की आवश्यकता है। इन अनुभवों में भूत, वर्तमान एवं भविष्य के अनुभवों की एक निरन्तरता बनी रहनी चाहिए तथा विद्यार्थियों की अपनी सोच और पर्यावरण से अन्तःक्रिया पर बल देने का प्रयास भी होना चाहिए। इस सन्दर्भ में ड्यूवी ने अनुभवजन्य शिक्षा को एक उत्तम विकल्प बताते हुए स्पष्ट किया कि सीखने की प्रक्रिया में व्यावहारिक एवं क्रियाशील रहते हुए अनुभव अर्जित करना अधिगम की गुणवत्ता के लिए महत्त्वपूर्ण है। क्योंकि अनुभवजन्य शिक्षा की प्रक्रिया में क्रियाशील रहते हुए विद्यार्थी सीखता है तथा इस प्रक्रिया में वह चिन्तन एवं अपने अनुभवों के विषय में विश्लेषण भी करता है। वह कई अवसर प्राप्त करता है। कार्यस्थल, इंटर्नशिप, साहसिक तथा सेवा विषयक प्रवृत्तियों में भाग लेना अनुभवजन्य शिक्षा के उत्तम उदाहरण कहे जा सकते हैं।

शिक्षा को सम्पूर्ण दृष्टि से देखना

एक ओर महत्त्वपूर्ण बात यह है कि हालाँकि सीखने में ज़्यादातर व्यक्तिगत को ज़्यादा महत्त्व दिया जाता है। परन्तु सीखने में व्यक्तिगत प्रयासों की तुलना में सामूहिक प्रयासों पर अधिक ज़ोर दिया जाना चाहिए। राष्ट्रीय पाठ्यचर्या की रूपरेखा–2005 न सिर्फ़ इसे ज़्यादा बेहतर मानती है, वरन् इसे व्यक्ति के विकास का महत्त्वपूर्ण हिस्सा भी मानती है। जॉन ड्यूवी, टॉलस्टॉय एवं गाँधीजी के शिक्षण सिद्धान्तों में इस बात पर बहुत ज़ोर देकर कहा गया है कि सीखने की प्रक्रिया का आधार बहुइन्द्रिय अनुभव होने चाहिए। विशेषकर उन्होंने कार्य एवं ज्ञान में सन्तुलन पर बल दिया और इसके लिए उन्होंने शिक्षण के आधार हेतु क्राफ्ट जैसी प्रवृत्तियों को बनाने का सुझाव दिया।

गाँधीजी के अनुसार, 'मेरी यह मान्यता है कि मस्तिष्क की सही शिक्षा केवल शारीरिक अंगों जैसे– हाथ, पाँव, आँख, कान के उपयुक्त अभ्यास और प्रशिक्षण से ही सम्भव है' (हरिजन 1937)।

अर्थात् सही शिक्षण, सही बौद्धिक विकास विभिन्न इन्द्रियों एवं सभी अंगों को सम्मिलित करने से ही है। जिसके माध्यम से छात्र अनुभव प्राप्त करते हुए सीख सके। यह समूह से ही सम्भव है। आज इसकी सर्वाधिक ज़रूरत है। समूह की अवधारणा यदि समाज में पहुँच जाये तो यह सम्पूर्ण मानव समाज के लिए कल्याणकारी होगा क्योंकि शिक्षा व्यक्ति के लिए नहीं बल्कि समाज और उसकी प्रगति के लिए है।

सम्पूर्ण शिक्षा एवं शिक्षक की तैयारी

उपरोक्त लक्ष्य की प्राप्ति को ध्यान में रखते हुए ऐसे शिक्षकों को तैयार करना होगा जिन्हें विषय का ज्ञान हो, जो विषय को सम्प्रेषित कर सकें, प्रबन्धकीय कौशल हो और जो विद्यार्थियों से अन्तःक्रिया कर सकें, उनके मनोविज्ञान को समझें साथ ही उन्हें स्थानीय परिवेश और उसकी विशेषताओं की समझ भी हो। जो हर तरह का कार्य कर सकें व हर पृष्ठभूमि के छात्र के परिवार की मनोस्थिति व कार्य से अन्तःक्रिया कर सकें। विद्वानों द्वारा शिक्षा विषयक उद्देश्यों पर की गयी प्रतिक्रियाओं पर दृष्टिपात करने से स्पष्ट होता है कि शिक्षा एक व्यापक प्रक्रिया है। शिक्षण के माध्यम से व्यक्तिगत विकास के साथ–साथ आर्थिक एवं सामाजिक सरोकार भी महत्त्वपूर्ण हैं। अतः शिक्षा के व्यापक उद्देश्यों की प्राप्ति के लिए उपयुक्त शिक्षा प्रक्रिया सुनिश्चित करना आवश्यक है जिसमें विद्यार्थियों के ज्ञान के विकास के साथ–साथ जीवन की तैयारी के रूप में व्यापक अनुभव प्राप्त करते हुए शिक्षा ग्रहण कर सकें।

राष्ट्रीय पाठ्यचर्या की रूपरेखा में वर्तमान सन्दर्भ में शिक्षकों की तैयारी के लिए जिन आवश्यक पहलुओं को केन्द्रित किया है, वे इस प्रकार हैं–

- कक्षा शिक्षण की प्रक्रिया के अन्तर्गत शिक्षक पढ़ाई जाने वाली सामग्री का सम्बन्ध सामाजिक, सांस्कृतिक एवं प्राकृतिक परिवेश से जोड़ सकें।
- शिक्षक विद्यार्थियों से निकटता स्थापित करते हुए उनके साथ रहते हुए सीखने की प्रक्रिया को आगे बढ़ा सकें।
- उनमें ऐसे कौशल हों जिससे वे विद्यार्थियों के ज्ञान के निर्माण की प्रक्रिया में सहायक बन सकें। वे ग्रहणशील एवं निरन्तर विभिन्न स्रोतों से सीखने के लिए तैयार हो सकें।
- शिक्षक समाज के प्रति उत्तरदायी बन सके और बेहतर विश्व के लिए काम करें।

इन अपेक्षाओं की पूर्ति प्रचलित शिक्षक–प्रशिक्षण कार्यक्रम में बदलाव लाकर ही सम्भव है। कक्षा शिक्षण को प्रभावी बनाने तथा शिक्षकों में इन सभी गुणों को विकसित करने के लिए बी.एड. की पाठ्यचर्या में कुछ प्रयोग होते रहे हैं ताकि बदलते वैश्विक परिदृश्य एवं उपस्थित जीवन की गम्भीर चुनौतियों को देखते हुए शिक्षा को मानव के भविष्य को निरुपित

करने की दृष्टि से नये सन्दर्भों में संपुष्ट किया जा सके साथ ही शिक्षक भावी पीढ़ी को ऐसी जीवन शैली जीने के लिए तैयार कर गुणात्मक जीवन को सुनिश्चित कर सके। इन प्रयोगों में एक प्रयोग है वनशाला शिविर।

इस सम्बन्ध में जॉर्ज बेनेलों का कथन है कि, 'किसी प्रबन्ध में सत्ता एवं उत्तरदायित्व के वितरण से कार्य अधिक अच्छा होगा, लोगों की समझ अच्छी होगी, इसके कारण स्वतन्त्रता बढ़ेगी तथा काम में लग जाने की भावना का विकास होगा।' (आचारूलु के. एस., पृष्ठ संख्या : 96)

वनशाला शिविर

शिक्षक–प्रशिक्षण महाविद्यालयों में न केवल विद्यालय की शिक्षा के लक्ष्यों के अनुरूप प्रशिक्षण विधा सृजित की जानी चाहिए बल्कि पाठ्यचर्या में उन गतिविधियों और प्रवृत्तियों को भी स्थान दिया जाना चाहिए जिनका संचालन गहन समझ के साथ शिक्षक विद्यालयों में कर सकें। इसी पृष्ठभूमि में शिक्षक–प्रशिक्षण महाविद्यालयों की पाठ्यचर्या में वनशाला शिविर को भी जोड़ा गया। अपने प्रारम्भिक वर्षों में यह शिविर लगभग 2 सप्ताह के लिए आयोजित किया जाता था। वनशाला शिविर शिक्षा महाविद्यालय की एक महत्त्वपूर्ण प्रवृत्ति के रूप में तथा शैक्षिक प्रयोग के रूप में शिक्षक महाविद्यालय की पाठ्यचर्या में 1948 में सम्मिलित किया गया। विद्या भवन सोसायटी द्वारा प्रकाशित रजत जयन्ती प्रतिवेदन में प्रो. बी.डी. श्रीवास्तव (पेज 69 अनुदित) ने लिखा है–

> 'विद्या भवन शिक्षक महाविद्यालय में प्रशिक्षणरत छात्राध्यापकों को अपने प्रशिक्षण के दौरान अनुभवजन्य अधिगम की विविध प्रवृत्तियों से जुड़ने का अवसर मिलता रहा है। इन प्रवृत्तियों में वनशाला शिविर तथा वार्षिकोत्सव विशेष उल्लेखनीय हैं। वनशाला शिविर में छात्राध्यापक भाग लेते हुए प्रकृति के सान्निध्य में रहते हुए स्थान विशेष के इतिहास एवं भूगोल जैसे महत्त्वपूर्ण पहलुओं का अवलोकन अन्तःक्रिया एवं व्यावहारिक गतिविधियों द्वारा सीखते रहे हैं। इस प्रकार की गतिविधियाँ अनुभवजन्य शिक्षा के सहज उदाहरण कही जा सकती हैं।'

इस प्रकार शिक्षक–प्रशिक्षण महाविद्यालय में आयोजित होने वाले इस शिविर का मूलभूत उद्देश्य शैक्षणिक रहा है। यद्यपि बदलते हुए समय के

साथ–साथ कार्य–प्रणाली और उद्देश्यों में परिवर्तन होता रहा है किन्तु वनशाला शिविर के मूल दर्शन का स्वरूप यथावत्त बना रहा है।

वनशाला शिविर की विभिन्न प्रवृत्तियाँ एवं उनकी विशेषताएँ

वनशाला शिविर को राजस्थान के अध्यापक शिक्षा के पाठ्यक्रम में अनिवार्य प्रवृत्ति के रूप में सम्मिलित किया गया है। वनशाला शिविर में प्रशिक्षणार्थी अपने शिक्षकों के साथ कक्षा के बाहर प्राकृतिक एवं सामाजिक वातावरण में रहते हुए बहुइन्द्रिय अनुभव प्राप्त करते हुए सीखने के अवसर प्राप्त करते हैं। इसके अतिरिक्त इस शिविर की विशेष विशेषता यह है कि प्रशिक्षणार्थी सामूहिक वातावरण में रहते हुए ज्ञान और विभिन्न कौशलों जैसे सहयोग की भावना, समूह में कार्य, निर्णय क्षमता, अवलोकन, संवेदनशीलता का विकास, उत्तरदायित्व की भावना तथा अनेकों जटिल संप्रत्ययों की समझ विकसित करते हैं। इन क्षमताओं के विकास के लिए शिविर में निम्नलिखित प्रवृत्तियाँ आयोजित की जाती हैं–

- **शैक्षणिक कार्य** : विभिन्न परिषदों द्वारा शिविर में किये जाने वाले शैक्षणिक कार्यों की योजना शिविर में जाने से पूर्व बनाई जाती है। प्राचार्य एवं अन्य संकाय सदस्यों के समक्ष उनका प्रस्तुतीकरण होता है। प्राचार्य की अनुमति के बाद परिषदों के सदस्य उसकी कार्ययोजना बनाते हैं। शिविर में प्रतिदिन 5 घण्टे शैक्षणिक कार्य का निर्धारित रहते हैं।
- **सामुदायिक जीवन से सम्बन्धित कार्य** : वनशाला शिविर स्थल के आसपास के गाँवों में लोगों को जागरूक करने सम्बन्धित कार्य किये जाते हैं। जैसे रैली निकालना, नुक्कड़ नाटक करना, वृक्षारोपण करना, सफ़ाई अभियान, सर्वे एवं अध्ययन कर गाँव की समस्या का पता करना और उसके समाधान बताना।
- **प्रबन्धन से सम्बन्धित कार्य** : शिविर में जाने से पूर्व एवं शिविर के दौरान विद्यार्थियों को परिषद् वार या स्वयं कई कार्य सौंपे जाते हैं, जैसे– शिविर स्थल तक लाने–ले–जाने के लिए बसों की व्यवस्था, शिविर का आयोजन एवं संचालन, भोजन व्यवस्था, सांस्कृतिक कार्यक्रमों का आयोजन, प्रार्थना सभा का संचालन, खेलों का आयोजन, रात्रि गश्त, विभिन्न शैक्षणिक कार्यक्रमों का संचालन,

प्रदर्शनी आदि। ये सभी कार्य विद्यार्थी स्वयं करते हैं अध्यापक का मात्र मार्गदर्शन रहता है।

- **पर्यावरण शिक्षण** : सम्पूर्ण अध्ययन स्थानीय पर्यावरण के सन्दर्भ में आयोजित किया जाता है। विद्यार्थी अपने–अपने विषयों के सन्दर्भ में प्राकृतिक और सामाजिक–सांस्कृतिक पर्यावरण का अवलोकन करते हैं, तथ्यों को एकत्रित करते हैं, उनका विश्लेषण कर जीवन में उनका सम्बन्ध स्थापित करते हैं। गाँधीजी ने इसी प्रक्रिया को अनुबन्ध की संज्ञा प्रदान की थी।
- **शोधकार्य सीखना** : विद्यार्थी शिविर के माध्यम से शोध प्रक्रिया एवं कार्य प्रणाली विषयक समझ को विकसित करते हैं, जैसे– तथ्यों को एकत्रित करना, विभिन्न स्रोतों का अवलोकन करना, तथ्यों का विश्लेषण करना तथा निष्कर्ष तक पहुँचना।
- **एडवेंचर** : शिक्षा का एक महत्त्वपूर्ण पहलू कौतूहल पैदा करना है, जो आज पूर्णतः लुप्त हो गया है। वनशाला इस जीवनोपयोगी मनोवृत्ति के विकास की भी अद्‌भुत प्रवृत्ति रही है।
- **मौन वेला** : सूर्यास्त के समय सभी शिविरार्थी लगभग आधा घण्टा ऊँची पहाड़ी पर बैठकर डूबते सूर्य को निहारते हैं। इस दौरान वे न केवल प्रकृति की सुन्दरता का आनन्द लेते हैं बल्कि प्रकृति और अपने स्वयं की आन्तरिक शान्ति का भी एहसास करते हैं। कोई संगीत गाता है या बजाता है, कुछ अपने भावों को लिखते हैं, चित्रकारी करते हैं। यह एक आध्यात्मिक वातावरण होता है। मन अपनी कल्पनाओं एवं स्वप्नों में उड़ता है। इस समय सभी अपने स्वयं के साथ होते हैं। यह स्वयं एवं प्रकृति के पारस्परिक अन्तरसम्बन्ध को समझने और जीवन में सौन्दर्यबोध और शान्ति का जीवन्त अनुभव प्राप्त करने का मौक़ा भी होता है। इन अनुभवों की अभिव्यक्ति महाविद्यालय के वार्षिक प्रतिवेदन में विशेष महत्त्व रखती है।

इस प्रकार अध्यापकों एवं विद्यार्थियों की अपने विषय, पर्यावरण एवं समुदाय के प्रति दृष्टि खोलने वाली यह प्रवृत्ति उपयोगी अनुभव प्रदान करती है।

वनशाला का आज का मॉडल

वनशाला शिविर की प्रक्रिया तीन चरणों में सम्पादित होती है। योजना के रूप में पूर्व तैयारी, क्रियान्विति और समाप्ति के बाद प्रतिवेदन प्रस्तुतीकरण।

सर्वप्रथम प्राचार्य के निर्देशन में 3 सदस्यीय समिति का गठन किया जाता है जो वनशाला शिविर के लिए निर्धारित समय से एक माह पूर्व स्थान का चयन करती है एवं बजट बनाती है। इसके साथ ही महाविद्यालय के समस्त बी.एड. एवं एम.एड. विद्यार्थियों को विषयवार समूह में विभाजित किया जाता है। इन समूहों को सोसायटी अथवा परिषद् के नाम से पहचाना जाता है। जैसे विज्ञान परिषद्, सामाजिक विज्ञान परिषद्, अंग्रेज़ी परिषद्। प्रत्येक परिषद् के मार्गदर्शन हेतु दो–दो संकाय सदस्यों को मार्गदर्शन के लिए नियुक्त किया जाता है। प्रत्येक समूह से छात्र संघ का भी गठन किया जाता है। वनशाला शिविर में आयोजित की जाने वाली विभिन्न गतिविधियों की ज़िम्मेदारी समूहवार सौंपी जाती है, जैसे– सुबह की प्रार्थना संगीत परिषद्, भोजन इतिहास परिषद्, कैम्प फायर अर्थशास्त्र एवं कॉमर्स परिषद्, प्रदर्शनी भूगोल परिषद् आदि। शिविर में जाने से पूर्व अभीमुखी कार्यक्रम होता है। इसी के साथ ही विषय अध्ययन कार्य, सामुदायिक कार्य एवं सामुदायिक शिक्षा हेतु परिषद् वार रणनीतियाँ तैयार कर उनके क्रियान्वयन को सुनिश्चित किया जाता है।

क्रियान्विति के दौरान मुख्य आग्रह क्षेत्रीय अध्ययन पर होता है किन्तु इसके साथ–साथ स्वास्थ्य एवं योग सत्र, सामुदायिक कार्य एवं सांस्कृतिक सत्र जैसी गतिविधियों को भी सम्मिलित किया जाता है। इन सभी सत्रों में प्रशिक्षणार्थियों की तैयारी की दृष्टि से पर्याप्त सम्भावनाएँ विद्यमान हैं। वनशाला शिविर स्कूल से बाहर इसलिए लगाना चाहते हैं क्योंकि यह महसूस किया जाता रहा है वे प्रायः विद्यालय में इस बात के अवसर नहीं मिल पाते कि बच्चे अपने ज्ञान को स्थानीय परिवेश से जोड़ पायें। वनशाला शिविर की गतिविधियाँ नये ज्ञान के सृजन के अवसर देते हुए रचनात्मक सोच को प्रोत्साहित करती हैं साथ ही उन्हें सीखने के विभिन्न सन्दर्भ भी मिलते हैं।

शिविर में प्रशिक्षणार्थियों के लिए स्थानीय सामाजिक और पर्यावरणीय परिस्थितियाँ सीखने का हिस्सा बनती हैं। इस दौरान किया जाने वाला सर्वेक्षण, सामाजिक कार्य, विषय आधारित अध्ययन एवं गतिविधियाँ सीखने के पर्याप्त मौक़े उपलब्ध करवाते हैं। सर्वेक्षण के दौरान प्रशिक्षणार्थी जानकारियाँ एकत्रित करते हैं, आँकड़ों का सारणीयन कर उनका विश्लेषण कर किसी निष्कर्ष पर पहुँचने का प्रयास करते हैं। ये सभी कार्य विषय आधारित छोटे–छोटे समूहों में होते हैं। प्रशिक्षणार्थी इस कार्य

द्वारा स्थानीय परिवेश को ऐतिहासिक, भौगोलिक, सामाजिक एवं पर्यावरण से सम्बन्धित जटिल संप्रत्ययों को अवलोकन एवं व्यावहारिक गतिविधियों के माध्यम से समझते हैं। शिविर के अन्तिम दिन विषयवार प्रदर्शनी एवं समूहों द्वारा किये गये कार्यों का प्रस्तुतीकरण करते हुए ज्ञान के विभिन्न क्षेत्रों में पारस्परिक सहसम्बन्ध स्थापित करने का प्रयास करते हुए उस क्षेत्र की सामाजिक, सांस्कृतिक एवं पर्यावरणीय परिदृश्य की समझ बनाते हैं।

शिविर में सीखने की अनेक सम्भावनाएँ विद्यमान हैं किन्तु ये तभी सम्भव है जब शिविर को पूर्ण समझ के साथ आयोजित किया जाये। ऐसा कुछ ही महाविद्यालय कर पाते हैं और इस प्रकार की समझ के अभाव में कई महाविद्यालय इन शिविरों के आयोजन से बचते हुए अन्य आसान विकल्पों को चुनते हैं, जिनकी अपनी सीमाएँ हैं। इन शिविरों में भाग लेने वाले प्रशिक्षणार्थियों के अनुभव स्पष्ट करते हैं कि शिक्षक–प्रशिक्षण कार्यक्रम से अपेक्षित दक्षताओं एवं क्षमताओं के विकास में ये शिविर अत्यधिक उपयोगी हैं।

मुख्य बात यह है कि बुनियादी शिक्षा के जो सिद्धान्त हैं वे वर्तमान शिक्षा में कहीं–न–कहीं झलकने चाहिए, लेकिन इसका यह अर्थ कतई नहीं है कि सभी महाविद्यालयों में वनशाला शिविर का आयोजन किया जाना चाहिए। साथ ही यह भी नहीं कि जो प्रयोग वनशाला शिविर में होते हैं वे वैसे–के–वैसे अपनाये जाने चाहिए, बल्कि उनको परिवर्तित रूप में वर्तमान सन्दर्भ में अपनाये जाने के प्रयास होने चाहिए।

वनशाला शिविर के अनुभव

भावी शिक्षकों की तैयारी के लिए शिक्षक–प्रशिक्षण महाविद्यालयों में आयोजित वनशाला शिविर का योगदान कितना रह पाता है इसको समझने के लिए एक अध्ययन किया गया। आँकड़े एकत्र करने के लिए प्रश्नावली बनाई गयी, प्रशिक्षणार्थियों, प्राध्यापकों से सामूहिक चर्चा की गयी तथा स्वयं शिविर में उपस्थित होकर शिविर की विभिन्न गतिविधियों का अवलोकन किया गया। 4 महाविद्यालयों के 35 प्रशिक्षणार्थियों तथा 14 प्राध्यापकों से कुछ सवाल पूछे गये जिनके जवाब में प्रशिक्षणार्थियों ने बी.एड. पाठ्यक्रम की सबसे बेहतरीन गतिविधि वनशाला शिविर को माना। उन्होंने बताया कि उन्हें वनशाला में जाना, कक्षा तथा महाविद्यालय के बाहर रहकर

सीखना, शिक्षकों तथा साथियों के साथ रहना, ख़ुद अपने हाथ से काम करना बहुत अच्छा लगा।

प्रशिक्षणार्थियों ने पाया कि शिविर के दौरान उन्हें बहुत सारे नये अनुभव प्राप्त करने का मौक़ा मिला। साथ ही विविध ढंग से सीखने के अवसर मिलें, वैज्ञानिक सोच विकसित हुई, जटिल अवधारणाओं का सरल अनुभव हुआ तथा वास्तविक जीवन से सम्बन्ध बन पाया और अपने साथियों एवं अध्यापकों को अच्छे से जानने का मौक़ा मिला।

प्रशिक्षणार्थियों ने यह भी अनुभव किया कि वनशाला शिविर में उन्हें प्रत्यक्ष वातावरण से अन्तःक्रिया कर वास्तविक जीवन से सम्बन्धित होने का मौक़ा मिला। उन्हें कक्षा की चारदीवारी से बाहर विविध एवं व्यापक अनुभव प्राप्त हुए, वैज्ञानिक दृष्टिकोण एवं सोच विकसित करने के मौक़े मिले, शिविर संचालन की कुशलता प्राप्त हुई, स्थानीय परिवेश के ऐतिहासिक, भौगोलिक, सामाजिक–सांस्कृतिक एवं प्रकृति से सम्बन्धित जटिल संप्रत्ययों को अवलोकन एवं व्यावहारिक गतिविधियों के माध्यम से समझने का मौक़ा मिला। साथ ही अनुभवजन्य अधिगम के अवसर, सह–सम्बन्ध के सिद्धान्त की समझ, ज़िम्मेदारी एवं उत्तरदायित्व की भावना विकसित करने, समुदाय से जुड़ाव तथा समुदाय के जीवन से जुड़ी समस्याओं और सामाजिक संवेदनशीलता के आभास तथा कक्षा शिक्षण के अनुभवों के आधार पर समुदाय के विभिन्न आयामों का विश्लेषण करने का मौक़ा मिला।

'पिछले दो दशकों में समुदाय की अन्य प्रकार की भूमिका के बारे में पुनः चर्चा हो रही है। इसकी शुरुआत बुनियादी शिक्षा में शामिल सिद्धान्तों से भी उभरी है और अन्य कारणों से भी। यह समझा जाने लगा है कि बच्चों को पढ़ाये जाने वाले बहुत–से हिस्से उनके जीवन के अनुभव से जुड़े हों और इनके बारे में उन्हें बताना आसान होगा, अगर समुदाय में उन कार्यों को कर रहे (उन व्यवसायों में शामिल) व्यक्ति स्कूल में आकर उनसे बातचीत करें। कई स्कूली कार्यक्रमों में यह भी कल्पना थी कि बच्चे कक्षा व स्कूल से बाहर जायेंगे और अलग–अलग तरह के विशेषज्ञों से ज्ञान प्राप्त करेंगे। समुदाय को ज्ञान का उपयोगी स्रोत तो माना गया परन्तु अधिकांश स्थितियों में उनकी भूमिका सिर्फ़ एक अथवा दो अन्तःक्रिया तक ही थी और उन्हें शिक्षक के रूप में भी नहीं देखा गया।'

इसका यह तात्पर्य है कि भावी शिक्षकों को यह ज्ञात होना चाहिए कि समुदाय के पास भी बहुत–सा सार्थक ज्ञान है। इसमें वनशाला योगदान दे सकती है।

चुनौतियाँ

शिविर की उपादेयता के साथ–साथ कुछ महत्त्वपूर्ण चुनौतियाँ भी हैं जो महाविद्यालयों के प्राध्यापकों द्वारा इंगित की गयीं। प्रश्नावली के माध्यम से सभी अध्यापकों के जवाब सकारात्मक आये। किन्तु व्यक्तिगत बातचीत करने पर कुछ नकारात्मक तथ्य भी निकल कर आयें। जिन्हें इन शिविरों के आयोजन के लिए चुनौतियों के रूप में देखा जा सकता है।

- यद्यपि वनशाला शिविर विश्वविद्यालय पाठ्यक्रम की अनिवार्य गतिविधि है किन्तु कुछ ही महाविद्यालय इनका संचालन अपेक्षानुसार कर पाते हैं, क्योंकि आयोजित करने वाले अध्यापक शिक्षकों में इस दृष्टि से समझ एवं तैयारी का अभाव देखा गया।
- यह शिविर एस.यू.पी.डब्ल्यू. शिविर या अन्य शिविरों से फ़र्क़ है क्योंकि इसमें किसी उत्पादक कार्य पर ज़ोर नहीं दिया जाता। शिक्षाशास्त्र के जो सिद्धान्त हैं उनको आधार बनाकर विद्यार्थी ऐसे अनुभव प्राप्त करते हैं जो कक्षा शिक्षण को प्रभावी बनाने में उपयोगी हो सकते हैं। एस.यू.पी.डब्ल्यू. का मुख्य उद्देश्य विद्यार्थियों में सामाजिकता का विकास करना है जबकि वनशाला शिविर का यह एक उद्देश्य हो सकता है। यहाँ मुख्य ध्येय विद्यार्थियों को शिक्षण अनुभव देना है।
- शिविर आयोजनकर्ता संकाय सदस्यों में पर्याप्त समझ और कौशल विकसित करने के लिए किसी भी स्तर पर अभिविन्यास कार्यक्रम का प्रावधान नहीं है। जो कि विश्वविद्यालय स्तर पर करना उपयुक्त होगा। सैद्धान्तिक पक्ष और व्यावहारिक पक्ष में तालमेल बनाना चुनौतीपूर्ण है।
- वनशाला से आने के बाद उसकी रिपोर्ट पर कोई चर्चा नहीं होती। पिछले पाँच–दस सालों की रिपोर्ट के आधार पर यह पता लगाने का प्रयास करना चाहिए कि इस गतिविधि से प्राध्यापकों, विद्यार्थियों तथा समाज को वास्तव में क्या लाभ मिला है?

- पाँच दिन का समय बहुत कम है। पाँच दिन में इतना कार्य करना पड़ता है कि थकावट हो जाती है।
- विश्वविद्यालय का इन शिविरों के आयोजन पर कोई नियन्त्रण नहीं है। विश्वविद्यालय की ओर से यह भी प्रयास नहीं होते कि कैसे इसे और प्रभावी एवं उपयोगी बनाया जाये।
- विद्यार्थियों की सहभागिता का प्रभावी मूल्यांकन हो सके यही एक महत्त्वपूर्ण चुनौती है।

संक्षेप में उपरोक्त विवेचन से स्पष्ट होता है कि यद्यपि भावी अध्यापकों की तैयारी की दृष्टि से यह शिविर अत्यन्त उपयोगी है किन्तु इसके नियोजन, क्रियान्विति एवं मूल्यांकन की पर्याप्त तैयारी अनिवार्य है। इस प्रकार के शिविरों की समझ पैदा करने के लिए अभिविन्यास कार्यक्रमों का आयोजन किया जाना चाहिए। साथ ही यदि वनशाला शिविर से आने के तत्काल बाद प्रशिक्षणार्थी इंटर्नशिप में जायें ताकि शिविर में सीखे हुए अनुभवों का समावेश हो सके तथा वे कक्षा में प्रयोग भी कर सकें।

उपसंहार

वर्तमान की पुस्तकीय शिक्षा न तो व्यक्तित्व विकास में सहायक है और न ही समुदाय के लिए उपयोगी है। जानकारी आधारित शिक्षा गाँधीजी द्वारा बतायी गयी समन्वित शिक्षा से कोसों दूर है। शिक्षा ग्रहण करने के श्रेष्ठ तरीक़ों में दार्शनिकों ने अनुभव्यजन्य शिक्षा को शामिल किया है। बच्चे जब वास्तविक अनुभव लेते हैं, तो वह जीवन भर याद रहता है। साथ ही व्यक्तिगत प्रभाव की तुलना में सामूहिक प्रयास अधिक प्रभावी होते हैं। आज इसकी सर्वाधिक ज़रूरत है। इस लक्ष्य की प्राप्ति को ध्यान में रखते हुए बी.एड. की पाठ्यचर्या में एक प्रयोग है वनशाला शिविर। शिविर में सीखने की अनेक सम्भावनाएँ विद्यमान हैं किन्तु यह तभी सम्भव है जब शिविर को पूर्ण समझ के साथ आयोजित किया जाये। ऐसा कुछ ही महाविद्यालय कर पाते हैं। इन शिविरों में भाग लेने वाले विद्यार्थियों के अनुभव स्पष्ट करते हैं कि शिक्षक–प्रशिक्षण कार्यक्रम में अपेक्षित दक्षताओं एवं क्षमताओं के विकास में ये शिविर अत्यधिक उपयोगी हैं, लेकिन शिविर की उपादेयता के साथ–साथ कुछ चुनौतियाँ भी हैं। इन चुनौतियों का यदि प्रभावी हल खोजा जाये तो भावी अध्यापकों की तैयारी की दृष्टि से ये शिविर अत्यन्त उपयोगी साबित हो सकते हैं।

सन्दर्भ सूची

- ड्यूवी, जॉन (1938), *वर्क एक्सपीरियेंस एंड एजुकेशन,* (न्यूयॉर्क : मैकमिलन)।
- नायडू, पी.एस. (1960), *सिल्वर जुबली वॉल्यूम,* (उदयपुर : विद्या भवन सोसायटी)।
- नारायण, श्रीमान (1968), *द सलेक्टेड वर्क ऑफ़ महात्मा गाँधी, वॉल्यूम 5–6,* नवजीवन पब्लिशिंग हाउस।
- एन.सी.ई.आर.टी. (2005), *नेशनल करिकुलम फ्रेमवर्क* 2005, नयी दिल्ली : नेशनल कॉउसिंल ऑफ़ एजुकेशनल रिसर्च एंड ट्रेनिंग।
- श्रीमाली, के.एल. (2005), एडवेन्चर्स इन एजुकेशन, उदयपुर : विद्या भवन सोसायटी।
- आचारूलु, के. एस. : शिक्षा में **समुदाय** की भूमिका, अनु. दीन दयाल दशोत्तर।
- दीवान, हृदय कान्त (**2005**), *शिक्षा में समुदाय की भूमिका, बुनियादी शिक्षा एक नयी कोशिश,* अंक–**19**, उदयपुर : विद्या भवन शिक्षा सन्दर्भ केन्द्र।
- हरिजन (1937)।

गुणवत्ता हेतु प्रयासरत अध्यापक शिक्षा संस्थाओं के प्रति भविष्य के अध्यापकों का अभिमत

–डॉ. मितेश जुनेजा

प्रस्तुत पर्चा अध्यापकों की तैयारी में केन्द्र प्रवर्त्तित योजनान्तर्गत आई.ए.एस.ई. और सी.टी.ई. का दर्जा प्राप्त संस्थाओं के योगदान को महत्त्वपूर्ण मानते हुए और समय और परिस्थितियों में होते बदलाव के कारण भविष्य के अध्यापकों का इन संस्थानों के प्रति प्रत्यक्षीकरण जानने की कोशिश करता है। पर्चा एक अध्ययन पर आधारित है जिसमें राजस्थान के सन्दर्भ में आई.ए.एस.ई. और सी.टी.ई. के प्रति भविष्य के अध्यापकों के अभिमत को जानने का प्रयास किया गया। अध्ययन हेतु एक आई.ए.एस.ई. और सी.टी.ई. से भविष्य के अध्यापकों से साक्षात्कार और समूह साक्षात्कार के आधार पर तथ्यों को एकत्रित किया गया। अध्ययन के आधार पर यह निष्कर्ष निकला है कि भविष्य के अध्यापकों की इन संस्थानों में प्रवेश से पूर्व और पश्चात् के अभिमत में बदलाव आया है जो यह स्पष्ट करता है कि ये संस्थान अध्यापक शिक्षा के क्षेत्र में गुणवत्ता हेतु प्रयासरत होने के साथ कई प्रकार की चुनौतियों का भी सामना भी कर रहे हैं।

प्रस्तावना

शिक्षा समाज का आधारभूत अंग है। इस बात की वकालत लगातार की जाती रही है कि शिक्षा समाज और सामाजिकता के निर्माण में महत्त्वपूर्ण भूमिका अदा करती है। विद्यालयों के पाठ्यक्रमों में बदलाव के लिए की गयी क़वायद के रूप में निर्मित राष्ट्रीय पाठ्यचर्या की रूपरेखा–2005 में भी इसका प्रतिबिम्ब स्पष्ट दिखाई देता है जिसमें 'शिक्षा का सामाजिक सन्दर्भ' भाग में लिखा गया है कि शिक्षा व्यवस्था उस समाज से अलग–थलग होकर काम नहीं करती जिसका वह एक भाग है (पृष्ठ संख्या 10)। इससे

यह बात स्पष्ट हो जाती है कि शिक्षा, सामाजिक संरचना, व्यवस्था और उसमें परिवर्तन का एक महत्त्वपूर्ण आयाम है।

शिक्षा के विविध स्तरों अर्थात् प्राथमिक से लेकर उच्च शिक्षा से जुड़ी शिक्षण संस्थाओं का व्यक्ति के सर्वांगीण विकास में प्रभावपूर्ण योगदान होता है। शिक्षण संस्थाओं में से उन संस्थाओं के अध्ययन से प्राप्त तथ्यों की चर्चा इस आलेख में की जा रही है जिन्हें हम अध्यापक शिक्षा संस्थाओं के नाम से जानते हैं, जहाँ भविष्य के अध्यापकों को दिशा प्रदान करने के उत्तरदायित्व की पूर्ति की जाती है और इसी से समाज को सशक्त शिक्षक मिलने की सम्भावना भी प्रबल होती है। शिक्षक–शिक्षा की राष्ट्रीय पाठ्यचर्या (एन.सी.एफ.टी.ई.–2009) में अध्यापक शिक्षा की विशिष्टता को स्पष्ट करते हुए कहा गया है कि शिक्षण एक व्यवसाय है और अध्यापक शिक्षा अध्यापकों की व्यावसायिक तैयारी की प्रक्रिया है। व्यवसाय हेतु तैयारी कराना एक कठिन कार्य है जो कि विविध मोर्चों व परिप्रेक्ष्यों की क्रियाओं को सम्मिलित करती है (पृष्ठ संख्या 15)। अध्यापक शिक्षा की विशिष्टता का ही परिणाम है कि राष्ट्रीय स्तर के विविध दस्तावेज़ों यथा शिक्षा आयोग (1964-66), राष्ट्रीय शिक्षा नीति (एन.पी.ई.–1986), एन.सी.एफ. 2005, एन.सी.एफ.टी.ई.–2009, राष्ट्रीय अध्यापक शिक्षा परिषद् (एन.सी.टी.ई.) के विविध प्रयास, बारहवीं पंचवर्षीय योजना में भी अध्यापक शिक्षा, पूर्व और सेवारत शिक्षा से सम्बन्धित चुनौतियों और सम्भावनाओं को बताया गया है इसके अतिरिक्त अध्यापक शिक्षा से जुड़ी संस्थाओं के उत्तरदायित्वों को भी रेखांकित किया गया है जिनमें आई.ए.एस.ई. और सी.टी.ई. के विशिष्ट उत्तरदायित्व भी सम्मिलित हैं।

अध्यापक शिक्षा हेतु केन्द्र प्रवर्तित योजना से जुड़ी शिक्षण संस्थाओं में आई.ए.एस.ई. और सी.टी.ई. का योगदान महत्त्वपूर्ण है। आई.ए.एस.ई. को श्रेष्ठता का केन्द्र कहा गया जो कि माध्यमिक शिक्षा के सेवापूर्व और सेवारत शिक्षा के क्षेत्र में अपना योगदान देते हैं। साथ ही इन संस्थानों के रूप में राष्ट्रीय स्तर पर वे संस्थाएँ चयनित की गयीं जिनके माध्यम से अध्यापक शिक्षकों की तैयारी के लिए एम.एड., एम.फिल. और पीएच.डी. कार्यक्रम के संचालन के साथ अध्यापक शिक्षा से जुड़े नवीन कार्यक्रमों के आयोजन भी किये जाते हैं। अध्यापक शिक्षा की योजनान्तर्गत इन संस्थानों को अतिरिक्त उत्तरदायित्वों के साथ पृथक् और विशिष्ट रूप में परिकल्पित किया गया है जिसमें यह स्पष्ट किया गया है कि इन संस्थानों का दायित्व केवल

अध्यापक प्रशिक्षण तक ही सीमित नहीं होगा बल्कि इन्हें क्षेत्रीय संसाधन केन्द्रों के रूप में विकसित होना है। इस प्रकार इन संस्थानों के विशिष्ट प्रकार्यों को भी बताया गया और अनुसन्धान और क्षेत्रीय संसाधन केन्द्र के रूप में इनकी भूमिका को रेखांकित किया गया। यह भी सोचा गया कि क्षेत्र में आई.ए.एस.ई. राज्य के मुख्य संस्थान के रूप में परिकल्पित होंगे जो कि राज्य की नीति निर्माण, उच्च गुणवत्ता अनुसन्धान और नवाचार तथा प्रमापीकृत अच्छे प्रयोगों में क्रियाशील योगदान अदा करेंगे। इस प्रकार अध्यापक शिक्षकों का व्यावसायिक विकास इन संस्थानों की प्राथमिकता होगा (एन.सी.एफ.टी.ई.–2009, पृष्ठ संख्या 32-33)।

इसी तरह सी.टी.ई.–एन.पी.ई. 1986 और प्रोग्राम ऑफ़ एक्शन (POA 1992) की दृष्टि का परिणाम है। इन संस्थाओं का भी माध्यमिक शिक्षा की सेवापूर्व और सेवारत शिक्षा से प्रमुख सम्बन्ध है जो कि अनुसन्धान का आयोजन, नवाचार, सामग्री निर्माण और विद्यालय और अन्य अंगों को विस्तार और सहयोग प्रदान करना आदि दायित्वों की पूर्ति से जुड़े हैं। सेवापूर्व प्रशिक्षण कार्यक्रमों के साथ सेवारत प्रशिक्षण और उससे सम्बन्धित विविध उत्तरदायित्व भी इन संस्थाओं को दिये गये हैं। अध्यापकों की आवश्यकताओं को केन्द्रित करने हेतु बेसलाइन अनुसन्धान के आयोजन को भी इन अध्यापक शिक्षा संस्थानों के उत्तरदायित्वों में सम्मिलित किया गया है। संस्थानों द्वारा व्यावसायिक विकास और आवश्यकतानुरूप पाठ्यक्रम निर्माण की योजना भी इसी का एक भाग माना गया है। साथ ही विभिन्न सी.टी.ई. के मध्य अन्तर्सम्बन्धों के निर्माण को भी रेखांकित किया गया है (एन.सी.एफ.टी.ई.–2009, पृष्ठ संख्या 49–50)।

विविध उद्देश्यों को ध्यान में रखकर अध्यापक शिक्षा से जुड़ी केन्द्र प्रवर्त्तित योजना के माध्यम से चयनित अध्यापक शिक्षा संस्थानों को आई.ए.एस.ई. और सी.टी.ई. का दर्जा दिया गया अतः इन्हें अध्यापक शिक्षा के क्षेत्र में चिर–परिचित एवं गुणवत्तापूर्ण संस्थाएँ कहा जा सकता है। इस प्रकार अध्यापक शिक्षा के क्षेत्र में गुणवत्ता के अनेक सरोकारों के बावजूद इसे बनाये रखना कोई सरल कार्य नहीं है क्योंकि गुणवत्ता को बनाये रखना चुनौतीपूर्ण कार्य है। ये चुनौतियाँ सभी प्रकार की अध्यापक शिक्षा संस्थानों के साथ जुड़ी हैं लेकिन यह अध्ययन चूँकि आई.ए.एस.ई. और सी.टी.ई. के सन्दर्भ में किया गया है अतः इनकी कार्य–प्रणाली को समझना आवश्यक हो जाता है जिससे यह स्पष्ट हो सके कि समय और

परिस्थितियों में परिवर्तन के परिणामस्वरूप इन संस्थाओं को अध्यापक शिक्षा से जुड़ी किन चुनौतियों का सामना करना पड़ता है? क्या आज भी ये संस्थाएँ अध्यापक शिक्षा से जुड़े विशिष्ट लक्ष्यों एवं उद्देश्यों को प्राप्त करने हेतु प्रयासरत हैं? और भविष्य के अध्यापकों का इन संस्थाओं के प्रति किस प्रकार का अभिमत है? यह अध्ययन इसी प्रकार के कुछ सवालों के जवाब खोजने से जुड़ा है।

अध्ययन के उद्देश्य

यह अध्ययन कुछ चयनित आई.ए.एस.ई. और सी.टी.ई. के सन्दर्भ में निम्नलिखित उद्देश्यों पर केन्द्रित रहा :

- भविष्य के अध्यापकों के जीवन के लक्ष्य का पता लगाना।
- गुणवत्तापूर्ण संस्थानों में प्रवेश और गतिविधियों के विषय में छात्राध्यापकों का अभिमत जानना।
- अन्य महाविद्यालयों के सन्दर्भ में छात्राध्यापकों की जानकारी को रेखांकित करना।
- अन्य महाविद्यालयों के प्रशिक्षण का गुणवत्तापूर्ण संस्थानों में अध्ययनरत छात्राध्यापकों पर प्रभावों का पता लगाना।

पारिभाषिक शब्दावली

यहाँ गुणवत्ता बनाये रखने वाले सी.टी.ई. से आशय उन्हीं महाविद्यालयों से है जिन्हें कि केन्द्र प्रवर्तित योजनान्तर्गत विशिष्ट उद्देश्यों से अध्यापक शिक्षा संस्थान के क्षेत्र में विशेष दर्जा दिया गया है। इन्हें हम आई.ए.एस.ई. और सी.टी.ई. के नाम से जानते हैं क्योंकि यह भी स्पष्ट है कि अध्यापक शिक्षा के क्षेत्र में पूर्व से स्थापित संस्थाओं को उनके भौतिक संसाधनों और विविध वर्षों के कार्यों को ध्यान में रखकर ही यह दर्जा दिया गया। अतः ये संस्थान कोई नये संस्थान न होकर अध्यापक शिक्षा के क्षेत्र में गुणवत्ता को बनाये रखने वाले संस्थान कहे जा सकते हैं।

अध्ययन का परिसीमन

यह अध्ययन केवल आई.ए.एस.ई. और सी.टी.ई. संस्थानों और उनमें अध्ययनरत भविष्य के अध्यापकों से प्राप्त तथ्यों तक ही सीमित है। चूँकि प्रथम वर्ष के छात्राध्यापकों से तथ्य एकत्रित करने से वस्तुस्थिति को स्पष्ट

नहीं किया जा सकता था, क्योंकि प्रथम वर्ष के छात्राध्यापकों ने अभी संस्थान में प्रवेश लिया है। ऐसी स्थिाति में वर्षपर्यन्त आयोजित की जाने वाली गतिविधियों से जुड़े अनुभव नहीं होने के कारण वे अपना अभिमत प्रस्तुत करने में उतने सक्षम नहीं हो पायेंगे जितने कि द्वितीय वर्ष के छात्राध्यापक। द्वितीय वर्ष के छात्राध्यापकों को संस्थान में प्रवेश लिये एक वर्ष हो चुका है और पिछले सत्र में आयोजित कार्यक्रमों और गतिविधियों में वे अपनी सहभागिता दर्ज़ करा चुके हैं ऐसे में वे महाविद्यालय के प्रति अपना अभिमत दे पाने में सक्षम प्रतीत होते हैं। अतः यह अध्ययन आई.ए.एस.ई. और सी.टी.ई. संस्थानों के केवल द्वितीय वर्ष के अध्ययनरत छात्राध्यापकों और उनके अभिमत पर आधारित है।

अध्ययन उपकरण

अध्ययन के माध्यम से छात्राध्यापकों के संस्थान के प्रति अभिमत, गुणवत्ता, उनके जीवन का लक्ष्य, अन्य संस्थानों का प्रभाव आदि जैसे आयामों के सन्दर्भ में तथ्यों के एकत्रण हेतु साक्षात्कार अनुसूची का निर्माण एवं प्रयोग ही उचित था क्योंकि प्रश्नावली के माध्यम से केवल ऊपरी तौर पर ही तथ्यों को एकत्रित किया जा सकता था। साथ ही तथ्य संकलन हेतु समूह साक्षात्कार का भी आयोजन किया गया ताकि सामूहिक रूप में प्राप्त जानकारी के आधार पर भी वस्तुस्थिति का पता लगाया जा सके। इस व्यक्तिगत और समूह साक्षात्कार से जुड़े पदों में छात्राध्यापक के जीवन का लक्ष्य, शिक्षक बनने का आधार, प्री–टीचर एजुकेशन टेस्ट (पी.टी.ई.टी.) के समय महाविद्यालय चयन और उसकी प्राथमिकता का आधार, महाविद्यालय में प्रवेश के समय मानसिकता, संस्थान की प्रमुख विशेषताएँ, कार्यक्रम एवं गतिविधियाँ, इन्हें विशिष्ट मानने का प्रमुख आधार, अन्य संस्थाओं के प्रति अभिमत, अन्य महाविद्यालय के छात्राध्यापकों के सम्पर्क और प्रतिक्रिया, तुलनात्मक दृष्टि आदि को प्रमुखता से सम्मिलित किया गया।

न्यादर्श

अध्ययन हेतु उद्देश्यपूर्ण न्यादर्श के माध्यम से एक आई.ए.एस.ई. और एक सी.टी.ई. का चयन किया गया। इसी आधार पर प्रत्येक संस्थान से 15–15 छात्राध्यापकों का साक्षात्कार लिया गया, इन छात्राध्यापकों के चयन में उनके संकायों का भी ध्यान रखा गया ताकि सभी संकायों का प्रतिनिधित्व

हो सके। दोनों ही संस्थानों में एक–एक समूह साक्षात्कार का भी आयोजन किया गया जो कि संस्थानों से तथ्य संकलन हेतु साक्षात्कार हेतु प्रयुक्त न्यादर्श से पृथक् न्यादर्श था । इस हेतु अनिवार्य प्रश्नपत्र की एक सामान्य कक्षा का चयन कर छात्राध्यापकों से बातचीत की गयी ताकि पक्षपातरहित अध्ययन किया जा सके।

तथ्यों की व्याख्या एवं विश्लेषण

अध्ययन से प्राप्त तथ्यों की व्याख्या करते समय सहजता और सरलता को प्रतिबिम्बित करने का प्रयास किया गया है। इस दौरान अध्ययन और व्याख्या को वस्तुनिष्ठ बनाये रखने के लिए छात्राध्यापकों के प्रत्युत्तरों को भी सरल स्वरूप में प्रस्तुत किया गया है। अध्ययन में व्यक्तिगत साक्षात्कार और समूह साक्षात्कार का उपकरण के रूप में प्रयोग किया गया है अतः व्याख्या में गुणात्मक रूप में ही तथ्यों का प्रस्तुतीकरण किया गया है। उपर्युक्त अध्ययन से प्राप्त तथ्यों की व्याख्या और विश्लेषण निम्नानुसार हैं–

- छात्राध्यापकों से जीवन में वे क्या बनना चाहते थे, पर सवाल करने पर अधिकांश के जवाबों में पटवारी, प्रशासनिक अधिकारी, अन्य राजकीय सेवाओं में जाना, सेना में भर्ती होना प्रमुखता से बताया गया। इस हेतु किये गये प्रयासों का भी उल्लेख किया, लेकिन यह भी स्वीकार किया कि सेना भर्ती हेतु शारीरिक सक्षमता मापदण्ड की पूर्णता की कमी के कारण, पारिवारिक दबाव के चलते और विविध पदों की भर्ती हेतु तैयारी और एकान्त में रहने की इच्छा जैसे कई कारणों से पी.टी.ई.टी. में सम्मिलित हुए थे। कुछ छात्राध्यापकों का यह भी मानना है कि इस पाठ्यक्रम को पूर्ण करने के पश्चात् नौकरी मिलने की सम्भावना अधिक हो जाती है, इसलिए पी.टी.ई.टी. के माध्यम से आयोजित प्रवेश प्रक्रिया में सम्मिलित होकर इन संस्थाओं में प्रवेश हेतु विकल्प भरा। कुछ छात्राध्यापकों का यह भी मानना है कि शिक्षक बनना ग़ौरव का विषय है इसी कारण अध्यापन क्षेत्र में आने का प्रयास किया गया।
- महाविद्यालय चयन के सम्बन्ध में अधिकांश विद्यार्थियों ने इन्हीं संस्थाओं में ही अध्ययन हेतु आवेदन किया गया। यह स्पष्ट है कि पी.टी.ई.टी. के पश्चात् महाविद्यालय में प्रवेश का आधार परीक्षा के प्राप्तांक ही होते हैं और इसी आधार पर वे अपनी इच्छानुसार

महाविद्यालय के विकल्प देकर चयन और प्रवेश हेतु आवेदन कर सकते हैं। कुछ छात्राध्यापकों द्वारा दी गयी जानकारी में यह भी सामने आया कि स्थानीय अर्थात् उनके घर, गाँव और शहर में स्थित महाविद्यालयों में प्रवेश हेतु पिछले वर्षों से पी.टी.ई.टी. परीक्षा में सम्मिलित होने के पश्चात् भी महाविद्यालय आवंटित नहीं हो पाया ऐसी स्थिति में इन संस्थाओं में प्रवेश लेने हेतु आवेदन किया।

- छात्राध्यापकों में इन संस्थाओं में प्रवेश हेतु प्रारम्भिक तौर पर आवेदन के प्रमुख आधारों में अधिकांश के जवाबों में घर से दूर रहना, छात्रावास सुविधा, पारिवारिक आर्थिक स्थिति, मित्रों और परिवार के किसी सदस्य के पूर्व में इन संस्थाओं में अध्ययन, शहर घूमना आदि बताया गया। पारिवारिक आर्थिक स्थिति जैसे प्रत्युत्तर पर विस्तार से बातचीत करने पर छात्राध्यापकों द्वारा बताया गया कि इन संस्थाओं में केवल एक बार ही शुल्क लिया जाता है जो कि प्रवेश के समय पी.टी.ई.टी. के माध्यम से निर्धारित होता है, इसके अतिरिक्त किसी प्रकार की धनराशि अथवा शुल्क नहीं लिया जाता है। इन संस्थाओं की शिक्षण अधिगम प्रक्रिया को भी महाविद्यालय चयन के एक आधार के रूप में जवाब दिया गया।
- इन संस्थानों की प्रमुख विशेषताओं के सन्दर्भ में बातचीत किये जाने पर छात्रावास एवं कक्षा–कक्ष सहित भौतिक संसाधन, पुस्तकालय, अनुशासन, नियमित कक्षाएँ, योग्य एवं अनुभवी संकाय सदस्य, वनशाला शिविर, संस्थान का अकादमिक वातावरण, प्रतिभा निखारने हेतु विविध गतिविधियों का आयोजन, ऐतिहासिक पृष्ठभूमि, विचार रखने के पर्याप्त अवसर, संस्थान की दृष्टि और उनके सिद्धान्त आदि के रूप में प्रत्युत्तर प्राप्त हुए।
- अधिकांश छात्राध्यापकों द्वारा इन संस्थानों की पुस्तकालयों और इनसे जुड़ी सुविधाएँ यथा सन्दर्भ पुस्तकों, पत्र–पत्रिकाओं, ई–पत्रिका, ई–पुस्तकालय व्यवस्था आदि को भी संस्थान की प्रमुख विशेषता के रूप में रेखांकित किया गया।
- अध्ययन में छात्राध्यापकों द्वारा इन संस्थानों में आयोजित कक्षा शिक्षण के अतिरिक्त अन्य गतिविधियों एवं कार्यक्रमों के माध्यम से एक प्रभावी अध्यापक बनने के अवसर उपलब्ध करवाये जाते हैं। अधिकांश छात्राध्यापकों द्वारा प्रत्युत्तर दिये गये कि कक्षा के

दौरान चर्चा, संवाद, समस्या समाधान, प्रायोजना कार्य का प्रयोग किया जाता है जिनके माध्यम से उन्हें अपने विचारों को प्रस्तुत करने की स्वतन्त्रता प्रदान की जाती है, साथ ही प्रायोगिक कार्य का प्रस्तुतीकरण, विद्यालय अनुभवों को साझा करने के अवसर भी उपलब्ध करवाये जाते हैं। छात्राध्यापकों द्वारा महाविद्यालय शिक्षा और उससे जुड़े राष्ट्रीय विषयों पर चर्चा भी की जाती है। अध्ययन समूह साक्षात्कार के दौरान छात्राध्यापकों द्वारा बड़ी सहजता से एन.सी.एफ. 2005 और उसके आधार पत्र, अध्यापक शिक्षा की एन.सी.एफ.टी.ई. 2009, एन.पी.ई. 1986 के साथ नयी शिक्षा नीति के नाम भी बताए गये। हालाँकि अध्ययन का मुख्य आधार उपर्युक्त दस्तावेज़ों पर छात्राध्यापकों का अभिमत **अथवा** जागरूकता जानना नहीं था, अतः चर्चा द्वारा केवल शिक्षा से जुड़े बदलावों पर सामान्य बातचीत ही की गयी।

- अधिकांश छात्राध्यापकों द्वारा यह भी कहा गया कि पी.टी.ई.टी. के समय संस्थानों का चयन तो इच्छानुसार ही किया गया था, उस समय और परिस्थिति में जीवन के लक्ष्य कुछ और थे लेकिन इन संस्थानों में प्रवेश के पश्चात् शिक्षक बनने को ही लक्ष्य बना लिया है।
- इसी के साथ अन्य अध्यापक शिक्षा महाविद्यालय के सन्दर्भ में बातचीत करने पर नियम और अनुशासन की कमी, नियमित नहीं जाना, बाहरी गतिविधियों का अभाव, नियमित कक्षाएँ नहीं होना, अतिरिक्त शुल्क लेना आदि प्रत्युत्तर छात्राध्यापकों द्वारा दिये गये।
- इन संस्थानों द्वारा योग्य शिक्षक तैयार किये जाने के विषय में बातचीत करने पर अधिकांश द्वारा आत्मविश्वासपूर्ण सहमति दी गयी। इन संस्थानों में प्रवेश और अन्य सुविधाओं की व्यापक जानकारी के पश्चात् वे इन संस्थाओं में प्रवेश लेना ग़ौरव का विषय मानते हैं। छात्राध्यापक ने कहा कि अन्य संस्थाओं में अध्ययनरत छात्राध्यापक पाठ–योजना निर्माण के बारे में उनसे जानकारी लेते हैं, विशेष तौर पर इंटर्नशिप के दौरान भी अन्य महाविद्यालयों के छात्राध्यापकों के साथ रहने पर वे हमारी पाठ–योजना देखते हैं, और सबसे महत्त्वपूर्ण बात यह है कि हम आत्मविश्वास से परिपूर्ण

है, इस कारण अब कक्षा–कक्ष में शिक्षण हो या अन्य गतिविधि का आयोजन, अब किसी प्रकार का भय नहीं होता है।

- कुछ छात्राध्यापकों ने यह स्पष्ट किया कि अन्य संस्थानों में छात्राध्यापक वर्षपर्यन्त नियमित नहीं जाते हैं और कोचिंग कक्षाओं में जाते हैं जिसके कारण शिक्षक भर्ती का वे लाभ उठाने हेतु तत्पर रहते हैं, ऐसी स्थिति में हम गहन अध्ययन और प्रभावी शिक्षक बनने की इस प्रक्रिया की पूर्णता के बावजूद चयनित होंगे या नहीं, इससे भयभीत रहते हैं।
- अन्य महाविद्यालयों से स्नातक स्तरीय अध्यापक शिक्षा पाठ्यचर्या पूर्ण कर इन संस्थानों में स्नातकोत्तर में प्रवेशित भविष्य के अध्यापक शिक्षक भी छात्राध्यापकों को भ्रमित करते हैं। जैसे वे कहते हैं कि हम तो एक भी दिन महाविद्यालय नहीं गये, आप क्यों लगातार कक्षाओं में जाते हो? इसका प्रभाव हमारी मानसिकता पर भी पड़ता है। अध्ययन के दौरान स्नातकोत्तर विद्यार्थियों ने अध्ययनकर्ता से भी इस अध्ययन की आवश्यकता और उद्देश्य के विषय में बातचीत की, जिसमें छात्राध्यापकों और अध्ययनकर्ता की स्नातकोत्तर विद्यार्थियों से चर्चा में प्राप्त उत्तरों में स्पष्टतः समानता ही रही।

निष्कर्ष

- गुणवत्ता हेतु प्रयासरत संस्थानों में छात्राध्यापकों अध्यापक बनने की तैयारी के पर्याप्त अवसर उपलब्ध कराये जा रहे हैं जो कि इन संस्थानों की अध्यापक शिक्षा में गुणात्मकता बनाये रखने हेतु किये जा रहे प्रयासों को रेखांकित करते हैं जिनमें विशेष तौर पर शिक्षण अधिगम में सहभागिता, क्षेत्र अध्ययन, विचारों की स्वतन्त्रता, अपने अनुभवों को साझा करने के पर्याप्त अवसर, प्रस्तुतीकरण, विविध गतिविधियों के आयोजन से आत्मविश्वास की प्रबलता इत्यादि प्रमुख हैं।
- छात्राध्यापकों ने आत्मविश्वास से इन संस्थानों में आयोजित की जाने वाली गतिविधियों, कार्यक्रमों के साथ–साथ अनुशासन को रेखांकित किया जो कि संस्थानों के छात्राध्यापकों को भविष्य के अध्यापक बनाने के प्रयासों को स्पष्टतः परिलक्षित करता है।

- छात्राध्यापकों द्वारा इन संस्थानों की विशेषताओं और अन्य अध्यापक शिक्षा संस्थाओं से उनके अन्तरों को भी इंगित किया गया जो कि यह स्पष्ट करता है कि यह संस्थान वर्तमान और परिवर्तित परिस्थितियों में भी गुणवत्ता हेतु अपने प्रयासों को बनाये हुए हैं।
- छात्राध्यापकों द्वारा प्रवेश परीक्षा और प्राप्तांक के माध्यम से इन संस्थानों का चयन तो इच्छानुसार किया गया है लेकिन चयन के समय का आधार शिक्षण–अधिगम प्रक्रिया से कहीं अधिक अन्य कई आधारों पर निर्भर रहा। अध्ययन से एक महत्त्वपूर्ण निष्कर्ष यह निकलता है कि संस्थानों का चयन चाहे इच्छानुसार किया गया हो, लेकिन प्रारम्भिक तौर पर अध्यापक बनने की प्रक्रिया से जुड़ना एक संयोग ही कहा जा सकता है, लेकिन इन संस्थानों की कार्य–प्रणाली और विविध अवसरों की उपलब्धता उन्हें भविष्य के अध्यापक बनने की व्यापक दिशा प्रदान करती है।
- छात्राध्यापकों पर अन्य संस्थाओं का प्रभाव विशेषतः शिक्षक बनने से जुड़े सरकारी अवसरों के सन्दर्भ में भय से जुड़ा प्रतीत होता है। वे इस बात से भयभीत हैं कि महाविद्यालय में नियमित उपस्थित नहीं होने वाले विद्यार्थी सरकारी शिक्षक की नौकरी प्राप्त करने की कोचिंग ले रहे हैं और हम अध्यापक बनने से जुड़े कौशल प्राप्त कर रहे हैं। इस प्रकार शिक्षक के रूप में रोज़गार पाने की भविष्य की यह स्थिति उन्हें विचलित करती है।
- अध्ययन से निष्कर्ष निकलता है कि अन्य महाविद्यालयों से शिक्षा स्नातक की उपाधि लेकर आये विद्यार्थी भी उन्हें इन संस्थानों और इनकी नियमितताओं के प्रति भ्रमित करते हैं जिससे वे भी यदा–कदा प्रभावित होते हैं।

सुझाव

- गुणवत्ता हेतु प्रयासरत ये संस्थान आज भी अध्यापक शिक्षा के क्षेत्र में अपने गुणात्मक प्रयासों को बनाये हुये हैं। राष्ट्रीय स्तर पर किये जा रहे विविध प्रयास इस ओर इंगित करते हैं कि इन संस्थाओं को संबल प्रदान किया जाना चाहिए। इस प्रकार कहा जा सकता है कि इन संस्थाओं की गुणवत्ता को बनाये रखने का उत्तरदायित्व संस्थाओं का स्वयं के साथ–साथ सरकार का भी है।

- सभी अध्यापक शिक्षा संस्थानों की स्थापना का उद्देश्य समान ही है, अतः समय–समय पर निरीक्षण और अध्यापक शिक्षा के क्षेत्र में श्रेष्ठ कार्य कर रही संस्थाओं को प्रोत्साहित करने हेतु भी प्रयास किये जाने चाहिए ताकि सभी अध्यापक शिक्षा संस्थानों द्वारा नियमानुसार छात्राध्यापकों को भविष्य के प्रभावी अध्यापक बनाने में अपनी भूमिका अदा की जाये। अध्यापक बनाने की यह प्रक्रिया मात्र औपचारिकता नहीं होकर राष्ट्रीय विकास के लक्ष्य की परिपूर्णता से जुड़ी होनी चाहिए।
- इस अध्ययन के माध्यम से अध्यापक बनने हेतु वर्तमान में प्रारम्भ बी.ए. बी.एड., बी.एससी. बी.एड. पाठयक्रमों को प्राथमिकता से बढ़ाया जाना चाहिए, ताकि विद्यालय जीवन के तुरन्त पश्चात् करियर के निर्धारण के बारे में सोचने और शिक्षक बनने की प्रक्रिया पर विचार प्रारम्भ हो जाये जो कि जीवन के लक्ष्य के निर्धारण को दिशा प्रदान करने में मददगार साबित हो सके। हालाँकि इस प्रकार के पाठ्यक्रमों का संचालन इतना सरल नहीं है लेकिन फिर भी यदि सुदृढ़ प्रयास किये जायें तो इस प्रकार के पाठ्यक्रमों के माध्यम से अध्यापक शिक्षा की दिशा में व्यापक परिवर्तन लाया जा सकता है। इस प्रकार के पाठ्यक्रम के लिए व्यापक प्रचार प्रसार की भी आवश्यकता स्पष्ट प्रतीत होती है। राजस्थान के सन्दर्भ में बात की जाये तो आलेख पूर्ण करने की स्थिति तक महाविद्यालयों के अनुपात में इन पाठ्यक्रमों में प्रवेश लेने वाले विद्यार्थियों की संख्या कम ही रही। हालाँकि अध्ययन से इस सुझाव का प्रत्यक्ष सम्बन्ध नहीं है लेकिन अध्यापक शिक्षा के क्षेत्र में अपनी विशिष्ट पहचान बनाये रखने की दृष्टि से आई.ए.एस.ई. और सी.टी.ई. को भी इस प्रकार के पाठ्यक्रमों के प्रारम्भ हेतु प्रयासरत रहना चाहिए।
- अध्यापक शिक्षा संस्थानों का भी प्रभावी रैंकिंग फ्रेमवर्क होना चाहिए जिसके माध्यम से सभी संस्थानों की वस्तुस्थिति को रेखांकित किया जा सके और इसी आधार पर प्रवेश और गुणवत्ता का आकलन किया जा सके। इस प्रकार के रैंकिंग फ्रेमवर्क के माध्यम से संस्थाओं का केवल मात्रात्मक आकलन ही ना किया जाये बल्कि गुणात्मकता को भी महत्ता दी जानी चाहिए, इस प्रकार के रैकिंग फ्रेमवर्क भौतिक और अकादमिक संसाधनों और संस्थानों के लक्ष्यों पर केन्द्रित होने

चाहिए। निश्चय ही संस्थानों में कार्यरत अध्यापक शिक्षकों का नाम और योग्यता के साथ छात्राध्यापकों की उपस्थिति भी इसका एक मानक होना चाहिए लेकिन इसके अतिरिक्त अध्यापक शिक्षकों के व्यावसायिक विकास हेतु प्रयास जिनमें विशेषतः लेखन कार्य, विविध प्रायोजनाएँ, शिक्षा से जुड़ी कार्यशालाओं में सहभागिता और उनकी समझ, उनकी कक्षाओं आदि को भी फ्रेमवर्क का प्रमुख हिस्सा बनाये जाने की आवश्यकता है। छात्राध्यापकों के सन्दर्भ में उनके सत्रीय कार्य, कक्षा में प्रस्तुतीकरण, इकाई योजना, आदर्श पाठ–योजना, महाविद्यालय से बाहर की गतिविधियों में सहभागिता, वर्षपर्यन्त गतिविधियों का ब्यौरा व संस्थान के प्रति उनका अभिमत आदि को भी महत्त्वपूर्ण स्थान दिया जाना चाहिए। संस्थान की यह समस्त जानकारी विस्तृत रूप में उनकी वेबसाइट और अध्यापक शिक्षा से जुड़े विविध पोर्टल पर अपलोड भी की जानी चाहिए। एक ऐसे समय के बारे में कल्पना की जानी चाहिए जहाँ इसी रैंकिंग फ्रेमवर्क के आधार पर छात्राध्यापक शिक्षक महाविद्यालयों का चयन करे और वहाँ प्रवेश लेवें। इस प्रकार एक परिस्थिति की परिकल्पना करना उचित लगता है, जहाँ छात्राध्यापक महाविद्यालय का चयन वहाँ शिक्षण अधिगम प्रक्रिया व अन्य गतिविधियों को ध्यान में रखकर करें।

- इन संस्थानों को छात्राध्यापकों के शिक्षक बनने से जुड़े अथवा रोज़गार प्राप्त करने से जुड़े भय और भ्रम में अन्तर कराना चाहिए। इस हेतु ये भी प्रयास किये जायें कि शिक्षक बनने की अध्यापक शिक्षा संस्थानों की तैयारी और रोज़गार के रूप में शिक्षक बनने के पाठ्यक्रम में मिलते–जुलते और समान प्रकरणों पर चर्चा की जाये ताकि उन्हें औपचारिक रूप में शिक्षक बनने की तैयारी हेतु भी सहायता प्रदान की जाये। इसके साथ ही कुछ विशेष कौशल आधारित अल्पकालीन पाठ्यक्रमों की व्यवस्था भी की जाये जो कि इन संस्थानों के छात्राध्यापकों को विशिष्टता प्रदान करने में मददगार साबित होगा।

इस प्रकार के विविध सुझावों के माध्यम से ही यह आलेख अध्यापक बनने की प्रक्रिया, छात्राध्यापक का प्रवेश और अभिमत को अध्ययन के माध्यम से रेखांकित करता है।

सन्दर्भ सूची

1. एजुकेशन कमीशन (1966) : एजुकेशन एंड नेशनल डेवलपमेंट : रिपोर्ट ऑफ़ द एजुकेशन कमीशन 1964–66 (कोठारी कमीशन रिपोर्ट), नयी दिल्ली : गवर्नमेंट ऑफ़ इंडिया।
2. एन.सी.ई.आर.टी. (2005) : नेशनल करिकुलम फ्रेमवर्क 2005, नयी दिल्ली : नेशनल कॉउंसिल ऑफ़ एजुकेशनल रिसर्च एंड ट्रेनिंग।
3. एन.सी.ई.आर.टी. (2009) : नेशनल करिकुलम फ्रेमवर्क फ़ॉर टीचर एजुकेशन, नयी दिल्ली : नेशनल कॉउंसिल ऑफ़ एजुकेशनल रिसर्च एंड ट्रेनिंग।
4. गवर्नमेंट ऑफ़ इंडिया (जी.ओ.आई.) (1986) नेशनल पॉलिसी ऑन एजुकेशन 1986 : नयी दिल्ली : गवर्नमेंट ऑफ़ इंडिया (जी.ओ.आई.) (1992) *ए रिपोर्ट ऑफ़ प्रोग्राम ऑफ़ एक्शन :नेशनल पॉलिसी ऑन एजुकेशन,* नयी दिल्ली : गवर्नमेंट ऑफ़ इंडिया।
5. गवर्नमेंट ऑफ़ इंडिया (1970) : एजुकेशन एंड नेशनल डेवलपमेंट : रिपोर्ट ऑफ़ द एजुकेशन कमीशन 1964–66 (कोठारी कमीशन रिपोर्ट), नयी दिल्ली : गवर्नमेंट ऑफ़ इंडिया।
6. टीचर एजुकेशन प्लानिंग हैण्डबुक (2013–14), अध्यापक शिक्षा की केन्द्रप्रवर्तित योजना 2012, भारत सरकार, मानव संसाधन विकास मन्त्रालय, विद्यालय शिक्षा एवं साक्षरता विभाग, मार्च 2013।

बी.एड. पाठ्यक्रम एवं क्रियान्वयन पर एक नज़र : एक समालोचनात्मक व्याख्या

–प्रिया जायसवाल

यह पर्चा एन.सी.टी.ई.–2014 के नोटिफिकेशन के अनुसार सभी राज्यों में बी.एड. पाठ्यक्रम में संशोधन करने के जारी निर्देशों के सन्दर्भ में उत्तराखण्ड राज्य के देहरादून ज़िले के 4 बी.एड.कॉलेजों, 21 संकाय सदस्यों तथा 110 प्रशिक्षुओं के साथ व्यक्तिगत एवं सामूहिक चर्चाओं के आधार पर यह देखने की कोशिश करता है कि धरातल में इस बदलाव की क्या स्थिति है? क्या वास्तव में जिस मंशा के साथ बी.एड. के पाठ्यक्रम में बदलाव किये गये वे अपने यथारूप में फ़ील्ड में क्रियान्वयित हैं? पाठ्यक्रम को क्रियान्वयित करने वाले प्रशिक्षक की तैयारी क्या है? संशोधित बी.एड. पाठ्यक्रम को लेकर फ़ील्ड में शिक्षक–प्रशिक्षकों एवं प्रशिक्षुओं का क्या रवैया एवं अनुभव है? प्रस्तुत पर्चा बी.एड. पाठ्यक्रम के क्रियान्वयन को लेकर एन.सी.एफ.टी.ई. 2009 के आलोक में एवं शिक्षक शिक्षा के क्षेत्र में काम करते हुए उपजे स्वयं के अनुभवों को आधार बनाते हुए कुछ सुझाव भी साझा करता है।

पृष्ठभूमि

कोठारी कमीशन की रिपोर्ट में उद्धृत वाक्य, कि भारत का भविष्य उसकी कक्षाओं में गढ़ा जा रहा है इस बात पर ज़ोर देता है कि किसी भी राष्ट्र के निर्माण, विकास और उस हेतु सुयोग्य नागरिक तैयार करने में शिक्षा का महत्त्वपूर्ण योगदान है। शिक्षा के नीति निर्माण और नियोजन के लिए पहली ज़िम्मेदारी नीति निर्माणकर्ता, शिक्षाविद् एवं प्रशासक की है और इनके द्वारा निर्मित शिक्षा योजना को स्कूलों में ले जाने वाली सबसे सबल कड़ी है सुयोग्य शिक्षक। इस बात की नितान्त आवश्यकता है कि शिक्षक अपनी पेशेवर पहचान को मज़बूत करें एवं अपनी अस्मिता को पहचाने। स्कूलों में शिक्षकों के निष्पादन के सन्दर्भ में एक शिक्षक बनने की तैयारी और

उसका व्यवसायिक विकास बहुत ही महत्त्वपूर्ण है। ऐसे में शिक्षक–शिक्षा कार्यक्रमों से यह अपेक्षा है कि वे ऐसे पेशेवर रूप से दक्ष शिक्षक तैयार करें जिनसे शैक्षिक व्यवस्था सुदृढ़ हो सके। जब हम शिक्षक–शिक्षा की बात करते हैं तो इसे तीन आयामों में समझा जा सकता है। पहला, शिक्षण व्यवसाय में आने वाले लोग कौन हैं, दूसरा, जो लोग इस व्यवसाय में प्रवेश करते हैं उनकी तैयारी और तीसरा शिक्षक बनने के बाद उनका सतत् पेशेवर विकास। अगर हम पहले पक्ष की बात करें तो अनुभवों और अवलोकनों से यह बात समझ में आती है कि शिक्षण व्यवसाय लोगों की प्राथमिकता तो नहीं है। ऐसे में इस व्यवसाय में प्रवेश करने वालों की तैयारी बहुत महत्त्वपूर्ण हो जाती है जिसमें सेवापूर्व शिक्षक–प्रशिक्षण भी शामिल है, परन्तु चिन्ताजनक यह है कि जिस तरह यह प्रक्रिया चल रही है उस पर प्रश्न चिह्न है। विभिन्न आयोगों व नीतियों में भी शिक्षक–शिक्षा पर चिन्ता ज़ाहिर की जाती रही है।

शिक्षा आयोग,1964–66 *में शिक्षक–शिक्षा को पेशेवर बनाने, समेकित कार्यक्रम का विकास करने एवं इंटर्नशिप की सिफ़ारिश की है* ***(शिक्षक–शिक्षा, राष्ट्रीय फ़ोकस समूह का आधार पत्र, पेज न. 3)। चटोपाध्याय आयोग, 1983–85*** *ने कहा, ''यदि स्कूली शिक्षकों से उम्मीद की जाती है कि वे पढ़ाने के उपागम में क्रान्ति लायें तो वह क्रान्ति पहले शिक्षा के कॉलेजों में होनी चाहिए''* ***(शिक्षक–शिक्षा, राष्ट्रीय फ़ोकस समूह का आधार पत्र, पेज न. 2)। यशपाल समिति की रिपोर्ट शिक्षा बिना बोझ के, 1993*** *के अनुसार शिक्षक–प्रशिक्षण कार्यक्रम की कमी के कारण स्कूलों में शिक्षण की गुणवत्ता असन्तोषजनक रही है। स्कूली शिक्षा में हुए परिवर्तनों के सन्दर्भ में इस कार्यक्रम की प्रासंगिकता को सुनिश्चित करने के लिए इसकी विषय–वस्तु का पुनः निर्माण किया जाये। इन कार्यक्रमों में इस बात पर ज़ोर दिया जाना चाहिए कि प्रशिक्षणार्थी स्व–अधिगम तथा स्व–चिन्तन की योग्यता प्राप्त कर सकें। पाठ्यचर्या एवं पाठ्यपुस्तक के निर्माण में शिक्षकों को शामिलकरने की आवश्यकता है एवं शिक्षकों के प्रशिक्षण में गतिविधियाँ, खोज, अवलोकन तथा समझ के माध्यम से सीखने को बढ़ावा देना चाहिए* ***(शिक्षक–शिक्षा, राष्ट्रीय फ़ोकस समूह का आधार पत्र, पेज न. 4) जस्टिस वर्मा कमिटी रिपोर्ट, 2012*** *के अनुसार, "भारत में शिक्षक–शिक्षा कार्यक्रम इस रूप में स्थापित हो चुका है कि न्यूनतम योग्यताओं के आधार पर कोई भी व्यक्ति शिक्षण कार्य कर*

सकता है। जिसमें 12वीं पास विद्यार्थी आरभिक शिक्षा में शिक्षण करने हेतु योग्य है और ग्रेजुएट विद्यार्थी माध्यमिक स्तर के शिक्षक–शिक्षा कार्यक्रम में प्रवेश लेने हेतु। जबकि 2011 में निर्धारित किये गये टीचर एलिजिबिलिटी टेस्ट के परिणामों ने यह दिखा दिया है कि शिक्षा में व्यावसायिक योग्यता लेने के बावजूद भी प्रतिभागी भर्ती करने योग्य नहीं पाये जाते जो कि सेवापूर्व प्रशिक्षणों और सामान्य शिक्षा दोनों पर ही सवालिया निशान छोड़ते हैं।" (जस्टिस वर्मा समिति रिपोर्ट,2.3.1,2.3.2 पेज न. 12,13)

औचित्य

शिक्षण एक पेशा है और शिक्षक–शिक्षा शिक्षकों की पेशेवर तैयारी की प्रक्रिया है। किसी भी पेशे को सुनिश्चित लम्बी अवधि के शैक्षणिक प्रशिक्षण और सुसंगठित ज्ञान की संरचना के तौर पर चिह्नित किया जाता है जो सम्बन्धित क्षेत्र में अपने व्यवहारिक अनुभवों तथा व्यवहारिक आचार नीतियों के नियम के आधार पर सभी सदस्यों को एक संसर्ग में बाँधता है। ऐसे में सेवापूर्व प्रशिक्षणों की प्रासंगिकता और भी बढ़ जाती है। सभी आयोगों और नीतियों की अनुशंसाओं पर विचार करें तो पाते हैं कि सेवापूर्व शिक्षक–शिक्षा पाठ्यक्रमों की विषय–वस्तु, समयावधि एवं इंटर्नशिप को लेकर एक लम्बे समय तक काफ़ी ज़ोर रहा है। इसमें भी माध्यमिक स्तर पर शिक्षक की तैयारी के रूप में बी.एड. के पाठ्यक्रमों पर नज़र डालें तो पायेंगे कि समयावधि की दृष्टि से शिक्षक बनने की महत्त्वपूर्ण प्रक्रिया मात्र एक साल या कुछ 8–10 महीनों में ही पूरी होती रही है। बी.एड. शिक्षक शिक्षा संस्थानों में स्वयं के द्वारा शिक्षण कार्य किये जाने के अनुभवों के आधार पर यह कहा जा सकता है कि प्रैक्टिस टीचिंग के नाम पर की जाने वाली प्रक्रिया भी खानापूर्ति बनकर ही रह गयी है। ***एन.सी.एफ. टी.ई., 2009 के अनुसार,*** पिछले कुछ सालों में एक व्यापक स्तर पर शिक्षक–शिक्षा का बाज़ारीकरण हुआ जिससे शिक्षक–शिक्षा संस्थानों और शिक्षक–प्रशिक्षकों की गुणवत्ता का ह्रास हुआ है। देश में लगभग 6,29,517 सरकारी और प्राइवेट बी.एड. कॉलेज हैं जिनमें लाखों की संख्या में शिक्षक तैयार किये जा रहे हैं, ***(शिक्षक–शिक्षा योजना 2012–17, अध्याय–2, पेज न. 12)***। माध्यमिक शिक्षक–शिक्षा तन्त्र की आलोचनात्मक समीक्षा किये जाने की नितान्त आवश्यकता है। निजीकरण और बाज़ारीकरण के चलते तेज़ी से बढ़ते बी.एड. संस्थान सैद्धान्तिक एवं प्रायोगिक दोनों ही

स्तर से कमज़ोर साबित हुए हैं। ***(शिक्षक–शिक्षा पाठ्यचर्या की रूपरेखा 2009,पेज न. 20)*** अतः बी.एड.के पाठ्यक्रम और उसके क्रियान्वयन पर बात करना ज़रूरी लगता है।

एन.सी.टी.ई. 2014 के नोटिफिकेशन के अनुसार उत्तराखण्ड राज्य में बी.एड. पाठ्यक्रम में शिक्षक–शिक्षा पाठ्यक्रम की रूपरेखा–2009 के अनुरूप संशोधन कर दिये गये हैं। प्रश्न यह था कि धरातल में इस बदलाव की क्या स्थिति है? क्या वास्तव में जिस मंशा के साथ बी.एड.के पाठ्यक्रम में बदलाव किये गये वो अपने यथारूप में फ़ील्ड में क्रियान्वयित हैं? पाठ्यक्रम को क्रियान्वयित करने वाले प्रशिक्षक की तैयारी क्या है? संशोधित बी.एड. पाठ्यक्रम को लेकर फील्ड में शिक्षक–प्रशिक्षकों एवं प्रशिक्षुओं का क्या रवैया और अनुभव है? आदि विचारणीय विषय हैं– प्रस्तुत पर्चा इन सभी पक्षों की पड़ताल करता है और इस विश्लेषण के आधार पर वर्तमान बी.एड. पाठ्यक्रम के बेहतर क्रियान्वयन हेतु सुझाव देता है।

प्रक्रिया

संशोधित बी.एड. पाठ्यक्रम को लेकर शिक्षक–प्रशिक्षकों एवं प्रशिक्षुओं का प्रत्यक्षीकरण एवं क्रियान्वयन को फ़ील्ड में बेहतर तरीके से समझने के लिए उत्तराखण्ड राज्य के देहरादून ज़िले के 4 बी.एड. कॉलेजों के 21 संकाय सदस्य तथा 110 प्रशिक्षुओं के साथ व्यक्तिगत एवं सामूहिक चर्चाएँ की गयीं। चर्चा हेतु कुछ बिन्दु निर्धारित किये गये– विषय वस्तु, समयावधि, अन्तरण प्रक्रिया, आकलन प्रक्रिया, सन्दर्भ सामग्री। इन सभी बिन्दुओं पर शिक्षक–प्रशिक्षकों और प्रशिक्षुओं के विचार इकट्ठे किये गये।

अवलोकन एवं विश्लेषण : बी.एड. पाठ्यक्रम और उसके क्रियान्वयन से सम्बन्धित पक्षों पर शिक्षक–प्रशिक्षकों और प्रशिक्षुओं के विचार

समयावधि : वास्तविक परिस्थितियों का अवलोकन

बी.एड. पाठ्यक्रम की समयावधि को लेकर दो तरह के विचार सामने आये हैं। कुछ शिक्षक–प्रशिक्षकों और प्रशिक्षुओं का मानना रहा कि बी.एड. कोर्स की अवधि बढ़ने से इस कोर्स के प्रति लोगों की गम्भीरता बढ़ेगी और वही व्यक्ति विशेष इस कोर्स को करेंगे जिनके लिए शिक्षण कार्य करना

वास्तव में उनकी प्राथमिकता है। साथ ही प्रशिक्षुओं को विषय–वस्तु पर समझ बनाने के लिए पर्याप्त समय भी मिलेगा। परन्तु अवलोकन में यह भी पाया गया कि वर्तमान में भी जो प्रशिक्षु बी.एड. कोर्स कर रहे हैं उनमें से एक बहुत बड़ी संख्या ने बीच सेमेस्टर में ही अवसर मिलने पर कोर्स छोड़ किसी अन्य व्यवसाय में प्रवेश ले लिया है। कुछ शिक्षक–प्रशिक्षक और प्रशिक्षु मात्र प्रैक्टिस टीचिंग की अवधि बढ़ाये जाने के पक्ष में दिखे। कई प्रशिक्षुओं की यह भी समझ बनती दिखी कि बी.एड. कोर्स में तत्काल नौकरी लाभ भी नहीं है तो दो साल क्यों बर्बाद किये जायें। उनके लिए महज़ यह एक डिग्री है जो एल.टी. (लाइसेंस ऑफ़ टीचिंग) की परीक्षा देने के काम आने वाली है।

विश्लेषण

ऐसा प्रतीत होता है कि कार्यक्रम की अवधि के प्रति विद्यार्थियों और शिक्षकों का नज़रिया नकारात्मक नहीं है। कोर्स की अवधि बढ़ाने से निश्चित ही लोगों के शिक्षण व्यवसाय को एक शोर्टकट प्रक्रिया के रूप में देखने के नज़रिये में अन्तर आयेगा और व्यवसाय के प्रति गम्भीर लोग ही इस कोर्स हेतु आवेदन करेंगे। पर बी.एड. करने के पश्चात् नौकरी की अनिश्चितता के प्रति लोगों में चिन्ता ज़रूर है।

विषय–वस्तु : वास्तविक परिस्थितियों का अवलोकन

पाठ्यक्रम को लेकर शिक्षक–प्रशिक्षकों के अभिमुखीकरण का अभाव देखने को मिला। शिक्षक–प्रशिक्षकों का कहना है कि कुछ पेपर ऐसे हैं जिनकी विषय–वस्तु में दोहराव देखने को मिलता है, जैसे– असेसमेंट फ़ॉर लर्निंग के पेपर में 'असेसमेंट फ़ॉर लर्निंग' और 'असेसमेंट फ़ॉर फर्दर लर्निंग' की अवधारणा, सतत् एवं समग्र मूल्यांकन, 'विधियों' को एक अलग टॉपिक में रखा जाना, इसके अलावा 'विधियों' और 'प्रविधियों' की उप विषय–वस्तु में एक जैसे उदाहरण जो शिक्षक–प्रशिक्षकों और प्रशिक्षुओं को भ्रमित कर रहे हैं। भ्रम विषय–वस्तु के फैलाव को लेकर भी दिखा कि कौन–सा टॉपिक कहाँ तक पढ़ाना है, जैसे– 'भाषा और समाज' टॉपिक में किन चीज़ों को लिया जाना है, 'बहुभाषिकता' की अवधारणा में अस्पष्टता, भाषा से सम्बन्धित कौन–सी नीतियाँ पढ़ाई जानी हैं, 'नोट मैकिंग' से क्या तात्पर्य है, 'लेखन' टॉपिक में क्या लिया जाना है क्या इसका सृजनात्मक

लेखन से कोई सम्बन्ध है, पुस्तक का 'विषय–वस्तु विश्लेषण' किस तरह और किन आधारों पर किया जाना है, 'मेज़रमेंट ऑफ़ सेंट्रल टेंडेंसी' में किन चीज़ों को लिया जाना है आदि बातों को लेकर शिक्षक–प्रशिक्षकों के बीच पर्याप्त समझ का अभाव दिखा। कुछ जगह विषय–वस्तु के चुनाव को लेकर भी शंकाएँ देखने को मिलीं जैसे– **अधिगम** वाले पेपर में बच्चों की पृष्ठभूमि को **समझने** को बात की गयी है। शिक्षक–प्रशिक्षकों का मानना था कि एक तरफ़ तो हमसे अपेक्षा रखी जाती है कि बच्चों के साथ किसी तरह का कोई भेदभाव न किया जाये, पर दूसरी तरफ़ जहाँ बच्चों की सामाजिक, आर्थिक, सांस्कृतिक पृष्ठभूमि को समझने की बात है वो कहीं–न–कहीं शिक्षकों के मन में बच्चों के प्रति पक्षपात का काम भी करता है। **लैंग्वेज अक्रॉस द करिकुलम** के पेपर को लेकर शिक्षक–प्रशिक्षु स्पष्ट नहीं हैं। कुछ का मानना था कि इसे लैंग्वेज की शिक्षण विधियों के पेपर के साथ ही रखा जा सकता था, तो कुछ का कहना था कि भाषा तो सभी को आती है इसलिए फ़ोकस किसी विषय विशेष में दक्ष होने को लेकर ही रहना चाहिए। **दर्शनशास्त्र** को लेकर यह कहना रहा कि पाठ्यक्रम में दर्शनशास्त्र का स्थान न के बराबर कर दिया है जबकि शिक्षा में दर्शन का महत्त्वपूर्ण योगदान है, अतः प्रकृतिवाद, प्रयोजनवाद, यथार्थवाद आदि के विचार को अलग से रखा जाना चाहिए। पेशेवर क्षमता संवर्द्धन (Enhancing Professional Capacity) के पेपर को लेकर मानना है कि इसके माध्यम से प्रशिक्षुओं में आत्मविश्वास, अपनी बात को दूसरों के सामने रखना आदि गुणों का विकास हुआ है, अकादमिक विषयों के अलावा प्रशिक्षुओं में अन्य क्षमताओं के प्रति भी ध्यानाकर्षण हुआ है। बहुत–सी ऐसी चीज़ें केन्द्र में आयी हैं जिन पर हम ज़्यादा ध्यान नहीं देते थे, जैसे– प्रार्थना पत्र और पत्र लिखना, मंच प्रस्तुतीकरण आदि। विभिन्न गतिविधियों के माध्यम से शिक्षक–प्रशिक्षक और प्रशिक्षुओं के बीच अन्तर भी कम हुआ है।

एक मत यह भी रहा कि ई.पी.सी. के पेपर में दी गयी गतिविधियाँ बहुत ज़्यादा हैं और उसे अनिवार्य बनाया गया है जिनमें लेखन कार्य भी बहुत ज़्यादा है जो प्रशिक्षुओं और शिक्षक–प्रशिक्षक दोनों पर ही बोझ है। पेपर में जो भी गतिविधियाँ निर्धारित हैं उन सभी से सम्बन्धित व्याख्याता भी नहीं हैं विशेषकर आर्ट और थियेटर के लिए। संस्थान में किसी विशेषज्ञ को बुलाने के लिए बजट की भी समस्या है।

विश्लेषण

संशोधित पाठ्यक्रम की विषय–वस्तु पर शिक्षक–प्रशिक्षकों के विचार यह दर्शातें हैं कि पाठ्यक्रम में 'कौन–सी विषय–वस्तु जोड़ी गयी है और कौन–सी हटायी गयी है' को लेकर शिक्षक–प्रशिक्षकों के बीच अभी पर्याप्त समझ नहीं है क्योंकि लैंग्वेज अक्रॉस द करिकुलम, सीखने के लिए मूल्यांकन के पेपर को जोड़ा जाना, अधिगम वाले पेपर में बच्चों की पृष्ठभूमि को समझने जैसी बातें अभी फ़ील्ड में अपने मूल रूप में नहीं पहुँची है जैसा कि एन.सी.एफ.टी.ई. 2009 में संकल्पित किया गया है। जहाँ एक तरफ़ शिक्षक–प्रशिक्षकों ने पाठ्यक्रम को समग्रता में नहीं देखा है वहीं दूसरी ओर प्रत्येक पेपर में दिया गया टॉपिक और उसकी विषय–वस्तु को लेकर शिक्षक–प्रशिक्षकों में भ्रम यह दर्शाता है कि प्रत्येक टॉपिक की विषय–वस्तु को शायद स्पष्टता के साथ नहीं लिखा गया है। विषय–वस्तु में वर्तमान सन्दर्भों को देखते हुए 'सीखने' को व्यापक तौर पर शामिल करने के बजाय पारम्परिक सीखने–सिखाने के सिद्धान्तों को ही शामिल किया गया है हालाँकि हिन्दी की शिक्षण विधियों के पेपर में 'वाइगोत्सकी' के सिद्धान्त को रखा गया है। ई.पी.सी. का पेपर जोड़ा जाना एक सकारात्मक पक्ष है पर कहीं–न–कहीं इस पक्ष की मूल भावना भी शिक्षक–प्रशिक्षकों तक नहीं पहुँची है क्योंकि कुछ उदाहरण ऐसे भी सामने आये जहाँ यह गतिविधियाँ मात्र औपचारिक प्रक्रिया के रूप में कुछ असाइनमेंट तैयार करने तक ही देखी गयीं। *प्रायोगिक गतिविधियाँ एक प्रभावशाली शिक्षक बनने के लिए लाभदायक हैं, इससे प्रशिक्षुओं में आत्मविश्वास बढ़ता है। प्रशिक्षुओं ने स्वीकारा कि विज़ुअल और परफोर्मिंग आर्ट से उनका आत्मविश्वास बढ़ा है और उनकी छिपी प्रतिभा बाहर आयी है। (यादव–2011)*

अन्तरण प्रक्रिया : वास्तविक परिस्थितियों का अवलोकन

अधिकतर शिक्षक–प्रशिक्षकों का यह कहना था कि वे शिक्षण विधियों में बहुधा व्याख्यान विधि का ही प्रयोग करते हैं, साथ ही प्रशिक्षुओं को अभ्यास कार्य भी दिये जाते हैं। कुछ ने यह भी कहा कि वे विद्यार्थियों से चर्चा आदि भी कराते हैं पर यह किसी औपचारिक प्रक्रिया के तहत नहीं होता। प्रशिक्षुओं का कहना था कि उन्हें ज़्यादातर नोट्स ही दिये जाते हैं और जब सामूहिक चर्चा को माध्यम बनाया जाता है तो किसी

चर्चा के दौरान सम्बन्धित विषय–वस्तु पर कई बार शिक्षक–प्रशिक्षकों की ही समझ न होने पर समूह चर्चा में कोई निष्कर्ष नहीं निकल पाता। यह भी देखा गया कि प्रथम सेमेस्टर में दिये गये पेपर में जो प्रेक्टीकम सुझाए गये हैं उनमें स्कूल जाने की अनिवार्यता है परन्तु सभी शिक्षण–प्रशिक्षण संस्थानों में प्रथम सेमेस्टर में स्कूल जाने का प्रावधान रखा नहीं गया है।

विश्लेषण

ऐसा प्रतीत होता है कि पाठ्यक्रम में सुझाई गयी पेडागोजी जैसे– प्रोजेक्ट कार्य, समूह चर्चा, असाइनमेंट, वाद–विवाद, अवलोकन, गोष्ठी, सर्वेक्षण, भ्रमण आदि को शिक्षक–प्रशिक्षक उचित रूप से व्यवहार में नहीं ला पा रहे हैं जिसका एक कारण उनका स्वयं उन विधियों से अभिमुखीकरण न होना रहा है। सेवापूर्व शिक्षक शिक्षा कार्यक्रमों की अन्तरण प्रक्रिया में रटकर याद करने की प्रणाली को दूर करना होगा (जे.आर.एम. रिपोर्ट, 2016 दिल्ली, पेज न. 32)। सीखने–सिखाने की प्रकियाएँ व्याख्यान पद्धित में ही चल रही हैं जिनमें संवाद और चर्चा का कोई स्थान नहीं है (जे.आर.एम. रिपोर्ट, 2016, असम, 12.1,पेज न. 18/23)। लेक्चर विधि प्रयोग में लायी जाती है, प्रदर्शन विधि और समूह चर्चा किसी विशेष मौक़े पर आयोजित किये जाते हैं और समस्या समाधान विधि का तो शायद ही कभी प्रयोग हुआ हो। अन्तरण प्रक्रिया में आई.सी.टी. का प्रयोग नहीं किया जाता। (यादव–2011)। सैद्धान्तिक और प्रायोगिक पक्ष को अलग–अलग ही देखा जा रहा है जैसे– 'चाइल्डहुड एंड ग्रोइंग अप' वाले पेपर में प्रैक्टिकम में यह सुझाया गया है कि प्रशिक्षु वास्तविक परिस्थितियों में खेल के समय, कक्षा–कक्ष में बच्चों का अवलोकन करें और सीखने के सिद्धान्तों के साथ जुड़ाव बनाने की भी कोशिश करें। पर व्यवहार में प्रैक्टिकम को बुद्धि परीक्षण, स्कूलों में स्वास्थ्य स्थिति आदि तक सीमित कर दिया गया है। यह अपेक्षा है कि प्रशिक्षु रिफ्लेक्टिव जर्नल, रिपोर्ट आदि बनायें पर कहीं–कहीं पर ये मात्र खानापूर्ति ही बन कर रह गये हैं। तथाकथित पुस्तकों से जैसा–का–तैसा उतार कर असाइनमेंट बनाये जा रहे हैं जिनमें स्वयं के चिन्तन के लिए न्यूनतम अवसर हैं साथ ही उन अवसरों का दायरा भी सीमित दिखाई पड़ता है जिनमें प्रशिक्षु स्वयं अपनी पूर्व मान्यताओं पर चिन्तन कर सकें।

इंटर्नशिप : वास्तविक परिस्थितियों का अवलोकन

इंटर्नशिप के सम्बन्ध में कुछ शिक्षक–प्रशिक्षकों ने साझा किया कि इंटर्नशिप की अवधि बढ़ाने से प्रशिक्षुओं को स्कूल में ज़्यादा समय बिताने के अवसर मिलने से अनुभव भी ज़्यादा मिलेंगे और उनमें शिक्षण का आत्मविश्वास बढ़ेगा। प्रशिक्षुओं का यह मानना है कि इंटर्नशिप की अवधि बढ़ाये जाने से काफ़ी मदद मिल रही है, स्कूलों और बच्चों से जुड़ाव हुआ है, बच्चों को समझने में मदद मिल रही है। दूसरी तरफ़ इंटर्नशिप को लेकर फ़ील्ड में कुछ चुनौतियाँ भी देखने को मिलीं। इंटर्नशिप की अवधि को लेकर कुछ शिक्षक–प्रशिक्षकों का यह कहना है कि इंटर्नशिप की अवधि बढ़ने से लम्बे समय के लिए स्कूलों के मिलने में कठिनाई हो रही है। एन.सी.टी.ई. मानक द्वारा निर्धारित 10 किलोमीटर के दायरे में इंटर्नशिप के लिए स्कूल के चयन में बहुत चुनौतियाँ हैं और इस सम्बन्ध में निर्णय लेने के संस्थान के स्तर पर कोई स्पष्ट निर्देश भी नहीं है। कुछ संस्थानों में प्रशिक्षु अपने स्तर पर ही स्कूल ढूँढ़ रहे हैं जिससे उन्हें कई तरह की दिक्क़तों का भी सामना करना पड़ रहा है, जिनमें स्कूलों द्वारा वित्तीय सहायता माँगा जाना भी शामिल है। एक अन्य चुनौती यह भी है कि इंटर्नशिप ऐसे समय में रखी गयी है जब स्कूलों में परीक्षाएँ हो रही हैं जिससे एक तरफ़ स्कूल मिलने में कठिनाई हो रही है तो दूसरी ओर प्रशिक्षु पाठ–योजना छोड़ स्कूलों के मुताबिक़ बच्चों के साथ पाठ दोहराने को बाध्य है। पाठ–योजना भी पुरानी परिपाटी पर ही चल रही है यानी हर्बर्ट और ब्लूम विधि से पाठ–योजना बनाई जा रही है। पाठ–योजना निर्माण में मुख्यतः पुस्तक को ही केन्द्र में रखा गया है। यह भी देखा गया कि इंटर्नशिप को लेकर स्कूलों का ओरिएंटेशन वर्तमान विचार के अनुरूप नहीं है। उदाहरण के लिए एक पेपर में प्रैक्टिकम दिया हुआ है, जिसमें विभिन्न परियोजनाओं के सम्बन्ध में सर्वे करके रिपोर्ट तैयार करनी है परन्तु स्कूल अपने स्तर से किसी प्रकार की सूचना साझा करने के लिए पूर्ण रूप से तैयार नहीं हैं। प्रशिक्षु अपने स्तर पर ही स्कूलों में बाहर लगी सूचनाओं से अपनी रिपोर्ट तैयार करते हैं। ज़्यादातर सभी का यही मानना रहा कि इंटर्नशिप की प्रक्रिया मात्र औपचारिक बनकर रह गयी है। प्रशिक्षु अपने स्तर से स्कूल ढूँढ़ रहे हैं, अन्त में बस उन्हें सर्टिफिकेट दिखाना है कि अमुक स्कूल से उन्होंने इंटर्नशिप की है। शिक्षक–प्रशिक्षकों की तरफ़ से पर्याप्त मेंटरशिप नहीं है। नियम के अनुसार उन्हें दो पाठ–योजनाएँ बनानी हैं पर स्कूलों में

उनसे सारी कक्षाएँ पढ़वाई जा रही हैं, और उन्हें सभी की पाठ–योजनाएँ बनानी पड़ रही हैं। फ़ील्ड में पाठ–योजनाओं का अवलोकन करने पर पाया गया कि ब्लूम विधि से पाठ–योजनाएँ बनी हुई हैं। पाठ–योजना के नाम पर मोटे–मोटे रजिस्टर तैयार हैं पर उनमें किसी तरह का कोई फ़ीडबैक नहीं था सिवाय अध्यापिका के हस्ताक्षर के, जिससे पता लगता है कि प्रशिक्षुओं को उचित मेंटरशिप नहीं मिल पा रही है। *प्रैक्टिस टीचिंग की अवधि काफ़ी कम थी और प्रशिक्षुओं को स्कूल शिक्षकों द्वारा उचित रूप से पर्यवेक्षित/निरीक्षण नहीं किया गया और न ही स्कूल अधिकारियों ने टीचिंग प्रैक्टिस के संचालन में सहयोग दिया। (यादव–2011)*

विश्लेषण

इस सम्पूर्ण मामले में यह पक्ष उभरकर निकला है कि इंटर्नशिप की मूल अवधारणा को उस रूप में नहीं लिया गया है जैसा कि इसे संकल्पित किया गया है। इंटर्नशिप की अवधि तो बढ़ा दी गयी है पर स्वरूप पुराना ही दिखाई पड़ता है जो पाठ–योजना की डिलीवरी, आलोचनात्मक पाठ–योजना, फाइनल पाठ–योजना, एक्शन रिसर्च, सूक्ष्म शिक्षण योजना, प्रशिक्षुओं द्वारा किये गये कार्य का प्रदर्शन, समुदाय भ्रमण आदि तक ही सीमित है। पाठ्यक्रम में प्री–इंटर्नशिप की अवधारणा महत्त्वपूर्ण है पर उसे उस विचार के साथ अमल में नहीं लाया गया। जहाँ प्री–इंटर्नशिप की अवधि में प्रशिक्षुओं से यह अपेक्षा थी कि वे स्कूलों में जाकर अवलोकन करें और स्वयं को स्कूल के लिए तैयार करें, वहाँ उस अवधि में भी प्रशिक्षुओं ने औपचारिक पाठ–योजनाएँ बनाकर प्रैक्टिस टीचिंग की। विभिन्न तरह के विद्यालयों के अनुभव लेने को लेकर भी किसी तरह के प्रयास देखने को नहीं मिलें। इंटर्नशिप को लेकर विश्वविद्यालय स्तर से शिक्षा विभाग और विद्यालयों में संवाद की कमी दिखाई दी। ऐसा प्रतीत हुआ कि सम्बन्धित संस्थान के द्वारा स्कूलों को इंटर्नशिप की अवधारणा को पर्याप्त रूप से साझा नहीं किया गया और ठीक तरीक़े से मेंटरिंग न मिलने के कारण प्रशिक्षु वास्तविक रूप में इंटर्नशिप से वह नहीं सीख पा रहे हैं। जो उनकी ज़रूरत है। *शिक्षक–शिक्षा कार्यक्रम में सीखने–सिखाने की प्रकियाएँ रूटीन विधियों तक सीमित है, बँधी–बँधाई रूपरेखाओं पर पाठ–योजना की तैयारी और उनकी डिलिवरी, माइक्रो टीचिंग पर ज़ोर, प्रशिक्षुओं को स्कूल और कक्षा–कक्ष प्रक्रियाओं में चिन्तन करने के अवसर नहीं मिल*

रहे हैं एवं यूनिट प्लान पर काम नहीं हो रहा। उदाहरण के लिए, भाषा शिक्षण में बहुभाषिकता की कहीं बात नहीं की गयी। यह देखने में आया कि 53 प्रशिक्षुओं से अधिक संख्या में प्रशिक्षु एक ही स्कूल में इंटर्नशिप के लिए गये हुए थे। ऐसी स्थिति में एन.सी.एफ.टी.ई. में इंटर्नशिप को जिस उद्देश्य के साथ संकल्पित किया गया है वह पूरा नहीं होना/चिन्ताजनक है (जे.आर.एम. रिपोर्ट, हिमाचल प्रदेश, पेज न. 51–52)। इंटर्नशिप कार्यक्रम के लिए निर्धारित स्कूल आधारित गतिविधियों की ठीक से व्याख्या नहीं की गयी है। पाठ्यक्रम में कोर्स के टाइटल एन.सी.एफ.टी.ई.–2009 के अनुरूप हैं परन्तु अन्दर की विषय–वस्तु सैद्धान्तिक और पारम्परिक ही है (जे.आर.एम. रिपोर्ट, असम, पेज न. 13/23)। शिक्षण अभ्यास की अवधि काफ़ी कम थी, स्कूल शिक्षकों द्वारा प्रशिक्षुओं को उचित रूप से पर्यवेक्षित नहीं किया गया और टीचिंग प्रैक्टिस में भी सहयोग नहीं मिला। (यादव–2011)

आकलन : वास्तविक परिस्थितियों का अवलोकन

'आकलन' प्रक्रिया को लेकर शिक्षक–प्रशिक्षकों का मानना था कि उन्होंने मूल्यांकन की तकनीकों को रिसर्च पेपर में पढ़ा था पर उनके व्यवहारिक स्वरूप पर कभी बात नहीं की गयी। साथ ही अभी तक के पाठ्यक्रम में तो 'मापन' और 'मूल्यांकन' की ही बात की जाती रही है, अतः संशोधित पाठ्यक्रम में उन्हें 'आकलन' की अवधारणा ही स्पष्ट नहीं है। कुछ संस्थानों के आन्तरिक मूल्यांकन के पेपर देखने पर पाया गया कि पेपर बनाने का तरीक़ा पारम्परिक प्रणाली पर ही आधारित है जिसमें 4 लघु प्रश्न और 2 दीर्घ प्रश्न होते हैं। प्रश्नों का स्वरूप कुछ इस तरह का है–एरिक्सन के मनो–सामाजिक विकास के सिद्धान्त की व्याख्या कीजिये। वृद्धि और विकास के अन्तर को स्पष्ट कीजिये आदि। संशोधित पाठ्यक्रम में आकलन तकनीकों में पोर्टफोलियो, ब्लू प्रिंट, रूब्रिक्स आदि को शामिल किया गया है जिस पर शिक्षक–प्रशिक्षकों की पर्याप्त समझ नहीं दिखाई दी। उन्होंने स्वीकारा कि प्रशिक्षुओं को दिये गये प्रैक्टिकम, असाइनमेंट पर वे अपने हिसाब से ग्रेड देते हैं जिसमें पक्षपात की सम्भावना भी बनी रहती है।

विश्लेषण

शिक्षक–प्रशिक्षुओं से हुई बातचीत से यह समझ आता है कि पाठ्यक्रम में आकलन प्रक्रिया की जिन विभिन्न तकनीकों की चर्चा है उसे लेकर

शिक्षक–प्रशिक्षकों के बीच पर्याप्त समझ नहीं है। प्रश्न निर्माण प्रक्रिया में भी रटकर लिखने वाले प्रश्नों की प्रमुखता दिखाई देती है जिनमें प्रशिक्षुओं के पास चिन्तन करने के अवसर कम हैं। पर साथ ही एक पक्ष यह भी उभरा है कि ई.पी.सी. के पेपर में निर्धारित गतिविधियों के चलते शिक्षक–प्रशिक्षकों का शैक्षिक पक्षों के साथ सह–शैक्षणिक पक्षों को भी आकलन के दायरे में देखने का नज़रिया बना है।

सामग्री : वास्तविक परिस्थितियों का अवलोकन

शिक्षक–प्रशिक्षकों ने साझा किया कि उन पर प्रशिक्षुओं को सामग्री उपलब्ध कराने की ज़िम्मेदारी बढ़ी है और वे ऑनलाइन सामग्री को ढूँढ़ते हैं, अंग्रेज़ी की सामग्री का हिन्दी अनुवाद कर, फिर नोट्स प्रशिक्षुओं को दिये जाते हैं। शिक्षक–प्रशिक्षकों और प्रशिक्षुओं का यह भी मानना है कि संशोधित पाठ्यक्रम के अनुरूप पर्याप्त सामग्री नहीं है, नेट से डाउनलोड किया जाता है पर उसमें भी पता नहीं चलता कि कितनी सामग्री लेनी है। इससे कई विषय तो काफ़ी विस्तार में पढ़ाये जाते हैं और कुछ पर बिलकुल काम नहीं हो पाता। अवलोकन करने पर पाया कि बाज़ार की पुस्तकें अपडेटेड नहीं हैं और जो पुस्तकें आयी हैं उनका नामकरण तो वर्तमान पाठ्यक्रम के अनुरूप है पर भीतर की विषय–वस्तु पुरानी ही है। बाज़ार में प्रचलित पुस्तकें भी काफ़ी भ्रम पैदा कर रही हैं। अंडरस्टैंडिंग डिसिप्लिनेस एंड सब्जेक्ट्स पेपर के लिए बाज़ार में जो पुस्तकें आयी हैं उनमें लिखा है 'पाठ्यक्रम में विषयों की समझ'। कहीं–कहीं पर प्रशिक्षु भ्रम में दिखाई दिये उन्हें लगा कि यह स्कूलों में सिखाये जाने वाले 'अनुशासन' के बारे में है, शिक्षक–प्रशिक्षकों की मानें तो बाज़ार में कुछ गैस पेपर भी इसी नाम से हैं। शिक्षक–प्रशिक्षक भी प्रशिक्षुओं को यह कहते पाये गये कि परीक्षा में दोनों 'अनुशासनों' के बारे में लिख देना। लैंग्वेज अक्रॉस द करिकुलम पेपर की सामग्री भी उपलब्ध नहीं है। कुछ पुस्तकें जो बाज़ार में आयी हैं वे इस नाम से हैं–भाषा शिक्षण के आर–पार। शिक्षक–प्रशिक्षक भी दुविधा की स्थिति में हैं कि क्या पढ़ाना है?

विश्लेषण

इस सम्बन्ध में यह कहा जा सकता है कि संशोधित पाठ्यक्रम के अनुरूप सन्दर्भ सामग्री की बाज़ार में उपलब्धता नहीं है। पुस्तकालय भी अपडेटेड

नहीं हैं। ऐसा भी प्रतीत होता है कि इस सम्बन्ध में विश्वविद्यालय स्तर से किसी तरह का सहयोग शिक्षक–प्रशिक्षकों को नहीं मिला है। शिक्षक–प्रशिक्षक प्रशिक्षुओं को सम्बन्धित विषय–वस्तु पर अपने स्तर से सामग्री तो उपलब्ध करा पा रहे हैं पर दृश्य–श्रव्य सामग्री का प्रयोग न के बराबर है। हिन्दी भाषा में सामग्री को लेकर भी जद्दोजहद दिखाई दी।

निष्कर्ष एवं सुझाव

उपरोक्त सभी आयामों पर विचार करके यह कहा जा सकता है कि एन.सी.एफ.टी.ई. 2014 के नोटिफिकेशन के अनुसार उत्तराखण्ड राज्य में बी.एड. पाठ्यक्रम में संशोधन हो चुका है जो कि एक सराहनीय प्रयास है। साथ ही यह क़दम राज्य के शिक्षक–प्रशिक्षक कार्यक्रम में एक आमूलचूल परिवर्तन भी है। पाठ्यक्रम में व्यापक रूप में मुद्दों के आधार पर विषय–वस्तु को संगठित किया गया है। इंटर्नशिप के रूप में फ़ील्ड में बच्चों, स्कूल एवं समुदाय के साथ जुड़ाव के गहन अवसर हैं। एक विशेष कोर्स व्यावसायिक क्षमता संवर्द्धन (ई.पी.सी.) को लेकर जोड़ा गया है जिसमें स्वयं को समझने एवं चिन्तन करने के भरपूर अवसर हैं। इसी तरह लैंग्वेज अक्रॉस द करिकुलम पेपर के माध्यम से विभिन्न पृष्ठभूमियों के बच्चों की भाषायी क्षमताओं को समझने के भी पर्याप्त अवसर हैं। फ़ील्ड में हुए अनुभवों के दौरान यह समझ बनी है कि किसी भी परिवर्तन को फलीभूत होने में कुछ समय ज़रूर लगता है जिससे जिस अपेक्षा के साथ उस परिवर्तन पर काम हुआ है वह एक दिशा भी ले सके। इस दो वर्षीय बी.एड. पाठ्यक्रम की बात करें तो यह एक संक्रमण का काल है जिसमें इस पाठ्यक्रम को लेकर फ़ील्ड में एक उथल–पुथल दिखाई दे रही है। पर इस उथल–पुथल का सकारात्मक पक्ष यह है कि यह शिक्षा जगत में आयी जड़ता को तोड़ने का काम कर रही है। शिक्षक को एक पेशेवर के रूप में स्थापित करने की प्रक्रिया के रूप में सेवापूर्व शिक्षक–प्रशिक्षक कार्यक्रम के तहत बी.एड. कार्यक्रम में जिस तरह के आमूलचूल परिवर्तन हुए हैं वे निःसन्देह ही शिक्षक की तैयारी के पथ पर मील का पत्थर साबित होंगे, क्योंकि इसमें न केवल प्रशिक्षुओं को वरन् शिक्षक–प्रशिक्षकों को भी स्वयं की पूर्व मान्यताओं पर चिन्तन–मनन के भरपूर अवसर हैं साथ ही उन्हें अमल में लाने को भरपूर समय भी। जब भी नीतिगत फ़ैसलों पर अमल करने की बात आती है तो फ़ील्ड में बहुत–सी चुनौतियाँ भी नज़र आती

हैं। पर उन पर काम करके आगे बढ़ा जाये तो नीतियों के क्रियान्वयन की सफलता की आशंकाएँ बढ़ जाती हैं। फ़ील्ड के अवलोकनों और उसके विश्लेषण के आधार पर बी.एड. पाठ्यक्रम क्रियान्वयन के सम्बन्ध में कुछ मुद्दों की ओर अगर ध्यानाकर्षण किया जाये तो परिणाम शायद बेहतर साबित होंगे।

अभिमुखीकरण

ऐसा प्रतीत होता है कि संशोधित पाठ्यक्रम पर फ़ील्ड में अभी पर्याप्त समझ बनने की ज़रूरत है। सम्पूर्ण शिक्षक शिक्षा कार्यक्रम के विज़न को लेकर बड़े स्तर पर वर्कशॉप, कॉन्फ्रेंस, सेमिनार आयोजित किये जाने चाहिए ताकि राज्य के सभी शैक्षणिक संस्थानों का शिक्षक–शिक्षा पर विज़न बन सके कि शिक्षक बनने की तैयारी के रूप में शिक्षक–शिक्षा कार्यक्रमों की महती भूमिका है। संशोधित पाठ्यक्रम पर सभी बी.एड. कॉलेजों के शिक्षक–प्रशिक्षकों का अभिमुखीकरण किया जाना ज़रूरी है। पाठ्यक्रम संशोधन की प्रक्रिया में अधिक–से–अधिक बी.एड. फैकल्टी की भागीदारिता सुनिश्चित कराये जाने की आवश्यकता है क्योंकि फ़ील्ड अवलोकन के दौरान यह अनुभव हुआ कि पाठ्यक्रम संशोधन निर्माण की प्रक्रिया में बी.एड. कॉलेज की फैकल्टी का योगदान नगण्य था। *पाठ्यक्रम संशोधन की प्रक्रिया में राज्य से अधिक–से–अधिक प्रतिभागिता होनी चाहिए थी। पाठ्यक्रम को लेकर शिक्षक–प्रशिक्षकों, प्रशिक्षुओं की अवधारणात्मक समझ नहीं है। शिक्षक बनने की प्रक्रिया को उसके 'अकादमिक' विकास के रूप में लेकर गम्भीरता से नहीं लिया जा रहा है। पाठ्यक्रम संशोधन/पुनर्निर्माण प्रक्रिया पर विचार करने की ज़रूरत है।* ***(जे.आर.एम. रिपोर्ट 2016, हिमाचल प्रदेश, पेज न. 52)।*** एक साल का कोर्स दो साल का क्यों किया गया, प्रैक्टिस टीचिंग की अवधि क्यों बढ़ाई गयी, कुछ विषय–वस्तु का हटाया जाना और जोड़ा जाना आदि ऐसे पक्ष हैं जिन पर बड़े स्तर पर चर्चा ज़रूरी है। शिक्षक–प्रशिक्षकों का अभी तक 1 साल के बी.एड. पाठयक्रम का अनुभव है, संशोधित पाठ्यक्रम में बहुत से नये पेपर जोड़े गये हैं, नयी शिक्षण विधियों और आकलन प्रक्रिया की बात हो रही है, पर व्यवहार में उस नये विज़न पर शिक्षक–प्रशिक्षकों की पर्याप्त समझ नहीं है जिसका उदाहरण आन्तरिक आकलन में अभी भी पुराने तरीक़ों से ही ग्रेड दिया जाना है। विभिन्न आकलन तकनीकों के हैंड्स ऑन एक्सपीरियंस

के मौक़े शिक्षक–प्रशिक्षकों को मिलने ज़रूरी हैं। आकलन प्रक्रिया को भी लचीला और व्यापक बनाने की ज़रूरत है जिसमें अवधारणात्मक समझ के अलावा प्रशिक्षु की अभिवृत्तियों, मतों, मूल्यों, रुचियों आदि को भी आँकने के अवसर हों। (एन.सी.एफ.टी.ई.–2009,पेज संख्या–22)। आकलन प्रक्रिया को व्यापक एवं सतत् रूप में देखे जाने की ज़रूरत है, उदाहरण के लिए चाइल्डहुड एंड ग्रोइंग 'अप पेपर' में आकलन इस बात से निर्धारित होता है कि प्रशिक्षुओं का बच्चे और बचपन के प्रति क्या नज़रिया है या फिर जेंडर, जाति आदि की व्याख्या वे कक्षागत प्रक्रियाओं में किस रूप में कर पा रहे हैं (एन.सी.टी.ई.,पाठ्यचर्या रूपरेखा, दो वर्षीय बी.एड.कार्यक्रम, पेज संख्या–8)।

क्षमता संवर्द्धन

एन.सी.एफ.टी.ई.–2009, एन.सी.टी.ई. रेगुलेशन 2014 में जिस तरह शिक्षक शिक्षा कार्यक्रम को संकल्पित किया है उस पर फैकल्टी की सीमित समझ है। ***(जे.आर.एम. रिपोर्ट 2015,राजस्थान, अरुणाचल प्रदेश, सिक्किम, मणिपुर और तेलंगाना, पेज न.–7)***। पाठ्यक्रम में जोड़े गये नवीन पेपर : ज्ञान एवं पाठ्यचर्या, लैंग्वेज अक्रॉस द करिकुलम, इ.पी.सी., अनुशासनों एवं विषयों की समझ आदि को लेकर फ़ील्ड में बहुत जद्दोजहद है, इन सभी विषयों पर शिक्षक–प्रशिक्षक की ज़रूरतों का विश्लेषण किये जाने की ज़रूरत है, इस हेतु विश्वविद्यालय स्तर से प्रयास होने चाहिए। बी.एड. संस्थानों का विश्वविद्यालयों से नियमित सम्पर्क होना ज़रूरी है क्योंकि यह बात शिक्षक–प्रशिक्षकों की तरफ़ से भी आयी है कि उन्हें विश्वविद्यालय की तरफ़ से पर्याप्त मदद नहीं है। विश्वविद्यालय स्तर से नवीन पाठ्यक्रम की छपी प्रति भी सभी संस्थानों को उपलब्ध कराये जाने की ज़रूरत है।

कार्य स्थल पर मदद (ऑन साईट सपोर्ट)

अभिमुखीकरण के साथ–साथ ऑन साइट सपोर्ट भी बहुत महत्त्वपूर्ण पक्ष है जो नियमित अन्तराल के साथ सभी शिक्षक–प्रशिक्षक संस्थानों को उपलब्ध कराये जाने की ज़रूरत है। इस सम्बन्ध में विश्वविद्यालय स्तर से 5–6 सदस्यों की एक समिति गठित की जा सकती है जिसमें कुछ बी.एड. कॉलेजों के अध्यापक समूह भी शामिल हों। इनके द्वारा संशोधित पाठ्यक्रम के अनुसार अपने संस्थानों में अभ्यास किया जाये और अपने अनुभवों का

दस्तावेज़ीकरण किया जाये जिसे समिति के सदस्यों द्वारा नियमित अन्तराल में साझा किया जाये। इस प्रक्रिया से संशोधित पाठ्यक्रम से सम्बन्धित मज़बूत पक्षों और चुनौतियों को समझने में मदद मिलेगी, जिसके अनुसार पाठ्यक्रम में स्थानीय परिस्थितियों के अनुसार बदलाव करने को लेकर आधार बनाने में भी मदद मिलेगी। उदाहरण के लिए, एन.सी.टी.ई. में यह भी प्रावधान है कि राज्य स्तर पर पाठ्यक्रम में स्थानीय परिस्थितियों के अनुसार कुछ बदलाव किये जा सकते हैं जैसा कि मेघालय के सेवापूर्व शिक्षक–शिक्षा कार्यक्रम के पाठ्यक्रम में दिखाई देता है, उदाहरण–बच्चों के सामाजिक–सांस्कृतिक सन्दर्भ को जहाँ समझने की बात की गयी है उस इकाई में मातृसत्तात्मक परिवारों में सामाजीकरण की प्रक्रिया, गारो, ख़ासी आदि जनजातियों में बच्चों के पालन–पोषण के तरीक़े, एल्कोहलिक परिवारों के बच्चे, आदि को विषय–वस्तु के रूप में शामिल किया गया है (मेघालय, डी.एल.एड. पाठ्यक्रम, 2015,पेज संख्या–12)। इस सम्बन्ध में उत्तराखण्ड राज्य के गढ़वाल विश्वविद्यालय के बी.एड. पाठ्यक्रम में यह तत्त्व नहीं दिखाई देता, जिसे किया जा सकता है।

सन्दर्भ सामग्री

राज्यवार क्षेत्रीय स्तर पर शिक्षक–प्रशिक्षकों की कार्यशालाएँ की जा सकती हैं जिसमें वे विषय विशेष के पेपर की डिटेलिंग और डिलिमिटिंग, सम्बन्धित सामग्री/स्रोतों आदि पर चर्चा कर सकें। प्रत्येक संस्थान में इंटरनेट, कम्प्यूटर आदि की उचित व्यवस्था होनी चाहिए ताकि शिक्षक–प्रशिक्षक और प्रशिक्षु सामग्री ढूँढ़ सकें। संस्थान के पुस्तकालय भी अपडेट किये जाने की ज़रूरत है। स्थानीय भाषा में सामग्री का अभाव है अपडेटेड पुस्तकों के साथ पुस्तकालयों की कमी है ***(जे.आर.एम. रिपोर्ट,नागालैण्ड पेज न.101,108,113)***। विश्वविद्यालय स्तर से नवीन पाठ्यक्रम के अनुरूप सन्दर्भ सामग्री निर्माण हेतु कार्यशाला आयोजित करवायी जानी चाहिए जिसमें सम्बन्धित विषय–वस्तु के विशेषज्ञ एवं फ़ील्ड प्रैक्टिशनर सम्मिलित हों, जिनके द्वारा सामग्री लेखन का कार्य किया जाये। इससे एक रेपोजीटरी का निर्माण हो पायेगा, जिसे सभी बी.एड. कॉलेजों को उपलब्ध कराया जा सकता है। इस सम्बन्ध में एक बात ध्यान में रखने योग्य होगी कि इस सन्दर्भ सामग्री का स्वरूप उन तथाकथित पाठ्यपुस्तकों का स्वरूप न ले ले जो वर्तमान में बाज़ारों में विभिन्न प्रकाशनों के नाम पर गाइड के

रूप में उपलब्ध है। स्थानीय भाषा में भी सामग्री निर्माण का कार्य विभिन्न राज्यों में किया जा सकता है। इसके अलावा वर्तमान पाठ्यक्रम में सन्दर्भ सामग्री के अन्दर कुछ लेखों, ऑडियो विजुअल सामग्री का भी ज़िक्र किया जाना चाहिए था जिसकी झलक छत्तीसगढ़ के बी.एड.पाठ्यक्रम में देखी जा सकती है।

इंटर्नशिप

इंटर्नशिप को लेकर बी.एड. संस्थानों को स्वायत्तता दी जा सकती है कि वे किस तरह आयोजित करें जिससे इसे सफलतापूर्वक संचालित किया जा सके, क्योंकि जहाँ एक ओर एक ही समय पर सभी बी.एड. कॉलेज के प्रशिक्षुओं को स्कूल मिल पाना भी चुनौतीपूर्ण है, वहीं दूसरी ओर वर्तमान में इंटर्नशिप जिस समय रखी गयी है उस समय सभी स्कूलों में परीक्षा भी थी। सभी प्रशिक्षुओं का ऑनलाइन नेटवर्क होना चाहिए जिससे शिक्षक–प्रशिक्षक और प्रशिक्षु के बीच संवाद बना रहे, वे एक–दूसरे की प्रक्रियाओं के प्रति अवगत रहें और उन्हें यथासम्भव मेंटरिंग भी मिलती रहे। ग़ैर–लचीली पाठ–योजनाओं की जगह शिक्षण योजना की अवधारणा को समझते हुए नवीन विधियों पर शिक्षण योजना को अमल में लाने की ज़रूरत है। इस सम्बन्ध में स्वयं शिक्षक–प्रशिक्षकों को भी अपनी सीखने–सिखाने की प्रक्रियाओं में नवाचारी विधियों को प्रयोग में लाना होगा। इंटर्नशिप की अवधारणा को इसके मूल विचार के साथ स्कूलों में साझा किये जाने की ज़रूरत है। फॉलो अप हेतु स्कूल मेंटर और शिक्षक–प्रशिक्षकों के बीच भी संवाद प्रक्रिया को प्रोत्साहित किया जाना चाहिए।

इंटर्नशिप का संचालन करने की ज़िम्मेदारी संयुक्त रूप से केन्द्रीय स्तर के शिक्षक शिक्षा नियामक, राज्य शिक्षा विभाग, मान्यता प्राप्त संस्थान, शिक्षक–प्रशिक्षक संस्थान एवं इंटर्नशिप विद्यालयों की होनी चाहिए। एन.सी.टी.ई. की तरफ़ से राज्य सरकारों/एस.सी.ई.आर.टी. (राज्य शैक्षिक अनुसन्धान एवं प्रशिक्षण परिषद) को इंटर्नशिप के सम्बन्ध में मार्गदर्शन उपलब्ध कराया जाना चाहिए। साथ ही सम्बन्धित मान्यता प्राप्त विश्विद्यालयों, शिक्षक–प्रशिक्षक संस्थानों एवं इंटर्नशिप स्कूलों में भी सम्बन्धित हैंडबुक वितरित करना ज़रूरी है। एन.सी.टी.ई. द्वारा सुझाए गये फ्रेमवर्क के तहत स्कूलों को शिक्षक–प्रशिक्षक संस्थान के लैब स्कूल की

स्वीकार्यता मिलनी चाहिए साथ ही मेंटर शिक्षक की प्रक्रिया को गम्भीरता के साथ लेने की ज़रूरत है। इंटर्नशिप स्कूलों में चयनित मेंटर शिक्षकों की शिक्षक–प्रशिक्षक संस्थान में नियमित अन्तराल में बैठक होनी चाहिए। यह सुनिश्चित हो कि इंटर्नशिप के दौरान प्रशिक्षु सरकारी एवं प्राइवेट दोनों स्कूलों के अनुभव ले सकें। सभी शिक्षक–प्रशिक्षण संस्थानों हेतु इंटर्नशिप के लिए उचित स्कूलों की व्यवस्था राज्य सरकार की तरफ़ से होनी चाहिए। एस.सी.ई.आर.टी. के पास राज्य के स्कूलों का प्रशासनिक नियन्त्रण होता है। इस सम्बन्ध में यह सुनिश्चित किया जाना ज़रूरी होगा कि प्रत्येक शिक्षक शिक्षा संस्थान को कम–से–कम 10 स्कूल उपलब्ध हो सकें। स्कूलों का आवंटन ज़िला शिक्षा अधिकारी की देख–रेख में किया जा सकता है (स्कूल इंटर्नशिप : फ्रेमवर्क एवं गाइडलाइन, जनवरी 2016, एन.सी.टी.ई.)।

सीमा

प्रस्तुत पेपर को बी.एड. पाठ्यक्रम के ही प्रकाश में देखा जा सकता है। यह सभी अवलोकन एक राज्य के किसी एक ज़िले के 4 बी.एड. कॉलेजों से सम्बन्धित हैं, अतः दिये गये विश्लेषण का सामान्यीकरण नहीं किया जा सकता।

सन्दर्भ सूची

1. एन.सी.टी.ई. (2009) : *नेशनल करिकुलम फ्रेमवर्क फॉर टीचर एजुकेशन*, नयी दिल्ली : नेशनल कॉउंसिल ऑफ़ टीचर एजुकेशन।
2. मानव संसाधन विकास मन्त्रालय, भारत सरकार : शिक्षक शिक्षा योजना 2012–17।
3. एम.एच.आर.डी., गवर्नमेंट ऑफ़ इंडिया : जस्टिस वर्मा कमेटी रिपोर्ट, 2012।
4. एम.एच.आर.डी., गवर्नमेंट ऑफ़ इंडिया : ज्वाइंट रिव्यू कमीशन रिपोर्ट, मार्च 2016– दिल्ली, गोवा, हिमाचल प्रदेश, नागालैण्ड।
5. एम.एच.आर.डी., गवर्नमेंट ऑफ़ इंडिया : ज्वाइंट रिव्यू कमीशन रिपोर्ट, अगस्त 2016– असम, छत्तीसगढ़, झारखण्ड, मध्य प्रदेश, उत्तर प्रदेश।
6. एम.एच.आर.डी., गवर्नमेंट ऑफ़ इंडिया : ज्वाइंट रिव्यू कमीशन रिपोर्ट, सितम्बर 2015–राजस्थान, मणिपुर, सिक्किम, तेलंगाना, अरुणाचल प्रदेश।

7. एन.सी.टी.ई. स्कूल इंटर्नशिप : फ्रेमवर्क एंड गाइडलाइन्स, जनवरी 2016, एन.सी.टी.ई.।
8. ए कम्पेरेटिव स्टडी ऑफ़ प्री सर्विस टीचर एजुकेशन एट सेकेंडरी एजुकेशन लेवल इन बंग्लादेश, इंडिया, पाकिस्तान एंड श्रीलंका– एस.के. यादव : इंडियन एजुकेशनल रिव्यू, वॉल्यूम., 48, न. 1 जनवरी 2011।
9. ए कम्पेरेटिव स्टडी ऑफ़ बी.एड. टीचिंग प्रेक्टिसेस बिटवीन पब्लिक एंड प्राइवेट सेक्टर एजुकेशनल इंस्टीटयूशन इन कराची – नसीम आरा : इंटरडिस्पलेनेरी जर्नल ऑफ़ कंटेम्परी रिसर्च इन बिजनेसेस, वॉल्यूम. 4, न. 12, अप्रैल, 2013।
10. प्री–सर्विस टीचर रिफोर्म इन इंडिया एंड पाकिस्तान : चैलेन्जेस एंड पॉसिबिलिटिज – ज्योति, 2014, इंटरनेशनल जर्नल ऑफ़ रिसर्च : ग्रन्थालय।

पाठ–योजना : दार्शनिक व वास्तविक समझ

–नेहा यादव

यह पर्चा स्कूल में व्यवहारतः पढ़ाने के दौरान पाठ–योजना के उद्देश्य, स्वरूप व निमार्ण के नीति दस्तावेज़ों में स्वरूप की तुलना दो संस्थानों में बनी पाठ–योजनाओं से करता है। इस विश्लेषण में यह दिखाता है कि ये पाठ–योजनाएँ दस्तावेज़ों में प्रस्तुत चित्र से बहुत दूर हैं।

प्रस्तावना

सेवापूर्व शिक्षण–प्रशिक्षण संस्थानों में हमारे विद्यालयों के लिए भावी शिक्षक तैयार किये जाते हैं। यहाँ विद्यालयी विषयों की गहन समझ, समाज व शिक्षा के सम्बन्धों व उनकी स्कूली शिक्षा पर पड़ने वाले असर तथा बच्चों के मनोविज्ञान सम्बन्धी सभी प्रकार के ज्ञान से शिक्षक–प्रशिक्षु को अवगत कराया जाता है। दो साल के पश्चात् प्रारम्भिक शिक्षण–प्रशिक्षु संस्थान से निकलने वाले हर शिक्षक से यह उम्मीद की जाती है कि जब वह विद्यालय में एक शिक्षक के तौर पर काम करेगा, तब उसकी यही समझ बच्चों को पढ़ाने व ज्ञान के निर्माण में मदद करेगी अर्थात् पढ़ाने में गुणवत्ता के सवाल का बहुत हद तक सेवापूर्व शिक्षण–प्रशिक्षण से सीधा–सीधा सम्बन्ध है। इसी के महत्त्व को समझते हुए, अलग–अलग समय पर इस प्रशिक्षण में सुधार लाने के लिए अनेक परिवर्तन किये गये, जैसे कि पाठ–योजना निर्माण। मैं अपने पर्चे में पाठ–योजना निर्माण के बारे में बात करूँगी। मेरा मुख्य उद्देश्य 'पाठ–योजना' से सम्बन्धित निम्न बातों पर विचार करना है :

1. इसको बनाने से लेकर क्रियान्वयित किये जाने में एक शिक्षक–प्रशिक्षु से किन बातों को समझने की अपेक्षा की जाती है?
2. पाठ–योजना में इसका बृहद् उद्देश्य किस प्रकार निकलकर आता है, शिक्षक–प्रशिक्षण में बदलाव से सम्बन्धित डाक्यूमेंट्स में यह समझ किस रूप में झलकती है?

पाठ–योजना की अवधारणा

कोठारी आयोग (1964–66) की रिपोर्ट में शिक्षकों को पेशेवर रूप में तैयार करने की ज़रूरत को रेखांकित किया गया है। यहाँ से शिक्षक–प्रशिक्षण संस्थानों में इंटर्नशिप की शुरुआत की गयी; जिस पर राष्ट्रीय शिक्षा नीति (1986) की समीक्षा के दौरान आचार्य राममूर्ति समिति (1990) ने भी ज़ोर दिया। यहाँ यह माना गया कि प्रशिक्षण के साथ–साथ स्कूल में व्यवहारतः पढ़ाना भी बहुत महत्त्वपूर्ण है। नेशनल करिकुलम फ्रेमवर्क फ़ॉर स्कूल एजुकेशन (एन.सी.एफ.सी.ई.–2000) भी शिक्षक–प्रशिक्षण संस्थानों में प्रशिक्षण देने के लिए ऐसे ढाँचे की बात करता है जहाँ प्रशिक्षु यह समझे कि बच्चे सीखने की प्रक्रिया में अहम भूमिका निभाते हैं। एन.सी.एफ.सी.ई. 2000 में प्रशिक्षु से दस तरह के कौशलों की समझ बनाने की अपेक्षा रखी गयी थी। जैसे कि– सन्दर्भात्मक, अवधारणात्मक, ज्ञानात्मक, प्रस्तुतात्मक, शिक्षा सम्बन्धी गतिविधियाँ, शिक्षण सामग्री बनाना, मूल्यांकन, व्यस्थात्मक व शिक्षक का अभिभावक, समुदाय व अन्य लोगों से सम्पर्क बनाना। यदि मैं इसके उपरान्त आये पाठ्यचर्या नवीनकरण के लिए शिक्षक–शिक्षा आधार पत्र, राष्ट्रीय पाठ्यचर्या की रूपरेखा–2005, अध्यापक शिक्षा की राष्ट्रीय पाठ्यचर्या की रूपरेखा–2009 का अध्ययन करूँ तो उसमें भी एक ऐसी कक्षा व शिक्षण की बात की जाती है जहाँ शिक्षक केवल पढ़ाने का काम न करता देखा जाये। शिक्षक की भूमिका कक्षागत गतिविधियों, बच्चों के पूर्व ज्ञान, सन्दर्भ, समुदाय व अभिभावकों को साथ लेकर बेहतर शिक्षा देने का काम करने की समझी गयी।

प्रशिक्षण संस्थानों के शिक्षकों से बातचीत के आधार पर यह समझ में आता है कि एन.सी.एफ.टी.ई.–2009 से पूर्व पाठ–योजना का अर्थ 'अलग–अलग पाठों के शिक्षण' से सम्बन्धित था। पाठ–योजना का खाँचा इस प्रकार बनाया जाता था जिससे प्रत्येक पाठ को मानकीकृत तरीक़े से पढ़ाया जा सके, साथ ही निश्चित समय में आवश्यक पाठों को पढ़ाकर उनका निरीक्षण किया जा सके। इस प्रकार की व्यवस्था में शिक्षक–प्रशिक्षु द्वारा केवल विषय–वस्तु के ज्ञान पर ही काम किया जा सकता है। एन.सी.एफ.टी.ई.–2009 के अनुसार स्कूल इंटर्नशिप के पुराने मॉडल से सबसे बड़ी शिकायत यही थी कि वहाँ विषय के ज्ञान पर ज़्यादा ज़ोर दिया जाता था, जिसके कारण शिक्षण प्रक्रिया की वास्तविक समझ में सदैव अपर्याप्तता रहती थी। इसके अनुसार पुराना मॉडल शिक्षण प्रक्रिया

में बच्चों को सन्दर्भ से जोड़ने या जुड़ने के लिए प्रेरित नही करता है। इसी के साथ–साथ पुराने मॉडल की कुछ कमियाँ इस प्रकार हैं :

1. शिक्षक–प्रशिक्षुओं को विद्यालयी व्यवस्था का पालन करते हुए पूर्व निर्धारित तरीक़े से पाठ पढ़ाना।
2. सूक्ष्म–शिक्षण में सीमित पाठ–योजनाओं को पढ़ाने का अभ्यास करते रहना व उसी से शिक्षण में निपुणता हासिल करना।
3. अपने स्वयं के शिक्षण कार्यों व विद्यालयी कार्यों को अलग–अलग देखना।
4. बच्चे समाज व सन्दर्भ से कोई जुड़ाव नहीं।

एन.सी.एफ.टी.ई.–2009 व शिक्षक–प्रशिक्षण

पुराने मॉडल के विपरीत एन.सी.एफ.टी.ई.–2009 के पश्चात् शाला अनुभव कार्यक्रम के तहत पाठ–योजना का उद्देश्य केवल एक विषय के पाठों की, पाठ–योजना बनाकर प्रदर्शन करना नहीं समझा गया। इसमें शिक्षक–प्रशिक्षुओं को सम्पूर्ण विद्यालय के साथ कार्य करते हुए उसके विभिन्न पहलुओं जैसे बच्चों की समझ, बच्चों के सीखने की प्रक्रिया की समझ, कक्षा–कक्ष प्रक्रिया की समझ व पाठ्यक्रम को लेते हुए काम करने के अवसर बनाये जाने की बात की कही गयी है। इसमें यह अपेक्षित है कि कक्षा में शिक्षण क्रिया पर ध्यान दिये जाने की जगह सीखने–सिखाने में बच्चों की सक्रिय भूमिका पर ध्यान दिया जायेगा।

एन.सी.एफ.टी.ई.–2009 में दी गयी अवधारणा की झलक राज्य स्तर पर तैयार किये गये दस्तावेज़ों में भी दिखती है। उदाहरण के लिए, छत्तीसगढ़ शाला अनुभव के प्रपत्र–14 में दिये गये दैनिक शिक्षण योजना का स्वरूप शिक्षक–प्रशिक्षु से कुछ इस प्रकार की बातों पर ध्यान देने की अपेक्षा करता है–

- **शिक्षण के पूर्व** : क्या सिखायेंगे (कौशल जो विकसित किये जायेंगे), कैसे सिखायेंगे (गतिविधि / शिक्षण विधि) और किन सहायक सामग्री का उपयोग करेंगे?
- **शिक्षण के समय** : बच्चे ने क्या सीखा, कितने बच्चों ने सीखा?
- **शिक्षण के पश्चात्** : कठिनाई, अगले दिन पाठ–योजना में क्या परिवर्तन होगा?

इसके साथ ही शिक्षक–प्रशिक्षु से शाला की गतिविधियों में भाग लेने व एक शिक्षक की भाँति उनकी ज़िम्मेदारी लेने की अपेक्षा रखी गयी है। उसे शाला व समुदाय का अवलोकन करते हुए उन दोनों के बीच में सम्बन्ध बनाये रखने का प्रयास करना है। यह अपेक्षित है कि इससे बच्चों को सिखाने में सहायता मिलेगी।

इसी प्रकार राजस्थान सरकार द्वारा डी.एड. के लिए तैयार की गयी निर्देशिका में भी यह स्पष्ट है कि शिक्षण–प्रशिक्षण प्रक्रिया का उद्देश्य प्रशिक्षु में विद्यालय व उसकी मैनेजमेंट के बारे में सम्पूर्ण समझ बन जायेगी। कक्षा–कक्ष में क्या व कैसे पढ़ाया जायेगा इसकी समझ विकसित होगी, विभिन्न क्षमताओं वाले बच्चों के बारे में बेहतर दृष्टिकोण बनेगा, शिक्षक उनसे अपेक्षित सभी ज़िम्मेवारियों का निर्वाह करना सीख जायेंगे व साथ ही रिकॉर्ड बनाना भी सीख जायेंगे, शैक्षिक के साथ–साथ सह–शैक्षिक गतिविधियों के संचालन में निपुणता आयेगी, समाज से बातचीत करने का कौशल विकसित होगा आदि।

पाठ–योजना व दस्तावेज़

उपरोक्त बातों से यह स्पष्ट होता है कि पाठ–योजना केवल ज्ञान के प्रदर्शन तक ही सीमित नहीं हैं। यहाँ प्रशिक्षु से यह अपेक्षा है कि वह विषय–वस्तु पर अपनी समझ के साथ–साथ, कक्षा–कक्ष की परिस्थिति व बच्चों के सीखने की प्रक्रिया व स्तर का निरन्तर आकलन करते हुए आगे बढ़े। इसमें यह भी स्पष्ट है कि यदि एक पाठ–योजना पूरी नहीं हो पाये तो उसे अगले दिन की योजना के साथ जोड़ा जा सकता है। बच्चों के सीखने की प्रक्रिया में, बहुत हद तक बच्चों के घर व परिवेश के अनुभवों को भी कक्षा में शामिल करने के साथ–साथ उन्हें खोज करने के अवसर देना भी शामिल है।

शिक्षण प्रक्रिया के लिए पाठ–योजना बनाना, उसका विश्लेषण करना, पुनरावलोकन करवाना व उसके सन्दर्भ में पुनर्निर्माण व क्रियान्वयन अपेक्षित है। परन्तु कहीं भी, किसी भी दस्तावेज़ में पाठ–योजना पर विशेष रूप से कोई बातचीत नहीं की गयी है। यदि हम पिछले भाग में बतायी गयी सभी बातों पर ग़ौर करें तो यह समझ में आता है कि कही गयी बातें शिक्षण–योजना का हिस्सा हैं न कि पाठ–योजना का। यहाँ शिक्षण को बच्चे के जीवन के अन्य हिस्सों के साथ जोड़कर एक समग्र रूप में देखने

व समझ विकसित करने पर बात की गयी है। परन्तु एक शिक्षक–प्रशिक्षु को पढ़ने–पढ़ाने की प्रक्रिया को जीवन्त बनाने के लिए किस प्रकार की योजना बनानी हो, उस पर कैसे काम किया जाये आदि मुद्दों पर विस्तृत व स्पष्ट विवरण नहीं दिया गया है। ऐसी परिस्थिति में हर संस्थान अपने हिसाब से पाठ–योजना निर्माण का कार्य करवाने के लिए स्वतन्त्र है। परिणामस्वरूप इंटर्नशिप का पूरा फ़ोकस अवलोकन, प्रोफाइलिंग, समाज से बातचीत व विद्यालयी गतिविधियों में भागीदारी तक सीमित रह जाता है। पाठ–योजना केवल कागज़ पर बनाई जाने वाली गतिविधि बनकर रह जाती है। वास्तविकता में तो कुछ और ही हो रहा होता है जैसा कि मुझे विद्या भवन शिक्षक–शिक्षा महाविद्यालय (सी.टी.ई.) उदयपुर या ज़िला शिक्षा एवं प्रशिक्षण संस्थान (डायट) उदयपुर में बातचीत व अवलोकन के पश्चात् अनुभव हुआ।

यहाँ जिन दो संस्थानों के सन्दर्भ में बातचीत की गयी है, वे दोनों ही राजस्थान सरकार द्वारा प्रारम्भिक शिक्षा में डिप्लोमा करवाने के लिए मान्यता प्राप्त हैं। डायट उदयपुर एक सरकारी संस्थान है जबकि विद्या भवन बेसिक स्कूल टीचिंग सर्टिफिकेट (बी.एस.टी.सी.) कॉलेज राजस्थान सरकार के विश्वविद्यालय द्वारा मान्यता प्राप्त है। इस पर्चे के लिए मैंने दोनों संस्थानों में संकाय सदस्यों से बातचीत व एन.सी.एफ.टी.ई. 2009 से पूर्व व पश्चात् की पाठ–योजनाओं का अवलोकन व विश्लेषण करने का विचार किया था। परन्तु विस्तृत रूप से मैं केवल बी.एस.टी.सी. कॉलेज में ही बात कर पायी। पाठ–योजना का अवलोकन व उदाहरण भी इसी संस्थान से हैं। डायट से डाटा के लिए कुछ पुराने छात्रों से ही अधिक बातचीत हो पायी।

संस्थानों में पाठ–योजना की समझ

एक अच्छी पाठ–योजना (विशेषकर शिक्षक–शिक्षा में आये नवाचारों के आधार पर) में निम्नलिखित विशेषताएँ अपेक्षित हैं–

- पाठ–योजना विद्यार्थी के पूर्व ज्ञान पर आधारित होनी चाहिए।
- विषय–वस्तु सरल व विद्यार्थियों के स्तर के हिसाब से होनी चाहिए।
- पाठ–योजना में स्तरानुसार गतिविधि होनी चाहिए।
- पाठ–योजना में लचीलापन हो ताकि बच्चों के अनुसार परिवर्तन किया जा सके।

- बच्चों के सीखने की प्रक्रिया का निरन्तर आकलन/मूल्यांकन करते रहना चाहिए।

शिक्षकों द्वारा यह बताया गया कि पाठ–योजना बनाने से पहले शिक्षक–प्रशिक्षुओं को पाठ–योजना के उपरोक्त महत्त्वों व अपेक्षित घटकों (खाँचे) से परिचित कराया जाता है। पाठ–योजना बनाने का कार्य सैद्धान्तिक विषयों की समझ विकसित करने के पश्चात् साल के अन्तिम महीनों में करवाया जाता है। इस प्रकार की संरचना का मुख्य उद्देश्य यही समझा जाता है कि सभी विषयों के ज्ञान व विद्यालय से इनके जुड़ाव के पश्चात् ही इंटर्नशिप एक समग्र व व्यापक दृष्टिकोण दे पाती है। पाठ–योजना बनाने से पूर्व सभी अपेक्षित विशेषताओं पर विस्तार से बातचीत होती है। साथ ही इसके सभी घटकों पर उदाहरण सहित चर्चा की जाती है। पाठ–योजना के घटक, जैसे– उद्देश्य, अपेक्षित व्यवहारगत परिवर्तन, पूर्व ज्ञान का उल्लेख, प्रस्तावना, विषय वस्तु, शिक्षण विधि, सहायक सामग्री, शिक्षण बिन्दु अभ्यास हेतु गतिविधि, मूल्यांकन हेतु गतिविधि, श्यामपट्ट कार्य व गृह कार्य। यह माना जाता है कि अपेक्षित व्यवहारगत परिवर्तन के अन्तर्गत ज्ञान, अवबोध, ज्ञानोपयोग, कौशल, अभिवृत्ति व अभिरुचि को समझना व प्रत्येक शिक्षण बिन्दु के अनुसार इन उद्देश्यों को लिखना, शिक्षक की अपनी तैयारी का महत्त्वपूर्ण हिस्सा है। यदि उद्देश्य स्पष्ट होंगे तभी आगे की शिक्षण–प्रक्रिया रुचिकर तरीक़े से हो पायेगी। इसी के साथ, उस शिक्षण–बिन्दु से सम्बन्धित 'पूर्व ज्ञान' गतिविधि चयन करने में बहुत सहायक होता है। संकाय सदस्यों के अनुसार इनके चयन की समझ अन्य सैद्धान्तिक विषय, जैसे– शाला व समुदाय, बच्चे एवं सीखना आदि की समझ व 10 दिन के प्रारम्भिक शालेय अनुभव से बनती है। हर विषय की पाठ–योजना बनाने में विषय सम्बन्धी शिक्षक लगातार संवाद करते हैं व फ़ीडबैक देते हैं। जिससे शिक्षक–प्रशिक्षु को शिक्षण प्रक्रिया को गहराई से समझने में मदद होती है। साथ ही वह एक अच्छी कक्षा का संचालन कर पाते हैं।

संकाय सदस्यों व पाठ्यक्रम के अनुसार यह एकदम उपयुक्त प्रक्रिया है। एक प्रशिक्षु के साथ यदि इतना समय व मेहनत लगाई जाये तो ज़ाहिर है कि इस प्रशिक्षण से निकलने वाले भावी शिक्षक, हमारी शिक्षा व्यवस्था में गुणवत्ता लाने के लिए पूरी तरह तैयार हैं। एन.सी.एफ.टी.ई.–2009 के द्वारा पाठ–योजना को शिक्षक आधारित से बाल केन्द्रित, स्थिर से लचीली

प्रक्रियाओं, शिक्षक के निर्देश व निर्णय से विद्यार्थी की स्वायत्तता, 'दिये गये' ज्ञान से ज्ञान की खोज व निर्माण, सीखने के एक तरीक़े से अनेक व स्तरानुसार तरीक़ों आदि की ओर ले जाने का प्रयास, उपरोक्त संस्थानों की समझ व कार्यान्वित करने में देखा जा सकता है। परन्तु यह विचार वास्तविकता में कुछ और ही रूप में नज़र आता है। इस कोर्स को कर रहे छात्रों के साथ इस पूरी प्रक्रिया पर बनी समझ (बच्चों के बारे में, शिक्षण प्रक्रिया आदि के बारे में) पर बातचीत करने से पहले, मैं अपने प्राथमिक आकलन से कुछ अवलोकनों पर बातचीत करना चाहती हूँ। लगभग 30 पाठ व योजनाओं का अवलोकन करने के पश्चात् कुछ सामान्य विचारणीय बिन्दु उभरकर आते हैं। वे इस प्रकार हैं (सम्पूर्ण विश्लेषण अन्त में दिया गया है) :

1. सभी विषयों व पाठों के सामान्य निर्देश एक जैसे हैं।
2. पढ़ाने के लिए प्रयोग में ली गयी सहायक सामग्री सभी विषयों में समान है।
3. पूर्व ज्ञान में बच्चों से पढ़ाये जाने वाले विषय की एक बेहतर समझ की अपेक्षा की गयी है जिससे लगता है की बच्चों को सब पहले से आना चाहिए।
4. सभी पाठों की प्रस्तावना भी एक जैसी है।
5. पठन व लेखन पूर्व अभ्यास तो हैं, परन्तु स्वयं पढ़ने व लिखने के कौशलों पर कोई गतिविधि नहीं है।
6. पाठयपुस्तक में दी गयी रोचक गतिविधियों का प्रयोग भी नहीं किया गया है।

उदाहरण के लिए– पर्यावरण अध्ययन की पाठ–योजनाओं के विश्लेषण पर ग़ौर कीजिये–

- **कुल पाठ** : योजनाएँ – 6
- **प्रत्येक पाठ–योजना की अवधि** : 35 मिनट
- **कक्षा** : चौथी
- **पढ़ाये गये शिक्षण बिन्दु** : फ़सलों का सफ़र (फ़सल, फ़सलों का सफ़र), मेले (राजस्थान के मेले, रामदेवरा के मेले), यात्रा (यातायात के साधन, जयपुर भ्रमण, उदयपुर दर्शन), घर की बात (घर बनाने की सामग्री, घर के अनेक स्वरूप)।

- **पूर्व ज्ञान** : सामान्य जानकारी। उदाहरण के लिए, 'विद्यार्थी मेलों के बारे में सामान्य जानकारी रखते हैं।'
- **शिक्षण–विधि** : प्रश्नोत्तर, प्रदर्शन, व्याख्या।
- यह सभी पाठ–योजनाएँ पाठ्यपुस्तक से ली गयी हैं। पाठ–योजना में उद्देश्य, अपेक्षित व्यवहार, शिक्षण प्रक्रिया व गतिविधि का चुनाव व भाषा इस ओर इशारा करते हैं कि 'ज्ञान' केवल शिक्षक के पास है और वह उसे बच्चों को देगा। उदाहरण के लिए, यात्रा के साधन बताने के लिए कुछ इस प्रकार का श्यामपट्ट कार्य किया गया– शिक्षण बिन्दु पाठ–योजना के क्रमांक में ही लिखे गये हैं।

ऐसे करने के तरीक़े के स्पष्टीकरण में 'शिक्षक पानी में चलने वाले साधन की जानकारी देगा' लिखा है अर्थात् बच्चों के पूर्व ज्ञान को पाठ–योजना से जोड़ने के बहुत अवसर नहीं हैं।

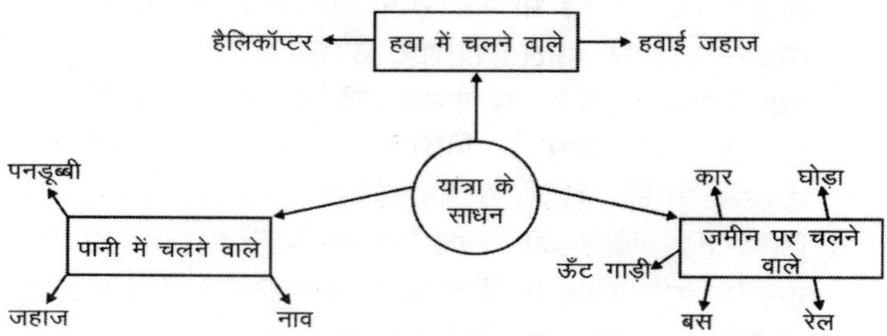

कक्षा हेतु गतिविधि व अभ्यास हेतु गतिविधि एक जैसी हैं।

पर्यावरण अध्ययन विषय होते हुए भी पाठ–योजना में समावेश की कमी नज़र आती है। उदाहरण के लिए, 'मेले' वाले अध्याय में 'ख़्वाज़ा उर्स' का भी ज़िक्र है जिसे पाठ–योजना में शामिल नहीं किया गया। यदि कक्षा में हिन्दू धर्म के अलावा अन्य धर्म के बच्चे हों तो उनके पूर्व अनुभवों को कक्षा में कैसे स्थान दिया जायेगा, इस पर पाठ–योजना में कोई ज़िक्र नहीं है।

'इसी प्रकार का अवलोकन अन्य विषयों में भी दिखता है जिसको आप अन्त में पढ़ सकते हैं।

पाठ–योजना व हमारी समझ

उपरोक्त पाठ–योजना के अवलोकनों व पुरानी पाठ–योजना को देखकर यह तो समझ में आता है कि संरचनात्मक तौर पर इसमें कुछ बदलाव तो

आये हैं। परन्तु वास्तविकता में पाठ–योजनाएँ उन बदलावों को उल्लेखित नहीं कर पातीं। उदाहरण के लिए, पाठ–योजनाओं में आये बदलाव व शिक्षक–प्रशिक्षु की सीखने पर समग्र समझ में सामंजस्य हो, यह अपेक्षित है परन्तु निहित नहीं। इसे समझने के लिए निम्न बिन्दुओं पर ग़ौर करते हैं –

1. **उद्देश्य** : पुरानी पाठ–योजना में केवल सामान्य व विशिष्ट उद्देश्य लिखने होते थे, परन्तु नयी योजनाओं में दक्षताओं के साथ–साथ विभिन्न कौशल व उनसे अपेक्षित व्यवहारगत परिवर्तन के साथ लिखना होता है। यहाँ दो बातें ग़ौर करने वाली हैं– पहली, व्यवहारगत परिवर्तन पढ़ने के उपरान्त यह समझ में आता है कि 'शिक्षा का उद्देश्य बच्चों के व्यवहार में परिवर्तन लाना हैं।' दूसरा, सभी उद्देश्यों की भाषा एक जैसी है तो क्या उनका उद्देश्य केवल औपचारिकता के लिए काग़ज़ पर दर्ज होना है। प्रशिक्षुओं से हुई बातचीत से भी यह स्पष्ट हुआ कि वह पाठ–योजना में उल्लेखित अगल–अलग विशिष्ट उद्देश्यों (ज्ञान, अवबोध आदि) में क्या भिन्नता है, पर कोई समझ विकसित नहीं हो पायी है। साथ ही यदि हिन्दी विषय के विशिष्ट उद्देश्यों में भाषायी कौशलों का उल्लेख है, तो अंग्रेज़ी में नहीं है। ऐसे में एक सवाल उठता है कि क्या इन दोनों को भाषाओं के रूप में नहीं देखा जा रहा? या एक पर पाठ–योजनाएँ बनाना या बनवाना मात्र औपचारिकता है।
2. **प्रस्तावना** : एन.सी.एफ.टी.ई.–2009 पूर्व व इसके पश्चात् प्रस्तावना में कोई बदलाव नहीं है। पहले भी शुरुआत में कुछ सवाल होते थे और अब भी। इन सवालों का उद्देश्य केवल प्रशिक्षु विद्यार्थियों द्वारा बच्चों को शिक्षण–बिन्दु से अवगत करना है।
3. **पूर्व ज्ञान** : पहले भी पाठ–योजनाओं में पूर्व ज्ञान लिखा जाता था, परन्तु एन.सी.एफ.टी.ई.–2009 के पश्चात् यह अपेक्षा की गयी कि किसी भी शिक्षण बिन्दु से सम्बन्धित किस प्रकार की समझ विद्यार्थी पहले से कक्षा में लेकर आता है, उसे आगे कि गतिविधियों में जोड़ने का प्रयास होगा। लेकिन अवलोकन की गयी पाठ–योजनाओं में इस प्रकार का कोई जुड़ाव नहीं देखा गया।
4. **गतिविधि आधारित शिक्षण** : जैसा मैंने आरम्भ में लिखा, पहले पाठ–योजना से तात्पर्य पाठ्यपुस्तकों के पाठों व उसके साथ दी गयी गतिविधि कराना था। एन.सी.एफ.टी.ई.–2009 के पश्चात् यह

उम्मीद की गयी थी कि पाठ–योजना की गतिविधियों में शिक्षकों व बच्चों के साथ मिलकर सीखने की प्रक्रिया को समृद्ध बनाने का प्रयास किया जायेगा, परन्तु लिखित पाठ–योजनाओं में यह नज़र नहीं आता। यहाँ विषयवार विवरण से समझ में आता है कि गतिविधि का मतलब प्रश्नोत्तर, श्यामपट्ट कार्य व प्रपत्र भरना है। गणित विषय में कहीं–कहीं प्रपत्र को समूह में करवाने की कोशिश की गयी है, परन्तु सभी गतिविधियों के सवाल एक जैसे हैं। ऐसे में यह गतिविधि से ज़्यादा पुनरावलोकन या अभ्यास नज़र आता है। साथ ही उल्लेखित की गयी गतिविधि 35 मिनट के हिसाब से ज़्यादा ही लगती है। ऐसी व्यवस्था में पाठ–योजना का अवलोकन कर उसे अगले दिन से जोड़ने का विकल्प नहीं है। इसका एक कारण यह भी हो सकता है कि हम इन्हें अलग–अलग पाठ–योजनाओं के रूप में ही देखते हैं। ज़रूरत है इन्हें एक समग्र व व्यापक इकाई की तरह देखने की।

5. **मूल्यांकन** : पहले की पाठ–योजनाओं में मूल्यांकन अन्त में ही किया जाता था। पूरा पाठ पढ़ाये जाने के पश्चात् अन्त में कुछ प्रश्न होते थे जिनसे यह जाँचा जाता था कि पढ़ाया गया पाठ बच्चों को कितना समझ में आया। इस समय की पाठ–योजना में हर एक छोटे शिक्षण–बिन्दु या सब–टॉपिक के साथ मूल्यांकन गतिविधि लिखनी होती है। जिसका अर्थ हुआ कि शिक्षक को अपने पढ़ाने व बच्चों के सीखने का सतत् मूल्यांकन करने का अवसर मिलता है। इससे शिक्षक को अपने पढ़ाने के तरीक़े पर फ़ीडबैक भी मिलता रहता है, साथ ही यदि कुछ बच्चे नहीं सीख पायें तो उनके लिए स्तरानुसार गतिविधि बनाने का अवसर मिलता है। मूल्यांकन पर यही समझ शिक्षक–प्रशिक्षुओं से बातचीत करने पर मिली, परन्तु पाठ–योजना में इस प्रकार की समझ पर कोई गतिविधि नहीं मिली। पाठ–योजना का स्वरूप देखकर ऐसा लगता है जैसे हर बच्चा, एक ही गतिविधि से सीखता है। ऐसे में रैखिक गतिविधि से विविध गतिविधि तक लाये गये बदलाव केवल कागज़ पर लिखने तक ही सीमित हैं।
6. **शिक्षक द्वारा फीडबैक** : शिक्षक–प्रशिक्षकों से हुई बातचीत में यह कहा गया कि पाठ–योजना बनाने से पहले उनसे बातचीत की जाती है व हर पाठ–योजना पर विस्तृत फ़ीडबैक दिया जाता

है, परन्तु शिक्षक–प्रशिक्षुओं ने इसका उलट विवरण दिया। उनके अनुसार केवल एक कक्षा में आपको पूरा खाँचा दे दिया जाता है। इसके बाद टीचर्स फ़ीडबैक केवल पाठ–योजना पर लिखते हैं।

पाठ–योजना के इतर

दोनों संस्थानों में बातचीत करने के पश्चात् यह समझ में आया कि शिक्षण की तैयारी केवल इन पाठ–योजनाओं के सही तरह से क्रियान्वयन तक सीमित नहीं है। ये 28 पाठ–योजना तो केवल तैयारी मात्र हैं। एन.सी.एफ.टी.ई.–2009 में जिस सूक्ष्म शिक्षण को मना किया गया है, उसे अब इन संस्थानों में 'समीक्षा शिक्षण' के नाम पर करवाया जाता है। दोनों के स्वरूप को देखा जाये तो कोई अन्तर नहीं है। पहले पाँच पाठ पुरावलोकन व अभ्यास की तरह देखे जाते थे, अब मूल्यांकन के तौर पर देखे जाते हैं। अभी भी इनसे पहले जो पाठ–योजनाएँ बनाई जाती हैं वे केवल औपचारिकता बनकर रह जाती हैं। शिक्षक–प्रशिक्षु स्वयं यह मानते हैं कि वह इन योजनाओं के हिसाब से नहीं पढ़ाते हैं। उनका पूरा ध्यान केवल आख़िरी पाँच योजनाओं पर रहता है।

निष्कर्ष

सेवा पूर्व शिक्षक संस्थानों में व उनसे बाहर भी कक्षा अवलोकन के अलावा पाठ–योजना ही अध्यापक के काम व समझ का एकमात्र ठोस प्रस्तुतीकरण है। नये बदलावों के कारण यह अपेक्षा तो की जाती है कि शिक्षा के सभी सैद्धान्तिक पहलुओं की समझ एक शिक्षक के कार्यों में दिखे। जिनमें एक कार्य पढ़ाये जाने वाले बिन्दुओं की सुव्यवस्थित योजना बनाना भी है, जिससे शिक्षक की समझ का अवलोकन भी किया जा सकता है। परन्तु अपने द्वारा लिए गये आँकड़ों के आधार पर मैं यह कह सकती हूँ कि यह समझ पाठ–योजना में झलके, यह अपेक्षित तो है पर निहित नहीं है। ऐसे में पाठ–योजना बनाना केवल एक औपचारिकता प्रतीत होती है। इस पूरे अवलोकन व समीक्षा के बाद मैं इस पर्चे का अन्त कृष्ण कुमार द्वारा कही गयी बात से करना चाहूँगी कि, ''शिक्षक–प्रशिक्षण कार्यक्रम के दौरान जिस तरह से पाठ–योजना बनानी सिखायी जाती है वह महज़ एक औपचारिकता है जो प्रशिक्षु को पेशेवर में बदल देता है।''

–राष्ट्रीय पाठ्यचर्या की रूपरेखा–2005 पाठ्यचर्या नवीकरण के लिए शिक्षक–शिक्षा

अनुलग्नक

डी.एल.एड. (प्रथम वर्ष) – पाठ–योजनाएँ

1. **विषय–गणित**

- **कुल पाठ–योजनाएँ : 6**
- **प्रत्येक पाठ–योजना की अवधि** : 35 मिनट
- **कक्षाएँ** : पहली व दूसरी
- **पढ़ाये गये शिक्षण बिन्दु** : गुणा, संख्या (1–100)/(50–1) तक की उल्टी गिनती, मापन, समय, बराबर बँटवारा (घटा/भाग)।
- **शिक्षण विधि** : आगमन, प्रश्नोत्तर, प्रदर्शन (सभी पाठ–योजनाओं में)
- पूर्व ज्ञान : उपरोक्त सभी शिक्षण बिन्दु (पाठ–योजना के अनुसार) की सामान्य जानकारी रखते हैं। उदाहरण के लिए, इसके साथ आयेगा 'विद्यार्थी अंकों व गिनती के बारे में सामान्य जानकारी रखते हैं।'

35 मिनट के अनुसार एक पाठ–योजना बहुत लम्बी है। इतने समय में गुणा (दो संख्याओं के गुणा व बार–बार जोड़ना ही गुणा है) जैसी अवधारणा पूर्णतः इस उम्र के बच्चों को समझ में आये, इस पर सोचना पड़ सकता है।

2. **विषय–हिन्दी**

- **कुल पाठ–योजनाएँ** : 6
- **अवधि** : 35 मिनट
- **कक्षा** : पाँचवीं
- **शिक्षण बिन्दु** : हिन्दी पाठ्यपुस्तक के अध्याय– पन्ना का त्याग, किताबें, मज़ेदार कबड्डी, स्वर्ण नगरी की सैर, दृढ़ निश्चियी सरदार, सदाचार।
- **शिक्षण विधि** : वाचन, प्रश्नोत्तर।
- **पूर्व ज्ञान** : पहले की तरह, सभी अध्यायों के मुख्य बिन्दु जैसे– पन्ना दाय, किताबें, खेल, व्यवहार के बारे में सामान्य जानकारी। परन्तु स्वर्ण नगरी के बारे में सामान्य जानकारी थोड़ी अजीब लगती है। हम शायद यह कहना चाहते हैं कि असल में ऐसी कोई नगरी है जिसके बारे में विद्यार्थियों को पता होगा।

  पाठ योजनाओं का मुख्य उद्देश्य शुद्ध उच्चारण व वर्तनी सम्बन्धी अशुद्धियों को ठीक करना है :

- **भाषायी कौशलों का विकास**–(पाठ–योजना के अनुसार)
    - o **मौखिक अभिव्यक्ति** : आदर्श वाचन व अनुकरण वाचन
    - o **भाषा तत्त्वों का ज्ञान** : अशुद्धि संशोधन
    - o **कठिन्य निवारण** : कठिन शब्दों के अर्थ
    - o **प्रश्नोत्तर** : गद्यांश / कविता का मूल भाव
    - o **मौन वाचन** : बच्चों द्वारा

इन सभी पाठ–योजनाओं में भाषा शिक्षण के मुख्य उद्देश्य (पढ़ने व लिखने के कौशल, सोचने व तर्क करने की क्षमता आदि कहीं नहीं दिखते। भाषा शिक्षण केवल आदर्श वाचन व अनुकरण वाचन से हो सकता है। ज़्यादा हैरान करने वाली बात यह है कि इन सभी पाठ–योजनाओं में यह अपेक्षित है कि बच्चे शब्द पढ़ने में त्रुटि करेंगे व शिक्षक उन्हें सुधारेगा।

3. **विषय–कला**

- **कुल पाठ–योजनाएँ** : 4
- **समयावधि** : 35 मिनट
- **कक्षा** : तीसरी व चौथी
- **शिक्षण बिन्दु** : रंग, लोकवाद्य यन्त्र का सामान्य परिचय(तीसरी कक्षा),देश भक्ति गीत का अभ्यास, रेखाकंन (चौथी कक्षा)।
- **शिक्षण विधि** : व्याख्यान, प्रदर्शन, अभ्यास, गायन, प्रत्यक्ष
- **पूर्व ज्ञान** : विषय–वस्तु के बारे में सामान्य जानकारी।

शिक्षक–प्रशिक्षु द्वारा रंग, लोकवाद्य, रेखा व देशभक्ति गीतों के बारे में विद्यार्थियों को केवल जानकारी देना। उदाहरण के लिए, 'रंग' पर आधारित पाठ–योजना में श्यामपट्ट व प्रपत्र के माध्यम से प्राथमिक व द्वितीय रंगों की जानकारी दी जायेगी। (यह एक ऐसी गतिविधि है जिसे आराम से कक्षा में कराया जा सकता है, साथ ही बच्चों में खोज की जिज्ञासा को बढ़ावा दिया जा सकता है।)

4. **विषय–अंग्रेज़ी**

- **कुल पाठ–योजनाएँ** : 6
- **समयावधि** : 35 मिनट
- **कक्षा** : तीसरी
- **शिक्षण बिन्दु** : अंग्रेज़ी पाठ्यपुस्तक के 6 अलग–अलग पाठ
- **शिक्षण विधि** : शिक्षण विधि का कोई ज़िक्र नहीं है।

परन्तु आगे की पाठ–योजना जैसे लिखी गयी हैं उससे पता चलता है कि अंग्रेज़ी कविता व कहानी दोनों पढ़ाने का एक ही तरीक़ा है। उदाहरण के लिए सभी पाठ–योजनाओं में पढ़ाने के ये तरीक़ उल्लेखित हैं–

- शिक्षक बच्चों का अभिनन्दन करेगा।
- एक कविता (जो मुख्य पाठ की थीम से अलग है)।
- कुछ कठिन शब्द व उनके अर्थों को लिखना (ऐसा प्रतीत होता है कि ये शब्द शिक्षक द्वारा चुने गये)।
- व्याकरण सम्बन्धित प्रश्न व अभ्यास।
- पठन–पूर्व अभ्यास।
- कविता।
- लेखन पूर्व अभ्यास।
- पढ़ाये गये कार्य की पुनरावृत्ति।
- कविता।
- अभिनन्दन।

सन्दर्भ सूची

1. आचार्य राममूर्ति कमेटी (1990) – *टूवर्डस एन इनलाइटेंड* ***एंड*** *ह्यूमन सोसायटी : एन.पी.ई. 1986 : ए रिव्यू, रिपोर्ट ऑफ़ दी कमेटी फ़ॉर रिव्यू ऑफ़ नेशनल पॉलिसी ऑन एजुकेशन 1986।* नयी दिल्ली : गवर्नमेंट ऑफ़ इंडिया प्रेस।
2. गवर्नमेंट ऑफ़ इंडिया (1966) – एजुकेशन एंड नेशनल डेवलपमेंट रिपोर्ट ऑफ़ दी एजुकेशन कमीशन (1964–66)–कोठारी कमीशन रिपोर्ट। नयी दिल्ली : गवर्नमेंट ऑफ़ इंडिया।
3. एन.सी.ई.आर.टी. (2000) : *नेशनल करिकुलम फ्रेमवर्क फ़ॉर स्कूल एजुकेशन।* नयी दिल्ली : नेशनल कॉउंसिल ऑफ़ एजुकेशनल रिसर्च एंड ट्रेनिंग ।
4. एन.सी.ई.आर.टी. (2005) : *नेशनल करिकुलम फ्रेमवर्क फ़ॉर स्कूल एजुकेशन।* नयी दिल्ली : नेशनल कॉउंसिल ऑफ़ एजुकेशन रिसर्च एंड ट्रेनिंग।
5. एन.सी.टी.ई. (2009) : नेशनल करिकुलम फ्रेमवर्क फ़ॉर टीचर एजुकेशन, नयी दिल्ली : नेशनल कॉउंसिल ऑफ़ टीचर एजुकेशन।
6. एस.सी.ई.आर.टी. (2013) : डी.एड. पाठ्यक्रम एवं विद्यालयीन कार्यों पर चिन्तन एवं मनन, मार्गदर्शिका, रायपुर,राज्य शैक्षिक अनुसन्धान और प्रशिक्षण परिषद्, छत्तीसगढ़।

बिहार में दूरस्थ शिक्षा के ज़रिये शिक्षक–प्रशिक्षण का एक प्रयोग

–डॉ. एस. ए. मुईन

यह लेख सन् 2012 में बिहार में दूरस्थ शिक्षा के ज़रिये शिक्षण–प्रशिक्षण के लिए विकसित दो वर्षीय 'डिप्लोमा इन एलिमेंट्री एजुकेशन' कार्यक्रम और पाठ्यचर्या के निर्माण और उसके क्रियान्वयन के अनुभव पर केन्द्रित है। यह लेख इस कार्यक्रम के बनने और उसके अनुभव को बिहार में शिक्षक–प्रशिक्षण की पूर्व स्थिति और हाल के नीतिगत बदलावों के सन्दर्भ में समझने की कोशिश करता है।

औपनिवेशिक बिहार में शिक्षक–प्रशिक्षण

बिहार में शिक्षक–प्रशिक्षण के विकास को स्वतन्त्रता पूर्व लगभग पचास साल से देखा जा सकता है। बीसवीं सदी के आरम्भिक दशकों की पड़ताल करें तो बिहार में शिक्षकों के प्रशिक्षण की कुछ व्यवस्थाओं की झलक मिलती है। बिहार में शिक्षक–प्रशिक्षण की शुरुआत पटना में नॉर्मल स्कूल की स्थापना के साथ शुरू होती है। 1895–96 में मुंशी हसन अली के प्रधानाध्यापक के रूप में नियुक्ति के साथ पटना नॉर्मल स्कूल ने अपना कार्य शुरू किया। 1912 में बंगाल प्रेसीडेंसी से बिहार अलग होने के बाद पटना ट्रेनिंग कॉलेज की स्थापना हुई। बिहार की तत्कालीन शिक्षा के वार्षिक प्रतिवेदन, 1912–13 के पृष्ठ 11 से पता चलता है कि तब कुछ अन्य प्रशिक्षण संस्थानों की स्थापना का प्रावधान किया गया था, जो थे– 'द ट्रेनिंग कॉलेज फ़ॉर इंगलिश टीचर्स फ़ॉर बांकीपुर', 'द फर्स्ट ग्रेड ट्रेनिंग स्कूल', 'द ट्रेनिंग कॉलेज फ़ॉर वीमेंस एट बांकीपुर', 'द गुरू ट्रेनिंग स्कूल', और 'द एडेड ट्रेनिंग क्लासेस'। उस समय, पटना ट्रेनिंग कॉलेज में बैचलर ऑफ़ टीचिंग के अतिरिक्त लाइसेंसिएट इन टीचिंग (एल.टी) की

भी व्यवस्था की गयी। जे.एच. थिकेट जो इस कॉलेज के 1908 से 1931 तक प्राचार्य थे, के जाने के बाद एफ. आर. ब्लेयर ने प्राचार्य का पद ग्रहण किया एवं उनकी देखरेख में पहली बार प्राथमिक शिक्षा में डिप्लोमा कोर्स (1931–32) की शुरुआत हुई। यह डिप्लोमा दो वर्षीय था। 1935–36 में यहाँ बैचलर ऑफ़ एजुकेशन की डिग्री के साथ मास्टर ऑफ़ एजुकेशन का पाठ्यक्रम भी शुरू किया गया। इस समय, सरकार प्रबन्धित, अनुदान प्राप्त एवं ग़ैर–अनुदानित तीन तरह के प्रारम्भिक प्रशिक्षण विद्यालय थे। सितम्बर, 1938 में पटना ट्रेनिंग स्कूल को बेसिक ट्रेनिंग स्कूल में परिवर्तित कर दिया गया। ज्ञातव्य है कि 1937 से बिहार में बुनियादी शिक्षा की शुरुआत हो चुकी थी। 1942 से 1947 के बीच क्रमशः विक्रम, पटना एवं कुमारबाग, चम्पारण में दो अन्य बेसिक ट्रेनिंग स्कूल स्थापित हुए। 1949–50 तक इनकी संख्या बढ़कर 19 हो गयी थी। इस प्रकार स्वतन्त्रता पूर्व शिक्षकों के प्रशिक्षण की व्यवस्था का विकास हुआ, जिसका कुछ स्वरूप अभी भी विद्यमान है (स्रोत : बिहार में शिक्षा के सौ वर्ष, बिहार विधान परिषद् प्रकाशन, 2012)।

शिक्षक–प्रशिक्षण का संकट

स्वतन्त्रता पश्चात् चली आ रही शिक्षक–प्रशिक्षण व्यवस्था में नब्बे के दशक में एक बड़ा परिवर्तन आया। 1993 में राज्य सरकार द्वारा यह निर्णय लिया गया कि स्कूलों में कोई भी व्यक्ति केवल एक परीक्षा पास करके शिक्षक हो सकता है। शिक्षक बनने के लिए औपचारिक शिक्षक–प्रशिक्षण कोर्स, जैसे– बी.एड. या डी.एड. की अनिवार्यता समाप्त कर दी गयी। इसके कारण राज्य सरकार की सभी शिक्षक–प्रशिक्षण संस्थाओं की स्थिति धीरे–धीरे बहुत दयनीय हो गयी। उनमें शिक्षक–प्रशिक्षण के कार्यक्रम लगभग डेढ़ दशक तक बन्द रहे। इस स्थिति के कारण, बिहार में प्रशिक्षित शिक्षकों की भारी कमी हो गयी। डी.पी.ई.पी. कार्यक्रम के दौरान भारी संख्या में अप्रशिक्षित शिक्षामित्रों को स्कूली व्यवस्था में शामिल कर लिया गया। बाद में यह व्यवस्था नियोजित शिक्षकों की व्यवस्था में तब्दील हो गयी।

2006 से आगे बढ़े तो नियोजित शिक्षकों में से अधिकतर शिक्षक अप्र।शिक्षित थे, अतः उन्हें निर्धारित अवधि में प्रशिक्षित करना राज्य की विशेष प्राथमिकता थी। इस दिशा में लगभग डेढ़ लाख अप्रशिक्षित

शिक्षकों को 'इन्दिरा गाँधी राष्ट्रीय मुक्त विश्वविद्यालय (इग्नू)' द्वारा संचालित दो वर्षीय सेवाकालीन 'डिप्लोमा इन प्राइमरी एजुकेशन (डी.पी.ई.)' पाठ्यक्रम भी कराया गया। लेकिन, यह कार्यक्रम बहुत प्रभावी नहीं हुआ और केवल औपचारिकता बनकर रह गया, जिसकी पुष्टि समीक्षा रिपोर्ट ने भी की। प्रतिवर्ष होने वाले नियोजन एवं अप्रशिक्षित शिक्षकों की बढ़ती संख्या के कारण यह प्रयास पर्याप्त भी नहीं था। राज्य के प्राथमिक–प्रारम्भिक विद्यालयों में काफ़ी बड़ी संख्या में अप्रशिक्षित शिक्षक कार्यरत थे, जिनके प्रशिक्षण की व्यवस्था अति शीघ्र करने की आवश्यकता थी। व्यवस्था भी ऐसी जो अपने पूर्व अनुभवों से सीख लेते हुए शिक्षकों के प्रशिक्षण की उचित एवं प्रभावी व्यवस्था कर सके। इसकी ज़िम्मेदारी राज्य शिक्षा शोध एवं प्रशिक्षण परिषद्, बिहार को दी गयी और बिहार में शिक्षक–प्रशिक्षण की सम्पूर्ण व्यवस्था के एक नये स्वरूप का निर्माण शुरू हुआ।

शिक्षक–प्रशिक्षण के नव–निर्माण की चुनौतियाँ

शिक्षक–प्रशिक्षण की नयी व्यवस्था को बनाने के समक्ष कई गम्भीर चुनौतियाँ भी थीं। पिछले दो दशक से बिहार में शिक्षक–प्रशिक्षण संस्थानों के साथ–साथ शिक्षक शिक्षा का मसला स्वयं में कई तरह से उपेक्षित रहा था। इस प्रवृत्ति ने शिक्षक–शिक्षा के कार्यक्रम को उस बड़ी प्रक्रिया से काट दिया, जहाँ शिक्षक सामाजिक बदलाव में एक सांस्कृतिक कार्यकर्ता हुआ करते थे। इस जड़त्व के विरुद्ध, अब शिक्षक–शिक्षा की ऐसी व्यवस्था बनानी थी जिसके माध्यम से शिक्षक की सामाजिक, सांस्कृतिक और अकादमिक भूमिका को अच्छी तरह सम्बोधित किया जा सके। साथ ही, 2009 में आये शिक्षा के अधिकार अधिनियम की उपेक्षाओं को भी जल्द–से–जल्द साकार करने की आवश्यकता थी। इसके लिए दूरस्थ एवं मुक्त शिक्षा के माध्यम से शिक्षक–प्रशिक्षण का एक प्रभावी कार्यक्रम बनाने की शुरुआत हुई, जिसका फ़ायदा भी राज्य को आगे जाकर देखने को मिल रहा है।

शिक्षक–प्रशिक्षण एवं दूरस्थ शिक्षा

दूरस्थ एवं मुक्त शिक्षा सीखने वालों के लिए एक खुला अवसर प्रदान करती है। मुक्त दूरस्थ शिक्षा का दर्शन ऐसी स्थिति उपलब्ध कराना है, जहाँ बाध्यताएँ नहीं हैं और अगर हैं तो आवश्यकतानुसार उनके वैकल्पिक

अवसर को उपलब्ध कराया जाता है। सीखने के समय, स्थान, गति में लचीलेपन साथ–ही–साथ शिक्षण अधिगम की क्रिया में विभिन्न तकनीकों का प्रयोग इसे अधिगमकर्ता के ज़्यादा क़रीब लाता है। दूरस्थ एवं मुक्त शिक्षा में नवीनतम सूचना एवं संचार प्रौद्योगिकी के भरपूर प्रयोग की एक सहज अनिवार्यता भी होती है। इसलिए, दूरस्थ एवं मुक्त शिक्षा को प्रभावी शिक्षक–प्रशिक्षण के एक विकल्प के रूप में देखा गया। इसी क्रम में, राज्य शिक्षा शोध एवं प्रशिक्षण परिषद्, पटना को डिप्लोमा इन एलिमेंट्री एजुकेशन (दूरस्थ शिक्षा) के संचालन की ज़िम्मेदारी सौंपी गयी। परिषद् द्वारा इस कार्यक्रम के सफल संचालन हेतु दूरस्थ शिक्षा निदेशालय की स्थापना की गयी। इस कार्यक्रम हेतु मल्टी–मीडिया समर्थित पाठ्यचर्या तथा पाठ्यक्रम का विकास किया गया। राष्ट्रीय स्तर एवं राज्य स्तर के साधनसेवियों की मदद से विभिन्न कार्यशालाओं के द्वारा एन.सी.एफ.टी.ई.–2009 के आलोक में डिप्लोमा इन एलिमेंट्री एजुकेशन (डी.एल.एड.) के नवीन पाठ्यक्रम पर आधारित स्व–अनुदेशनात्मक अधिगम सामग्री विकसित की गयी।

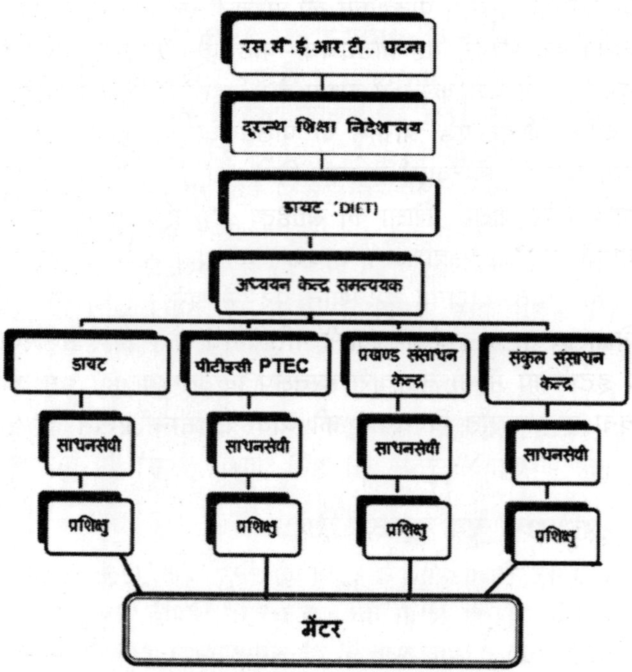

डिप्लोमा इन एलिमेंट्री एजुकेशन : पूर्वधारणाएँ एवं पाठ्यचर्या

बिहार में संचालित इस नये डिप्लोमा इन एजुकेशन डी.एल.एड. (दूरस्थ शिक्षा) कार्यक्रम की यह स्पष्ट धारणा है कि अध्यापक शिक्षा के क्रम में प्रशिक्षुओं को सिद्धान्त और व्यवहार दोनों की समझ होनी चाहिए, ताकि वे पढ़े हुए सिद्धान्तों व अपने द्वारा किये गये शिक्षण कार्यों और इनसे जुड़े अपने अनुभवों पर पुनर्विचार तथा इस सन्दर्भ में अपने ज्ञान का स्वयं सृजन कर सकें। इस पाठ्यचर्या के माध्यम से यह अपेक्षा की गयी कि प्रशिक्षित शिक्षक/शिक्षिका अपनी नयी भूमिका में बच्चों को उन स्थितियों को आलोचनात्मक तरीके से समझने में मदद करेंगे जिनमें वे रहते हैं। साथ ही, पाठ्यचर्या–पाठ्यक्रम को बनाने के दौरान दो महत्त्वपूर्ण बातों का ध्यान रखा गया है। पहला यह कि इसके निर्माण में राष्ट्रीय अध्यापक शिक्षा परिषद् (एन.सी.टी.ई.) द्वारा सुझाए गये डी.एल.एड. पाठ्यचर्या की रूपरेखा एवं पाठ्यक्रम–2015 को आधार के रूप में माना जाये, और दूसरा यह कि राज्य में शिक्षा की अपनी आवश्यकताओं के अनुरूप पाठ्यक्रम की संरचना एवं विषयपत्रों को निर्मित किया जाये। इस प्रकार, यह पाठ्यचर्या–पाठ्यक्रम राष्ट्रीय और स्थानीय, दोनों अपेक्षाओं को पूरा करने में सक्षम है। बिहार में शिक्षक–प्रशिक्षण के इस दो वर्षीय डी.एल.एड. प्रोग्राम के पाठ्यचर्या–पाठ्यक्रम तथा उसके क्रियान्वयन स्तर पर महत्त्वपूर्ण नवाचार किये गये हैं। 'विद्यालय और शिक्षा नीति', 'भाषा और शिक्षा', 'शिक्षा का साहित्य', 'कला समेकित शिक्षा' जैसे नवीन विषयों ने शिक्षक–प्रशिक्षण कार्यक्रम को एक अभिनव स्वरूप दिया है। साथ ही, 'पाठ–योजना' के स्थान पर 'सीखने की योजना', एक्शन रिसर्च, विद्यालय उन्नयन योजना जैसी गतिविधियों के माध्यम से परम्परागत विद्यालय इंटर्नशिप में भी नवाचारी हस्तक्षेप किया गया है। इस कार्यक्रम की संरचना के अन्तर्गत विषयपत्रों की व्यवस्था निम्नलिखित है :

प्रथम वर्ष (First Year)				द्वितीय वर्ष (Second Year)			
प्रथम सत्र (Semester-1)				तृतीय सत्र (Semester-3)			
कोर्स कोड	विषय	सत्र समाप्ति परीक्षा	आन्तरिक मूल्यांकन	कोर्स कोड	विषय	सत्र समाप्ति परीक्षा	आन्तरिक मूल्यांकन
S1.1	शिक्षा के परिप्रेक्ष्य–1	60	40	S3.1	शिक्षा के परिप्रेक्ष्य–2	60	40
S1.2	बाल विकास व मनोविज्ञान–1	60	40	S3.2	बाल विकास व मनोविज्ञान–2	60	40
S1.3	भाषा और शिक्षा	60	40	S3.3	शिक्षा का साहित्य	60	40
S1.4	गणित का शिक्षणशास्त्र–1	60	40	S3.4	हिन्दी का शिक्षणशास्त्र–1	60	40
S1.5	शिक्षा में सूचना एवं संचार तकनीकी (आई०सी०टी०)–1	20	30	S3.5	शिक्षा में सूचना एवं संचार तकनीकी (आई०सी०टी०)–2	20	30
S1.6	कला शिक्षा–1	20	30	S3.6	कला शिक्षा–2	20	30
प्रथम सत्र कुल अंक (500)		280	220	*तृतीय सत्र कुल अंक (500)*		280	220
द्वितीय सत्र (Semester-2)				चतुर्थ सत्र (Semester-4)			
कोर्स कोड	विषय	सत्र समाप्ति परीक्षा	आन्तरिक मूल्यांकन	कोर्स कोड	विषय	सत्र समाप्ति परीक्षा	आन्तरिक मूल्यांकन
S2.1	विद्यालय की समझ व कक्षा का प्रबंधन–1	60	40	S4.1	विद्यालय की समझ व कक्षा का प्रबंधन–2	60	40
S2.2	विद्यालय और शिक्षा नीति	60	40	S4.2	गणित का शिक्षणशास्त्र–2	60	40
S2.3	अंग्रेजी का शिक्षणशास्त्र–1	60	40	S4.3	अंग्रेजी का शिक्षणशास्त्र–2	60	40
S2.4	पर्यावरण अध्ययन का शिक्षणशास्त्र	60	40	S4.4	भाषा का शिक्षणशास्त्र (कोई एक): हिन्दी–2 / मैथिली / बांगला / उर्दू	60	40
SBP.1	विद्यालय आधारित कार्यक्रम–1	40	60	SBP.2	विद्यालय आधारित कार्यक्रम–2	40	60
द्वितीय सत्र कुल अंक (500)		280	220	*चतुर्थ सत्र कुल अंक (500)*		280	220
प्रथम वर्ष कुल अंक(500+500)		1000		द्वितीय वर्ष कुल अंक (500+500)		1000	
कुल अंक : 1000+1000 = 2000							

दो वर्षीय डी.एल.एड. (दूरस्थ शिक्षा) कार्यक्रम चार सत्रों में विभाजित है, जिसमें प्रथम वर्ष में दो सत्र तथा द्वितीय वर्ष में दो सत्र हैं। प्रशिक्षु शिक्षक–शिक्षिकाओं को इस पाठ्यक्रम को समझने का अवसर प्रारम्भ में ही प्राप्त हो इसलिए पाठ्यक्रम की शुरुआत में छह दिवसीय कार्यशाला आयोजित की जाती है।

कार्यक्रम क्रियान्वयन और गतिविधियाँ

क्रियान्वयन के स्तर पर देखें तो इस कार्यक्रम में क़रीब 450 अध्ययन केन्द्रों पर 5000 शिक्षक–प्रशिक्षकों द्वारा 32000 शिक्षकों को प्रशिक्षण दिया जा रहा है। प्रत्येक ज़िले में संसाधन एवं अप्रशिक्षित शिक्षकों की संख्या के आधार पर अध्ययन केन्द्र बनाये गये हैं। डायट को पूरे ज़िले

में इस कार्य के संचालन की ज़िम्मेदारी सौंपी गयी है। साथ ही डायट एक अध्ययन केन्द्र के रूप में भी काम कर रहा है। सम्पर्क कार्यक्रम अध्ययन केन्द्रों पर शनिवार और रविवार को 10:00 बजे पूर्वाह्न से 4:00 बजे अपराह्न तक आयोजित किये जाते हैं। डायट और पी.टी.ई.सी. पर 50–50 के बैच तथा बी.आर.सी. पर 30–30 के बैच में प्रशिक्षु भाग लेते हैं। राज्य के प्रत्येक ज़िले में प्रशिक्षुओं की संख्या के आधार पर अध्ययन केन्द्रों का आवंटन किया गया है। औसतन, प्रत्येक अध्ययन केन्द्र पर 10 प्रशिक्षुओं पर एक साधनसेवी को शैक्षणिक अनुसमर्थन के लिए उपलब्ध कराया गया है। अध्ययन केन्द्र अपने ज़िले के डायट से सक्रिय रूप से जुड़े हुए हैं। पूरे पाठ्यक्रम के दौरान आवश्यकतानुसार परामर्श सत्रों, सम्मेलनों का आयोजन, सत्रीय कार्यों का मूल्यांकन तथा प्रशिक्षुओं सम्बन्धी सूचनाओं का आदान–प्रदान इन्हीं अध्ययन केन्द्रों द्वारा किया जाता है। इस कार्यक्रम के प्रभावी संचालन में साधनसेवी की भूमिका अहम है और प्रशिक्षुओं की शैक्षणिक उपलब्धि का महत्त्वपूर्ण भाग इनकी भागीदारी से ही सुनिश्चित होता है। कार्यक्रम के प्रभावी संचालन हेतु समय–समय पर साधनसेवियों, समन्वयकों एवं मेंटर के क्षमतावर्द्धन तथा उन्मुखीकरण के लिए कार्यशालाएँ की जाती हैं।

अध्ययन केन्द्रों के प्रत्येक साधनसेवी तथा समन्वयक को एस.सी.ई.आर.टी., पटना या डायट स्तर पर आवश्यक प्रशिक्षण देकर उनकी भूमिका के लिए तैयार किया जाता है। साथ ही, विशेष तौर पर आई.सी.टी. उपागमों को प्रशिक्षण के लिए उपयोग में लाया जाता है, जिससे प्रशिक्षुओं की समझ को समृद्ध करने में मदद मिलती है। शैक्षिक क्षेत्र में उपयोग किये जा सकने वाली तमाम अधुनातन तकनीक तथा तकनीकी उपागमों के प्रयोग को भी इस कार्यक्रम के माध्यम से बढ़ावा दिया जा रहा है। 'डिज़िटल रिसोर्स फ़ॉर इन्नोवेटिव लर्निंग' (D.R.I.L.) ने प्रशिक्षण सत्रों को नया स्वरूप प्रदान किया है। विभिन्न विषयों के विषय विशेषज्ञ एवं शिक्षाविदों के साथ विभिन्न बिन्दुओं पर अन्तःक्रियात्मक संवाद की शैली पर आधारित डिज़िटल सामग्री का शिक्षण–प्रशिक्षण में प्रभावी उपयोग किया जा रहा है। इससे प्रशिक्षुओं को सम्बन्धित मुद्दों पर अच्छी समझ और व्यापक दृष्टि मिल रही है। शिक्षक–प्रशिक्षण और विद्यालयी प्रक्रिया, दोनों में ही इसके प्रभाव को देखा जा सकता है।

अध्ययन केन्द्रों पर प्रशिक्षण देने के लिए समूह चर्चा, सेमिनार आयोज़न, डिज़िटल तकनीकों के प्रयोग जैसी नवाचारी विधियों को ख़ासतौर पर अपनाया गया है। परिणामतः इन विधियों का भरपूर प्रयोग प्रशिक्षित शिक्षक अपने विद्यालयों में करते हुए देखे जा रहे हैं। इससे विद्यालय में सीखने–सिखाने की प्रक्रिया पर सकारात्मक प्रभाव पड़ रहा है। साथ ही, यह भी स्पष्ट किया जाता है कि कार्यशालाओं में दिये गये कार्यों को न्यूनतम अपेक्षा के अन्तर्गत बनाया गया है। विभिन्न कार्यशालाओं के लिए दिये गये विवरणों में आवश्यकतानुसार अन्य गतिविधियों या कार्यों को जोड़ने की पूरी सम्भावना है। कार्यशालाओं को एक–दूसरे से जोड़कर बनाया गया है ताकि उनमें निरन्तरता बनी रहे। साथ ही, सत्रों को भी सतत् बनाने की कोशिश की गयी है। किसी भी कार्यशाला के पहले सत्र में पूर्व–आयोजित कार्यशालाओं व कार्यों पर आलोचनात्मक चर्चा होनी आवश्यक है ताकि इस कार्यशाला को पिछली कार्यशालाओं से जोड़ा जा सके।

प्रशिक्षणार्थियों के लिए विकसित पठन–सामग्री को दूरस्थ शिक्षा के अन्तर्गत अनुदेशन तथा अधिगम का महत्त्वपूर्ण साधन माना जाता है। इस कार्यक्रम के लिए भी पठन सामग्री को बहुत ही महत्त्वपूर्ण मानते हुए इसे बिहार राज्य के शिक्षकों की आवश्यकताओं के अनुरूप विकसित किया गया है। इसे अधिक सन्दर्भात्मक तथा स्वध्यायपरक बनाने के लिए अनेक कार्यशालाओं के द्वारा देश तथा राज्य के अनेक विशेषज्ञों की मदद ली गयी है। विषयवार एवं सत्रवार विकसित इस पठन सामग्री की मुद्रित प्रतियाँ सभी प्रशिक्षु शिक्षक–शिक्षिकाओं को निःशुल्क उपलब्ध करायी जाती हैं।

इस दूरस्थ शिक्षा पाठ्यक्रम के अन्तर्गत न्यूनतम अपेक्षित पठन–पाठन अवधि में से कुछ समय सम्पर्क कार्यक्रम के लिए भी निर्धारित है। प्रशिक्षुओं को अध्ययन केन्द्र द्वारा संचालित परामर्श सत्रों में उपस्थित होना होता है। सत्रीय कार्यों में प्रदत्त कार्य, प्रोजेक्ट वर्क, शिक्षण उपयोगी सामग्री का निर्माण, आदि कार्य प्रमुख हैं। प्रदत्त कार्य का मुख्य उद्देश्य पाठ्यक्रम के आधार पर विकसित पठन–सामग्री और अन्य सन्दर्भ पुस्तकों के प्रति प्रशिक्षुओं की समझ का आकलन करके तथा उन्हें प्रतिपुष्टि प्रदान करके पाठ्यक्रम की विषय–वस्तु को समझने में उनकी मदद करना है। इस कार्यक्रम के लिए प्रदत्त कार्य इस तरह से डिज़ाइन किये गये हैं कि प्रशिक्षु मुद्रित स्व–अनुदेशनात्मक अधिगम सामग्री, सन्दर्भ पुस्तकों और कुछ अतिरिक्त रीडिंग के साथ–साथ अपने व्यक्तिगत अनुभवों का फ़ायदा उठा सकें। सत्रीय कार्यों को मुख्यतः बच्चों या समुदाय के साथ सैद्धान्तिक समझ के अनुप्रयोग के रूप में देखा जाना चाहिए। यदि कोई चाहे तो दो विषयों की समझ के आधार पर एक प्रोजेक्ट बना सकता है। प्रदत्त कार्यों के अलावा, एक शैक्षिक सत्र में प्रत्येक विषय से अवलोकन, केस–स्टडी, सर्वेक्षण, साक्षात्कार, फ़ील्ड वर्क जैसे कार्य शामिल हैं।

इस कार्यक्रम का एक महत्त्वपूर्ण पहलू है विद्यालय आधारित कार्यक्रम, जिससे तात्पर्य है विद्यालय में होने वाले कार्यों व गतिविधियों का समग्र अनुभव। इसका मूल उद्देश्य प्रशिक्षुओं में शिक्षण अभ्यास के साथ–साथ विद्यालय से जुड़ी अन्य गतिविधियों की समझ भी विकसित करना है। साथ ही, इस कार्यक्रम के माध्यम से प्रशिक्षु अपने शिक्षण व विद्यालय में अपनी भूमिका के प्रति एक आलोचनात्मक व मननशील दृष्टिकोण भी विकसित कर पायेंगे। इस कार्यक्रम के प्रमुख अवयव हैं : शिक्षण अभ्यास, एक्शन रिसर्च, विद्यालय गतिविधियाँ एवं विद्यालय उन्नयन योजना। शिक्षण अभ्यास के क्रम में आलोचनात्मक शिक्षणशास्त्र को समझना और उसे अभ्यास क्रम का हिस्सा बनाना इस पाठ्यचर्या का प्रमुख उद्देश्य है। यहाँ ज़रूरत होती है कि हम शिक्षण अभ्यास के क्रम में अपनी ज़िम्मेदारी (शैक्षिक व सामाजिक) को शिक्षा के बृहत्तर परिणाम व लोकतान्त्रिक समाज के सन्दर्भ में समझें। कक्षा के भीतर की प्रक्रिया कोई पृथक् घटना नहीं है, बल्कि इसका गहरा जुड़ाव विभिन्न सामाजिक व ऐतिहासिक प्रक्रियाओं से होता है। शिक्षक अपने सार्थक कर्म के माध्यम से असमान सामाजिक व्यवस्थाओं के विरुद्ध हस्तक्षेप करता है। उसकी यह भूमिका एक सांस्कृतिक कर्मी की

तरह होती है। शिक्षण–अभ्यास में इस बात का विशेष ध्यान रखा जाता है कि प्रशिक्षु–शिक्षक न सिर्फ़ शिक्षा के तकनीकी पक्ष को समझ पायें बल्कि वे अपनी हस्तक्षेपकारी भूमिका को भी साकार रूप दे सकें। कोशिश यह है कि वे अनुभवों के ज़रिये रूढ़िवादी सामाजिक–सांस्कृतिक मान्यताओं को तार्किक ढंग से चुनौती दे सकें। इस क्रम में वे न सिर्फ़ पाठ–योजना बनायें बल्कि वहाँ पढ़ाये जाने वाले विषयों पर एक आलोचनात्मक समझ भी विकसित करने की कोशिश करें। विद्यालय से लौटने के बाद वे सचेत और सक्रिय तौर से वहाँ के विभिन्न क्रिया–कलापों को अपनी डायरी में दर्ज़ भी करते हैं जिस पर अध्ययन केन्द्रों में चर्चा होती है।

शिक्षण अभ्यास के अन्तर्गत एक महत्त्वपूर्ण पहलू 'सीखने की योजना' या 'लर्निंग प्लान' की रही है। सीखने की योजना या 'लर्निंग प्लान' मूलतः शिक्षक–प्रशिक्षण में परम्परागत पाठ–योजना के एक प्रभावी विकल्प के तौर पर उभरा है। 'लर्निंग प्लान' अपनी प्रकृति एवं व्यापकता के सन्दर्भ में बहुत समय से बिना किसी परिवर्तन के चलती आ रही पाठ–योजना के स्वरूप में नवाचारी बदलावों को प्रदर्शित करता है। 'लर्निंग प्लान' का नवाचारी स्वरूप शिक्षकों को अपने शिक्षण कार्य की बेहतर समझ बनाने में बहुत मददगार साबित हो रहा है। इसका मुख्य फ़ोकस शिक्षकों को मननशील बनाना है। इसके साथ ही, शिक्षकों को अपने शिक्षण के दौरान कई चुनौतियों का सामना करना पड़ता है। अपने शिक्षण में क्या–क्या किया जाये कि हर बच्चा सीख ले, यह शिक्षकों की सामान्य चिन्ता होती है। हालाँकि, इसको कैसे किया जाये, इस बारे में शिक्षकों को किसी ठोस उपागम से शायद ही कोई शिक्षक–प्रशिक्षण कार्यक्रम अवगत करा पाता है। राज्य में चल रहे वर्तमान शिक्षक–प्रशिक्षण कार्यक्रम में इस चुनौती पर ख़ास ध्यान देते हुए 'एक्शन रिसर्च' को एक नवाचारी तरीक़े से शामिल किया गया है। नवाचार के अन्तर्गत 'एक्शन रिसर्च' की प्रक्रिया को सहज एवं सरल करते हुए इसे विषय शिक्षण से सम्बन्धित समस्याओं के समाधान पर केन्द्रित किया गया है। इससे, शिक्षकों में शिक्षण–अधिगम से सम्बन्धित समस्या समाधान का प्रभावी कौशल विकसित हो रहा है। साथ ही, बच्चों के अधिगम पर भी इसका सकारात्मक प्रभाव पड़ रहा है।

विभिन्न गतिविधियों में सहभागिता के साथ–साथ, विद्यालय आधारित कार्यक्रम के दौरान प्रशिक्षुओं को विद्यालय विशेष के सन्दर्भ में अनुभवों के आधार पर तमाम आँकड़े एकत्र करने होते हैं। फिर, प्रशिक्षु उन

आँकड़ों का विश्लेषण करके विद्यालय के लिए एक उन्नयन योजना का निर्माण करते हैं, जिसमें विद्यालय के विकास के लिए सुधारात्मक सुझाव दिये जाते हैं। योजना की रूपरेखा में विद्यालय के विभिन्न आयामों का आलोचनात्मक अध्ययन भी प्रशिक्षु द्वारा किया जाता है। इससे फ़ायदा यह होता है कि प्रशिक्षुओं को विद्यालय में सकारात्मक परिवर्तन करने का नज़रिया विकसित हो जाता है।

शिक्षक–प्रशिक्षण कार्यक्रम की उपलब्धियाँ

डी.एल.एड. कार्यक्रम के अन्तर्गत कला समेकित शिक्षा जैसे उपागमों को भी प्रोत्साहित करने का भरपूर अवसर मिल रहा है। इस पर इसलिए भी ज़ोर है क्योंकि प्रारम्भिक कक्षाओं के बच्चों में कला सम्बन्धी गतिविधियों के प्रति एक सहज आकर्षण होता है। साथ ही, कला जैसे बालकेन्द्रित उपागम द्वारा सीखना–सिखाना बहुत ही सरल है। इसके अन्तर्गत, कला के विविध पक्षों तथा उनसे सम्बन्धित कला आधारित गतिविधियों को कक्षायी शिक्षण में शामिलकरने से बच्चे सीखने–सिखाने की प्रक्रिया में बहुत ही आनन्द और रुचि के साथ भाग ले रहे हैं।

डी.एल.एड. प्रशिक्षण के अन्तर्गत चलने वाले अध्ययन केन्द्रों पर होने वाली गतिविधियों की अपनी ख़ास विशेषता है। सबसे पहली विशेषता यह है कि अध्ययन केन्द्रों पर स्वाध्याय और समूह चर्चा के माध्यम से ही अधिकतर विषयों की विषय वस्तुओं को समझने का प्रक्रम चलता है। यहाँ साधनसेवी द्वारा किसी भी प्रकार का 'यूनिडाइरेक्शनल लेक्चर' नहीं दिया जाता है। साथ ही, यहाँ 'पढ़ाने' के स्थान पर 'सीखने–सिखाने' की मंशा को महत्त्व दिया जाता है। इसका प्रभाव विद्यालयों में देखने को मिल रहा है। जो प्रशिक्षु डी.एल.एड. के माध्यम से नये–नये शिक्षण उपागमों को सीखकर विद्यालय जाते हैं, वे अपने विद्यालय के शिक्षण में उनको अपनाते भी हैं। उदाहरण के तौर पर, विद्यालयों में बच्चों के बीच सामूहिक कार्य द्वारा शिक्षण करने की प्रवृत्ति हाल में बढ़ रही है। विद्यालयों में बच्चे भी इसे पसन्द कर रहे हैं क्योंकि इस प्रकार के शिक्षण में वे अपने को सक्रिय पाते हैं।

प्रभाव के तौर पर देखें तो डी.एल.एड. कार्यक्रम ने न केवल प्रारम्भिक विद्यालयों में शिक्षण के परम्परागत स्वरूप में सकारात्मक बदलाव किया है बल्कि शैक्षिक व सहशैक्षिक क्षेत्रों के आकलन–मूल्यांकन को भी नवीनता

प्रदान की है। साथ ही, विद्यालय एवं कक्षाओं को आकर्षक रूप देने एवं शिक्षकों के टी.एल.एम. निर्माण कौशल को संवर्धित करने में भी कला समेकित अधिगम की प्रभावी भूमिका दिख रही है। कक्षा–कक्ष प्रक्रिया और सीखने पर इसका अच्छा प्रभाव नज़र आ रहा है।

इस कार्यक्रम की एक विशेष सफलता 'महिला' शिक्षिकाओं को सबल बनाने को लेकर है। जब कार्यक्रम की शुरुआत हुई तो ऐसा सन्देह था कि महिला प्रशिक्षु इसमें उदासीनता दिखायेंगी। परन्तु, उपस्थिति आँकड़ों को देखें तो अध्ययन केन्द्रों पर इनकी उपस्थित औसतन नब्बे प्रतिशत से अधिक रही। साथ ही, इस कार्यक्रम के कारण महिला प्रशिक्षुओं में कई प्रकार के कौशलों का विकास भी हुआ। उदाहरण के तौर पर, बहुत सारी शिक्षिकाएँ शिक्षण में मोबाइल के प्रयोग, कम्प्यूटर, डाउनलोड, ऑनलाइन, वेबसाइट आदि से अनभिज्ञ थीं। इस शिक्षक–प्रशिक्षण कार्यक्रम की यह सफलता रही कि इसके कारण बहुतायत शिक्षिकाओं ने अपने को आई. सी.टी. कौशल में अपडेट कर लिया और उसका अच्छा उपयोग विद्यालयों में कर रही हैं।

साथ ही शिक्षकों की दिनचर्या में नियमित स्वाध्याय को स्थान दिलाने में भी इस कार्यक्रम की विशेष भूमिका उभरती है। कार्यक्रम की रूपरेखा को इस प्रकार से व्यवस्थित किया गया है कि प्रशिक्षुओं को अनिवार्य तौर पर प्रत्येक सप्ताह स्वाध्याय करके अध्ययन केन्द्र पर आना होता है। इसका व्यापक असर प्रशिक्षुओं के विद्यालय के साथ–साथ उनके अपने परिवार के शैक्षिक माहौल पर पड़ रहा है। विद्यालय में शिक्षकों की बात करें तो वे कई तरह के शिक्षण उपागमों का प्रयोग करने के साथ–साथ बच्चों के प्रति बहुत संवेदनशील भी बने हैं। बहुत सारे शिक्षकों ने अपने स्तर पर कई तरह के शैक्षिक नवाचारों की भी शुरुआत की है। कक्षा के अन्दर का माहौल और कक्षा के बाहर का विद्यालयी सन्दर्भ, दोनों ही स्थानों पर शिक्षकों की भूमिका पहले से बेहतर हो रही है। समुदाय के साथ भी ये शिक्षक मिल–जुलकर कार्य कर रहे हैं।

अन्ततः कुल मिलाकर देखें तो यह नवाचारी डी.एल.एड. कार्यक्रम का विद्यालयों पर पड़ने वाले सकारात्मक प्रभावों की शुरुआत मात्र है। दो वर्षीय कार्यक्रम पास करके और पूर्ण प्रशिक्षित होकर विद्यालयों में शिक्षकों का जाना अभी आरम्भ ही हुआ है। इस कार्यक्रम के प्रभाव को थोड़ा ठहर कर देखने की आवश्यकता है।

शिक्षक पेशे की गुणवत्ता में आ रही ऐसी गिरावट की सुध लेते हुए 2011 में सर्वोच्च न्यायालय में एक आयोग के गठन का आदेश दिया। आयोग को शिक्षक–शिक्षा की वर्तमान स्थिति का गहन अध्ययन करके सुझाव प्रस्तुत करना था। इस आदेश के आलोक में मानव संसाधन विकास मन्त्रालय द्वारा जस्टिस जगदीश शरण वर्मा की अध्यक्षता में एक उच्चस्तरीय आयोग का गठन किया गया। इस आयोग की पृष्ठभूमि को बनाने में 'अध्यापक शिक्षा के लिए राष्ट्रीय पाठ्यचर्या की रूपरेखा–2009' (एन.सी.एफ.टी.ई. 2009) और 'निःशुल्क एवं अनिवार्य बाल शिक्षा का अधिनियम–2009' की भी विशेष भूमिका रही है। इन दो नीतिगत दस्तावेज़ों के प्रावधानों को ध्यान में रखते इस आयोग को अपनी सिफ़ारिशें देनी थीं, जो एक रिपोर्ट के रूप में 2012 में प्रकाशित हुई। यदि शिक्षक–शिक्षा को ध्यान में रखें तो यह बहुत महत्त्वपूर्ण आयोग है क्योंकि इसने पूरी शिक्षक–शिक्षा व्यवस्था को पुनर्संरचित करने की बात कही है। इसके कारण शिक्षक–प्रशिक्षण व्यवस्था में कई परिवर्तनों के होने की सम्भावना है। आगे इसके कुछ अंशों को दिया जा रहा है जिसमें शिक्षक से सम्बन्धित कुछ नीतिगत सिफ़ारिशों को सुझाया गया है

- लगभग 90 प्रतिशत सेवापूर्व अध्यापक शिक्षा संस्थान गैर–सरकारी क्षेत्र में हैं और देश के पूर्वी व उत्तर–पूर्वी क्षेत्र के अधिकांश राज्यों में शिक्षक–प्रशिक्षण की जो माँग है, उसकी तुलना में वहाँ संस्थागत क्षमता की गम्भीर कमी है। आयोग सिफ़ारिश करता है कि सरकार को अध्यापक शिक्षा संस्थानों की स्थापना के लिए अपने निवेश को बढ़ा देना चाहिए। साथ ही, शिक्षक–प्रशिक्षण की संस्थागत क्षमता को भी बढ़ाया जाना चाहिए, ख़ासकर उन राज्यों में जहाँ इसकी कमी है।
- स्थानीय स्थितियों में भिन्नता को ध्यान में रखते हुए, सरकार सेवापूर्व अध्यापक शिक्षा कार्यक्रमों के लिए उम्मीदवारों के पूर्व प्रवेश परीक्षण की एक पारदर्शी प्रक्रिया शुरू करने की सम्भावना पर विचार कर सकती है।
- अध्यापक शिक्षा को उच्च शिक्षा प्रणाली का हिस्सा होना चाहिए। शिक्षा आयोग (1966) की सिफ़ारिशों को ध्यान में रखते हुए, अध्यापक शिक्षा कार्यक्रमों की अवधि को बढ़ाया जाना चाहिए, जिसका क्रियान्वयन लम्बे समय से रुका हुआ है।

- अध्यापक शिक्षा के लिए राष्ट्रीय पाठ्यचर्या की रूपरेखा–2009 (एन.सी.एफ.टी.ई. 2009) और अन्य प्रासंगिक सामग्रियों की सिफ़ारिशों के आलोक में वर्तमान अध्यापक शिक्षा कार्यक्रमों को फिर से डिज़ाइन किया जाना चाहिए।
- शिक्षा आयोग (1966) की सिफ़ारिशों को ध्यान में रखते हुए, प्रत्येक अध्यापक शिक्षा संस्थान के साथ एक स्कूल को 'लैब–स्कूल' के तौर पर संलग्न किया जाना चाहिए, जहाँ शिक्षकों को नये विचारों पर प्रयोग करने का अवसर मिल सके और उनकी क्षमता एवं कौशल का विकास हो सके, जिससे वे 'मननशील शिक्षक' बन पायें।
- नीतिगत तौर पर, अध्यापक शिक्षा में पहले प्रोफ़ेशनल डिग्री/डिप्लोमा को केवल फेस–टू–फेस मोड में दिया जाना चाहिए। दूरस्थ शिक्षा कार्यक्रम और मिश्रित अधिगम (ब्लेन्डेड लर्निंग) सामग्रियों को स्कूल शिक्षकों एवं शिक्षक–प्रशिक्षकों के सतत् पेशेवर विकास के लिए विकसित किया जा सकता है।
- शिक्षक–प्रशिक्षकों (टीचर एजुकेटर्स) की तैयारी के लिए संस्थागत क्षमता में वृद्धि की जानी चाहिए। मास्टर्स इन एजुकेशन प्रोग्राम (एम.एड.) को दो वर्ष की अवधि का किया जाना ज़रूरी है जिसमें विभिन्न शैक्षिक शाखाओं में विशेषज्ञता का प्रावधान हो जैसे–पाठ्यचर्या व शिक्षणशास्त्र अध्ययन, फ़ाउंडेशन अध्ययन, शैक्षिक प्रबन्धन, शिक्षा नीति और वित्त अध्ययन, शिक्षा क्षेत्र के उभरते मुद्दे आदि।

(जस्टिस वर्मा कमीशन रिपोर्ट–2012, पार्ट–1 चेप्टर–7 पेज 95–98)

यदि जस्टिस वर्मा आयोग की सिफ़ारिशों का विश्लेषण करें तो हम पायेंगे कि उन सबका गहरा असर बिहार में शिक्षकों की प्रशिक्षण व्यवस्था पर पड़ा है। आयोग के कड़े प्रावधानों के कारण और 2014 में एन.सी.टी.ई. रेग्युलेशन के आने के कारण, राज्य में शिक्षक–प्रशिक्षण के पाठ्यक्रम को अद्यतन किया गया और शिक्षक–प्रशिक्षण के कार्य में तेज़ी लायी गयी। अप्रशिक्षित शिक्षकों के शिक्षक–प्रशिक्षण का कार्य 2017 तक चला आ रहा है।

इस तरह, बिहार में शिक्षक–प्रशिक्षण के काम में कई उतार–चढ़ाव आये, जिनके लिए कई परिस्थितियाँ ज़िम्मेदार थीं। कई बार, शिक्षक–प्रशिक्षण को दरकिनार कर दिया गया तो कई उत्साही क़दम भी उठाये गये।

सन्दर्भ सूची

1. बिहार एंड उड़ीसा गवर्नमेंट, एनुअल रिपोर्ट ऑफ़ प्रोग्रेस ऑफ़ एजुकेशन इन बिहार एंड उड़ीसा,1912–13,2013, पटना।
2. बिहार विधान बिहार में शिक्षा के सौ वर्ष, 2012, बिहार विधान परिषद्
3. एस.सी.ई.आर.टी. बिहार (2008), बिहार करिकुलम फ्रेमवर्क, पटना
4. शिक्षा आयोग, 1966
5. जस्टिस वर्मा कमीशन, गवर्नमेंट ऑफ़ इंडिया, मिनिस्ट्री ऑफ़ ह्यूमन रिसोर्स डेवलपमेंट, गवर्नमेंट ऑफ़ इंडिया, डिपार्टमेंट ऑफ़ स्कूल एजुकेशन एंड लिट्रेसी, (एम.एच.आर.डी.) विज़न ऑफ़ टीचर एजुकेशन इन इंडिया क्वालिटी एंड रेग्यूलेटरी परसपेक्टिव विज़न ऑफ़ टीचर एजुकेशन इन इंडिया, रिपोर्ट ऑफ़ दी हाई–पॉवर्ड कमीशन ऑन टीचर एजुकेशन कॉस्टीटयूंड बॉय दी ऑनरबेल सुप्रीम कोर्ट ऑफ़ इंडिया, अगस्त 2012,नयी दिल्ली

खण्ड : 2

सेवारत शिक्षक : सामूहिक चिन्तन और अभ्यास

पेशेवर शिक्षक का बनना : अर्थ और एक सम्भावित प्रक्रिया

—मधुलिका झा

यह पर्चा चिन्तनशील पेशेवर शिक्षक की अवधारणाओं पर प्रकाश डालता है और चिन्तनशीलता के विकास को शिक्षक की तैयारी का एक महत्त्वपूर्ण लक्ष्य मानता है। इस प्रयास में यह पर्चा जयपुर ज़िले के फागी ब्लॉक के सरकारी विद्यालयों में दिगन्तर संस्था द्वारा चलाये गये "शिक्षक सशक्तिकरण कार्यक्रम" का दस्तावेज़ीकरण और विश्लेषण प्रस्तुत करता है।

शिक्षण कार्य की जटिलता शिक्षक की लगातार क्षमतावर्द्धन की माँग करती है, इसलिए शिक्षक के विकास हेतु सेवापूर्व और सेवाकालीन प्रशिक्षणों की परिकल्पना की गयी है। एक पेशेवर के तौर पर शिक्षक की तैयारी अनुभव और प्रशिक्षण से आगे जाकर अपने अनुभवों, विचारों और, कार्यों पर लगातार चिन्तन, उनकी समीक्षा तथा चुनौतियों, असफलताओं और सफल क़दमों से सीखने के सतत् प्रयासों की माँग करती है अर्थात् पेशेवर के तौर पर स्थापित होने के लिए चिन्तनशीलता (Reflection) एक अनिवार्य शर्त के तौर पर उभरती है।

जयपुर ज़िले के फागी ब्लॉक के सरकारी विद्यालयों में चलाया गया दिगन्तर का 'शिक्षक सशक्तिकरण कार्यक्रम' एक ऐसा ही क़दम था जिसकी संकल्पना में चिन्तनशील पेशेवर शिक्षक की अवधारणा निहित थी। इस प्रयास में शिक्षकों के साथ जो आरम्भिक काम हुआ वह बताता है कि अपनी शिक्षण प्रक्रिया की योजना बनाने, कक्षा कार्य के पश्चात् और शिक्षण के लिए किया गया चिन्तन किस तरह एक शिक्षक को ख़ुद की शिक्षण प्रक्रिया का आईना दिखाते हुए उन्हें इसमें बेहतरी लाने में मदद कर सकता है। अर्थात् शिक्षण कार्य के अनुभवों को लगातार जाँचते हुए उन्हें प्रशिक्षणों

के माध्यम से निखारने का सतत् प्रयास पेशेवर (Professional) अध्यापक के विकास का एक ज़रूरी हिस्सा है।

पेशेवर अध्यापक बनने की प्रक्रिया केवल सेवापूर्व प्रशिक्षणों तक सीमित नहीं हो सकती। सेवाकालीन प्रशिक्षणों की भी ज़रूरत है जिससे शिक्षकों में अपने अध्यापन–कर्म की अनवरत समीक्षा की आदत का विकास हो। ज़रूरत यह है कि प्रशिक्षण कार्यक्रम अपनी योजना में न सिर्फ़ शिक्षक के लिए आवश्यक ज्ञान क्षेत्रों को समाहित करे, बल्कि ऐसे वातावरण के निर्माण में भी सहायक हो जिससे शिक्षकों में शिक्षण के लिए आवश्यक रुझानों, मूल्यों और क्षमताओं का विकास हो सके। इसके अभाव में पेशेवर, चिन्तनशील शिक्षकों का विकास सम्भव नहीं लगता और शिक्षक के क्षमतावर्द्धन के तमाम प्रयास उन्हें केवल क्रियान्वयनकर्ता के तौर पर तैयार करने का ही विकल्प देते रहेंगे।

प्रस्तावना

वर्तमान में शिक्षा तन्त्र की ख़राब हालत को देखते हुए और तकनीक के विकास के साथ शिक्षकविहीन कक्षा की कल्पना चाहे हमें अटपटी न लगती हो, पर सच तो यह है कि स्कूली शिक्षा में बेहतरी का कोई भी प्रयास शिक्षक को साथ लिए बिना सम्भव नहीं है। शिक्षक सीखने–सिखाने की प्रक्रिया में पूर्व निर्धारित पाठ्यक्रम और उपस्थित जीवन्त शिक्षार्थी के बीच की वह मानवीय कड़ी है, जो हर शिक्षार्थी को उसके अनुरूप सीखने और पल्लवित होने के लिए आवश्यक वातावरण मुहैया कराकर उनके सीखने में योगदान दे रहा होता है। इसीलिए आवश्यक हो जाता है कि यह कड़ी अपने आप में इतनी सक्षम हो कि पाठ्यक्रम, शिक्षार्थी और ज्ञानार्जन की प्रक्रिया में उभरने वाले तनावों और चुनौतियों को न सिर्फ़ स्वयं झेल सके, बल्कि बच्चों को सीखने–सिखाने की इस यात्रा में सहयात्री मानते हुए उन्हें भी चुनौतियों का सामना करने, निर्णय लेने और उन निर्णयों की ज़िम्मेदारी लेने के लिए तैयार होने में वाँछित मदद कर सके। शिक्षक की ऐसी भूमिका शिक्षा के उद्देश्यों, विषयों की प्रकृति, बच्चे के परिवेश और संज्ञानात्मक स्तर और सिखाने की प्रक्रिया के ज्ञान की माँग करती है। यह ज्ञान किसी के पास स्वतः ही नहीं आ जाता है। इसके लिए एक ख़ास तरह की समझ के निर्माण और लगातार तैयारी से गुज़रने की ज़रूरत होती है। इसी सन्दर्भ में शिक्षक को एक पेशेवर के तौर पर देखे जाने और उसका दर्जा देने की माँग उभरती है, जिसमें यह निहित है

कि शायद एक पेशेवर शिक्षक अपने कार्यक्षेत्र में आने वाली चुनौतियों का बेहतर ढंग से सामना कर सकता है और शिक्षा में बेहतरी के प्रयासों में सक्रिय योगदान दे सकता है।

इस माँग के मद्देनज़र यह देखे जाने की ज़रूरत है कि आख़िर शिक्षक को एक पेशेवर के रूप में देखे जाने के क्या अभिप्राय हैं। पेशेवर शिक्षक के पास ऐसी कौन–सी योग्यताएँ, क्षमताएँ और रुझान/मूल्य हो सकते हैं जो उन्हें शिक्षण में अधिक समर्थ बना सकते हैं? लेकिन इससे पहले एक और प्रश्न खड़ा होता है कि आख़िर एक पेशे को कैसे परिभाषित किया जाये। ऐसी कौन–सी शर्तें हैं जो किसी पेशे के लिए आवश्यक हैं और पेशे को रोज़मर्रा के अन्य कामों से अलगकरते हुए किसी पेशेवर को एक ख़ास दर्जा देती हैं? तभी हम यह कह सकने की स्थिति में हो सकते हैं कि एक पेशे के तौर पर अध्यापन–कर्म के कितने आयाम हैं।

किसी काम को पेशा या प्रोफ़ेशन मानने की शर्तें

शिक्षक एक पेशेवर के तौर पर

शिक्षा के क्षेत्र में शिक्षक को पेशेवर का दर्जा देने या न देने सम्बन्धी बहस नयी नहीं है। इन्सानी ज़िन्दगी की बेहतरी के लिए प्रतिबद्ध चिकित्सा विज्ञान और वकालत जैसे पेशों के समकक्ष शिक्षा को रखकर देखने का दावा यह माँग करता है कि एक पेशेवर के रूप में शिक्षक को स्थापित करने के आग्रह के पहले पेशे को परिभाषित किया जाये, और तब यह देखा जाये कि शिक्षण का पेशा उन आधारों पर खरा उतरता है या नहीं।

अगर डॉवनी (1990) और कैल्डेरहेड (1994) की पेशे की अवधारणा से मदद ली जाये तो किसी व्यवसाय/पेशे की आवश्यक शर्तें इस तरह हो सकती हैं :

1. प्रशिक्षण और अनुभव के माध्यम से अर्जित विशेष ज्ञानाधार या नॉलेज बेस (यहाँ प्रशिक्षण की बजाय शिक्षण अधिक उपयुक्त शब्द है, और वास्तविक शर्त "विशेष–ज्ञान का आधार" है, प्रशिक्षण और अनुभव तो उसे प्राप्त करने के तरीक़े भर हैं)।
2. अपने उपभोक्ताओं के साथ एक ख़ास तरह का रिश्ता जो उन्हें सेवा प्रदान करने की अभिवृत्ति तथा पेशेवर और उपभोक्ता के ख़ास सम्बन्ध के तहत संचालित होता है।

3. पेशेवर का अपने उपभोक्ताओं से आगे जाकर जन नीतियों और न्याय के मुद्दों पर उस ख़ास ज्ञान क्षेत्र के सम्बन्ध में ज्ञानाधार के आधार पर अपनी बात रखने की अथॉरिटी।
4. राज्य और वाणिज्य के प्रभाव से उसके पेशेवर–निर्णयों का स्वतन्त्र होना।

डॉवनी और कैल्डेरहेड की अवधारणा को देखें तो कह सकते हैं कि किसी कार्य को पेशे की श्रेणी में रखने के लिए ये चारों शर्तें स्वतन्त्र रूप से आवश्यक हैं और एक साथ मिलकर पर्याप्त हैं। यदि ये अर्हताएँ किसी पेशे की अनिवार्य शर्त हैं, तो शिक्षण को पेशे की श्रेणी में रखने के लिए आवश्यक है कि शिक्षण का काम इन ज़रूरी शर्तों को पूरा करता हो। यहाँ यह ध्यान में रखना ज़रूरी है कि उपरोक्त चारों आवश्यक शर्तों में से पहली शर्त अर्थात् प्रशिक्षण और अनुभव के माध्यम से अर्जित ज्ञानाधार ही अन्य तीन शर्तों के पालन का आधार बन सकता है।

पेशेवर चिन्तनशील अध्यापक का विकास

अध्यापक की पेशेवर तैयारी को लेकर अभिव्यक्त सरोकार भारतीय शिक्षा परिदृश्य में नये नहीं हैं और ये कोठरी आयोग (1966) से लेकर शिक्षक–शिक्षा हेतु राष्ट्रीय पाठ्यचर्या की रूपरेखा (2009) तक समान रूप से ध्वनित होते नज़र आते हैं। अध्यापक विद्यालय में आने से पूर्व सेवापूर्व प्रशिक्षण से गुज़रकर शिक्षण से सम्बन्धित विशेष ज्ञान का आधार लेकर आ रहे होते हैं। प्रशिक्षित अध्यापकों के महत्त्व को समझने और उनकी उपलब्धता पर ज़ोर देने के बावजूद यह स्पष्ट है कि सिर्फ़ सेवा–पूर्व प्रशिक्षण ही किसी को अध्यापक के तौर पर स्थापित करने के लिए पर्याप्त नहीं है। शिक्षण कार्य की जटिलता शिक्षक के लगातार क्षमतावर्द्धन और परिष्कार की माँग करती है। शिक्षक–शिक्षा एक सतत् प्रक्रिया है और सेवापूर्व और सेवाकालीन प्रशिक्षण इस शिक्षा की परिकल्पना के अभिन्न अंग हैं। (शिक्षा की राष्ट्रीय नीति, 1986–92)

सेवापूर्व प्रशिक्षणों को इस सतत् विकास के पहले पड़ाव की तरह देखा जा सकता है, अर्थात् पेशेवर अध्यापक का विकास शिक्षण कार्य के अनुभवों को सतत् प्रशिक्षणों से निखारने के साथ ही आगे बढ़ सकता है। इसी बात को ध्यान में रखते हुए सेवाकालीन प्रशिक्षणों की परिकल्पना की गयी थी, लेकिन विडम्बना यह है कि अधिकतर किन्हीं विषयों या

पाठ्यवस्तुओं पर केन्द्रित सालाना सेवाकालीन प्रशिक्षण कार्यक्रम शिक्षक के अनुभवों में नया आयाम जोड़ने और उसे एक पेशेवर की तरह चिन्तन कर अपनी शिक्षण प्रक्रिया में बदलाव लाने का अवसर देने की बजाय सीमित दायरे में बाँधते हैं।

एक पेशेवर के तौर पर शिक्षक की तैयारी अनुभव और प्रशिक्षण से आगे जाकर अपने अनुभवों, विचारों और कार्यों पर लगातार चिन्तन, उनकी समीक्षा और चुनौतियों, असफलताओं और सफल क़दमों से सीखने के सतत् प्रयासों की माँग करती है। अर्थात् पेशेवर के तौर पर स्थापित होने के लिए चिन्तनशीलता एक अनिवार्य शर्त के तौर पर उभरती है। विभिन्न दस्तावेज़ जैसे राष्ट्रीय पाठ्यचर्या की रूपरेखा 2005 और शिक्षक–शिक्षा हेतु राष्ट्रीय पाठ्यचर्या की रूपरेखा (2009) पेशेवर, दक्ष और चिन्तनशील शिक्षक के महत्त्व को रेखांकित करते हैं।

धनकर (2013) के अनुसार चिन्तनशील शिक्षक के विकास हेतु आवश्यक शर्तों को इस तरह देखा जा सकता है :

1. **शिक्षा के आधारभूत क्षेत्रों की सैद्धान्तिक समझ :** शिक्षा की अवधारणा और मानव जीवन में उसकी अहमियत; शिक्षा के दर्शनशास्त्र, समाजशास्त्र और सीखने के सिद्धान्तों की समझ; पढ़ाये जाने वाले ज्ञान के क्षेत्रों की प्रकृति और शिक्षण प्रक्रिया की समझ।
2. **रुझान :** शिक्षण प्रक्रिया और शिक्षार्थी पर उसके प्रभावों को समझने, विचारों को गम्भीरता के साथ लेने और दृढ़ता के साथ रखने, तार्किक होने और साथ ही स्थापित तथ्यों और प्रिय सिद्धान्तों से परे जाकर रचनात्मक होने, गहन विश्लेषण और स्वयं सीखने के प्रति रुझान होना।
3. **मूल्य** : उदार और खुला मस्तिष्क, पुराने विचारों और स्थापित विचारों को जाँचने की हिम्मत और ज़रूरत हो तो उनको त्यागकर नये को अपनाने/रचने का साहस, पेशे के प्रति समर्पण, और उसमें गर्व महसूस करना।
4. **क्षमताएँ** : तार्किकता, पढ़ाने की व्यावहारिक क्षमता, शिक्षण में उपयोगी विभिन्न दक्षताएँ और नयी दक्षताएँ सीखने की क्षमता।

पेशे के लिए आवश्यक शर्तों को देखते हुए यह स्पष्ट है कि केवल विषय को पढ़ाने पर केन्द्रित सेवाकालीन शिक्षक–प्रशिक्षण शायद ही शिक्षक को एक चिन्तनशील पेशेवर के तौर पर उभरने में मदद कर सकते हैं। शिक्षण कार्य

की जटिलता और सरकारी स्कूलों की चुनौतीपूर्ण स्थितियाँ चन्द मॉड्यूल पर आधारित प्रशिक्षणों से कहीं अधिक की माँग करती हैं, अर्थात् शिक्षण कार्य को बेहतर बनाने के लिए केवल विषय या पाठ्य–वस्तु पर आधारित प्रशिक्षण पर्याप्त नहीं हैं, बल्कि शिक्षा के आधारभूत क्षेत्रों की सैद्धान्तिक समझ के साथ ही शिक्षक में शिक्षण कर्म के प्रति रुझान/प्रवृत्ति, मूल्यों और क्षमताओं का विकास बहुत महत्त्वपूर्ण हो जाता है।

शिक्षक सशक्तिकरण कार्यक्रम : एक प्रयास

चिन्तनशील शिक्षक की अवधारणा के उपरोक्त वैचारिक ढाँचे के अनुसार शिक्षक के सेवाकालीन प्रशिक्षण का एक प्रयास दिगन्तर संस्था के द्वारा 2013 में राजस्थान के फागी ब्लॉक में किया गया था। 'शिक्षक सशक्तिकरण कार्यक्रम' एक ऐसा क़दम था जिसकी संकल्पना में चिन्तनशील पेशेवर शिक्षक की अवधारणा निहित थी। इस प्रयास में शिक्षकों के साथ जो आरम्भिक काम हुआ वह बताता है कि अपनी शिक्षण प्रक्रिया के दौरान, बाद में और शिक्षण के लिए किया गया चिन्तन किस तरह एक शिक्षक को खुद की शिक्षण प्रक्रिया का आईना दिखाते हुए उन्हें इसमें बेहतरी लाने में मदद कर सकता है।

लेख का यह हिस्सा शिक्षकों की बैठकों में हुए संवाद और उनके शिक्षण पोर्टफोलियो से कुछ उदाहरण और उनके विश्लेषण पर आधारित है। इसमें यह देखने की कोशिश होगी कि शिक्षण अनुभवों पर पोर्टफोलियो लेखन और साझा संवाद के माध्यम से पेशेवर चिन्तनशील शिक्षक की उपरोक्त क्षमताओं में से किन क्षमताओं के उपयोग या विकास की झलक मिलती है। यह कार्यक्रम किन्हीं कारणों से अपने पूरे समय में नहीं चल पाया, अतः समग्रता में देखने पर इससे जो समझ बनती उनसे पेशेवर–शिक्षक के विकास की प्रक्रिया पर अनुभवजन्य प्रमाणों के आधार पर कुछ नतीज़े निकाले जा सकते थे, पर ऐसा हो नहीं पाया। फिर भी इसके आरम्भिक काल में भी चिन्तनशीलता और शिक्षा–सिद्धान्त के प्रति जागरूकता की एक झलक मिलती है। दूसरी चीज़ जो नज़र आती है वह है शिक्षकों की स्वैच्छिक भागीदारी और साझा संवाद में रुचि।

चिन्तनशीलता एक सख़्त और कठिन प्रक्रिया है और बहुधा यह आनन्ददायक नहीं होती है। (धनकर, 2016) यह पर्चा पेशेवर चिन्तनशील शिक्षक की विकास यात्रा में आने वाली चुनौतियों की भी झलक देता है।

कार्यक्रम में शिक्षकों के काम, अनुभवों और उनके संवाद के माध्यम से इस हिस्से में शिक्षकों की इस विकास यात्रा के कुछ पहलुओं और उसमें आने वाली चुनौतियों को समझने की कोशिश की गयी है। कार्यक्रम के दौरान आने वाली चुनौतियाँ इस तरफ़ इशारा करती हैं कि चिन्तनशीलता की तरफ़ बढ़ने के लिए शिक्षकों को किस तरह की अकादमिक मदद, शिक्षा तन्त्र के सहयोग और चिन्तनशीलता को पोषित करने वाले वातावरण की दरकार हो सकती है।

कार्यक्रम की संकल्पना

"शिक्षक सशक्तिकरण कार्यक्रम" से पहले इसी ब्लॉक में दिगन्तर का "शिक्षा समर्थन कार्यक्रम" लगभग 5 वर्षों तक चलता रहा था। इस कार्यक्रम में शिक्षकों को मिले सहयोग और समर्थन ने उनमें अपनी शिक्षण प्रक्रिया को और बेहतर बनाने और इस दिशा में सोचने के लिए एक रास्ता सुझाया था। कार्यक्रम की समाप्ति के दौरान ब्लॉक के शिक्षकों के मन में एक बड़ा सवाल यह था कि शालाओं में दिखाई दे रहे इस सकारात्मक प्रभाव को संस्था के साथियों के सहयोग के बिना कैसे आगे बढ़ाया जा सकेगा। कार्यक्रम की एंड–लाइन रिपोर्ट भी आगे कुछ इस तरह का काम करने का सुझाव देती थी कि शालाओं में आये इस सकारात्मक परिवर्तन को सतत् बनाये रखा जा सके। (मुकुन्दा एवं श्रीवास्तव, 2012)। ऐसे कौन–से तरीक़े हो सकते हैं जो अध्यापकों को चिन्तनशील अध्यापक की तरह विकसित करने में मदद कर सकें और चिन्तनशीलता के माध्यम से कक्षाओं/शालाओं में सकारात्मक परिवर्तन का दौर कार्यक्रम के समाप्त होने और संस्था के साथियों के न होने के बाद भी जारी रह सके। इन्हीं सवालों की पृष्ठभूमि से "शिक्षक सशक्तिकरण कार्यक्रम" की संकल्पना उपजी।

इस कार्यक्रम की संकल्पना एक सहभागितापूर्ण क्रियात्मक शोध के तौर पर की गयी थी जो चिन्तनशील शिक्षक की विकास यात्रा में शिक्षण पोर्टफोलियो और साझा संवाद की भूमिका/महत्त्व को समझने का प्रयास था। शिक्षण पोर्टफोलियो एन्ट्रीज़ के रूप में शिक्षक अपने कक्षा–कक्ष के अनुभवों, काम में लिए गये सिद्धान्तों, अपनाई गयी तकनीकों का विश्लेषण करते हुए साथियों के साथ साझा करते थे। वहीं साझा संवाद की परिकल्पना शिक्षण पोर्टफोलियो एन्ट्रीज़ के विश्लेषण और समीक्षा करते हुए एक–दूसरे के अनुभवों से सीखने की इस प्रक्रिया को आगे

गति देने के लिए की गयी थी। यह माना गया था कि कक्षा–कक्ष की शिक्षण प्रक्रिया, पोर्टफोलियो लेखन और साझा संवाद तीनों एक–दूसरे को प्रभावित करते हुए चिन्तनशील शिक्षक के विकास में योगदान दे सकेंगे। इस तरह का कोई भी प्रयास बिना शिक्षा तन्त्र के सहयोग के सम्भव नहीं होता, इसलिए इसे मज़बूती देने और कार्यक्रम के समाप्त होने के बाद भी शिक्षकों के समूह द्वारा साझा सीखने–सिखाने की इस संस्कृति को आगे बढ़ाने की संकल्पना के तहत ब्लॉक शिक्षा अधिकारी, ज़िला शिक्षण एवं प्रशिक्षण संस्थान के सदस्यों, ब्लॉक रिसोर्स पर्सन के साथ ही संस्था के सदस्यों की सक्रिय साझेदारी इस शोध परियोजना का अनिवार्य हिस्सा थी। शिक्षकों के न्यूज़ लेटर को कार्यक्रम के दौरान सीखने–सिखाने को साझा करने के साथ ही ब्लॉक के विस्तृत शिक्षक समुदाय के साथ जुड़ने के क़दम के तौर पर देखा गया था।

कुछ अनुभव और विवेचना

शिक्षक सशक्तिकरण कार्यक्रम फागी की संकल्पना में ही यह शामिल था कि कार्यक्रम में शामिल सभी साथी साझा सीखने–सिखाने और चिन्तनशीलता की तरफ़ बढ़ने की यात्रा के सहभागी होंगे। इसलिए यह कार्यक्रम केवल शिक्षकों के अनुभवों, शिक्षण प्रक्रिया और साझा सीखने पर चिन्तन करके अपनी शिक्षण प्रक्रिया में बेहतरी लाने की तरफ़ बढ़ने का सफ़र नहीं था, बल्कि इसमें कार्यक्रम से जुड़ी संस्था के सदस्यों का भी अपने कामों और सीखने–सिखाने के अनुभव में अपनी स्वयं की भूमिका का विश्लेषण, संवाद और चिन्तन शामिल था, साथ ही शिक्षा तन्त्र के साथियों की भागीदारी का तत्त्व भी इसमें शामिल था जो कार्यक्रम के समाप्त होने के बाद भी चिन्तनशीलता और साझा सीखने–सिखाने की इस संस्कृति को आगे बढ़ाने में अहम भूमिका निभा सकता था।

1. शिक्षकों की भागीदारी : जैसा कि शुरुआत में ही कहा गया है कि चिन्तनशीलता का सफ़र आसान नहीं होता और इसीलिए कार्यक्रम की शुरुआत में यह सोचना बहुत स्वाभाविक था कि सरकारी शिक्षक आख़िर क्यों किसी ऐसे कार्यक्रम का हिस्सा बनेंगे जो न सिर्फ़ उनसे और अधिक समय और परिश्रम की माँग करता हो, बल्कि अपनी ही शिक्षण प्रक्रिया को सवालों के दायरे में लाकर उसके बारीक़ विश्लेषण की भी माँग करता हो।

इस कार्यक्रम में शिक्षकों को शामिल करने की प्रक्रिया में शिक्षकों से मिली प्रतिक्रियाएँ बताती हैं कि किसी नये कार्यक्रम के प्रति शिक्षकों की प्रतिक्रियाओं को दिशा देने में उनके पूर्व के प्रशिक्षण अनुभव अहम भूमिका निभा रहे होते हैं। जहाँ कुछ शिक्षक "शिक्षा समर्थन कार्यक्रम" के दौरान मिले समर्थन और सीखने के अनुभव को लेकर इस नये कार्यक्रम में शामिल होना चाहते थे वहीं कुछ शिक्षकों को यह एक और विभागीय प्रशिक्षण की तरह लग रहा था जिनको लेकर उनके मन में कोई उत्साह नहीं था। कुछ शिक्षकों का कहना था कि प्रशिक्षणों में वक़्त बर्बाद करने की बजाय वे अपनी कक्षा को समय देना अधिक पसन्द करेंगे।

कुछ शिक्षक कार्यक्रम में शामिल होना चाहते थे और मासिक बैठक का हिस्सा होने को भी तैयार थे, लेकिन अपनी शिक्षण प्रक्रिया पर पोर्टफोलियो एन्ट्रीज़ विकसित करने की बात उन्हें काफ़ी कठिन लग रही थी। यह भी रोचक था कि शिक्षण प्रक्रिया पर पोर्टफोलियो एन्ट्रीज़ विकसित करने जैसी नयी प्रक्रिया को समझने से अधिक कठिन काम उन्हें अपनी शिक्षण प्रक्रिया को शब्दों में समेटना लग रहा था। कुछ स्कूलों के शिक्षक को, जहाँ "सतत और व्यापक आकलन" (सी.सी.ई.) की प्रक्रिया की शुरुआत हाल में हुई थी और जहाँ वे बच्चों के सीखने से सम्बन्धित पोर्टफोलियो एन्ट्रीज़ बनाने की चुनौती से जूझ रहे थे, यह एक और नयी परेशानी की तरह लगी।

> *"हम तो पहले ही सी.सी.ई. के पत्रक भरकर परेशान हैं। इसके कारण कक्षा के लिए समय नहीं मिल पाता, पूरा समय इसके पन्ने भरने में ही बीत जाता है तो बच्चों के साथ कब काम हो? उस पर आप ये नया कार्यक्रम लेकर आ रहे हैं, जैसे कोढ़ में खाज।"*

ऐसे जवाब इशारा करते हैं कि शिक्षा व्यवस्था में निर्धारित कामों, तयशुदा तरीक़ों का पालन ही अहम हो जाता है और कार्य के उद्देश्य कहीं पीछे छूट जाते हैं। सेवापूर्व प्रशिक्षणों में जिस तरह से निश्चित तरीक़े से पाठ–योजना बनाने, पाठों को पढ़ाने पर ज़ोर रहता है, वह शिक्षा जैसे चुनौतीपूर्ण पेशे में आने वाले व्यक्तियों को अपनी शिक्षण प्रक्रिया पर सवाल करने, उनका जवाब खोजने और इस दिशा में रचनात्मक ढंग से काम करने का अवसर शायद ही देती है। तो जिस सी.सी.ई. की परिकल्पना बच्चों के सीखने को समझने, शिक्षक के सीखने में बेहतर सहयोग कर

पाने और सीखे हुए के सतत् और समग्र आकलन के लिए हुई थी, वही अब सीखने और सी.सी.ई. की अवधारणा में सम्बन्ध की अस्पष्ट समझ के कारण शिक्षक के ध्यान और श्रम को सीखने–सिखाने से हटाकर केवल काग़ज़ी खानापूर्ति तक ही सीमित कर दे रही है। शिक्षकों का बिना पढ़ाये केवल "सतत और व्यापक मूल्यांकन" के प्रपत्र भरना और इन प्रपत्रों को भरने को लेकर शिक्षा तन्त्र का एक ख़ास तरह का आग्रह यह बताता है कि शिक्षा से जुड़े किसी काम के उद्देश्यों और उससे शिक्षा के बृहत उद्देश्य की प्राप्ति को लेकर एक स्पष्ट समझ के न होने को या व्यवहार में उस समझ के विपरीत आचरण को किसी समस्या के बतौर देखा ही नहीं जाता है। और इसलिए बेहतरी के लिए उठाये गये अधिकांश क़दम तन्त्र में एक ख़ास तरह से रिवाजों को पूरा करने की खानापूर्ति मात्र रह जाते हैं।

और कुछ के लिए तो ख़ुद लिखना ही बड़ी क़वायद थी।

"ऐसा है न मैं किसी भी हालत में लिख नहीं सकती।"

"अगर मैं ख़ुद बैठक में शामिल होऊँ और पोर्टफोलियो किसी और से विकसित करा कर जमा करा सकूँ तो...वो लिखती हैं तो एक ही दिन में तीन एन्ट्रीज़ विकसित करके दे देंगी।" (एक शिक्षक साथी का सवाल था)

एक शिक्षक के मुँह से निकली यह बात अध्यापन–कर्म की वर्तमान दशा के कितने आयाम हमारे सामने खोलती है– जब एक शिक्षक ही अपने आप को अभिव्यक्ति में इतना कमज़ोर मानकर अपने विचारों को अभिव्यक्त करने से हिचकता हो तो क्या वह बच्चों को ऐसे मौक़े मुहैया करवा पायेगा और उससे भी पहले भाषा, अभिव्यक्ति और विकास के बीच के आपसी सम्बन्ध को समझ और स्वीकार कर पायेगा? क्या एक शिक्षक जो एक वाक्य लिख पाने में असमर्थता जताता हो वह बच्चों में रचनात्मकता और मौलिक अभिव्यक्ति का सीखने में क्या महत्त्व है, इस बात को पहचान सकता है? क्या शिक्षक होना और किताब, क़लम और पढ़ने–लिखने से दूरी एक साथ सम्भव है?

शिक्षकों के इस कार्यक्रम में शामिल होने या न होने सम्बन्धी निर्णय उनके कुछ नया सीखने से लेकर नया सीखने में समय के अभाव और उसके दौरान आ सकने वाली चुनौतियों तक फैले हुए थे। हालाँकि शिक्षण कार्य के पेशे में लगे साथियों का यह कहना कि लिखने का काम ही

उनके लिए मुश्किल भरा है यह दर्शाता है कि स्कूली–शिक्षण को हम किस तरह से देखते हैं। यह इस तरफ़ भी इशारा करता है कि शायद शिक्षक के पास केवल "क्या" अर्थात् पढ़ाये जाने वाले पाठ की जानकारी होना ही पर्याप्त है और इसके लिए "कैसे और क्यों" जैसे मुद्दों पर सोचना शिक्षक का काम नहीं है। शिक्षक–प्रशिक्षण कार्यक्रम भी "कैसे पढ़ाना" को कुछ मॉड्यूल की सहायता से तयशुदा तरीक़े से समझाने का प्रयास करके प्रशिक्षण को सफल मान लिया जाता है और "कैसे पढ़ाना" को निर्धारित करने वाले तत्त्वों जैसे– विषय की प्रकृति, इन्सानी सीखना और बच्चे के संज्ञानात्मक विकास के साथ उसके सम्बन्ध पर शायद ही चर्चा होती है। ऐसी स्थिति में ऐसे कार्यक्रम, जिसमें शिक्षक को अपनी ख़ुद की अध्यापन प्रक्रिया को सवालों के दायरे में लाकर इस पर न केवल लिखना था बल्कि आगे चर्चा भी करनी थी, में भागीदारी के लिए शिक्षकों को तैयार कर पाना और फिर उस भागीदारी को बनाये रख पाना आसान नहीं था।

2. शिक्षण पोर्टफोलियो

(क) चिन्तनशीलता के विकास में शिक्षण पोर्टफोलियो और साझा संवाद की भूमिका : यह गुणात्मक शोध शिक्षण पोर्टफोलियो एन्ट्रीज़ और साझा संवाद की चिन्तनशीलता और चिन्तनशील शिक्षक के विकास प्रक्रिया में योगदान का विश्लेषण करते हुए इसके प्रमाण जुटाने का प्रयास था। लम्बे समय से शिक्षक की क्षमतावर्द्धन के लिए शिक्षण पोर्टफोलियो की अहमियत को स्वीकारा गया है और कई सेवापूर्व शिक्षक–प्रशिक्षणों में इसका प्रयोग करने के उदाहरण हैं। (हेलेन–फैबर, 1997, बर्रेत्त, 2002, कोहेन–सयाग एंड फिस्च्ल, 2012)। इसे शिक्षण कार्य की समझ को बेहतर बनाने के साथ ही शिक्षकीय ज्ञान के स्त्रोत की तरह भी देखा जाता है (शुलमैन, 1998)। आयरिश विश्वविद्यालयों के शिक्षकों के साथ शिक्षण पोर्टफोलियो विकसित करने का अनुभव बताता है कि यह अपने कक्षा–कक्ष के अनुभवों से समझ बनाने और उनमें बेहतरी लाने का माध्यम है (ऑ'फार्रेल, 2007), लेकिन इस तरीक़े की अपनी चुनौतियाँ हैं, जैसे– अकेले किया गया चिन्तन ख़ुद को भ्रमित करने या अपनी ही शिक्षण प्रक्रिया को प्रतिपुष्ट करने का माध्यम बन सकता है। हालाँकि कार्लिले, एंड जॉर्डन (2007) इस पक्ष की ओर इशारा करते हैं कि पोर्टफोलियो विकसित करना अपने ज्ञान, अनुभव को एक बड़े समुदाय में समीक्षा के लिए प्रस्तुत करने

का अवसर देने के साथ ही साझा सीखने की ओर ले जाता है। इसलिए साझा विश्लेषण इस प्रक्रिया का एक आवश्यक हिस्सा है।

(ख) शिक्षण पोर्टफोलियो और आरम्भिक चुनौतियाँ

शिक्षक साथियों द्वारा पोर्टफोलियो एन्ट्रीज़ विकसित करने के दौरान के अनुभव इस तरफ़ इशारा करते हैं कि कैसे यह माध्यम शिक्षक की शैक्षणिक प्रक्रिया का ख़ाका खींचते हुए उसे और बेहतर बनाने में मदद कर सकता है। रोचक बात यह थी कि जो शिक्षक साथी शुरुआती सत्रों में समय की कमी और लेखन में कठिनाई को मुद्दा बनाकर पोर्टफोलियो एन्ट्रीज़ पर समझौता करने का प्रयास कर रहे थे, उन्होंने पहली बार अपनी पोर्टफोलियो एन्ट्रीज़ विकसित करने के बाद हुई बैठक में स्वीकार किया कि किसी भी साथी के लिए समय का अभाव मुद्दा नहीं रहा था। चुनौतियाँ दूसरे प्रकार की थीं। बच्चों की अनुपस्थिति, कम कार्य दिवसों का होना, बच्चों के साथ काम न हो पाना आदि बातें प्रमुख चुनौती के तौर पर सामने आ रही थीं।

इस अध्ययन में शिक्षण पोर्टफोलियो एन्ट्रीज़ को कक्षा शिक्षण के मुद्दों, चुनौतियों, समस्याओं और उपलब्धियों के साथ शिक्षण प्रक्रिया के चिन्तनशील लेखन की तरह परिकल्पित किया गया था। इसलिए ज़रूरी था कि शिक्षण पोर्टफोलियो एन्ट्रीज़ शिक्षक की एक कर्ता और तटस्थ साक्षी की दो भूमिकाओं को एक साथ सामने लाने में मदद कर सकें। अपनी शिक्षण प्रक्रिया के सचेत विकास के लिए ज़रूरी है कि शिक्षक शिक्षण प्रक्रिया के पहले, अध्यापन के दौरान और उसके बाद भी चिन्तनशील रहकर अपने सीखने–सिखाने का विश्लेषण कर पाये और अपने कार्यों, विचारों के अध्यापन पर प्रभाव को लेकर लगातार जागरूक रह पाये (शॉन, 1983)।

शिक्षकों की पोर्टफोलियो एन्ट्रीज़ बताती हैं कि उन्होंने सीमित अर्थों में ही सही पर अपनी शिक्षण प्रक्रिया को लेकर सोचना शुरू किया था और उसके लिए योजना का निर्माण और कक्षा के बाद अपने शिक्षण अनुभवों को शब्दों में समेटना भी इसी का हिस्सा था।

(ग) शिक्षण योजना

शिक्षकों की शिक्षण योजना का ढाँचा बहुधा हेर्बेर्तियन पाठ–योजना से प्रेरित था, जो सेवापूर्व प्रशिक्षण के दौरान काम में ली जाती है। सभी शिक्षण

पोर्टफोलियो में शिक्षण योजना एक समान थी, अर्थात् यह बच्चे के पूर्व ज्ञान और पाठ के उद्देश्यों और बच्चों को उस विषय–वस्तु तक लाने के लिए कुछ प्रश्नों से शुरू होकर शिक्षण सामग्री के चुनाव, पाट को पढ़ाने, और फिर बच्चे के सीखे हुए को जाँचने के लिए कुछ प्रश्नों के वर्णन पर समाप्त होती थी। इससे यह ज़ाहिर होता है कि सेवापूर्व प्रशिक्षणों के दौरान शिक्षण योजना को बनाने के पीछे के निहितार्थ अगर स्पष्ट न हों तो यह पूरी क़वायद केवल शिक्षण प्रक्रिया की चरणबद्ध व्याख्या तक सीमित रह जाती है, और शिक्षण योजना बनाने की प्रक्रिया में उससे सीखने–सिखाने के बारे में एक विश्लेषित समझ के निर्माण और उसे काम में लेने की प्रवृत्ति और क्षमताओं के विकास का मूल उद्देश्य कहीं पीछे रह जाता है।

(घ) चिन्तनशीलता का तत्त्व

चिन्तनशील शिक्षण न केवल सीखने–सिखाने के दौरान बल्कि सिखाने पर और सिखाने के लिए चिन्तन, विश्लेषण करने की भी माँग करता है।

ड्यूई (1910) के अनुसार चिन्तनशीलता के आरम्भ के लिए किसी समस्या/चुनौती का होना पहला क़दम है। लॉग्रान (2006) इसके साथ ही यह भी बताते हैं कि न सिर्फ़ समस्या का होना बल्कि उसे समस्या की तरह पहचानना और उस समस्या के समाधान की पेशेवर ज़िम्मेदारी लेना चिन्तनशीलता के लिए दूसरा महत्त्वपूर्ण क़दम है। साथ हो समस्या के केन्द्र को समझना और इस दिशा में प्रयास करना चिन्तनशीलता की दिशा में आगे ले जाता है।

शिक्षक साथियों की शुरुआती पोर्टफोलियो एन्ट्रीज़ से पता चलता है कि किसी भी शिक्षक ने सीखने–सिखाने से सम्बन्धित किसी चुनौती को समस्या के बतौर नहीं लिया बल्कि यान्त्रिक तौर पर उल्लेखित शिक्षण उद्देश्य ही उनके लिए समस्या बतौर था और उस उद्देश्य की प्राप्ति करना ही उसका समाधान। जब कोई समस्या ही नहीं होगी तो उसके समाधान का प्रयास होने की सम्भावना ही समाप्त हो जाती है और शिक्षण योजना केवल पाठ को पूरा करने की क़वायद भर बनकर रह जाती है। इसके अलावा नीचे दिये गये उदाहरण यह दिखाते हैं कि सीखने के दौरान आने वाली किसी चुनौती को अधिकतर बच्चों के सीखने की क्षमता में कमी या असफलता के तौर पर देखा जाता है और शिक्षक विरले ही चिन्तन कर अपने सिखाने के तरीक़ों में किसी कमी/समस्या के बारे में सोच पाते हैं।

बच्चों के सीखने–सिखाने को लेकर ऐसा कोई भी दृष्टिकोण जिसमें सिखाने पर और सिखाने के लिए चिन्तन शामिल नहीं है, वह बड़ी आसानी से शिक्षक को न सिर्फ़ अपने सिखाने के तरीक़े में होने वाली किसी समस्या या चुनौती को समझने या उसके बारे में सोचने से ही बरी कर देता है बल्कि सीखने–सिखाने को प्रभावित करने वाले अन्य पहलुओं पर सोचने का मौक़ा ही नहीं देता है।

"...ऐसी कुछ इकाइयाँ जिनमें बच्चों को दिक्क़त आती है।"

"...उन कमज़ोर स्तर वाले बालकों को भी सही तरह से सारणी बनाना आ गया।"

"बच्चों के पिछड़ने के पीछे कई कारण होते हैं.... जो माँ–बाप शिक्षा का महत्त्व जानते हैं उनके साथ ये समस्या उत्पन्न नहीं होती।"

हालाँकि कुछ उदाहरण बताते हैं कि कुछ शिक्षकों ने बच्चों के अनुभवों को पठन–पाठन की प्रक्रिया में जगह दी और उनके परिवेश से सम्बन्धित शिक्षण सामग्री तैयार करने का प्रयास किया था। जो दिखाता है कि कुछ शिक्षक अपनी शिक्षण प्रक्रिया पर सोचने के साथ ही आगे की योजना से सम्बन्धित सरोकारों पर विचार कर उसके लिए अपने स्तर पर प्रयास कर रहे होते हैं।

"...मेरे समझाने में भी मुझे कठिनाई हुई, तब अन्य अध्यापकों से चर्चा करके मैंने इसे समझने की कोशिश की।"

"...मनपसन्द या परिवेश में मौजूद साधनों से सिखाने पर बच्चे आसानी से सीख सकते हैं।"

शिक्षण पोर्टफोलियो के लिखित रूप में मौजूद होने के कारण यह चिन्तनशीलता की तरफ़ ले जाने का बेहतर माध्यम साबित हो सकता है, जिसमें एक पेशेवर अपनी कमियों, मान्यताओं के विरोधाभासों और सिद्धान्तों में समझ की अस्पष्टता को आसानी से पकड़ सकता है, जैसे जो शिक्षक आनन्ददायी शिक्षा, परिवेश से सीखना, समूह में सीखना और विद्यार्थियों से चर्चा को बढ़ावा देने की बात कह रहे थे, वे ही आगे जाकर अपनी पोर्टफोलियो एंट्री में अभ्यास और रटने पर ज़ोर देते नज़र आते हैं। और शिक्षक जो बच्चे के अनुभवों से सीखने का सम्मान करने और एक ख़ास

माहौल को बढ़ावा देने की बात कह रहे थे, उनकी एंट्री आगे जाकर माता–पिता की अशिक्षा को बच्चे के न सीख पाने के लिए ज़िम्मेदार ठहरा रही थी। ये उदाहरण बताते हैं कि शिक्षण विमर्श में प्रचलित शब्दावली की जानकारी को चिन्तन और कर्म का आधार बनने में समय लगता है और इसे समझ का एकीकृत हिस्सा बनने की ज़रूरत होती है, तथा यह प्रक्रिया अपनी शिक्षण प्रक्रिया से सीखने का अवसर देने वाले वातावरण की माँग करती है।

(च) चिन्तनशीलता के लिए आवश्यक शर्तें व शिक्षण पोर्टफोलियो में उनकी झलक

चिन्तनशील शिक्षक की विकास यात्रा शिक्षा के आधारभूत क्षेत्रों यथा शिक्षा का दर्शनशास्त्र, समाजशास्त्र, मानव के सीखने के सिद्धान्त ज्ञान और सम्बन्धित विषय की प्रकृति और आवश्यक शिक्षणशास्त्र की समझ की माँग करती है। (धनकर, 2013)

शिक्षकों में आवश्यक पूर्व शर्तों के विकास की झलक शिक्षण पोर्टफोलियो के माध्यम से देखी जा सकती थी। इसके साथ ही शिक्षण पोर्टफोलियो शिक्षण अनुभवों के वर्णन और विश्लेषण के साथ ही शिक्षक को इन शर्तों को अर्जित करने में भी मदद करने का माध्यम था। सीखना, सीखने में शिक्षक की भूमिका, विद्यालय सीखने की जगह के तौर पर, बच्चे के सीखने और सीखने में परिवेश के महत्त्व, शिक्षक–बच्चे और समाज के बीच के सम्बन्ध को लेकर शिक्षकों की अवधारणाओं, मान्यताओं और समझ की झलक उनकी शिक्षण पोर्टफोलियो एन्ट्रीज़ में दिखाई देती है। ये समझ और मान्यताएँ शिक्षकों की योजना, शिक्षण विधि और शिक्षण कार्य को निर्धारित करने में अहम भूमिका निभाती हैं। शिक्षण कार्य के ये सभी पहलू सीधे तौर पर शिक्षण पोर्टफोलियो का हिस्सा नहीं थे, पर ये एन्ट्रीज़ इन मुद्दों पर शिक्षक की मान्यताओं को प्रतिबिम्बित करती हैं।

"बच्चों को छूकर वस्तु के बारे में बताना समझाया गया।"

"बच्चों को अच्छे–बुरे का ज्ञान दिया गया।"

"दायें–बायें का ज्ञान कराना।"

"तालिका बनाना सिखाना।"

''समझाया, सिखायेंगे, जानकारी देना, ज्ञान कराना/देना, बताया, अध्ययन करवाया...''

ये वे शब्द हैं जो सीखने के सन्दर्भ में शिक्षण पोर्टफोलियो में अक्सर प्रयुक्त हुए हैं। अधिकतर शिक्षकों ने शिक्षण विधि को ''समझाने का तरीक़ा'' कहा है। ये शब्द या वाक्यांश कक्षा में सीखने–सिखाने की प्रक्रिया, शिक्षक की भूमिका और शिक्षक–छात्र सम्बन्ध के बारे में शिक्षक की मान्यताओं की तरफ़ इशारा करते हैं और शिक्षक की अध्यापन योजना और कार्य इन मान्यताओं से संचालित होते हैं।

(छ) सीखना और शिक्षण विधि

किसी अवधारणा या पाठ्य–वस्तु को सीखने के उद्देश्य को लेकर शिक्षक जो सोचते हैं वह काफ़ी हद तक किसी ख़ास विषय के सन्दर्भ में शिक्षक की मान्यताओं के हिसाब से उस पाठ्य–वस्तु को सीखने–सिखाने के तरीक़ों को निर्धारित कर रहा होता है। साथ ही किसी विषय–वस्तु के अध्यापन में प्रयोग में ली जाने वाली शिक्षण सामग्री को भी तय कर रहा होता है।

''बच्चों को घरों के बारे में जानकारी देना''

''तीन अंकों की संख्याएँ बनाना और उनको ठीक से समझ पाना''

''बच्चों को नक़्शा बनाने और समझने की जानकारी देना''

ये शिक्षण पोर्टफोलियो एन्ट्रीज़ किसी पाठ्य–वस्तु को सीखने–सिखाने के दौरान उभरने वाले उस अन्तर्विरोध को सामने लाती हैं जो विषय की प्रकृति और उसमें ज्ञान निर्माण के तरीक़ों की स्पष्ट समझ न होने और विषय को केवल पाठ्यक्रम का हिस्सा मानकर पढ़ाने के दौरान उपजते हैं।

उपरोक्त सामुदायिक चर्चा से समस्याओं को सुलझाने के उद्देश्य के साथ शुरू हुआ पाठ इस सह–उद्देश्य के साथ आगे बढ़ता है कि परिवार के ज़्यादातर सदस्य जिस बात पर सहमत हों वही फ़ैसला ठीक रहता है। लेकिन फ़ैसले लेने के लिए आवश्यक क्षमताओं, समझ के विकास और कोई फ़ैसला सही क्यों माना जा रहा है, इसके बारे में शिक्षण के दौरान हो सकने वाली किसी चर्चा का उल्लेख नहीं होता।

वहीं अंग्रेज़ी भाषा के एक पाठ ''कम्प्यूटर'' के शिक्षण उद्देश्य को ''बच्चे कम्प्यूटर के बारे में समझ सकें, उपयोग को समझ सकें और उसका कार्यसाधक ज्ञान प्राप्त कर सकें'' की तरह बताना इस तरफ़ इशारा करता है

कि उद्देश्य पाठ के माध्यम से भाषा शिक्षण नहीं बल्कि पाठ की विषय–वस्तु का शिक्षण हो गया है। यह विषय की प्रकृति और उसे सीखने–सिखाने के तरीक़ों के बारे में शिक्षक की समझ की तरफ़ हमारा ध्यान दिलाता है।

"अभ्यास कराना, बताना, ज्ञान करना, बार–बार अभ्यास, कार्य को बार–बार करवाने से परिपक्वता, दोहरान" जैसे शब्दों का बहुतायत में प्रयोग कक्षा में सीखने–सिखाने की प्रक्रिया में दोहराने के महत्त्व को बताता है। हालाँकि कुछ शिक्षकों ने आनन्ददायी शिक्षा, बच्चे के परिवेश से सीखना, समूह में सीखना और इस तरह के माहौल को बढ़ावा देना, विद्यार्थियों से चर्चा जैसे शब्दों का प्रयोग भी पोर्टफोलियो एन्ट्रीज़ में किया था, हालाँकि इन्हीं एन्ट्रीज़ में आगे की शिक्षण प्रक्रिया इन मान्यताओं के ठीक उलट पाठ के शिक्षण उद्देश्यों की पूर्ति के लिए दोहराने और अभ्यास पर बल देती दिखती है।

"होशियार बच्चे, कमज़ोर बच्चे, कमज़ोर स्तर वाले बालक, पिछड़ गये बच्चे और अशिक्षित माँ–बाप, सही करने वाले बच्चे" जैसे शब्दों का प्रयोग इंगित करता है कि शिक्षण योजना बनाते समय शिक्षक के मन में स्थापित मान्यताएँ और परस्पर विरोधी युग्मक (Binaries) सीखने–सिखाने को एक ख़ास दिशा दे रही होती हैं। बच्चे के विकास और सीखने की प्रक्रिया की समझ कक्षा शिक्षण को बेहतर बनाने में योगदान देती है। इसके लिए शिक्षा के समाजशास्त्रीय परिप्रेक्ष्य और बच्चे के परिवेश का ज्ञान ज़रूरी है। ऐसी परिस्थितियों और परिवार की सामाजिक/आर्थिक स्थिति को सीख पाने में आने वाली अड़चन को समझते हुए इन बच्चों की सीखने की ज़रूरतों को पूरा करने के लिए कोई गम्भीर योजना बनाने हेतु एक ख़ास तरह की समझ और तैयारी की ज़रूरत होती है। और सेवाकालीन शिक्षक–प्रशिक्षण कार्यक्रम इस समझ के निर्माण के लिए महत्त्वपूर्ण पड़ाव की तरह काम कर सकते हैं। उदाहरणस्वरूप *"हमारा घर और उनका घर"* पर चर्चा करते समय शिक्षिका का कथन *"पक्का घर देखने में सुन्दर लगता है।"* ग्रामीण इलाक़ों में कच्चे घरों में रहने वाले बच्चों के सामने सुन्दर–असुन्दर की कैसी अवधारणा पर बल दे रहा है, इसके निहितार्थ को समझने का प्रयास तभी हो सकता था, जब शिक्षक अपनी मान्यताओं और उसके शिक्षण कार्य पर असर होने को लेकर सचेत रह पायें।

शिक्षण पोर्टफोलियो एन्ट्रीज़ से यह भी पता चलता है कि किसी विषय को किस तरह पढ़ाया जायेगा। यह बहुत बार शिक्षक की मान्यताओं के

साथ ही परिवेश और समुदाय से भी निर्धारित होता है और साथ ही इससे भी कि शिक्षक उस मुद्दे को कितनी गम्भीरता से देख रहे हैं। जैसे अच्छा और बुरा स्पर्श से सम्बन्धित एक पाठ में शिक्षिका का यह लिखना कि *''बच्चों को छूने के अच्छे–बुरे प्रभाव से अवगत कराना; बच्चों को अच्छे–बुरे का ज्ञान दिया गया''* आभास देता है कि स्पर्श और बच्चों के साथ होने वाली यौन हिंसा जैसे मुद्दों पर केवल सतही बातचीत कर शिक्षण उद्देश्यों की पूर्ति कर ली जाती है, लेकिन इन मुद्दों पर चर्चा को पूरी गम्भीरता के साथ कक्षा–कक्ष का हिस्सा बनाने में अधिकतर शिक्षक झिझकते हैं।

(ज) आकलन और सीखना

सभी शिक्षण पोर्टफोलियो में शिक्षण योजना और उसके क्रियान्वयन के बाद एक अनिवार्य हिस्सा बच्चे के सीखने को जाँचने का था। लगभग सभी शिक्षकों की अन्त में यही टिप्पणी थी कि बच्चों को सीखने में आनन्द आया और बच्चे पाठ सीख गये हैं। लेकिन किसी भी शिक्षक ने सीखने–सिखाने की प्रक्रिया में खुद के सीखने के बारे में कोई बात नहीं की। यह इस तरफ़ भी इशारा करता है कि आकलन प्रक्रिया को सिर्फ़ बच्चे के सीखने को जाँचने और उसमें सुधार के साधन की तरह ही देखा जाता है, पर इस माध्यम से शिक्षक की अपनी शिक्षण प्रक्रिया की कमियाँ, चुनौतियाँ भी सामने आ सकती हैं इस पर शायद ही ध्यान दिया जाता।

स्कूलों के अवलोकन और सहकर्मी समूहों (Peer Group) की बैठकों के दौरान भी शिक्षक इस बात पर ज़ोर दे रहे थे कि दण्ड बच्चे को सिखाने का प्रभावी माध्यम है और शिक्षा का अधिकार अधिनियम (2009) के कारण बच्चों को सिखाने में उन्हें कठिनाइयाँ आती हैं। यह बताता है कि जब तक नीतियों के पीछे की अवधारणाओं पर व्यापक बातचीत कर उनके बारे में समझ बनाने का प्रयास नहीं किया जायेगा, तब तक शिक्षा में सुधार के प्रयासों को शिक्षक केवल ऊपरी तौर पर ही अपना पायेंगे।

3. सहकर्मी समूह की बैठकों की कुछ झलकियाँ

साझा संवाद को शिक्षण पोर्टफोलियो के साथ चिन्तनशीलता की तरफ़ ले जाने के लिए एक माध्यम के तौर पर परिकल्पित किया गया है। चिन्तनशीलता की प्रक्रिया में "आत्मविश्लेषण" बेहद अहम है, लेकिन साझा संवाद के महत्त्व को नकारा नहीं जा सकता। "क्रिटिकल फ्रेंड" या

"चिन्तनशील कर्ता" की उपस्थिति को चिन्तनशीलता की तरफ़ बढ़ने के लिए एक अहम कारक के तौर पर देखा गया है (एडवर्ड्स एंड ब्रंटन, 1993, स्टैनले, 1998, ब्रॉकबैंक एंड मक्गिल, 1998, सेन्से, 2007, धनकर, 2013)। साझा संवाद ऐसा ही मंच था जो शिक्षकों को अपनी शिक्षण प्रक्रिया का विश्लेषण करते हुए चिन्तनशीलता के लिए आवश्यक शर्तों को समझने, आत्मसात् करने और साथ–साथ सीखने का अवसर प्रदान कर सकता था। "पेशेवरों के चिन्तनशीलता की तरफ़ सतत् बढ़ाते रहने के लिए अन्य पेशेवरों के साथ संवाद के अवसरों की ज़रूरत होती है।" (हैर्रिस एट.ऑल, 2010) हालाँकि इस माध्यम के साथ समूह के बीच की आपसी साँठ–गाँठ और सदस्यों की एक–दूसरे पर अतिनिर्भरता जैसी चुनौतियाँ सामने आ सकती थीं। आगे का हिस्सा शिक्षकों के साथ हुए साझा संवादों और उनकी चुनौतियों तथा चिन्तनशील पेशेवर शिक्षक के विकास में इसकी अहमियत की तरफ़ इशारा करता है।

संवाद की प्रकृति : यह एक आम धारणा है कि शिक्षक स्वयं अपने प्रशिक्षण कार्यक्रमों को लेकर गम्भीर नहीं रहते और अक्सर प्रशिक्षण सत्र शिक्षकों की चुनौतियों, ज़िम्मेदारियों के बोझ और विभाग से मिलने वाली सुविधाओं, सहयोग/असहयोग पर चर्चा की भेंट चढ़ जाते हैं। इस शोध के दौरान होने वाले सत्र भी इसके अपवाद नहीं थे जब अक्सर बैठकों में शिक्षकों की बातचीत विभाग, अभिभावकों/समुदाय से मिलने वाले सहयोग, शिक्षकों को आने वाली कठिनाइयों पर ठिठक जाती थी, लेकिन हममें से ही कोई साथी उसे वापस चर्चा के मुद्दे पर खींच लाता था। हमारी पहली ही बैठक में हमने आम सहमति से कुछ नियमों को बना लिया था और हर बैठक में सबका ध्यान उन नियमों की तरफ़ आकर्षित करने की ज़िम्मेदारी किसी शिक्षक साथी पर होती थी। कार्यक्रम के शुरू होने और उसके कुछ सत्रों के बाद एक शिक्षक साथी की प्रतिक्रिया थी, "हमारे विभागीय प्रशिक्षणों में तो करने के लिए बहुत कम ही कुछ होता है।"

शिक्षक का यह कथन संकेत देता है कि सेवाकालीन शिक्षक–प्रशिक्षणों का सच केवल शिक्षकों की भागीदारी में अरुचि नहीं है, बल्कि इसका एक दूसरा पहलू भी है। बहुत कम प्रशिक्षण ऐसे होते हैं जो शिक्षकों को चुनौतीपूर्ण ढंग से कुछ नया स्वयं सोचने, सीखने और करने के लिए उत्साहित कर पाते हैं और इस तरह से सीखने की सार्थकता को शिक्षण कार्य की सार्थकता से जोड़ पाते हैं। मूलतः व्याख्यान या गतिविधि आधारित

प्रशिक्षण, जो सीमित दिनों में शिक्षकों को "कैसे सिखाना है" पर बँधी–बँधाई सामग्री प्रदान करते हैं, शिक्षकों को अपनी बात कहने, शिक्षण अनुभवों को साझा करने और नया सोचने का मौक़ा कहाँ दे पाते हैं? हालाँकि साझा संवादों के लम्बा होने और बैठक के तय एजेंडा को पूरा करने का द्वन्द्व हमारे मन में भी था, और इस द्वन्द्व के बीच हमने कार्यक्रम के उद्देश्य को ध्यान में रखते हुए साथी शिक्षकों के अनुभवों को साझा करने के लिए पर्याप्त अवसरों की उपलब्धता को सुनिश्चित करना तय किया, क्योंकि विमर्श के लिए कम अवसरों का होना इसे भी अनुभवों और साझा संवाद से सीखने और चिन्तन करने के मंच की बजाय एक और शिक्षक–प्रशिक्षण में बदल सकता था।

संवाद किसी सामाजिक परिवेश में चिन्तन का सीधा प्रयास होता है जहाँ लोगों की मान्यताओं, मूल्यों को चुनौती दी जा सकती है और लोगों के पास साझा करने और उनका बचाव करने के अवसर होते हैं, लेकिन इस तरह की वैचारिक पड़ताल के लिए आपसी विश्वास, अपने विचारों की ज्ञानशास्त्रीय ज़िम्मेदारी लेना, व्याक्ति को उसके विचारों से अलग रखते हुए विचार को समझना और प्राधिकार (Uthority) से स्वतन्त्रता जैसे मूल्यों का होना जरूरी हो जाता है (धनकर, 2013)। चूँकि साझा संवाद इस कार्यक्रम का अहम हिस्सा था इसलिए यह बहुत ज़रूरी था कि सभी भागीदार चिन्तनशीलता के लिए संवाद की प्रकृति को समझकर उसे सीखने–सिखाने वाले माध्यम के तौर पर इस्तेमाल कर पायें।

साझा संवाद का हर सत्र शिक्षक साथियों के एक समूह की तरह उभरने, शिक्षण क्रिया पर समालोचनात्मक दृष्टि रखते हुए एक–दूसरे से सीखने का अवसर था। हालाँकि कुछ साथियों की कम और कुछ की अधिक भागीदारी का होना सामान्य बात है, लेकिन शिक्षण पोर्टफोलियो एन्ट्रीज़ विकसित करने के बाद की पहली बैठक में कुछ साथियों की अधिक भागीदारी दूसरों को बात कहने का पर्याप्त अवसर नहीं दे रही थी। शिक्षण पोर्टफोलियो एन्ट्रीज़ साझा करने के बाद कुछ शिक्षकों की टिप्पणियों ने अन्य शिक्षकों को आहत किया, क्योंकि संवाद में समालोचना की बजाय स्वयं को बेहतर साबित करने और दूसरों को अक्षम बताने का भाव अधिक था, लेकिन इसके बाद की दूसरी बैठक में, जहाँ सभी शिक्षक साथियों ने अपनी शिक्षण पोर्टफोलियो एन्ट्रीज़ को साझा किया था, शिक्षकों का एक–दूसरे के कामों को लेकर सकारात्मक रुख़ दिखा।

4. अनुकूल परिस्थितियों का निर्माण और शिक्षा तन्त्र का सहयोग

किसी को जबरदस्ती चिन्तनशीलता की तरफ़ नहीं ले जाया जा सकता है। लेकिन चिन्तनशीलता के लिए अनुकूल परिस्थितियाँ और संरचनाओं की उपस्थिति चिन्तनशीलता की तरफ़ बढ़ने में मदद करती हैं (सेंस्के, 2007)। चिन्तनशीलता और चिन्तनशील पेशेवर शिक्षक के विकास के लिए विभिन्न माध्यमों के प्रयोग के साथ ही ऐसे वातावरण का निर्माण भी अनिवार्य है जो शिक्षकों को चिन्तनशीलता के लिए आवश्यक शर्तों को स्वयं में विकसित करने और आत्मसात करने के अवसर दें। शिक्षा तन्त्र को भी चिन्तनशील और जवाबदेह होना होगा। सहकर्मी समूह की बैठक के किसी भी सत्र में ज़िला शिक्षा एवं प्रशिक्षण संस्थान (डायट) या संकुल से किसी सन्दर्भ व्यक्ति का न होना इस तरफ़ भी इशारा करता है कि प्रशिक्षण के काम में संलग्न सदस्य शिक्षकों के साथ होकर सीखने–सिखाने की प्रक्रिया में बेहतरी लाने की योजनाएँ बनाने में कम ही रुचि ले पाते हैं। शिक्षा में बेहतरी लाने का दावा करने वाली नीतियों के निर्माण और क्रियान्वयन पर ज़ोर देने के साथ ही यह ध्यान में रखना ज़रूरी है कि चिन्तनशीलता को पोषित करने के लिए एक ख़ास तरह के वातावरण की दरकार होती है, और ऐसा वातावरण, जो प्रश्न करने की स्वतन्त्रता, तार्किकता और संवेदनशीलता के साथ स्थापित मान्यताओं को तर्क की कसौटी पर कसने के बाद स्वीकारने या ख़ारिज करने की गुंजाइश रखता हो, वही शिक्षकों को चिन्तनशील कार्यकर्ता के तौर पर उभरने में हर सम्भव मदद कर सकता है।

समेकन

यह लेख पहले पेशेवर शिक्षक की अवधारणा पर बात करते हुए आगे "शिक्षक सशक्तिकरण कार्यक्रम" से जुड़े कुछ उदाहरणों का उल्लेख करता है, और यह देखने का प्रयास करता है कि पेशेवर चिन्तनशील शिक्षक के विकास हेतु सेवाकालीन प्रशिक्षणों में किन आयामों पर विचार किया जाना चाहिए। ऐसे कार्यक्रमों में शिक्षकों की स्वैच्छिक भागीदारी यह बताती है कि शिक्षक स्वयं अपनी क्षमतावर्द्धन के गम्भीर प्रयासों के प्रति सकारात्मक रुझान रखते हैं। राष्ट्रीय शिक्षा की पाठ्यचर्या की रूपरेखा (2005) सेवाकालीन प्रशिक्षणों को शिक्षण प्रक्रिया में बदलाव ला सकने वाला महत्त्वपूर्ण कारक मानती है, लेकिन ऐसा कोई भी प्रशिक्षण कार्यक्रम पेशेवर चिन्तनशील

शिक्षक की अवधारणा और उसके विकास के लिए ज़रूरी कारकों को ध्यान में रखे बिना शिक्षा में बदलाव लाने की कल्पना नहीं कर सकता। पेशेवर चिन्तनशील अध्यापक बनने की प्रक्रिया केवल सेवापूर्व प्रशिक्षणों तक सीमित नहीं हो सकती, बल्कि यह एक सतत् प्रक्रिया है जो कक्षा शिक्षण से लेकर सेवाकालीन प्रशिक्षणों तक विस्तृत है। यह माँग करती है कि प्रशिक्षण कार्यक्रमों की संकल्पना न सिर्फ़ शिक्षक के लिए आवश्यक ज्ञान क्षेत्रों तक सीमित हो बल्कि ऐसे वातावरण का निर्माण भी इसमें शामिल हो जो शिक्षकों को शिक्षण के लिए आवश्यक रुझानों, मूल्यों और क्षमताओं के विकास का अवसर दें। ऐसे प्रशिक्षणों की परिकल्पना और वातावरण के बिना पेशेवर चिन्तनशील शिक्षकों के विकास की कल्पना नहीं की जा सकती और शिक्षक की क्षमतावर्द्धन के लिए आयोजित होने वाले प्रशिक्षण कार्यक्रम उन्हें केवल तयशुदा पाठ्यक्रम को एक निर्धारित तरीक़े से पूरा करने की दिशा में काम करते रहने वाले शिक्षकों के तौर पर ही तैयार करते रहेंगे।

सन्दर्भ सूची

- बर्रेत्त, एच. सी. (एन.डी.), द *रिसर्च ऑन पोर्टफोलिओस इन एजुकेशन*। रिट्रीव्ड फ्रॉम http://electronicportfolios.org/ALI@research.htm सेन्टर फ़ॉर एकेडमिक प्रेक्टिस एंड स्टूडेंट लर्निंग।
- ब्रॉकबैंक, ए., एंड मक्गिल, आई. (1998), *फैसिलिटेटिंग रिफ्लेक्टिव लर्निंग इन हायर एजुकेशन (बकिंघम, सोसाइटी फ़ॉर रिसर्च इन टू हायर एजुकेशन एंड ओपन यूनिवर्सिटी प्रेस)*। जर्नल ऑफ़ करियर एंड टेक्निकल एजुकेशन, 25(2), 46–60।
- कैल्डेरहेड, जे. (1994), *टीचिंग एज़ ए प्रोफ़ेशनल एक्टिविटी*। टीचिंग एंड लर्निंग इन द सेकेंडरी स्कूल, 134–137।
- कार्लिले, ओ. एंड जॉर्डन, ए. (2007), रिफ्लेक्टिव राइटिंग : प्रिंसिपल्स एंड प्रैक्टिस इन ऑशफार्रेल, सी. (एड.)(2007), *टीचिंग पोर्टफोलियो प्रैक्टिस इन आयरलैण्ड : ए हैंडबुक*। ए.आई.एस.एच.ई. रीडिंग्स :2. रिट्रीवड फ्रॉम http://www.aishe.org@readings/2007-2/
- कोहेन–सयाग, ई., एंड फिस्च्ल, डी. (2012), *रिफ्लेक्टिव राइटिंग इन प्री–सर्विस टीचर्स टीचिंग : व्हाट डस इट प्रमोट?* ऑस्ट्रेलियन जर्नल ऑफ़ टीचर एजुकेशन, 37(10), 2
- ड्यूई, जे. (1910), *हाउ वी थिंक*, डी. सी. हेल्थ एंड को. बोस्टन।
- धनकर, आर. (2013, अक्टूबर), *कैन रिफ्लेक्टिव प्रैक्टिस बी टॉट?* टीचर प्लस।

- धनकर, आर. (अनपब्लिशड पेपर), रिफ्लेक्टिव प्रैक्टिशनर एंड इन–सर्विस टीचर एजुकेशन। बैंगलोर।
- डॉवनी, आर. (1990), प्रोफ़ेशंस एंड प्रोफ़ेशनलिज़्म, जर्नल ऑफ़ फिलॉसॉफी ऑफ़ एजुकेशन, 24 (2), 147–159।
- एडवर्ड्स, ए., एंड ब्रंटन, डी. (1993), सपोर्टिंग रिफ्लेक्शन इन टीचर्स लर्निंग, इन जे. कैल्डेरहेड, एंड पी. गेट्स (एड्स), कन्सेप्चुअलाइसिंग रिफ्लेक्शन इन टीचर डेवलपमेंट (154–166)। लन्दन : फ़ाल्मर।
- गवर्नमेंट ऑफ़ इंडिया (1966), एजुकेशन कमीशन, एंड कोठरी, डी. एस. (1966), रिपोर्ट ऑफ़ द एजुकेशन कमीशन, 1964–66,:एजुकेशन एंड नेशनल डेवलपमेंट. गवर्नमेंट ऑफ़ इंडिया प्रेस।
- गवर्नमेंट ऑफ़ इंडिया (1986), नेशनल पॉलिसी ऑन एजुकेशन (1986), नयी दिल्ली : डिपार्टमेंट ऑफ़ एजुकेशन, मिनिस्ट्री ऑफ़ ह्यूमन रिसोर्स डेवलपमेंट।
- हेलेन–फैबर, सी. वी. (1997), *एनकरेजिंग क्रिटिकल रिफ्लेक्शन इन प्री–सर्विस टीचर एजुकेशन : ए नैरेटिव ऑफ़ ए पर्सनल लर्निंग जर्नी*। न्यू डायरेक्शंस फ़ॉर एडल्ट एंड कंटीन्यूइंग एजुकेशन, 51–60।
- हैंरत्ती, ओ., एंड ओ'फर्रेल, सी. (2007), रिफ्लेक्टिव टीचिंग पोर्टफ़ोलिओज़ फ़ॉर कंटीन्यूअस प्रोफ़ेशनल डेवलपमेंट इन ट्रिनिटी कॉलेज डब्लिन, इन सी. ओशफर्रेल, टीचिंग पोर्टफोलियो प्रैक्टिस इन आयरलैंड : ए हैंडबुक (पेज 196)। डब्लिन : सेंटर फ़ॉर एकेडमिक प्रैक्टिस एंड स्टूडेंट लर्निंग।
- हैर्रिस एट.ऑल., ए. एस. (2010), एक्सामिनिंग एंड फसिलिटेटिंग रिफ्लेक्शन टू इम्प्रूव प्रोफ़ेशनल प्रैक्टिस। यू. के.: रोमन एंड लिटिलफ़ील्ड पब्लिशर्स)।
- लॉगरान, जे. जे. (2006)। डेवलपिंग ए पेडागोगी ऑफ़ टीचर एजुकेशन : अंडरस्टेंडिंग टीचिंग एंड लर्निंग अबाउट टीचिंग। लन्दन : रूटलेज।
- मुकुंदा, के., एंड श्रीवास्तवा, वी. (2012), *द रिव्यू ऑफ़ द शिक्षा समर्थन प्रोजेक्ट*। बैंगलोरः वाटिस।
- एन.सी.ई.आर.टी. (2005), नेशनल करिकुलम फ्रेमवर्क–2005, नयी दिल्ली : नेशनल कॉउंसिल ऑफ़ एजुकेशनल रिसर्च एंड ट्रेनिंग, एन.सी.ई.आर.टी. (2005)
- एन.सी.टी.ई. (2010), *नेशनल करिकुलम फ्रेमवर्क फ़ॉर टीचर एजुकेशन*। नयी दिल्ली : नेशनल कॉउंसिल ऑफ़ एजुकेशनल रिसर्च एंड ट्रेनिंग।
- टो'फर्रैल, सी. (एड.) (2007)। *टीचिंग पोर्टफोलियो प्रैक्टिस इन आयरलैंड : ए हैंडबुक*, डब्लिन : सेंटर फ़ॉर एकेडमिक प्रैक्टिस एंड स्टूडेंट लर्निंग।
- रॉजर्स, सी. (2000, जून)। डिफाइनिंग रिफ्लेक्शन : अनादर लुक एट जॉन डयूवी एंड रिफ्लेक्टिव थिंकिंग। टीचर कॉलेज रिकॉर्ड, 842–866।
- शॉन, डी. ए. (1983), *द रिफ्लेक्टिव प्रैक्टिशनर : हाउ प्रोफ़ेशनल्स थिंक इन एक्शन*। न्यूयॉर्क : बेसिक बुक्स।

- सेन्से, जे. (2007), प्रोवाइडिंग द नेसेसरी लक्ज़रीज़ फ़ॉर टीचर रिफ्लेक्शन इन टी. रसेल एंड जे. लॉग्रान (एड.), एनक्टिंग ए पेडागोगी ऑफ़ टीचर एजुकेशन : वैल्यूज, रिलेशनशिप्स, एंड प्रक्टिसेस। रूटलेज।
- शुलभैन, ली. (1988), टीचर पोर्टफ़ोलिओज़ : ए थ्योरेटिकल एक्टिविटी., इन लीयोंस, एन. (एड.) (1988), विथ पोर्टफोलियो हैंड, न्यूयॉर्क : टीचर्स कॉलेज प्रेस।
- स्टैनले, सी. (1998), *ए फ्रेमवर्क फॉर टीचर रेफ्लेक्टिविटी।* टी.ई.एस.ओ.एल. क्वार्टरली, 584–591।

अध्यापक बनने की प्रक्रिया बनाम शिक्षक–प्रशिक्षण के अनुभव

–घनश्याम तिवारी

यह पर्चा प्रशिक्षण के किरदारों व उनके द्वारा प्रशिक्षण में आने से पूर्व की तैयारी व उस समय उनकी मनोदिशा को प्रस्तुत करता है। यह चित्रण प्रशिक्षकों के बीच व तैयारी के व्यक्तिगत अनुभवों व प्रशिक्षण में आने वाले शिक्षकों से चर्चाओं व उनके बीच की चर्चा के अवलोकनों के आधार पर लिखा गया है।

इस पर्चे का पहला हिस्सा यह दिखाता है कि प्रशिक्षण लेने वाले प्रशिक्षण की सूचना मिलने पर क्या सोचते हैं व उनके मन में क्या चलता है? और उसी तरह दूसरी ओर प्रशिक्षक दल प्रशिक्षण की विषय–वस्तु, उसके संचालन का ढंग व प्रक्रिया और प्रशिक्षण लेने वालों के आगमन व रहने खाने आदि के इन्तज़ामात में कैसे जुटता है व अपने आपको कैसे तैयार करता है? बाद का हिस्सा इसके आलोक में प्रशिक्षण के कुछ सिद्धान्त व प्रशिक्षण से जो हासिल होता है उसके बारे में विश्लेषण प्रस्तुत करता है।

प्राशिका यानी 'प्राथमिक शिक्षा कार्यक्रम' मध्य प्रदेश के दो ज़िलों में सरकार के शिक्षा विभाग एवं स्वैच्छिक संस्था एकलव्य के संयुक्त प्रयास का नतीजा था। यह कार्यक्रम होशंगाबाद विज्ञान शिक्षण कार्यक्रम के पुराने अनुभव को ध्यान में रखकर रचित था व उसके बुनियादी सिद्धान्तों में अलग उम्र व व्यापक विषयों को शामिल करते हुए विकसित किया गया था। इसके केन्द्र में जहाँ एक सीखने में सक्षम, क्रियाशील व सीखने को एक सामूहिक व व्यक्तिगत प्रयास का मिश्रण समझा गया था, वहीं शिक्षक के लिए इसमें व्यक्तिगत पहल, अपने तार्किक आधार विकसित करने व उन्हें प्रयोग के आधार पर जाँचने की जगह भी थी व उनकी अपेक्षा भी।

इस कार्यक्रम की पाठ्यपुस्तक एक कार्यपुस्तक के समान थी व इसमें बच्चों व शिक्षकों के लिए अपने रास्ते खोजने व अपने अनुभवों और परिवेश को शामिल करने की न सिर्फ़ जगह थी बल्कि अपेक्षा भी थी। इसके पाठ्यक्रम का आधार भी विषय अथवा थ़ीम आधारित नहीं था किन्तु उन क्षमताओं को आधार मानकर रचित था जिनका विकास इन कक्षाओं का लक्ष्य था। जैसे ख़ुशी–ख़ुशी जोकि इसकी निर्धारित पुस्तकें थीं में शिक्षकों व बच्चों दोनों से न सिर्फ़ नये अभ्यास रचकर करने की अपेक्षा है वरन् टेक्स्ट पूरे करने व नये टेक्स्ट रचने की भी। इसमें शामिल क्षमताएँ जिनके अभ्यास व विकास की अपेक्षा है के कुछ उदाहरण हैं; पढ़ने के बाद बच्चे भाषा को समझने, लिखित व मौखिक अभिव्यक्ति, अपनी बात के पक्ष या विपक्ष के तर्क को समझकर उस पर चर्चा, कल्पना, फैंटेंसी व सृजन; हाथ से वस्तु बनाना, संवेदनशीलता, संरक्षण व सहनशीलता; गणितीय क्षमता। यह भी अपेक्षा थी कि वे यह सब अपने निजी जीवन के अनुभवों को सन्दर्भ व तर्क के साथ रख सकें। इस विकास के लिए हालाँकि कोई निश्चित तयशुदा क्रम व दर निर्धारित नहीं थी किन्तु एक मोटा स्पष्ट ख़ाका था। चूँकि इस प्रयास के विकास व संचालन में शिक्षक दल साथी थे इसलिए कार्यक्रम की तैयारी शिक्षकों के साथ मिलकर ही थी। यह उसी प्रयास पर केन्द्रित है।

पृष्ठभूमि

एकलव्य संस्था द्वारा वर्ष 1984 से 2000 के दौरान मध्य प्रदेश के होशंगाबाद ज़िले के हरदा विकास खण्ड (जो की वर्तमान में हरदा ज़िला है) एवं बैतूल ज़िले के शाहपुर विकासखण्ड की 25 सरकारी प्राथमिक शालाओं में प्राशिका (प्राथमिक शिक्षा कार्यक्रम) संचालित किया गया।[1]

कार्यक्रम की शुरुआत में (1986–87 में हरदा की 3 एवं शाहपुर की 4) कुल 4 सरकारी प्राथमिक शालाओं को चुना गया किन्तु अगले साल 4 शिक्षकों का प्रमोशन होने के कारण 87–88 में शाहपुर की 16 एवं हरदा की 9 कुल 25 सरकारी प्राथमिक स्कूलों को इसमें शामिल किया गया। वर्ष 1994–95 में डी.पी.ई.पी. जिसे म.प्र. में राजीव गाँधी शिक्षा मिशन नाम दिया गया, (ज़िला प्राथमिक शिक्षा कार्यक्रम) आने के बाद एकलव्य ने शाहपुर विकासखण्ड की सभी 129 सरकारी प्राथमिक शालाओं में काम किया।

एकलव्य द्वारा प्राशिका के दौरान कक्षा पहली से पाँचवी के बच्चों के लिए दक्षता आधारित पाठ्यक्रम निर्माण, विषयगत शिक्षण विधि, शिक्षण सामग्री (कक्षा में पढ़ाई जाने वाली पाठयपुस्तकें, अभ्यास पुस्तिका, सह–शिक्षण सामग्री शिक्षक–प्रशिक्षण, मासिक तैयारी एवं समीक्षा गोष्ठी, कक्षाध्यापन, सतत् आकलन एवं वार्षिक परीक्षा आदि काम किया गया।[2]

नीचे लिखा अनुभव वर्ष 1988 में 25 सरकारी प्राथमिक शाला के 35 शिक्षक–शिक्षिकाओं के लिए एकलव्य द्वारा आयोजित प्रशिक्षण पर आधारित है। यह पर्चा प्रशिक्षण के किरदारों व उनके द्वारा प्रशिक्षण में आने से पूर्व की तैयारी व उस समय उनकी मनोदशा को प्रस्तुत करता है। यह चित्रण प्रशिक्षकों के बीच व तैयारी के व्यक्तिगत अनुभवों व प्रशिक्षण में आने वाले शिक्षकों से चर्चाओं व उनके बीच की चर्चा के अवलोकनों के आधार पर लिखा गया है। इस पर्चे का पहला हिस्सा यह दिखाता है कि प्रशिक्षण लेने वाले प्रशिक्षण की सूचना मिलने पर क्या सोचते हैं व उनके मन में क्या चलता है? और उसी तरह दूसरी ओर प्रशिक्षक दल प्रशिक्षण की विषय–वस्तु, उसके संचालन का ढंग व प्रक्रिया और प्रशिक्षण लेने वालों के आगमन व रहने खाने आदि के इन्तज़ामात में कैसे जुटता है व अपने आपको कैसे तैयार करता है? बाद का हिस्सा इसके आलोक में प्रशिक्षण के कुछ सिद्धान्त व प्रशिक्षण से जो हासिल होता है उसके बारे में विश्लेषण प्रस्तुत करता है।

प्रशिक्षण के आगाज़ की तैयारी

एक अध्यापक बनने की प्रक्रिया पर चर्चा से पहले किसी शिक्षक–प्रशिक्षण के वातावरण में घटने वाले परिदृश्य की कल्पना करते हैं।

- प्रशिक्षक एवं आयोजकों में प्रशिक्षण के कई दिनों पहले से विचार–विमर्श के बाद प्रशिक्षण की विषय–वस्तु और उन्हें परोसने का तरीक़ा, समय आदि का एक ख़ाका बनाया गया होगा। इस ख़ाके को अन्तिम रूप देने में टीम सदस्यों के बीच काफ़ी मतभेद (प्रक्रिया, समय का दबाव, रणनीति आदि पर) उपजे होंगे। जिसकी खिचड़ी प्रशिक्षक दल के अन्य सदस्यों के दिमाग़ में अलग–अलग तरह से पक रही होगी। (प्रशिक्षण प्लानिंग के कई दिनों पहले से सोचा जाता है कि फ़ील्ड में किस तरह की दिक्क़तें आ रही हैं, उनके व्यवहारिक हल पर प्रशिक्षण में समझ बनायेंगे; किन्तु

प्रशिक्षण क़रीब आते–आते समय प्रबन्धन का दबाव इतना बढ़ जाता है कि हम प्रत्येक शिक्षक की कक्षाध्यापन की दिक्क़तों को हल करना तो दूर समझ भी नहीं पाते।)

- प्रशिक्षक द्वारा अपनाये तरीक़ों व प्रशिक्षणार्थियों के बीच परोसी गयी। विषय–वस्तु का रिजल्ट दो चरणों में प्राप्त होता। पहला चरण प्रशिक्षण के दौरान रोज़ शाम को एक घण्टे का फ़ीडबैक सत्र होता जिसमें कुछ सीनियर शिक्षक व स्रोतदल के सदस्य अपनी टिप्पणी, प्रतिक्रिया व सुझाव देते, जो कि अगले दिन के सत्र प्लानिंग में मददगार होते। दूसरा चरण जब हम अनुवर्तन के लिए स्कूल जाते। इसमें इस बात को समझने की कोशिश करते कि शिक्षक कैसे बच्चों को समझा रहे हैं और बच्चों की समझ क्या बन रही है? कौन–से मुद्दे हैं जिन्हें हम प्रशिक्षण में शामिल करने से चूक गये। इसे हम डायरी में नोट करते और मासिक गोष्ठी तैयारी बैठक में अपने साथियों के साथ शेयर करते।
- व्यवस्था या प्रबन्धन दल अपने नियम और उनके पालन के प्रति तटस्थता की कल्पना कर रहा होगा। (भोजन, आवास, यात्रा–भत्ता, महिला और पुरुष के अलग रहने की व्यवस्था, स्टेशनरी का वितरण, रख–रखाव, प्रशिक्षण के दौरान बैठक व्यवस्था, पीने का पानी, बिजली आदि।) ये प्रशिक्षण को प्रभावित करने वाले कारकों में प्रमुख हैं।
- इधर प्रशिक्षणार्थियों में हलचल मची होगी। कुछ सदस्य प्रशिक्षण किस शहर में हो रहा है, उसके अनुसार कहाँ–कहाँ घूमा जा सकता है, इसकी योजना में मशगूल होंगे, तो कुछ उस शहर में रहने वाले रिश्तेदारों के यहाँ रुकने, मिलने की योजना बना रहे होंगे घर से निकलने के पहले (ख़ासकर महिला शिक्षक को) हिदायत दी जा रही होगी। कैसे रहना, किससे मिलना, किससे बचना, उनकी लापरवाही के बिन्दु गिनाये जा रहे होंगे। कोई पुरुष संरक्षक ढूँढ़ा जा रहा होगा (भले ही 12 साल का हो किन्तु पुरुष होना चाहिए) जो प्रशिक्षण अवधि में शिक्षिका की देख–रेख कर सके। अन्ततः छोड़ने जाने और लेने जाने पर मामला सेट हुआ होगा।
- प्रशिक्षण से सम्बन्धित कई तरह की आशंकाएँ आ–जा रही होंगी, ठीक वैसे ही जैसे जब कोई बच्ची पहली बार स्कूल जाती है।

प्रशिक्षण के दौरान क्या बोलना है क्या नहीं बोलना है, सबसे अच्छा चुप रहना होगा, इस उथल–पुथल में अक्सर अकादमिक मुद्दे कमज़ोर पड़ जाते हैं और प्रबन्धकीय मुद्दे प्रबल हो जाते हैं, जिन्हें बच्चों के न सीख पाने के कारण के तौर पर देखा जाने लगता है। इसमें हम अपनी कमज़ोरी छिपा लेते हैं।

- प्रशिक्षण की प्लानिंग के दौरान' झिझक तोड़ने एवं आत्मविश्वास बढ़ाने के लिए विशेष सत्र रखे जाते हैं। सत्र के दौरान स्वतन्त्र चित्र बनाना, मौखिक व लिखित अभिव्यक्ति को बढ़ाने और जब हम बच्चों के साथ इस सत्र को करें तब किन बातों का ध्यान रखना होगा, इसकी समझ पर चर्चा करते हैं। जेंडर् असमानता पर गतिविधियों के द्वारा एक–दूसरे को समझने व संवाद करने के मौक़े होते हैं।

आगे हम देखेंगे कि प्रशिक्षण में यह कैसे होता है।

प्रशिक्षण के दौरान चर्चाएँ : स्वरूप भागीदारी फ़ीडबैक प्रशिक्षण के दौरान, प्रशिक्षण का जीवन व उनकी समझ व प्रशिक्षण का परिप्रेक्ष्य।

निर्धारित तिथि पर सभी एक जगह (प्रशिक्षण स्थल पर) एकत्रित हुए। पहला दिन शिकवे–शिकायत, लेट आने के कारण, व्यवस्था प्रबन्धन से ख़ुशी, नाख़ुशी, कक्षा में बैठक व्यवस्था की परम्परागत शैली (महिला एक तरफ़, पुरुष एक तरफ़, बीच में निश्चित दूरी बनाते हुए। प्रशिक्षक और प्रशिक्षणार्थी की बैठक व्यवस्था (ठीक रणभूमि की तरह यानी दोनों दल आमने–सामने) यदि प्रशिक्षण व्यवस्था कुर्सी पर है तो प्रशिक्षक की कुर्सी गद्देदार होनी चाहिए और प्रशिक्षणार्थियों की कुर्सी लकड़ी की या फिर लकड़ी की बेंच (जो की कठोर हो) यदि बैठक व्यवस्था नीचे हो तो शिक्षक दरी पर और प्रशिक्षणार्थी गद्दे पर जिस पर सुन्दर चादर भी बिछाई गयी हो।

(ऐसा नहीं होना चाहिए किन्तु अक्सर ऐसा होता देखा गया है।)

प्रशिक्षण के दौरान ऐसे कई दौर आते हैं जो अप्रत्यक्ष रूप से शिक्षक को कक्षा में अपने बच्चों के साथ कैसे व्यवहार करना है इसके लिए सन्देश देते हैं। हमारा प्राशिका का अनुभव बताता है कि यदि पूरा प्रशिक्षण समान बैठक व्यवस्था से आरम्भ किया जाता है, जिसमें शिक्षक और प्रशिक्षक दोनों ही दरी या गद्दे पर गोल घेरे में बैठें, शिक्षक इसे काफ़ी गम्भीरता से लेते हैं।

प्राशिका के विषय के साथ व समझ व्यवहार का पहलू जेंडर व समानता की चर्चाएँ प्रशिक्षणार्थियों को और क़रीब से समझने का एक अच्छा अवसर होता है। प्रशिक्षण के दौरान उपरोक्त सभी कामों में प्रशिक्षक और प्रशिक्षणार्थी की साझी भागीदारी हो। हम लोग प्रशिक्षण के दौरान प्रशिक्षणार्थियों और प्रशिक्षक को शामिल करते हुए व्यवस्था के लिए टीम गठित करते थे। ख़ासकर भोजन परोसने के लिए रोज़ चार लोगों की टीम होती थी। कौन–सी टीम में कौन–कौन होंगे? किस दिन किस टीम की ज़िम्मेदारी होगी? इसे लिखकर पहले दिन ही नोटिस बोर्ड पर लगा दिया जाता था।

हम लोगों ने कक्षा पहली से तीसरी का आवासीय प्रशिक्षण किशोर भारती संस्था में आयोजित किया था। वर्ष 1989–90 की बात है। इससे पहले हम (इन्हीं शिक्षकों का) दो प्रशिक्षण कर चुके थे। ये दोनों ही प्रशिक्षण होशंगाबाद में किये गये थे। पिछले प्रशिक्षण की तरह इस बार भी भोजन व्यवस्था की टीम बनाई गयी। इस बार संयोगवश ऐसा हुआ कि एक दिन जिस टोली की बारी थी उसके चार में से तीन सदस्य एक ही क्षेत्र से थे और दलित थे। मुझे पहली बार समझ में आया कि हमारे कुछ शिक्षक साथी छुआ–छूत में यक़ीन रखते हैं। जब शाम को सभी भोजन करने बैठे तो छुआ–छूत मानने वाले इन चार–पाँच लोगों ने पूरी कोशिश की कि वे लोग भोजन न परोसें। उन्होंने पहले पानी की टंकी (स्टील की कोठी) यह कहकर लुड़का दी कि इसमें कीड़े हैं। दूसरी भर लाओ। जब परोसने वाली टीम के सदस्य पानी लेने गये तब तक इन पाँच में से दो साथी झटपट भोजन परोसने लगे। इस बीच जो पानी लेने गये थे वे पानी लेकर आ गये और जल्दी–जल्दी भोजन परोसने में मदद करने लगे।

ये बात उन पाँचों को पसन्द नहीं आयी और वे एक–एक करके अपनी थाली लेकर बाहर गये और थाली का खाना यह कहकर फेंक दिया कि इसमें कीड़े गिर गये थे। इसके बाद इनमें से तीन सदस्य रात्रि में बाहर गये और किसी के यहाँ खाना बनवाकर खाया।

यह घटना हमें रात को ही पता चल गयी थी। अगले दिन सुबह इन सभी के साथ चर्चा हुई और हम सभी ने जानना चाहा कि उन्होंने रात में खाना क्यों नहीं खाया?

वे पाँचों सदस्य खुलकर जाति या दलित से परहेज की बात नहीं कह पा रहे थे। पर एक बात उन्होंने खुलकर कही कि भोजन परोसने

वाली टीम के सदस्य साफ़–सफ़ाई से नहीं रहते हैं, इसलिए हम उनका परोसा भोजन नहीं कर सकते।

साफ़–सफ़ाई से उनका आशय था कि वे पान–तम्बाकू खाते हैं, कभी–कभी वे मुँह में हाथ डालकर तम्बाकू निकालकर फेंकते हैं और फिर बिना हाथ साफ़ किये काम करने लगते हैं।

हमें उनकी आपत्ति सही लगी और फिर सभी के साथ मिलकर नियम बनाया कि जो भी टीम भोजन परोसेगी वह पहले साबुन से हाथ साफ़ करेगी। जूते या चप्पल पहनकर भोजन नहीं परोसेंगे। भोजन परोसने के पहले पान, तम्बाकू, बीड़ी पर प्रतिबन्ध लगाया गया। इन नियमों का पालन सभी को करना होगा।

इसके साथ हमने प्रशिक्षण के शेष दिनों में इन मुद्दों पर विशेष ध्यान दिया। इस प्रशिक्षण में और इसके बाद के और प्रशिक्षण में हमने देखा कि यह मुद्दा कभी नहीं उठा। उन पाँचों शिक्षकों की सोच में काफ़ी सकारात्मक बदलाव दिखा।

प्रशिक्षक कैसा हो : इस पर बहुत–सी बातें कही जाती रही हैं। इनमें आदर्श की गयी कल्पनाएँ प्रस्तुत होती हैं। यह तो कह सकते हैं कि अलग–अलग कार्यक्रमों में प्रशिक्षक की छवि अलग–अलग होती है। प्राशिका के लिए मेरे अनुभव के अनुसार जैसे विद्यार्थी अपने शिक्षक को आदर्श मानकर उसके व्यवहार, तरीक़े, संवाद शैली आदि का अनुसरण करने लगता है ठीक वैसे ही शिक्षक भी प्रशिक्षकों के तौर–तरीक़ों, संवाद शैली से प्रभावित होते हैं। हर होनहार विद्यार्थी के पीछे एक कुशल शिक्षक और एक कुशल शिक्षक के बनने में एक कुशल प्रशिक्षक की महत्त्वपूर्ण भूमिका होती है। हर शिक्षक–प्रशिक्षण में शिक्षक विद्यार्थी और प्रशिक्षक उनका कक्षा शिक्षक होता है।

एक दक्ष और कुशल शिक्षक बनाने के लिए एक दक्ष और कुशल प्रशिक्षक होना ज़रूरी है। दक्ष प्रशिक्षक से आशय ऐसे व्यक्ति से है जो कि–

- अपने विद्यार्थी (शिक्षक) को यक़ीन (अपने व्यवहार, संवाद और कार्यशैली, कक्षा अध्यापन आदि में) दिला सके कि वह उसकी कमज़ोरी का मज़ाक़ नहीं बनायेगा।
- जिन शिक्षकों/बच्चों की मातृभाषा हिन्दी न हो वे बोलने या लिखने में काफ़ी ग़लतियां करते हैं ख़ासकर (स्कूल या प्रशिक्षण की) शुरुआत में। हमने अपने अनुभव में पाया कि ज़ब इन्हें बोलने,

लिखने और पढ़ने के पर्याप्त मौक़े मिलते हैं तो उनकी कमी को उनके साथी शिक्षक/बच्चे सही करने में मदद करते हैं। इस तरह अपने साथियों की टिप्पणी या ग़लती बताने पर अभिव्यक्ति बाधित नहीं होती और वे सहज ही ग़लती स्वीकारते हुए बदलाव को अपना लेते हैं।

- एक प्रशिक्षण के दौरान शिक्षक द्वारा लिखी कहानी में 'गुस्सा' के बजाय' घुस्सा' लिखने पर हमने कोई टिप्पणी नहीं कि किन्तु उनके साथियों ने उसे सुधारने में मदद की।
- किसी दक्षता के पहले से न आने पर या धीमा सीखने पर या न समझ पाने पर उसकी समीक्षा के बजाय अपने प्रयास और प्रक्रिया की समीक्षा कर सके।
- विषय–वस्तु को समझने, सीखने की प्रक्रिया के विभिन्न सोपान और तरीक़ों व सहज सरल उदाहरणों को समझाने की क्षमता रखता हो।
- अपना ज्ञान परोसने के बजाय, विद्यार्थी द्वारा हासिल पूर्वज्ञान को परिपक्व करते हुए सीखने और सिखाने की समझ रखता हो।
- अपने विद्यार्थी को धैर्य से सुनने और उसकी न समझ पाने की वजह तक पहुँच सकें।
- अपने विद्यार्थियों के लिए उसके पास पर्याप्त औपचारिक व अनौपचारिक समय हो।
- प्रशिक्षण के दौरान कुछ प्रशिक्षणार्थियों को सबके सामने सवाल पूछने में झिझक होती है। कई बार उन्हें लगता है कि उनके सवाल पर लोग क्या सोचेंगे कि मुझे प्राथमिक स्तर का ज्ञान भी नहीं है। ऐसे प्रशिक्षणार्थी सत्र समाप्ति के बाद अकेले में अपने सवाल पूछते हैं।
- अपने विद्यार्थी को ज्ञान के बजाय ज्ञान हासिल करने के तरीक़ों की तरफ़ बढ़ने के लिए प्रोत्साहित कर सके। उदाहरण के लिए : गणित के प्रशिक्षण के दौरान अक्सर प्रशिक्षक पहले कलन (सूत्र) पर बात करते हैं फिर उसे कैसे इस्तेमाल करके उत्तर तक पहुँचा जा सकता है, इसके लिए सवाल समझाते हैं। शिक्षक भी इस प्रक्रिया को कक्षा में इसी क्रम में बच्चों से करवाते हैं। ऐसा करवाते समय प्रशिक्षक अपनी कलन (सूत्र) पद्धति को सिद्ध करने की पूरी कोशिश करते हैं। कुछ ऐसा ही प्रयास शिक्षक भी कक्षा में करते हैं।

- प्राशिका प्रशिक्षण के दौरान एक चौकोर आकृति का क्षेत्रफल निकालने के लिए प्रशिक्षक द्वारा पहले माचिस की मदद से क्षेत्रफल निकालने का अभ्यास किया गया। इसके बाद डाइस की मदद से अभ्यास करवाये गये। लेकिन जब शिक्षकों से कहा कि एक पत्ती का क्षेत्रफल कैसे निकाल सकते हैं तब सभी ने अपने–अपने तरीक़े सोचे किन्तु सभी का उत्तर एक–दूसरे से कैसे मिलाएँ? इस पर काफ़ी चर्चा हुई और अन्त में एक मानक पैमाने के रूप में ग्राफ़ पेपर की मदद से क्षेत्रफल निकाला। इसके बाद क्षेत्रफल का उत्तर वर्ग में क्यों लिखा जाता है? जैसे– ...वर्ग मीटर या वर्ग सें.मी. इस पर चर्चा हुई।

सत्र के अन्त में शिक्षक बोले अब तक हमें इतना पता था कि लम्बाई × चौड़ाई : क्षेत्रफल होता है, किन्तु इस सूत्र से हम कोई पत्ती का क्षेत्रफल नहीं निकाल सकते थे। विषय विशेषज्ञ अभ्यास करवाते हैं व शिक्षकों को भी इसका ध्यान समय–समय पर दिलवाते रहते हैं। उदाहरण के लिए सीखने में उत्पादन के बजाय प्रक्रिया को अधिक महत्त्व दिया जाता है।

शिक्षक ने बोर्ड पर सवाल लिखा 37
और बच्चों से कहा हल करके दिखाओ। + 24
बच्चों ने सवाल इस प्रकार हल किये।

37	37	37	37	37
+24	+24	+24	+24	+24
61	511	51	13	106

- कुछ देर बाद शिक्षक ने सवाल हल करके बच्चों को समझाया। इसके बाद बच्चों से पूछा किस–किस का उत्तर 61 आया है, हाथ ऊपर करो।
- ऊपर पाँचों बच्चों द्वारा हल सवाल से एक निष्कर्ष तो स्पष्ट है कि पाँचों बच्चों को जोड़ की समझ है। पाँचों बच्चे एक अंक का जोड़ करना जानते हैं। केवल हासिल की समझ में गड़बड़ी कर रहे हैं। ऐसे में केवल उत्तर (उत्पादन) पर ज़ोर देना बहुत सही तरीक़ा नहीं होगा।
- प्रशिक्षण के दौरान प्रक्रिया पर ध्यान देने से प्रशिक्षणर्थियों की समझ को और बेहतर बनाया जा सकता है।

- शैक्षिक सिद्धान्तों के दर्शन को आम जीवन के उदाहरणों से जोड़ कर समझने व समझाने की योग्यता रखता हो।

प्रशिक्षण का हासिल : पहले शिक्षक–प्रशिक्षण और कक्षा पहली के पहले दिन में केवल इतना अन्तर दिखाई देता है कि स्कूल में बच्चे हैं और प्रशिक्षण में शिक्षक हैं। शिक्षक को यहाँ के दस या बीस दिन के प्रशिक्षण को विस्तार देते हुए कक्षा में 220 दिन पढ़ाना है।

ठीक स्कूल की तरह प्रशिक्षण में भी अलग–अलग अनुभव, भाषा, स्तर के शिक्षक आते हैं, हमें उनके इस गुण को भली–भाँति समझकर सम्मानजनक तरीक़े से उसे हल करना होगा। किसी शिक्षक को भाषा में रुचि व विशेष दक्षता हासिल होगी तो किसी को गणित से डर लगता होगा। प्राशिका प्रशिक्षण के दौरान देखा गया कि 35 शिक्षकों की एक कक्षा में विषयगत रूप में अलग–अलग स्तर के शिक्षक थे। कुछ शिक्षकों का प्राथमिक स्तर का गणित भी काफ़ी अस्त–व्यस्त था,ख़ासकर अवधारणा के स्तर पर, सीखने की प्रकिया में शॉर्टकट तरीक़े तो पता थे किन्तु उनके आधार लापता थे।

कुछ शिक्षकों को कलन पता थे लेकिन ऐसा क्यों पूछने पर परेशान हो जाते थे। पढ़कर समझने में सबसे बड़ी बाधा पढ़ने का अभ्यास छूट जाना था। लगभग सभी शिक्षकों ने स्वीकार किया कि उन्होंने स्कूली पढ़ाई छोड़ने के बाद केवल अख़बार पढ़ा है वह भी कुछ शिक्षकों ने, लिखने के अभ्यास भी लगभग नहीं के बराबर थे।

सबसे बुरा हाल पर्यावरण अध्ययन/विज्ञान में था यहाँ पूर्वाग्रह भारी थे। स्कूली किताब में दिये गये प्रयोग कभी करवाये ही नहीं थे। परीक्षा के लिए आवश्यक प्रश्न–उत्तर रटवा दिये जाते थे। लेकिन प्राशिका प्रशिक्षण में विज्ञान के प्रयोग, उनका अवलोकन, निष्कर्ष प्रस्तुत करना, इस निष्कर्ष पर कैसे पहुँचे इस पर तर्क करना, और क्या–क्या सम्भावना हो सकती थी इस पर खुली बहस करना जैसे अभ्यास ने शिक्षकों को खुलने अपनी बात रखने, दूसरे की बात सुनने व तर्क करने के मौक़े दिये। इसके चलते शिक्षक और प्रशिक्षकों के बीच दूरी कम हुई। अनौपचारिक संवादों के चलते शिक्षक समझ पाने की स्थिति में सवाल पूछकर और अपने तर्क पर विमर्श करने के अभ्यास से यह समझ बना पाये कि हर बार एक ही उत्तर होना सही नहीं है या उत्तर न मालूम होने पर कैसे उत्तर खोजें और इससे भी महत्त्वपूर्ण यह कि बच्चों को सीधा उत्तर बता देने के बजाय

उत्तर कैसे खोजें इसके लिए कैसे प्रेरित किया जा सकता है। इसके क्या–क्या तरीक़े होते हैं। इसे प्राशिका के दौरान कई स्कूल के बच्चों से संवाद के दौरान देखा है।

शिक्षक बनने का एक महत्त्वपूर्ण पक्ष है बच्चों के सतत् आकलन के आधार पर, अपनी पूर्व शिक्षण योजना में अपेक्षित त्वरित बदलाव करना। इस प्रक्रिया के लिए शिक्षक अपनी तैयारी कैसे करें। नवाचारी तरीक़ों में अभिभावकों का जुड़ाव, उनके सहयोग पर समझ बनाने का प्रयास करें एवं विभागीय अधिकारी को अपने काम की रिपोर्ट कैसे दें कि उनकी जानकारी संकलन की ज़रूरत भी हल हो सके। यदि इन पर व्यवहारिक समझ नहीं बना पाये तो बाक़ी सब ग़ैर–प्रभावी हो सकता है। ये सब अध्यापक के शिक्षण कर्म की दिशा को नित्य प्रभावित करते हैं। ये कारक कई बार इतने प्रभावी हो जाते हैं कि स्कूल में पढ़ाई को छोड़ कर सब कुछ होता है।

सन्दर्भ सूची

1. अग्निहोत्री, आर. के., खन्ना, ए.एल., शुक्ला, एस., *प्राशिका रत्ना सागर*, नयी दिल्ली।
2. *प्राशिका (प्राथमिक शिक्षण कार्यक्रम) का पाठ्यक्रम दस्तावेज़*। यह दस्तावेज़ प्राशिका शीर्षक से 152 पेज की एक किताब के रूप में उपलब्ध है। इसमें कार्यक्रम की शुरुआत, मान्यताएँ व सिद्धान्त, पाठ्यक्रम, भाषा, गणित, पर्यावरण, शिक्षक–प्रशिक्षण,निष्कर्ष एवं प्राशिका परिवार का परिचय मिलता है। वास्तव में, अनूठा संकलन है। इस दस्तावेज़ में 1983 से 1992 के दौरान प्राशिका में हुए काम और उसके पीछे की सोच, समझ को पढ़ा जा सकता है।
3. 1992 के बाद से 2000 तक का दौर कार्यक्रम विस्तार का रहा है, जिसमें बैतूल ज़िले के शाहपुर ब्लॉक के 129 सरकारी प्राथमिक स्कूलों में इस पैकेज को लागू किया गया। जिसे एस.सी.ई.आर.टी. एवं अन्य संस्थाओं द्वारा विकसित सामग्री, पाठ्यक्रम के साथ मिलाकर 'पढ़ना–बढ़ना' पैकेज के तौर पर विकसित कर पूरे मध्य प्रदेश के सरकारी स्कूलों में लागू किया गया।
4. अग्निहोत्री आर. के., दीवान, एच. के., *भाषा व भाषा शिक्षण*, होशंगाबाद विज्ञान 14, पृष्ठ 5–6 वर्ष 1984।
5. दीवान, एच. के., अशोक कुमार, पृष्ठ 127–141 ज्ञान की संरचना : अन्तर्राष्ट्रीय सेमीनार में हुई चर्चाओं का विवरण, विद्या भवन सोसाइटी, उदयपुर, 2004।
6. दीवान, हृदय कान्त, प्राशिका अनपब्लिशड, 1988।

7. दीवान एच. के., *पेडागॉजी एंड द परपज ऑफ़ एजुकेशन*, सेवा मन्दिर न्यूज़ लैटर, पेज 16–21, अक्टूबर 2003–मार्च 2004।

8. दीवान हृदय कान्त, *पेडागॉजी और शिक्षा का उद्देश्य*, विद्या भवन, अप्रकाशित 2006।

9. कमल महेन्द्र, *सेसन ऑन टीचर्स ट्रेनिंग*, पेज 27–31 सेमिनार ऑन ई.वी.एस. –1995 ऑर्गनाइज़्ड बाय विद्या भवन सोसायटी, उदयपुर।

10. *रिपोर्ट ऑन नेशनल रिसोर्स काम्प. 3 फरवरी – 12 फरवरी 1997*, ऑर्गनाइज्ड एट विद्या भवन सोसायटी विथ द सपोर्ट ऑफ़ एजुकेशनल कंसलटेट्स ऑफ़ इंडिया लिमि.।

11. दीवान, एच.के., *व्हॉट इज़ लैंग्वेज़ टीचिंग मीन?* सेवा मन्दिर न्यूज़ लैटर, पेज 26–30,न. 2 वॉल्यूम vi अक्टूबर 05–मार्च, 96

12. मीना स्वामीनाथन द्वारा लिखी किताब "समझ की तैयारी" का प्राशिका की पहले छह माह के गतिविधि पैकेज को बनाने में काफ़ी मददगार रही।

13. ख़ुशी–ख़ुशी : सन्दर्भ से सीखने का एक सफल प्रयोग...प्राशिका समूह के सदस्यों की स्पष्ट समझ थी कि बच्चों को जितना सन्दर्भ और अनुभवों को पढ़ने, समझने का मौक़ा मिलेगा उतना उन्हें सीखने व समझने में मददगार रहेगा। विषयगत दक्षताओं को समझने–समझाने के लिए उनके परिवेश के उदाहरणों को उनकी पाठ्यपुस्तक में सहज रूप में प्रस्तुत किया गया था। ख़ुशी–ख़ुशी इसका बेहतर उदाहरण है। कक्षा पहली से पाँचवी तक के लिए बनाई गयी किताबों का नाम ख़ुशी–ख़ुशी था। ख़ुशी–ख़ुशी की कुछ विशेष बातें कुछ इस प्रकार थी –

    - ख़ुशी–ख़ुशी की भाषा सरल और आम बोलचाल के शब्दों का अधिकाधिक उपयोग किया गया है।
    - ख़ुशी–ख़ुशी अभ्यास के लिए प्रोत्साहित व कार्यपुस्तिका की कमी को पूरा करती है।
    - इसके अधिकांश पाठ ऐसे हैं जिसमें गतिविधि करके करना व समझना आसान है जिसके कारण बच्चों को बोझिल नहीं लगता। एक पाठ को बार–बार पढ़ने व उस पर चर्चा करने का मन करता है।
    - ख़ुशी–ख़ुशी के प्रत्येक पाठ में शिक्षक व बच्चों को सोचने व अपना जोड़कर अवधारणा को समझने के लिए बेहतर सामग्री रखी व प्रस्तुत की गयी है।
    - ख़ुशी–ख़ुशी को पाठों की क्रमबद्धता से मुक्त रखा गया है किस पाठ के बाद कौन–सा पाठ पढ़ना–पढ़ाना है, इसे शिक्षक व बच्चे स्वतन्त्र रूप से तय कर सकें।
    - इसके पाठ लेखन की विधा ऐसी है जो बच्चों के साथ–साथ बड़ों को भी अवलोकन करने के लिए उत्साहित करते हैं, जैसे– चौथी कक्षा में 'घोंघा–चलता फिरता योद्धा' हो या फिर 'मेरा गाँव कैसे बसा?' इसमें ऐसे पालक जो कभी स्कूल नहीं गये उन्हें भी अपने अनुभव जोड़ने के मौक़े हैं।

- ये किताबें कक्षावार तो थीं किन्तु विषयवार नहीं थीं (एकीकृत थीं)। इनमें सन्दर्भ को प्रमुख माना गया और जहाँ सहज और बेहतर सन्दर्भ बना वहाँ भाषा, गणित, विज्ञान, पर्यावरण के अभ्यास रखे गये थे।
- कक्षा दूसरी की ख़ुशी–ख़ुशी के एक पाठ 'क्या डूबा, क्या तैरा' में जहाँ बच्चे विज्ञान का एक प्रयोग करते हैं, सूची बनाते है, तालिका भरते हैं वहीं वस्तुओं का नाम लिखना, गिनना भी सीख रहे होते हैं।
- ख़ुशी–ख़ुशी में लगभग सभी उदाहरण बच्चों के परिवेश से लिए गये हैं। चाहे गणित में इबारती सवाल हों या औसत के सवाल। कक्षा में इन सवालों को हल करते समय बच्चों को सवाल समझने में आसानी होती थी और वे सहज ही सवाल हल करने लगते थे।
- कक्षा पहली–दूसरी की ख़ुशी–ख़ुशी में बच्चों के बनाये चित्र, बच्चों द्वारा लिखे वाक्यों का प्रयोग किया गया है और शुरुआत की किताबें हाथ से लिखकर छपवाई गयीं। जिसके कारण बच्चों में किताब के प्रति अधिक लगाव देखने को मिला।
- पाठ के अन्त में दिये गये प्रश्नों के उत्तर पाठ के अंश के रूप में न होकर उससे बनी समझ पर आधारित हुआ करते थे। इस समझ में बच्चे अपने अनुभवों को भी शामिल कर सकते थे।
- प्राशिका समूह की सोच थी कि ख़ुशी–ख़ुशी पढ़ने के बाद बच्चे भाषा को समझने, लिखित व मौखिक अभिव्यक्ति में दक्ष हों, अपनी कही बात के पक्ष या विपक्ष के तर्क को समझकर उस पर चर्चा कर सकें। स्कूल के अलावा अपने निजी जीवन के अनुभवों को सन्दर्भ व तर्क के साथ रख सकें। किताब में से रटे हुए उत्तर के बजाय अपनी समझ पर आधारित उत्तर दें। केवल अपनी बात कहने के बजाय सामने वाली की बात भी सम्मानपूर्वक समझ सकें।

शिक्षक–प्रशिक्षण व अवधारणात्मक समझ

–रमा कान्त अग्निहोत्री

अध्यापक की तैयारी में तर्क करने व उचित नैतिक मूल्यों की समझ व महत्त्व का अहसास आवश्यक समझा जाता है। सब लोगों के मन में इसका होना एक अनिवार्य ज़रूरत है। इसके बिना दुराग्रहों से मुक्त होने की ज़रूरत कभी यथार्थ नहीं बन सकती। हालाँकि आग्रह होना ज़रूरी है किन्तु उन पर तर्क स्वीकार कर उन्हें बदल पाने की क्षमता के अभाव में अध्यापक की भूमिका सही ढंग से पूरी नहीं हो सकती। लेखक का मानना है कि यह शिक्षक की तैयारी का अनिवार्य हिस्सा बने और इस तरह के तर्क समझ पाने के लिए भाषा की समझ व उसके प्रति मन में बसे पूर्वाग्रहों से जूझना आवश्यक है। यह शायद इसलिए भी है क्योंकि भाषा से सम्बन्धित असंख्य पूर्वाग्रह हैं और इनसे जूझने के लिए हर व्यक्ति के पास अपने आँकड़े हैं, जिनके आधार पर वे अपने पूर्वाग्रहों को जाँच सकते हैं। यह जाँच का काम हर प्रशिक्षण में किया जाना चाहिए।

भूमिका

इसमें कोई शक नहीं कि पूरी शिक्षा व्यवस्था में ही पूरी तरह से बदलाव आना चाहिए। स्कूल बेहतर होने चाहिए, हर बच्चे को एक ही तरह के स्कूल में जाने का अवसर मिलना चाहिए चाहे वह बच्चा ग़रीब परिवार का हो या अमीर का; चाहे ऊँची जाति का हो या सामान्य जाति का; चाहे सामाजिक–दृष्टिकोण से वह पृष्ठभूमि, शारीरिक और मानसिक रूप से एक आदर्श सामाजिक छवि में खरा उतरता हो या नहीं। समावेशी स्कूल का निर्माण करना शिक्षा व्यवस्था की सबसे बड़ी प्राथमिकता है। इसी तरह यह भी आवश्यक है कि अध्यापक को मिलने वाली सुविधाओं में सुधार हो। उन्हें बेहतर वेतन मिले और अपना काम करने की पूरी आज़ादी हो। बच्चों को मिलने वाली पठन सामग्री इस बात पर आधारित हो कि बच्चे

कैसे सीखते हैं और कैसे नये ज्ञान का निर्माण करते हैं और किस प्रकार वे संसार के एक ज़िम्मेदार नागरिक बन सकते हैं न कि इस बात पर कि उन्हें एक परीक्षा पास करनी है।

यदि आप यह सब सुनिश्चित भी कर दें तो भी शायद यह सम्भव न हो कि बच्चों को ऐसी शिक्षा मिल पाये जिससे वे किसी भी विषय पर तर्कसंगत बहस कर पायें और जो उन्हें स्कूल में पढ़ाया गया है उससे वे कुछ अधिक सीख पायें। इस बात पर भी प्रश्नचिह्न है कि जो उन्हें स्कूल में पढ़ाया गया, वे भी क्या समझ सके हैं? और इस पर भी कि क्या उनके अध्यापक उनके बारे में और उनकी बातों के बारे में अवधारणात्मक समझ बना पायेंगे। इसके बिना शायद ये विद्यार्थी कभी ज़िम्मेदार नागरिक न बन पायें और न ही किसी दूसरे व्यक्ति या समाज के प्रति संवेदनशील हो सकें। क्या वे इस बात को समझ पायेंगे कि ज्ञान बाँटने से बढ़ता है न कि छुपाने से। इसमें मुख्य बात यह है कि सीखने के लिए वार्तालाप चाहिए और ऐसा वार्तालाप जो तर्कसंगत है। इसके लिए विद्यार्थियों को तर्क करना आना चाहिए। यह शिक्षक तभी सुनिश्चित कर सकते हैं जब उनकी अपनी अवधारणात्मक समझ साफ़ और तर्कसंगत हो और उन्हें यह अहसास हो कि किन नैतिक मूल्यों को ध्यान में रखते हुए किसी भी बात को तर्कसंगत माना जायेगा।

यह हमारा दुर्भाग्य है कि हमारी शिक्षक–प्रशिक्षण कि प्रक्रिया में न तो नैतिक मूल्यों की समझ पर ध्यान दिया जाता है और न ही अवधारणात्मक समझ पर, और न ही इस बात पर कोई ज़ोर होता है कि उन दुराग्रहों पर कोई चर्चा हो जो लोग अपने साथ लेकर शिक्षक–प्रशिक्षण संस्थानों में आते हैं और इस प्रकार शिक्षा की यह तर्करहित प्रक्रिया चलती रहती है। उन्हीं स्कूलों में पढ़े माँ–बाप व रिश्तेदार उन्हीं दुराग्रहों पर नयी इमारतें बनाते रहते हैं। जब तक आप यह नहीं समझते कि एक ज़िम्मेदार नागरिक कैसा होता है, दूसरों के प्रति संवेदनशील होने का क्या तात्पर्य है, पूर्व दुराग्रहों से मुक्त होना क्यों ज़रूरी है और एक तर्कसंगत परिकल्पना के क्या आधार होते हैं तब तक एक गुणवत्तापूर्ण शिक्षा की शुरुआत नहीं हो सकती।

इसमें कोई शक नहीं कि काफ़ी हद तक व्यक्तिगत एवं सामाजिक स्तर पर एक आर्थिक सुरक्षा का होना आवश्यक है, लेकिन आर्थिक सुरक्षा को इतना महत्त्व देना कि तर्कसंगत विचारों व नैतिक मूल्यों को बिल्कुल

ही नकार दिया जाये, उचित नहीं। इस प्रक्रिया से ही एक गैर–ज़िम्मेदार नागरिक व समाज का निर्माण होता है।

भाषा, महत्त्व व शिक्षक तैयारी में जगह

भाषा एक ऐसा घटक है जो सभी विषयों के ज्ञान का आधार है।[1] भाषा को लेकर हमारी शिक्षा प्रणाली में बातचीत तो बहुत होती है पर उस पर किसी भी अवधारणात्मक समझ के बिना अधिकतर बातें राजनीतिक समझौतों के लिए होती हैं। नये ज्ञान की संरचना या उपलब्ध ज्ञान को बच्चों तक पहुँचाना भाषा के बिना सम्भव नहीं। भाषा की प्रकृति, संरचना, अर्जन एवं विविधता के बारे में एक आधारभूत समझ हर अध्यापक के लिए आवश्यक है।[2] यह भी उतना ही ज़रूरी है कि हर अध्यापक भाषा के बारे में जिन पूर्वाग्रहों को लेकर प्रशिक्षण के लिए आता है उन पर तर्कसंगत चर्चा हो। भाषा की प्रकृति के बारे में अवधारणात्मक समझ को लेकर एक बहस शुरू होनी चाहिए और यह बहस शिक्षक–प्रशिक्षण का आवश्यक अंग होनी चाहिए, हर विषय के अध्यापक के लिए।

हर शिक्षक के लिए भाषा के बारे में एक पुख़्ता समझ होना इसलिए आवश्यक है क्योंकि हर शिक्षक भाषा का प्रयोग करता है, भाषा के बारे में पूर्वाग्रह रखता है एवं उसे इस बात की जगह निरन्तर मिलती रहती है कि वह बच्चों की भाषा की पकड़ को अधिक समृद्ध बनाये।

भाषा के अर्जन को लेकर हमारी जो मान्यताएँ हैं वे तर्कसंगत नहीं हैं; यानी भाषा को लेकर आज हमारी जो समझ बनी है उससे वे मेल नहीं खातीं। उन पर चर्चा होनी चाहिए। आज का शिक्षक भी यही मानता है कि भाषा व बोली में कोई विशेष व्याकरण आधारित अन्तर होता है; जो भाषा लिखी नहीं जाती वह एक बोली है; भाषा में ध्वनि व लिखने में एक ध्वनि–एक–अक्षर का सम्बन्ध होता है।[3] बच्चे भाषा अपने पर्यावरण से अनुकरण कर सीखते हैं; संस्कृत सभी भाषाओं की जननी है; हिन्दी हमारी राष्ट्रभाषा है– और न जाने कैसे–कैसे दुराग्रह लेकर हमारा शिक्षक पढ़ाई–लिखाई का काम चलाता रहता है।[4] मानी हुई बातों पर प्रश्नचिह्न लगाना हमारी समझ का हिस्सा नहीं और हमारे शिक्षक–प्रशिक्षण में कुछ ऐसा नहीं होता जो शिक्षकों को प्रश्न करना सिखाये। स्वाभाविक है कि शिक्षक छात्रों को भी कोई सवाल उठाना नहीं सिखा पायेंगे, क्योंकि शिक्षक–प्रशिक्षण में यह सब चर्चा नहीं होती इसलिए भाषा पर हमारा

नज़रिया आज भी वही है जो वाटसन, पैव्लोव या स्किनर के समय में था; कुछ लोग पियाज़े या वाइगोत्सकी की बात कर लेते हैं पर उसका भी वास्तविक शिक्षण में कोई विशेष असर दिखाई नहीं देता। भाषा की संरचना व बदलाव को लेकर भी लोगों के मन में कई दुराग्रह हैं। इसी तरह भाषा में विविधता के प्रति हमारी शिक्षा प्रणाली बिल्कुल भी संवेदनशील नहीं। भाषा और बहुभाषिता में क्या रिश्ता है, एक सार्वभौमिक व्याकरण किस तरह से बहुभाषिता में निरन्तर भाषाओं के मिलने–जुलने से जुड़ता है इस बात पर कोई चर्चा नहीं होती।[5] हर कक्षा में बच्चे अलग–अलग भाषायी एवं सांस्कृतिक सन्दर्भों से आते हैं लेकिन हमारे शिक्षक–प्रशिक्षण में इस बात पर कोई ग़ौर नहीं किया जाता। यदि बहुभाषिता एवं विविध संवादों को सभी विषयों का आधार मानकर शिक्षक–प्रशिक्षण हो और बच्चों का पढ़ना–लिखना हो तो शायद हम कह सकें कि हमारी शिक्षा में गुणवत्ता है। यह सब तभी सम्भव होगा जब हम अवधारणात्मक समझ पर ज़ोर देंगे और यह भी सुनिश्चित करेंगे कि स्कूलों में समावेशन हो एवं शिक्षक की छवि में सुधार हो। इन सभी पक्षों पर बात करना एक पर्चे में सम्भव नहीं। इस पर्चे में हम केवल कुछ भाषागत पूर्वाग्रहों पर चर्चा करेंगे। यह भी विचार करेंगे कि किस प्रकार भाषा को बहुभाषिता मानते हुए हम समझ की एक वैज्ञानिक प्रणाली से परिचित हो सकते हैं एवं किस प्रकार शिक्षकों व बच्चों की अवधारणात्मक समझ निखर सकती है।

पूर्वाग्रह / दुराग्रह

यह एक स्वाभाविक बात है कि हर व्यक्ति के कुछ आग्रह होते हैं। ये आग्रह व्यक्तिगत हो सकते हैं और सामाजिक भी। ऐसे आग्रह जो आपको अच्छे लगते हों, जिन्हें आप मन से निभाते हों और जिनसे किसी अन्य व्यक्ति या समाज को कोई नुक़सान न पहुँचता हो, उनसे किसी को कोई आपत्ति नहीं होनी चाहिए। मान लीजिए कि आप मानते हैं कि सुबह पाँच बादाम, एक अखरोट व दस किशमिश के दाने खाने चाहिए और रोज़ रात को सूफ़ी संगीत सुनना चाहिए तो इससे किसी को कोई आपत्ति नहीं होनी चाहिए पर आप यह मानते हैं कि हर व्यक्ति को ऐसा ही करना चाहिए तो परेशानी ज़रूर है; आपका पूर्वाग्रह–दुराग्रह बन रहा है, लेकिन ऐसे पूर्वाग्रह जिनका समाज पर असर पड़ता हो और जिनका आप कोई तार्किक निरीक्षण न करें वे क्षमा योग्य नहीं हैं। उदाहरण के लिए, आप

यह मान सकते हैं कि जिस भाषा की कोई लिपि नहीं वह भाषा नहीं, यह ख़तरनाक दुराग्रह है। यह बात तर्कसंगत नहीं है और इससे भयंकर सामाजिक नुक़सान होता है। लाखों लोग हैं दुनिया में, जिनकी भाषा हर तरह से समृद्ध है लेकिन उनकी कोई लिपि नहीं, और फिर किसी भाषा को लिपिबद्ध करने में कोई ज़्यादा वक़्त नहीं लगता। यदि कोई व्यक्ति अध्यापक है और इस तरह के दुराग्रह बच्चों को सिखाता है तो यह बात और वह व्यक्ति समाज के लिए एक चिन्ता का विषय हैं। संक्षेप में यह सबकी व्यक्तिगत एवं सामाजिक ज़िम्मेदारी है कि हम अपनी मान्यताओं का निरन्तर तार्किक विश्लेषण करते रहें।

भाषागत दुराग्रह

भाषा को लेकर दुराग्रह के कुछ उदाहरणों पर चर्चा करते हैं। लोग अक्सर इतिहास के उस क्षण को भूल जाते हैं जब भारतीय संविधान बना रही समिति की बैठकों में इस बात पर लम्बी चर्चा हुई कि क्या भारत की कोई राष्ट्रभाषा होगी या नहीं। यदि होगी तो कौन–सी सबसे उपयुक्त रहेगी : संस्कृत, हिन्दी, अंग्रेज़ी, तेलूगु या बंगला आदि। अन्ततः निर्णय यह हुआ कि भारत की कोई राष्ट्रभाषा नहीं होगी। हिन्दी केवल भारत की कामकाजी राजभाषा होगी और कम–से–कम 15 वर्ष तक अंग्रेज़ी का भी उसके साथ प्रयोग होगा। आज तो इस बात को 65 वर्ष से भी अधिक हो गये, अंग्रेज़ी और हिन्दी दोनों का प्रयोग चलता है सरकारी कामकाज में और साथ ही कई अन्य क्षेत्रीय भाषाओं का भी यथा तमिल, मलयालम, मराठी, गुजराती आदि। अब आप ही सोचिए कि यदि इन तथ्यों के चलते पूरी शिक्षा परियोजना में यही आग्रह हो कि हिन्दी हमारी राष्ट्रभाषा है तो देश में कलह क्यों न होगी और क्यों दक्षिण भारत, उत्तरी–पूर्व व आदिवासी क्षेत्रों के लोग उत्तर भारत व हिन्दी की निराधार महत्त्वकांक्षाओं से घबरायेंगे नहीं?

इस दुराग्रह से जुड़ी एक और बात है। यह कि संस्कृत संसार भर की या कम–से–कम भारतवर्ष की सभी भाषाओं की जननी है। भारत में ही पाँच भाषा परिवार हैं। दक्षिण–भारत की और फिर आदिवासी क्षेत्रों की भाषाओं का भी, संरचनात्मक दृष्टिकोण से संस्कृत से कुछ लेना–देना नहीं है। हाँ, शब्दों के धरातल पर अक्सर भाषाएँ एक–दूसरे से शब्द उधार लेती रहती हैं।

भाषा और बोली के अन्तर को भी देखें। जब भाषा वैज्ञानिक इन शब्दों का प्रयोग करते हैं तो उनके मन में यह वैज्ञानिक तर्क स्पष्ट रहता है कि संरचना के आधार पर, चाहे वह ध्वनि का हो या शब्द व वाक्य निर्माण का, भाषा और बोली में कोई अन्तर नहीं किया जा सकता। विशेषकर कोई भी अन्तर इस प्रकार से नहीं किया जा सकता कि बोलीहीन होती है और भाषा श्रेष्ठ; बोली व्याकरण रहित होती है व भाषा व्याकरणयुक्त।

एक और ख़तरनाक पूर्वाग्रह पर ध्यान दें। बहुत सारे लोग और अधिकतर शिक्षक यह मानकर चलते हैं कि बच्चे भाषा अनुकरण से सीखते हैं। जिस तरह का समृद्ध व जटिल व्याकरण एक चार वर्ष की बच्ची/बच्चा संजो लेता है वह केवल अनुकरण से कदापि सम्भव नहीं। ये बच्चे अपनी भाषा में किसी भी बात को कहने या सुनने में कोई त्रुटि नहीं करते।[6] वास्तव में, उनकी भाषा सीखने वाला कोई वयस्क भी यदि उनकी भाषा में कोई ग़लती करता है तो ये बच्चे स्वाभाविक रूप से उस पर हँस देते हैं। कुछ उदाहरण देखें। नीचे दिये पाँच वाक्यों में कैसा व्याकरण छिपा है :

1. गीता रोटी खाती है।
2. राम रोटी खाता है।
3. गीता ने सेब खाया।
4. राम ने गाजर खायी।
5. गीता ने राम को मारा।

पहले दो वाक्यों से एक नियम स्पष्ट है (वैसे तो इन वाक्यों को बोलने में ध्वनि, शब्द–क्रम व वाक्य संरचना के कई नियम व्यवस्थित रूप से जुड़े हैं पर हम अभी सिर्फ़ एक की बात कर रहे हैं) : कर्ता की छवि क्रिया में होने की आवश्यकता। राम–खाता; सीता–खाती। (यह केवल लिंग की ही बात नहीं है। बच्चे जानते हैं कि यदि कर्ता 'लड़के' होता तो क्रिया 'खाते हैं– होती, यदि कर्ता 'मैं' होता तो क्रिया 'खाता हूँ', 'पुरुष, वचन व लिंग' तीनों की छवि क्रिया में रहती है।) यानी हिन्दी में क्रिया कर्ता के 'पुरुष, वचन व लिंग' के अनुसार बदलती है। यदि यह एक मूल नियम है तो फिर 3, 4 व 5 नम्बर वाक्य में क्या हुआ। 3 नम्बर वाक्य में कर्ता 'गीता' तो स्त्रीलिंग है, फिर 'खाया' क्यों और 4 नम्बर में 'राम' पुर्लिंग है, तो फिर 'खाई' क्यों? और पाँच नम्बर में मारने वाली 'गीता' और क्रिया 'मारा'। यह भाषा के नियमों की जटिलता की एक हल्की–सी झलक है। व्याकरण की विषमता वास्तव में कहीं अधिक जटिल है। ध्वनि, शब्द, वाक्य

व संवाद के धरातल पर व्याकरण की समग्रता को आत्मसात कर लेना अनुकरण से सम्भव नहीं। हमारे मस्तिष्क में एक सार्वभौमिक व्याकरण की जन्मजात छवि रहना आवश्यक है।

ध्वनि–लिपि तालमेल? एक और बहस

एक और पूर्वाग्रह का सम्बन्ध ध्वनि व लिपि के तालमेल से है। यह बात स्वाभाविक रूप से समझ आनी चाहिए कि जब भी कोई समुदाय अपनी भाषा को लिपिबद्ध करने का प्रयास करेगा तो उसकी यही कोशिश रहेगी कि ध्वनि व लिपि चिह्न के बीच कोई भ्रम न हो। यह बात तो कोई समुदाय नहीं चाहेगा कि जो बात उसके कुछ सदस्य लिखें, वह अन्य सदस्य पढ़ न सकें या पढ़कर सुना न सकें। लेकिन हम सब के लिए यह बात भी उतनी ही स्वाभाविक व स्पष्ट होनी चाहिए कि जिस तीव्र गति से बोल–चाल की भाषा में बदलाव होंगे, लिखित भाषा उसी गति से उन बदलावों का अनुसरण नहीं कर पायेगी। इसलिए इस बात से कोई हैरानी नहीं होनी चाहिए कि हम लोग जैसा बोलते हैं, ठीक वैसा ही लिखते नहीं। लिपिबद्ध भाषा को बदलने की राह में कई स्वाभाविक अड़चनें होती हैं। पुराना साहित्य पढ़ना होता है; नये साहित्य में अचानक कुछ तब्दीलियाँ करने से पढ़ने–लिखने की सारी प्रक्रिया तितर–बितर हो सकती है। छोटे–छोटे बदलाव करने का प्रयास रहता है– यथा colour को color कहना (भला kalar क्यों नहीं?) या देवनागरी में ‘ख’ को नीचे से जोड़ देना या ‘ ं’ व ‘ ँ’ को हटा देना या विराम के स्थान पर full-stop (.) का प्रयोग करना। इस पर भी आप जानते हैं, खींचातानी चलती रहती है। अमेरिका में color लिखते हैं तो इंग्लैण्ड में colour, देवनागरी में कुछ प्रकाशक पूर्ण विराम का प्रयोग करते हैं तो कुछ full-stop (.) का, कुछ लेखक ‘ ं’ व ‘ ँ’ के उचित प्रयोग की हठ करते हैं तो कुछ मान लेते हैं कि कोई अन्तर नहीं पड़ता। बच्चे–वयस्क सभी जानते हैं कि किस परिस्थिति में ‘ ं’वर्ग का अन्तिम नासिक व्यंजन होगा और किस परिस्थिति में यह स्वर के नासिक होने का बोध करवायेगा। बोल–चाल व लिखित भाषा की बदलने की अलग–अलग गतियों के चलते यह स्वाभाविक है कि हम बोलते कुछ हैं तो लिखते कुछ और इस सब में ‘वैज्ञानिक’ तालमेल सदा बना रहे यह सम्भव नहीं, इसीलिए ‘a’ से ‘apple’ पढ़ाना या ‘क’ से ‘कबूतर’ पढ़ाना सार्थक नहीं। निम्न शब्दों में ‘a’ की ध्वनि बिल्कुल अलग–अलग है–

apple, make, father, about आदि। इसी प्रकार 'कप' के 'क' में तो 'अ' है 'लेकिन पक के 'क' में नहीं। लिपि में तो दोनों 'क' एक ही हैं।

यह आवश्यक है कि हमारी शिक्षा प्रणाली इस प्रकार के दुराग्रहों से मुक्त हो, और यह तभी सम्भव है जब शिक्षा के प्रति संवेदनशीलता हमारी शिक्षा प्रणाली का आवश्यक अंग बने। अभी तक भाषा के बारे में अधिकतर जो बातचीत शिक्षक–प्रशिक्षण में होती है वह ऊपर लिखे दुराग्रहों से ग्रसित है।

शिक्षक–प्रशिक्षण

जब तक भाषा पर संवाद शिक्षक–प्रशिक्षण का एक आवश्यक अंग नहीं बन जाता हमारी शिक्षा–प्रणाली में कोई मूल बदलाव सम्भव नहीं। अब बी.एड. दो वर्ष का हो गया है। अब यह उम्मीद रखी जा सकती है कि भाषा को केन्द्र में रखकर शिक्षक–प्रशिक्षण में निम्नलिखित 4 कोर्स अवश्य रखे जायेंगे। हर सेमेस्टर में एक कोर्स सम्भव है।

- भाषा की प्रकृति व संरचना
- भाषा शिक्षण
- भाषा के मानसिक व सामाजिक पहलू
- भाषा एवं शिक्षा

भाषा के इन चारों पक्षों पर एक समझ बन जाये तो यह सम्भव है कि शिक्षकगण अपने छात्रों को एक नयी नज़र से देख सकें और पढ़ने–पढ़ाने के कुछ नये तरीक़ों के बारे में विचार कर सकें। शायद वे पहली बार यह पहचानेंगे कि उनके छात्र भाषा व ज्ञान का एक अपार भण्डार लेकर उनके समक्ष आते हैं। शिक्षक बच्चों से उतना ही सीख सकते हैं जितना उन्हें सिखाने का प्रयास करते हैं। शायद पहली बार शिक्षकों को लगे कि बच्चे कक्षा में एक समृद्ध भाषागत एवं सांस्कृतिक धरोहर लेकर आते हैं, और यह भी लगे कि बच्चों के विकास व उनके ज्ञान की संरचना के लिए यह आवश्यक है कि उनकी भाषागत एवं सांस्कृतिक विविधताओं को कक्षाओं का आधार बनाया जाये। जब मैं सांस्कृतिक शब्द का प्रयोग कर रहा हूँ तो उसमें समस्त संज्ञानात्मक ज्ञान भी शामिल है, चाहे वह जगह का हो, रिश्ते–नातों का या गणित का। वास्तव में, भाषा के इन तीनों पक्षों पर तब तक संवाद सम्भव नहीं जब तक हम बहुभाषिता की सही पहचान न कर लें।

बहुभाषिता

बहुभाषिता को हम भाषा की मूल पहचान मानेंगे। वास्तव में, भाषा की अन्य परिभाषाएँ भाषा के लिए छोटी पड़ती हैं। भाषा को केवल बातचीत का एक माध्यम मान लेना भाषा का मज़ाक़ उड़ाने जैसा है। कई भाषाविद् इसी में सन्तुष्ट रहते हैं कि भाषा शब्दों को वाक्यों में संजोने की एक नियमबद्ध व्यवस्था है। हर भाषा अपने व्याकरण से बहुत बड़ी होती है। उसमें व्यक्ति व समाज के भावात्मक, ऐतिहासिक एवं सांस्कृतिक पक्ष गुँथे रहते हैं। व्याकरण की नियमबद्ध व्यवस्था महत्त्वपूर्ण है पर इसमें कोई शक नहीं कि यह बात सिर्फ़ उतनी ही सही है जितनी की यह बात कि व्यक्तिगत व सामाजिक स्तर पर भाषा में निरन्तर विविधता बनी रहती है और भाषाओं के इतिहास में ऐसे पड़ाव हर रोज़ आते हैं कि आप सहज कह उठते हैं– ऐसा तो हिन्दी में नहीं कहते या 'समोसा' तो अंग्रेज़ी का शब्द नहीं फिर वह अंग्रेज़ों का सबसे अधिक चहेता 'Snack' कैसे हो सकता है। दूसरी भाषाओं से लेन–देन या जिसे हम खिचड़ी या मिली–जुली भाषा कहते हैं वह केवल शब्दों के ही स्तर पर नहीं अपितु ध्वनियों एवं वाक्य संरचना के स्तर पर भी खिचड़ी बनती रहती है। आप समझ सकते हैं कि ऐसी ही प्रक्रियाओं के चलते संस्कृत व अनेक प्राकृत भाषाओं से जुड़ी आधुनिक गुजराती, मराठी, बंगला, उड़िया, असमिया, हिन्दी, अवधि, ब्रज, मैथिली आदि हमारे सामने आयी और वे सब आज भी उन्हीं प्रक्रियाओं से गुज़र रही हैं।

बहुभाषिता (भाषा) को टुकड़ों में बाँटना हमारी सामाजिक, राजनीतिक एवं ऐतिहासिक विवशता है। भाषाविदों के लिए भी एक काल्पनिक आदर्श टुकड़े यथा 'अंग्रेज़ी', 'हिन्दी', 'गुजराती' आदि बनाना आवश्यक है अन्यथा इनका वैज्ञानिक विश्लेषण सम्भव नहीं। आदर्शात्मक इकाई बनाना विज्ञान का मूल सिद्धान्त है, लेकिन भाषा को बहुभाषिता की तरह परिभाषित करते हुए हमें यह नहीं भूलना चाहिए कि भाषाओं की सीमाएँ नहीं होतीं। प्रवाह एवं तरलता हमारे भाषागत व्यवहार एवं भाषायी संरचना के आवश्यक अंग हैं।

बहुभाषिता इन्सान होने की व इन्सानियत की पहचान है। बहुभाषिता से ही व्यक्ति और समाज का निर्माण होता है। हर विचार, हर विषय की जान भाषा है। बिना भाषा के हम न तो ज्ञान की संरचना कर सकते हैं और न ही अपने बच्चों तक घर या स्कूलों में पहले से उपलब्ध ज्ञान व

जानकारी को सही ढंग से पहुँचा सकते हैं व उसको पढ़ी हुई समझ से जोड़ सकते हैं।

बहुभाषिता एवं वैज्ञानिक प्रणाली

हर समाज बहुभाषी होता है। अतः हर कक्षा स्वाभाविक रूप से बहुभाषी होती है, क्योंकि हमारी आँखों पर 'एक भाषिता' का चश्मा चढ़ा रहता है अतः हमें अपनी कक्षा की बहुभाषिता नज़र ही नहीं आती। उदाहरण के लिए हिन्दी क्षेत्र में अवधि, भोजपुरी या ब्रज को हिन्दी का ही रूप मान लिया जाता है। यह भी ख़याल नहीं रहता कि जब 'हिन्दी' का कहीं नामो–निशान नहीं था, तब इन भाषाओं में महान साहित्य लिखा जा रहा था और उन्हीं भाषाओं के विविध रूप हिन्दी क्षेत्र के गली–कूचों की भाषाएँ थीं।

मेरा सुझाव है कि कक्षा में उपलब्ध बहुभाषिता को एक स्रोत के रूप में उपयोग किया जाये। इससे दो मुख्य काम हो सकते हैं। (लाभ तो वास्तव में अनेक होंगे।) यदि बहुभाषिकता को स्रोत के रूप में इस्तेमाल किया जाये तो हर बच्चे की आवाज़/भाषायी–विविधता/भाषाओं को जगह मिलेगी। बच्चे केवल इस वजह से स्कूल छोड़कर नहीं जायेंगे जो भाषा वे अपने घर व गली–कूचों में बोलते हैं उनके लिए कक्षा में कोई जगह ही नहीं है। यह समझ पायेंगे कि वे जो शब्दावली, गीत, कहानियाँ, विशेष वाक्य–संरचनाएँ अपने घर व गली–कूचों से लेकर आते हैं उनका कक्षा में सहज प्रयोग हो सकता है। इन्हीं के माध्यम से शिक्षक बच्चों को वैज्ञानिक विश्लेषण की प्रक्रिया व अवधारणात्मक समझ से रू–ब–रू करवा सकते हैं। स्कूलों में अलग–अलग भाषाओं की कक्षाओं में 'व्याकरण' के नाम पर जो समय नष्ट किया जाता है उसका सदुपयोग हो सकता है। बच्चों के लिए 'व्याकरण' की क्लासें अक्सर बहुत बोरिंग होती हैं। उनमें वे कुछ विशेष सीखते भी नहीं और जो कुछ सीखते भी हैं वह बिल्कुल अधूरा या ग़लत होता है। अब आप ही बतायें कि जिस कक्षा में बच्चे जब 'संज्ञा, क्रिया या विशेषण' आदि के बारे में कुछ पढ़ते हैं तब न तो अध्यापक को (और न ही बच्चों को स्वाभाविक रूप से) यह समझ होती है कि अंग्रेज़ी व्याकरण की कक्षा में Noun, Verb, Adjective पर बात के समय मसला अवधारणात्मक स्तर पर एक ही है, लेकिन बच्चे अक्सर Noun, Verb, Adjective आदि व 'संज्ञा, क्रिया, विशेषण' आदि को अलग–अलग समझते हैं, और जो परिभाषाएँ उन्हें रटायी जाती हैं उनसे भाषा के बारे में कोई

सही संरचनात्मक समझ सम्भव ही नहीं। यह रटवाने से कि संज्ञा 'किसी प्राणी, वस्तु, स्थान, भाव आदि का नाम है' या क्रिया 'जो काम हो रहा है उसका बोध कराती', कुछ विशेष हासिल नहीं होता और इन महत्त्वपूर्ण भाषागत अवधारणाओं के प्रति कोई समझ नहीं बनती। उदाहरण के लिए इन परिभाषाओं के अनुसार हिन्दी 'मार' या अंग्रेज़ी 'Chair' संज्ञा है या क्रिया? वह 'Chair'पर बैठा और उसके बैठक 'Chair' की।

अब माने लें कि शिक्षण–प्रशिक्षण में बहुभाषिता के सन्दर्भ में शिक्षकों को उन तीन Courses की पढ़ाई करवायी जाये जिनकी बात ऊपर की गयी है, तो कितनी आसानी से स्कूलों में व्याकरणों की कक्षाओं को 'भाषा की वैज्ञानिक समझ' की कक्षा में बदला जा सकेगा। शिक्षक एवं बच्चे वैज्ञानिक प्रणाली से परिचित होंगे व भाषा के बारे में उनकी अवधारणात्मक समझ निखरेगी। मान लीजिए कि आपकी कक्षा में हिन्दी, मलयालम व मेवाड़ी बोलने वाले कुछ बच्चे हैं। आप मान लें कि आप बोर्ड पर देवनागरी में लिखे निम्न वाक्यों से कक्षा आरम्भ करते हैं। बोर्ड कुछ ऐसा दिखाई देगा।

हिन्दी	मलयालम	मेवाड़ी
1. वह भागता है।	1.	1.
2. वह भागती है।	2.	2.
3. वह भागा।	3.	3.
4. वह भागी।	4.	4.
5. वह भागेगा।	5.	5.
6. वह भागेगी।	6.	6.

अब अध्यापक का काम ख़त्म। अब देवनागरी का ही प्रयोग करते हुए बच्चे इस टेबल को पूरा करेंगे। काफ़ी बहस होगी। कैसा वाक्य सही अनुवाद होगा। हो सकता है टेबल कुछ ऐसा दिखाई दे।

हिन्दी	मलयालम	मेवाड़ी
1. वह भागता है।	1. अवन ओड़ुम।	1. वो धामें।
2. वह भागती है।	2. अवल ओड़ुम।	2. वा धोमें।
3. वह भागा।	3. अवन ओडी।	3. वो नाटो।

4. वह भागी।	4. अवल ओडी।	4. वा नाटी।
5. वह भागेगा।	5. अवन ओडुम।	5. वो धोमें।
6. वह भागेगी।	6. अवल ओडुम।	6. वा धोमें।

*मलयालम वाक्यों के लिए सिबिला को व मेवाड़ी वाक्यों के लिए हर्ष राजसिंह व पीयूष पुरोहित को धन्यवाद।

वैज्ञानिक प्रक्रिया का पहला क़दम पूरा हुआ। हमने कुछ व्यवस्थित ढंग से अलग–अलग भाषाओं से कुछ वाक्यों को लिया। बच्चों की आवाज़ को जगह मिली। ख़ूब बहस होगी– कुछ बच्चे शायद कहें कि 'हम तो 'धोमें' आदि नहीं कहते, हम तो 'भागने' का ही प्रयोग करते हैं यथा 'वा भागी'। कुछ 'नाटा' आदि के बारे में चर्चा करेंगे। यह विविधता ही भाषा की जान है विशेषकर बहुभाषिता को कक्षा में स्रोत के रूप में इस्तेमाल करने के लिए।

यह छह वाक्य 'अन्य पुरुष एकवचन (स्त्रीलिंग व पुर्लिंग)' सर्वनाम से सम्बन्ध रखते हैं। साथ ही वर्तमान, भूत व भविष्य काल में क्रिया को लेकर 2 × 3 : 6 वाक्य हिन्दी में लिखे गये, देवनागरी लिपि। इसी लिपि का प्रयोग करते हुए बच्चों ने ये छह वाक्य मलयालम व मेवाड़ी में बताये। सामग्री सामने है तो अब अवलोकन व विश्लेषण की प्रक्रिया आरम्भ हो सकती है। बच्चों को छोटे–छोटे ग्रुपों में बाँट सकते हैं और इस टेबल का विश्लेषण कर सकते हैं। हिन्दी में लिंग व काल के अनुसार क्रिया में बदलाव आता है लेकिन 'वह' (पु.) व 'वह' (स्त्री) के लिए अलग–अलग शब्द नहीं है। इन वाक्यों में लिंग बोध क्रिया से ही होता है। यह बात विश्लेषण करते हुए छठी–सातवीं के बच्चे आसानी से पकड़ लेते हैं। फिर उनकी नज़र मलयालम व मेवाड़ी पर जाती है। मलयालम (जो द्रविड़ परिवार की भाषा है) और मेवाड़ी (जो आर्य परिवार की भाषा है) में अनोखी समानताएँ देखकर शायद अध्यापक व बच्चे दोनों ही चकित हों। दोनों में पुर्लिंग 'वह' व स्त्रीलिंग 'वह' के लिए अलग–अलग शब्द हैं : मलयालम में 'अवन' व 'अवल' तथा मेवाड़ी में 'वो' व 'वा' दोनों में ही वर्तमान व भविष्य में क्रिया में कोई अन्तर नहीं। हाँ, भूतकाल में दोनों में अन्तर है। 'ओडुम' व 'धोमें' वर्तमान व भविष्य दोनों के लिए प्रयोग होते हैं। भूतकाल के लिए मलयालम में 'ओडी' व मेवाड़ी में लिंगानुसार 'नाटो/

नाटी'। मेवाड़ी में भूतकाल में सर्वनाम तो अलग है ही, क्रिया में भी लिंग परिवर्तन झलकता है।

जटिल व्यवस्था है लेकिन बच्चे आसानी से कर्ता व क्रिया के सम्बन्धों के नियम बना लेते हैं। सामग्री, अवलोकन, वर्गीकरण, विश्लेषण व नियम निर्माण की पूर्ण प्रणाली यहाँ दिखाई देती है, यह प्रयोग केवल भाषा को लेकर ही सम्भव है। अन्य साइंस के विषयों में इस तरह की प्रणाली को पकड़ने के लिए कई तरह की सामग्री व प्रयोगशालाएँ चाहिए। भाषा की पूर्ण सामग्री बच्चों के दिमाग़ में सदैव उपलब्ध रहती है।

इस प्रक्रिया को आगे बढ़ाना कठिन नहीं। 'मैं, तुम/तू/आप' को ले लें। फिर उसके बाद 'हम, आप लोग' आदि को ले लें– दोनों लिंगों व तीनों कालों के साथ।

'भाषा एवं शिक्षा' का कोर्स बहुत ध्यान से बनाना होगा, इस दिशा में शायद विद्वानों ने अभी बहुत सोच–विचार नहीं किया है, केवल यही बात होती है कि बिना भाषा शिक्षा सम्भव नहीं या फिर यह कि 'लैंग्वेज अक्रोस करिकुलम', लेकिन यहाँ सुझाव यह है कि भाषा अर्जन को ज्ञान अर्जन का एक मॉडल माना जाये और उस पर गहरी चर्चा हो। भाषा अर्जन में जो सब होता है वह सब तो हर विषय में सम्भव नहीं पर यह निश्चित है कि हमें उस प्रक्रिया को समझकर शायद हर विषय में नवाचार करने में मदद मिले।

अन्य लाभ

भाषा के अलग–अलग पक्षों को लेकर बहुभाषिता को मध्य में रखते हुए यह प्रक्रिया कई साल तक स्कूलों में चल सकती है। इससे केवल यही लाभ नहीं कि शिक्षक/बच्चे वैज्ञानिक प्रणाली से परिचित होंगे। उन्हें (व अध्यापकों को) यह अहसास होगा कि भाषा लिपि की मोहताज नहीं और ऐसी हज़ारों भाषाएँ जो लिपिबद्ध नहीं होतीं, भाषा कहलाने का हक़ रखती हैं, उन्हें बोली कहकर कालीन के नीचे धकेला नहीं जा सकता। यह भी स्पष्ट होगा कि, थोड़ा–बहुत परिवर्तन करने से, हर भाषा को एक ही लिपि में लिखा जा सकता है। इस प्रक्रिया से और भी कई फ़ायदे होंगे व बच्चों की संज्ञानात्मक व अवधारणात्मक समझ में विकास होगा। ऐसी ही किसी गतिविधि के चलते शिक्षक/बच्चे समझ पायेंगे कि कोई शब्द पद यथा **'मार, या** 'Chair' संज्ञा है या क्रिया या दोनों, और वे संज्ञा व

क्रिया की सही परिभाषा को भी आत्मसात कर पायेंगे। मान लीजिए कि कुछ इस तरह की सामग्री उनके सामने आती है।

- राम मोहन को मारता है।
- राम को बहुत मार पड़ी।
- It is a very comfortable chair.
- She chaired the session.

वाक्य नं. 1 में 'मार' व वाक्य नं. 4 में Chair क्रिया के रूप हैं। कारण यह है कि संरचनात्मक दृष्टि से हिन्दी में क्रिया वह होती जिसके साथ '–ता, –ती, –ते, ...' आदि लग सकें यथा 'मारता, मारती, मारते, मार, मारो, मारेगा – इत्यादि। 'Chair' क्रिया इसलिए है क्योंकि 'Chairs, Chaired, Chairing' आदि रूप सम्भव हैं। वाक्य 2 में 'मार' व वाक्य 3 में 'Chair' संज्ञा है। वह इसलिए कि दोनों के पहले विशेषण लग सकते हैं, दोनों के बहुवचन बन सकते हैं। जब बच्चे इस तरह का विश्लेषण ख़ुद करते हैं तो उन्हें बहुत मज़ा आता है और उनकी समझ भी निखरती है।

इसी तरह के विश्लेषण में आगे बढ़ते हुए वह संज्ञा (लगभग सभी भाषाओं में) के निम्न गुणों के प्रति संवेदनशील हो जायेंगे और उनकी अवधारणात्मक समझ निखरेगी।

- संज्ञा के पहले 'Determiner' जैसे शब्द आ सकते हैं :
  एक / वह / मेरा आदि 'मेज़'
  a/this/that/my आदि 'table'
- संज्ञा से पहले विशेषण आ सकते हैं
  बड़ा 'मेज़ / big table
- संज्ञा के बहुवचन बनते हैं :
  'मेज़ / table
- संज्ञा कर्ता एवं कर्म के रूप में प्रयुक्त हो सकती है :
  'वह मेज़ लम्बी है।'
  'That table is long'.
  'मोहन ने किताब लिखी।'
  'Mohan wrote a book.'
- संज्ञा वाक्यों को पूरा करने का काम कर सकती है :
  'वह लड़की एक डॉक्टर है।'
  'She is a doctor.'

- संज्ञा Prepositions/Postpositions के साथ आ सकती है :
  'मेज़ पर'
  'On the table'

जब इस तरह की गतिविधियाँ शिक्षक–प्रशिक्षण व रोज़मर्रा की पढ़ाई का हिस्सा बन जाती हैं तो एक और मुख्य उपलब्धि यह होती है कि शिक्षक और बच्चे दूसरी भाषाओं का आदर करना स्वतः सीख जाते हैं। यह बहुत बड़ी बात है कि बोलियाँ कही जाने वाली भाषाएँ यथा मेवाड़ी, मारवाड़ी, बागड़ी, बुन्देली, अवधि, भोजपुरी आदि कक्षा में जगह पा जाती हैं और एक वैज्ञानिक विश्लेषण से यह सिद्ध हो जाता है कि ये सभी भाषाएँ नियमबद्ध हैं, इनका व्याकरण है, साहित्य है और ये सब आसानी से लिपिबद्ध हो सकती हैं।

निष्कर्ष

उम्मीद है कि बहुभाषित आधारित भाषा विश्लेषण शिक्षक–प्रशिक्षण का अभिन्न अंग बन पायेगा। भाषा की प्रकृति एवं संरचना के प्रति शिक्षक अधिक संवेदनशील होंगे। उन्हें वे सारे कौशल हासिल होंगे जिनसे वे बहुभाषिता को कक्षा में स्रोत के रूप में इस्तेमाल कर सकेंगे। बच्चों की आवाज़ों को जगह मिलेगी, उनका वैज्ञानिक प्रणाली से परिचय होगा व उनकी अवधारणात्मक समझ निखरेगी। भाषाओं की कक्षाओं में व्याकरण पढ़ाने पर जो समय व्यर्थ होता है उसका सदुपयोग हो पायेगा। इस सबसे अन्य सभी विषयों में तर्क व विश्लेषण करने की क्षमता का भी विकास होगा।

सन्दर्भ सूची

1. अग्निहोत्री, आर.के., दीवान, एच.के., *भाषा व भाषा शिक्षण*, होशंगाबाद विज्ञान 14, पृष्ठ 5–6, वर्ष 1984।
2. अग्निहोत्री, रमा कान्त (1996), *कौन भाषा कौन बोली, सन्दर्भ (पत्रिका)*, एकलव्य, भोपाल।
3. अग्निहोत्री, रमा कान्त (1999), *बच्चों की भाषा सीखने की क्षमता–भाग 1*, सन्दर्भ, एकलव्य, भोपाल।
4. *भारतीय भाषाओं का शिक्षण*, पोजीशन पेपर फ़ॉर एन.सी.एफ. 05,2006 एन.सी. ई.आर.टी., नयी दिल्ली।
5. अग्निहोत्री, रमा कान्त (2013), *बहुभाषिता पर आधारित शिक्षक प्रणाली की ओर*, शिक्षा विमर्श, जनवरी–फरवरी 2013, पृष्ठ 34–42।

6. अग्निहोत्री, आर. के. (2007), *आइडेंटिटी एंड मल्टीलिंगुअलिटी : द केस ऑफ इंडिया*। बी.एम. तसई एवं जे. डब्ल्यू. टोलेफसन द्वारा सम्पादित, लैंग्वेज पॉलिसी, कल्चर एंड आइडेंटिटी इन एशियन कॉन्टेक्स्ट (पृ. 185–204)। माहवाह, एनजे : लॉरेन्स एरल्बम एसोसियट्स, आई.एन.सी.।
7. अग्निहोत्री, आर.के. (1995), *मल्टीलिंगुअलिज़्म एज़ ए क्लासरूम रिसोर्स*। के. हयूघ, ए. सेयरून एवं पी. पेलुडमन द्वारा सम्पादित, मल्टीलिंगुअल एजुकेशन फ़ॉर साउथ अफ्रीका (पेज 3–7)। जोहान्सबर्ग, जर्मनी : हाइनमैन।
8. दीवान एच. के., अशोक कुमार, पृष्ठ 127–141 *ज्ञान की संरचना : अन्तर्राष्ट्रीय सेमिनार में हुई चर्चाओं का विवरण*, विद्या भवन सोसाइटी, उदयपुर, 2004।
9. अग्निहोत्री आर.के., 2008 *ओरलिटी एंड लिटरेसी*। इन कचरू, ब्रज, बी., कचरू, वाई एंड श्रीधर, एस.एन. एडिट *कन्टनियिंग लैंग्वेज इन साउथ एशिया*। कैम्ब्रिज : कैम्ब्रिज यूनिवर्सिटी प्रेस, 271–284।
10. अग्निहोत्री, आर.के. 2008, *कन्टनियिंग डिबेट्स ओवर दी नेटिव स्पीकर : ए रिपोर्ट ऑन ए सिम्पोज़ियम ऑन इंग्लिश इन इंडिया एंड इंडियन, इंग्लिश*। इंग्लिश टूडे 24–4 : 51–58, (कैम्ब्रिज : कैम्ब्रिज यूनिवर्सिटी प्रेस)।
11. अग्निहोत्री, आर.के. 2008, *मल्टीलिंगुअलिटी फ़ॉर इंडिया*, सेमीनार 590।
12. अग्निहोत्री, आर.के. 2009, *मल्टीलिंगुअलिटी एंड ए न्यू वर्ल्ड ऑर्डर*। इन मोहंती, ए.के., पांडा, एम., फिलिप्सन, आर. एंड स्कुटनब–कांगस, टी. एडिट मल्टीलिंगुअल एजुकेशन फ़ॉर सोशल जस्टिस : ग्लोबलाइज़ेशन द लोकल। नयी दिल्ली : ओरिएंट ब्लैकस्वान, पेज 268–77।
13. अग्निहोत्री, आर.के. 2012, *मल्टीलिंगुअलिटी, मार्जिनलिटी एंड सोशल चेंज*। इन खन्ना, ए.एल. एंड अंजू सहगल गुप्ता एडिट 2012, एसेंसियल रीडिंगस फ़ॉर टीचर्स ऑफ़ इंग्लिश : फ्रॉम रिसर्च इनसाइट्स टू क्लासरूम प्रैक्टिस। नयी दिल्ली : ओरिएंट ब्लैकस्वान, पेज 13–24।
14. अग्निहोत्री, आर.के. 2014,' *मल्टीलिंगुअलिटी, एजुकेशन एंड हारमोनी*'। इन्टरनेशनल जर्नल ऑफ़ मल्टीलिंगअलिज़्म,11(3) : 364–379।
15. अग्निहोत्री, आर.के. 2015, *कान्सीटयूंट असम्बेली डिबेट्स ऑन लैंग्वेज़*। इकोनॉमिक एंड पॉलिटिकल वीकली वॉल्यूम एल नम्बर 8:47–56।

अध्यापक बनने की प्रक्रिया : शिक्षक की अर्हता और अनर्हता पर कुछ सवाल

–अमित

यह पर्चा अध्यापक बनने की प्रक्रिया में आये बदलावों उनसे जुड़ी चुनौतियाँ, इनमें हुए विभिन्न प्रयोगों और इनके ज़रिये शिक्षक की अर्हता और अनर्हता से जुड़े सवालों पर प्रकाश डालने का प्रयास करता है। यह प्रयास शिक्षक–प्रशिक्षण से जुड़े दस्तावेज़ों और इनमें हुए प्रयोगों के विश्लेषण और लेखक के अपने अनुभवों पर आधारित है।

प्रस्तावना

शिक्षक कौन हो सकता है? इसके जवाब में कई बातें आ सकती हैं, जो हो सकता है कि आपस में विरोधाभासी भी हों, जैसे– कोई कह सकता है कि वही व्यक्ति शिक्षक हो सकता है जो बच्चों को प्यार करे और उन्हें समझे। वहीं, दूसरा व्यक्ति कह सकता है कि बच्चों को अनुशासित और नियन्त्रित कर सकने वाला ही अच्छा शिक्षक हो सकता है। शिक्षा या कहें कि सीखने–सिखाने की प्रक्रिया के प्रति हमारी जो समझ होती है, हमारी दृष्टि में शिक्षक की तैयारी और अर्हता उससे निर्धारित होती है।

राष्ट्रीय पाठ्यचर्या की रूपरेखा–2005 में बाल केन्द्रित शिक्षा की संकल्पना की गयी, जिसमें ज्ञान को बनी–बनाई और हस्तान्तरण करने योग्य वस्तु के बजाय संवाद और अन्तर्क्रिया करते हुए निर्मित की जाने वाली अवधारणाओं के रूप में स्वीकार किया गया। (पृ. 18, 20) नतीजतन शिक्षक की भूमिका में बदलाव भी लाज़मी था। अब शिक्षक से यह अपेक्षा नहीं है कि वह विद्यार्थियों को ज्ञान सिखाये, रटवाये और परीक्षा लें, बल्कि उससे यह उम्मीद की गयी कि वह बच्चों की रचनात्मकता को खुलने–खिलने के मौक़े दें, उनके सवालों के जवाबों की तलाश में सह–खोजी बने, शिक्षण

प्रक्रिया को कक्षा–कक्ष और पाठ्यपुस्तक तक सीमित करने के बदले उसे बाहरी दुनिया के समृद्ध अनुभवों के साथ जोड़े। अब शिक्षक को विद्यार्थियों की ज्ञान निर्माण प्रकिया में सहभागी और सहयोगी की भूमिका निभानी है। इस लिहाज़ से शिक्षक–शिक्षा की दृष्टि और पद्धतियों में बदलाव ज़रूरी हैं ताकि शिक्षक अपनी बदलती भूमिका और ज़रूरतों को पहचानकर कक्षा में पहुँच सकें।

शिक्षक–प्रशिक्षण और शिक्षक की आज़ादी

राष्ट्रीय शिक्षा नीति (1986, संशोधित 1992) में कहा गया है कि शिक्षक–शिक्षा एक लगातार चलने वाली प्रक्रिया है। जिसमें सेवा–पूर्व और सेवाकालीन प्रशिक्षण एक–दूसरे के पूरक अंग हैं। इन प्रशिक्षणों को संस्थागत और सुनियोजित रूप देते हुए शिक्षा नीति में ज़िला शिक्षा एवं प्रशिक्षण संस्थान (डायट) की स्थापना किये जाने की बात कही गयी (पृ. 32)।

राष्ट्रीय शिक्षा नीति (1986) में कहा गया कि डायट की स्थापना से घटिया (Sub-Standard) शिक्षक–प्रशिक्षण संस्थान ख़त्म हो जायेंगे (पृ. 32)। राष्ट्रीय अध्यापक शिक्षा परिषद् (एन.सी.टी.ई.) की वेबसाइट से प्राप्त जानकारी के अनुसार मध्य प्रदेश में डी.एड. के कुल 658 मान्यता प्राप्त शिक्षण–प्रशिक्षण संस्थान हैं, जिनमें से केवल 43 यानी 6.53 प्रतिशत शासकीय हैं (D.Ed. updated as on 02–05–16) अर्थात् डायट की स्थापना होने के बावजूद निजी शिक्षक–प्रशिक्षण संस्थान फल–फूल रहे हैं और अधिकांश प्रशिक्षु–शिक्षक इन्हीं निजी संस्थानों से डिग्रियाँ लेकर निकल रहे हैं।

राष्ट्रीय शिक्षा नीति (1986, 1992) में शासन और समुदाय की साझी ज़िम्मेदारी मानते हुए उनसे ऐसी स्थितियाँ निर्मित करने की अपेक्षा की गयी है कि शिक्षक रचनात्मक कार्य करने के लिए प्रोत्साहित हो सके। आगे उसमें कहा गया कि शिक्षक को नवाचार की स्वतन्त्रता होनी चाहिए वह ज़रूरतों और क्षमताओं के हिसाब से और साथ ही समाज के जुड़ावों के साथ चलते हुए उपयुक्त गतिविधियों और संवाद के तौर तरीक़ों का विकास कर सके (एन.पी.ई. पृ. 31–32)। यहाँ शिक्षक को पाठ्यपुस्तकों के तंग दायरे से आज़ाद होकर नवाचार करने और उस नवाचार में समाज के सरोकारों ध्यान रखने की बात कही गयी है। लेकिन क्या असल में यह हो पा रहा है?

बस्ते के बोझ के साथ–साथ ज्ञान के बोझ को भी कम करने की सिफ़ारिश करने वाली यशपाल समिति रिपोर्ट–1993 कहती है, "शिक्षक–शिक्षा के पाठ्यक्रम ऐसे हों, जिनसे स्व–शिक्षण और स्वतन्त्र चिन्तन का विकास हो सके" (पृ. 22)। इसका विस्तार हमें राष्ट्रीय पाठ्यचर्या की रूपरेखा–2005 में देखने को मिलता है, जिसमें कहा गया है– "विचार तथा क्रिया की आज़ादी, स्वतन्त्र तथा सामूहिक रूप से सावधानीपूर्वक विचार कर किये गये मूल्य–निर्धारित निर्णय लेने की क्षमता की तरफ़ इशारा करते हैं" (एन.सी.एफ.–2005, पृ. 12)। शिक्षा का अधिकार [आर.टी.ई.–2009, अनुच्छेद 29 (2)] में पाठ्यचर्या और मूल्यांकन प्रक्रिया के खण्ड में कहा गया है कि गतिविधियों, खोज़बीन और पड़ताल के ज़रिये बालकेन्द्रित शिक्षण हो। लेकिन हम जानते हैं कि हमारा शालेय शिक्षा तन्त्र आज भी बच्चों पर बहुत बोझा डाल रहा है। यह बोझा असंगत पाठ्यचर्या से आता है जो बच्चों के निजी और सामाजिक परिवेश से कटी हुई होती है। पाठ्यचर्या को विद्यार्थी के साथ जोड़ने और उसकी ज़रूरतों का रचनात्मक प्रतिसाद करने में शिक्षक की अपर्याप्त तैयारी की वजह से यह बोझा अधिक बढ़ जाता है। बच्चे अपने घरेलू, सामाजिक और सांस्कृतिक परिवेश में सीखते हैं, उसके महत्त्व को पहचानने की क्षमता शिक्षकों में होनी चाहिए और बच्चों को यह मौक़ा दिया जाना चाहिए कि वे खोजबीन कर सकें, सीख सकें और विकसित हो सकें (एन.सी.एफ.टी.ई. पृ. 4)।

व्यवहार में हम देखते हैं कि पाठ्यपुस्तकें पवित्र ग्रन्थ की तरह अनिवार्य और आलोचनाओं से परे मानी जाती हैं। शाला में शिक्षक को सिद्धान्त : यह आज़ादी तो है कि वह अपनी मर्ज़ी से पाठ्यपुस्तकों के दायरे से बाहर आ सकें, लेकिन शिक्षक–प्रशिक्षण के दौरान वह जिस प्रक्रिया से गुज़रा होता/होती है, वहाँ आलोचना किये जाने, स्वतन्त्र चिन्तन और कुछ नया आज़माने की अनुमति प्रायः नहीं होती। इस तरह अपने प्रशिक्षण के दौरान प्रशिक्षु–शिक्षक आलोचनात्मक चिन्तन और नवाचार करने के लिए सक्षम नहीं बन पाते हैं। एक शिक्षक के रूप में जब वे शाला में पहुँचते हैं, तब शाला का माहौल और परीक्षा (आजकल सतत् आकलन) का दवाब इतना ज़्यादा होता है कि पाठ्यक्रम पूरा करना एक मिशन पूरा करने का पर्याय बन जाता है और यह दबाव उन्हें कुछ नया करने से रोकता है।

इसलिए यह मान लेना उचित नहीं होगा कि डी.एड. (या डी.एल.एड.) का डिप्लोमाधारी युवा एक शिक्षक बनने की अर्हता पा चुका होता है।

उसकी कार्यकुशलता को निर्धारित करने में अन्य कारक भी महत्त्वपूर्ण हैं, जैसे–नया सोचने और आज़माने की क्षमता, बच्चों के साथ सामाजिक नज़दीकी, बच्चे की भाषा की समझ आदि। इसलिए शिक्षक–प्रशिक्षण में इन तत्त्वों का समावेश होना ज़रूरी है।

शिक्षक की पेशेवर तैयारी

प्राथमिक कक्षाओं के लिए शिक्षक–शिक्षा (डी.एड. या डी.एल.एड.) के पाठ्यक्रम को हम दो मोटे भागों में बाँट सकते हैं – एक हिस्सा अकादमिक शिक्षणशास्त्रीय विषय, जैसे–गणित शिक्षण, भाषा शिक्षण आदि हैं और दूसरा हिस्सा फ़ाउंडेशन विषय, जिसमें बाल विकास और सीखना, शिक्षा दर्शन आदि होते हैं। हम दूसरे हिस्से को देखते हैं[1]–

- **प्रथम वर्ष**–
  - o ज्ञान, शिक्षाक्रम व शिक्षण शास्त्र
  - o बाल विकास और सीखना
  - o शाला व समुदाय
- **द्वितीय वर्ष**–
  - o आधुनिक विश्व के सन्दर्भ में भारतीय शिक्षा
  - o शिक्षा दर्शन–व्यक्ति, सीखना व शिक्षा

इसमें विविध स्रोतों से जुटायी गयी पठन सामग्री है, कुछ पुस्तकों और लेखों के अंश हैं, कुछ सामग्री राज्य (लेखक के अनुभव छत्तीसगढ़ और राजस्थान प्रदेश के अनुभव हैं) द्वारा गठित लेखन–समूह द्वारा लिखी गयी है। इस लेखन में भी विविध स्रोत इस्तेमाल किये गये हैं, जैसे–"बाल विकास" में समरहिल, दिवास्वप्न, तोत्तो चान, अनारको के आठ दिन, पिप्पी के लम्बे मोजे जैसी पुस्तकों के ज़रिये विविध प्रकार के बचपन के बारे में बताया गया है।

"ज्ञान, शिक्षाक्रम व शिक्षा दर्शन" में ज्ञान के प्रकार, ज्ञान और प्रमाण की चर्चा करने के बाद दार्शनिकों और उनकी चिन्तन प्रक्रिया का परिचय कराया गया है। साथ ही, इसमें दार्शनिक चिन्तन के तरीक़े, व्यक्ति की समझ तथा शिक्षाक्रम आदि भी सम्मिलित है।

---

1. चर्चा के लिए हम राज्य शैक्षिक अनुसन्धान एवं प्रशिक्षण परिषद् (एस.सी.ई.आर.टी.), रायपुर (छत्तीसगढ़) की पठन सामग्री को देखेंगे। राजस्थान की सामग्री भी कमोबेश इसी तरह की है।

"शाला व समुदाय" में कुछ केस–स्टडी भी शामिल की गयी हैं। इसी विषय के अन्तर्गत एक इकाई शिक्षा में समुदाय की भूमिका की बात करती है। जिसके तहत शालेय प्रबन्ध और उसमें समुदायिक सहभागिता पर भी एक अध्याय है। इसके अलावा पूर्ववर्ती इकाइयों में समाज की संरचना, विषमता, भेदभाव, हाशियाकरण आदि की सैद्धान्तिक चर्चा भी की गयी है।

"आधुनिक विश्व के सन्दर्भ में भारतीय शिक्षा", दरअसल प्रथम वर्ष के "शाला व समुदाय" का विस्तार है, जिसमें आधुनिकीकरण, औद्योगीकरण आदि की चर्चा है तथा स्कूली शिक्षा का इतिहास भी बताया गया है। इसमें शाला के संस्थागत रूप की चर्चा है, जिसमें पाठ्यक्रम और पाठ्यपुस्तकों पर आलोचनात्मक चिन्तन भी किया गया है।

यह तो ज़ाहिर है कि उपरोक्त पाठ्यक्रम सैद्धान्तिक समझ बनाने में विद्यार्थी–शिक्षकों की मदद करते हैं। कुछ मायनों में उपरोक्त पाठ्यक्रम क्रान्तिकारी भी है, जिसमें शालेय शिक्षा की आलोचनाओं, वैकल्पिक शिक्षा के प्रयोगों आदि को भी पर्याप्त स्थान और महत्त्व दिया गया है। लेकिन साथ ही इसमें, मेरे अनुभव के अनुसार कुछ दिक्क़तें भी हैं, जैसे–कुल सामग्री इतनी ज़्यादा और भारी हो गयी है कि विद्यार्थी–शिक्षकों को पढ़ने और शिक्षक–प्रशिक्षकों को पढ़ाने में यह मुश्किल लगती है।[2] दूसरे, शिक्षक–प्रशिक्षकों को इस सामग्री के सन्दर्भ में उन्मुखीकरण भी प्रभावी रूप से नहीं हो पाया है। इसलिए लेखक ने छत्तीसगढ़ और राजस्थान की डी.एड. की कक्षाओं के अवलोकन[3] में पाया है कि "रचनावाद" की पढ़ाई भी "व्यवहारवादी" तौर–तरीक़ों से होती है। "गतिविधि आधारित शिक्षण" की रस्म–अदायगी के तौर पर समूह में पठन और प्रस्तुतिकरण की "गतिविधि" कक्षा में की जाती है। जैसा कि नीतियों में बार–बार दोहराया गया है कि शिक्षक स्वतन्त्र और आलोचनात्मक चिन्तन की क्षमताओं से लैस हों, इसके मौक़े उन्हें अपनी कक्षाओं में नहीं मिल पाते हैं।

चिकित्सा, वकालत, मार्केटिंग, इंजीनियरिंग आदि तमाम पेशेवर पाठ्यक्रमों में वास्तविक परिस्थितियों में काम करना और काम करते हुए सीखने पर समुचित ज़ोर होता है। शिक्षक–शिक्षा का एक ऐसा क्षेत्र है, जिसके पाठ्यक्रम और उसके अमल को अपेक्षानुरूप पेशेवर नहीं बनाया

2. यह लेखक के अपने अवलोकन और अनुभव से उपजी समझ है।
3. छत्तीसगढ़ और राजस्थान की 3–4 डायट में लेखक के निजी अनुभव।

जा सका है। पठन सामग्री की गुणवत्ता, स्रोत पुस्तकों की उपलब्धता तथा उन तक पहुँच, पढ़ने के अभ्यास की कमी, शिक्षक–प्रशिक्षकों की तैयारी व उनकी अध्यापन शैली...आदि तमाम व्यवहारिक दिक्क़तों के कारण विद्यार्थी–शिक्षकों सैद्धान्तिक समझ उस स्तर तक नहीं विकसित हो पाती, जिसकी अपेक्षा की जाती है।

1. शाला अनुभव

विद्यार्थी–शिक्षक सिर्फ़ किताबी ज्ञान के साथ–साथ शालेय वास्तविकताओं से परिचित हो सकें, प्रशिक्षण के दौरान सीखी जा रही अवधारणाओं–तथ्यों, विषय–ज्ञान, नवाचार आदि को वे आज़मा कर देख सकें और उसकी ख़ूबियों तथा सीमाओं से परिचित हो सकें, इसलिए शाला अनुभव का प्रावधान है। कोठारी आयोग ने सिफ़ारिश की थी कि विद्यार्थी–शिक्षकों को कम से कम आठ सप्ताह शाला अनुभव का मौक़ा मिलना चाहिए जिसमें शाला की वास्तविक परिस्थितियों में उन्हें शैक्षिक व ग़ैर–शैक्षिक कार्यों का अनुभव प्राप्त हो। आयोग यह भी कहता है कि आधुनिक समाज के लिए शिक्षा के उद्देश्यों को ध्यान में रखते हुए शिक्षण–अनुभव (Practice Teaching) और पाठ्यक्रम स्कूली छात्रों की समस्या–समाधान की क्षमताओं में विकास पर केन्द्रित होने चाहिए। इससे पहले यह क्षमता विद्यार्थी–शिक्षकों में विकसित होनी चाहिए, जो इसके पृथक् प्रदर्शन से नहीं, करते हुए सीखने की प्रक्रिया से विकसित होगी(कोठारी आयोग 1964–66; रिपोर्ट वॉल्यूम 1, एन.सी.ई.आर.टी.–1970; पृ. 123, 124)। शिक्षा नीति (1986) की समीक्षा करते हुए आचार्य राममूर्ति आयोग (1990) ने भी शिक्षक–प्रशिक्षण के लिए इंटर्नशिप, जो ज़मीनी हक़ीकत के अनुभवों से जुड़ी हुई हो, की वकालत की थी।

वर्तमान में शिक्षक–शिक्षा के तक़रीबन सभी पाठ्यक्रमों में शाला–अनुभव का प्रावधान है। छत्तीसगढ़ के डिप्लोमा इन एजुकेशन के द्विवार्षिक पाठ्यक्रम में प्रत्येक वर्ष दस दिन का शाला अवलोकन और पचास दिन का शाला–अनुभव किया जाता है। इसमें विद्यार्थी–शिक्षकों का अधिकांश समय और ऊर्जा कक्षा में पाठ्यपुस्तक और पाठ्यक्रम पूरा करने में लग जाते हैं। उन्हें विद्यार्थियों की सामाजिक–सांस्कृतिक पृष्ठभूमि के अनुसार पाठ–योजना बनाने, अभिभावकों से संवाद करने, उनके सरोकार जानने का मौक़ा नहीं मिलता। शाला शिक्षक की ओर से भी अपेक्षित सहयोग कम ही मिल पाता है क्योंकि वे खुद ही अनेक प्रकार के प्रशासकीय कार्यों में व्यस्त होते हैं,

और मानते हैं कि विद्यार्थी–शिक्षकों के आने से कक्षा–अध्यापन में उन्हें सहयोगी मिल गये हैं। परिणामस्वरूप विद्यार्थी–शिक्षकों की जो समझ इस शाला अनुभव से विकसित होने की अपेक्षा की जाती है, वह कम हो पाता है। राज्य में शालेय शिक्षा तन्त्र में ग़ैर–सरकारी संगठनों (प्रथम, एकलव्य, सम्पर्क आदि) के हस्तक्षेपों की वजह से हालाँकि विद्यार्थी–शिक्षकों को शाला अनुभव के दौरान कुछ जगहों पर नवाचार करने के मौक़े मिलते हैं। कुछ विद्यार्थी–शिक्षक अपनी रुचि और स्वयं प्रेरणा से भी अपनी कक्षाओं में कुछ हटकर नया करने की कोशिश करते हैं, लेकिन अनुभव बताते हैं कि विद्यार्थी–शिक्षक न तो अपने पाठ्यक्रम से उन नवाचारों को जोड़ पाते हैं और न ही उस नवाचार के औचित्य व उपयोगिता पर उनकी कोई पुख़्ता समझ बन पाती है। इन नवाचारों के तहत वे भाषा, गणित आदि की "गतिविधियाँ" कक्षा में सम्पन्न करा देते हैं। नवाचार और पाठ्यक्रम के बीच प्रत्यक्ष सामंजस्य की कमी यहाँ नज़र आती है।

राष्ट्रीय पाठ्यचर्या की रूपरेखा (2005 पृ. 12) कहती है, "स्कूल, कक्षा और सम्बन्धित शैक्षिक स्थल दरअसल वे स्थान होते हैं, जहाँ सर्वाधिक महत्त्वपूर्ण शैक्षिक क्रियाकलाप होते हैं। ये वे स्थान होने चाहिए जहाँ विद्यार्थियों को ऐसे अनुभव मिलें जो वाँछित शैक्षिक उद्देश्यों, ज्ञान की प्रकृति एवं सामाजिक जगह के रूप में स्कूल की समझ, कक्षा में चल रही गतिविधियों को निर्देशित करने के सिद्धान्तों तक पहुँचने में मदद कर सकते हैं।"

लेकिन व्यवहारिक रूप से अधिकांशतया विद्यार्थी–शिक्षकों पर शाला की ओर से यह दवाब रहता है कि वे कक्षा में प्रयोग, नवाचार, गतिविधियाँ आदि कराने के बदले "पाठ्यक्रम" पूरा करायें। इस तरह नवाचार और पाठ्यक्रम को दो समानान्तर प्रक्रियाओं के रूप में कार्यान्वित किया जा रहा है, जिसमें नवाचार एक शौक़िया या सजावटी आभूषण के तौर पर है, लेकिन शाला और विद्यार्थी–शिक्षक की नज़रों में कक्षा–शिक्षण का असल मक़सद तो पाठ्यक्रम पूरा करना है। शालेय शिक्षा के इस घोषित लक्ष्य–पाठ्यक्रम पूरा करना–के साथ–साथ शिक्षक–प्रशिक्षण में यह सम्भावना भी होनी चाहिए कि वह शिक्षा के व्यापक लक्ष्यों–संवैधानिक मूल्यों के प्रति प्रतिबद्धता, विचार तथा क्रिया की आज़ादी, ज्ञान और दुनिया की समझ के साथ दूसरे लोगों की भावनाओं और कल्याण के प्रति संवेदनशीलता आदि की ओर बढ़ने वाले शिक्षक तैयार कर सकें (एन.सी.एफ.–2005 पृ. 12)। हम ऐसे

शिक्षक तैयार कर सकें जो बच्चों और उनके सामाजिक–सांस्कृतिक पृष्ठभूमि से जुड़ पायें। जबकि शाला अनुभव के ज़रिए विद्यार्थी–शिक्षक शालाओं के उस रूप से ही परिचित हो पाते हैं जो समाज के प्रति उदासीन और प्रशासकीय कार्य से लदा हुआ है। शाला समाज से कटी हुई, एकाकी इकाई नहीं है। समाज में घट रही अच्छी–बुरी बात का असर उस पर पड़ता है। इसलिए शाला को समाज के सरोकारों और समसामयिक विमर्श के साथ जोड़ने की ज़रूरत है। यदि किसी गाँव में जाति, लिंग आदि के आधार पर भेदभाव हो रहा है, तो क्या उस गाँव की शाला उससे उदासीन बने रह सकती है? अभिभावकों का शाला के साथ जीवन्त जुड़ाव भी महत्त्वपूर्ण है जो शाला को समुदाय से जोड़ते हैं। उनका शाला के रोज़मर्रा के काम–काज में रुचि लेने से शाला की गुणवत्ता के सुधार में मदद मिलती है और वह समाज के प्रति जवाबदेह होती है।

समाज से जुड़ाव

हम जब भी शासकीय स्कूलों में जाते हैं और शिक्षकों से बातचीत करते हैं, उनके हालचाल पूछते हैं तो वे अक्सर विविध शिकायतें करते पाये जाते हैं, जैसे–"माता–पिता बच्चों पर ध्यान नहीं देते," "ये बच्चे पढ़ना नहीं चाहते," "इनको स्कूल की ज़रूरत ही नहीं।" "हम इतनी मेहनत करते हैं, लेकिन इनके लिए उसका कोई मोल नहीं है।" वग़ैरह वग़ैरह....। कुल मिलाकर आपको इनमें एक द्वन्द्व नज़र आयेगा– "हम" और "वो" के बीच। "हम शिक्षक" और "वो" बच्चे या वो अभिभावक का द्वन्द्व। शिक्षकों को मिलने वाली तमाम पेशेवर डिग्रियों, प्रशिक्षणों, शैक्षिक अनुभवों के बावजूद यह द्वन्द्व यथावत क़ायम है। कुछ जगहों पर यह बढ़ता हुआ भी नज़र आता है। हमें यह विचार करने की ज़रूरत है कि यह द्वन्द्व कैसे मिटे?

वर्तमान में शिक्षकों व छात्रों के बीच सामाजिक दूरियाँ बढ़ रही हैं, ख़ासतौर पर शासकीय शालाओं में जहाँ हाशियाकृत वर्गों के बच्चे अधिक आ रहे हैं। ऐसे में शिक्षक के लिए यह बेहद ज़रूरी हो जाता है कि वह विद्यार्थी और उसके पारिवारिक–सांस्कृतिक परिवेश से भली–भाँति परिचित हो। जैसा कि बर्नस्टाइन कहते हैं, स्कूल की भाषा और संस्कृति बच्चों पर थोपने के बदले शिक्षक उनकी भाषा और संस्कृति का सम्मान करें और उसे कक्षा में स्थान दे (बर्नस्टाइन 2003; पृ. 148–149)। लगभग इसी तरह की बात राष्ट्रीय पाठ्यचर्या की रूपरेखा (एन.सी.एफ. 2005, पृ. 18)

कहती है– "स्कूल के भीतर व बाहर दोनों जगहों पर सीखने की प्रक्रिया चलती है। इन दोनों जगहों में यदि सम्बन्ध रहे तो सीखने की प्रक्रिया पुष्ट होती है।" (एन.सी.एफ.–2005, पृ. 18) इस तरह, ज्ञान के निर्माण के लिए ज़रूरी है कि शिक्षक और शिक्षार्थी एक धरातल पर हों और परस्पर समानतापूर्ण और खुला संवाद स्थापित कर पायें। राष्ट्रीय पाठ्यचर्या की रूपरेखा (2005) में कहा गया है– "यह महत्त्वपूर्ण है कि कक्षा में सभी बच्चों के लिए समावेशी माहौल तैयार किया जा सके। विशेषकर उनके लिए जिनको हाशिए पर धकेले जाने का खतरा हो" (एन.सी.एफ.–2005, पृ. 19)। इस सन्दर्भ में राष्ट्रीय अध्यापक शिक्षा परिषद् द्वारा विकसित नेशनल करिकुलम फ्रेमवर्क फ़ॉर टीचर एजुकेशन (एन.सी.एफ.टी.ई.–2009) कहती है कि विविध विषयों के सैद्धान्तिक ज्ञान को आपस में जोड़ने की प्रक्रिया में विद्यार्थी–शिक्षक की अपनी अनुभवात्मक वास्तविकताओं और शिक्षार्थी के अपने सामाजिक परिवेश को भी जोड़ा जाना चाहिए, शिक्षकों को आत्म–चिन्तन करने के लिए प्रेरित करना चाहिए और उनमें ख़ुद सीखने और स्वतन्त्र सोच का विकास होना चाहिए। शिक्षण अभ्यास का सैद्धान्तिक ज्ञान के साथ टिकाऊ रिश्ता विद्यार्थी–शिक्षकों को इस क़ाबिल बनायेगा कि ज्ञान का निर्माण कर सकें और सतत् वैचारिक स्पष्टता की ओर बढ़ते जायें (एन.सी.एफ.टी.ई.–2009, पृ. 24)।

देखा जाये तो किसी शहरी मध्यमवर्गीय, उच्च जातीय शिक्षक और दूरस्थ गाँव की निवासी किसी आदिवासी बालिका के बीच समानतापूर्ण और खुला संवाद होना बेहद कठिन है और यह शायद तभी बेहतर ढंग से हो सकेगा जब शिक्षक ख़ुद को डि–क्लास और डि–कास्ट कर ले और रूढ़िबद्ध धारणाएँ जंज़ीरों से मुक्त हों। कक्षा में समावेशी माहौल के लिए शिक्षक–शिक्षा में हर स्तर पर यह ध्यान रखा जाना बेहद ज़रूरी है कि वर्तमान और भावी शिक्षक समाज के हाशियाकृत वर्गों से शाला में आने वाले बच्चों की भाषा, सामाजिक पृष्ठभूमि, माता–पिता का व्यवसाय, संस्कृति आदि के प्रति संवेदनशील हों और समाज के हर व्यक्ति की गरिमा का पूरा ख़याल रखें।

यद्यपि शिक्षक–प्रशिक्षण के तक़रीबन हर स्तर (डी.एड., बी.एड. आदि) में शिक्षक और समाज, शाला और समाज जैसे अकादमिक फ़ाउंडेशन विषय होते हैं (एन.सी.एफ.टी.ई.–2009, पृ. 27)। अपेक्षा की जाती है कि इनके माध्यम से विद्यार्थी–शिक्षकों को सामाजिक संरचना, स्तरीक़रण,

हाशियाकरण आदि प्रक्रियाओं तथा सामाजिक न्याय व समतामूलक समाज बनाने में शालेय शिक्षा की भूमिका के विषय में जाग्रत किया जा सकेगा। अनुभव बताते हैं कि इन्हें सैद्धान्तिक अवधारणाएँ मानकर और परीक्षाओं में पास होने भर के लिए पढ़ा जाता है। शायद विद्यार्थी–शिक्षकों के मन में बसी रूढ़िबद्ध धारणाओं और पूर्वग्रहों को तोड़ना इतना आसान भी नहीं है। अक्सर वे सामाजिक भेदभाव, हाशियाकरण आदि के बारे में पढ़ते हुए रक्षात्मक होकर यह कहते पाये जाते हैं कि "हमारे यहाँ तो ऐसे नहीं होता"। शिक्षा तन्त्र समेत समूचे शासकीय ढ़ाँचे में सामाजिक भेदभाव, हाशियाकरण और बहिष्करण को अस्वीकार करने की एक सर्वस्वीकृत और सर्वव्यापी सहमति नज़र आती है। इस वजह से भी इन मसलों पर विद्यार्थी–शिक्षकों से संवाद करना कठिन हो जाता है।

कुछ वैकल्पिक प्रयोग

शिक्षक को प्रशिक्षित करने, साधारण युवाओं को नवाचारी शिक्षक बनाने के कुछ प्रयोग हुए हैं। जैसा कि हर प्रयोग की प्रकृति होती है, ये प्रयोग भी एक सीमित भौगोलिक क्षेत्र, एक विशिष्ट समय और परिस्थिति में घटित हुए हैं। इनकी कल्पना करने, योजना बनाने और कार्यान्वित करने में किन्हीं विशिष्ट व्यक्तियों का योगदान रहा है। इसलिए इस तरह के प्रयोगों के सर्वव्यापीकरण को लेकर सवाल उठाये जा सकते हैं और हो सकता है कि इनका सर्वव्यापीकरण नामुमकिन भी हो, लेकिन फिर भी ये ऐसे प्रयोग हैं जिनसे हम काफ़ी–कुछ सीख सकते हैं। इसमें हम शिक्षाकर्मी परियोजना और लोक जुम्बिश और शिक्षा प्रोत्साहन कार्यक्रम पर संक्षेप में चर्चा करेंगे और फिर शिक्षा प्रोत्साहन कार्यक्रम के अनुभवों पर विस्तार से बात करेंगे।

1. शिक्षाकर्मी परियोजना

राजस्थान में 1987 में आरम्भ हुई शिक्षाकर्मी परियोजना एक उदाहरण है, जिसे हम स्कूली शिक्षा में समुदाय की भागीदारी और शिक्षक द्वारा गाँव की शैक्षिक स्थिति को बदलने की एक नज़ीर के रूप में देख सकते हैं। इसमें स्थानीय युवाओं को स्कूली शिक्षा से जोड़ा गया। चूँकि वे युवा उसी स्थानीय समुदाय से थे और उनका प्रशिक्षण इस तरह से किया गया कि वे खुद को शिक्षाकर्मी के बदले 'सामाजिक कार्यकर्ता' मानते थे, इसलिए वे बदलाव के वाहक बन सके (पार्टनरशिप इन एजुकेशन : शिक्षाकर्मी

एंड लोक जुम्बिश, राजस्थान; नेशनल रिसोर्स सेल फ़ॉर डिसेंट्रलाइज़्ड डिस्ट्रिक्ट प्लानिंग)। जिन शालाओं में शिक्षक ज़्यादा अनुपस्थित रहते थे, उनके स्थान पर उन प्रशिक्षित युवाओं को शिक्षण का ज़िम्मा दिया गया। इस परियोजना में स्थानीय समुदाय, स्थानीय जन–प्रतिनिधियों और ग़ैर–सरकारी संगठनों को शामिल किया गया। सन् 1998–99 में यह परियोजना राजस्थान के कुल 237 में से 146 विकास खण्डों (ब्लॉक) में लागू थी। सन् 1987–92 के दौरान शिक्षाकर्मी शालाओं में 6 से 14 वर्ष की आयु के बच्चों का नामांकन छह गुना (37 प्रतिशत से बढ़कर 83 प्रतिशत) हो गया। शाला में ठहरने की दर 19 प्रतिशत से बढ़कर 65 प्रतिशत हो गयी (पार्टनरशिप इन एजुकेशन : वही)।

2. लोक जुम्बिश

राजस्थान में ही लोक जुम्बिश का आरम्भ 1992 में हुआ। इसका लक्ष्य सामुदायिक जागृति और भागीदारी के माध्यम से शिक्षा का सार्वभौमिकरण करना था। इसके तहत ग्राम समुदाय, शिक्षाविद् और ग़ैर–सरकारी संगठनों को एक मंच पर लाया गया। 1992–98 के बीच राज्य के 13 ज़िलों के 75 विकास खण्ड में 1,000 प्राथमिक और 200 उच्च–प्राथमिक शालाएँ इस परियोजना में शामिल थीं (पार्टनरशिप इन एजुकेशन : वही)।

शिक्षकों का प्रशिक्षण स्थानीय डाइट और ग़ैर–सरकारी संगठन मिलकर किया करते थे। लोक जुम्बिश द्वारा इन प्रशिक्षणों में व्यक्तित्व विकास और आत्म–चिन्तन के बिन्दु शामिल किये गये तथा शिक्षकों को नियन्त्रण के अधिक मौक़े दिये गये (अज़ीम प्रेमजी विश्वविद्यालय वेबसाइट)। शिक्षकों पर अधिक विश्वास करने और उन्हें आज़ादी देने के सकारात्मक नतीजे हम लोक जुम्बिश में देख सकते हैं, शुरुआती 4 वर्षों (1992–96) में ही शालाओं में नामांकन 24 प्रतिशत बढ़ गया। शिक्षाकर्मी परियोजना और लोक जुम्बिश समुदाय की भागीदारी से स्कूली शिक्षा को बेहतर बनाने के अच्छे उदाहरण प्रस्तुत करते हैं (पार्टनरशिप इन एजुकेशन : वही)।

3. शिक्षा प्रोत्साहन कार्यक्रम

एकलव्य द्वारा संचालित शिक्षा प्रोत्साहन केन्द्रों के अनुभव बताते हैं कि समुचित सामुदायिक भागीदारी, सघन प्रशिक्षण, कार्यस्थल पर मेंटरिंग और कक्षा में शिक्षक को आज़ादी देने से सकारात्मक परिणाम मिल सकते हैं।

इसमें शिक्षक के पास शिक्षा का डिग्री–डिप्लोमा न होना बाधा नहीं बनता। इन केन्द्रों में कक्षा 1 से 5 तक में पढ़ रहे बच्चे आते हैं। यहाँ यह दर्ज करना ज़रूरी है कि शिक्षा प्रोत्साहन केन्द्र (शि.प्रो.के.) स्कूल के विकल्प नहीं हैं, बल्कि उसके पूरक हैं। केन्द्र में पढ़ाने का तरीक़ा ख़ासतौर पर गतिविधि आधारित होता है, जिसमें अमूमन पाठ्यपुस्तकें इस्तेमाल नहीं होतीं। भाषा के लिए कहानी और कविता पोस्टर, वाक्य–पट्टियाँ, शब्दकार्ड,वर्ण और मात्रा कार्ड, बाल साहित्य, गाना–कविता–कहानी, पढ़ना–सुनना–बनाना–लिखना आदि शामिल हैं। गणित के लिए कंकड़, तिलियाँ, गिनमाला, संख्या कार्ड जैसी मूर्त सामग्री होती हैं। केन्द्र संचालिका नियमित रूप से उनका आकलन करती रहती है, जो लगभग सतत् मूल्यांकन (सी.सी.ई.) के जैसा होता है। इसके लिए कोई परीक्षा आदि नहीं ली जाती है। रोज़ाना की गतिविधियों में हिस्सेदारी, लिखने–पढ़ने का काम आदि के अवलोकन के आधार पर यह आकलन होता है।

2010 और फिर 2014 में किये गये अध्ययनों के मुताबिक़ शि.प्रो.के. में आने वाले बच्चों के शैक्षिक स्तर में तुलनात्मक रूप से अधिक बढ़ोतरी हुई है। 2014 में प्रकाशित अध्ययन से पता चलता है कि शि.प्रो.के. में आने वाले बच्चों ने भाषा और गणित में अन्य बच्चों की तुलना में सही जवाब अधिक दिये और ग़लत जवाब कम दिये (लैंग्वेज एंड मैथ्स अचीवमेंटस लेवल्स : एकलव्य, जुलाई 2014)।

इन अनुभवों से पता चलता है कि शिक्षक के लिए शिक्षा की डिग्री–डिप्लोमा होना उतना ज़्यादा ज़रूरी नहीं, जितना उसकी अपनी प्रेरणा और रुझान, समाज और बच्चों के साथ जुड़ाव और उसके साथ की जाने वाली सतत् मेंटरिंग और फॉलोअप। साथ ही शिक्षा की गुणवत्ता के सुधार के लिए यह भी बेहद ज़रूरी है कि स्थानीय समुदाय का शाला के साथ जीवन्त रिश्ता क़ायम हो। कहने की आवश्यकता नहीं कि यह 'विद्यालय प्रबन्ध समिति' (एस.एम.सी.) जैसा औपचारिक ढाँचा न होकर खुले संवाद और शैक्षिक आदान–प्रदान का एक मंच हो।

4. शिक्षा प्रोत्साहन केन्द्र का अनुभव

एकलव्य के शिक्षा प्रोत्साहन केन्द्रों में यह शाला और समाज के बीच का द्वन्द्व कम नज़र आता है। इसका मुख्य कारण है कि केन्द्र संचालक और शिक्षार्थी एक ही समुदाय (या लगभग समान सामाजिक परिस्थिति) से आते

हैं, दोनों का सामाजिक–आर्थिक और भौगोलिक परिवेश लगभग समान होता है, इसलिए शिक्षक और शिक्षार्थी किसी भी रूप में अपरिचित या बाहरी नहीं हैं, इस वजह से वे बच्चों से सीधा जुड़ाव महसूस कर पाते हैं। केन्द्र संचालक का चयन भी स्थानीय स्तर पर समाज द्वारा किया जाता है। चूँकि वे स्थानीय होते हैं और उनके काम की निगरानी भी स्थानीय समाज करता है, इसलिए वे अपने परिवेश में चल रही भेदभाव, बहिष्करण आदि की प्रक्रियाओं को बख़ूबी जानते, झेल रहे होते हैं।

ऊपर उल्लेखित अध्ययनों से पता चलता है कि प्राथमिक कक्षाओं में बच्चों को गणित और भाषा सीखने में आने वाली दिक्क़तें तुलनात्मक रूप से कम हुई हैं और केन्द्र में आने वाले बच्चों ने तुलनात्मक रूप से बेहतर प्रदर्शन किया है। हालाँकि इसके लिए हम यह दावा करने से बचना चाहते हैं कि यह उपलब्धि मात्र एकलव्य के हस्तक्षेप से हुई है, क्योंकि हम यह मानते हैं कि शिक्षा का विकास एक बहुआयामी प्रक्रिया है, जिसमें कई सामाजिक–राजनीतिक कारक अपनी भूमिकाएँ निभाते हैं, जैसे – समाज में जागृति, सरकार के कार्यक्रम और नीतियाँ, रोज़गार की ज़रूरतें आदि। लेकिन इसके बावजूद शि.प्रो.के. की भूमिका को नज़रअन्दाज़ नहीं किया जा सकता।

शिक्षा प्रोत्साहन केन्द्र के ज़रिये एकलव्य शाला से बाहर समुदाय को साथ लेकर प्राथमिक कक्षा के बच्चों के साथ गणित और भाषा की समझ विकसित करने पर काम कर रहा है। प्रत्येक शिक्षा प्रोत्साहन केन्द्र में एक संचालक/संचालिका होती है, जो ग्राम समुदाय द्वारा चयनित युवक–युवतियाँ होते हैं। इनके पास शिक्षा की पेशेवर डिग्री अक्सर नहीं होती। इसके बावजूद वे नवाचारी शिक्षा का एक उल्लेखनीय नमूना पेश करते हैं।

केन्द्र संचालकों को एकलव्य द्वारा सघन प्रशिक्षण और मौक़े पर सतत् अकादमिक सहयोग दिया जाता है। प्रशिक्षण साल में दो बार एक–एक सप्ताह के लिए होता है। इस प्रशिक्षण में निम्नलिखित बातों पर ज़ोर दिया जाता है –

- **गणित शिक्षण** : संख्या की समझ, क्रम में लिखना, ज़्यादा–कम, मूलभूत संक्रियाएँ (जोड़ना, घटाना, गुणा, भाग), स्थानीय मान, इबारती सवाल, लघुत्तम समापवर्तक, साधारण ब्याज, औसत, प्रतिशत, लाभ–हानि, वर्गमूल, भिन्न, क्षेत्रफल आदि।

* **भाषा शिक्षण** : लिखने और पढ़ने के विविध स्तर, मात्राओं की पहचान, स्वतन्त्र लेखन, स्थानीय भाषा में अनुवाद, पत्र लेखन, निबन्ध लेखन आदि।
* **कला** : यह अलग से विषय के रूप न होकर सीखने–सिखाने के माध्यम के रूप में नज़र आता है, जिसमें चित्र बनाना, कविता और गीत गाना, कहानी को हाव–भाव के साथ सुनाना, मिट्टी की आकृतियाँ, अक्षर, अंक आदि बनाना शामिल है।

प्रशिक्षण में सभी केन्द्र संचालक शामिल होते हैं जिसमें विषय से जुड़ी तमाम गतिविधियाँ उन्हें ख़ुद करनी होती हैं, फिर उन पर खुली चर्चा होती है जिसमें सभी को खुलकर सवाल रखने और जवाब देने के मौक़े मिलते हैं। प्रशिक्षण के दौरान शिक्षा से सम्बद्ध कुछ लेख और पुस्तक अंश भी पढ़े जाते हैं और उन पर भी चर्चा होती है।

इसके अलावा केन्द्र संचालक/संचालिकाओं को मौक़े पर मदद देने के लिए प्रत्येक 4–6 केन्द्रों पर एक 'अनुवर्तनकर्ता' होता/होती है। इनकी भूमिका एक तरह से मेंटरिंग और फॉलोअप करने की होती है। ऊपर जिस सात दिवसीय प्रशिक्षण का ज़िक्र किया है, उसमें अनुवर्तनकर्ता भी शामिल होते हैं। साथ ही, केन्द्र संचालन के दौरान और मासिक तैयारी बैठकों में भी संचालकों को फ़ीडबैक दिया जाता है, उनके अकादमिक विषयों पर चर्चा की जाती है, उनकी परेशानियों को सुना जाता है और समाधान के रास्ते खोजे जाते हैं।

केन्द्रों का संचालन स्थानीय समुदाय की सतत् निगरानी में होता है और गाँव का कोई भी व्यक्ति कभी भी केन्द्र आकर देख सकता है, केन्द्र संचालक/संचालिका से बातचीत और सवाल कर सकता है। अभिभावकों की एक 'पालक समिति' होती है, जिसका उन्मुखीकरण एकलव्य द्वारा किया जाता है। नियमित रूप से इनकी मासिक बैठकें होती हैं, जिसमें केन्द्र से जुड़े सभी तरह के मसलों पर विचार होता है।

5. क्या कोई राह नज़र आती है?

शिक्षक–प्रशिक्षण के दो तरीक़ों पर हमने बातचीत की–एक तो डी.एड. (डी.एल.एड.) और दूसरा वैकल्पिक प्रयोगों का। दोनों की ही कुछ सकारात्मक उपयोगिता है और दोनों ही तरीक़ों में अपनी–अपनी समस्याएँ हैं। छत्तीसगढ़ और राजस्थान के डी.एड. कोर्स के अनुभव के आधार पर

यह नज़र आता है कि वह विद्यार्थियों के परिवेश और सन्दर्भ से जुड़ नहीं पाता है। प्रशिक्षण के दौरान विद्यार्थी–शिक्षक किताबी बातें पढ़ते हैं और फिर शाला अनुभव के लिए स्कूलों में जाते हैं। इन दोनों के बीच जो रिश्ता बनना चाहिए, वह बन नहीं पाता है।

एकलव्य के शि.प्रो.के. के ढाँचे को एक सीमित भौगोलिक क्षेत्र में सीमित कार्यकर्ताओं के साथ कार्यान्वित किया जा सकता है, उस ढाँचे में केन्द्र संचालकों को सीमित अकादमिक सहयोग प्रदान किया जाता है। किसी राज्य या उससे बड़े स्तर पर लागू करने में आने वाली कठिनाइयों का जवाब उसमें नज़र नहीं आता, लेकिन ऊपर उल्लेखित प्रयोगों के अनुभवों से कुछ मोटी बातें निकलकर आती हैं, जिन पर ग़ौर किया जा सकता है –

- सेवा–पूर्व शिक्षण–प्रशिक्षण में विद्यार्थी–शिक्षकों को शाला में काम करने के अधिक मौक़े देना। इस दौरान उनके समुदाय से अधिक जुड़ सकने की सम्भावनाएँ खोजना।
- यदि हम वाकई चाहते हैं कि शालाओं में पाठ्यपुस्तकों का दबाव कम हो और बच्चे मुक्त रूप से ज्ञान का निर्माण कर सकें, शिक्षक उनमें आलोचनात्मक चिन्तन, तार्किक सोच आदि के विकास में मदद करें, तो ज़रूरी है कि शिक्षक–प्रशिक्षण को भी हमें पाठ्यक्रम के दबाव से मुक्त रखना होगा, शिक्षक–प्रशिक्षण का तरीक़ा भी अधिक समावेशी, खुला और रचनात्मक होना होगा।
- वर्तमान में सेवाकालीन शिक्षक–प्रशिक्षण कई स्तरों पर और विविध संस्थानों/माध्यमों से दिये जा रहे हैं, जैसे–डायट, सर्व शिक्षा अभियान, शालेय शिक्षा विभाग, एस.सी.ई.आर.टी. आदि। इन्हें सुव्यवस्थित करना ताकि शिक्षकों पर लगातार प्रशिक्षणों में हाज़िर होने का भार न पड़े। सेवाकालीन शिक्षण–प्रशिक्षण का ज़िम्मा डायट को सौंपना, जिसे वह अन्य सरकारी व ग़ैर–सरकारी संस्थाओं की मदद से सम्पन्न करे।
- निजी शिक्षक–प्रशिक्षण संस्थानों को अकादमिक रूप से अधिक सक्षम करने, कार्यरत शिक्षक–प्रशिक्षकों का उन्मुखीकरण व प्रशिक्षण करने में डाइट की भूमिका सुनिश्चित की जानी चाहिए।
- डाइट और निजी शिक्षण–प्रशिक्षण संस्थानों को ग़ैर–सरकारी संगठनों द्वारा किये जा रहे शैक्षिक प्रयोगों को देखने, उनके साथ

जुड़ने और मिलकर काम करने के मौके सुलभ होने चाहिए। इससे परस्पर आदान–प्रदान के नये रास्ते खुलेंगे।

- क्लस्टर स्तर पर शालेय शिक्षकों के अकादमिक सहयोग के ढाँचे को मज़बूत करना।
- समुदाय को शाला के साथ जोड़ने के लिए शाला और समुदाय दोनों स्तरों पर प्रयास करना। इसके लिए शाला प्रबन्ध समिति को अधिक जीवन्त बनाने की ज़रूरत है।
- शिक्षकों की नियुक्ति के समय अकादमिक योग्यताओं के साथ–साथ बच्चों और समुदाय से जुड़ाव, स्थानीय भाषा और संस्कृति का ज्ञान आदि बातों पर ज़ोर देना। नियुक्त में स्थानीय समुदाय की भागीदारी सुनिश्चित की जानी चाहिए।

ऐसा नहीं है कि चारों ओर अन्धकार है। कुछ शालाओं में प्रयोगधर्मी शिक्षकों की मौजूदगी रोशनी की किरणों का अहसास कराती हैं, लेकिन वे शिक्षा तन्त्र की जीवन्तता की वजह से नहीं, बल्कि शिक्षा तन्त्र की उदासीनता के बावजूद कुछ उत्साही और कर्मठ शिक्षकों की वजह से है। इन अपवादों से उम्मीद तो कायम रह पाती है, लेकिन समूचे ढाँचे में जान फूँकना बेहद दूरगामी लक्ष्य दिखता है और उसका कोई रोडमैप भी नज़र नहीं आता।

सन्दर्भ सूची

1. *राष्ट्रीय पाठ्यचर्या की रूपरेखा (2005)*; राष्ट्रीय शैक्षिक अनुसन्धान और प्रशिक्षण परिषद्; नयी दिल्ली ।
2. *नेशनल पॉलिसी ऑन एजुकेशन, 1986 (एज़ मॉडिफाइड इन 1992)*; गवर्नमेंट ऑफ़ इंडिया, डिपार्टमेंट ऑफ़ एजुकेशन, मिनिस्ट्री ऑफ़ ह्यूमन रिसोर्स डेवलपमेंट; 1998; पेज 32 ।
3. डी.एड. (अपडेटेड एज़ ऑन 02–05–2016); www.nctewrc.co.in/recog_inst/mp/MP_recog_d.ed-15-06-2016.pdf
4. *नेशनल पॉलिसी ऑन एजुकेशन–1986 (एज़ मॉडिफाइड इन 1992)*; गवर्नमेंट ऑफ़ इंडिया, डिपार्टमेंट ऑफ़ एजुकेशन, मिनिस्ट्री ऑफ़ ह्यूमन रिसोर्स डेवलपमेंट, 1998; पेज 31–32।
5. लर्निंग विदाउट बर्डन, रिपोर्ट ऑफ़ द नेशनल एडवाइज़री कमेटी अप्वॉइंटेड बाय द मिनिस्ट्री ऑफ़ ह्यूमन रिसोर्स डेवलपमेंट; 1993; पेज 22।
6. निःशुल्क और अनिवार्य बाल शिक्षा अधिनियम (आर.टी.आई. 2009) अनुच्छेद

29(2) नेशनल करिकुलम फ्रेमवर्क फ़ॉर टीचर एजुकेशन–टुवर्ड्स प्रिपेयरिंग प्रोफ़ेशनल एंड ह्यूमेन टीचर (2009); पेज 4।

7. एजुकेशन एंड द नेशनल डेवलपमेंट : रिपोर्ट ऑफ़ द नेशनल कमिशन 1964–66; वॉल्यूम 1, जनरल प्रॉबलम्स; नेशनल काउंसिल ऑफ़ एजुकेशनल रिसर्च एंड ट्रेनिंग 1970; पेज 123 ।
8. रिपोर्ट ऑफ़ द कमेटी फ़ॉर रिव्यू ऑफ़ नेशनल एजुकेशन पॉलिसी–1998 (1990); पेज 271 ।
9. क्लास, कोड एंड कंट्रोल (वॉल्यूम 1); बेसिल बर्नस्टाइन; राउटलेज़, लन्दन; 2003; पेज 148–149 ।
10. पार्टनरशिप इन एजुकेशन : शिक्षाकर्मी एंड लोक जुम्बिश, राजस्थान; नेशनल रिसोर्स सेल फ़ॉर डिसेंट्रलाइज़्ड डिस्ट्रिक्ट प्लानिंग www.nrcddp.or/resources_data/res100024.pdf I
11. प्राइमरी एजुकेशन इन राजस्थान; अज़ीम प्रेमजी विश्वविद्यालय वेबसाइट; (http://azimpremjiuniversity.edu.in/SitePages/pdf/Primary-Education-in-Rajasthan.pdf) I
12. लैंग्वेज एंड मैथ्स अचीवमेंटस लेवल्स : कॉम्पेरिजोन ऑफ़ एस.पी.के. एंड नान एस. पी. के. कोहर्टस इन फाइव ब्लॉकस (2010–2012), एकलव्य, जुलाई 2014 (अनपब्लिश्ड, www.eklavya.in पर अवेलेबिल)।

मेरे अनुभवों में बनता अध्यापक

–शचीन्द्र आर्य

इस लेख में लेखक ने अपने निजी अनुभवों के पुनरावलोकन के ज़रिये इस बात की पड़ताल की है कि शिक्षक किन पड़ावों से गुज़रकर शिक्षक बनता है और किस तरह अपने वजूद को निरन्तर गढ़ रहा होता है। शिक्षक बनने की प्रक्रिया में शिक्षक–शिक्षा संस्थानों की महत्त्वपूर्ण भूमिका होती है, लेकिन अध्यापकीय कर्म और अध्यापक की पहचान को गढ़ने वाले अन्य कारक भी हैं। एक शिक्षक विद्यार्थी रहते हुए अपने शिक्षकों को काम करते हुए देखता है। अपने शिक्षक को देखते हुए उसके मन में अध्यापन–कर्म की एक धारणा बनती है। फिर शिक्षक–शिक्षा संस्थान में वह प्रशिक्षु–शिक्षक के रूप में शिक्षा पर उपलब्ध व्यापक विमर्शों से परिचित होता है और अन्ततः शिक्षक बनने के बाद शैक्षिक–संस्थानों के अपने सन्दर्भ, विद्यार्थी और सहकर्मी मिलकर उसकी पहचान को निरन्तर परिवर्तित रहते हैं।

प्रस्तावना

अध्यापक के रूप में जब मैं ख़ुद को देखता हूँ, तब मेरे अन्दर सबसे पहला सवाल यही उठता है, इस अध्यापक को किसने गढ़ा है? यह पर्चा मूलतः इसी प्रश्न की पड़ताल है। चूँकि इस पर्चे में मैं अपने निजी अनुभवों को 'आख्यान' के रूप में सुना रहा हूँ इसलिए यह रेखांकित कर देना चाहता हूँ कि यह अतीत में घटित घटनाओं का पुनरुत्पादन भर नहीं है। यह उनका आलोचनात्मक विश्लेषण भी है। यह इस पर्चे की पूर्व–स्थापना है कि यह पूर्व में घटित संसार हमें रचता है। अतीत में हमारे भीतर निर्मित सामाजिक निर्मितियाँ लगातार हमें बुन रही होती हैं। वह निरन्तर हमारे वर्तमान को भी रच रही होती हैं। स्मृतियाँ व्यक्ति के रूप में हमें गढ़ रही होती हैं।

लेख के दूसरे हिस्से में हम यह समझने का प्रयास करेंगे कि जब हम 'शिक्षण' को एक पेशे के रूप में देखते हैं और 'शिक्षक' बनने के लिए किसी संस्थान में दाख़िल होते हैं तब वहाँ हमारा शिक्षक के रूप में बनना किस तरह शुरू होता है?

मैं अन्तिम हिस्से में उन अनुभवों को रेखांकित करूँगा जो मुझे दिल्ली के एक सरकारी विद्यालय में हिन्दी के भाषा के अध्यापक के रूप में अस्थायी तौर पर नियुक्ति के पश्चात् हुए। यहाँ यह समझने का प्रयास होगा कि सैद्धान्तिकी में हम किस तरह के अध्यापक को देखते हैं और वस्तुस्थिति में क्या घटित होता है? वे वास्तविक परिस्थितियाँ मुझे किस तरह का अध्यापक बना रही थीं?

1. हमारी स्मृतियों में अध्यापक

थोड़ी देर के लिए अगर हम अध्यापकों को लेकर सैद्धान्तिक समझ को स्थगित कर दें। इस स्थगन का एक लाभ यह होगा, हम अपनी स्मृतियों में अध्यापक की कई छवियों को पहचान पायेंगे।

जब मैं अपने अतीत के बीते हुए दिनों में वापस लौटता हूँ, तब कई सारे अध्यापक एक साथ याद आने लगते हैं। कई ऐसे अध्यापक, जो बहुत अच्छे थे। वह कोई गणित की अध्यापिका होंगी या अंग्रेज़ी पढ़ाने वाली मैडम। उनमें से किसी को हमारी छोटी–सी कक्षा का 'क्लास टीचर' कहा गया। वह हमारे साथ पूरा दिन रहतीं।

उनका काम सिर्फ़ पढ़ाना ही नहीं है बल्कि हमारी वर्दी, कॉपी, किताबें, बस्ते, पानी की बोतल, दोपहर के खाने का टिफ़िन देखना भी है। उनके ज़िम्मे हर सुबह प्रत्येक विद्यार्थी के बालों में तेल, हाथ की उँगलियों के ठीक से कटे नाखून, पैरों में पहने जूतों पर पॉलिश देखना भी है। हम सब उनकी निगरानी में हैं। कॉपियों में कवर चढ़ा है या नहीं? किताबें ठीक हैं या नहीं? घर के लिए दिया काम कितना किया? नहीं किया तो क्यों नहीं किया? दूसरों के साथ हमारा व्यवहार कैसा है? यह भी हमारी 'रिपोर्ट कार्ड' में दर्ज किया जाता। यह अच्छा है या बुरा, यह तो नहीं पता लेकिन यह भी विद्यालय का एक काम है। शायद वह मानते होंगे, अनुशासित बच्चे ही अच्छे विद्यार्थी होते हैं।

हमारे पापा ने हमारा दाख़िला दिल्ली के एक निजी विद्यालय में करवाया। इसलिए भी हमारे अध्यापक सिर्फ़ कक्षा के भीतर नहीं थे। बाहर

भी थे। एक म्यूजिक सर, एक कम्प्यूटर वाली मैम, पीटी सर, एक लाइब्रेरी वाली मैम। एक ड्राइंग वाली मैम। कमोबेश सबका व्यवहार उन बच्चों के प्रति मृदु ही रहता, जो उनकी बात मानते। उनकी आचार संहिता में एक ही शब्द था, 'अनुशासन प्रियता'। इस अनुशासन ने ही उनकी सख़्त अध्यापक वाली छवि हमारे मन में गढ़ी होगी। यह अनुशासन सिर्फ़ अध्यापकों में नहीं था, अपितु इस विद्यालय का मूल था।

असल में विद्यालय को सुचारू रूप से चलाने और अपनी छवि को बेहतर करने का एक तरीक़ा यह भी है। इसी अनुशासन प्रियता ने कक्षा सातवीं में एक विषय में फेल हो जाने पर मुझे इस विद्यालय से बाहर निकाल दिया। यह साल रहा होगा सन् उन्नीस सौ सत्तानवे। परीक्षा में अनुत्तीर्ण होना उस समय एक आम बात थी। वह विद्यालय मुझे अनुत्तीर्ण विद्यार्थी को इसलिए अपने यहाँ जगह नहीं दे पाया क्योंकि मुझसे प्रेरणा पाकर कई अन्य विद्यार्थी निकट भविष्य में यह कार्य दोहरा सकते थे। मुझे अपने यहाँ रखना उसकी अनुशासित छवि के अनुरूप नहीं था।

अध्यापक की छवि

चूँकि इस सन्दर्भ में बात केवल अध्यापकों की छवि पर की जानी है इसलिए विषयान्तर से बचते हुए सिर्फ़ इतना ही कहूँगा कि इस तरह अनुत्तीर्ण होकर जब सहायता प्राप्त विद्यालय में दाख़िल हुआ, तब तक मेरे अन्दर अध्यापकों को लेकर एक विशेष आग्रह बनने लगा था। यह पसन्द–नापसन्द का मामला था। किसी अध्यापक की नज़र में हम एक औसत विद्यार्थी होते हुए भी एक अच्छे छात्र थे। वहीं एक औसत छात्र के रूप में मेरे लिए कई अध्यापक इसलिए ख़राब अध्यापक थे क्योंकि वे अपने विषय के प्रति मेरे अन्दर कोई रुचि नहीं जगा पाये, जबकि पता नहीं क्यों, वे कई दूसरे छात्रों के प्रिय अध्यापक बने रहे? यही वह बिन्दु है, जहाँ हम इस प्रश्न से सीधे टकराते हैं, कि किसी अध्यापक की बनती हुई छवि की प्रक्रिया को किस तरह से समझा जा सकता है?

इसके लिए हमें सबसे पहले यह देखना होगा कि किसी व्यक्ति को कौन–सी चीज़ें अध्यापक बनाती हैं? अध्यापक कब अध्यापक है? विद्यार्थियों के साथ वह कक्षा के भीतर क्या करता है? यह अन्तःक्रिया उसकी छवि को एक छात्र के सामने किस प्रकार ढालती है? हमें यह देखना होगा, हमें किस तरह के अध्यापक मिले?

इन प्रश्नों को टटोलते हुए मेरी स्मृतियों में सबसे पहले वह अध्यापिका झिलमिला जाती हैं, जो गृहकार्य जाँचते हुए न सिर्फ़ बिना भूरे कवर वाली कॉपियों को कक्षा में दूर फेंककर हवाई जहाज़ की तरह उड़ा देती थीं बल्कि उनके माता–पिता को दोष देते हुए अपशब्द भी कहती थीं। *कॉपी घर पर है? अण्डे दे रही है वहाँ? माँ छोटी बहन के पोथड़े पोंछ रही होगी उसके पन्नों से? पता नहीं किन–किन घरों से आ जाते हैं मुँह उठाकर?* सच में हम छोटे–छोटे बच्चे घबरा जाते। क्या होगा हमारा दसवीं तक? सातवीं में यह हाल है, आगे तो हम मर ही जायेंगे।

ऐसा नहीं था कि यह अर्द्ध–सरकारी संरचना वाला विद्यालय ही अपने भीतर ऐसे अध्यापकों को अपने समेटे हुए था, बल्कि उस निजी विद्यालय में– जहाँ मैंने सातवीं तक पढ़ाई की– भी फ़िजिक्स की एक अध्यापिका ने पहले दिन ही उनके बार–बार मना करने के बावजूद बात करते हुए एक छात्र की तरफ़ लकड़ी का डस्टर फेंका। वह उसके माथे पर जा लगा और ख़ून बहने लगा। ऐसे ही एक दिन चित्रकला की अध्यापिका ने ड्राइंग फ़ाइल और मोमी रंग न लाने के एवज़ में लड़कों को मुर्गा बन जाने और लड़कियों को कान पकड़कर दूसरे कोने में खड़ा हो जाने के लिए कहा। कुछ देर बाद एक मुर्गा बना हुआ लड़का मुर्गा बने अपने दूसरे साथी से बात करने लगा। मैडम उसके पास गयीं। सिर पर प्लास्टिक के बड़े से फुट्टे से मार दिया। सिर से टप–टप ख़ून की बूँदें टपकने लगीं। सजा पाया हुआ मॉनीटर तुरन्त उसे नीचे मेडिकल रूम में ले गया।

इन स्मृतियों में आये अनुभवों से एक बात तो तय है कि वे अध्यापिकाएँ या अध्यापक आज तक उन यादों में मौजूद रह पाये हैं जिन्होंने किसी न किसी तरह हमारे भीतर एक 'भय का निर्माण' किया। यह डर उनकी छवि को पोषित ही नहीं करता, बल्कि उसे आकार भी देता रहा है। उनके द्वारा अनुशासित करने में उपयोग की युक्तियाँ उनकी छवियों को पुष्ट करती रहीं। उनका छात्रों के प्रति व्यवहार या नज़रिया इस छवि को गढ़ने में सबसे निर्णायक होता है। कोई कैसे किसी के साथ व्यवहार करता है छात्र सबसे पहले यह परख लेते हैं और उनकी छवि को अपने अन्दर पोषित करते रहते हैं।

अनुशासन और भाषा

उन छोटी कक्षाओं में पीट–पीट कर अनुशासन बनाये रखने वाले अध्यापक हमें बहुत मिले। उनके लिए शारीरिक दण्ड ही छात्र को अनुशासित करने का एकमात्र तरीक़ा था। जैसे–जैसे हम बड़े हो रहे थे, हम अध्यापकों का बदलता हुआ व्यवहार बड़ी सरलता से देख पा रहे थे। छोटी कक्षाओं के अध्यापक जहाँ अनुशासन पर ज़्यादा ज़ोर देते थे, गृह कार्य की अलग कॉपी बनवाते, रोज़ किताबें मँगवाते, माता–पिता को काम न करने पर बुला लेने की धमकी देते। उसके बिलकुल उलट, बड़े दर्जों (कक्षा ग्यारहवीं) में पहुँचकर हमने देखा कि अब अनुशासन के दूसरे साधन अपनाए जा रहे हैं।

शिक्षक हमसे बात ही नहीं कर रहे हैं, बल्कि कुछ शिक्षक तो हमारे 'भविष्यवक्ता' भी बन गये हैं। उनकी भाषा में कर्कशता और रूखापन हमें साफ़ दिख रहा था। असल में उन वाक्यों के पीछे बड़े होते छात्रों को शारीरिक दण्ड देने से बचने की प्रवृत्ति अधिक थी। यह एक तरह की खीझ भी थी कि वे अब हमें पीट नहीं पा रहे हैं। इसलिए उन्होंने अपनी कटु शब्दावली से हमें सही रास्ते पर ले आने की ठान ली थी। ऐसा वे पूर्व में भी करते आ रहे थे, लेकिन अब इसकी आवृत्ति बढ़ गयी थी। उनकी कल्पनाओं में हम में से कोई नवरात्र पर झण्डेवालान मन्दिर के पास केले का ठेला लगा रहा था तो कोई छोटी–मोटी नौकरी के लिए धक्के खा रहा था। *'काम करेंगे, अपने लिए करेंगे; नहीं करेंगे तो ख़ुद के लिए गड्ढा खोदेंगे' वे कहते। 'कोई मन्दिर के बाहर फूल बेचेगा, कोई जेबकतरा बनकर पेट पालेगा।'*

एक तरह से वे हमें पढ़ाई की तरफ़ मोड़ने के लिए शब्दों से हिंसा का सहारा लिया करते। ऐसा नहीं है, वह अध्यापक बहुत अच्छा पढ़ा रहे थे और हम विद्यार्थी जानबूझकर नहीं पढ़ना चाहते थे। अध्यापक सिर्फ़ पढ़ा रहे थे। हम तक वह 'कथ्य' कितना पहुँच रहा है, इसकी एकमात्र ज़िम्मेदारी हमारे ऊपर डाली जा चुकी थी। उनकी नज़र में हम अब 'बड़े' हो चुके थे और हमें अब ख़ुद भी पढ़ने की तरफ़ बढ़ जाना चाहिए। यह कथन पाठ्यपुस्तक की सामग्री के प्रति उनकी उदासीनता से उपजा अधिक लगता था। उदासीन वही, जो उसे पढ़ाने में काहिली करे।

पाठ्यपुस्तक की कसौटी

तब हमें लगता था, अध्यापक का सबसे महत्त्वपूर्ण कार्य 'पढ़ाना' है। वह जैसा भी पढ़ा पा रहे थे, हम क्रमशः एक कक्षा से उत्तीर्ण होकर दूसरी कक्षा में जाते रहे। उन्हीं उत्तरोत्तर कक्षाओं में हमारे पास अपने अध्यापकों को जाँचने, मापने की सबसे बड़ी कसौटी के रूप में 'पाठ्यपुस्तकें' कब स्थापित हुईं इसका ठीक–ठीक अन्दाज़ लगाना मुश्किल है। यह बात हमें विद्यालय के प्रारम्भिक वर्षों में नहीं बल्कि बहुत बाद में समझ आती है।

किताबें ही वह प्राथमिक साधन थीं, जिनकी सहायता से हम अपने अध्यापक को तालिका में ऊपर या नीचे रखते। यह हम सब जानते हैं, इन पाठ्यपुस्तकों को एक साल के भीतर ख़त्म किया जाना है। साल में तीन परीक्षाएँ होती थीं– सितम्बर, दिसम्बर और मार्च। इन तिमाही परीक्षाओं में प्राप्त अंकों के आधार पर अध्यापक हमें जाँचते थे। वे इन अंकों से हमारे अच्छे, बुरे, औसत प्रदर्शन को देखते थे।

अगर पाठ्यपुस्तकें नहीं होतीं, तब हम उनके पढ़ाने के तरीक़ों को कैसे जाँच पाते, हमें समझ नहीं आता? ये किताबें ही थीं जो उस 'न्यूनतम ज्ञान' को हम तक पहुँचाना सुनिश्चित करती थीं। अगर अध्यापक अपनी कक्षा के भीतर उसे हम तक किसी रूप में सम्प्रेषित नहीं कर पा रहा है, तब हमें क्या समझना चाहिए यह बताने की ज़रूरत नहीं है। यही वह 'न्यूनतम ज्ञान' था जिस पर हमारी कक्षा का विद्यार्थी अर्थशास्त्र के अध्यापक से एक सवाल पूछ बैठा। सवाल बोर्ड की परीक्षा में उनके विषय में उनके बेटे के अनुत्तीर्ण हो जाने से शुरू हुआ था, इस भूमिका को पृष्ठभूमि में रखते हुए उसने बस इतना कहा था, *'सर आप जो कक्षा में पढ़ाते हैं, वह कभी परीक्षा में आता ही नहीं है।'* यह बात बिलकुल सही थी कि गत वर्ष उनका लड़का उनके विषय को समझ ही नहीं पाया था। वह फेल हो गया था।

ट्यूशन की तरफ़ धकेलना

सोचिये हमें कैसा लगा होगा, जब हमें पता चला, अर्थशास्त्र पढ़ाने वाले मास्टर जी का बेटा पिछले वर्ष बोर्ड की परीक्षा में उनके विषय में पास नहीं हो पाया। हम समझ नहीं पा रहे थे कि यह क्या है? हम एक बार के लिए नालायक ठीक हैं, पर मास्टर जी का लड़का पिछली बार इसी कक्षा में अपने अध्यापक पिता का छात्र रहा है। कमी किसमें रह गयी?

हम उनसे न पढ़े होते तब बात दूसरी होती। हम एक साल उनका साथ भुगत चुके थे, दूसरे साल में भुगतने की तैयारी कर रहे थे। वह ऐसे अध्यापक थे, जो किताब से देखकर भी 'राष्ट्रीय आय' नहीं निकाल पाते थे, ऐसे अध्यापक को हम क्या कहेंगे? वह अकेले होते तब भी चल जाता, लेकिन उनके साथ तो ऐसे अध्यापकों की पूरी जमात थी।

सामाजिक विज्ञान वाले मास्टर, जिनकी घड़ी उतारने की आदत पर प्राथमिक कक्षा के बच्चे आतंकित रहते थे, अब हमें व्यावसायिक अध्ययन और बहीखाता (अकाउंट्स) पढ़ा रहे थे। क्यों? क्योंकि उनके पास किसी जमाने में पास की हुई बी.कॉम की डिग्री थी। उन्हें तब पढ़े हुए सबक कितने याद हैं? यह पता करने के लिए हम पर परीक्षण करना ज़रूरी था। बिज़नेस स्टडी में शेयर बाज़ार की बातें उन दिनों केबल पर प्रसारित होने वाले *'कहानी घर–घर की'* नाटक में आये प्रसंगों की सहायता से किया करते थे। बहीखाता उन्हें आता नहीं था। उन्होंने कभी कक्षा को एक साथ लेकर चलने पर विचार नहीं किया। कभी ब्लैक बोर्ड पर आते तब सबसे आसान गणना करके बाक़ी हम पर छोड़ देते। उन्हें विश्वास था कि हम कर लेंगे। एक साथ लेकर चलने का विचार तब आया जब अगले दिन अकाउंट्स का प्रैक्टिकल था। उन्होंने अगले दिन अपने द्वारा पूछे जाने वाले सवालों को सामने ब्लैक बोर्ड पर लिखा और कहा घर से इन सवालों का अभ्यास करके आना। कितना सोचते थे हमारे लिए, सर जी!

पता नहीं उन सबके मन में यह बात कैसे घर कर गयी कि बच्चे 'ट्यूशन' में पढ़ लेंगे। हम एक सहायता प्राप्त विद्यालय के छात्र थे और अधिकांश बच्चे मज़बूत आर्थिक पृष्ठभूमि से नहीं थे कि इस तरह की वैकल्पिक शिक्षा प्रणाली के लिए पैसे ख़र्च कर सकें। छोटी कक्षाओं में कुछ बच्चे उन्हीं अध्यापकों से पढ़ते रहे होंगे, जिसे गुप्त रहस्य की तरह विद्यालय या कक्षा में खुलने नहीं दिये जाता था। बड़ी कक्षाओं में बच्चों ने उन्हें किसी 'ट्यूशन' के लिए ख़ुद ही अयोग्य घोषित कर दिया था। उनमें अब कोई दम नहीं था।

अगर हम 'ट्यूशन' को समझने की कोशिश करें, तब हम शायद यह समझ पायें कि 'पाठ्यपुस्तक' और नियत समय में 'पाठ्यक्रम' के अनुसार ख़त्म करवाना ही सबसे बड़ी बात नहीं थी। अगर थोड़े पैसे ख़र्च करने से साल बच रहा है, तब स्कूल के बाहर पढ़ लेने में ही भलाई थी। यह 'अध्यापक की संस्था' का अवमूल्यन नहीं है। यह उसका स्थानापन्न है।

जिसे हमारे विद्यालय के शिक्षक अप्रकट रूप में स्वीकार कर चुके थे। उनकी यह स्वीकार्यता हमारे सामने उनकी कमज़ोर होती साख को रखती। हम भी कक्षा के भीतर उसके प्रति उदासीन हो गये। यह उदासीनता का दौर कम–से–कम एक वर्ष चला, जब तक हम बोर्ड की परीक्षा उत्तीर्ण करके विश्वविद्यालय में दाख़िल नहीं हो गये।

जो अध्यापक बच गये

ऐसा नहीं है कि जितने भी अध्यापक मेरे जीवन में आये सभी एक तरह के थे। समझने के लिए हम मोटे तौर पर इनकी दो श्रेणियाँ बना सकते हैं, जिनमें एक श्रेणी के अध्यापकों की बात ऊपर विस्तार से कर चुके हैं। मतलब ऐसे अध्यापक जो ज्ञान के स्तर पर कहीं नहीं ठहरते। कभी किसी तैयारी के साथ कक्षा में दाख़िल नहीं होते। इसे कैसे कहा जाये कि हमें अपने स्कूली जीवन में बस एक ही ऐसी अध्यापिका मिलीं, जो सही मायनों में अध्यापिका थीं।

वह हम बच्चों पर कभी किसी पाठ को थोपती नहीं थीं। बस उसमें उस विद्यालय के अध्यापकों के अनुरूप एक कमी थी। वह बच्चों को अनुशासनहीनता पर किसी भी तरह दण्डित नहीं करती थीं। इसी बात को सभी छात्रों ने उनकी कमज़ोरी मान ली और कभी कक्षा में पढ़ने लायक माहौल नहीं बनने दिया। वह भी हिन्दी वाली मैडम की तरह गाल पर चाँटे लगातीं, बेंत से पिटाई करतीं तब शायद बच्चे उनसे डरते। यह 'डर' ही नहीं था उनकी कक्षा में। आगे भविष्य में न जाने कैसे मैं भी उनकी तरह का अध्यापक होता गया और मुझे पता ही नहीं चला। यही हमारी संस्कृत की सुलभ जैन मैडम थीं। उनका ऐसा होना ही मेरे मन में कहीं सबसे ज़्यादा कचोटता है। वह अपनी जैसी एक ही क्यों थीं? शायद उनकी तरह बनना सबसे मुश्किल था, इसलिए।

2. अध्यापक बनने की तैयारी

अध्यापक का प्रशिक्षण

वर्तमान भारतीय विद्यालयी संरचना में यदि कोई अध्यापक के रूप में अपनी भूमिका निभाना चाहता है, तब उसके लिए शिक्षक–प्रशिक्षण (बी.एड., डी. एड., बी.एल.एड आदि) प्राप्त करना अनिवार्य है। अध्यापक बनने के लिए

आपको एक विशेष पाठ्यक्रम को उत्तीर्ण करना होगा। यही बिन्दु इस बात के महत्त्व को रेखांकित करता है कि यदि कोई व्यक्ति किसी औपचारिक शिक्षा संस्थान में शिक्षक की हैसियत से पढ़ना चाहता है, उसे इस प्रक्रिया से गुज़रना होगा, तभी उसे अध्यापक नियुक्त किया जा सकता है। ये प्रशिक्षण क्यों ज़रूरी हैं? ये प्रशिक्षण किस तरह के अध्यापकों को गढ़ना चाहते हैं? इनके पाठ्यक्रमों का कोई तो उद्देश्य ज़रूर होगा।

अब तो शिक्षा के अधिकार अधिनियम के आ जाने के बाद साल 2011 से केन्द्रीय अध्यापक पात्रता परीक्षा के साथ कई राज्य अपने स्तर पर अध्यापक पात्रता परीक्षा भी लेने लगे हैं। इस पात्रता परीक्षा का उद्देश्य क्या है? क्या शिक्षक–प्रशिक्षण अपने आप में हमें अध्यापक नहीं बनाता? यह किस बात को सुनिश्चित करने के लिए बनाये गये हैं?

मैं दिल्ली विश्वविद्यालय से हिन्दी साहित्य में एम. ए. करने के बाद बी.एड. में दाखि़ल हुआ। अब हम एक औपचारिक संस्थान में शिक्षक बनने का पूर्व–प्रशिक्षण ले रहे थे। यह अन्तिम बात मुझे फिर बार–बार अपनी स्मृतियों में वापस ले आती। हमारे सभी अध्यापक कभी न कभी इस प्रक्रिया से गुज़रे होंगे। वे भी इसी तरह प्रशिक्षित हुए होंगे। तब उनके शिक्षण में हम इसकी झलक क्यों नहीं देख पायें? क्या हम इतने बुरे विद्यार्थी थे जिन्होंने उन्हें ख़राब अध्यापक बनाया? वे हमारे सामने ऐसे ही क्यों बनकर उभरे? समझ नहीं आता। क्या बी.एड. करने की औपचारिकता मात्र निभाकर वे हमारे अध्यापक हुए होंगे?

मुझे इनमें से किसी सवाल का कोई जवाब नहीं पता। जब उन्होंने किसी संस्थान में हमसे बहुत सालों पहले कहीं दाखि़ला लिया होगा, उसके भी कई उद्देश्य रहे होंगे। यह सारे सवाल मेरे अन्दर तब आने लगे, जब हम इसके पाठ्यक्रम से गुज़र रहे थे। हम शिक्षा का दर्शन पढ़ रहे थे। हमें शिक्षा का समाजशास्त्र पढ़ाया जा रहा था। यह शिक्षा का 'अनुशासन' (डिसीप्लिन) के रूप में हमसे पहला परिचय था। हम एक विचार के रूप में शिक्षा और उसकी समाज के साथ अन्तरक्रिया को जान रहे थे। यह जानना एक भावी शिक्षक के लिए क्यों आवश्यक है? क्यों हम गाँधी, टैगोर, गिजुभाई बधेका, पाओलो फ्रेरे, ड्युई आदि के विचारों को पढ़ रहे थे?

शायद हम सबके पास इसके अलग–अलग जवाब हों। मेरी समझ में यह किन्हीं विचारों के प्रयोक्ताओं के साथ हमारी मुलाक़ात थी। उसमें पढ़ाई जाने वाली विषय–वस्तु का निर्धारण किस तरह किया गया था? वे

अध्यापक को किस भूमिका में देखते हैं? उनके लिए शिक्षार्थी क्यों इतना महत्त्वपूर्ण बन जाता है? ताकि हम जान सकें, अतीत में किस तरह शिक्षा का विमर्श आकार ले रहा था। वह हम तक किस रास्ते से आया है? उसे अब हमारे साथ आगे जाना है। ये अनुभव हमें भविष्य में अपने सन्दर्भों को समझने के लिए हमेशा मदद करेंगे। मदद करेंगे, जब हम अध्यापक के रूप में कक्षा के भीतर आयेंगे। यह परिचय आपको सैद्धान्तिक पृष्ठभूमि प्रदान करता है, जहाँ हम अपने आदर्श का अध्यापक अपने अन्दर गढ़ते हैं। उस तस्वीर में अपने सबसे अच्छे अध्यापक और अध्यापिका के गुण तो होते ही हैं, साथ ही साथ हम बड़ी सतर्कता से उन अध्यापकों को काट–छाँटकर अपने भीतर उतारते जाते हैं। उनकी तरह होना चाहते हैं।

एक अच्छा अध्यापक विद्यार्थी को उसके विषय को समझने के औज़ार ही नहीं देता बल्कि उसे इतना सक्षम बनता है कि वह किसी अपरिचित सन्दर्भ को अपने दिमाग़ से समझ पाये। ऐसे अध्यापक इक्का–दुक्का ही मिले, पर हमें इस बात का भी कुछ–कुछ आभास होने लगता है कि ऐसा बनने के लिए बहुत मेहनत की ज़रूरत होगी।

अवसर और प्रतिभा

बी.एड. में हमारे एक अध्यापक थे। वे हमेशा कहते, *'अवसर ही प्रतिभा का निर्माण है'*। अगर हम किसी को मौक़ा ही नहीं देंगे तब उससे बेहतर की उम्मीद कैसे की जा सकती है? अध्यापक का काम है इन्हीं अवसरों के निर्माण में अपनी निर्णायक भूमिका को पहचानना। हमारे विद्यार्थी जीवन में ये 'अवसर' ही हमें नहीं मिले। अवसर सिर्फ़ सीखने का मौक़ा ही नहीं देते बल्कि ख़ुद की क्षमताओं को परखने, उन्हें और बढ़ाने का एक अवकाश है। विद्यार्थी को क्या पता, यह शिक्षा हमारे समाज में विभेदीकरण का एक महत्त्वपूर्ण कारक है? उसके द्वारा किया गया विषयों का चयन उसकी सामाजिक स्थिति तय करेगा। यह 'शिक्षा का समाजशास्त्र' है, बल्कि उसका एक हिस्सा है। इसे हमारे विद्यालय के अध्यापक कितना जानते थे मुझे नहीं पता।

तब हमें कैसा अध्यापक बनना है? हमारे अन्दर कौन से गुण होने चाहिए? यह पाठ्यक्रम हमसे क्या अपेक्षा रखता है? शिक्षा का समाजशास्त्र जिस तरह अध्यापकीय पेशे और विद्यालय में शिक्षा और अध्यापक को स्थित करता है, उसे विचार में तो हम शायद मान जाते हों और उनसे

अपनी सहमति भी दर्ज करवा देते हों, लेकिन जैसे ही हम एक अध्यापक के रूप में कक्षा के भीतर जाते हैं यह संरचना भरभरा कर गिर जाती है। हमारे विद्यालय के अध्यापक नहीं जानते थे कि बच्चों का मनोविज्ञान कैसे काम करता है? कक्षा में बैठा हर विद्यार्थी दूसरे से कितना भिन्न होता है? यह सब तब पता चला, जब हम ख़ुद अध्यापक बनने के लिए बी.एड. में आये, लेकिन मेरा पूर्व का अनुभव संसार भी मुझे बुन रहा था। यह बुनना अभी भी रुका नहीं है।

बी.एड., और एम. एड. ने बताया, हमें कहीं रुक नहीं जाना है। अपने हर क़दम पर रुककर सोचना है। ख़ुद को कल से बेहतर बनाना है। अपने हर क़दम को पीछे मुड़कर देखना है। जहाँ ग़लती है उसे मान लेना है। यह स्वीकार भले अध्यापक की सत्ता के दरकने की तरह लगे पर इस तरह एक तरफ़ सारा नियन्त्रण होगा तब छात्र कैसे अपने मन की बात कह पायेंगे? उनमें कह लेने की सहजता का विकास कैसे होगा? हमारे अध्यापक हमारी कक्षा के 'केन्द्र' थे, हम उनके इर्द–गिर्द घूमते थे। वह हमें घूमने पर मजबूर करते थे। हम कुछ नहीं कर पाये।

मेरी नज़र में अध्यापक होने के मायने

यहाँ सवाल उठ खड़ा होता है, जिन अध्यापकों ने हमें पढ़ाया, क्या हम उन्हें इस प्रशिक्षण की प्रक्रिया से समझ सकते हैं? जब कभी इस कसौटी पर अपने विद्यालयी जीवन के अध्यापकों को रखकर देखता हूँ, तब हर बार निराशा ही हाथ लगती है। वह मेरी समझ में कभी भी बेहतर शिक्षक नहीं थे। अपवाद हर जगह होते हैं, लेकिन एक–दो को छोड़कर सब उस भूमिका के लिए योग्य ही नहीं ठहरते। इसके दूसरी तरफ़ मैं ख़ुद को रखता हूँ। जो इक्कीसवीं शताब्दी के पहले दशक में शिक्षक–प्रशिक्षण प्राप्त कर रहा है, जिसे भविष्य में अध्यापक की भूमिका निभानी है। मुझे इस पाठ्यक्रम या मेरी यादों या मेरे देशकाल ने मुझे कैसा अध्यापक बनाया?

इस सैद्धान्तिक पृष्ठभूमि में ही हम एक ऐसे अध्यापक बन पायेंगे, जो बार–बार कक्षा के भीतर हमें उन मूल्यों की तरफ़ ले जाने में सफल होंगे, जो हमें बताते हैं कि अध्यापक कक्षा में समझ का निर्माण करने में एक ज़रूरी कड़ी है। यह विषयगत ज्ञान से अधिक छात्रों के अनुभवों, उन्हें कुछ बोलने और करने के अवसरों के निर्माण करने के बाद ही सम्भव हो पायेगा। ख़ुद को उन पर किताबों की तरह थोपने से ज़्यादा ज़रूरी

है, एक दृष्टि का निर्माण करना, जिससे वे इस दुनिया को बेहतर समझ पायें। अपने आसपास को जानें। उनमें अपनी भविष्य की भूमिकाओं के प्रति चेतना और सतर्कता आये। वह उस आगामी भविष्य की टोह लेने में कामयाब हो सकें, जिसकी आहट हमें सुनाई दे सके।

जब मैं अपने दो साल के अध्यापकीय जीवन को एक अध्यापक की भूमिका में खुद को रखकर टटोलना शुरू करता हूँ, तब ये सारे प्रश्न नुकीले और पैने होकर मेरे सामने उपस्थित हो जाते हैं। सवाल वही है, मैं किस तरह का अध्यापक बना? मेरे पास कोई जवाब नहीं है, सिर्फ़ सवाल ही हैं। बस उन्हें ही उलटता रहता हूँ।

3. अध्यापक होना

वक़्त बहुत बीत चुका था। क़रीब आठ साल बाद (2012 में) विद्यालय वापस लौटा और इस बार अध्यापक की भूमिका में था। यह विद्यालय बाज़ार के बिलकुल बीच में स्थित था, चारों तरफ़ गलियों से घिरा हुआ। बगल में लड़कियों का एक और सरकारी विद्यालय था। हमारे विद्यालय में प्राइमरी कक्षाएँ भी थीं। माता–पिता सारा दिन जब तब मौक़ा लगता विद्यालय प्रांगण में बारी–बारी आते–जाते रहते। उन्हें कोई नहीं रोकता था।

एक प्रधानाचार्य थे। उप–प्रधानाचार्य नहीं थे। मैंने जैसे ही विद्यालय जाना शुरू किया मुझे कक्षा आठवीं का कक्षा अध्यापक बना दिया गया। एक पी.जी.टी. को टी.जी.टी. की हैसियत से कक्षा को सँभालना है। इस रूप में मेरी आदर्श मनःस्थिति को पहली चुनौती मिली थी। अभी ऐसी कई चुनौतियाँ मेरे इन्तज़ार में थीं। स्टाफ़ कम था। हिन्दी वाले अंग्रेज़ी पढ़ा रहे थे। संस्कृत वाले सामाजिक विज्ञान की कक्षाएँ लेने में व्यस्त थे। विज्ञान के अध्यापक गणित की कक्षाओं में हाज़िरी लिया करते थे। इस एकदम अचानक आ गयी भूमिका के लिए मैं बिलकुल तैयार नहीं था। कक्षा का उपस्थिति रजिस्टर पिछले चार महीने से अधूरा था। पहले वह पूरा किया। यह मेरी कक्षा अध्यापक के रूप में पहली भूमिका थी, जिसमें वज़ीफ़े से लेकर अनुशासन तक की ज़िम्मेदारी मेरी थी। कक्षा अध्यापक दूसरे अध्यापकों की नज़र में उस कक्षा का 'पिता' था। वही उनकी हर क्रिया–प्रतिक्रिया के लिए अन्य अध्यापकों के सामने उत्तरदायी है।

पिछले अध्यापक, किताबें और अनुशासन

मेरे सामने एक दूसरी समस्या भी थी। ग्यारहवीं–बारहवीं के छात्रों के लिए मैं एकदम नया अध्यापक था। वह प्रधानाचार्य से मौखिक रूप में अपने पिछले अध्यापक की माँग कर चुके थे, जोकि मेरी ही तरह अतिथि अध्यापक थे, मैं विद्यार्थियों की नज़र में उनसे बिलकुल अलग प्रकृति का अध्यापक था। मेरे क़ायदे कुछ अलग थे। नया–नया अध्यापक बना था। शुरू से ही चाहता था, बच्चे जितने भी हों, सब पढ़ने में ध्यान लगायें और अपनी सहभागिता दें। ऐसा कैसे किया जा सकता है? दिमाग़ एक ही तरफ़ दौड़ गया। इसके लिए उनका किताब लाना बहुत ज़रूरी था। उनका कक्षा में रुके रहने से ज़्यादा ज़रूरी, वहाँ हो रही बातों को ध्यान से सुनना था। अगर ऐसा हो जाता, तब यह मेरे लिए आदर्श की स्थिति होती, लेकिन ऐसा कभी नहीं हो पाता।

ऐसी स्थिति में ख़ुद को याद करता। हम कैसे विद्यार्थी थे? ये कितने अलग हैं हमसे। हमारी कक्षा में दो–तीन ही छात्र ऐसे हुआ करते थे, जो किताब नहीं लाया करते थे। किताब न लाने पर उनका दुख भी वहाँ दिखाई देता था। यहाँ उतने छात्र किताब के साथ बैठे मेरी तरफ़ ताका करते कि अब मैं कुछ ऐसा करूँगा कि बच्चे एकदम शान्त होकर, मेरे आदेश पर खड़े किये गये उस बच्चे के द्वारा पढ़ी जा रही किताब की पंक्तियों को ध्यान से सुनने लगेंगे। जब पाठ्यपुस्तकें न हों, तब यही युक्ति मुझे समझ में आती, उसी को ठीक से लागू करवाने के लिए पीछे पड़ जाता।

उस क्षण पाओलो फ्रेरे सबसे ज़्यादा दिमाग़ में घूमा करते। संवाद होना चाहिए। कैसे? इस कक्षा के भीतर इस सम्भावना को कैसे टटोला जा सकता है? इसी उधेड़बुन में लगा रहता। सोचता, ये उत्पीड़ित हैं। इन्हें नहीं पता कि यह शिक्षा ही समाज में परिवर्तन लाएगी। इनके माता–पिता के सच्चे–झूठे सपनों को सच कर पाने का एकमात्र साधन यही है। लगता कि एक दिन तो आयेगा जब ये समझेंगे कि पढ़ना चाहिए। वे अभी इसे नहीं समझ रहे थे इसलिए कक्षा में कई बार कहता, 'जो नहीं पढ़ना चाहते, वे कक्षा से निकल जायें।' यह ख़ुद मेरे लिए बहुत अजीब स्थिति थी। यह उसी प्रकार की शाब्दिक हिंसा थी जैसी शाब्दिक हिंसा हमारे अध्यापकों के शब्दों में हुआ करती थी।

सैद्धान्तिक अध्यापक का दरकना

मेरा 'सैद्धान्तिक अध्यापक' इस विद्यालय में आकर दरक रहा था। सिद्धान्त बस यही समझाते कि ये अपने परिवार की सांस्कृतिक पूँजी का पुनरुत्पादन करेंगे और कुछ नहीं हो पायेगा, लेकिन इससे सहारा कहाँ मिलने वाला था? दुरखाइम के बाद डयूई दिमाग़ में दाख़िल होते, विद्यालय और उसकी कक्षा समाज का ही छोटा रूप है। तब एक अध्यापक के रूप में हम वहाँ क्या कर रहे हैं जब सारी भूमिकाएँ और उनके कार्य पहले से तय हैं तब क्या हमें भी उदासीन होकर बैठ जाना चाहिए? बस यही ख़याल दिमाग़ में घूमता रहता कि मैं जैसा ख़ुद एक विद्यार्थी के रूप में महसूस करता था वैसा दूसरों को महसूस नहीं करवाना चाहता था। एक अध्यापक मन में तो टूट ही रहा था। दूसरा किस तरह बना होगा इसके क़यास ही लगाये जा सकते हैं?

उन पढ़ी हुई शिक्षा की किताबों से ज़्यादा वह विद्यार्थी हमें बना रहे हैं। शिक्षक ही विद्यार्थी नहीं बनाते, विद्यार्थी भी शिक्षक बनाते हैं। कितने अनुभव हमें याद रह गये। वह कक्षा के जितना भीतर अध्यापक की तरह हमें पाते हैं, हम उससे कहीं अधिक उन कक्षाओं के बाहर भी बन रहे थे। वह परिवेश किस तरह हमें बुन रहा है, इसकी सिर्फ़ टोह ली जा सकती है, लेकिन हमें लौटकर उस कक्षा के भीतर ही आना था।

4. मेरी पहचान

यहाँ तक आते–आते यह सवाल कुछ हद तक तो स्पष्ट हुआ होगा कि हमारे भीतर अध्यापक कैसे आकार ले रहा है? एक तरफ़ स्मृतियों में विचरने वाले अनुभव हैं, जहाँ अच्छे–बुरे सब तरह के अध्यापक कक्षा के भीतर कुछ–न–कुछ कर रहे हैं। उनके इस करने में हमारी सहभागिता कहीं नहीं है। अगर वे बोलते, तभी हम उन्हें अपनी कॉपियों में उतारते। यह ज्ञान निर्माण की प्रक्रिया नहीं हो सकती। इसका इकहरापन निर्माण की प्रक्रिया का निषेध करता है। मैं कभी भी इस तरह का अध्यापक नहीं होना चाहता था, जो अपने मतों को छात्रों पर थोपने वाला हो। चूँकि मेरा विषय भाषा है, उसमें भी हिन्दी भाषा, जिसका काफ़ी हिस्सा साहित्य से आता है इसलिए यह मेरे लिए अध्यापन एक अवसर की तरह आया। वे छात्र या विद्यार्थी एक समाज के भीतर बड़े हो रहे हैं, उनके पास उसे

देखने–समझने के अपने तरीक़े होंगे। जब तक मुझे तरीक़ों का पता नहीं चलेगा हम किसी विषय पर बात कैसे कर सकते हैं?

यही सोचकर मैं अपनी हिन्दी की अध्यापिका से कुछ भी नहीं सीखता। सिवाय इसके कि मुझे उनकी तरह नहीं होना। एक कुंजी लो उसमें से कठिन शब्दों को अर्थ सहित लिखवा दो और फिर सप्रसंग व्याख्या से लेकर प्रश्न–उत्तर में हम सभी सहपाठियों की एक ही भाषा हो। मेरी कक्षा में अगर बीस छात्र भी हैं, तब मैंने कहा, अगर आप एक–दूसरे के लहजे में बात नहीं कर सकते, सबका अपना अन्दाज़ है, तब आप ऐसा क्यों चाहते हैं कि मैं एक अध्यापक होकर आपको इतनी बड़ी कक्षा में प्रश्न उत्तर बोलकर लिखवाऊँ? आप ख़ुद उत्तर दीजिये। कोशिश तो कीजिये। आप अपनी भाषा में उत्तर लिखने का प्रयास कीजिए। जहाँ नहीं होगा हम मिलकर उस सवाल को देखेंगे।

ये अवसर हमें कभी किसी अध्यापक ने नहीं दिये। इसलिए इसे लेकर बहुत सतर्क भी रहा, लेकिन ऐसा नहीं है कि इतने बुरे अध्यापकों से कुछ भी नहीं लिया। उनकी तरह हमारी नज़र में भी वही छात्र अच्छे हैं, जो हमारे कहे पर चलते हैं। पढ़ते हैं। वक़्त पर अपना काम करते हैं। यह 'अनुशासन' हमारे बचपन की स्मृतियों से निकलकर आया लगता है, पर उसमें कुछ तो है, जो हमें अपने अध्यापकों से अलगकरता है। इस अनुशासन को उनसे लेने के बावजूद हम उनकी तरह उनके पिताओं का ब्यौरा नहीं बनाते। सवाल पूछने पर यह कहने की हिम्मत भी रखते हैं, *'अभी इस पर कुछ नहीं कह सकते, कल पढ़कर आयेंगे, तब बताते हैं'*। यह स्वीकार ही हमें उनसे अलग बनता है। वे कभी मानते नहीं थे, उन्हें नहीं आता। मैंने कक्षा में सहजता से कितनी ही बार किसी भी बात को बड़े ध्यान से सुना। कभी उनकी हरकतों से खीज जाता। गुस्सा भी आता है, लेकिन अध्यापक के लिए कक्षा चुनौतियों से भरा हुआ संसार है। सब उसके मन के मुताबिक़ नहीं होगा। कुछ तो चीज़ें होंगी जिनका उसे सामना करना होगा। सब कुछ पूर्व निर्धारित ढाँचे पर नहीं चलता इसलिए कक्षा जीवन्त, तात्कालिक घटना भी है। तात्कालिकता की तमाम चुनैतियों का सामना करना ही अध्यापक को चिन्तनशील अभ्यासकर्ता बनाता है।

वे जिस तरह बदल रहे हैं, हमें उनसे पहले उन परिवर्तनों को देख लेना होगा। बदलाव को परखना तकनीक के स्तर पर नहीं, बल्कि एक समाज के रूप में उनकी मानसिकता को लेकर सचेत होना है। इस दौर

में एक ख़ास तरह की समरूपता की संस्कृति– चाहे वह विचार, स्वाद, रुचियों आदि के स्तर पर हो फल–फूल रही है। हमें उसके प्रति विद्यार्थियों में आलोचनात्मक विवेक को पोषित करना होगा। ये नयी परिस्थितियाँ, उसमें रफ़्तार से बहते वक़्त और उसकी नब्ज़ को जो अध्यापक पहले पकड़ लेगा उसके विद्यार्थी इस समाज को बेहतर समझ पायेंगे। यह विद्यार्थियों को एक चिन्तनशील मनुष्य की तरह भविष्य में स्थित करना है। वह समाज में अपने से बाहर दूसरों से किस तरह सम्बन्ध बनायेगा यही भावी समाज का नक़्शा होगा। काम मुश्किल है इसलिए काफ़ी तैयारी की आवश्यकता है। इसके लिए हमें एक सचेत, संवेदनशील, रचनात्मक अध्यापक बनना होगा।

इन चुनौतियों के बीच मेरा यह अध्यापक अभी भी मेरी कल्पनाओं में बन रहा है। यह 'अवसर देने वाला' अध्यापक है। इस तरह मेरे लिए अध्यापक होना एक तरल अवस्था में होना है। यह कोई निर्धारित या स्थिर अवस्था नहीं है। इसका एक अर्थ यह भी है कि अध्यापक होना अपने आप में इतना गत्यात्मक है कि वह इकहरा नहीं हो सकता। बदलते परिदृश्य में मेरे अन्दर इस अध्यापक का विकास अविरुद्ध नहीं हुआ है, वह निरन्तर विकसित हो रहा है। अध्यापक होने के लिए आपको हर रोज़ प्रयास करने होंगे। इस तरह मैं सिर्फ़ अध्यापक नहीं, बल्कि इस समाज की व्याख्याओं में से कुछ अर्थों को खोलने में विद्यार्थियों के साथ चलने वाला अध्यापक बनना चाहता हूँ।

खण्ड : 3

शिक्षक की अनवरत तैयारी : कुछ अनुभव, कुछ विचार

शिक्षकों के सामूहिक चिन्तन के मंच के रूप में संकुल संसाधन केन्द्र की मासिक बैठकें

—विपिन चौहान, प्रतीक श्रीवास्तव और अनानास कुमार

शिक्षक कार्यस्थल के क़रीब रहकर नियमित रूप से एक–दूसरे से सीख सकें, इसके लिए संकुल संसाधन केन्द्रों की कल्पना की गयी। हर महीने संकुल–संसाधन केन्द्र से जुड़े स्कूलों के शिक्षक एक–दूसरे से मिलते हैं। इन मासिक बैठकों की कल्पना शिक्षकों के निरन्तर अकादमिक संवर्द्धन के लिए की गयी थी। कालान्तर में इन मंचों का स्वरूप अकादमिक से प्रशासनिक होता चला गया। संकुल समन्वयक के ऊपर स्कूलों से सूचनाएँ एकत्रित करने की ज़िम्मेदारी भी आ गयी और क्रमशः यह काम प्राथमिक होता चला गया।

इस अध्ययन में लेखकों ने संकुल संसाधन केन्द्रों की मासिक बैठकों को अकादमिक दृष्टि सक्रिय करने के लिए अज़ीम प्रेमजी फ़ाउंडेशन द्वारा की गयी कुछ पहलक़दमियों को समझने की कोशिश की है। ये मासिक बैठकें शिक्षकों को पारस्परिक संवाद का एक अनूठा अवसर प्रदान करती हैं। यह लेख इस बात को रेखांकित करता है कि अगर इन बैठकों की व्यवस्थित तरीक़े से योजना बनाई जाये, योजना बनाने में शिक्षकों की भागीदारी हो और केन्द्र के समन्वयक की समुचित क्षमतावर्द्धन हो तो ये मासिक बैठकें अकादमिक दृष्टि से जीवन्त और सार्थक हो सकती हैं।

प्रस्तावना

पिछले पाँच से छह दशकों में भारत में प्रारम्भिक शिक्षा के क्षेत्र में शिक्षकों के पेशेवर विकास को बढ़ावा देने के लिए कुछ ऐसे मंच संचालित हुए हैं जो शिक्षकों को अकादमिक मुद्दों पर बातचीत करने के पर्याप्त अवसर प्रदान करते हैं। इन्ही मंचों में से एक मंच है संकुल संसाधन केन्द्र (सी.आर.सी.) पर होने वाली मासिक बैठक। इन बैठकों का मूल उद्देश्य है संकुल समन्वयकों द्वारा विद्यालय भ्रमण के दौरान चिह्नांकित कक्षा–कक्षीय

अकादमिक पहलुओं पर शिक्षकों के साथ बातचीत करना है ताकि शिक्षकों के सामूहिक संवाद को समृद्ध किया जा सके।

यद्यपि अकादमिक चर्चाओं की आवश्यकता विभिन्न स्तरों पर हमेशा रेखांकित की जाती रही, फिर भी सूचनाओं के संकलन तथा आदान–प्रदान जैसे विषय संकुल स्तर पर होने वाली इन बैठकों के केन्द्र बिन्दु बन गये। अज़ीम प्रेमजी फ़ाउंडेशन ने पिछले तीन–चार वर्षों से इन बैठकों को एक प्रभावी अकादमिक मंच के रूप में स्थापित करने के लिए संकुल समन्वयकों के साथ मिलकर योजनाबद्ध तरीक़े से शुरुआत की है।

प्रस्तुत लेख अज़ीम प्रेमजी फ़ाउंडेशन और उत्तरकाशी, ऊधमसिंह नगर तथा अल्मोड़ा ज़िले के संकुल संसाधन केन्द्रों के चुनिन्दा समन्वयकों द्वारा किये गये उन प्रयासों को रेखांकित करता है जिनके चलते संकुल स्तरीय बैठकें योजनाबद्ध तरीक़े से, नियमित तथा अकादमिक विषय के आधार पर आयोजित हो रही हैं। लेख उन पहलुओं की तरफ़ इशारा करता है कि इन मासिक बैठकों को कौन–से कारक प्रभावित करते हैं और इन कारकों के अपेक्षानुरूप सुनिश्चित करने में किस प्रकार की तैयारियों की आवश्यकता होती है। लेख में वार्षिक अकादमिक योजना निर्माण, चर्चा के लिए विषय–वस्तु का चयन, विषय–वस्तु का कक्षा–कक्ष से जुड़ाव, शिक्षकों की प्रतिभागिता और संकुल समन्वयकों की तैयारी जैसे पहलुओं पर बात की गयी है। यह लेख संकुल स्तर पर होने वाली बैठकों को अकादमिक दिशा देने की वकालत करता है।

शिक्षकों के पेशेवर विकास के विकेन्द्रीकृत मंच

सर्व शिक्षा अभियान द्वारा स्थापित एवं संचालित संकुल संसाधन केन्द्रों पर होने वाली मासिक बैठकों को शिक्षकों के क्रमिक क्षमता वर्द्धन के एक मंच के रूप में देखा जाता रहा है। संकुल समन्वयकों की भूमिका विद्यालय भ्रमण के दौरान शिक्षकों की कक्षा–कक्षीय चुनौतियों का मिलजुलकर समाधान करने की है। इसके साथ–साथ मासिक बैठकों के माध्यम से विद्यालयों के प्रदर्शन में सुधार के लिए बेहतर योजनाएँ बनवाने की भी अपेक्षा उनसे की गयी है। (सर्व शिक्षा अभियान–फ्रेमवर्क फ़ॉर इम्पलीमेंटेशन, 2011) अतः शिक्षकों के लिए संकुल स्तरीय अकादमिक बैठक एक ऐसी प्रक्रिया है जहाँ इन्हें अपने विद्यालयी अनुभव रखने के अवसर मिलते हैं और प्रतिभागी शिक्षक आपस में चर्चा करते हुए साझा समझ का विकास कर पाते हैं।

एक उपलब्ध अध्ययन में ऐसे मंच की कार्यक्षमता पर प्रश्न उठाये गये हैं, क्योंकि इसके पक्ष में बहुत ही कम साक्ष्य मिलें हैं। इस अकुशलता के पीछे संकुल संसाधन केन्द्रों में समुचित संसाधनों की उपलब्धता एवं उपयोगिता, अपर्याप्त निधि, संकुल समन्वयकों की सन्दर्भ व्यक्ति के रूप में तैयारी आदि कारणों को रेखांकित किया गया है। (टेक्निकल सपोर्ट ग्रुप–रिसर्च, 2010)। यह अध्ययन इन केन्द्रों में मासिक बैठकों की संरचनागत परिकल्पना, भूमिका और इनके अपेक्षित क्रियान्वयन के बीच के अन्तर पर प्रकाश डालता है।

हमने अपने अध्ययन हेतु जिन संकुलों का चयन किया उनकी संकुल स्तरीय मासिक बैठकें सेवारत शिक्षकों के क्रमिक दक्षता विकास के सन्दर्भ में एक उत्साहजनक कहानी गढ़ती हैं। यह अध्ययन कुछ गिने–चुने संकुल केन्द्रों के साथ ही किया गया है, लेकिन इससे यह उम्मीद जगती है कि इन केन्द्रों पर नियमित अकादमिक चर्चा के ज़रिये सेवारत शिक्षकों का क्षमतावर्द्धन और उत्साहवर्द्धन किया जा सकता है।

शिक्षकों के पेशेवर विकास में सहयोगी एवं संवर्गीय मंचों की दख़ल

शिक्षकों के बीच सहयोगी व संवर्गीय अधिगम (Collaborative and Peer Learning) को एक प्रभावी पेशेवर विकास के रूप में रेखांकित किया गया है। भारत में विद्यालय शिक्षा से सम्बन्धित विभिन्न दस्तावेज़ों एवं आयोगों में भी सेवारत शिक्षक–शिक्षा की आवश्यकता की प्रमुखता से वकालत की गयी है, लेकिन अलग से संवर्गीय अधिगम पर बहुत ज़ोर नहीं डाला गया है (देखें तालिका–1)।

तालिका 1 : सेवारत शिक्षक–प्रशिक्षण के सम्बन्ध में विभिन्न नीतिगत अनुशंसाएँ

कोठारी आयोग–1964–66

- विश्वविद्यालयों, प्रशिक्षण संस्थानों और शिक्षकों के संगठनों द्वारा सभी स्तरों के शिक्षकों के लिए सेवारत शिक्षण के अन्तर्गत बड़े पैमाने पर एक समन्वित कार्यक्रम का आयोजन किया जाना चाहिए। लक्ष्य होना चाहिए कि प्रत्येक शिक्षक अपनी सेवा के हर पाँच वर्षों में कम–से–कम दो या तीन माह का सेवारत शिक्षण प्राप्त कर लें।
- ग्रीष्मकालीन संस्थानों द्वारा माध्यमिक विद्यालय के शिक्षकों के लिए सेवारत प्रशिक्षण के तहत आयोजित कार्यक्रम को सम्बन्धित एजेंसियों के बीच व्यवस्थित अनुवर्ती और सक्रिय सहयोग के साथ विस्तारित किया जाना चाहिए (4.55–4.57)।

राष्ट्रीय शिक्षा नीति–1986

शिक्षक–शिक्षा एक निरन्तर प्रक्रिया है, और इसके सेवा–पूर्व और सेवा–कालीन घटकों से अविभाज्य है।

राष्ट्रीय शिक्षा नीति/प्रोग्राम ऑफ़ एक्शन –1992

"शिक्षक–शिक्षा के नये कार्यक्रम निरन्तर शिक्षा की आवश्यकता और शिक्षकों द्वारा, इस नीति में की गयी परिकल्पना को पूरा करने पर ज़ोर देंगे।"

शिक्षक–शिक्षा के लिए राष्ट्रीय पाठ्यचर्या की रूपरेखा (एन.सी.एफ.टी.ई)–2009.

"पेशेवर मंच, जैसे–स्कूल और समूहों में किसी के कार्य की चर्चा और समीक्षा करने के लिए बैठक, वार्षिक कार्य कैलेंडर की योजना बनाना और साप्ताहिक और मासिक आधार पर किसी के शिक्षण की योजना के साथ–साथ सहयोगियों के साथ चर्चा करना, स्कूल के अकादमिक प्रमुख और संकुल और ब्लॉक स्तर पर सन्दर्भ व्यक्तियों का होना, शिक्षण कार्य का एक अनिवार्य पहलू है।"

राष्ट्रीय शिक्षा नीतियों में सेवा–पूर्व और सेवारत शिक्षक–शिक्षा हेतु स्थापित विभिन्न संस्थानों यथा राज्य शैक्षिक अनुसन्धान और प्रशिक्षण

परिषद्, ज़िला शिक्षा एवं प्रशिक्षण संस्थान, शिक्षक–शिक्षा महाविद्यालय को सुदृढ़ करने की बात कही गयी है। इसके अलावा ज़िला प्राथमिक शिक्षा कार्यक्रम (डी.पी.ई.पी.) के अन्तर्गत ब्लॉक और संकुल स्तर पर भी कुछ संस्थानों को विकसित किया गया। जिनका एक उद्देश्य सेवारत शिक्षक–प्रशिक्षण की गुणवत्ता को बेहतर करना और "शिक्षकों के एकाकीपन" को तोड़ते हुए एक 'सहयोगी और अकादमिक अनुसमर्थन के आदान–प्रदान की संस्कृति' को बढ़ावा देना था।

संकुल संसाधनों केन्द्रों पर होने वाली प्रस्तावित मासिक बैठकों को एक ऐसे मंच के रूप में कल्पित किया गया जहाँ शिक्षक समय–समय पर अपने कार्यों की चर्चा और उसकी समीक्षा कर सकें और एक–दूसरे से सीख सकें। इस प्रकार, शिक्षक इस मंच के माध्यम से अपने सतत् पेशेवर विकास की ओर स्वयं अग्रसर हो सकें (एन.सी.एफ.टी.ई., 2009)।

शिक्षक–शिक्षा के लिए केन्द्र प्रायोजित योजनाओं के क्रियान्वयन हेतु दिशा–निर्देशों में इन बैठकों को आयोजित करने की महत्ता पर ज़ोर दिया गया है ताकि शिक्षक अकादमिक मुद्दों पर बात करते हुए अपने विद्यालय के बेहतर प्रदर्शन हेतु एक प्रभावशाली कार्ययोजना बना सकें (रिस्ट्रक्चरिंग एंड रिऑर्गनाइजेशन ऑफ़ दी सेन्ट्रली स्पॉन्सर्ड स्कूल्स स्कीम ऑन टीचर एजुकेशन–गाइडलाइन्स फ़ॉर इम्पलीमेंटेंसनस, 2012)।

उत्तराखण्ड के सन्दर्भ में संकुल स्तरीय मासिक बैठक

उत्तराखण्ड में सरकारी प्राथमिक तथा उच्च प्राथमिक विद्यालयों में कार्यरत लगभग 38 हज़ार शिक्षक सर्व शिक्षा अभियान के अन्तर्गत संचालित 995 संकुल संसाधन केन्द्रों से सम्बद्ध हैं (एलेमेंटरी एजुकेशन–स्टेट रिपोर्ट कार्ड, 2015–16)। इन सभी संकुल संसाधन केन्द्रों में अकादमिक मुद्दों पर विमर्श हेतु मासिक बैठकें आयोजित करने का प्रावधान है, फिर भी इन बैठकों की कार्यवाही प्रायः अकादमिक मुद्दों की बजाय प्रशासनिक मुद्दों के इर्दगिर्द घूमती है। अकादमिक चर्चा के लिए स्थान नगण्य हो गया है। फिर भी उत्तराखण्ड से ऐसे उदाहरण भी हैं जहाँ संकुल स्तरीय बैठकें अपने मूल उद्देश्यों के तहत ही संचालित हो रही हैं। प्रस्तुत अध्ययन इन्हीं संकुलों में से चार संकुल संसाधन केन्द्रों पर आयोजित होने वाली मासिक बैठकों पर केन्द्रित है।

अध्ययन के मुख्य पहलू

यह अध्ययन इन संकुलों में सतत् रूप से विकसित हो रही अकादमिक चर्चाओं के पीछे के सिद्धान्तों को जाँचने का प्रयास करता है। संकुल की मासिक बैठकें एक ऐसी प्रक्रिया के तौर पर उभरी हैं जिन्हें सेवारत शिक्षक ऐसे मंच के रूप में देखने लगे हैं, जो उनकी क्षमता विकास में सीधे–सीधे योगदान करती हैं। यह एक ऐसी प्रक्रिया को बढ़ावा दे रहा है जहाँ शिक्षक अपने अनुभवों, अपनी चुनौतियों और अपने नवाचारों को न केवल एक–दूसरे से साझा कर रहे हैं, बल्कि एक–दूसरे को प्रोत्साहित करते हुए एक–दूसरे से सीख भी रहे हैं।

अध्ययन पद्धति

प्रतिभागी

अध्ययन के लिए चार संकुल संसाधन केन्द्रों का चयन किया गया है, जो उत्तराखण्ड राज्य के तीन जनपदों क्रमशः उत्तरकाशी, ऊधमसिंह नगर तथा अल्मोड़ा जनपद में संचालित हैं। चूँकि, अध्ययन का केन्द्र संकुल स्तर पर व्यवस्थित रूप से अकादमिक सत्रों पर होने वाली मासिक बैठकों का अध्ययन करना था, ताकि इन बैठकों की वर्तमान प्रक्रियाओं तथा इनके पीछे के प्रयासों को समझा जा सके, अतः संकुल समन्वयकों, शिक्षकों तथा अज़ीम प्रेमजी फ़ाउंडेशन के सन्दर्भ व्यक्तियों से विस्तृत चर्चा के उपरान्त इन संकुल केन्द्रों पर होने वाली बैठकों का चयन किया गया।

अध्ययन सम्बन्धी आँकड़े एकत्रित करने के लिए संकुल समन्वयकों, प्रतिभागी शिक्षकों तथा अज़ीम प्रेमजी फ़ाउंडेशन के सन्दर्भ व्यक्तियों का साक्षात्कार किया गया। इस पूरी प्रक्रिया में चार संकुल समन्वयकों से साक्षात्कार, आठ ऐसे शिक्षकों (प्रत्येक संकुल से कम–से–कम दो शिक्षक) का साक्षात्कार किया गया जो कि अकादमिक सत्र (2016–17) में नियमित रूप से मासिक बैठकों में भागीदारी करते रहे हैं। इसके साथ ही इन संकुलों पर होने वाली कम से कम एक मासिक बैठक का अवलोकन किया गया। अवलोकन का आधार यह था कि साक्षात्कार के दौरान जो भी तथ्य सामने आ रहे हैं उनको अवलोकन के दौरान बेहतर तरीक़े से समझा जा सके, साथ ही बैठकों की योजना और इनके क्रियान्वयन के बीच की दूरी के अन्तर को भी जाना जा सके।

इसके अतिरिक्त बैठकों की पूर्व प्रक्रियाओं को समझने के लिए उपलब्ध दस्तावेज़ों यथा बैठक आख्या, उपस्थिति पंजिका तथा संकुल वार्षिक कार्य योजना का अध्ययन किया गया ताकि बैठकों की परिकल्पना तथा पूर्व में इनकी तैयारी, कार्य–योजना तथा वर्तमान में इनके क्रियान्वयन में उत्तरोत्तर सुधार का विश्लेषण किया जा सके।

प्रक्रियाएँ

साक्षात्कार अनुसूची और अवलोकन प्रपत्र के लिए बैठकों की तैयारी, बैठकों के दौरान की प्रक्रियाओं, बैठकों के विभिन्न स्तरीय जुड़ाव तथा बैठकों के तात्कालिक परिणाम सम्बन्धी कारकों पर आधारित प्रश्नों का निर्माण किया गया। बैठकों की तैयारी के बारे में जानने के लिए इन बैठकों की अवधि, विषय–वस्तु का चयन, सन्दर्भ व्यक्ति का चयन, संसाधनों की व्यवस्था जैसे कारकों को शामिल किया गया है। वहीं बैठक व्यवस्था, बैठक में सत्र के दौरान संवाद के तरीक़े, शिक्षकों की चर्चा में भागीदारी, सुगमकर्ता का विषय–वस्तु पर नियन्त्रण, सत्र की समय अवधि, शिक्षकों के अनुभवों को चर्चा में शामिल करने की सम्भावना आदि को रखा गया।

अध्ययन के दौरान उन पहलुओं को समझने का प्रयास किया गया है, जिनके चलते बैठक में शिक्षकों की सत्रों में सक्रिय भागीदारी, समयानुसार उपस्थिति, अकादमिक चर्चा का शिक्षकों की कक्षा–कक्षीय प्रक्रियाओं से जुड़ाव, शिक्षकों की बैठकों सम्बन्धी निर्णयों में भागीदारी तथा एक–दूसरे से सीखने की सम्भावना सुदृढ़ हुई है।

साक्षात्कार अनुसूची तथा अवलोकन प्रपत्र को अध्ययन में इस्तेमाल के पूर्व ऐसे संकुलों में अभ्यास के तौर पर क्रियान्वयित करके देखा गया जो चयनित संकुल नहीं हैं।

अध्ययन के दौरान आँकड़ों के एकत्रीकरण की प्रक्रिया में प्राथमिकता के आधार पर नीतिगत दस्तावेज़ों और बैठकों की कार्यवाही सम्बन्धी अभिलेखों का अध्ययन किया गया। इसके उपरान्त शिक्षकों, संकुल समन्वयकों तथा अज़ीम प्रेमजी फ़ाउंडेशन के सन्दर्भ व्यक्तियों का साक्षात्कार किया गया तथा साथ–ही–साथ बैठकों का भी अवलोकन किया गया। इस प्रक्रिया को इसलिए अपनाया गया ताकि प्रक्रिया के अन्त तक विभिन्न दस्तावेज़ों, साक्षात्कार तथा अवलोकन के दौरान एकत्रित की गयी सूचनाओं के पारस्परिक सम्बन्धों को समझा जा सके।

आँकड़े एकत्रित करने की प्रक्रिया की शुरुआत के पूर्व में सभी सम्बन्धित शिक्षकों, संकुल समन्वयकों तथा अज़ीम प्रेमजी फ़ाउंडेशन के सम्बन्धित सन्दर्भ व्यक्तियों को शोध एवं इसकी प्रक्रियाओं से औपचारिक रूप से अवगत कराया गया तथा इस दौरान उनकी भूमिका के बारे में भी बातचीत की गयी।

आँकड़ों का विश्लेषण एवं व्याख्या

मासिक बैठकों हेतु संकुल समन्वयकों की तैयारी :

चूँकि मासिक बैठकों के संचालन के लिए विषय–वस्तु का चयन अधिकतर संकुल संसाधन केन्द्रों के संकुल समन्वयकों द्वारा स्वयं ही किया जाता है इसलिए समन्वयकों की भूमिका बैठकों के व्यवस्थित आयोजन में महत्त्वपूर्ण हो जाती है। इस भूमिका को तीन पहलुओं के माध्यम से अधिक गहराई से समझा जा सकता है :

(1) संकुल समन्वयकों की बैठकों में अकादमिक चर्चाओं को आयोजित करने को लेकर स्वीकार्यता की समस्या है।

(2) संकुल समन्वयक अकादमिक भूमिकाओं में होने के बावजूद पिछले लगभग एक दशक से ग़ैर–अकादमिक कार्यों में ही शामिल रहे हैं जिससे इनकी स्वयं की अकादमिक क्षमताओं का तो ह्रास हुआ ही है, साथ ही इनकी रुचि भी अकादमिक कार्यों में काफ़ी घटने के साथ ही प्रबन्धकीय कार्यों में बढ़ी है।

(3) नियमित प्रशिक्षण की अनुपलब्धता के चलते भी इनकी अकादमिक दक्षताएँ प्रभावित हुई हैं।

संकुल समन्वयकों की इन बैठकों के अकादमिक होने की स्वीकार्यता को लेकर इनसे लगातार संवाद करने के साथ–साथ मासिक बैठकों में सीमित अवधि (10–15 मिनट) के लिए कुछ सामान्य अकादमिक मुद्दों जैसे –वर्तमान शिक्षा व्यवस्था, क्या बच्चों को फेल करना ज़रूरी है, शिक्षकों की कक्षा–कक्षों के अन्दर की चुनौतियाँ आदि विषयों पर सत्र संचालन के लिए प्रोत्साहित किया गया। इन सत्रों के दौरान समन्वयकों ने भी इन सत्रों की ज़रूरतों को महसूस किया और इनको बढ़ाने पर ज़ोर दिया। एक तरह से कहें कि इन सत्रों को लेकर अनौपचारिक लेकिन महत्त्वपूर्ण स्वीकार्यता मिली। परिणामस्वरूप अल्मोड़ा और उत्तरकाशी से चयनित संकुलों में होने वाली मासिक बैठकों में शुरुआती लगभग तीन घण्टे अकादमिक चर्चा पर केन्द्रित होते हैं। तत्पश्चात् शेष समय

अन्य मुद्दों पर चर्चा होती है, जैसे– सूचनाओं का एकत्रीकरण, प्रशासनिक कार्यों का अनुश्रवण, योजनान्तर्गत विशिष्ट चर्चाएँ आदि।

संकुल समन्वयकों द्वारा मासिक बैठकों के अकादमिक सत्रों की तैयारी में 'वार्षिक अकादमिक कैलेंडर' की योजना बनाना, सत्र की विषय–वस्तु का चयन, सम्बन्धित सन्दर्भ–व्यक्ति की पहचान, स्तर हेतु अधिगम सामग्री की पहचान व उनकी उपलब्धता आदि काम शामिल हैं। वार्षिक कैलेण्डर का निर्माण ज़िला स्तर पर तैयार होने वाली वार्षिक योजना से समायोजित करते हुए बनाया जाता है। इस प्रक्रिया में अभी तक संकुल समन्वयक तथा अज़ीम प्रेमजी फ़ाउंडेशन के सन्दर्भ व्यक्ति तथा सम्बन्धित ब्लॉक संसाधन केन्द्र के समन्वयक ही प्रमुख भूमिका निभाते हैं। एक बार इस योजना के दौरान विषय का चयन हो जाता है तो विषय विशेष (गणित, विज्ञान आदि) पर शिक्षकों के साथ मिल–बैठकर मुद्दे (भिन्न के सवाल, बल, गति, ऊर्जा आदि) तय किये जाते हैं ताकि मासिक बैठक में चर्चा के दौरान न केवल शिक्षकों की सक्रिय भागीदारी हो सके, बल्कि शिक्षक चर्चागत मुद्दों को अपने कक्षा–कक्षीय अनुभवों से जोड़कर रख सकें।

तीसरी बात, बैठकों में हुई चर्चाओं की आख्या (रिपोर्ट) तैयार की जाती है जिसको आगामी बैठक में शिक्षकों के साथ साझा भी किया जाता है। इन आख्याओं की तैयारी तथा इनको शिक्षकों से साझा किया जाना एक सार्थक उपलब्धि है तथापि इसके व्यापक उपयोग को अमल में लाया जाना अभी बाक़ी है।

समन्वयकों की तैयारी के लिए पिछले कुछ वर्षों से विशेष कार्यशालाएँ तथा प्रशिक्षण कार्यक्रम भी आयोजित किये गये हैं ताकि इन समन्वयकों को अपनी भूमिकाओं का निर्वहन करने में सम्भावित मदद की जा सके। तालिका–2 इन प्रयासों पर प्रकाश डालती है।

संकुल समन्वयकों और शिक्षकों के बीच आपसी सम्बन्ध :

सरकारी शिक्षा तन्त्र में सेवारत शिक्षकों के क्षमता निर्माण के अधिकांश मंच औपचारिक रूप से संचालित होते हैं। शिक्षक–शिक्षा संस्थान में उपस्थित शिक्षक–प्रशिक्षक एक निश्चित अवधि, जिसकी समय सीमा प्रायः एक दिन से लेकर दस दिन तक होती है, पूर्व में चयनित विषय–वस्तु पर संवाद शुरू करते हैं। इस पूरी प्रक्रिया में यदि प्रथम सत्र को छोड़ दें, तो शिक्षक–प्रशिक्षक शायद ही ऐसे अवसर प्रदान करते हैं जो शिक्षक–प्रशिक्षक

तथा शिक्षकों को एक–दूसरे के क़रीब आने और एक–दूसरे को समझने में मदद करें। इनके बीच की दूरियाँ न केवल अनौपचारिक वार्तालाप के माध्यम से सीखने के अवसर कम करती हैं, बल्कि शिक्षकों को अपने अनुभव रखने से भी रोकती हैं।

तालिका 2 : संकुल समन्वयकों के लिए आयोजित प्रशिक्षणों/कार्यशालाओं का विवरण

वर्ष	गतिविधियाँ	संकुल समन्वयकों की प्रतिभागिता का विवरण
2009	अभिमुखीकरण, प्रशिक्षण एवं कार्यशालाएँ	1. बच्चों के आकलन प्रपत्र पर उनके जवाबों का विश्लेषण। 2. संकुल समन्वयकों का विद्यालय विकास योजना पर अभिमुखीकरण। 3. एन.सी.एफ.–2005 के आलोक में सीखने–सिखाने की अवधारणा।
2010	मासिक बैठक कार्यशालाएँ	1. नियमित मासिक बैठकों का आयोजन। 2. संकुल समन्वयकों की शिक्षक संगोष्ठियों में प्रतिभागिता। 3. बैठकों में विद्यालय विकास योजना, बरखा सीरीज तथा बाल शोध मेला विषयों पर चर्चाएँ। 4. दक्षता आधारित मूल्यांकन पर कार्यशाला। 5. संकुल और ब्लॉक संसाधन केन्द्र का सौन्दर्यीकरण।
2011	कार्यशालाएँ	1. बच्चों के दक्षता आधारित मूल्यांकन सम्बन्धी कार्यशालाओं में भागीदारी। 2. गणित विषय पर आयोजित कार्यशाला में भागीदारी। 3. शिक्षा के परिप्रेक्ष्य पर कार्यशाला। 4. मासिक बैठकों में पुस्तकालय, बाल शोध मेला, अवलोकन आदि विषयों पर चर्चा। 5. बैठकों में वार्षिक अकादमिक योजना पर चर्चा। 6. मासिक बैठकों की तैयारी कैसे करें, इस विषय पर संकुल समन्वयकों के साथ चर्चा।

संकुल संसाधन केन्द्रों पर होने वाली मासिक बैठकों को क्षमता निर्माण की प्रक्रिया के एक महत्त्वपूर्ण पहलू के तौर पर देखा गया है। अल्मोड़ा जनपद के रियुनी संकुल संसाधन केन्द्र की संकुल समन्वयक के अनुसार –

"जब मैंने देखा कि शिक्षक सत्रों में रुचि नहीं ले रहे हैं तो मैंने उनके स्कूल में भ्रमण की संख्या को बढ़ाया और उनके स्कूल में बैठकर ही उनके अकादमिक मुद्दों को जानने की कोशिश की। इसके अलावा 'स्कूल चलो अभियान' और 'सपनों की उड़ान' जैसे कार्यक्रमों के आयोजन में उनको विशेष सहयोग किया। इससे शिक्षकों ने धीरे–धीरे बैठकों में समयानुसार आना शुरू कर दिया। जब हमने उनके द्वारा सुझाई गयी विषय–वस्तु पर बातचीत शुरू की तो उन्होंने इन चर्चाओं में बढ़–चढ़कर हिस्सा लेना शुरू कर दिया।"

ऊधमसिंह नगर के नगला संकुल में शुरू से ही इस बात का ध्यान रखा गया कि विषय–वस्तु शिक्षकों के साथ हुई चर्चाओं से निकलकर आये। इससे शिक्षकों में बात करने, चर्चा को सुनने और यहाँ तक की इसे अपनी कक्षाओं में अपनाने की सम्भावना बढ़ी। शिक्षक चर्चाओं में सीखे गये बिन्दुओं को कक्षा–कक्ष में अपनाने की कोशिश करते हैं और इन पर बैठक में चिन्तन करते हैं। संकुल समन्वयक जो कि शिक्षकों के बीच से ही एक युवा शिक्षक हैं, शिक्षकों के बीच में यह बात अच्छी तरह से पहुँचा चुके हैं कि वे स्वयं भी एक आम शिक्षक की तरह ही हैं और यहाँ पर सबके द्वारा मिल–जुलकर सीखना ही सम्भव है। इस बात ने शिक्षकों के द्वारा मिल–जुलकर एक–दूसरे से सीखने की प्रक्रिया को सुदृढ़ बनाया है। आज शिक्षक स्वयं ही विषय का चयन करते हैं, उस पर चर्चा करते हैं, कुछ शिक्षक कक्षा–कक्ष में अभ्यास के माध्यम से इस चर्चा के प्रभाव को समझने की कोशिश करते हैं तथा अपने अनुभवों को पूरे विश्वास से आगामी बैठकों में रखते हैं।

बैठकों की तैयारी, आयोजन और विषय–वस्तु

विभागीय शासनादेश जहाँ एक तरफ़ किसी भी कार्य को करने से सम्बन्धित कुछ दिशा–निर्देश देते हैं, वहीं दूसरी तरफ़ ये उस कार्य को करने की सीमित स्वतन्त्रता की वकालत भी करते हैं। संकुल की मासिक बैठकों

के सन्दर्भ में भी लगभग यही बात प्रतीत होती रही है कि मासिक बैठक के आयोजन को लेकर विभागीय शासनादेश तो है, किन्तु इसके प्रारूप व इसमें चर्चा किये जाने वाले मुद्दे या फिर अकादमिक मुद्दों से सम्बन्धित स्पष्ट दिशा–निर्देश और प्रारूप का अभाव ही दिखता है।

अध्ययन के दौरान ऐसा पाया गया कि सामान्यतः संकुल की मासिक बैठकों की तिथियाँ विकास खण्ड स्तरीय मासिक बैठकों के बाद हीं निर्धारित की जाती हैं, किन्तु कहीं–कहीं ये निम्न कारकों से प्रभावित होती है–

- अविलम्ब विभागीय सूचनाओं की आवश्यकता के आधार पर।
- प्रतिभागी शिक्षक साथियों की उपलब्धता के आधार पर।
- स्थानीय छुट्टियाँ।
- आला अधिकारियों की उपलब्धता (कभी–कभार)।

चयनित संकुलों के सन्दर्भ में ऐसा कहा जा सकता है कि इन संकुलों में भी प्रारम्भ में बैठकें विभागीय आदेशों के अनुसार, किन्तु अनियमित योजनाओं के साथ होती थीं जो कि धीरे–धीरे व्यवस्थित होने लगी हैं और कहीं–कहीं तो ये महीने में एक के बजाय दो भी होने लगीं। जैसे कि उत्तरकाशी के चयनित संकुलों यथा लाटा और जोशियाड़ा में और अल्मोड़ा के चयनित संकुल रयुनी में यह बैठक महीने में एक बार होती है। इसमें समन्वयक, प्रतिभागी शिक्षक साथी और अन्य सहयोगी संस्थाएँ पूर्व निर्धारित योजना और तयशुदा समय के अनुसार विभागीय व अकादमिक मुद्दों के बारे में बातचीत करते हैं। ऊधमसिंह नगर के संकुल नगला में यह बैठक महीने में दो बार आयोजित की जाती हैं, जहाँ सभी हितधारक विभागीय मुद्दों और अकादमिक मुद्दों पर पूरे दिन गम्भीरता से चर्चा–परिचर्चा करते हैं।

बैठकों की तैयारी संकुल स्तरीय मासिक बैठकों का महत्त्वपूर्ण हिस्सा होती है। इसमें विभागीय मुद्दों, प्रतिभागी शिक्षक साथियों की संख्या, बातचीत के अकादमिक मुद्दों से लेकर विभागीय अधिकारियों की प्रतिभागिता आदि शामिल होते हैं।

पूर्व की तुलना में यदि हम इस अध्ययन हेतु चयनित संकुलों की आज की बैठक को देखते हैं तो यह पाते हैं कि आज संकुल समन्वयक बैठक की तैयारी हेतु अपने स्तर से भी आवश्यक तैयारी करते हैं। जिनमें संसाधनों की व्यवस्था से लेकर अकादमिक चर्चा के लिए सन्दर्भ व्यक्ति की व्यवस्था, अकादमिक सत्र हेतु शिक्षकों को तैयार करना व किसी ख़ास

परिस्थितियों में खुद भी सत्र संचालन हेतु सुगमकर्ता की भूमिका निभाना, सत्र के दौरान दी जाने वाली पठन/गतिविधि सामग्री और फ़ीडबैक प्रपत्र आदि शामिल हैं। हालाँकि वे इस कार्य में अन्य सहयोगी संस्थाओं की भी मदद लेते हैं किन्तु इस बारे में पहल उन्हीं के द्वारा या फिर प्रतिभागी शिक्षक साथियों के द्वारा की जाती है।

अध्ययन हेतु चयनित संकुल की मासिक बैठक की कार्यवाही में जहाँ शुरुआती दौर में केवल और केवल विभागीय मुद्दों पर ही औपचारिक या फिर अनौपचारिक बातचीत हो पाती थी, वहीं आज लगभग सन्तुलित रूप में इसमें अकादमिक मुद्दों का समावेश दिखता है। यह संकुल समन्वयक की पहल, प्रतिभागी शिक्षकों द्वारा कक्षा–कक्ष के मुद्दों को उठाने, बैठक को सीखने–समझने के मंच के रूप में देखने का साझा परिणाम है।

इन बैठकों में बातचीत किये जाने वाले मुद्दों का चयन भी आजकल विभागीय दिशा–निर्देशों के अनुसार आपसी सहमति, प्रतिभागी शिक्षक साथियों की राय, समन्वयकों के द्वारा विद्यालय भ्रमण के दौरान पाये गये कुछ उपयोगी बिन्दुओं आदि के आधार पर किया जाने लगा है। बैठक के ये मुद्दे सभी प्रतिभागी शिक्षक साथियों के बीच एक–दो दिन पूर्व यथोचित माध्यम से साझा कर दिये जाते हैं ताकि उक्त बैठक और उनमें चर्चा किये जाने वाले उक्त मुद्दों के सन्दर्भ में वे भी अपनी पूर्व तैयारी कर पायें।

इस अध्ययन में यह भी पाया गया है कि चयनित संकुलों में संकुल स्तरीय मासिक बैठकों में कक्षा–कक्ष से जुड़े उन मुद्दों के बारे में अधिकतर बातचीत होती है जो समन्वयक के द्वारा विद्यालय भ्रमण के दौरान अवलोकित किये जाते हैं या फिर जिन समस्याओं का सामना प्रतिभागी शिक्षक करते हैं।

उत्तरकाशी ज़िले के चयनित संकुल लाटा और जोशियाड़ा में तो यह पिछले चार–पाँच वर्षों से बैठक की कार्यवाही का हिस्सा है, किन्तु ऊधमसिंह नगर और अल्मोड़ा ज़िले के क्रमशः नगला और रयुनी संकुल में गत दो–तीन वर्षों से कार्यवाही का हिस्सा बनने लगा है।

समवर्गीय अभिप्रेरण

संकुल की मासिक बैठक में सुगमकर्ता की भूमिका में प्रायः समन्वयक और अज़ीम प्रेमजी फ़ाउंडेशन के साथी इस भूमिका को निभा रहे होते

हैं। अध्ययन के दौरान चयनित संकुल की मासिक बैठकों के अवलोकन के दौरान ऐसा पाया गया कि कई बार इन संकुलों की मासिक बैठकों के दौरान होने वाली चर्चा क्रमशः अगली बैठकों में भी चलती रहती है। उदाहरण के लिए, अगर किसी बैठक में गणित किट उन्मुखीकरण को लेकर अगर बात होती है तो उसी संकुल की अगली मासिक बैठक में शिक्षक अपने–अपने विद्यालय में किये गये प्रयासों की चर्चा करते हैं, इन चर्चाओं में शिक्षक भी सुगमकर्ता की भूमिका निभाते हैं। इन अनुभवों के परिणामस्वरूप चर्चा और भी समृद्ध हो जाती है।

अध्ययन हेतु चयनित सभी संकुल संसाधन केन्द्रों के संकुल समन्वयकों के साथ–साथ साक्षात्कार के दौरान यह ज्ञात हुआ कि सभी संकुल अपने–अपने स्तर से ऐसे प्रयास भी कर रहे हैं। उत्तरकाशी में लाटा तथा जोशियाड़ा संकुल के संकुल समन्वयक सत्रों के संचालन के लिए अन्य संकुलों के समन्वयकों को आमन्त्रित करते रहे हैं जिसके चलते अन्य संकुलों के समन्वयक भी अपनी बैठकों को अकादमिक नज़रिये से देखने लगे हैं। नगला संकुल में ऐसे शिक्षकों को सत्र संचालन के लिए आमन्त्रित किया जाता रहा है जिन्होंने स्वयं की कक्षा–कक्ष में नये प्रयोग किये हैं और उन प्रयोगों के सार्थक परिणाम देखने को मिले हैं। इससे न केवल दूसरे शिक्षक इन अनुभवों को अपनी कक्षाओं में ले जाने लगे हैं, बल्कि वे भी अपने अनुभवों को चर्चा के लिए रखना चाहते हैं। ऐसी स्थिति में संकुल समन्वयक शिक्षकों से बातचीत करते हुए इन्हें आगामी बैठकों के लिए निर्धारित कर देते हैं।

इन बैठकों में प्रारम्भ की तुलना में आज प्रतिभागी शिक्षक और समन्वयक का स्वामित्व भी बढ़ा है। मसलन जहाँ पहले बैठकें केवल सूचनाओं के लेन–देन से लेकर औपचारिकता निभाने तक की होती थीं, वहीं आज ये आपसी समन्वयन से संचालित होती हैं और यहाँ तक कि इसमें बातचीत किये जाने वाले चर्चा के बिन्दु भी सभी प्रतिभागी मिलकर तय करते हैं। इन्हें निम्न उदाहरण से समझा जा सकता है–

संकुल समन्वयक–फ़ीडबैक? कोई है तो?
शिक्षक फ़ीडबैक देना शुरू करते हैं...
संकुल समन्वयक – अब मीटिंग की तारीख़ तय करते हैं।
शिक्षक आपस में बात करना शुरू कर देते हैं।
संकुल समन्वयक – मैं 16 या 17 प्रस्तावित करती हूँ।

सभी एक स्वर में सहमति देते हैं।

पहला शिक्षक – मेरी ओर से 16 तारीख़ ठीक है।

दूसरा शिक्षक – मेरी भी सहमति है।

तीसरा शिक्षक – यह ठीक है जब तक कि यह इतवार नहीं है।

सभी हँसते हैं।

चौथा शिक्षक – हम अंग्रेज़ी या गणित पर चर्चा कर सकते हैं।

संकुल समन्वयक – कुछ टॉपिक सुझायें।

तीसरा शिक्षक – हम भाजक और भाज्य तथा अपवर्तक और अपवर्त्य पर चर्चा कर सकते हैं।

संकुल समन्वयक – क्या यह ठीक है?

सभी सहमति देते हैं। तीसरा शिक्षक और समूह से एक अन्य शिक्षक गणित के आगामी सत्र को संचालित करने की ज़िम्मेदारी लेते हैं। अज़ीम प्रेमजी फ़ाउंडेशन के सदस्य अंग्रेज़ी के सत्र के लिए पर्चे की व्यवस्था की बात करते हैं।

इसी के साथ मीटिंग समाप्त हो जाती है।

निष्कर्ष

चयनित संकुल संसाधन केन्द्र शिक्षकों के क्रमिक क्षमता विकास में सार्थक योगदान करने की दिशा में अग्रसर हो रहे हैं। शिक्षक मिल–जुलकर तथा स्थानीय विषय विशेषज्ञों की मदद से स्वयं की क्षमताओं का विकास कर रहे हैं। व्यापक रूप से देखें तो भारत में लगभग एक लाख संकुल संसाधन केन्द्र यदि इस दिशा में क़दम बढ़ाना शुरू करें तो संकुल संसाधन केन्द्र एक ऐसे मंच के तौर पर स्थापित हो सकते हैं जो वर्तमान में शिक्षकों को उनके कार्य–स्थल के क़रीब रहकर सीखने–सिखाने की प्रक्रियाओं में सीधे–सीधे योगदान कर सकते हैं।

अतः इन संकुलों की मासिक बैठकों का सेवारत शिक्षकों के संवर्गीय अधिगम और क्षमता संवर्द्धन के ठोस मंच रूप में देखे जाने की ज़रूरत है। इसके लिए कुछ नीतिगत निर्णय लिए जाने की आवश्यकता है, कुछ प्रमुख निर्णय इस प्रकार हो सकते हैं :

1. संकुल समन्वयकों की अकादमिक क्षमता संवर्द्धन

उत्तराखण्ड राज्य में संकुल समन्वयकों का चयन सरकारी विद्यालयों में

सेवारत शिक्षकों के बीच से ही किया गया है। ये शिक्षक बच्चों के शिक्षण का एक लम्बा अनुभव लेकर आते हैं, परन्तु शिक्षकों के शिक्षण–प्रशिक्षण को लेकर इनके पास न तो कोई विशेष अनुभव होता है और न ही संकुल समन्वयक के रूप में इनकी नियुक्ति के दौरान इस क्षेत्र में क्षमता संवर्द्धन के लिए कुछ व्यवस्थित तथा ठोस क़दम उठाये जाते हैं। केवल कुछेक समन्वयकों को ही शिक्षकों के लिए प्रत्येक वर्ष आयोजित होने वाले सेवारत शिक्षक–प्रशिक्षण (सर्व शिक्षा अभियान द्वारा संचालित) के चलते कुछ विशेष प्रशिक्षण मिले हैं जो कि विशेषतः कुछ चयनित विषय–वस्तु पर आधारित हैं। अतः यह आवश्यक है कि संकुल समन्वयकों की नियुक्ति के समय विस्तृत उन्मुखीकरण कार्यक्रम तथा नियमित अन्तराल पर कुछ विशेष प्रशिक्षण की व्यवस्था हो जिसमें कक्षा–कक्षीय अवलोकन; विषयों की प्रकृति, शिक्षण–शास्त्र तथा विषय–वस्तु; वयस्क अधिगम के तौर–तरीक़े; अभिलेखीकरण; आकलन जैसे मुद्दों को प्रमुखता से शामिल किया जाये।

2. मासिक बैठकों में अकादमिक विषयों पर चर्चा

राज्य स्तर पर समय–समय पर संकुल समन्वयकों को विभिन्न प्रकार के निर्देश दिये जाते रहे हैं। जिससे इन बैठकों के काम अनावश्यक रूप से प्रभावित होते रहे हैं। इस समबन्ध में आवश्यक है कि अधिकारियों को इन बैठकों के उद्देश्य के बारे में व्यवस्थित तरीक़े से अवगत करवाया जाये।

3. संकुलों पर पर्याप्त संसाधनों की उपलब्धता

वर्तमान में संकुल संसाधन केन्द्र इस स्थिति में नहीं हैं कि वे शिक्षकों की अकादमिक ज़रूरतों को पूरा कर सकें। इन संकुल संसाधन केन्द्रों पर पुस्तकालय, ओवरहेड प्रोजेक्टर, टेलीविज़न, शिक्षकों के बैठने के लिए उचित व्यवस्था आदि की आवश्यकता है।

जैसा कि वर्तमान अध्ययन इशारा करता है कि संकुल समन्वयक शिक्षकों के बीच आपसी रिश्ते, शिक्षकों के साथ–सार्थक चर्चा करने तथा उन तक कक्षा–कक्ष के लिए लाभकारी बातें पहुँचाने में महत्त्वपूर्ण भूमिका निभाते हैं। इस पहलू पर समन्वयकों को जागरूक करने की आवश्यकता है। हमारे द्वारा अध्ययन के लिए चुने गये सभी संकुल में यह बात मुख्य रूप से उभरकर सामने आयी है।

संक्षेप में यह अध्ययन सीधे–सीधे तीन पहलुओं, समन्वयकों की अकादमिक क्षमता संवर्द्धन, सम्बन्धित अधिकारियों को बैठकों के प्रति संवेदनशील बनाने तथा समन्वयकों और शिक्षकों के बीच बेहतर पेशेवर रिश्ते विकसित करने की आवश्यकताओं पर बल देता है।

सन्दर्भ सूची

1. अज़ीम प्रेमजी फ़ाउंडेशन (2009), *इफैक्टिवनेस ऑफ़ एकेडेमिक इंस्टीट्यूशन इन प्रोवाइडिंग एकेडमिक सपोर्ट टू स्कूल* । उत्तराखण्ड (अनपब्लिशड)।
2. अज़ीम प्रेमजी फ़ाउंडेशन (2012)। *डेवलपमेंट नीड एनालिसिस ऑफ़ क्लस्टर एंड ब्लॉक कोरडीनेटरस*। उत्तराखण्ड (अनपब्लिशड)।
3. गंधे, एस.के. (2010), *टीचर प्रोफ़ेशनल डेवलपमेंट इन इंडिया*, पेपर टू बी प्रजेन्टेड एट पीएसएफ 6, कोच्ची, इंडिया, नवम्बर 2010 रिट्राइव्ड 25 मई, 2018 फ्राम http://oasis.col.org/bitstream handle/11599/2221/2010&GandheS_TeacherProfessionalDevelopment.pdf?sequence=1&isAllowed=y
4. मिनिस्ट्री ऑफ़ ह्यूमन रिसोर्स डेवलपमेंट. (1986–1992)। नेशनल पॉलिसी ऑफ़ एजुकेशन एंड इट्स रिवाइज़्ड पॉलिसी, दिल्ली, गवर्नमेंट ऑफ़ इंडिया।
5. मिनिस्ट्री ऑफ़ ह्यूमन रिसोर्स डेवलपमेंट (2010–2011)। *कमेटी टू सजेस्ट इंडीकेटिव ऑपरेशन गाइडलाइन्स फ़ॉर स्ट्रेंदिंग एंड रिवेटलाइजेशन ऑफ़ सब–ड्रिस्टिक लेवल रिसोर्स सेंटर्स आई.ई. ब्लॉक रिसोर्स सेंटर्स एंड क्लस्टर रिसोर्स सेंटर्स*, दिल्ली, गवर्नमेंट ऑफ़ इंडिया।
6. मिनिस्ट्री ऑफ़ ह्यूमन रिसोर्स डेवलपमेंट (2011), सर्व शिक्षा अभियान –*फ्रेमवर्क फ़ॉर इम्पलीमेंटेशन,* नयी दिल्ली।
7. मिनिस्ट्री ऑफ़ ह्यूमन रिसोर्स डेवलपमेंट (2012), रिस्ट्रक्चरिंग एंड रिऑर्गनाइजेशन ऑफ़ दी सेन्ट्रली स्पॉन्सर्ड स्कूल्स स्कीम ऑन टीचर एजुकेशन– गाइडलाइन्स फ़ॉर इम्पलीमेंटेंसनस, रिट्राईवड 25 मई, 2018 फ्राम http://centralsquarefoundation.org/edresource/restructuring-and-reorganization-of-the-centrally-sponsored-scheme-on-teacher-education-guidelines-for-implementation/.
8. ऐलिमेंटरी एजुकेशन– स्टेट रिपोर्ट कार्ड (2015–16), नेशनल यूनीवर्सिटी ऑफ़ एजुकेशनल प्लानिंग एंड एडमिनस्ट्रेशन, नयी दिल्ली।
9. एन.सी.ई.आर.टी. (2005), *नेशनल करिकुलम फ्रेमवर्क फ़ॉर स्कूल एजुकेशन*। नयी दिल्ली : नेशनल कॉउंसिल ऑफ़ एजुकेशन रिसर्च एंड ट्रेनिंग।
10. एन.सी.टी.ई.(2009), *नेशनल करिकुलम फ्रेमवर्क फ़ॉर टीचर एजुकेशन*। नयी दिल्ली : नेशनल कॉउंसिल ऑफ़ टीचर एजुकेशन।

11. एस. नारायण तारा, एन.एस. (2010) रोल ऑफ़ ब्लॉक एंड क्लस्टर रिसोर्स सेंटर्स इन प्रोवाइडिंग ऐकेडमिक सपोर्ट टू एलीमेंटरी स्कूल्स : ए ब्रिज रिपोर्ट ऑफ़ स्टडी कंडक्टेड इन 14 स्टेटस। एडसिल (इंडिया) लिमिटेड. रिट्राइवड 25 मई,2018 फ्राम http://www.educationforallinindia.com/report_on_block_cluster_resource_centres_providing_academic_support_2010.pdf.
12. कोठरी आयोग (1966), शिक्षा और राष्ट्रीय विकास : शिक्षा आयोग की रिपोर्ट 1964–66, नयी दिल्ली : शिक्षा मन्त्रालय, भारत सरकार।

शिक्षकों के साथ मिलकर काम करना : फ़ील्ड के अनुभव

—कमलेश चन्द्र जोशी

यह आलेख 'कैस्केड' मॉडल द्वारा दिये जाने वाले सेवारत शिक्षक–प्रशिक्षण के बरक्स 3 अध्यापकों के साथ 'रिफ्लेक्टिव' मॉडल के प्रशिक्षण का ब्यौरा देता है। इस मॉडल की अपेक्षा है कि अध्यापक अपने विश्वासों और मान्यताओं तथा कक्षा के अनुभवों व व्यवहारों पर समालोचनात्मक ढंग से सोचें। इस आलेख में तीन अध्यापक–अध्यापिकाओं के साथ निरन्तर बातचीत और अनुभवों को साझा कर भाषा सीखने के सन्दर्भ में एक पेशेवर सीखने वाले समुदाय के बारे में अनेक अर्न्तदृष्टि और चुनौतियों की समझ बनती है।

पृष्ठभूमि

एन.सी.एफ.2005, एन.सी.एफ.टी.ई.–2009 व आर.टी.ई.–2009 के दस्तावेज़ों के उपरान्त सामाजिक बदलावों में शिक्षकों को केन्द्रीय वाहक के रूप में स्वीकार किया जाने लगा है। इन दस्तावेज़ों में स्कूली ज्ञान को बाहर के ज्ञान से जोड़ना, रटन्त प्रणाली से मुक्ति, लोकतान्त्रिक मूल्यों का विकास, समालोचनात्मक चिन्तन आदि की बात कही गयी है। इसके लिए जहाँ शिक्षकों की तैयारी के लिए शिक्षक–शिक्षा की पाठ्यचर्या में बदलाव के कार्य किये गये हैं, वहीं सेवारत शिक्षक–प्रशिक्षण भी अपनी गुणवत्ता को लेकर सवालों के घेरे में रहे हैं। इन प्रशिक्षणों का वर्तमान स्वरूप कैस्केड मॉडल में जानकारियों को शिक्षकों तक पहुँचाना ही रहा है। इसके साथ शिक्षकों को स्कूल स्तर पर सहयोग के लिए ब्लॉक स्तर पर स्थापित संकुल संसाधन केन्द्र भी बहुत प्रभावी ढंग से काम नहीं कर पा रहे हैं।

शैक्षिक व्यवस्था में शिक्षकों के विकास के लिए मुख्य क्रियाकलाप सर्व शिक्षा अभियान या डायट द्वारा आयोजित शिक्षक–प्रशिक्षण ही होते हैं।

शिक्षकों के ये प्रशिक्षण एक ढर्रे के आधार पर ही संचालित होते हैं। शैक्षिक व्यवस्था के द्वारा सेवारत शिक्षक–प्रशिक्षण के अन्तर्गत शिक्षक विकास का जो मानक प्रतिरूप अपनाया जाता है वह कैस्केड मॉडल पर आधारित ही होता है जिसमें 'डेफिसिट मॉडल' ड्रीनन (2015, पृ. 8)[1] के अनुरूप ज्ञान व कौशलों को 'ऊपर से नीचे' पहुँचाने का प्रयास किया जाता है जिसकी गुणवत्ता सवालों के घेरे में रहती है। इसकी न कोई ठोस पूर्व तैयारी होती है न ही कोई प्रशिक्षण के उपरान्त की। इस प्रकार यह साल में की जाने वाली एक गतिविधि का रूप ही ग्रहण कर पाती है और शिक्षकों में कोई सीखने की उत्सुकता नहीं जगा पाती। इन प्रशिक्षणों के अन्तर्गत एक व्यवहारवादी नज़रिया ही दिखलाई पड़ता है जिसमें शिक्षकों तक गतिविधि पहुँचाना ही उद्देश्य रहता है [पॉपकेविटज़–1992, बत्रा (तिथि अज्ञात में उद्धृत)][2]। इसके साथ ही शिक्षकों को अधिकतर प्रशिक्षण की विषय–वस्तु अपने स्कूली सन्दर्भ से कटी हुई लगती है (रामचन्द्रन–2005 पृ. 18)। इन कारणों से सेवारत शिक्षक–प्रशिक्षण एक 'पूरी कर दी जाने वाली गतिविधि' के रूप में ही रह जाता है। एन.सी.एफ.टी.ई.–2009 के अनुसार इन प्रशिक्षणों की गुणवत्ता बनाने के लिए ज़रूरी है कि इन प्रशिक्षणों में अध्यापकों के स्कूल के सन्दर्भ व अनुभव शामिल हों। इसके लिए 'रिफ्लेक्टिव मॉडल' के प्रशिक्षण की आवश्यकता है जिसमें शिक्षक अपने विश्वासों, मान्यताओं, कक्षागत व्यवहारों पर ख़ुद से गहन विचार कर पायें। प्रशिक्षणों में उन्हें ऐसे मौक़े मिलें जहाँ वे अपने कक्षा अनुभवों पर समालोचनात्मक ढंग से सोच पायें। इसके लिए उनकी कक्षा के अवलोकनों पर चर्चा की जा सकती है।

शैक्षिक शोधों से यह भी परिलक्षित होता है शिक्षकों के 'वन शॉट वर्कशॉप' और उनके स्कूली सन्दर्भ से कटे हुए प्रशिक्षण/कार्यशालाएँ शिक्षकों के सीखने में बहुत मदद नहीं करते (मेयर–2011, पृ. 7)। इसके साथ ही प्रशिक्षण के उपरान्त स्कूल स्तर पर शिक्षकों के सहयोग के लिए कोई प्रभावी प्रणाली नहीं दिखाई पड़ती जो उन्हें कक्षा के स्तर पर मदद कर पाये। शिक्षक अनुसमर्थन की संस्थाएँ बहुत सक्रिय ढंग से काम नहीं कर पा रही हैं। उनके पास बहुत सुविचारित योजना का अभाव दिखाई

1. डे.एंड साक्स (2009), ड्रीनन (2015, पृ.8) पर उद्धृत।
2. बत्रा (तिथि अज्ञात) में उद्धृत।

देता है। शिक्षकों के विकास के इस सन्दर्भ में यह भी दिखाई पड़ता है कि स्कूली व्यवस्था में शिक्षकों के सीखने के रास्ते बहुत कम हैं। इसके लिए ज़रूरी है कि उनके सीखने के और रास्ते बनाये जायें जहाँ उन्हें स्वेच्छा से कोर्स चुनने या किसी शैक्षिक कार्यक्रम में प्रतिभाग करने की स्वतन्त्रता हो (रिपोर्ट सेवारत प्रशिक्षण पर अन्तर्राष्ट्रीय सेमिनार, भुवनेश्वर 2010)।

यहाँ हम यह भी कह सकते हैं शिक्षकों के पेशेवर विकास को ध्यान में रखते हुए वर्तमान प्रणाली को प्रभावी बनाने के साथ कुछ नये तरीक़ों पर सोचने की ज़रूरत महसूस होती है जिसके अन्तर्गत शिक्षक किसी विषय पर लगकर समझ बना सकें। इसके साथ ही यह भी ज़रूरी है शिक्षा व्यवस्था में उनके लिए अभिप्रेरित माहौल हो जो उनमें सीखने के लिए उत्सुकता जगा सके। कार्यशालाएँ ऐसी हों जो उनके लिए अर्थपूर्ण हों। इसके साथ ही संसाधनों व टेक्नोलॉजी तक भी शिक्षकों की पहुँच होनी चाहिए।

शिक्षक विकास कार्यक्रम

अज़ीम प्रेमजी फ़ाउंडेशन[3], ऊधम सिंह नगर[4] ज़िले में शिक्षक विकास के मुद्दे पर शिक्षकों के साथ विगत पाँच सालों से काम कर रहा है। शिक्षकों के साथ काम करने के लिए संस्थान ने शिक्षकों के साथ बहुवैकल्पिक व दीर्घकालिक रणनीतियों से जुड़ने का तरीक़ा चुना है जिसमें शिक्षकों को

---

3. अज़ीम प्रेमजी फ़ाउंडेशन : एक शैक्षिक संस्था है जो लगभग पिछले पन्द्रह वर्षों से शिक्षा के क्षेत्र में काम कर रही है। वर्तमान में यह देश के आठ राज्यों में कार्यरत है। फ़ाउंडेशन के काम का मुख्य फ़ोकस शिक्षक विकास का रहा है। इसके लिए वह शिक्षकों को स्वैच्छिक रूप से अपने साथ जोड़ने की कोशिश करती है और उसने ब्लॉक स्तर पर भी शिक्षकों के स्वैच्छिक मंच स्थापित किये हैं, जहाँ उनके साथ नियमित रूप से बैठकें आयोजित की जाती हैं और समय–समय पर शिक्षकों के प्रशिक्षण भी आयोजित किये जाते हैं। संस्था का मानना है कि अगर शिक्षक का सशक्तिकरण हो तभी स्कूलों के शिक्षण में सुधार लाया जा सकता है।
4. ऊधमसिंह नगर उत्तराखण्ड का यह ज़िला राज्य के तराई क्षेत्र में आता है और राज्य का सबसे अधिक जनसंख्या वाला ज़िला है। वर्ष 2011 की जनगणना के अनुसार यहाँ की आबादी 1,648,367 है। यह ज़िला राज्य का औद्योगिक ज़िला भी है और यहाँ कई फैक्ट्रियाँ भी स्थापित हैं। ज़िले में कुछ क्षेत्रों में बुक्सा, थारू जनजातियाँ रहती हैं। कुछ इलाक़ों में बंगाली, सिख और पहाड़ों से आये कुमाऊँनी परिवार रहते हैं। इस प्रकार यह ज़िला विविधता से भरा ज़िला है, जहाँ कई भाषाएँ बोली जाती हैं। ज़िले में सात ब्लॉक हैं और 2105 स्कूल हैं जिनमें 32,32,937 बच्चे नामांकित हैं।

स्वैच्छिक रूप से सीखने के लिए प्रेरित करने पर ज़ोर दिया गया है। इन बहुवैकल्पिक तरीक़ों में ज़िले स्तर पर शिक्षकों के विषयगत समूह का निर्माण, शिक्षकों के साथ नियमित कार्यशालाएँ, स्कूल स्तर पर सहयोग, ब्लॉक स्तर पर स्वैच्छिक शिक्षक समूह की बैठकों का आयोजन, संकुल स्तरीय बैठकों में सहयोग, सेवारत प्रशिक्षण में सहयोग व सेमिनार आदि क्रियाकलाप शामिल हैं।

शिक्षकों के साथ इन रणनीतियों के बारे में समझ यह रही है कि शिक्षक विकास एक सतत् प्रक्रिया है जो कि शिक्षकों को केवल प्रशिक्षण देने तक सीमित नहीं है। इसके लिए उनके साथ नियमित संवाद की ज़रूरत है। इसमें प्रशिक्षण के उपरान्त स्कूल स्तर पर मिलकर सहयोग, मासिक अकादमिक बैठकें आदि कार्य शामिल हैं।

शिक्षक पेशेवर विकास–उद्देश्य

शिक्षकों के पेशेवर विकास के लिए हमने निम्न उद्देश्य निर्धारित किये हैं :

- शिक्षकों में भाषा व प्रारम्भिक साक्षरता के नज़रिये का विकास करना।
- भाषा के सन्दर्भ समूह का विकास करना।
- कक्षा की प्रक्रियाओं में बदलाव लाना।
- स्वयं सीखने का रुझान विकसित करना।

कार्य–प्रणाली

उक्त उद्देश्यों को ध्यान में रखते हुए हमने डायट के सहयोग से भाषा के ज़िला सन्दर्भ समूह का गठन किया और उसके साथ नियमित कार्यशालाएँ, मासिक बैठकें और स्कूल सहयोग का कार्य शुरू किया। इसके अन्तर्गत हमें लगता था कि अगर हम शिक्षकों में भाषा शिक्षण का नज़रिया विकसित करना चाहते हैं और उनकी कक्षा की प्रक्रियाओं में बदलाव चाहते हैं तो उनके साथ सतत् काम की ज़रूरत है। इसके लिए ज़रूरी है कि हम कार्यशालाओं के उपरान्त उनके स्कूलों में सहयोग और उनके साथ मासिक बैठकें भी आयोजित करें, जिनमें उनके कक्षा के अनुभवों पर चर्चा हो और उन्हें पठनसामग्री भी उपलब्ध करवायें और एक दीर्घकालिक नज़रिये से काम करें।

शिक्षक विकास के बारे में हमें लगता है कि यह केवल प्रशिक्षण/कार्यशालाओं के माध्यम से नहीं होता है। कहीं ज़रूरत इस बात की भी

होती है कि उनके साथ स्कूल स्तर पर भी काम किया जाये, जहाँ वह प्रशिक्षण की बातों को कक्षा की प्रक्रियाओं में होता देख सके और उस पर उनसे आगे बात की जा सके। यह उनके लिए एक बेहतर सीखने का मॉडल बन सकता है जिस पर आगे बड़े स्तर पर काम किया जा सकता है। इस तरह की अपेक्षा संकुल संसाधन केन्द्र व डायट से भी की जाती है।

इस पृष्ठभूमि को ध्यान में रखते हुए तीन शिक्षकों के साथ सघन रूप से कार्य किया गया। इसके तहत कार्यशाला के अलावा उनके स्कूलों में प्रतिमाह तीन दिन की विज़िट की गयी और उनके साथ मिलकर काम किया गया। शिक्षकों के साथ इस कार्य को केस स्टडी के माध्यम से आगे प्रस्तुत किया जा रहा है।

हमने तीनों शिक्षकों के साथ शुरुआती साक्षरता पर काम किया जिसका उद्देश्य था कि शिक्षकों में बच्चों को पढ़ना–लिखना सिखाने का नज़रिया विकसित हो। वे एक चिन्तनशील शिक्षक बन सकें। उनमें सीखने के प्रति उत्साह बन सके।

शिक्षकों की पृष्ठभूमि

शिक्षकों के पेशेवर विकास में मिलकर काम करने की साझी प्रक्रिया से जुड़े तीनों शिक्षकों की पृष्ठभूमि निम्नवत् है– (यहाँ शिक्षकों व विद्यालय के नाम परिवर्तित किये गये हैं)

दिनेश कुमार सितारगंज ब्लॉक के अमरुआ स्कूल में कार्यरत हैं। वे वहाँ फिलहाल एकल शिक्षक के रूप में कार्य कर रहे हैं। उनके स्कूल में 47 बच्चे नामांकित हैं। स्कूल के अधिकतर बच्चे सिक्ख व थारू समुदाय से हैं व निम्न सामाजिक–आर्थिक पृष्ठभूमि से ताल्लुक रखते हैं। बच्चों के माता–पिता मज़दूर वर्ग से हैं जो विभिन्न फैक्ट्रियों व खेतों में काम करते हैं। दिनेश जी ने अपने अध्यापकीय जीवन की शुरुआत इसी विद्यालय से की है। स्कूल में तीन कमरे हैं तथा बच्चों के खेलने के लिए मैदान भी है। दिनेश जी ने बच्चों को पढ़ाने के लिए उन्हें दो समूहों में बाँटा हुआ है। एक समूह में कक्षा एक–दो के बच्चे बैठते हैं तथा दूसरे समूह में तीन, चार व पाँच के बच्चे बैठते हैं।

रजनी सितारगंज ब्लॉक के परतापुर स्कूल में कार्यरत हैं। वे पिछले बारह सालों से इसी स्कूल में पढ़ा रही हैं। उनके स्कूल में 267 बच्चे हैं व 5 शिक्षक हैं। प्रत्येक कक्षा में लगभग 50–60 बच्चे नामांकित हैं। स्कूल में

अधिकतर बच्चे अल्पसंख्यक समुदाय से हैं और निम्न सामाजिक–आर्थिक पृष्ठभूमि से सम्बन्ध रखते हैं। बच्चों के माता–पिता दैनिक मज़दूरी करते हैं। रजनी मैडम दूसरी कक्षा के बच्चों के साथ काम करती हैं। स्कूल में बच्चों के खेलने की जगह बिल्कुल नहीं है और कक्षा में बच्चों की संख्या ज़्यादा होने व किसी शिक्षिका के लम्बी छुट्टी होने की वजह से उन्हें कक्षा में काम करने में दिक्क़त होती है।

स्नेहलता रुद्रपुर ब्लॉक के राजपुर स्कूल में कार्यरत हैं। वे यहाँ अट्ठारह साल से काम कर रही हैं। उनके स्कूल में 210 बच्चे हैं तथा 4 शिक्षक हैं। स्कूल के अधिकतर बच्चे निम्न सामाजिक–आर्थिक पृष्ठभूमि से आते हैं और उनके माता–पिता दैनिक मज़दूरी करते हैं। स्कूल में बच्चों के लिए खेलने के लिए काफ़ी जगह है व संसाधन भी हैं, लेकिन शिक्षकों की कमी है। इस कारण उन्हें कक्षा में काम करने में दिक्क़त होती है। वे दूसरी कक्षा के बच्चों के साथ काम करती हैं और बीच–बीच में अन्य कक्षाओं में भी पढ़ाने जाती हैं।

शिक्षकों के विषयगत समूह

शिक्षकों के साथ काम करने के लिए हमने शिक्षकों से बातचीत व उनकी रुचि के अनुरूप विषयों के समूह बनाये हैं। इन शिक्षक समूहों से यह अपेक्षा है कि ये शिक्षक किसी एक विषय में अपनी अच्छी समझ बनायेंगे और आगे चलकर ज़िले में डायट/ब्लॉक व संकुल स्तर आयोजित प्रशिक्षण/अकादमिक बैठकों में सहयोग कर पायेंगे। ये तीनों शिक्षक भाषा के सन्दर्भ समूह में शामिल हैं और इसकी कार्यशालाओं में नियमित रूप से प्रतिभाग करते हैं।

कार्यशालाएँ

शिक्षकों के विषयगत समूहों के साथ साल में दो/तीन कार्यशालाएँ आयोजित की जाती हैं। प्रत्येक कार्यशाला 4–5 दिन की होती है। उसमें एक कार्यशाला डायट के सहयोग से आयोजित की जाती है व दो अन्य कार्यशालाएँ विद्यालय के ग्रीष्मकालीन व शीतकालीन अवकाश के दौरान आयोजित की जाती हैं। ये कार्यशालाएँ चार–पाँच दिन की होती हैं। भाषा की कार्यशालाओं में शिक्षकों के साथ शैक्षिक नज़रिये से जुड़े मुद्दे व भाषा/प्रारम्भिक साक्षरता के विभिन्न मुद्दों पर चर्चा की जाती है। इसमें शिक्षा

के उद्देश्य, सीखने का अर्थ, भाषा क्या है, भाषा शिक्षण के उद्देश्य, बच्चे भाषा कैसे सीखते हैं, पढ़ना किसे कहते हैं, पढ़ना सिखाने के नज़रिये, बाल–साहित्य क्या है, बाल–साहित्य व बचपन, बाल–साहित्य का कक्षा में उपयोग, अच्छी पाठ्य–पुस्तक के मायने, साक्षरता क्या है, पुस्तकालय के मायने, लिखना क्या है, लिखना कैसे सिखायें आदि मुद्दों पर विगत वर्षों में बातचीत की गयी है।

स्कूल भ्रमण / शिक्षकों के साथ मिलकर काम करना

स्कूल विज़िट के दो प्रमुख उद्देश्य रहे हैं। पहला– शिक्षकों के साथ मिलकर काम करना जिसमें शिक्षकों की कक्षा का अवलोकन करना और उनसे बातचीत करना शामिल है। दूसरा– कुछ अन्य शिक्षकों को भी सीखने के लिए प्रेरित करना। स्कूल विज़िट के दौरान शिक्षकों को पठन सामग्री भी उपलब्ध कराई जाती है।

तीन शिक्षकों के साथ इस काम के तहत उनके स्कूलों में प्रति माह तीन दिन की विज़िट की गयी और उनके साथ मिलकर काम की योजना बनाई गयी। हमने उनके साथ शुरुआती साक्षरता पर काम किया जिसमें यह बात निहित थी– शिक्षकों में बच्चों को पढ़ना–लिखना सिखाने का नज़रिया विकसित हो। वे एक चिन्तनशील शिक्षक बन सकें। उनमें सीखने के प्रति उत्साह बन सके।

शिक्षक पेशेवर विकास : फ़ील्ड के अनुभव

शिक्षकों के साथ उक्त प्रक्रियाओं के तहत काम करते हुए निम्न अनुभव रहे–

शिक्षकों के साथ सहज रिश्ता

शिक्षकों के साथ मिलकर काम करते हुए हमने यह महसूस किया कि सर्वप्रथम हमारा उनके साथ सहज रिश्ता बनना चाहिए और उन्हें नये नज़रिये से काम के लिए अभिप्रेरित करना चाहिए। इसमें यह बात न हो कि हमें सब कुछ सिखा देना है। उनसे सहज रिश्ता बनाने के लिए ज़रूरी था कि हम उनसे नियमित रूप से बातचीत करें, उनके शिक्षण नज़रिये व स्कूली सन्दर्भ को समझें। इसके अनुसार काम की योजना बनायें। इसके लिए हम स्कूल में तो बातचीत करते ही थे और कभी–कभी स्कूल की छुट्टी के दिन भी उनके साथ बैठते थे और उनकी कक्षा की प्रक्रियाओं

पर बात करते थे। इस क्रम में दिनेश जी के घर भी जाना हुआ। वहाँ भी उनके साथ बातचीत हुई। स्कूल के बाद रजनी मैडम के घर भी बैठते और एक अनौपचारिक माहौल में उनसे बात करते। स्नेहलता कभी छुट्टी के दिन या स्कूल के बाद हमारे ऑफ़िस आ जातीं। शिक्षकों के साथ इस मेलजोल का यह फ़ायदा हुआ कि वे बाद में स्कूल की छुट्टी के दिन हमारे ऑफ़िस/टीचर्स लर्निंग सेंटर (टी.एल.सी.) पर आ जाते और वहाँ उनसे कक्षा के अनुभवों/शैक्षिक आलेखों पर बातचीत होती। इस प्रकार इन शिक्षकों से हमने अकादमिक बातचीत शुरू की और उनका अकादमिक रुझान बनाने की कोशिश की।

कक्षा शिक्षण को समग्रता में देख पाने के नज़रिये का विकास

तीनों शिक्षकों के साथ काम करते हुए यह देखने को मिला कि शिक्षक शुरुआती दौर में टी.एल.एम. व गतिविधियों में रुचि लेते हैं लेकिन इन्हें एक पूर्णता में नहीं देख पाते। रजनी मैडम से जब शुरू–शुरू में मुलाक़ात हुई तो उन्होंने अपने बनाये हुए टी.एल.एम. व बच्चों के बनाये बाल अख़बार दिखाये। उन्होंने कृष्ण कुमार की किताब पढ़कर बच्चों की कुछ स्थानीय कविताएँ भी इकट्ठा की थीं, लेकिन उनका कक्षा में बच्चों के साथ किस तरह से उपयोग करना है, इस पर उन्हें बहुत स्पष्टता नहीं थी। दिनेश जी ने भी बच्चों की कविताएँ अक्षर व शब्द पहचान के लिए संकलित किये थे। लेकिन उन्हें यह स्पष्ट नहीं हो रहा था कि इन्हें बच्चों के साथ समझ बनाने से कैसे जोड़ा जाये? इसी तरह स्नेहलता कविताओं को पंक्तियों में तोड़कर शब्दों की पहचान का ही काम करवा रही थी। कविता बच्चों के अनुभव से कैसे जुड़े, इस पर बहुत बात नहीं हो रही थी। इससे यह तो लग रहा था शिक्षक अपने स्तर पर कुछ प्रयास करते हैं लेकिन इनका बच्चों के सीखने से क्या रिश्ता है, इस पर कोई महत्त्वपूर्ण बात नहीं उभरकर आती। शिक्षकों से इस बातचीत में यह भी समझने को मिला कि वे प्रयास तो कर रहे हैं लेकिन कक्षा की प्रक्रियाओं को अलग–अलग गतिविधियों के रूप में समझ रहे हैं व शिक्षण उद्देश्यों से बहुत स्पष्टता से नहीं जोड़ पा रहे हैं (लारींवी व कूपर, 2006, पृ. 11)।

रजनी मैडम ने अपनी कक्षा में बच्चों के तीन स्तर भी बनाये थे लेकिन एक नज़रिये के साथ काम नहीं कर पा रही थीं। इससे यह बात समझ में आ रही थी कि हमारा सबसे पहला काम था कि वे अपनी कक्षा को ध्यान

में रखकर अपने काम पर फ़ोकस कर पायें। इन बातों को ध्यान में रखते हुए उनसे बच्चों को पढ़ना सिखाने के नज़रिये, बच्चों के लिए पुस्तकालय, पढ़ने का समय आदि मुद्दों पर बातचीत की गयी। यह भी कहा गया वे कार्यशाला में हुई बातों को ध्यान में रखते हुए अपनी योजना बनायें और अपने कक्षा अनुभवों को दर्ज करें।

कार्यशालाएँ : सीखने का माहौल बनाने का माध्यम

शिक्षकों के साथ समय–समय पर आयोजित कार्यशालाओं में हमने यह ध्यान रखा कि शिक्षक अपनी बातें खुलकर रख पायें। हम उन्हें ऐसा माहौल दे पायें, जिससे उनमें आत्मविश्वास बने। इसके साथ ही उन्हें अपने विश्वास व मान्यताओं पर पड़ताल करने का मौक़ा मिले। वे अपनी कक्षा के अनुभवों को रख पायें और उन पर बातचीत हो पाये। इसमें यह न हो कि हम उन्हें एक तरफ़ा ज्ञान देते रहें। इसके साथ महत्त्वपूर्ण बात यह थी चर्चाओं के दौरान उदाहरण उनके स्कूली सन्दर्भ के हों। इस प्रकार कार्यशाला फ़ील्ड के अनुभवों को सिद्धान्तों से जोड़ने का एक ज़रिया रहती थी और इसके तहत शिक्षण के नज़रिये के विकास का प्रयास किया जाता रहा। यह प्रक्रिया सतत् रूप से जारी रखी गयी। कार्यशालाओं में इन तीनों शिक्षकों की भागीदारी में यह देखने को मिला जो शिक्षक पहले ज़्यादा बोलते नहीं थे, धीरे–धीरे उन्होंने अपने विचारों व अनुभवों को रखना शुरू किया जिससे उनमें एक आत्मविश्वास बना।

रजनी मैडम जो पहले चुप रहती थीं, उन्होंने बाद में कार्यशाला के दौरान सभी प्रतिभागियों के साथ सोन चिरैया नामक बालगीत सामूहिक रूप से गाया व अपने कक्षा के अनुभवों को भी रखने का प्रयास करने लगीं। इसके साथ यह भी देखने को मिला कि उनको अपनी डायरी लिखने से काफ़ी आत्मविश्वास आया और इन अनुभवों को वह प्रतिभागियों के बीच रखती थीं। कार्यशाला में एक बार सत्र के दौरान शिक्षकों में किताबों में रुचि बनाने के उद्देश्य से 'मेरा निजी पुस्तकालय' नामक आलेख पढ़वाया गया। इसके बाद यह देखने को मिला कि रजनी मैडम ने अपने लिए भी किताबें ख़रीदनी शुरू की। कुछ पत्रिकाओं की सदस्यता ली और अपना निजी पुस्तकालय बनाना शुरू किया।

दिनेश कुमार कार्यशाला के दौरान कक्षा में बच्चों के साथ काम के नमूने– चित्र, बच्चों के लेख आदि लाते और उसे समूह में दिखाते कि

बच्चे इस तरह से सीख रहे हैं। वे एक बार बातचीत में कह रहे थे कि कार्यशाला में आने से दिमाग़ की धूल छँट जाती है। एक बार स्वैच्छिक समूह की बैठक में दिनेश जी ने उत्साहित होकर अपने स्कूल का पुस्तकालय अन्य शिक्षकों व संकुल समन्यक को भी दिखाया और बच्चों के साथ पुस्तकालय के उपयोग, बच्चों को पढ़ने के मौक़े देने के बारे में बताया। उन्होंने एक कार्यशाला के बारे में अपनी डायरी में लिखा– मुझे इस कार्यशाला की सबसे बड़ी विशेषता यह लगी कि इसमें हम शिक्षकों को आपसी चर्चा करने का भरपूर मौक़ा दिया गया तथा अपनी–अपनी कक्षा के अनुभवों को साझा करने को कहा गया और उस पर सैद्धान्तिक दृष्टिकोण रखते हुए बातचीत की गयी। इस कार्यशाला से मैंने यह भी समझा कि जब बच्चे स्कूल आते हैं तो उन्हें बातचीत करने व चित्र बनाने का मौक़ा देना चाहिए। बच्चों के लिए पुस्तकालय की व्यवस्था करनी चाहिए व उन्हें रोज़ किताब पढ़ने को देनी चाहिए।

एक कार्यशाला के दौरान स्नेहलता ने बच्चों को 'चूहे को मिली पेन्सिल' नामक किताब पढ़कर सुनाने का अनुभव रखा कि कक्षा में एक बच्चा कह रहा था– पेन्सिल वैसे तो बड़ी सीधी लगती है, लेकिन वह बड़ी चालाक निकली और उसने कॉपी पर बिल्ली बनाकर चूहे को डरा दिया।

कार्यशालाओं के उपरान्त फ़ील्ड में यह भी देखने को मिला कि शिक्षकों के साथ जो चर्चाएँ कार्यशालाओं के दौरान हुईं, उनकी समझ थोड़ी आधी–अधूरी ही बन पाती है और कक्षा में क्रियान्वयन भी अधूरी तरह ही हो पाता है। यह बात आसानी से फ़ील्ड में समझी जा सकती है। एक बार दिनेश जी से बच्चों के पढ़ना सीखने की प्रक्रिया के बारे में बात हो रही थी। उसमें पढ़ने की प्रक्रिया में अनुमान लगाने की बात हो रही थी कि बच्चे पढ़ने के दौरान किस प्रकार अनुमान लगाते हैं? तब उनकी ओर से कोई स्पष्टता से बात नहीं उभरी। इसके साथ ही उनसे यह भी बात हुई कि बच्चे अक्षर व शब्दों को कैसे सीखते हैं। उनका कहना था कि पहले वे अनुमान से ही सीखते हैं। अक्षर व शब्दों को सीखने की प्रक्रिया बाद में होती है। इसी प्रकार स्नेहलता अकेले शब्दों में भी बच्चों से अनुमान लगाने का प्रयास कर रही थीं। रजनी मैडम ने कक्षा में कविताओं के पोस्टर आदि लगाये थे लेकिन इनका उपयोग बच्चों के साथ कैसे हो, इस पर बहुत स्पष्ट समझ नहीं थी। शिक्षकों के साथ कक्षा की ये सब बातें उनके आगे काम करने का आधार बनीं। इससे यह बात भी पुख़्ता

हुई कि शिक्षकों के साथ केवल कार्यशालाओं से समझ नहीं बनती। इसके लिए एक दीर्घकालिक नज़रिया होना ज़रूरी है। इसके लिए उनके स्कूल की विज़िट और उनसे संवाद करना ज़रूरी लगता है।

सन्दर्भ सामग्री का एक्सपोज़र

शिक्षकों के साथ मिलकर काम करने में यह भी एहसास हुआ कि वे कक्षा में बेहतर ढंग से काम कर पायें, इसके लिए ज़रूरी है कि उन्हें कुछ ऐसी सामग्री उपलब्ध होनी चाहिए जिससे उन्हें कक्षा में काम करने में कुछ मदद मिले। वे अभी केवल अपनी पाठ्य–पुस्तकों से ही काम करते हैं। इसके लिए ज़रूरी था कि शिक्षकों को कुछ अच्छी सन्दर्भ सामग्री से परिचित करवाया जाये और उन्हें उनके स्कूलों में मँगवाया जाये। इसके लिए उन्हें एकलव्य व एन.सी.ई.आर.टी. की पाठ्यपुस्तकें, आकलन स्रोत पुस्तिका, बरखा सीरीज़ की पुस्तकें आदि दिखाई गयी। इस पर उनके साथ कार्यशालाओं व व्यक्तिगत रूप से चर्चा भी की गयी और बाद में उन्होंने उसे अपने स्कूलों में मँगवाया। उनसे कहा गया कि वे इन पाठ्य–पुस्तकों के पाठों व अभ्यासों को देखें और यह समझने का प्रयास भी करें कि ये पाठ कैसे हैं? इसमें क्या नज़रिया दिखाई पड़ रहा है, इस पर भी विचार करें। इन मुद्दों को बाद में हमने कार्यशाला के दौरान शिक्षकों के साथ बड़े समूह में भी चर्चा के लिए रखा। इस प्रक्रिया में एक दिन दिनेश कुमार ने बताया कि 'एकलव्य' द्वारा प्रकाशित 'पढ़ो–लिखो मज़ा करो' बच्चों के लिए अच्छी अभ्यास पुस्तिका है। इससे बच्चे जुड़ते हैं। यह किताब आगे उन्होंने अपने साथी शिक्षक को भी उपयोग के लिए दी। बाद में इसके अभ्यासों से प्रेरित होकर उन्होंने भी बच्चों के लिए नये अभ्यास बनाये। रजनी मैडम को ख़ुशी–ख़ुशी पाठ्य–पुस्तक के अभ्यास अच्छे लगे और उसे उन्होंने अपनी कक्षा में उपयोग किया। आगे ये किताबें उन्होंने अपने लिए मँगवायीं। स्नेहलता अपनी डायरी में लिखती हैं कि मुझे यह बात परेशान करती है कि बच्चों के लिए कुछ ऐसा पढ़ने को हो जिससे उनकी पढ़ने में रुचि बढ़े। इस कार्यशाला के दौरान मुझे कृष्ण कुमार जी का लेख 'पढ़ने का समय' दिया गया। इस लेख को पढ़कर मुझे मेरे सवाल का जवाब मिल गया। मुझे लेख की सबसे अच्छी बात 'पढ़ने की घण्टी' लगी और इसे मैंने अगले दिन अपने साथी अध्यापकों के साथ साझा किया और अपने विद्यालय में पढ़ने की घण्टी की शुरुआत की।

कक्षा की प्रक्रियाओं पर चिन्तन करना

शिक्षकों के साथ स्कूल विज़िट की चर्चाओं से समझ में आ रहा था कि उनके शिक्षण कार्य का फ़ोकस बनाना ज़रूरी है। फ़ोकस बनाने का तात्पर्य है कि बच्चों के साथ शिक्षण उद्देश्यों को ध्यान में रखते हुए गतिविधियों व शिक्षण प्रक्रिया को तय करना व आगे इन पर बातचीत करना। इस बात को ध्यान में रखते हुए स्कूल भ्रमण के दौरान उनकी कक्षा की योजना व कक्षा की प्रक्रियाओं पर बातचीत को केन्द्रित किया गया। इस सन्दर्भ में दिनेश जी को यह एहसास हो रहा था कि बच्चों को पढ़ाने के लिए काफ़ी सोचना पड़ता है। आगे उनके साथ कक्षा के अवलोकनों को देखकर यह चर्चा होती कि कक्षा में फ़ौजा सिंह किताबों में रुचि ले रहा है। बच्चे किस प्रकार चित्र बना रहे हैं? रजनी मैडम को बच्चों के पढ़ने के अवलोकन दिखाये गये कि कैसे बच्चे पढ़ रहे हैं और शब्दों के अर्थ निकाल रहे हैं। इसी क्रम में यह भी देखने को मिला कि बच्चे बरखा सीरीज़ के तीसरे–चौथे स्तर की किताब पढ़ने की कोशिश कर रहे थे परन्तु पढ़ नहीं पा रहे थे। इस पर बात हुई कि उन्हें अभी पहले व दूसरे स्तर की किताबें दी जायें और उन्हें किताबें पढ़कर सुनाई भी जायें। स्नेहलता से बात हुई कि 'हाथी की हिचकी' पुस्तक पढ़ने के दौरान बच्चे अपने अनुभवों से जोड़कर 'हाथी की हिचकी' व छींक ठीक होने का इलाज बता रहे हैं।

यहाँ इस बात का एहसास हुआ कि कक्षा में शिक्षकों के साथ काम बच्चों के सीखने–सिखाने का पूरा सन्दर्भ बना देता है और हम उन बच्चों के जुड़ाव को आसानी से दिखा सकते हैं और वे कक्षा के क्रियाकलापों को एक समग्रता में देख पाते हैं। इस तरह की कक्षा की चर्चाओं से उन्हें भी अपने कामों को एक समग्रता में देखने का नज़रिया बना। आगे उनसे इन बिन्दुओं पर बात होती– आज कक्षा में कैसे काम हुआ? बच्चे प्रक्रिया में कैसे जुड़े? बच्चों की क्या प्रतिक्रिया रही? कौन बच्चे चुप बैठे रहे? उन्हें आज क्या लगा? इसके साथ ही इस चर्चा से जुड़ी सन्दर्भ सामग्री की ओर पढ़ने का संकेत किया जाता कि इसे हम फिर से पढ़ लें। इसे हम लोग कभी साथ मिलकर भी पढ़ते। इसके साथ जब वे कक्षा में अच्छे ढंग से काम करते या अपने अनुभवों को कार्यशालाओं / स्वैच्छिक मंच की बैठकों में रखते तब उनसे यह भी कहा जाता कि आज आपने बात अच्छे ढंग से रखी या कक्षा में आज बच्चे अच्छे से जुड़े। इसके लिए स्कूल से

वापस लौटते हुए उन्हें कभी एस.एम.एस. भी कर दिया जाता– आपकी कक्षा अच्छी रही।

पढ़ने की आदत का विकास

शिक्षकों के सतत् पेशेवर विकास का महत्त्वपूर्ण आयाम है उनमें पढ़ने की आदतों को विकसित करना। इसके लिए हमने प्रत्येक ब्लॉक पर शिक्षण अधिगम केन्द्र की शुरुआत की जहाँ उनके लिए शैक्षिक पुस्तकें, पाठ्य–पुस्तकें, सन्दर्भ पुस्तकें, बाल–साहित्य, कहानी, कविता व उपन्यास आदि सामग्रियाँ उपलब्ध हैं। इसके साथ ही कार्यशालाओं के दौरान भी हमने प्रतिदिन 45 मिनट उनके पढ़ने के लिए निर्धारित किया और उसमें भी उन्हें पढ़ने के मौक़े दिये। स्कूल विज़िट के दौरान छुट्टी के बाद उनके साथ शैक्षिक आलेख पढ़े जाते। दिनेश जी के साथ ऐसा कई बार हुआ। रजनी मैडम कभी–कभी छुट्टी के दिन ब्लॉक की टी.एल.सी. पर आ जातीं और उनसे भी आलेख पर चर्चा होती। आगे यह देखने को मिला कि वह आलेखों में न समझ में आने वाली बातों को रेखांकित करतीं और उस पर भी बात होती। स्नेहलता भी हमारे ऑफ़िस आ जातीं और उनसे आलेखों व कक्षा के अनुभवों पर चर्चा होती। तीनों शिक्षकों के इस तरह पढ़ने से उनके डायरी लेखन पर भी प्रभाव पड़ा। इस क्रम में आगे शिक्षकों ने तोत्तो चान, बच्चे की भाषा व अध्यापक, दिवास्वप्न, मेरी ग्रामीण शाला की डायरी आदि पुस्तकें पढ़ीं और उन्हें चकमक, सन्दर्भ व विमर्श जैसी पत्रिकाओं से जोड़ा। इसमें यह देखने को मिला कि आगे एक शिक्षिका ने अपने लिए भी ख़ुद पुस्तकों को ख़रीदना शुरू किया और बच्चों के लिए भी अपने पैसों से किताबें मँगवाई। आगे के दिनों में रजनी मैडम ने 'मेरी ग्रामीण शाला की डायरी' पर समीक्षा भी लिखी। शिक्षकों में पढ़ने की आदतों के विकास को ध्यान में रखते हुए उन्हें शिक्षक दिवस पर किताबें भी भेंट में दी गयीं।

शिक्षक डायरी

शिक्षकों को एक सीखने वाले के रूप में विकसित करने के लिए यह भी ज़रूरी था कि वे पढ़ने के साथ अपनी कक्षाओं के अनुभवों को भी दर्ज करें। इसके लिए तीनों शिक्षकों ने अपनी डायरी बनायी। फिर यह बात हुई कि वे उसमें क्या लिखें? इसके लिए सन्दर्भ पत्रिका से कुछ लेख

और शिक्षकों के अनुभव उन्हें पढ़ने को दिये गये व उस पर चर्चा की गयी। कार्यशालाओं में भी इस पर नियमित रूप से बात की गयी और उसमें भी उन्हें डायरी लिखने को कहा गया। धीरे–धीरे शिक्षकों ने अपनी डायरियाँ लिखनी शुरू कीं। उनकी शुरुआती डायरी में केवल कक्षा के सपाट विवरण ही दिखाई पड़ रहे थे। उदाहरण के लिए, नीचे दिये गये डायरी अंश देखें –

आज कक्षा–कक्षीय प्रयास का प्रारम्भ गत दिवस के फ़ीडबैक से किया जिसका सम्बन्ध 'र' वर्ण से था। गत दिवस के 'र' वर्ण का पुनर्भ्यास कराया गया। इसके बाद पुनः एक नयी कविता 'हाथी आया' के माध्यम से बच्चों को 'ह' वर्ण के शब्दों के द्वारा मात्र तीन शब्द – हलवा, हवा, हलवाई; उनके मार्गदर्शन हेतु बोर्ड पर लिखा। इसमें कुछ बच्चों ने हवाई, हमारा, हल्का, हिलना आदि शब्दों का प्रयास किया। इसमें मात्रा सम्बन्धी अशुद्धियाँ थीं। इन्हें घर से ठीक करके लाने का काम दिया गया। आजकल बारह बच्चे जो वर्ण की ओर अग्रसर थे उनके साथ इसमें काफ़ी मशक्कत करनी पड़ती थी। इसमें तीन–चार बच्चे लेखन का प्रयास करते थे। पहचान तो दूसरे दिन विस्मृत रहती थी। अंग्रेज़ी में Bat तथा Ball शब्दों का ही अभ्यास हो सका। गणित में बच्चों को गिनती, 2–5 तक पहाड़े अलग–अलग स्तर के अनुसार करवाये गये **(21 जुलाई 14,रजनी)।**

कक्षा 4 हिन्दी में बच्चों को रोज़ स्वयं पाठ पढ़ने को कहा और उस कहानी को स्वयं के शब्दों में प्रत्येक को सुनाने को कहा। देखा गया कि अभी भी सभी बच्चे सुना नहीं पा रहे हैं तो उन्हें जो बच्चे सुना रहे हैं उन्हें सुनने को कहा और अगले दिन सुनाने को कहा। इसके अलावा उन्हें घर से कहानी को अपने शब्दों में लिखकर लाने को कहा। अंग्रेज़ी में अभी केवल हर बच्चे से पाठ पढ़वाया जा रहा है।

कक्षा 3 में अभी बच्चों को पढ़ना–लिखना सिखाने पर ज़ोर दिया जा रहा है इसीलिए sound word – a, u, o व आदि लिखकर पढ़वाये जा रहे हैं। इसके अलावा हिन्दी में कविता, कहानी सुनाई जा रही है **(14–19 जुलाई 14, स्नेहलता)।**

धीरे–धीरे बाद की डायरी में कक्षा की प्रक्रियाओं की विस्तृत व्याख्या आनी शुरू हुई। उसमें कक्षा में बच्चों के अवलोकन दर्ज होने लगे और कक्षा की प्रक्रियाओं के रिफ्लेक्शन भी दिखाई पड़ने लगे। हम उद्धृतडायरी अंशों में इन बदलावों को नीचे देख सकते हैं–

आज जब मैं बरखा सीरीज़ की कहानियों की कुछ किताबें लेकर कक्षा के अन्दर आयी तो बच्चे हर रोज़ की तरह एक–दूसरे को चुप रहने को कह रहे थे ताकि मैं उनको एक नयी कहानी सुना सकूँ। लेकिन जब मैंने बच्चों से कहा कि आज तो मैं आपको कहानी नहीं सुनाऊँगी बल्कि आज तो आप लोग खुद से कहानी पढ़ेंगे और बाद में मुझे सुनायेंगे, तो इसके बाद जो मैंने देखा वो शब्दों में बयां करना मुश्किल है। बच्चों के चेहरों पर एक ऐसी आभा आयी जैसे उन्हें उनके मन मुताबिक़ कोई खिलौना मिल गया हो या उन्हें एवरेस्ट फ़तह करने का मौक़ा मिल गया हो। वे किताबें माँगने ऐसे झपट रहे थे, चिल्ला रहे थे मानो वे आज ही सब पढ़ लेंगे। उन्हें पहली बार इस तरह पढ़ने को मिला था, वे भी कहानी की किताब। किताबें लेकर सभी बच्चे उसे पढ़ने की कोशिश करने लगे। तौसीब, संजना, अभिषेक और निखिल तो मेरे पास आ गये और मुझे पढ़कर सुनाने लगे.... **(17 दिसम्बर 14, स्नेहलता)।**

कक्षा के पढ़ने के अवलोकनों में मुझे यह देखने को मिला कि पढ़ने के दौरान वे अपने रोज़मर्रा के अनुभवों को जोड़ते हुए अर्थ बनाने की कोशिश करते हैं और कहानी या कविता में स्थानीय शब्दों का प्रयोग भी करते हैं। जैसे कि तीसरी कक्षा में गुलफ़ाम एक बार 'बन्दर नहीं बनाते घर' कविता पढ़ रहा था। उसमें आयी पंक्तियाँ –

बन्दर नहीं बनाते घर
घूमा करते इधर–उधर

इसमें घूमा करते को फिरा करते पढ़ा। इसके साथ ही एकलव्य द्वारा प्रकाशित किताब 'तीन साथी' कहानी में आये शब्दों–झुकाना को लचाना, ढूँढ़ती को पता लगाती आदि पढ़ा। बच्चों के पढ़ने की पारम्परिक समझ को देखूँ तो उसने ग़लत पढ़ा लेकिन प्रशिक्षण में हुई चर्चाओं की समझ से यह स्पष्ट हुआ कि पढ़ना एक रचनात्मक प्रक्रिया है। इसमें बच्चे अर्थ बनाने के लिए अनुमानों का सहारा लेते हैं। अपने पूर्व अनुभवों व स्थानीय शब्दों का भी प्रयोग करते हैं और अर्थ निर्मित करने का प्रयास करते हैं **(17 दिसम्बर 14, रजनी)।**

आज मैंने पहले की तरह बच्चों को तीन स्तरों में बैठाया। पहले स्तर के बच्चे वे हैं जो अच्छे से पढ़–लिख लेते हैं तथा अपने शब्दों में कहानी–कविता बना लेते हैं। दूसरे स्तर पर वे बच्चे हैं जो अभी पूरी तरह

नहीं पढ़ पाते हैं और तीसरे स्तर पर वे बच्चे जो अभी कुछ भी पढ़–लिख नहीं पाते हैं। आज मैंने दूसरे स्तर वाले बच्चों जिसमें कक्षा 3–4 के बच्चे व कक्षा पाँच की छात्रा सर्वजीत कौर शामिल है। उनको कहानी बनाने के लिए कुछ शब्द – तालाब, मछली, बकरी, घास और खरगोश दिये। ज्योति जो कक्षा 3 की छात्रा है, उसने मुझे दस मिनट में कहानी लिखकर दिखाई–एक तालाब में मछली रहती थी। एक दिन बकरी तालाब का पानी पीने आ रही थी। बकरी को घास दिखी घास खाने लगी। घास में उसे एक खरगोश दिखा। खरगोश गाजर खा रहा था। बकरी खरगोश को देखकर भाग गयी। यह कहानी देखकर मैं आश्चर्यचकित रह गया और मेरी ख़ुशी का ठिकाना नहीं रहा।...

हम शिक्षक तो न जाने अनजाने में अपना कितना समय इसमें ही निकाल देते हैं कि वर्णमाला पढ़कर सिखायेंगे फिर लिखना, फिर बारहखड़ी, फिर शब्द इसके बाद वाक्य फिर कहीं पढ़ने की बात और इतना करते–करते वह चौथी या पाँचवी कक्षा में पहुँच जाता है और बिना हिन्दी पढ़े ही उसे स्कूल छोड़ना पड़ता है **(17 नवम्बर 14, दिनेश कुमार)।**

शिक्षकों के अपनी डायरी लिखने के बारे में यह भी देखने को मिला कि दिनेश कुमार डायरी में जहाँ से अपनी बात शुरू करना चाहते थे, वहाँ से शुरू करने में उन्हें तीन महीने लग गये। रजनी व स्नेहलता की डायरी के कुछ अंश आगे हमने अपनी पत्रिका में प्रकाशित भी किये।

शिक्षकों का फ़ीडबैक

शिक्षकों के साथ काम करते हुए बातचीत करने के दौरान उन्होंने बताया कि कार्यशालाओं में आने व आलेख पढ़ने से विषय की सैद्धान्तिक समझ बनती है कि जो हम कक्षा में कर रहे हैं वह क्यों कर रहे हैं? कार्यशाला में नियमित रूप से आने से यह पता चलता है कि अभी बात पूरी स्पष्ट नहीं हुई, आगे और समझना है। कार्यशाला में साक्षरता पर बात हुई थी कि पहले हम सोचते थे केवल हस्ताक्षर करना ही साक्षरता है। अब समझ आया कि इसका नज़रिया काफ़ी विस्तृत है। कार्यशाला में आने से नयी ऊर्जा मिलती है। लिखने में काफ़ी सुधार हुआ है। पहले मैं साहित्यिक भाषा में लिखने का प्रयास करती थी लेकिन अब लिखने का तरीक़ा बदला है और शिक्षण का नज़रिया भी बदला है। कक्षा में मिलकर काम करने से यह समझ में आया कि बच्चों के साथ कैसे बात करनी चाहिए, किस

तरह के सवाल पूछना चाहिए। यह भी समझ में आया कि पढ़ने के लिए तैयारी करनी पड़ती है। बच्चों में काफ़ी बदलाव आया है। अब वे केवल प्रश्नोत्तर व नकल करने से सन्तुष्ट नहीं होते। उन्हें चर्चा करने, किताब पढ़ने, कहानी व चित्र बनाने में मज़ा आता है। जिन बच्चों के साथ मैं काम कर रही हूँ उनकी कल्पना व सोच में फ़र्क़ है। स्वैच्छिक समूह की बैठकों में मैं अपने अनुभव साझा करती हूँ। इसके साथ ही शिक्षकों ने यह भी बताया कि आप लोगों के स्कूल में आने से प्रेरणा मिलती है और बच्चों के साथ काम करने का तरीक़ा भी समझ में आता है। कार्यशालाओं में आने से हमारा आत्मविश्वास भी बढ़ा है। अब अपने विचारों और अनुभवों को अच्छे से जोड़ पाते हैं।

सीख

- शिक्षकों के साथ काम करते हुए यह एहसास हुआ कि जिन शिक्षकों के साथ मिलकर हम काम कर रहे थे उनमें एक आत्मविश्वास बन रहा था। जो शिक्षक/शिक्षकाएँ पहले ज़्यादा बोलते नहीं थे उन्होंने कार्यशालाओं में अपनी बातों, अनुभवों को रखना शुरू किया। एक शिक्षक तो इतने उत्साहित थे वे कक्षा के बच्चों के कार्य को कार्यशाला में लेकर आते। उनका कहना था कि बच्चों को अगर हम पढ़ने का मौक़ा दें तो वे हमारी अपेक्षाओं से ज़्यादा सीखते हैं और पढ़ना सिखाने के नये तरीक़े काम करते हैं और बच्चे भी अच्छा सीखते हैं। शिक्षकों के अनुभवों से कार्यशालाओं की चर्चाओं को गति मिलती और दूसरे शिक्षकों को कक्षा में काम करने की समझ मिलती।
- शिक्षकों के साथ नियमित संवाद से उनकी ख़ुद की सीखने में रुचि बनी। स्कूल में पुस्तकालय की शुरुआत की गयी। उनकी शैक्षिक आलेखों, पुस्तकों व बाल साहित्य को पढ़ने में रुचि बनी। उन्होंने अपनी डायरी लिखना शुरू किया। एक शिक्षिका ने स्कूल व अपने लिए पुस्तकों को ख़रीदना शुरू किया।
- शिक्षकों के साथ कक्षा में मिलकर काम करने व नियमित संवाद से यह फ़ायदा हुआ कि वे कक्षा की प्रक्रियाओं को एक समग्रता में समझ पा रहे थे और बच्चों की सामाजिक–आर्थिक पृष्ठभूमि को भी बेहतर ढंग से समझ पा रहे थे। शिक्षकों के साथ लगातार

मिलकर काम करते हुए यह देखने को मिला कि शिक्षकों ने गतिविधियों से उबरकर अपने क्रियाकलापों को एक समग्रता में देखना शुरू किया।

- एक शिक्षक प्रशिक्षक के रूप में काम करते हुए यह समझ मिलती है कि शिक्षकों का स्कूली सन्दर्भ शिक्षकों के विकास की योजना बनाने में महत्त्वपूर्ण भूमिका निभाता है। वहाँ से हम अपनी बात शुरू कर सकते हैं। इसके साथ स्कूल विज़िट के दौरान कक्षा के जीवन्त सन्दर्भ उनसे बातचीत में महत्त्वपूर्ण भूमिका निभाते हैं और हम समग्रता में बात कर सकते हैं।
- शिक्षकों से सहज रिश्ता बनने से यह हल निकला कि स्कूल की कुछ छोटी–मोटी समस्याओं का हल उन्होंने ख़ुद ही निकाल लिया जैसे कि–पुस्तकालय स्थापित करना।
- शिक्षकों ने अपनी कक्षा की प्रक्रियाओं पर रिफ्लेक्शन शुरू किया और उन्होंने अपने कक्षा अनुभवों पर आधरित डायरी लिखने की शुरुआत की तथा अपने अनुभवों को स्वैच्छिक शिक्षक मंचों पर साझा करना शुरू किया। इससे इन बैठकों की गुणवत्ता में वृद्धि हुई।
- शिक्षकों ने स्वैच्छिक शिक्षक मंच की बैठकों व सेवारत प्रशिक्षण में अपने अनुभव साझा किये और कुछ नये शिक्षक भी आगे कार्यशालाओं में शामिल होने के लिए प्रेरित हुए।

निष्कर्ष

- शिक्षकों के सेवारत शिक्षक–प्रशिक्षण के कैस्केड मॉडल शिक्षकों के सीखने में बहुत मदद नहीं करते। उसमें होता यह है कि बिना शिक्षकों के स्कूली सन्दर्भ को समझे बातचीत की जाती है और वास्तविकता में कार्यशालाओं की बातचीत कक्षा में क्रियान्वयित नहीं हो पाती। वे कार्यशाला की सैद्धान्तिक चर्चाओं को अपनी कक्षा से जोड़ नहीं पाते। इस कारण यह बहुत ज़रूरी लगता है कि शिक्षकों के वर्तमान सेवारत प्रशिक्षण पर पुनर्विचार किया जाये और शिक्षकों के सतत् विकास के बारे में सोचा जाये जिसमें शिक्षकों से नियमित संवाद शामिल हो और उनकी स्कूली आवश्यकताओं के अनुरूप उनके साथ बातचीत हो। ऐसा इसलिए भी ज़रूरी है कि प्राथमिक स्कूलों में कार्यरत शिक्षकों के सेवापूर्व प्रशिक्षण की

गुणवत्ता भी कमज़ोर ही रहती है। इन बातों के मद्देनज़र शिक्षक अनुसमर्थन की संस्थाओं को सुदृढ़ बनाये जाने की ज़रूरत है। इसके साथ ही शिक्षकों का सतत् पेशेवर विकास उनकी कक्षा की प्रक्रियाओं व बच्चों के सीखने से जुड़ा होना चाहिए और इसमें उन्हें नियमित सहयोग मिलना चाहिए।

- शिक्षक के साथ काम की योजना एक 'चिन्तनशील शिक्षक' के नज़रिये से बनाई जानी चाहिए जिसमें वे अपनी पूर्व मान्यताओं, कक्षा की प्रक्रियाओं व शिक्षण नज़रिये पर पुनर्विचार कर पायें। न कि उन्हें कुछ मात्र गतिविधियों, टेक्नोलॉजी, पैकेज आदि उपलब्ध करा दिया जाये और यह मान लिया जाये वे इसे अपनी कक्षा की प्रक्रियाओं में उतार देंगे। यह इसलिए भी ज़रूरी है क्योंकि शिक्षक विकास में वर्तमान सन्दर्भ में यह दृष्टिकोण भी देखा जा रहा है।
- शिक्षक प्रशिक्षक की भूमिका ऐसी होनी चाहिए कि वह शिक्षकों के सन्दर्भ को समझे और उनके साथ एक बराबरी का रिश्ता बनाते हुए उनके साथ मिलकर काम कर सके और उसके पास शैक्षिक नज़रिये, विषय–वस्तु के साथ शिक्षणशास्त्र की भी अच्छी समझ हो जिसे वह शिक्षकों के साथ कक्षा में प्रदर्शित कर सके और क्रियाकलापों पर भी सतत् चिन्तन कर सके।
- शिक्षकों के सीखने में शिक्षा व्यवस्था की महत्त्वपूर्ण भागीदारी होना आवश्यक है। ब्लॉक स्तर के अधिकारी शिक्षकों के सीखने के लिए अभिप्रेरणात्मक माहौल बनाने में मदद कर सकते हैं। इसके लिए ज़रूरी है कि उन्हें शिक्षक विकास के महत्त्व का पता हो और वे यह समझें कि अच्छे शिक्षक का स्कूल की गुणवत्ता से अच्छा रिश्ता है। इसके लिए उन्हें अच्छे/प्रशिक्षण कार्यशालाओं की जानकारी हो। वे शिक्षकों की भूमिका, उनकी स्वायत्तता, शिक्षक विकास की प्रक्रियाओं को समझें। उन्हें महसूस हो कि एक प्रशिक्षण के बाद ही कक्षा में तुरन्त बदलाव नहीं हो सकता। इसके लिए एक दीर्घकालिक योजना की ज़रूरत पड़ती है और ब्लॉक व संकुल स्तर पर होने वाली शैक्षिक चर्चाओं की गुणवत्ता के लिए एक सुविचारित योजना बनाकर काम किया जा सकता है। स्कूलों में गुणवत्ता सुधार में शिक्षकों की भागीदारी के प्रयास कर सकते हैं। इसी तरह स्कूल अनुश्रवण को गुणवत्ता के नज़रिये से देख पायें;

और शिक्षकों के प्रति भी एक सकारात्मक दृष्टिकोण रख पायें। इसके साथ ही उन्हें स्कूल की ढाँचागत ज़रूरतों को भी समझने की ज़रूरत है। इन सब बातों को ध्यान में रखते हुए उनके साथ भी नियमित संवाद होना चाहिए।

चुनौतियाँ

- शिक्षकों के साथ मिलकर काम करने की चुनौतियों में सबसे पहली बात यह देखने को मिली कि शिक्षकों में स्वैच्छिक रूप से भी सीखने की अभिप्रेरणा जगाने में शिक्षा व्यवस्था की महत्त्वपूर्ण भूमिका है। अगर ब्लॉक स्तर की शिक्षा प्रणाली इस कार्य में पहल करे तो इस काम को ज़्यादा बड़े स्तर और बेहतर ढंग से किया जा सकता है। इसके लिए शिक्षक पेशेवर विकास के मुद्दे पर उनकी समझ बनाये जाने की ज़रूरत है।
- शिक्षकों के साथ काम की चुनौतियों में यह देखने को मिला कि शिक्षकों के विकास में शिक्षक–प्रशिक्षक की महत्त्वपूर्ण भूमिका है और राजकीय स्कूल के सन्दर्भ को ध्यान में रखते हुए अच्छे शिक्षक–प्रशिक्षकों को भी तैयार करने की ज़रूरत है जो शिक्षकों के साथ मिलकर काम कर पायें।

आभार : इस आलेख में आये विद्यालयों व शिक्षकों के नाम परिवर्तित हैं। लेखक इन शिक्षकों को अपने साथ मिलकर काम का मौक़ा देने के लिए आभारी है।

सन्दर्भ सूची

1. ड्रीनन, ह.फ. (2015), *एन ओवरवॉल रिव्यू ऑफ़ सपोर्ट फ़ॉर रूरल टीचर्स कंटीन्यूइंग प्रोफ़ेशनल डेवलपमेंट इन ज्हो यूची*, लिऊ जिंग, अवोल एनड्रिस (सं) डेवलपिंग सपोर्ट सिस्टम फ़ॉर रूरल टीचर्स कंटीन्यूइंग प्रोफ़ेशनल डेवलपमेंट, नयी दिल्ली : सेज पब्लिकेशंस।
2. नयी शिक्षा नीति, 1986, मानव संसाधन विकास मन्त्रालय, भारत सरकार।
3. निःशुल्क व बाल शिक्षा का अधिकार अधिनियम (2009), मानव संसाधन विकास मन्त्रालय, भारत सरकार।
4. नेशनल करिकुलम फ्रेमवर्क ऑफ़ टीचर्स एजुकेशन : टुवड्र्स प्रेपरिंग प्रोफ़ेशनल एंड ह्यूमेन टीचर्स–2009, एन.सी.टी.ई, नयी दिल्ली।
5. पढ़ना और पढ़ाना : सभी के लिए बेहतर शिक्षा (सार), ई.एफ.ए. वैश्विक निगरानी रिपोर्ट, यूनेस्को (2013–14), पेरिस।

6. पॉपकेविटज, टी.एस. (1992), बुक रिव्यू आर्टिकल – हैंडबुक ऑफ़ रिसर्च इन टीचर्स एजुकेशन, डब्ल्यू. आर. हूस्टन द्वारा सम्पादित (1990), मैकमिलन : न्यूयॉर्क जर्नल ऑफ़ टीचर्स एजुकेशन (जनवरी– फरवरी, 1992)।
7. बत्रा, पी. (तिथि अज्ञात), *शिक्षक–शिक्षा एवं कक्षा व्यवहार और समालोचना दिल्ली* : क्षेत्रीय प्रारम्भिक शिक्षा संसाधन केन्द्र, दिल्ली विश्वविद्यालय, हिन्दी अनुवाद – योगेन्द्र दत्त ।
8. मेयर, डी. और लायड, म. 2011, *प्रोफ़ेशनल लर्निंग एंड इंट्रोडक्शन टू दि लिटरेचर*, मेलबोर्न ऑस्ट्रेलियन इंस्टीट्यूट ऑफ़ टीचिंग एंड स्कूल लीडरशिप, मेलबोर्न।
9. *राष्ट्रीय पाठ्यचर्या की रूपरेखा दस्तावेज़–2005* ,एन.सी.ई.आर.टी., नयी दिल्ली।
10. रामचन्द्रन, वी व अन्य, 2005, टीचर्स मोटिवेशन इन इंडिया, नयी दिल्ली एजुकेशन रिसोर्स यूनिट।
11. रिपोर्ट ऑफ़ दि इंटरनेशनल कॉन्फ्रेंस ऑन इश्यूज इन इन सर्विस डेवलपमेंट ऑफ़ एलमेंटरी टीचर्स, भुवनेश्वर 2010, नयी दिल्ली : मानव संसाधन विकास मन्त्रालय, भारत सरकार।
12. लार्वी. बी. और कूपर जे. एम., 2005, *एन एजुकेटर गाइड टू टीचर्स रिफ्लेक्शन*, बोस्टन : ह्यूग्टन मिफ्लिन।

शिक्षक अधिगम केन्द्रों की स्थापना हेतु पहल : कुछ अनुभव

—सुरेश कुमार साहू, जयकिशन गोडसरा और नीरज राणा

अध्यापकों की तैयारी पर विचार करते हुए प्रायः इस बात को रेखांकित किया गया है कि सेवापूर्व शिक्षक–शिक्षा और सेवारत शिक्षकों के लिए होने वाली वार्षिक–अर्द्धवार्षिक कार्यशालाओं के अलावा शिक्षकों के पास कार्यस्थल के क़रीब रहते हुए एक–दूसरे से सीखने के अवसर होने चाहिए। कार्यरत शिक्षकों के बीच पारस्परिक संवाद से कक्षा–अध्यापन में आने वाली दैनंदिन समस्याओं के समाधान खोजे जा सकते हैं। शिक्षकों के बीच ऐसे ही पारस्परिक संवाद को प्रोत्साहित करने के लिए अज़ीम प्रेमजी फ़ाउंडेशन ने उन क़स्बों और शहरों में शिक्षण–अधिगम केन्द्र खोले हैं जहाँ बड़ी संख्या में शिक्षकों के निवास हैं। शिक्षक स्वेच्छा से इन केन्द्रों पर आकर अपनी तैयारी और पारस्परिक संवाद कर सकते हैं। यह लेख इन शिक्षण–अधिगम केन्द्रों की स्थापना के पीछे के दृष्टिकोण और इनकी स्थापना व संचालन की चुनौतियों को रेखांकित करता है।

भारत में शिक्षक–शिक्षा एक बड़ी चिन्ता रही है और ये चिन्ताएँ कई शोध–अध्ययनों व नीति दस्तावेज़ों में भी रेखांकित की गयी हैं। शिक्षक–शिक्षा की बेहतरी के लिए कई बार सुझाव भी दिये गये हैं। शिक्षक समुदाय स्वयं भी वर्तमान में प्रचलित प्रणालियों की खामियों को इंगित करते हुए बेहतर व्यवस्था की ज़रूरत महसूस करते रहे हैं। जिन समस्याओं को वे रेखांकित करते हैं उनमें मुख्यतः प्रशिक्षण केन्द्रित पद्धति में एकतरफ़ा संवाद, कक्षाओं की परिस्थितियों से प्रशिक्षण का सामंजस्य न होना, प्रशिक्षणों की तदर्थ प्रकृति, ऐसे मंच की कमी जहाँ शिक्षक आपस में मिलकर अकादमिक मुद्दों पर चर्चा कर सकें और आमतौर पर संसाधनों की कमी जैसी समस्याएँ हैं। इनको ध्यान में रखकर अज़ीम प्रेमजी फ़ाउंडेशन ने

एक शिक्षण अधिगम केन्द्र की स्थापना की कल्पना की। इन केन्द्रों की कल्पना शिक्षकों की स्वैच्छिक भागीदारी को ध्यान में रखकर की गयी है। ये केन्द्र शिक्षकों के आसानी से पहुँच वाले स्थान पर स्थापित करने का प्रयास है जहाँ शिक्षक विद्यालय उपरान्त स्वेच्छा से आ सकें।

शिक्षण अधिगम केन्द्रों में पुस्तकालय, विभिन्न विषयों के शिक्षण–अधिगम सामग्री एवं स्रोत सामग्रियाँ उपलब्ध होती हैं। इन केन्द्रों में शिक्षक उपलब्ध स्रोत सामग्रियों का उपयोग अपनी कक्षाओं में शिक्षण विधियों को बेहतर बनाने के लिए करते हैं। साथ ही वे अपनी कक्षाओं की चुनौतियों पर साथी समूहों से चर्चा कर हल निकालने के प्रयास भी करते हैं। समय–समय पर विभिन्न विषयों तथा अवधारणाओं पर स्रोत व्यक्तियों की मदद से कार्यशालाओं का आयोजन भी किया जाता है। इन केन्द्रों की स्थापना और संचालन में शिक्षकों की तैयारी में निरन्तरता की ज़रूरत, अध्यापन में एक से अधिक विकल्पों पर विचार की सम्भावना एवं शिक्षकों की स्वैच्छिक सहभागिता को ख़ासतौर पर ध्यान में रखा गया है। शिक्षक इन केन्द्रों पर अक्सर शाला अवधि के उपरान्त अथवा छुट्टियों के दिनों में आते हैं।

इस अध्ययन में छत्तीसगढ़ के तीन ज़िले रायपुर, रायगढ़ एवं जांजगीर–चाम्पा के चार ऐसे ही केन्द्रों के शुरुआती प्रयासों की प्रक्रियाओं का दस्तावेज़ीकरण किया गया है। इस लेख में इन केन्द्रों के स्थापना के अनुभवों एवं उनसे मिली चुनौतियों एवं सीखों को प्रस्तुत करने की कोशिश की गयी है।

शिक्षक अधिगम केन्द्रों की स्थापना के विभिन्न चरणों की चर्चा करते हुए यह लेख ऐसे केन्द्रों हेतु संसाधनों की पहचान, शिक्षकों को इस प्रक्रिया से जोड़ने आदि की प्रक्रियाओं पर केन्द्रित होगा। इसके साथ ही ऐसे केन्द्रों को शिक्षकों की भौगोलिक पहुँच सुनिश्चित करने हेतु किये गये प्रयासों के अनुभवों को भी साझा किया जायेगा।

1. भारत में शिक्षक की पेशेवर तैयारी की स्थिति

बच्चों के स्कूलों के अनुभव और उनके सीखने की प्रक्रियाओं पर बहुत से कारक प्रभाव डालते हैं। किसी समाज के संविधान से निर्देशित शिक्षा के उद्देश्य तथा उन उद्देश्यों को धरातल पर उतारने हेतु किये गये राजनीतिक, सामाजिक एवं आर्थिक पहल इस हेतु एक समग्र वातावरण निर्धारित करते हैं। आधुनिक समय में जहाँ स्कूलों को बच्चों

के सीखने के केन्द्र के रूप में अपनाया गया है, वहीं शिक्षा के केन्द्र के रूप में स्कूल एक स्वायत्त तन्त्र की तरह काम नहीं करता, बल्कि इस पर समुदाय, बाज़ार और राज्य का सीधे और परोक्ष दोनों रूपों में असर होता है। शिक्षक इस पूरी स्कूली व्यवस्था की बहुत ही महत्त्वपूर्ण कड़ी है क्योंकि वे ही सीखने की प्रक्रिया से सीधे–सीधे जुड़े होते हैं। बच्चों के स्कूलों के अनुभव और सीखने की प्रक्रिया की गुणवत्ता भी अन्य कारकों के साथ–साथ शिक्षकों पर सबसे अधिक निर्भर करती है। भारत में शिक्षा का सार्वभौमिकरण हाल की घटना है इसलिए वर्तमान समय में बहुत बड़ी संख्या में हमारे स्कूलों में पहली पीढ़ी की सीखने वाले बच्चे शामिल हुए हैं। इसी तरह भारतीय समाज में कई तरह की ढाँचागत ग़ैर–बराबरी भी व्याप्त है। अतः शिक्षको को न सिर्फ़ अकादमिक पहलुओं बल्कि कई सामाजिक पहलुओं पर भी बच्चों के साथ काम करने की ज़रूरत होती है।

भारतीय समाज में स्कूल के स्वरूप में आये बदलाव के साथ शिक्षक की अवधारणा और भूमिका में काफ़ी महत्त्वपूर्ण परिवर्तन आये हैं। शिक्षक की अब जहाँ एक चिन्तनशील पेशेवर के रूप में परिकल्पना की जाती है, वहीं राज्य और समाज के द्वारा भी शिक्षक समुदाय की पेशेवर के रूप में स्वीकृति आवश्यक है। भारत में शिक्षकों की तैयारी और प्रशिक्षण का तन्त्र एक बहुत ही न्यूनतम स्तर पर खड़ा किया गया है। यह विश्व के अन्य देशों में जिन्होंने शिक्षा के क्षेत्र में प्रगति की है तुलनीय नहीं है। न्यूनतम स्तर पर तय की गयी व्यवस्था क्रियान्वयन के स्तर पर और भी बेअसर हो जाती है।

पेशेवर विकास के साथ "सशक्तिकरण" की अवधारणा भी जुड़ी है। इस हेतु पेशेवर विकास की प्रक्रिया ऐसी होनी चाहिए जिसमें एक शिक्षक अपनी ज़रूरत के अनुसार अध्यापन–कर्म सम्बन्धी विकल्पों का चुनाव कर सके। इस चुनाव हेतु उन्हें विभिन्न प्रकार के अवसर और संसाधन उपलब्ध हों तथा उनमें से वे अपनी ज़रूरत, सुविधा और विद्यार्थियों की रुचि के अनुसार चुनाव कर सकें।

भारत में शिक्षक–प्रशिक्षण की व्यवस्था मुख्य रूप से दो हिस्सों में होती है। सेवा पूर्व प्रशिक्षण जो कि एक शिक्षक के रूप में काम की शुरुआत के पहले विभिन्न अवधि के डिप्लोमा/डिग्री पाठ्यक्रम के रूप में होते हैं। सेवाकालीन प्रशिक्षण शिक्षकों की तैयारी के विषय पर अध्ययनकर्ताओं तथा

नीति निर्धारकों दोनों ने विस्तृत कार्य किये हैं। शिक्षक–प्रशिक्षण के क्षेत्र में कमियों और इन्हें दूर करने के लिए किये गये प्रयासों को समझने हेतु हम इन पर संक्षेप में चर्चा करेंगे।

शिक्षक–शिक्षण के क्षेत्र में शुरुआती नीति निर्धारण में कोठारी आयोग (1966) ने शिक्षक–शिक्षण संस्थानों के अलग–थलग रहने पर चिन्ता ज़ाहिर करते हुए इसे जहाँ एक ओर विश्वविद्यालयों की मुख्यधारा के अकादमिक जीवन से जोड़ने की बात कही, वहीं दूसरी ओर शालाओं से जोड़ने की बात भी कही। आयोग ने स्वाध्याय, समूह चर्चा, इंटर्नशिप को महत्त्व देने की बात भी कही। इसी तरह चटोपाध्याय कमीशन ने शिक्षक–शिक्षण संस्थानों में चलने वाले पाठ्यक्रमों को अपर्याप्त मानते हुए इसे 4 वर्षीय समन्वित पाठ्यक्रम के रूप में चलाने की अनुशंसा की थी। राष्ट्रीय शिक्षा नीति (1986–92) ने शिक्षक–प्रशिक्षण को एक सतत् प्रक्रिया के रूप में देखा और शिक्षकों हेतु नवाचार की स्वतन्त्रता को भी महत्त्वपूर्ण मानते हुए शिक्षक–शिक्षण की व्यवस्था को दुरस्त करने की ज़रूरत बतायी। इसी तरह आचार्य राममूर्ति आयोग (1990) ने नयी शिक्षा नीति (1986) की समीक्षा करते हुए शिक्षक–प्रशिक्षण में शैक्षणिक कौशलों, कक्षा–कक्ष के वास्तविक परिस्थितियों में अभ्यास की कमी को रेखांकित करते हुए इस हेतु इंटर्नशिप मॉडल की अनुशंसा की।

शिक्षकों की अपर्याप्त तैयारी किस तरह स्कूलों में सीखने की गुणवत्ता को प्रभावित करती है इस पर टिप्पणी करते हुए यशपाल समिति (1993) की रिपोर्ट ने शिक्षकों की तैयारी कार्यक्रमों को इस तरह पुनर्गठित करने की सिफ़ारिश की जो शिक्षकों में स्वयं सीखने और स्वतन्त्र चिन्तन की क्षमता विकसित कर सके।

राष्ट्रीय पाठ्यचर्या की रूपरेखा–2005 स्कूली ज्ञान को स्कूल के बाहर की दुनिया से जोड़ने की ज़रूरत पर बल देते हुए शिक्षकों की ऐसी तैयारी की बात करती है जिससे वे बच्चों को ऐसे अवसर दे पायें कि वे जो भी पढ़ें, देखें, सुनें या अनुभव करें उनके मायने निकाल सकें। शिक्षकों की ऐसी तैयारी हेतु जो ज्ञान और क्षमता चाहिए उसके लिए शिक्षकों को कई प्रकार के समर्थन तन्त्र की ज़रूरत होगी। इस हेतु शिक्षकों को स्वयं सीखने के लिए अलग–अलग सीखने के संसाधनों एवं सामग्रियों की ज़रूरत होगी, जिनको वे अपनी ज़रूरत के अनुसार चुन सकें। शिक्षक–शिक्षा की राष्ट्रीय पाठ्यचर्या की रूपरेखा (एन.सी.एफ.टी.ई.–2009) स्कूली पाठ्यक्रम **और**

शिक्षक–शिक्षण के बीच तारतम्य हेतु एक आवश्यक दृष्टि प्रदान करती है। हालाँकि वर्तमान में इस दृष्टि को धरातल में उतारने के दिशा में कई संस्थागत चुनौतियाँ हैं।

इस तरह शिक्षक–शिक्षा के क्षेत्र गठित विभिन्न समितियों ने शिक्षकों की तैयारी को बच्चों के सीखने के अनुभवों एवं परिणामों की गुणवत्ता के लिए महत्त्वपूर्ण माना है। इन सभी ने हमारे देश में वर्तमान में प्रचलित शिक्षक–शिक्षण की व्यवस्था को अत्यन्त अपर्याप्त माना है। समितियों ने अपनी सिफ़ारिशों में कई तरह की अनुशंसाएँ भी की हैं। इनमें शिक्षकों के लिए अपनी तैयारी के पर्याप्त अवसर खड़े करने की बातें की गयी हैं। ऐसे अवसर सेवा पूर्व तथा सेवाकालीन दोनों परिप्रेक्ष्य में देने की बात की गयी है। इन अवसरों में विविध प्रकार के संसाधनों की उपलब्धता की बात भी की गयी है।

लेख के अगले हिस्से में हम विशेष रूप से छत्तीसगढ़ राज्य में शिक्षक–शिक्षण संस्थानों की वर्तमान स्थिति पर चर्चा करेंगे।

छत्तीसगढ़ राज्य में शिक्षक–शिक्षण की स्थिति

छत्तीसगढ़ राज्य में शिक्षक–शिक्षण के संस्थानों की उपलब्धता राज्य में मौजूद स्कूलों और शिक्षकों के अनुपात में काफ़ी कम है। जैसा कि आगे दी गयी तालिका में स्पष्ट है कि कुल 27 ज़िलों में से सिर्फ़ 16 में ही ज़िला शिक्षक–प्रशिक्षण संस्थान (डायट) हैं। राज्य में विभिन्न स्तर के कुल 51 हज़ार स्कूलों और 178756 शिक्षकों को अकादमिक मदद प्रदान करना इन 16 डायट के ज़िम्मे है, जो कि अत्यंत ही अपर्याप्त है। इसी तरह राज्य में मौजूद कुल 10 शासकीय विश्वविद्यालयों में से सिर्फ़ 2 में ही शिक्षा विभाग संचालित हैं। यह भी इस ओर इंगित करते हैं कि विश्वविद्यालय स्कूली शिक्षा/शिक्षक–शिक्षा अब भी एक प्राथमिकता के रूप में नहीं है।

विवरण	संख्या	विवरण	संख्या
राजस्व ज़िलों की संख्या	27	राजकीय विश्वविद्यालयों की संख्या	10
शैक्षिक ज़िलों की संख्या	27	शिक्षा विभाग शामिल है	2
ब्लॉक/मण्डल की संख्या	146	शिक्षा विभाग शामिल नहीं है	8

स्वीकृत/कार्यरत डायट की संख्या	16	प्राथमिक शाला की संख्या	33,513
स्वीकृत/कार्यरत डी.आर. सी. की संख्या	0	उच्च प्राथमिक शाला की संख्या	13,880
स्वीकृत/कार्यरत सी.टी.ई. की संख्या	1	माध्यमिक शाला की संख्या [Secondary Schools (including Composite Schools)]	2,335
स्वीकृत/कार्यरत आई.ए. एस.ई. की संख्या	1	उच्च माध्यमिक शाला की संख्या [Senior Secondary Schools (including Composite Schools)]	1,870

(स्रोत– ज्वॉइंट रिव्यु मिशन छत्तीसगढ़ 2013)

इसी तरह राज्य में डी.एड., बी.एड और एम.एड. के पाठ्यक्रम संचालित हैं। इन पाठ्यक्रमों में जहाँ डी.एड. पाठ्यक्रम की सीट मुख्यतः शासकीय संस्थानों में है तो बी.एड. और एम.एड.में शासकीय संस्थानों की तुलना में निजी संस्थानों में ज़्यादातर सीटें हैं। सिर्फ़ 2 शासकीय बी.एड. महाविद्यालयों की तुलना में 105 निजी कॉलेजों में बी.एड. पाठ्यक्रम संचालित है।

प्रकार	**शासकीय**		**सहायता प्राप्त**		**निजी**		**कुल**	
	संस्थाओं की संख्या	सीटों की संख्या	संस्थाओं की संख्या	सीटों की संख्या	संस्थाओं की संख्या	सीटों की संख्या	संस्थाओं की संख्या	सीटों की संख्या
डी. एड.–2 वर्ष	18	1,750	–	–	14	770	32	2,520
बी. एड.–1 वर्ष	2	360	1	300	105	11,100	107	11,760
बी.एल. एड. –4 वर्ष	–	–	–	–	–	–	–	लागू नहीं

डी. एड.–2 वर्ष (विशेष शिक्षा)	–	–	–	–	–	–	–	लागू नहीं
बी. एड.–1 वर्ष (विशेष शिक्षा)	–	–	–	–	–	–	–	लागू नहीं
एम.एड. –1 वर्ष	2	70	1	35	19	690	22	795

(स्रोत – ज्वॉइंट रिव्यु मिशन छत्तीसगढ़ 2013)

2. शिक्षक अधिगम केन्द्र की अवधारणा एवं विचार

शिक्षक अधिगम केन्द्र की परिकल्पना शिक्षकों की तैयारी के अवसरों को व्यापक स्तर तक ले जाने के लिए की गयी है। ये केन्द्र शिक्षकों की तैयारी हेतु आवश्यक एक ऐसा स्थान होगा, जहाँ उन्हें अपनी ज़रूरत की शिक्षण सामग्री, संसाधन एवं वातावरण मिल सके जो शिक्षकों को अपने ज्ञान, कौशल, समझ, एवं प्रयोगों को आगे बढ़ाने में सहायक हो। शिक्षकों के बीच ऐसे संवाद व जुड़ाव औपचारिक और अनौपचारिक दोनों तरह के हो सकते हैं। इनके अन्तर्गत, कार्यशाला, समूह चर्चा से लेकर शिक्षण–अधिगम सामग्री (टीचिंग–लर्निंग मैटेरियल; TLM) निर्माण, प्रयोगशाला में विभिन्न तरह के प्रयोगों के माध्यम से स्वयं कर के सीखने की विधि पर विचार आदि विविध तरह की गतिविधियों को शामिल किया जा सकता है। इन केन्द्रों में संसाधनों को विषयवार व्यवस्थित भी किया गया है, जैसे– विज्ञान, गणित, सामाजिक विज्ञान, भाषा आदि विषयों के लिए जगह बनाई जा सकती है। इनमें प्रयोगशाला के उपकरण से लेकर शैक्षिक सहायक सामग्री एवं विषय विशेष के संसाधन, जैसे– नक़्शे, ग्लोब, आदि को भी संकलित किया गया है। इन केन्द्रों में उपलब्ध सूचना–संचार तकनीकी (इनफॉर्मेशन कम्युनिकेशन टेक्नोलॉजी–आई.सी.टी.) स्रोतों का उपयोग भी शिक्षक विविध प्रकार की सामग्रियों को खोजने में कर सकते हैं।

आवश्यक संसाधनों की उपलब्धता के साथ–साथ सहकर्मी के साथ–सीखने (Peer Learning) को प्रोत्साहित करना भी इन केन्द्रों की स्थापना का एक महत्त्वपूर्ण उद्देश्य है। इन केन्द्रों की कार्य–पद्धति में तीन महत्त्वपूर्ण पहलुओं को ध्यान में रखा गया है। इनमें से पहला है, शिक्षकों तक व्यापक पहुँच। शिक्षकों के निवास स्थानों के क़रीब होने और उनकी सुविधा अनुसार इन केन्द्रों के संचालन के पीछे ऐसी मान्यता है कि इससे अधिक–से–अधिक शिक्षक इन केन्द्रों का उपयोग कर पायेंगे। दूसरा इन केन्द्रों के माध्यम से शिक्षकों के पेशेवर विकास के लिए एक अनुकूल वातावरण निर्माण में मदद मिल पायेगी। जब किसी क्षेत्र के अधिकाधिक संख्या में शिक्षक इन केन्द्रों की गतिविधियों के माध्यम से अपनी पेशेवर तैयारी की कड़ी में जुटेंगे तो उस क्षेत्र में इस हेतु एक अनुकूल माहौल तैयार हो पायेगा और शिक्षक साथियों को इस हेतु प्रेरणा भी मिल सकेगी। इसी तरह तीसरी और सबसे ज़ाहिर उद्देश्य यहाँ उपलब्ध संसाधनों का शिक्षकों द्वारा अपनी तैयारी के लिए उपयोग से है।

3. शिक्षक अधिगम केन्द्र के अनुभव

हमारी समझ के अनुसार उपरोक्त शिक्षक अधिगम केन्द्र की अवधारणा में पाँच घटक हो सकते हैं– पहला भौतिक ढाँचा, दूसरा संसाधन, तीसरा एक व्यक्ति जो केन्द्र को संचालित करे, चौथा सुविधानुसार इसके उपयोग की सुविधा, आख़िरी और पाँचवाँ कई तरह की गतिविधियों के संचालन का प्रावधान। इनकी चर्चा हम एक के बाद एक करेंगे।

सुविधानुसार उपयोग एवं पहुँच

इसके लिए यह ज़रूरी है कि यह केन्द्र उस जगह पर स्थित हो जहाँ ज़्यादातर शिक्षक निवासरत हैं। ताकि स्कूल अवकाश के बाद वे आसानी से यहाँ आ सकें और जब तक चाहें संसाधन का उपयोग कर सकें व साथियों के साथ अकादमिक चर्चा कर सकें। इसका मतलब यह है कि इस केन्द्र से शिक्षकों के निवास स्थान की दूरी कम हो। हमारा यह मानना है कि शिक्षक अपने निवास स्थान से 5 किलोमीटर के दायरे में स्थापित केन्द्र में आसानी से पहुँच सकते हैं। अगर यह दूरी ज़्यादा, उदाहरण के लिए, 20 से 30 किलोमीटर है, तो शिक्षकों के लिए स्कूल अवकाश के पश्चात् केन्द्र में आना कठिन हो सकता है। अधिक दूरी उनके केन्द्र में आने के

अवसर को सीमित कर देती है। साथ ही ऐसे शिक्षक जो कि किसी क़स्बे में न रहकर बिखरे हुए अलग–अलग गाँवों रहते हैं उनके लिए भी इस केन्द्र तक आसानी से पहुँचना कठिन हो सकता है। इसके अलावा महिला शिक्षक जिनकी अतिरिक्त पारिवारिक ज़िम्मेदारी होती है, साथ–ही–साथ कुछ सामाजिक मान्यताएँ जैसे कि देर शाम रात तक बाहर न जाना और कुछ कार्यक्रमों में भागीदारी न कर पाना आदि चुनौतियाँ इन केन्द्रों के संचालन में हैं। इनको ध्यान में रखकर शिक्षकों को केन्द्र से जोड़ने के लिए रणनीति बनाने की ज़रूरत होगी।

इससे जुड़े अनुभव, केन्द्र की स्थापना करते वक़्त शिक्षकों का आसानी से पहुँच पाने वाली दूरी की चर्चा हम भौतिक ढाँचा के भाग में करेंगे क्योंकि यह एक–दूसरे से काफ़ी जुड़ा हुआ है।

भौतिक ढाँचा

भौतिक ढाँचा शिक्षक अधिगम केन्द्र की अवधारणा का एक महत्त्वपूर्ण घटक है और इसे दो उद्देश्यों से सोचा गया है। पहला यह कि एक ऐसी जगह के रूप में हो जहाँ अधिगम सामग्रियों को रखा जा सके और शिक्षकों को आपस में कोई अकादमिक चर्चा करनी हो, तो वे इस स्थान का उपयोग कर सकें। यह ढाँचा ऐसा हो जहाँ क़रीब तीस शिक्षक आसानी से एकत्र हो सकें एवं गतिविधि कर सकें। वहाँ स्वच्छ पेयजल की व्यवस्था, शौचालय, पुस्तकालय के लिए कमरा और विद्युत सेवा आदि हो। केन्द्र की स्थापना के महत्त्वपूर्ण पहलुओं में इस केन्द्र का एक उपयुक्त स्थान पर होना सुविधाओं से परिपूर्ण होना और शिक्षकों के लिए आसानी से पहुँच पाने वाली जगह पर होना है। हमारे अनुभव व चुनौतियों की चर्चा इसके इर्द–गिर्द होगी।

शिक्षक अधिगम केन्द्र का एक रणनीतिक जगह पर होना महत्त्वपूर्ण है, इसके लिए यह पता लगाना ज़रूरी है कि ज़्यादातर शिक्षक कहाँ रहते हैं। इसके लिए रायगढ़, जांजगीर–चाम्पा और रायपुर ज़िले में यह जानकारी इकट्ठा की गयी कि किसी ख़ास क़स्बे या मोहल्ले या क्षेत्र में रहने वाले शिक्षकों की संख्या कितनी है? इसके परिणामस्वरूप एक ब्लॉक में 4–5 ऐसे क़स्बे निकलकर आये जहाँ काफ़ी संख्या में शिक्षक रहते हैं। हर एक क़स्बे में 80 से लेकर 300 शिक्षकों के निवास स्थान का पता चला। इसके अलावा कुछ ऐसे शिक्षकों के निवास स्थान का पता चला जो अलग–अलग गाँव में रहते हैं या दूसरे ब्लॉक व ज़िले से अपने स्कूल

आते–जाते हैं। किन्तु अभी उस भाग की चर्चा करेंगे जिसमें शिक्षक केन्द्र के इर्द–गिर्द रहते हैं।

इस काम में संकुल समन्वयक की महत्त्वपूर्ण भूमिका थी क्योंकि उनको ज़्यादातर शिक्षकों के निवास स्थान की सटीक जानकारी थी और जहाँ कहीं संकुल बैठक नियमित हो रही थी और हमारे सम्बन्ध उनसे बेहतर थे, इसका निवास स्थान पता करने में काफ़ी लाभ मिला। हालाँकि यह जानकारी इकट्ठा करने में कुछ सीख भी रहे कि जिसमें पहला, एक सावधानीपूर्वक निर्मित रूपरेखा व प्रपत्र का उपयोग मददगार साबित होता है जिससे प्राप्त अधूरी जानकारी की कमी को कम किया जा सकता है। दूसरे, हमें ख़ुद से यह जानकारी इकट्ठा करने की ज़रूरत है क्योंकि अधिकारिक रिकॉर्ड के अनुसार शिक्षकों को स्कूल के दो किलोमीटर के दायरे में रहना होता है। ऐसी स्थिति में सही जानकारी मिल पाना कठिन है।

इन क़स्बों के बारे में पता चलने के बाद यह तय करना था कि किस क़स्बे में प्राथमिकता के साथ सबसे पहले शिक्षक अधिगम केन्द्र की स्थापना की जाये। इसके लिए कुछ इस प्रकार के पैमाने तय किये गये, मसलन किस स्थान में शिक्षकों की संख्या सबसे ज़्यादा है, किन शिक्षकों/अधिकारियों के साथ हमारा पहले से काम चला आ रहा है या वो हमसे परिचित हैं? कौन–से क़स्बे से एक से ज़्यादा के क्षेत्र के शिक्षकों को शिक्षक अधिगम केन्द्र से जोड़ा जा सकता है व कौन–से क़स्बे से आने वाले समय में अन्य क्षेत्रों में भी काम के विस्तार को मदद मिल सकती है। इन तय पैमानों के आधार पर इन तीन ज़िलों के पाँच ब्लॉक में पाँच शिक्षक अधिगम केन्द्र स्थापित करना तय किया गया। इसके बाद का अगला क़दम तय क़स्बे में एक ऐसा भवन ढूँढ़ना था जहाँ केन्द्र में अपेक्षित भौतिक ढाँचा व सुविधाएँ शिक्षकों की आसानी से पहुँच वाली जगह में स्थिति हो। यह काम आसान साबित नहीं हुआ, जैसे– रायगढ़ ज़िले का पुस्सौर ब्लॉक एक सम्भावित क़स्बे के रूप में उभरकर आया तो इसके बाद भी हमारे साथियों को जूझने के लिए कई सवाल थे। किसी क़स्बे में शिक्षक अधिगम केन्द्र क्या किसी शासकीय या ग़ैर–शासकीय भवन में स्थापित करना चाहिए? क्या वह जगह क़स्बे के केन्द्र में है या किसी एक कोने में? क्या वहाँ आने–जाने की पर्याप्त सुविधा है? क्या उस भवन में वे सुविधाएँ हैं जिनकी हम एक शिक्षक अधिगम केन्द्र में होने की अपेक्षा कर रहे हैं? क्या वह जगह महिला शिक्षकों के लिए उपयुक्त है? इसी

क्रम में एक उपयुक्त जगह व भवन ढूँढ़ने में फ़ाउंडेशन सदस्य के अलावा कई शिक्षक साथी, अधिकारी और संकुल समन्वयक की मदद ली गयी। लेकिन यह एक आसान काम साबित नहीं हुआ। इनमें उपयुक्त शासकीय भवन रायपुर ज़िले के धरसीवा ब्लॉक में ही मिल पाया। नहीं मिलने का कारण यह था कि या तो वे उपयुक्त स्थान पर नहीं थे या और थे भी तो उस भवन में कोई कमरा खाली नहीं था, और जो निजी भवन मिले वे सभी निवास स्थान के हिसाब से बनाये गये थे, दूसरे दुकान/व्यावसायिक स्थान के रूप में थे जो कि केन्द्र की ज़रूरत के अनुसार नहीं थे। निजी भवन के साथ यह दिक्क़त थी कि हॉल छोटा था जिसमें क़रीब 30 शिक्षक एक साथ नहीं बैठ पाते। इस तरह से एक केन्द्र स्थापित करने के लिए क़रीब पाँच से दस भवन देखने के बाद कहीं एक भवन को तय किया गया। इस दौरान कहीं–न–कहीं हमें जगह को लेकर किसी बिन्दु पर समझौता भी करना पड़ा।

संसाधन

केन्द्र में उपयुक्त संसाधन होना भी शिक्षक अधिगम केन्द्र की अवधारणा का एक महत्त्वपूर्ण पहलू है। संसाधनों का सुव्यवस्थित संकलन हो जिनमें पाठ्यक्रम सम्बन्धी दस्तावेज़, साहित्य, सन्दर्भ सामग्रियाँ, पाठ्य–पुस्तकें, रिपोर्ट, पत्रिकाएँ आदि शामिल हों। यह एक तो कई भाषाओं, कई विषयों और कई माध्यमों में हो सकते हैं, जैसे– छपी हुई सामग्रियों के साथ–साथ आडियो और वीडियो भी मौजूद हों। इसके साथ गतिविधि वर्कशीट, विज्ञान, गणित एवं सामाजिक विज्ञान की किट एवं कुछ प्रयोगशाला सामग्रियाँ भी शामिल हों। यहाँ प्रिन्टर व इंटरनेट से जुड़े तीन–चार कम्प्यूटर उपलब्ध हों जिनका उपयोग शिक्षक अपने ज्ञान के विस्तार हेतु कर सकते हैं।

संसाधन उपलब्ध करवाना और उन्हें व्यवस्थित करना अपेक्षाकृत आसान था क्योंकि अज़ीम प्रेमजी फ़ाउंडेशन लम्बे समय से अपने संस्थानों में पुस्तकालय को संचालित कर रहा था। फ़ाउंडेशन कई कार्यशालाएँ व बाल–मेला जैसे कार्यक्रम भी आयोजित करता रहा है जिसमें एक सूची की ज़रूरत होती है जो शिक्षकों के लिए उपयोगी हो सकती है। इसके लिए सभी विषयों के साथियों ने अपने–अपने समूहों में बैठक कर अपने–अपने विषय के लिए आवश्यक सामग्रियों की सूची तैयार कर दीं।

संसाधनों को उपलब्ध और व्यवस्थित तो कर लिया गया। अब ज़रूरत इस बात की थी कि ज़्यादा–से–ज़्यादा शिक्षकों तक इस केन्द्र व यहाँ उपलब्ध संसाधनों की जानकारी पहुँचायी जाये ताकि इन संसाधनों का बेहतर उपयोग हो सके। इसके लिए तीनों ज़िलों में कई प्रयास किये गये, किये जा रहे हैं और आगे भी करने की योजना है। इस केन्द्र की व इसमें उपलब्ध सुविधाओं की जानकारी शासन द्वारा आयोजित व फ़ाउंडेशन द्वारा आयोजित कार्यक्रमों में साझा की गयी। शिक्षक–गोष्ठी, फिल्म शो, बाल–मेला, स्कूल विज़िट जैसे कार्यक्रमों भी किये गये। इसके परिणामस्वरूप कुछ शिक्षकों ने इन तीनों ज़िलों के शिक्षक अधिगम केन्द्रों की गतिविधियों में भाग लेना शुरू किया। यह काफ़ी उत्साहजनक था। शुरुआत अच्छी रही। किन्तु कुछ बैठकों के बाद ही यह चिन्ता भी मन में आने लगी कि शिक्षक कम आ रहे हैं और कुछ ही शिक्षक बार–बार आ रहे हैं। केन्द्रों पर आने वाले शिक्षकों की संख्या नहीं बढ़ रही है। यह चिन्ता दोनों की थी, जो शिक्षक लगातार आ रहे थे उनकी भी व फ़ाउंडेशन सदस्यों की भी।

4. शिक्षकों का कई तरह की गतिविधियों में भाग लेने का प्रावधान होना

ऐसी मान्यता है कि शिक्षकों के पेशेवर विकास हेतु उन्हें एक से अधिक माध्यमों व गतिविधियों में शामिल होने की ज़रूरत होती है, जैसे– कार्यशाला, सेमिनार, अकादमिक चर्चा, फिल्म शो, बाल–मेला, शिक्षक–मेला व एक्शन रिसर्च आदि। ऐसा नहीं हो सकता कि शिक्षक केवल कार्यशालाओं में ही भाग लेंगे और पेशेवर विकास हो जायेगा, बल्कि इसके लिए उन्हें कई तरह की गतिविधियों में शामिल होना होगा। इसके लिए केन्द्र से जुड़े फ़ाउंडेशन के साथियों को शुरुआती दौर में कई तरह की गतिविधियों की कल्पना करनी होगी, उसकी रूपरेखा तैयार करनी होगी और उसे शिक्षकों तक कैसे लेकर जाना है इसकी भी तैयारी भली–भाँति करनी होगी।

शिक्षक अधिगम केन्द्र को संचालित करने के लिए एक व्यक्ति या समूह

केन्द्र संचालित करने के लिए एक व्यक्ति या समूह की आवश्यकता होती है ताकि शिक्षकों के भाग लेने हेतु कई तरह की गतिविधियों की रूपरेखा बनाई जा सके, शिक्षकों तक इस केन्द्र के बारे मे जानकारी पहुँच सके

व आपस में एक संवाद स्थापित हो सके। कुल मिलाकर इस केन्द्र को क्रियाशील बनाया जा सके।

5. उपसंहार

आमतौर पर संसाधन केन्द्र की स्थापना एक अत्यन्त सरल प्रक्रिया लगती है, किन्तु जैसा कि उपर्युक्त वर्णनों से स्पष्ट है कि इसके लिए विस्तृत योजना एवं क्रियान्वयन की आवश्यकता होती है। शिक्षकों की तैयारी के लिए आवश्यक संसाधनों की अनुपलब्धता सबसे बड़ी बाधा सभी तरह के विमर्शों मे सामने आते हैं। संसाधनों की उपलब्धता सुनिश्चित करने के बाद भी इनके समुचित उपयोग के लिए निरन्तर व्यवस्थित प्रयास करने की ज़रूरत होती है। पठन–पाठन और विमर्श की एक नये प्रकार की संस्कृति विकसित करनी होती है।

शिक्षकों की इन केन्द्रों तक पहुँच बनाने की योजना में कई बातों को ध्यान में रखने की ज़रूरत होती है। इन केन्द्रों की पहुँच को व्यापक बनाना एक महत्त्वपूर्ण चुनौती है। ग्रामीण क्षेत्रों में स्कूलों का विस्तृत भौगोलिक क्षेत्रों में फैला होना, अधिगम केन्द्रों से शिक्षकों के स्कूलों एवं निवास स्थानों की दूरी जैसी चुनौतियाँ भी हैं। इसी तरह महिला शिक्षकों के लिए घर और काम की दोहरी ज़िम्मेदारी के बीच ऐसे मंचों में भागीदारी के लिए समय निकालना अत्यन्त चुनौतीपूर्ण है। केन्द्र के लिए स्थान के चयन के भी कई तरह के सकारात्मक या नकारात्मक निहितार्थ हो सकते हैं जो शिक्षकों की पहुँच को अभिप्रेरित या बाधित कर सकते हैं।

अध्ययन में यह देखा गया कि कुछ स्व–प्रेरित शिक्षक और संवेदनशील अधिकारी शुरुआती दौर में शिक्षकों को प्रेरित करने में अत्यन्त महत्त्वपूर्ण भूमिका अदा कर सकते हैं। इन केन्द्रों के स्वरूप को मूलतः स्वैच्छिक रखने के लिए इनके बारे में प्रचार–प्रसार से लेकर केन्द्र की गतिविधियों के चुनाव तक हर क़दम उठाने से पहले सचेत रूप से सोच–विचार कर निर्णय लेने की आवश्यकता होती है।

संसाधनों का चुनाव और उनका संयोजन भी अत्यन्त सावधानीपूर्वक करने की आवश्यकता होती है। इनमें संसाधनों की विविधता का भी ध्यान रखना होता है ताकि विविध आवश्यकताओं और रुचियों के अनुसार शिक्षकों को संसाधन उपलब्ध हो सकें। इसी तरह केन्द्र को संचालित करने के लिए चुने जाने वाले व्यक्ति की भी बहुत महत्त्वपूर्ण भूमिका होती है। वह

व्यक्ति उस स्थान में रहने वाले शिक्षकों से ऐसा रिश्ता बना सकते हैं जो शिक्षकों की ऐसे केन्द्रों में पहुँच को सहज बना सकते हैं।

इन केन्द्रों की स्थापना अभी शुरुआती दौर में है। इनके उभरने वाले स्वरूप के बारे में और गहन समझ कुछ समय बाद बन सकेगी। अभी यह कहा जा सकता है कि शुरुआती दौर में शिक्षकों की भागीदारी काफ़ी उत्साहवर्द्धक है।

सन्दर्भ सूची

1. एन.सी.ई.आर.टी. (1970), *शिक्षा और राष्ट्रीय विकास : शिक्षा आयोग की रिपोर्ट (कोठरी आयोग) 1964–66*, नयी दिल्ली : राष्ट्रीय शैक्षिक अनुसन्धान और प्रशिक्षण परिषद्।
2. एन.सी.ई.आर.टी. (1993), *लर्निंग विदआउट बर्डन : रिपोर्ट ऑफ़ दी यशपाल कमेटी*, नयी दिल्ली : नेशनल कॉउंसिल ऑफ़ एजुकेशन रिसर्च एंड ट्रेनिंग।
3. एन.सी.ई.आर.टी. (2005), *नेशनल करिकुलम फ्रेमवर्क*, नयी दिल्ली : नेशनल कॉउंसिल ऑफ़ एजुकेशनल रिसर्च एंड ट्रेनिंग।
4. एन.सी.ई.आर.टी. (2009), *नेशनल करिकुलम फ्रेमवर्क फ़ॉर टीचर एजुकेशन*, नयी दिल्ली : नेशनल कॉउंसिल ऑफ़ एजुकेशनल रिसर्च एंड ट्रेनिंग।
5. एम.एच.आर.डी. (2013), *छत्तीसगढ़ ज्वाइंट रिव्यू मिशन ऑफ़ टीचर एजुकेशन – फरवरी 24 टू मार्च 2*, डिपार्टमेंट ऑफ़ स्कूल एजुकेशन एंड लिटरेसी, नयी दिल्ली।
6. कोठारी आयोग (1966), *शिक्षा और राष्ट्रीय विकास : शिक्षा आयोग की रिपोर्ट,1964–66*, नयी दिल्ली : शिक्षा मन्त्रालय, भारत सरकार।

साझा चिन्तनमूलक अभ्यास की ओर : कुछ तजुर्बात, चन्द वाकि़यात

–स्नेहलता गुप्ता और पूजा बहुगुणा

यह पर्चा, गुणवत्तापूर्ण शिक्षा के लिए स्व–चिन्तनकारी शिक्षक को अहम मानता है। इस सन्दर्भ में यह पर्चा सेवापूर्व और सेवाकालीन शिक्षक–शिक्षा और शिक्षक–प्रशिक्षण के कार्यक्रमों में विचारों पर स्व–चिन्तन और साझे चिन्तन के लिए उपलब्ध किये गये अवसरों पर प्रकाश डालता है। लेखिकाओं के अनुभव के आधार पर यह पर्चा शिक्षकों को सशक्त करने में कौशल केन्द्रित प्रशिक्षण कार्यक्रमों और स्व–चिन्तन का अवसर उपलब्ध कराने वाले शिक्षण कार्यक्रमों के फ़र्क़ को भी उजागर करता है।

गुणवत्तापूर्ण शिक्षा पूरी दुनिया के लिए एक अहम मुद्दा है। भारत जैसे देश के सन्दर्भ में उच्च कोटि की शिक्षा का अवसर उपलब्ध कराना और भी चुनौतीपूर्ण हो जाता है क्योंकि यहाँ की कक्षा में बच्चे विभिन्न पृष्ठभूमियों से आते हैं। ये विभिन्न पृष्ठभूमि भाषायी, सामाजिक–आर्थिक और सांस्कृतिक विविधताओं से निर्मित होती हैं। साथ ही इनकी आवश्यकताएँ भी अलहदा हैं जैसे कि पहली पीढ़ी का शिक्षार्थी होने से उत्पन्न स्थितियाँ। राष्ट्रीय पाठ्यचर्या की रूपरेखा, (एन.सी.एफ.–2005) में इस बात की तसदीक की गयी है कि जातिमूलक, लैंगिकतामूलक, धार्मिक और आर्थिक दरारों को पाटने में शिक्षक की भूमिका महत्त्वपूर्ण है। विभिन्नताओं से निर्मित सन्दर्भ में, हर विद्यार्थी की पृष्ठभूमि से उपजी उसकी चुनौतियों और सम्भावनाओं को समझकर गुणवत्तापूर्ण शिक्षा के लक्ष्य की ओर बढ़ने के लिए ज़रूरी है शिक्षक का स्वचिन्तनकारी होना। शिक्षक को इस हेतु सशक्त करने में अहम भूमिका है शिक्षा–शिक्षण की प्रक्रिया की।

शिक्षक बनने के लिए पेशेवर तैयारी आवश्यक मानी गयी है और भारत में इस पर साठ के दशक से विचार–विमर्श किया जाता रहा है। शिक्षकों की सेवापूर्व शिक्षा उच्च शिक्षण संस्थानों के पास है–जैसे कि विश्वविद्यालयों से संलग्न शिक्षा संकाय एवं सरकारी विद्यालयों में कार्यरत शिक्षकों के प्रशिक्षण का ज़िम्मा राष्ट्रीय शैक्षिक अनुसन्धान और प्रशिक्षण परिषद् (एन.सी.ई.आर.टी.) या राज्य स्तर पर राज्य शैक्षिक अनुसन्धान एवं प्रशिक्षण परिषद् (एस.सी.ई.आर.टी.) के पास है। जहाँ सेवापूर्व शिक्षा, शिक्षकों की शिक्षा पर ध्यान देती है वहीं सेवा के दौरान मुख्यतः प्रशिक्षण पर ज़ोर दिया जाता है। शिक्षक, शिक्षा और शिक्षक–प्रशिक्षण में फ़र्क़ है, जिस पर अगले सेक्शन में विस्तार से चर्चा की गयी है। इन दोनों में एक मुख्य अन्तर स्व–चिन्तनमूलक (वैचारिक) अभ्यास की उपस्थिति से जुड़ा है। कुछ सेवापूर्व शिक्षा कार्यक्रमों में स्व–चिन्तनमूलक अभ्यास पर थोड़ा बहुत ध्यान दिया जाता है मगर सेवा के दौरान प्रशिक्षण कार्यक्रमों में इस पर ध्यान नहीं दिया जाता। इसमें कार्यरत शिक्षकों को ऐसे अवसर या मंच उपलब्ध नहीं कराये जाते जहाँ वे स्व–चिन्तनमूलक अभ्यास के दौरान सामने आये प्रश्नों पर विचार करें या सोच पायें।

एक कार्यरत शिक्षक और शोधकर्ता के रूप में इस पर्चे की लेखिकाओं ने उपर्युक्त मुद्दों से रू–ब–रू होने का प्रयास किया है। इस पर्चे का पहला हिस्सा कुछ पदों की बात करता है जैसे कि शिक्षक–शिक्षा, शिक्षक–प्रशिक्षण एवं स्व–चिन्तक मूलक (वैचारिक) अभ्यास। दूसरा हिस्सा इस बात पर विचार करता है कि सेवा–पूर्व एवं सेवा के दौरान की शिक्षक–शिक्षा, शिक्षक–प्रशिक्षण और स्वचिन्तन मूलक (वैचारिक) अभ्यास किस तरह काम करता है। पर्चे का अन्तिम हिस्सा हालिया शिक्षा कार्यक्रमों के प्रभावों की चर्चा करता है और पर्चे के इस मुख्य बिन्दु को सामने लाता है कि कैसे शिक्षक के निरन्तर विकास के लिए साझा वैचारिक अभ्यास की ज़रूरत है।

शिक्षक–प्रशिक्षण, शिक्षक–शिक्षा एवं चिन्तनशीलता मूलक अभ्यास

शिक्षा की समझ, इसका स्वरूप और इसके उद्देश्य कालक्रमानुसार बदलते रहे हैं। समय के साथ जैसे समाज बदला है वैसे इस सन्दर्भ में शिक्षा की समझ भी बदली है, जिसका प्रभाव शिक्षक, शिक्षा और शिक्षक–प्रशिक्षण पर पड़ा है। आज के नव–उदारीकरण के परिवेश में बाज़ारीकरण और निजीकरण को बढ़ावा मिला है, जिसका असर शिक्षा पर भी पड़ा है। अब

शिक्षा एक उत्पाद है, बच्चे व माता–पिता इसके उपभोक्ता और शिक्षक इसके वितरक। शिक्षक, शिक्षा और शिक्षक–प्रशिक्षण भी बदलते सामाजिक परिवेश से प्रभावित होते हैं। इस पर्चे में ज़ाहिर किये गये तजुर्बात इसी समझ पर आधारित हैं।

हॉफमैन और पियरसन (2000) मानते हैं कि शिक्षकों के प्रशिक्षण पर जितनी बातचीत होती है, उतनी शिक्षकों की शिक्षा पर नहीं। हालाँकि अगर हम चाहते हैं कि शिक्षक सीखने–सिखाने का काम सफलतापूर्वक कर पायें, तो शिक्षक–शिक्षा विचार–विमर्श का केन्द्र बिन्दु होना चाहिए। हॉफमैन और पियरसन प्रशिक्षण और शिक्षा की अवधारणाओं से जुड़े कुछ मुख्य बिन्दुओं पर प्रकाश डालते हैं। प्रशिक्षण से वह कौशल समूह ध्वनित होता है, जो व्यावहारिक दिनचर्या का अंग है और जिनके लिए काफ़ी कम संज्ञानात्मक मनन की ज़रूरत पड़ती है। जब शिक्षण को सिर्फ़ व्यावहारिक कौशल के रूप में देखा जाता है, तब फ़ोकस इस कौशल के अभ्यास का प्रशिक्षण लेने पर हो जाता है, लेकिन प्रभावपूर्ण शिक्षण, कौशल समूह या युक्तियाँ हासिल करने के परे कुछ और सीखने से जुड़ा है। बहरहाल, प्रशिक्षण का स्वरूप निम्नांकित बिन्दुओं द्वारा निर्धारित होता है :

1. कोर्स की पूर्व निर्धारित रूपरेखा।
2. ऊपर से तय की गयी और नीचे लागू की गयी क्रिया।
3. व्यक्तिगत अनुभवों पर आधारित नहीं होना।
4. एक–दूसरे से अलग–थलग पेशेवर कौशलों पर ज़ोर।
5. बाहरी संस्थानों द्वारा पाठ्यचर्या का निर्धारण व उन्हीं के द्वारा मूल्यांकन।
6. शिक्षक का प्राप्तकर्ता की भूमिका में होना।
7. ज्ञान की रचना के लिए जगह का न होना।

प्रशिक्षण का स्वरूप निर्देशात्मक होता है, जहाँ पहले ही तय कर दिये गये कौशल बातचीत के केन्द्र में होते हैं और शिक्षकों से अपेक्षा होती है कि यह सब पूर्व–निर्धारित तरीक़े से सीखा जाये। प्रशिक्षण में शिक्षक विचारों के प्राप्तकर्ता होते हैं, जिन्हें मास्टर प्रशिक्षक, प्रशिक्षित करते हैं। इसमें शिक्षकों एवं उनके द्वारा की गयी पहल के लिए तथा अपनी विचार रचना के लिए जगह नहीं होती।

दूसरी ओर, शिक्षा, शिक्षक द्वारा इरादतन की गयी क्रिया है, जिससे शिक्षक के व्यक्तिगत अख़्तियार एवं सीखने की ज़िम्मेदारी को बढ़ावा मिलता

है। इसी तरह शिक्षक–शिक्षा, शिक्षकों में शैक्षणिक विचारों और व्यवहारों के प्रति अवधारणात्मक जागरूकता विकसित करती है। इन विशेषताओं को अपने व्यक्तित्व का हिस्सा बनाने के लिए शिक्षकों को शिक्षा की ज़रूरत है न कि प्रशिक्षण की। शिक्षक–शिक्षा का उद्देश्य शिक्षकों में सही ग्रहणबोध, समझ और सही दृष्टिकोण पैदा करने का है न कि सिर्फ़ शिक्षण–कौशल पर, क्योंकि शिक्षकों का शिक्षण के प्रति दृष्टिकोण, उनके क्रियाकलापों और व्यवहारों को निर्धारित करता है। शिक्षक–शिक्षा में ऐसे क्रियाकलाप होते, जिनमें खोजबीन एवं चिन्तनशीलता जैसी विशेषताओं पर ज़ोर होता है। इस पर्चे की लेखिकाओं के मतानुसार शिक्षकों का चिन्तनशील होना गुणवत्तापूर्ण शिक्षण की पहली शर्त है। पर्चे के अगले हिस्से में शिक्षक को चिन्तनशील (वैचारिक) अभ्यासकर्ता के रूप में निरूपित किया गया है।

प्रशिक्षण से अलग, शिक्षक–शिक्षा व्यक्ति आधारित होती है, जहाँ शिक्षकों के अनुभव सराहे जाते हैं और मूल्यवान माने जाते हैं। शिक्षक–शिक्षा शब्द हमारा ध्यान दृष्टिकोण में बदलाव की ओर खींचता है जिससे कक्षा के सन्दर्भ में भी आवश्यक बदलाव लाया जा सके। शिक्षक–शिक्षा व्यक्ति के संज्ञानात्मक और भावनामूलक गुण को प्रभावित करती है। यहाँ फ़ोकस अपने आप पहल करने और स्वैच्छिक ज्ञान रचना पर होता है। यह महत्त्वपूर्ण पहलू है कि शिक्षक–शिक्षा का स्वरूप साझेदारी पर आधारित होता है और व्यक्तिगत विकास पर भी ज़ोर दिया जाता है। जब शिक्षक चिन्तनशील अभ्यासकर्ता के रूप में काम करते हैं तब वे अलग–थलग कौशलों के ज्ञान संवर्द्धन से आगे बढ़ उस धरातल पर पहुँचते हैं, जहाँ वे कौशल को अपने व्यक्तित्व का हिस्सा बना नयी–नयी युक्तियाँ ईजाद करते हैं। यह शिक्षकों में नयी–नयी चुनौतियों के हल निकालने का माद्दा पैदा करती हैं।

चिन्तनशीलता का अर्थ है– व्यक्ति द्वारा अपने विश्वासों, सिद्धान्तों और व्यक्तिगत अनुभवों की सचेत पड़ताल करना, जिससे उनके व्यवहार पर प्रभाव पड़ सके। चिन्तनशीलता का अर्थ है– मानवीय क्षमता एवं सीखने से सम्बन्धित व्यक्तिगत विश्वासों और मान्यताओं का गहन मूल्यांकन करना (लारिवी, 2000)। शिक्षण को चिन्तनयुक्त अभ्यास के रूप में समझना दरअसल अपने विश्वासों और मूल्यों की पड़ताल करना है, जिन्हें अपनी सम्भावित अस्मिता का अंग बना सकें। चिन्तनशीलता वह अवधारणा है, जो शिक्षकों को अपने अनुभवों को सँवारने, उन पर सोचने, उनसे सीखने और आगे बढ़ने में मदद करती है। शोधार्थीगण चिन्तनशीलता के लिए

आवश्यक कुछ क्रियाओं एवं अभ्यासों की बात करते हैं, जैसे– चिन्तन के लिए अलग से समय निर्धारित करना, इसे दिनचर्या का आवश्यक हिस्सा बनाना, व्यक्तिगत विश्वासों को प्रश्नांकित करना और आत्मचिन्तन के लिए लेखन का इस्तेमाल करना आदि। शिक्षकों को चिन्तनशील अभ्यासकर्मी के रूप में देखने और स्वीकार करने की आवश्यकता है न कि उन्हें कुशल व्यक्ति और ऐसे टेक्नीशियन के रूप में देखने की, जो सिर्फ़ दिये गये निर्देशों का पालन कर सकें।

चिन्तनशील शिक्षक बनने के लिए कौशल एवं युक्तियों के अतिरिक्त और कुछ की भी ज़रूरत पड़ती है (लारिवी, 2000)। एक चिन्तनशील शिक्षक वह है, जो ज्ञान के विनिमय की बजाय ज्ञान को संरचित करता है।

सेवापूर्व शिक्षा और सेवाकालीन शिक्षा नीति और व्यवहार के रूप में

सेवापूर्व शिक्षा का अर्थ है– सक्रिय शिक्षक बनने से पहले की शिक्षा। सेवापूर्व शिक्षा सैद्धान्तिक ज्ञान और फ़ील्ड के अनुभवों से मिलकर अपनी शक्ल अख़्तियार करती है। शिक्षक–शिक्षा की राष्ट्रीय पाठ्यचर्या (एन.सी.एफ.टी.ई. 2009) की रूपरेखा में कुछ महत्त्वपूर्ण बिन्दुओं पर सुझाव दिये गये हैं– जैसे कि शिक्षा का उद्देश्य, शिक्षा का स्वरूप, ज्ञान कैसे संरचित होता है। इसके अतिरिक्त सीखने की परिस्थितियों में मौजूद विविधता को ध्यान में रखते हुए संवाद का फ़ोकस क्या हो, इस पर ध्यान दिया जाये एवं इस अनुशासन के भीतर की संकल्पनाओं एवं ख़्यालों को भावी शिक्षकों की समझ के साथ जोड़ना चाहिए।

सेवा के दौरान शिक्षा से मतलब अक्सर सरकारी या निजी विद्यालयों में कार्यरत शिक्षकों का प्रशिक्षण होता है। सेवा के दौरान शिक्षा, विविध संस्थानों, जैसे– एन.सी.ई.आर.टी. और एस.सी.ई.आर.टी. के द्वारा दी जाती है। इसका मक़सद शिक्षकों के मुसलसल पेशेवर विकास और कक्षा में रोज़मर्रा चर्चा के दौरान महसूस की गयी ज़रूरतों को पूरा करना है। समय–समय पर सेवा पूर्व शिक्षा और सेवाकालीन शिक्षा कार्यक्रमों पर विचार–विमर्श होता रहा है। दबाव के बग़ैर सीखने (Learning Without Burden) पर आधारित यशपाल कमेटी रिपोर्ट (1993) में शिक्षक–शिक्षण कार्यक्रमों की कमियों पर ध्यान दिया गया है, जिनका असर स्कूलों में शिक्षा की गुणवत्ता में कमी के रूप में होता है। यह रिपोर्ट मानती है कि शिक्षक को तैयार करने वाले कार्यक्रमों का ज़ोर शिक्षारत शिक्षकों को इस

तरह सक्षम बनाने पर होना चाहिए कि उनमें ख़ुद से सीखने और स्वतन्त्र सोच की योग्यता विकसित हो सके।

इस पर्चे की एक लेखिका ने अपने एम.एड. शोध के दौरान यह जानने की कोशिश की कि सेवापूर्व शिक्षा कार्यक्रमों में पढ़ाये जाने वाले विषयों की स्थिति क्या है। सेवापूर्व शिक्षा की विषय–वस्तु से सम्बन्धित दृष्टिकोण ज्ञात किया गया। शिक्षारत शिक्षकों के अधिकतर विचार इस बिन्दु पर थे कि सैद्धान्तिक ज्ञान को कक्षा में इस्तेमाल करते समय किस तरह की चुनौतियाँ सामने आती हैं। अक्सर यहाँ सेवापूर्व शिक्षा कार्यक्रमों में ध्यान शिक्षार्थियों के सैद्धान्तिक ज्ञान की नींव मज़बूत करने पर होता है और इसके व्यावहारिक अभ्यास की ज़िम्मेदारी शिक्षारत शिक्षकों पर छोड़ दी जाती है कि वे इसे ख़ुद ही कक्षा के अनुकूल अपनी समझ से अपनाएँ। इस तरह शिक्षारत शिक्षकों ने शिक्षक–शिक्षण कार्यक्रमों में हासिल सैद्धान्तिक ज्ञान और इसके व्यावहारिक अभ्यास के बीच की कड़ी का न होना या कड़ी के कमज़ोर होने की ओर ध्यान दिलाया। यह समस्या अन्य मुद्दों के साथ जुड़कर और भी अधिक चुनौतियाँ पैदा करती है, जैसे– अधिक छात्रों वाली कक्षा, गुणवत्तापूर्ण प्रिंट परिवेश की अनुपस्थिति, लिखने–पढ़ने की सामग्री का अभाव, आधारभूत आवश्यकता की चीज़ों की कमी आदि। शिक्षारत शिक्षकों ने माना कि शिक्षा का सैद्धान्तिक हिस्सा अपील करता है और पढ़ने–लिखने की प्रक्रिया से उन्हें रू–ब–रू कराता है, लेकिन इसे कक्षा की हक़ीक़त के मौजूदा सन्दर्भ में अपनाना चुनौतीपूर्ण होता है, जिनसे शिक्षारत शिक्षकों को ख़ुद ही जूझना पड़ता है। उन्होंने माना कि इस तरह की चुनौतियों को चर्चा का विषय नहीं बनाया जाता, जब उन्हें सैद्धान्तिक ज्ञान दिया जा रहा होता है। उन्होंने सुझाव दिया कि ऐसी चुनौतियों को हर चर्चा का विषय होना चाहिए और इनके हल मिल–जुलकर सामूहिक तौर पर खोजने चाहिए। इस मुद्दे से जुड़े समतुल्य विचार अध्यापक–शिक्षकों द्वारा भी साझा किये गये। अध्यापक–शिक्षकों ने बताया कि शिक्षारत शिक्षक नये सिद्धान्तों को सीखने के बावजूद स्कूलों में पढ़ाते समय पुराने सिद्धान्तों एवं शिक्षण पद्धतियों का ही इस्तेमाल करने लगते हैं, जिन्हें नये सिद्धान्तों ने नकार दिया है। यहाँ हमें फिर से सिद्धान्तों और उनके व्यावहारिक अभ्यास के बीच फ़र्क का पता चलता है। अध्यापक–शिक्षकों ने माना कि इसका कारण चिन्तनशील अभ्यास का न

होना है, जहाँ शिक्षक और शिक्षार्थी साथ मिलकर पढ़े गये सिद्धान्तों और उनके व्यावहारिक अभ्यास पर विचार कर सकें।

शोध में हिस्सेदारों ने यह सुझाव दिया कि उन्हें चिन्तनशील अभ्यास के समय सिद्धान्तों और व्यवहार को जोड़ने में मदद मिलनी चाहिए। भागीदारों ने यह मत भी ज़ाहिर किया कि चिन्तन करना–एक सामाजिक प्रक्रिया की तरह होना चाहिए, जहाँ अभ्यासरत शिक्षक अपने अनुभवों, विचारों पर मिलकर मनन कर पायें। इसीलिए साझा चिन्तनशीलता की ज़रूरत है, जिसे नियमित रूप से होना चाहिए।

अब इस पर्चे की दूसरी लेखिका, जो कि सरकारी स्कूलों में कई सालों से कार्यरत हैं अपने सेवा के दौरान के शिक्षा कार्यक्रमों से जुड़े अनुभव साझा करती हैं। इस तरह के सेवाकालीन शिक्षा कार्यक्रम (जो कि अक्सर 5 से 10 दिनों की अवधि के होते हैं) एन.सी.ई.आर.टी.,एस.सी.ई.आर.टी. द्वारा शिक्षकों के निरन्तर पेशेवर विकास के लिए संचालित किये जाते हैं। सेवाकालीन शिक्षा कार्यक्रमों की कुछ विशेषताएँ ये हैं :

इनकी विषय–वस्तु बाह्य स्रोतों द्वारा पूर्व–निर्धारित रहती है तथा जिन शिक्षकों के लिए ये आयोजित किये जाते हैं उन्हें ही इसके विषय–वस्तु निर्धारण में कभी शामिल नहीं किया जाता, ये जानने की कोशिश नहीं की जाती कि दरअसल वे सीखना क्या चाहते हैं। इन व्याख्यानों को शिक्षकों द्वारा सिर्फ़ सुना जाता है। सेवा के दौरान शिक्षा–कार्यक्रमों में ऐसे मौकों की कमी होती है, जहाँ भागीदार आपस में मिलकर ज्ञान का सृजन कर सकें। इनमें ज़ोर अक्सर शिक्षकों के ऐसे प्रशिक्षण पर होता है कि वे विषय–वस्तु को प्रभावी तौर पर बच्चों को प्रदान कर सकें। इन्हें विभिन्न कक्षायी सन्दर्भों को नज़रअन्दाज़ कर तयशुदा मॉड्यूल के रूप में प्रदान किया जाता है। शोध से जुड़ी नयी बातों या ज्ञान पर ऐसी बातचीत की कमी होती है, जो विभिन्न विषयों में सीखने–सिखाने की प्रक्रिया में नये आयाम जोड़ सके। शिक्षकों द्वारा अपने अनुभवों को साझा करने या उन पर विचार करने जैसी चीजें सेवाकालीन शिक्षा कार्यक्रमों में नज़र ही नहीं आतीं। शिक्षा के पदानुक्रम में चूँकि शिक्षकों को निचला दर्जा दिया गया है, इसलिए शिक्षा में सुधार लाने से जुड़ी चर्चा में शिक्षकों को समस्या की जड़ की तरह देखा जाता है। शिक्षकों को इस तरह बिल्कुल नहीं देखा जाता कि इन्हें सशक्त करने की ज़रूरत है।

लेखिका ने जब सरकारी स्कूल में अंग्रेज़ी की शिक्षिका के तौर पर अपना काम शुरू किया तो उनका विश्वास था कि अंग्रेज़ी भाषा को बख़ूबी जानने भर से ही वे बच्चों को अंग्रेज़ी बेहतर तरीक़े से पढ़ा पायेंगी। पर जल्द ही उनका यह विश्वास डगमगा गया, जब उन्होंने पाया कि उनकी कड़ी मेहनत के बावजूद छात्र अंग्रेज़ी सीखने में पहले ही की तरह मुश्किलों से जूझ रहे हैं। इस पड़ाव पर पहुँच लेखिका ने सोचा कि इस समस्या का हल और बेहतर प्रशिक्षण है। उन्होंने ब्रिटिश कॉउंसिल, एन.सी.ई.आर.टी., एस.सी.ई.आर.टी. आदि विभिन्न स्रोतों से आयोजित प्रशिक्षण कार्यक्रम में शामिल होकर कई साल बिताये पर सीखने–सिखाने से जुड़ी चुनौतियाँ ज्यों–की–त्यों बनी रहीं। संयोग से लेखिका विश्वविद्यालय शिक्षा संकाय में आ गयीं, जहाँ वे अपने विषय से जुड़े शोध और ज्ञान के बारे में सीखती रहीं और यहाँ उन्हें अपने विश्वासों की पड़ताल करने में मदद मिली। यहाँ उन्होंने भाषा–शिक्षण सम्बन्धी ज्ञान अर्जित किया। हालाँकि शिक्षक–शिक्षा के अनुभव ने उन्हें सैद्धान्तिक समझ विकसित करने में मदद की पर अपनी कक्षा से उठे सवालों का जवाब उन्हें फिर भी नहीं मिला। इन सवालों के जवाब पाने के लिए लेखिका ने ख़ुद को पूर्णकालिक शोध में लगा दिया, जहाँ उन्हें अभ्यासरत चिन्तनशील लोगों के समूह का हिस्सा बनने का अवसर मिला। सामूहिक रूप से होने वाले साझे पठन और चिन्तन सेशन के दौरान लेखिका सिद्धान्त और व्यवहार के बीच की दूरी को समझ पायीं।

लेखिका ने अंग्रेज़ी की शिक्षिका के तौर पर जब शुरुआत की, तब उनके लिए अंग्रेज़ी भाषा न्यूट्रल भाषा थी, जिन्हें तकनीकी कौशल के तौर पर प्रदान करना था। अपने शोध के दौरान लेखिका ने जाना कि अंग्रेज़ी शिक्षण ही नहीं बल्कि अधिकांश साक्षरता निर्देशों का एक सैद्धान्तिक आधार होता है। लेखिका के ज़ेहन में उभरते सवालों पर समूह में चर्चा की जाती कि बच्चों को अंग्रेज़ी पढ़ाने के दौरान कैसी मुश्किलें आती हैं और वे मुश्किलें क्यों आती हैं, बच्चों के जीवन में पढ़ने–लिखने की क्या भूमिका है, बच्चे इस भूमिका को कैसे देखते हैं, प्रिंट के होने और इस्तेमाल किये जाने की क्या ज़रूरत है और यह ज़रूरत क्यों है। इस तरह औपचारिक– अनौपचारिक सभाओं में पढ़ने व चर्चा करने के अवसर मिलते रहे, जहाँ कक्षा में उठे अनेक सवालों पर बातचीत होती और सिद्धान्त और व्यवहार के बीच कड़ी जुड़ती।

एक शिक्षक के आत्मविकास के लिहाज़ से इस अनुभव के कई मायने हैं। शिक्षकों को एक ऐसे फोरम की ज़रूरत होती है, जहाँ वे निरन्तर एक–दूसरे से मिल सकें और अपने शिक्षण व्यवहार को मिलकर साझा कर पायें, जिसके फलस्वरूप वे अपने को शिक्षक रूप में विकसित होने का चिन्तन कर सकें। यह कुछ ऐसा नहीं है, जिसे एक संयोग के रूप में छोड़ दिया जाये बल्कि इन्हें शिक्षकों की पेशेवर ज़िन्दगी का अंगीभूत हिस्सा होना चाहिए।

आगे की राह : साझा चिन्तनयुक्त अभ्यास की ज़रूरत

शिक्षक को एक पेशेवर शख़्सियत के तौर पर लगातार सीखने, आगे बढ़ने और विकसित होने की ज़रूरत होती है। शिक्षक–शिक्षा कार्यक्रम किसी शिक्षक को वह ज्ञान अर्जित करने के योग्य बनाता है, जिससे वह बुनियाद खड़ी हो सके, जिस पर वो अपने व्यवहार को आधार प्रदान करता है। सिद्धान्तः सेवाकालीन कार्यक्रम वह मुसलसल सहयोग प्रदान करता है, जिससे शिक्षक लगातार विकसित हो सके और अपने शिक्षा–व्यवहार को बेहतर बना पाये। पर हम लेखिकाओं के शोध और उन कार्यक्रमों के तर्जुबात ज़रा अलग कथा कहते हैं, जहाँ सेवापूर्व शिक्षा कार्यक्रम में व्यवहार के ऐसे तत्त्व शामिल किये जाने चाहिए जो शिक्षार्थियों के लिए सैद्धान्तिक ज्ञान को प्रासंगिक बनायें। वहीं सेवाकालीन शिक्षा कार्यक्रम में सैद्धान्तिक ज्ञान पर ज़ोर देने की ज़रूरत है, जो इन कार्यक्रमों को शिक्षकों की ज़रूरतों के अनुरूप ढाल सकें। अक्सर शिक्षक–शिक्षा और शिक्षक–प्रशिक्षण कार्यक्रम टुकड़ों में होते हैं। इनमें निरन्तरता का अभाव होता है। एक समय का प्रशिक्षण कार्यक्रम दूसरे प्रशिक्षण कार्यक्रम के बीच तआल्लुक नहीं रख पाता। इनमें शिक्षकों को लगातार जोड़े रहने की ज़रूरत है। हमारे अनुभव से शिक्षक–प्रशिक्षण और शिक्षक–शिक्षा दोनों अधूरे हैं, यदि इनमें साझा चिन्तनयुक्त अभ्यास नहीं जुड़ा है।

अक्सर शिक्षा कार्यक्रमों में आत्मचिन्तन पर बल दिया जाता है क्योंकि आत्मचिन्तन शिक्षकों को इस बात का अहसास दिलाता है कि वे कक्षा के सचेत हिस्सेदार हैं न कि इससे चोटिल शख़्सियत। दुनिया के कई देशों में शिक्षकों के शिक्षा कार्यक्रमों में आत्मचिन्तन का हवाला मिलता है, जहाँ इसे इस तरह देखा गया है कि एक व्यक्ति विशेष को अपनी शख़्सियत में फ़ायदे के लिए चिन्तन करने की ज़रूरत है। चूँकि शिक्षण एक सामाजिक

क्रिया है, इसकी प्रकृति सहभागितापूर्ण है। अतः चिन्तन को भी एक सहयोगमूलक साझा प्रक्रिया की तरह देखने की ज़रूरत है, जो शिक्षक समूह के शिक्षकों का विकास करे। उदाहरण के लिए, लिटरेसी समूह[1] का निर्माण कुछ इसी तरह की कोशिश है, जिसके सदस्य विभिन्न पृष्ठभूमियों से आते हैं। जैसे कि कोई शिक्षक है, कोई शोधकर्ता है तो कोई अध्यापकों का शिक्षक है। सभी मिल–जुलकर पढ़ते हैं और समकालीन लिटरेसी के मुद्दों व अपने अनुभवों पर मिलकर विचार करते हैं। शोध, सिद्धातों व विभिन्न मुद्दों पर पढ़ना और निजी तौर पर चिन्तन करना ही पर्याप्त नहीं है। इस पर्चे में साझा किये गये शोध और अनुभव ज़ाहिर करते हैं कि औपचारिक और अनौपचारिक दोनों ही स्थलों पर साझा चिन्तनशील अभ्यास के लिए एक फोरम की ज़रूरत है।

आभार : हम प्राची कालरा, प्रभात, और जोसेफ़ मथाई को इस लेख को पढ़ने व उस पर टिप्पणी देने के लिए धन्यवाद देते हैं।

सन्दर्भ सूची :

1. बहुगुणा, पी, (2016), *एक्सप्लोरिंग दी व्यूज़ ऑफ़ टीचर एजुकेटर एंड प्युपिल टीचर्स ऑन स्टेटस ऑफ़ रीडिंग इन प्री सर्विस प्रोग्राम्स लैंग्वेज एंड लैंग्वेज टीचिंग।* वॉल्यूम 5, न.1 इश्यू 9।
2. गवर्नमेंट ऑफ़ इंडिया, (1993), *यशपाल कमेटी रिपोर्ट : लर्निंग विदआउट बर्डन,* नयी दिल्ली : एम.एच.आर.डी.।
3. गुप्ता, एस. (2013), *जर्नी ऑफ़ ए रिसर्च क्वेश्चन, प्रेजेंटेशन मेड एट दी नेशनल कांफ्रेस ऑन "वाइदर एमएलई?" रिथिंकिंग मल्टीलिंग्युअल एजुकेशन इन द 21 सेंचुरी, ऑन 22 नवम्बर 2013 एट जवाहरलाल नेहरू यूनिवर्सिटी,* नयी दिल्ली।
4. हॉफमेन, जे.वी. एंड पियरसन, पी.डी., (2000), *रीडिंग टीचर एजुकेशन इन दी नेक्सट मिलेनियम : व्हाट योर ग्रांडमदरस् टीचर्स डिड नाट नो देट योर ग्रांडडॉटरस् टीचर्स शुड,* रीडिंग रिसर्च क्वार्टरली, वॉल्यूम 35, न. 1 (पेज–28–44)।
5. लारिवी, बी., (2000), *ट्रांसफार्मिंग टींचिंग प्रेक्टिस : बीकमिंग दी क्रिटिकली रिफलेक्टिव टीचर,रिफलेक्टिव प्रेक्टिस : इंटरनेशनल एंड मल्टीडिसप्लेनेरी प्रस्पेक्टिव,* 1 : 3, 293–307, डी.ओ.आई. : 10.1080/713693162।

1. लिटरेसी समूह 2008 में डॉ0 शोभा सिन्हा द्वारा एक ऐसे मंच की तरह शुरू हुआ, जहाँ इसके सदस्य लिटरेसी से जुड़े मुद्दों और शोध सामग्री पर मिलकर अपने अनुभव, विचार और प्रतिक्रियाएँ साझा करते हैं।

6. एन.सी.ई.आर.टी., (2005), *नेशनल करिकुलम फ्रेमवर्क 2005।* नयी दिल्ली : नेशनल कॉउंसिल ऑफ़ एजुकेशनल रिसर्च एंड ट्रेनिंग।
7. एन.सी.ई.आर.टी., (2005), *नेशनल फ़ोकस ग्रुप पेपर ऑन टीचर एजुकेशन,* फ़ॉर करिकुलम रिन्यूअल–2005, नयी दिल्ली : नेशनल कॉउंसिल ऑफ़ एजुकेशनल रिसर्च एंड ट्रेनिंग।
8. एन.सी.ई.आर.टी., (2009), *नेशनल करिकुलम फ्रेमवर्क फ़ॉर टीचर एजुकेशन 2009,* नयी दिल्ली : नेशनल कॉउंसिल ऑफ़ एजुकेशनल रिसर्च एंड ट्रेनिंग।

खण्ड : 4

विषय शिक्षक की तैयारी

भाषा शिक्षण : शिक्षकों की तैयारी

–रजनी द्विवेदी

यह पर्चा, भाषा की संज्ञानात्मक, सम्प्रेषणात्मक और पहचान निर्माण में भूमिका को समझते हुए और इस बात का भी संज्ञान लेता है कि बच्चे स्कूल आने से पहले ही भाषाओं को समझने और उनका प्रयोग करने लगते हैं। साथ ही यह भाषा शिक्षण और भाषा–शिक्षकों की तैयारी की चुनौतियों को प्रस्तुत करता है। यह प्रयास नीति दस्तावेज़ों की समीक्षा, भाषा शिक्षकों के साथ अन्तःक्रिया और भाषा कक्षा के अवलोकन पर आधारित है।

सारांश

हम सभी अपने जीवन में भाषा का उपयोग करते हैं : स्वयं और दूसरों से बातचीत करने में और साथ ही योजना बनाने, कल्पना की उड़ान भरने या ज्ञान निर्मित करने जैसे कई संज्ञानात्मक कार्यों में भी। यह सब भाषा के बिना सम्भव नहीं। इसी वजह से भाषा हमारी ज़िन्दगी का एक अहम हिस्सा है लेकिन जैसा की जीन एचिंनसन (2008) ने कहा, व अन्य कई भी अब कहते हैं कि भाषा हमारे लिए इतनी सहज है कि हम यह सोच ही नहीं पाते कि यह हमारे लिए कितनी महत्त्वपूर्ण है।

छोटे बच्चे बड़ी सहजता के साथ भाषा सीखना शुरू करते हैं। स्कूल जाने से पहले ही उनका अपनी भाषा/भाषाओं पर अच्छा नियन्त्रण हो चुका होता है। वे अपनी भाषा की ध्वनियों को पहचानते हैं, शब्दों को पहचानते हैं, उनका शब्द भण्डार विस्तृत हो चुका होता है और वे शब्दों और वाक्यों का सही सन्दर्भों में प्रयोग करना भी शुरू कर चुके होते हैं, लेकिन फिर भी स्कूलों में बच्चों को भाषा सिखाना मुश्किल होता है। प्रश्न यह है कि इसके बावजूद भी क्यों अधिकांश स्कूलों में इतने साल पढ़ने के बाद भी बच्चे भाषा नहीं सीख पा रहे/पाते। इस सफलता व असफलता में बच्चों

को पढ़ा रहे शिक्षक एक प्रमुख अदाकार हैं। उनकी स्वयं की भाषा की समझ, भाषा सीखने की प्रक्रिया की समझ इसे काफ़ी प्रभावित करती है।

इस पर्चे में हम इस बात की पड़ताल करेंगे कि आख़िर शिक्षक भाषा सीखने के बारे में क्या नज़रिया रखते हैं, क्या सोचते हैं। हम भाषा शिक्षकों की तैयारी के बारे में भी बात करेंगे और यह समझने का प्रयास करेंगे कि शिक्षक–प्रशिक्षण कार्यक्रमों में क्या रिक्तताएँ हैं और इन्हें पाटने के लिए क्या किया जा सकता है। पर्चे के पहले हिस्से में दस्तावेज़ों और नीतियों में प्रस्तुत भाषा शिक्षण की समझ का भाषा की कक्षा व शिक्षक की तैयारी के लिए निहितार्थ है। इन दस्तावेज़ों में मुख्यतः राष्ट्रीय पाठ्यचर्या की रूपरेखा (एन.सी.एफ.–2005), शिक्षा का अधिकार अधिनियम (आर.टी.ई.–2009), शिक्षक–शिक्षा के लिए राष्ट्रीय पाठ्यचर्या की रूपरेखा (एन.सी.एफ.टी.ई.–2009) व राष्ट्रीय शिक्षा नीति सम्मिलित (एन.पी.ई.) हैं। दूसरे हिस्से में शिक्षकों से कक्षा अवलोकनों और प्रशिक्षणों के दौरान हुई अन्तःक्रिया, तथा कुछ शिक्षकों से हुई व्यक्तिगत बातचीत के आधार पर इस पर चर्चा है कि भाषा शिक्षण के बारे में शिक्षकों के विचार क्या हैं और वे भाषा, भाषा सीखने की प्रक्रिया तथा भाषा शिक्षण को कैसे समझते हैं? तीसरे हिस्से में सेवापूर्व (बी.एड. व डी.एड.) व सेवारत भाषा प्रशिक्षण कार्यक्रमों के पाठ्यक्रम की समीक्षा है तथा अन्तिम हिस्से में कुछ सुझाव हैं कि क्या किया जा सकता है?

परिचय

सीखने–सिखाने की प्रक्रिया का एक अहम मुद्दा भाषाएँ और उनका शिक्षण है। विभिन्न शोधों, उनके निष्कर्षों, विभिन्न चर्चाओं व विमर्शों, दस्तावेज़ों तथा नीतियों में भाषा और उसके शिक्षण के बारे में तथा इस सम्बन्ध में सेवापूर्व व सेवारत प्रशिक्षणों के अन्तर्गत क़दम उठाने की बहुत–सी बातें होती रहती हैं। वैसे भाषा और भाषा शिक्षण से सम्बन्धित ये बातें अभी हाल ही में शुरू हुई हों ऐसा भी नहीं है। यदि आप गुलाम भारत के समय के कुछ दस्तावेज़ जैसे *मैकाले के मिनिट्स* (1835), *वुड डिस्पेच* (1854) इत्यादि पढ़ेंगे तो आप पायेंगे की भाषा से सम्बन्धित मुद्दे तब भी लगभग वैसे ही थे जैसे आज हैं यथा मातृभाषाओं में शिक्षण को अच्छा बता उसकी पैरवी तो करना किन्तु साथ–साथ इसे अव्यावहारिक भी कहना। साथ ही राज्यों की भाषा में ही शिक्षा, शिक्षा के माध्यम की भाषा के लिए अंग्रेज़ी की

वकालत, अंग्रेज़ी के साथ–साथ हिन्दी व अन्य भाषाओं में से क्या पढ़ायें इस पर बहस, अंग्रेज़ी कौन पढ़ें, कौन नहीं, क्यों पढ़ें, कहाँ से शुरुआत हो इत्यादि पर विमर्श तब से चलते आ रहे हैं? आज लगभग 200 साल हो चुके हैं, लेकिन अधिकांश प्रश्न वैसे के वैसे ही हैं और हम अभी भी इन प्रश्नों के जवाब तलाशने के सन्दर्भ में कुछ ख़ास प्रगति नहीं कर पायें हैं।

वैसे तो भाषायी क्षमता के आकलन के लिए बहुत अच्छे साधन भी उपलब्ध नहीं हैं, किन्तु जिनकी चर्चा है और जो व्यापक स्तर पर उद्धृत किये जाते हैं उनमें एक 'एनुअल स्टेटस ऑफ़ एजुकेशन रिपोर्ट– असर (2014)' की रिपोर्ट है। असर के अध्ययन का दायरा यद्यपि बहुत सीमित है और उसके भाषायी क्षमता के आकलन के ढंग में कई कमियाँ भी हैं फिर भी उसके अवलोकनों पर दृष्टि डालने से चिन्ताजनक परिस्थिति तो सामने आ ही जाती है। असर (2014) की रिपोर्ट बताती है कि *"कक्षा दो में एक तिहाई बच्चे ऐसे हैं जो वर्ण भी नहीं पहचान पाते और यह संख्या पिछले कुछ सालों में बढ़ी ही है घटी नहीं, इसी तरह कक्षा पाँच में लगभग 50% बच्चे ऐसे हैं जो कक्षा दो के स्तर का टेक्स्ट भी नहीं पढ़ पाते।"* बात अपनी भाषा (घर और आस–पड़ोस में बोली जाने वाली भाषा) की हो अथवा द्वितीय भाषा की, हम सभी जानते हैं कि लगभग 10–12 वर्ष स्कूल में गुज़ारने के पश्चात् भी बच्चे न तो अपनी भाषा में कुछ ख़ास प्रगति कर पाते हैं न ही द्वितीय भाषा में।

बच्चे के सीखने में शाला में उपलब्ध वयस्क यानी शिक्षक की महती भूमिका है। भाषा शिक्षक की भूमिका और भी ज़्यादा महत्त्वपूर्ण है क्यों कि भाषा अन्य विषयों और अवधारणाओं को सीखने की बुनियाद भी है। नये विषयों और नयी अवधारणाओं को रचने, मौजूद विषयों और अवधारणाओं को संशोधित करने या उनमें कुछ जोड़ने इत्यादि में भी भाषा की अहम भूमिका है। स्कूल व कक्षा अवलोकनों में भी यह दिखाई देता है कि बच्चे गणित या विज्ञान की किताब पढ़कर नहीं समझ सकते। बच्चों को इबारती सवालों को करने में बहुत समस्या आती है क्योंकि वे दो पंक्तियों में लिखी इबारत को भी पढ़कर समझ नहीं सकते।

सिन्हा (2012) के अनुसार यह बेहद ज़रूरी है कि बच्चे स्कूल में समझकर पढ़ना सीखें क्योंकि समझकर पढ़ना सीखना हरेक विषय में सफलता पूर्वक ज्ञान निर्माण करने के लिए ज़रूरी है। राष्ट्रीय पाठ्यचर्या की रूपरेखा (एन.सी.एफ.–2005) के अनुसार, *"भाषा पढ़ाने वाले शिक्षक*

की महत्ता की भूमिका की गम्भीरता तो इस बात से ज़ाहिर हो जाती है कि एक तो भाषा पूरी पाठ्यचर्या में विद्यमान होती है और दूसरे भाषा ज्ञान सामाजिक सम्बन्धों को कई स्तरों पर मज़बूत करता है "('भारतीय भाषाओं का शिक्षण' पर पोजीशन पेपर, एन.सी.ई.आर.टी.–2009)। यदि बच्चे भाषा नहीं सीखेंगे तो न केवल उन्हें विषयों को, उनकी अवधारणाओं को, उनकी बारीकियों को सीखने में कठिनाई होगी बल्कि सामाजिक रूप से भी वे पिछड़ जायेंगे। अतः शिक्षक की भाषा व भाषा शिक्षण की समझ व उसकी तैयारी कक्षा में बेहतर भाषा शिक्षण के लिए अनिवार्य हो जाती है। भाषा शिक्षण के लिए अच्छा कक्षा–कक्ष वह है जिसमें बच्चे भाषा के साथ एक सहज अन्तःक्रिया कर सकें और अपने जीवन में उसकी भूमिका को और बेहतर महसूस कर सकें।

पिछले कुछ सालों में भाषा शिक्षण और सम्बन्धित पहलुओं के बारे में समझ का विस्तार हुआ है। यह समझ एन.सी.एफ.–2005 में भी परिलक्षित होती है। आगे के हिस्से में हम विभिन्न दस्तावेज़ों (शिक्षा नीति, पाठ्यचर्या रूपरेखा) में भाषा और भाषा शिक्षण के बारे में क्या समझ है, इस बारे में चर्चा करेंगे। यह समझने का प्रयास है भाषा की समझ में किस तरह का विस्तार हुआ है।

राष्ट्रीय शिक्षा नीति–1968

राष्ट्रीय शिक्षा नीति (एन.पी.ई.–1968) में बिन्दु तीन के अन्तर्गत भाषाओं के विकास के बारे में बात की गयी है। इस बिन्दु के उपबिन्दुओं को पढ़ने पर प्रतीत होता है कि सभी भाषाओं को बराबर जगह दी गयी है और सभी भाषाओं के विकास के बारे में बात की गयी है, लेकिन थोड़ा गहराई से पढ़ने पर लगता है कि वास्तव में इसमें भाषा को लेकर कोई ठोस बात नहीं कही गयी है, जैसे– उपबिन्दु 3 (a), क्षेत्रीय भाषा के अन्तर्गत नीति कहती है कि *"शिक्षा और संस्कृति के विकास के लिए भारतीय भाषाओं और साहित्य का ऊर्जावान विकास एक ज़रूरी शर्त है। जब तक यह नहीं होगा लोगों की सृजनात्मक ऊर्जा बाहर नहीं आयेगी, शिक्षा के मानकों में बेहतरी नहीं होगी और लोगों में ज्ञान का प्रसार नहीं होगा और बौद्धिक समाज और आम जनता के बीच खाई बनी रहेगी यदि चौड़ी नहीं होगी तो भी।"* (एन.पी.ई.–1968, पृ. 39) और आगे यह इस हेतु प्राथमिक व सेकेंडरी स्तर पर क्षेत्रीय भाषाओं के शिक्षण और महाविद्यालयों में भी इन

भाषाओं को अनुदेशन का माध्यम बनाने हेतु जल्द–से–जल्द प्रयास किये जाने को निर्देशित भी करती है।

लेकिन पूरे दस्तावेज़ में कहीं यह स्पष्ट नहीं है कि क्षेत्रीय भाषा का क्या तात्पर्य है? क्या क्षेत्रीय भाषा के अन्तर्गत राज्यों की राज्यभाषा ही आयेगी अथवा, राज्य के अलग–अलग ज़िलों में बोली जाने वाली भाषाएँ भी इसमें सम्मिलित होंगी और वे भाषाएँ भी सम्मिलित होंगी जो इन ज़िलों के अलग अलग हिस्सों में बोली जाती हैं? प्राथमिक स्तर पर क्षेत्रीय भाषा में शिक्षण हो और ऐसा सेकेंडरी तथा महाविद्यालय स्तर तक करने के प्रयत्न किये जायें। इसका तात्पर्य क्या यह है कि उस क्षेत्र के सभी बच्चों की शिक्षा एक क्षेत्रीय भाषा में ही होगी, या फिर यह कि हर बच्चे की क्षेत्रीय भाषा के अनुसार शिक्षण संस्थान होंगे। अब यह हम सब जानते हैं कि ऐसा कतई ज़रूरी नहीं कि क्षेत्रीय भाषा हर बच्चे की मातृभाषा हो।

यह हिन्दी को आगे ले जाने और एक लिंक भाषा के रूप में विकसित करने और अहिन्दीभाषी राज्यों में हिन्दी महाविद्यालयों की स्थापना पर ज़ोर देती है। जिसका तात्पर्य यह हो सकता है कि क्षेत्रीय भाषा भी पढ़ाई का माध्यम हो सकती है और हिन्दी भी अथवा यह कि उच्च कक्षाओं में तो हिन्दी ही पढ़ाई का माध्यम होगी, या फिर यह कि क्षेत्रीय भाषा व हिन्दी भाषा दोनों विषयों के रूप में पढ़ाई जायेगी और माध्यम की भाषा हिन्दी ही होगी।

नीति विभिन्न उद्देश्यों के मद्देनज़र हिन्दी, संस्कृत व अंग्रेज़ी के विकास की भी बात करती है, लेकिन भाषा के विकास की बात के केन्द्र में है सांस्कृतिक एकीकरण (हिन्दी एक लिंक भाषा के रूप में, संस्कृत के सांस्कृतिक एकता में योगदान को देखते हुए), विज्ञान और तकनीकी विकास (अंग्रेज़ी सीखने से देश बाक़ी दुनिया के साथ क़दम मिलाकर चल सकें–(एन.पी.ई. 1968, बिन्दु 3, य) और आर्थिक विकास।

कुल मिलाकर ज़मीनी स्तर पर ये विचार कैसे क्रियान्वयित होंगे, माध्यम की भाषा क्या होगी, इस बारे में कोई स्पष्टता नहीं है। भाषा से सम्बन्धित महत्त्वपूर्ण पहलू यथा भाषा ज्ञान रचने की बुनियाद, भाषा एक जन्मजात क्षमता, भाषा और बौद्धिक विकास, भाषा और सोच, भाषा और बराबरी, भाषा समाज और सत्ता से सम्बन्धित मुद्दे इसमें कहीं परिलक्षित नहीं होते।

1975 और 1988 के दस्तावेज़ों में भाषा

दस वर्षीय पाठ्यक्रम की रूपरेखा एन.सी.एफ.–1975 में भी सांस्कृतिक एकता बनाये रखने के उद्देश्य से त्रि–भाषा सूत्र को अपनाने की बात को ही दोहराया। दस्तावेज़ ने अलग–अलग स्तरों पर (प्राथमिक, माध्यमिक, सेकेंडरी) अलग–अलग भाषाएँ पढ़ाने की बात करते हुए यह स्पष्ट करने का प्रयास किया कि त्रि–भाषा सूत्र किस तरह लागू हो सकता है। हालाँकि इस दस्तावेज़ में भी भाषायी परिप्रेक्ष्य की कोई बात नहीं थी, महज़ निर्देशित किया गया था कि ऐसा होना चाहिए। आगे आने वाले दस्तावेज़ों, जैसे– नेशनल करिकुलम फ़ॉर एलिमेंट्री एंड सेकेंडरी एजुकेशन, 1988 (आगे, एन.सी.ई.एस.ई. 1988) में भी त्रि–भाषा सूत्र पर ज़ोर दिया गया। कुछ अन्य बातों को भी रेखांकित किया गया जैसे कि *"भाषा सीखना बच्चे के लिए न केवल ख़ुद के प्रयोजनों के लिए महत्त्वपूर्ण है बल्कि यह इसलिए भी महत्त्वपूर्ण है क्योंकि यह अन्य विषयों को सीखने, उसके सामाजिक, भावनात्मक व संज्ञानात्मक विकास को भी प्रभावित करता है।"* इसके अनुसार, *"भाषा सीखने का प्रभाव अन्य विषयों के सीखने पर भी पड़ता है अतः भाषा शिक्षण को शिक्षा प्रक्रिया में एक केन्द्रीय स्थान मिलना चाहिए... भाषा शिक्षा को सीखने वालों में शुरुआत से ही स्वतन्त्र सोच को बढ़ावा देने वाले एक औजार की तरह देखा जाना चाहिए।"* (एन.सी.ई.एस. ई.–1988 पेज 20)। इसमें भाषा शिक्षण में पाठ्यपुस्तकों के अलावा अन्य पुस्तकों की भूमिका की महत्ता का भी ज़िक्र किया गया है। यह निर्देशित करता है कि *"प्राथमिक कक्षाओं में एक ही भाषा पढ़ाई जायेगी मातृभाषा/ क्षेत्रीय भाषा"(एन.सी.ई.एस.ई. पेज 19),* लेकिन आगे यह कहता है कि *"यदि आदिवासी बच्चों की अपनी कोई बोलचाल की भाषा है तो कक्षा एक व दो में उन्हें उनकी मातृभाषा का उपयोग करते हुए मौखिक रूप से पढ़ाया जा सकता है। साथ ही इन बच्चों को क्षेत्रीय भाषा भी सिखानी होगी क्योंकि आगे जाकर यही अनुदेशन का माध्यम बनेगी।"* (एन.सी.ई.एस.ई. 1988 पेज 20), और इस तरह मातृभाषा की बात को एक तरह से दरकिनार भी कर देता है। लगभग ऐसी ही कुछ बातों का ज़िक्र राष्ट्रीय पाठ्यचर्या की रूपरेखा (एन.सी.एफ. 2000) भी करता है, लेकिन इन सुझावों की तह में क्या सिद्धान्त और क्या तथ्य हैं, इसकी कोई बात नहीं हुई है। इसका कोई खुलासा नहीं है कि क्यों प्राथमिक कक्षा में मातृभाषा से ही शुरुआत

हो। यह शुरुआत अन्य भाषाओं से क्यों नहीं होनी चाहिए, ऐसा होने से क्या परेशानी हो सकती है/हो रही है, भाषा सीखने और अन्य विषयों को सीखने में क्या सम्बन्ध है? इत्यादि।

एन.सी.एफ.–2005

राष्ट्रीय पाठ्यचर्या की रूपरेखा (एन.सी.एफ.–2005) में भाषा व भाषा–शिक्षण के बारे में बहुत विस्तार से चर्चा है। भाषा के बारे में इतनी विस्तार से चर्चा इसी दस्तावेज़ में हुई है यह कहना ग़लत नहीं होगा। यह चर्चा हमें भाषा व भाषा शिक्षण के बारे में एक परिप्रेक्ष्य तो देती ही है और भाषा व भाषा शिक्षण के प्रति जो नज़रिया चला आ रहा था (जो कई संस्थानों : स्कूल, शिक्षक–प्रशिक्षण संस्थान, राजकीय शिक्षा संस्थान इत्यादि में अब भी मौजूद है), उस नज़रिये पर पुनः सोचने को बाध्य करती है और भाषा सम्बन्धित प्रचलित रूढ़ियों को तोड़ने को भी।

दस्तावेज़ रेखांकित करता है कि हर बच्चे में भाषा सीखने की एक सहजात क्षमता होती है और जैसे–जैसे वह बड़ा होता है वह अपने घर की, अपने आस–पास की भाषा बिना किसी सजग प्रयास के सीख लेता है। एक तीन–चार साल का बच्चा अपनी भाषा को जानता है और वह उसका धाराप्रवाह उपयोग करने में सक्षम भी होता है। यानी स्कूल में जब बच्चा प्रवेश लेता है तो उसके पास अपनी भाषा का पूरा तन्त्र जो अन्य किसी भाषा तन्त्र जितना ही जटिल है उस पर पूरा अधिकार होता है। जैसा कि पहले भी ज़िक्र किया है उसके पास ध्वनियों, उनको उच्चारित करने, ध्वनियाँ किस क्रम में व्यवस्थित हो सकती हैं किस क्रम में नहीं, शब्द, शब्दों के अर्थ, वाक्य, वाक्य संरचना इन सभी के बारे में समझ होती है। वह अपनी उस भाषा में लोगों से बात करने की क्षमता, किसी चीज़ का विवरण देने की क्षमता, अपनी बात को अभिव्यक्त करने की क्षमता भी रखता है। वह भाषा का प्रयोग करके अवधारणाएँ बनाना, उनको समझना, विकसित करना यह सब भी जानता है। बच्चे द्वारा अर्जित यह ज्ञान बहुत महत्त्वपूर्ण होता है क्यों कि यही ज्ञान वह जो आगे सीखता है, उसकी बुनियाद बनता है।

इसीलिए दस्तावेज़ स्पष्ट रूप से कहता है कि शिक्षण बच्चे की मातृभाषा में ही होना चहिये। भाषा ज्ञान के सृजन हेतु एक आवश्यक बुनियादी क्षमता है, यदि मातृभाषा में शिक्षण होगा तो यह बच्चे को ज्ञान

को सहज रूप से हासिल करने में भी मदद करेगा। आप समझ सकते हैं कि किसी नयी अवधारणा को किसी नयी भाषा में सीखना कितना मुश्किल हो सकता है। इस स्थिति में पहले हासिल किया ज्ञान भी मदद नहीं कर सकता। मातृभाषा में शिक्षण बच्चों को उनके द्वारा ही हासिल किये ज्ञान को उपयोग करने का मौक़ा देता है, जिससे ज्ञान पाठ्यपुस्तकों से बाहर निकलकर बच्चों के जीवन का भी हिस्सा बन सकेगा, बच्चों को चीज़ों को रटने से मुक्ति मिलेगी।

भाषा इन्सान की अस्मिता, सांस्कृतिक जड़ों, विचार प्रक्रिया से गहराई से जुड़ी है। कक्षा में बच्चों की भाषा का तिरस्कार एक तरह से उस ज्ञान का और ज्ञान तन्त्र का तिरस्कार है जो बच्चों के पास है, वह ज्ञान जो उन्होंने अपने परिवारजनों, दोस्तों, सम्बन्धियों, अपने समाज के साथ अन्तःक्रिया करते हुए ग्रहण किया है। यह न केवल बच्चों के स्वयं के प्रति विश्वास को कमज़ोर करता है पर साथ ही उनकी सामाजिक व सांस्कृतिक जड़ों को भी कमज़ोर करता है। कक्षा में बच्चों की भाषा को जगह देने से उनका अपनी क्षमताओं में विश्वास बढ़ेगा और वे अपने समाज व संस्कृति को समझ व सराह भी पायेंगे जिससे उनका आत्मविश्वास भी बढ़ेगा। एन.सी.एफ.–2005 के अनुसार *"बच्चे की घरेलू भाषाएँ ही स्कूल में शिक्षण का माध्यम होनी चाहिए.. अगर स्कूल में उच्चतर स्तर पर बच्चों की घरेलू भाषाओं में शिक्षण की व्यवस्था न हो तो प्राथमिक स्तर की स्कूली शिक्षा अवश्य घरेलू भाषाओं के माध्यम से दी जाये।"* (वही पृ. 42)। साथ ही एन.सी.एफ.यह भी कहता है कि, *'उन विद्यार्थियों के लिए अधिक–से–अधिक अवसर हो जो अपनी मातृभाषा में पढ़ना चाहते हैं,...चाहे विद्यार्थियों की संख्या कम हो फिर भी अपनी भाषा में पढ़ने के मौक़े होने चाहिए।'* (वही पृ. 76)।

दस्तावेज़ द्वि/बहु–भाषिकता को बढ़ावा देने की बात करता है और इस सन्दर्भ में चर्चा भी करता है कि बहु–भाषिकता एक समस्या नहीं बल्कि एक संसाधन है। हालाँकि व्यावहारिक रूप से बहु–भाषिकता को लागू करने के लिए हर स्तर पर बहुत तैयारी की आवश्यकता है, लेकिन यह तो अब काफ़ी स्पष्ट है कि बहु–भाषिकता एक ऐसा संसाधन है जो न केवल बच्चों को भाषा/भाषाओं की बारीकियों को समझने में मदद करता है बल्कि उन्हें यह भी महसूस कराता है कि वे भी कुछ जानते, समझते हैं, यह विश्वास मज़बूत करता है कि वे जाने–पहचाने माहौल में हैं और सुरक्षित हैं। यही

विश्वास उनको कक्षा में सक्रिय भागीदारी करने, शिक्षक व अन्य बच्चों के साथ एक मज़बूत व संवेदनशील रिश्ता बनाने में भी मदद करता है। हम यह भली–भाँति जानते हैं कि ये सभी सीखने–सिखाने की प्रक्रिया के महत्त्वपूर्ण पहलू हैं। स्कूल का उद्देश्य बच्चों को हर वक़्त टोक–टोक कर शुद्ध भाषा सिखाने का प्रयास करना नहीं है, बल्कि यह समझते हुए कि ग़लतियाँ उनके अधिगम का हिस्सा हैं उन्हें अधिक–से–अधिक ऐसे मौक़े उपलब्ध करवाना है जहाँ बच्चे भाषा से सहज अन्तःक्रिया कर सकें। इस तरह वे स्वयं ही धीरे–धीरे शुद्ध व मानक भाषा सीख लेंगे। यह उपयुक्त पाठ्यपुस्तकों व पुस्तकालय की उपलब्धता, कक्षा में भयमुक्त वातावरण बनाने और कविताओं व कहानियों के कक्षा में अधिकाधिक उपयोग किये जाने की ज़रूरत पर भी बल देता है। दस्तावेज़ कहता है कि भाषा पूरी पाठ्यचर्या में विद्यमान है। यह भाषा में मूल्यांकन की प्रक्रिया, ग़लतियों को किस नज़रिये से देखा जाये, सीखने–सीखने की सामग्री व गतिविधियाँ कैसी हों इन सब बिन्दुओं पर भी प्रकाश डालता है।

पोजीशन पेपर का दस्तावेज़ ऊपर वर्णित सभी बिन्दुओं को थोड़ा और विस्तार देता है और भाषा, शिक्षा, इन्सान व समाज के रिश्ते के विभिन्न पहलुओं के बारे में चर्चा करते हुए इन बिन्दुओं को समझने की एक दिशा देता है। इस पोजीशन पेपर में भाषा, भाषा की संरचना, मातृभाषा, बहुभाषिता, भाषा और लिपि, भाषा और इन्सान का रिश्ता, भाषा और समाज का रिश्ता, भाषा व सत्ता, एक भाषा का अन्य भाषा पर वर्चस्व, भाषा की शुद्धता व मानकीकरण, भाषा व व्याकरण, भाषा का वैज्ञानिक अध्ययन, भाषा व सोच, भाषा शिक्षण, बच्चों की भाषा सीखने की क्षमता, शिक्षकों की तैयारी आदि सम्मिलित हैं। यह इस बात की सिफ़ारिश भी करता है कि शिक्षकों में इन सभी बिन्दुओं की समझ हो और इस हेतु उपयुक्त प्रशिक्षण कार्यक्रम बनाये जायें।

हालाँकि यह सब कैसे हो पायेगा, इस हेतु पूरे तन्त्र में कहाँ व क्या परिवर्तन करने होंगे जो इस सोच को पोषित करेंगे और क्रियान्वयित करने में मददगार होंगे इस सन्दर्भ में अभी तक कोई सोची समझी योजना, कार्यक्रम नहीं बने हैं। उदाहरण के लिए, एक अध्यापक मातृभाषा शिक्षण की अहमियत को समझे, बहु–भाषिकता को समझे, बच्चों की भाषा सीखने की सहज क्षमता से क्या तात्पर्य है यह समझे व फिर अपनी कक्षा में बच्चों के साथ भाषा–शिक्षण हेतु उपयुक्त गतिविधियाँ चुन पाये, इस हेतु

अध्यापक तैयारी किस तरह की होगी, सन्दर्भ सामग्री कहाँ से आयेगी? प्रशिक्षकों की तैयारी कैसे होगी, इन सभी के सन्दर्भ में एन.सी.एफ.–2005 में भाषा को लेकर प्रस्तुत नज़रिये के आधार पर व्यापक स्तर पर कोई ठोस काम हुआ हो अथवा हो रहा है ऐसा नहीं कहा जा सकता।

भाषा शिक्षण व शिक्षकों का नज़रिया

एन.सी.एफ. 2005 को आये लगभग 12 वर्ष गुज़र चुके हैं, लेकिन भाषा–शिक्षण की स्थिति में कोई ख़ास परिवर्तन आया हो ऐसा नहीं कहा जा सकता। एन.सी.एफ. और पोजीशन पेपर में वर्णित बिन्दुओं के बारे में समझ भी ज़मीनी स्तर पर कुछ ख़ास आगे नहीं बढ़ी है, स्कूलों व कक्षाओं की स्थिति में कोई ख़ास परिवर्तन नहीं है। पर्चे का यह हिस्सा शिक्षकों की भाषा व भाषा–शिक्षण से सम्बन्धित कुछ मुद्दों के बारे में क्या समझ है, इस बारे में चर्चा करता है। यह चर्चा विभिन्न शिक्षक–प्रशिक्षणों के दौरान शिक्षकों से हुई अन्तःक्रिया, प्राथमिक स्तर की भाषा कक्षाओं के अवलोकन (हिन्दी व अंग्रेज़ी), व प्राथमिक व माध्यमिक स्तर पर भाषा पढ़ाने वाले सरकारी व ग़ैर सरकारी स्कूलों के शिक्षकों से हुई व्यक्तिगत बातचीत पर आधारित है। हालाँकि सरकारी स्कूल में पढ़ाने वाले शिक्षकों की संख्या अधिक है इन शिक्षकों से ज़्यादातर बातचीत कक्षा–कक्ष अवलोकन के बाद और प्रशिक्षण सत्रों के बाद हुई।

ग़ैर–सरकारी स्कूल के शिक्षकों से बातचीत करने का मौक़ा मुझे तब मिला जब मुझे उस स्कूल की प्राथमिक कक्षाओं हेतु पाठ्यक्रम बनाने का काम मिला। अन्य विषयों के साथ–साथ तब इस सन्दर्भ में भी मैंने उनसे बात की कि भाषा की कक्षा में वे क्या चाहते हैं और क्यों?

बच्चे का सहज भाषायी ज्ञान

"जब हम स्कूल में बच्चों को पढ़ना–लिखना सिखाने का (अक्सर असफल) प्रयास करते हैं तो अक्सर यह भूल जाते हैं कि हर बच्चे में भाषा सीखने की असीम क्षमता होती है और वह अपनी भाषा और उसका व्याकरण पूर्णतया आत्मसात करने के बाद ही स्कूल आता है" (अग्निहोत्री, 1999)। एन.सी.एफ.–2005 भी इस बात को रेखांकित करता है। दीवान अपने लेख 'कैपेबिलिटी ऑफ़ दी चाइल्ड' में बताते हैं कि *'एक तीन–चार साल की बच्ची हर प्रकार की भाषायी परिस्थिति से जूझने की क्षमता रखती है,*

वह विभिन्न सामाजिक, सांस्कृतिक व भाषायी अवधारणाओं को सीखने के लिए भाषा का उपयोग करती है, वह अपनी भाषा के वाक्य विन्यास से अच्छी तरह परिचित होती है, वह क्रिया के विभिन्न रूपों का प्रयोग कर सकती है व संज्ञा, सर्वनाम, विशेषण इन सभी का भी सही प्रयोग करती है, उसकी अपनी भाषा को बोलते वक़्त वह किसी प्रकार की ग़लती नहीं करती' (दीवान, 2009)।

एक सिद्धान्त के तौर पर तो शिक्षक इस बात को मानते हैं कि बच्चा स्कूल में बहुत सारा ज्ञान अपने साथ लेकर आता है और वह अपनी भाषा को भी अच्छी तरह जानता है व उसका उपयोग भी करता है। वे यह भी कहते हैं कि शुरुआत बच्चे जो जानते हैं, उसे जो समझ होनी चाहिए, लेकिन व्यवहार में यानी, कक्षा में जो भी होता है उसमें यह समझ परिलक्षित नहीं होती।

शिक्षकों से हुई व्यक्तिगत बातचीत के दौरान लगभग सभी शिक्षकों का कहना था कि हम मानते हैं कि बच्चे के पास ज्ञान होता है चाहे वह सही हो या ग़लत, अच्छा हो या बुरा पर ज्ञान होता है, लेकिन साथ ही उनका कहना था कि भाषा तो उसको सिखानी ही पड़ती है क्योंकि जैसी भाषा हम जानते हैं और प्रयोग करते हैं, वैसी भाषा बच्चों को नहीं आती। एक अन्य शिक्षक ने स्पष्टता के साथ कहा कि हम भी इतने अनुकूलित (कंडीशन) हो चुके हैं कि हमें लगता है बच्चों के ज्ञान को छोड़कर जो भाषा सिखानी है उसके रूप व संरचना पर ही ज़ोर देना चाहिए। अतः कक्षा में भाषा सिखाने के उद्देश्य होते हैं–ध्वनि रूपों के शुद्ध उच्चारण को पहचानना व फिर उनका शुद्ध उच्चारण कर पाना, शब्दों का शुद्ध उच्चारण कर पाना, वर्ण पढ़ने की क्षमता विकसित करना, शब्द पढ़ने की क्षमता विकसित करना, वर्णों और शब्दों को उचित आकार, उचित क्रम में लिखने की क्षमता विकसित करना (सुन्दर लिखावट), विराम चिह्नों का प्रयोग करते हुए लिखने की क्षमता विकसित करना, वाक्य पढ़ने की क्षमता विकसित करना, व्याकरण का सटीक उपयोग और इनके साथ–साथ नैतिक मूल्यों का विकास करना भी भाषा–शिक्षण का एक मुख्य उद्देश्य होता है (द्विवेदी, 2009)।

लगभग सभी स्कूलों में मानकीकृत और शुद्ध भाषा सीखने पर ज़ोर होता है, लेकिन मानकीकृत और शुद्ध भाषा सीखने में बच्चों की मातृभाषाएँ मददगार हो सकती हैं यह मानना और फिर यह समझने का प्रयास करना

कि कैसे मददगार हो सकती हैं इन दोनों ही सन्दर्भों में चर्चा व विमर्श नहीं होता। कक्षा में हर दिन यह अनुभव करते हुए भी कि बच्चे अपनी भाषा अच्छे से जानते हैं।

बच्चे की क्षमताओं को जानते–समझते हुए भी नज़र–अन्दाज़ किया जाता है और उसके द्वारा अपनी भाषा में सृजित ज्ञान जिसमें–भाषा ज्ञान के साथ–साथ, उसके सामाजिक, सांस्कृतिक और प्राकृतिक परिवेश का ज्ञान भी सम्मिलित है उसको दरकिनार कर दिया जाता है। इस बात पर ध्यान ही नहीं दिया जाता कि यही ज्ञान उसके द्वारा आगे निर्मित किये जाने वाले ज्ञान की बुनियाद है। ऐसी बुनियाद जो केवल भाषा सीखने को ही नहीं बल्कि उसके पूरे व्यक्तित्व जिसमें सामाजिक, भावनात्मक व उसके संज्ञानात्मक पहलू भी सम्मिलित हैं उसको विकसित करने को प्रभावित करेगी।

कक्षा में भाषा सिखाने के लिए उनसे वह करवाया जाता है जिसका उनके लिए कोई ख़ास अर्थ नहीं है– पहले वर्णमाला को क्रम से याद करना सीखना, फिर वर्णमाला लिखना सीखना, फिर शब्दों का उच्चारण सीखना, मातृभाषा को भूलकर मानकीकृत भाषा ही सीखना, वग़ैरह–वग़ैरह। बच्चे इन्हें भी सीखना शुरू कर देते हैं क्योंकि वे तो सीखना चाहते हैं। वे इस काम को भी एक नया काम समझते हुए करते चले जाते हैं इस आस में कि शायद कभी कुछ तो समझ आयेगा। पर उनसे अर्थहीन कामों को करवाये जाने की अपेक्षाएँ बढ़ती चली जाती हैं और जैसे–जैसे वे क्षमताएँ जो वे स्कूल लेकर आते हैं वे विकसित होने की बजाय मरने लगती हैं, वे हार मान लेते हैं और स्कूल ही छोड़ देते हैं।

कुछ बच्चे इस तरह वर्ण पढ़ना और लिखना सीख भी लेते हैं, लेकिन ध्यान देने वाली बात यह है कि इतने वर्षों में, इतनी क्षमताएँ होने के बावजूद वे सिर्फ़ इतना ही सीखते हैं– अक्षरों को बोलना, पढ़ना और लिखना। हम मानते है कि वर्णों का ज्ञान भी होना ज़रूरी है, लेकिन इसका मतलब यह तो नहीं कि बच्चे 2–3 वर्षों तक सिर्फ़ और सिर्फ़ यही करते रहें? प्रश्न यह भी है कि यदि बच्चों को भाषा सीखने के नाम पर शुरुआती वर्षों में भाषा सीखने हेतु इस तरह का भाषायी वातावरण मिलेगा तो भाषा सीखने की उनकी रुचि, जिज्ञासा और क्षमताएँ कैसे विकसित होंगी?

दूसरा पाँचवीं कक्षा तक आते–आते भी अधिकांश बच्चे सिर्फ़ यही कर सकते हैं, न वे अपने आप को पूरी तरह अभिव्यक्त करना सीखते

हैं न किसी टेक्स्ट को पढ़कर समझने की क्षमता रखते हैं, न ही लिखने की। ये वही बच्चे होते हैं जो तीन–चार साल की उम्र तक आते–आते अपने माता–पिता और रिश्तेदारों को विभिन्न तरह के प्रश्न पूछने, विभिन्न विवरण देने में नहीं हिचकिचाते।

यानी एक बच्चा जो स्कूल में अपने पूरे विकसित भाषा तन्त्र के साथ प्रवेश करता है, पाँच साल स्कूल में गुज़ारने के पश्चात् भी कुछ ख़ास उन्नति नहीं कर पाता। स्कूल में पढ़ाई जाने वाली भाषा सीखने में उसे कोई मदद नहीं मिलती, उलटे उसे अपनी भाषा को बिसारने के लिए मजबूर किया जाता है और अन्ततः अधिकांश बच्चे स्कूल ही छोड़ देते हैं।

भाषा टुकड़ों–टुकड़ों में व चरण–दर–चरण सीखी जाती है

भाषा क्या है इसकी सीमित समझ, और बच्चों की क्षमताओं में अविश्वास की परिणिति इस प्रकार भी होती है कि भाषा सीखने को एक समग्र अनुभव न मानकर एक ऐसी प्रक्रिया के रूप में देखा जाता है जो टुकड़ों–टुकड़ों में पूरी होती है। यही समझ ऊपर वर्णित उद्देश्यों में साफ़ दिखाई देती है। अधिकांश कक्षाओं में आज भी भाषा सिखाने हेतु कुछ इस तरह की प्रक्रिया अपनाई जाती है। वर्णमाला बोलना सिखाना, वर्णमाला को क्रम से लिखना सिखाना, बारहखड़ी सिखाना (हिन्दी व राज्य भाषाओं के सन्दर्भ में) बिना मात्रा वाले दो अक्षर के शब्द, बिना मात्रा वाले तीन अक्षर के शब्द, 'आ' की मात्रा वाले शब्द, बिना मात्रा वाले वाक्य, फिर मात्रा वाले वाक्य इत्यादि। पूरा ज़ोर इस बात पर रहता है कि बच्चे ध्वनियों को सही पहचानें व उनका सही उच्चारण कर लें। *"उन बच्चों को जो भाषा का धाराप्रवाह उपयोग करना जानते हैं आ, ई व अन्य मात्राओं वाले नये–नये जटिल वाक्य बनाना जानते हैं व बनाते भी हैं उनको इस तरह तोड़–तोड़कर भाषा सिखाना कहाँ तक उचित है"* (द्विवेदी, 2009)।

पढ़ने, लिखने, सुनने, बोलने को भाषायी कौशल कहा जाता है, लेकिन भाषा सीखने की प्रक्रिया में जैसा व्यवहार इनके साथ होता है उससे लगता है कि ये भाषा से परे कुछ कौशल हैं। ये सब आपस में जुड़े हुए हैं और एक कौशल को सीखने से दूसरे कौशल को सीखने में, विकसित करने में मदद मिलेगी यह समझ पूरी प्रक्रिया में कहीं नहीं झलकती। और स्पष्टता से कहूँ तो क्या बच्चे जब बातचीत करना सीखते हैं, कहानी कहना सीखते हैं, किसी चीज़ का विवरण देना सीखते हैं तब क्या वे

पढ़ना, लिखना, सुनना सीखने की भी तैयारी नहीं कर रहे होते हैं? वे स्वयं को सुनना सीखते हैं, वे यह सीखते हैं कि विवरण में किस–किस तरह की बातें सम्मिलित होती हैं, कहानी में क्या–क्या होता है और यही आगे चलकर उनको पढ़ने के लिए उपलब्ध टेक्स्ट के बारे में कयास लगाने कि कहानी में क्या हो सकता है, कविता में क्या हो सकता है इत्यादि में मदद करता है। यही नहीं यह बात व्याकरण पर भी लागू होती है, जहाँ संज्ञा, क्रिया, सर्वनाम, विशेषण व भाषा के अन्य घटक बिना किसी भाषायी सन्दर्भ के सिखाये जाते हैं।

शिक्षकों के अनुसार भाषा सीखने की प्रक्रिया कुछ इस तरह होती है बच्चे पहले अक्षर सीखते हैं फिर मात्राएँ, फिर इन्हें मिलाकर शब्द और फिर वाक्य। भाषा को इस तरह टुकड़ों–टुकड़ों में सिखाने की प्रक्रिया कुछ इस तरह होती है –

शिक्षक कक्षा में आये व बच्चों को डाँटकर चुप कराया। बोर्ड पर वर्णमाला के कुछ अक्षर यह बताने के लिए लिखे कि अक्षर से शब्द का निर्माण कैसे होता है और शब्द से वाक्य कैसे बनते हैं?

घ, र, च, ल, अ, ब, न, भ। घर, चल, अब, नभ

अ, म, न, घर, चल। अमन घर चल।

चरण घर चल। चरण घर चल

इसके बाद शिक्षक ने बोर्ड पर लिखी वर्णमाला के अक्षर व अक्षर से बने शब्द और शब्द से बने वाक्यों को बच्चों से पढ़वाया। वे प्रत्येक बच्चे को बोर्ड पर बुलाते और बोर्ड पर लिखे हुए को पढ़वाते। अन्य बच्चे साथ में दोहराते और इस प्रकार कक्षा चलती रही (स्त्रोत : कक्षा अवलोकन)।

अभी भी कक्षाओं में पूरी प्रक्रिया अक्षरों पर शब्दों की पहचान पर ही केन्द्रित रहती है। अक्षरों की पहचान पर इतना ज़ोर रहता है कि बच्चे उन्हें पहचानने की प्रक्रिया में शब्दों व वाक्य का अर्थ ही भूल जाते हैं। यह अक्षर सीखने की प्रक्रिया को भी और जटिल बना देता है क्योंकि अर्थ की अनुपस्थिति में बच्चे न तो आगे आने वाले अक्षरों के बारे में अनुमान लगा पाते हैं, न शब्दों के बारे में और न ही वाक्य की संरचना के बारे में। और हम जानते हैं कि इन सबका आपस में जुड़ाव है और एक का सीखना दूसरे घटक के सीखने में मददगार होता है।

एक और बिन्दु यह भी है कि (जैसे– हमने ऊपर भी बात की) उन बच्चों को जो भाषा का धारा प्रवाह रूप से उपयोग करने की क्षमता

रखते हैं– सिर्फ़ 'आ', 'ई' ही नहीं बल्कि अन्य मात्राओं वाले शब्द, वाक्य भी बनाना जानते हैं उनको इस तरह तोड़–तोड़कर भाषा सीखना कहाँ तक उचित है। एक तरह से यह सम्पूर्णता को खण्डित करने जैसा है। और आगे बढ़ें तो इस नज़रिये का प्रभाव विषय–वस्तु पर भी पड़ता है। पढ़ाने के लिए ऐसी ही विषय–वस्तु चुनी जाती है जो चरण–दर–चरण आगे बढ़े। फलस्वरूप विषय–वस्तु सिर्फ़ अक्षरों, शब्दों, जैसे–कमल फिर कमला फ़ॉर कमली और वाक्य रतन घर चल, नल पर चल, सरपट चल के इर्द–गिर्द सिमट कर रह जाती है। ऐसी विषय–वस्तु जो न तो बच्चों के अनुभवों से जुड़ी है, जिसका न कोई सार्थक अर्थ है, न ही रुचि पूर्ण है फिर भी बच्चे पढ़ते रहते हैं।

भाषा नक़ल से सीखी जाती है

एक और मान्यता है कि बच्चे भाषा तब सीखते हैं जब उन्हें भाषा सिखाई जाती है। उनके सामने बार–बार ध्वनियों, शब्दों का उच्चारण किया जाता है, वे बार–बार इसकी नक़ल करते हैं और धीरे–धीरे सीख जाते हैं। यह मान्यता कितनी दृढ़ है इसका एक उदाहरण देखिए–

> **कक्षा एक**
>
> बच्चे कक्षा में बैठे हुए हैं। प्रथम कालांश लगता है। शिक्षिका कक्षा में आती है व कुर्सी पर बैठ जाती है। थोड़ी देर बाद वह बच्चों से कहती है चलो, अपनी अपनी स्लेट/कॉपी लेकर मेरे पास आओ, हम हिन्दी पढ़ेंगे। बच्चे एक–एक करके अपनी स्लेट/कॉपी लेकर उनके पास जाते हैं। वह बच्चे की स्लेट पर 3 × 4 वर्गों का एक ग्रिड बनाती है और ग्रिड के एक कोने में 'अ' लिखकर बच्चे से कहती है ऐसे ही और बनाओ। एक अन्य बच्चे की स्लेट पर वह 'आ' लिखती है और उसे भी यही निर्देश देती है कि ऐसे और बनाओ। इसी तरह वह कक्षा के सभी बच्चों को एक–एक वर्ण लिखने को देती है, जब बच्चे दिये गये वर्ण को लिख लेते हैं तो वह दूसरा वर्ण लिखने को दे देती है। कक्षा प्रक्रिया इसी तरह चलती रहती है (स्त्रोत : कक्षा अवलोकन)।

इस पूरे समय में एक बार कुछ ऐसा हुआ जो कुछ हटकर था। यह था, बार–बार शिक्षिका द्वारा वर्ण लिखकर लाने को कहने पर एक बच्चे ने उनसे कहा "मुझे नहीं लिखना है" कुछ और कराओ, लेकिन शिक्षिका

के पास कुछ और करने को नहीं था। अतः उन्होंने एक–नया वर्ण फिर से बच्चे को लिखने के लिए दे दिया।

अब इस बात पर भी ग़ौर करें कि भाषा सीखने की प्रक्रिया के दौरान बच्चे तुतलाते भी हैं। शब्दों में वर्णों के क्रम को बदल देते हैं, नये ऊटपटाँग, अर्थहीन शब्द बनाते हैं। क्या ये सब हम उन्हें सिखाते हैं? क्या हम सिखा सकते हैं? अधिकांश वयस्क ऐसा कोई कार्य नहीं करते, वे ऐसा कर भी नहीं सकते क्योंकि शब्दों का प्रयोग करते–करते एक समय पर सीखे शब्द और उनका प्रयोग उनके लिए इतना सहज और स्वचालित–सा हो जाता है कि वे बिना किसी ख़ास ज़रूरत के ऐसा कोई प्रयोग नहीं करते। क्या आपने किसी हिन्दीभाषी वयस्क को सुना है पजामा को ज़माना कहते हुए, या ख़ुशबू को ख़ूबशु कहते हुए या ऐसे शब्द बोलते हुए : 'पैदू', 'गुड्डमू', 'अंटा' इत्यादि। वयस्क तो तुतलाकर बोलते नहीं, न ही वे शब्दों में वर्णों के क्रम को बदलने जैसा काम ही करते हैं और न ही नये और ऊटपटाँग शब्द बोलते हैं ताकि बच्चों को उनकी नक़ल करने का मौक़ा मिले व बच्चे वैसा बोलना सीखें। तो इस तरह की नकल तो हो नहीं सकती।

हाँ, यह ज़रूर कहा जा सकता है कि आस–पास के वयस्कों द्वारा प्रयोग किये जा रहे शब्दों को (जिस परिस्थिति में ये शब्द उपयोग किये जा रहे हैं उसे देखते–समझते हुए) बच्चे उनके अर्थ से समझते हैं। अतः नकल का यह स्तर हो सकता है कि वयस्क उन्हें परिस्थिति विशेष में शब्द उपलब्ध करवाये, लेकिन तब यह अपेक्षा नहीं की जा सकती कि शब्द की वो समझ, वो अर्थ ही बच्चे ने समझा हो जो कि वयस्क के मन में था और साथ ही यह भी ज़रूरी नहीं वे भी उस शब्द को उसी तरह के माहौल में उपयोग करें। एक और बात यहाँ नोट करने लायक है– शुरुआती सीखना जिसकी शुरुआत घर, आस–पड़ोस से होती है वहाँ बच्चे और वयस्क की अन्तःक्रिया में सहजता होती है, सामान्य बातचीत में भी सहजता, ज़िद में, वात्सल्य में भी और डाँट–फटकार में भी।

जैसे कभी–कभार वयस्क तुतलाकर बोलते भी हैं, लेकिन इसके लिए प्रेरित उन्हें बच्चे ही करते हैं। वे बच्चों के साथ बच्चा बनना चाहते हैं, इस बात को सराहते हुए कि बच्चा बोलना सीख रहा है वे भी शब्दों को वैसा ही बोलने का प्रयास करते हैं जैसे कि बच्चा बोलता है, और तब भी धीरे–धीरे कुछ दिनों में बच्चा सही शब्द बोलना सीख जाता है। यह इस

सम्भावना को इंगित करता है कि तुतलाते हुए भी बच्चे को पता होता है कि उस शब्द को कैसे बोला जाता है।

अन्त में बच्चे नित नये शब्द व वाक्य बनाते हैं, क्या हम प्रत्येक वाक्य उनके सामने बोलते हैं ताकि वे उसकी नक़ल कर लें और सीख लें, क्या हम वे सारे वाक्य बोल भी सकते हैं? उदाहरण के लिए, क्या हम बच्चे के सामने कभी बोलेंगे–"पापा मुझे मोटरसाइकिल पर घूमने जाना है।" "मम्मा चॉकलेट खानी है।"

एक बच्ची व वयस्क की बात का उदाहरण देखिए। मेरे दोस्त की बच्ची (3 साल) व उसकी बुआ बात कर रहे थे :

बुआ : बोलो मैं अच्छी हूँ।
बच्ची : मैं अच्छी हूँ।
बुआ : मैं लड़की हूँ।
बच्ची : मैं लड़की हूँ।
बुआ : मैं गन्दी हूँ।
बच्ची : आप गन्दे हो।

सोचने वाली बात यह है कि इस बच्ची को कैसे पता चला कि उसे अपने आप को गन्दा नहीं कहना है, और इसलिए वाक्य में परिवर्तन करने के लिए उसे कहाँ–कहाँ व क्या परिवर्तन करने होंगे? वह यह कैसे सीखी होगी नक़ल से, बताने से अथवा किसी अन्य कारण से? भाषा सीखने–सिखाने की प्रक्रिया के बारे में सोचते हुए इस पर और इस तरह के और उदाहरणों पर बार–बार सोचने की आवश्यकता है।

भाषा व व्याकरण

आज भी भाषा–शिक्षण मतलब व्याकरण शिक्षण ही माना जाता है। शिक्षक मानते हैं कि व्याकरण के बिना भाषा नहीं आ सकती। पाठ्यपुस्तकों में भी ज़्यादातर अभ्यास व्याकरण के ही होते हैं। उच्च कक्षाओं में व्याकरण शिक्षण एक अलग बात है, हालाँकि वहाँ भी यह सोचने की ज़रूरत है कि यह क्यों हो और व्याकरण शिक्षण से क्या हासिल करने का लक्ष्य है? यदि व्याकरण पढ़ाना है तो उसमें क्या पढ़ाना है व कैसे पढ़ाना है? पर दूसरी ओर यह ज़्यादा ज़रूरी है कि इस बात पर विचार हो कि प्राथमिक कक्षाओं में बच्चे व्याकरण क्यों सीखें और व्याकरण सीखने से भाषा सीखने में क्या और कैसे मदद मिलेगी? यह नहीं सोचा जाता कि व्याकरण के

विभिन्न बिन्दुओं पर बच्ची तब ध्यान दे पायेगी जब उसके पास भाषा का एक बृहद् भण्डार होगा। तभी वह व्याकरणिक नियमों का भाषा से जुड़ाव देख पायेगी और उसे व्याकरण क्यों समझना चाहिए व यह उसके भाषायी विकास में किस प्रकार मददगार है इस बात को सराह भी पायेगी।

यदि व्याकरण शिक्षण को सीखने–सिखाने के नज़रिये से देखें तो बच्चे उन चीज़ों को सीखना चाहते हैं व जल्दी सीख जाते हैं जिनमें वे कोई अर्थ ढूँढ़ पाते हैं। वे चीज़ें सीखते हैं लेकिन इन सब बिन्दुओं को अनदेखा कर ज़ोर इसी पर दिया जाता है कि सब व्याकरण के तथ्यों और परिभाषाओं को रट लें व अपवादों के उदाहरण याद कर उन्हें दोहरा सकें। हम यह समझते हैं कि हममें जो लोग हिन्दी जानते हैं, अथवा उर्दू, अवधी, मेवाड़ी जानते हैं, वे सभी इन भाषाओं का व्याकरण भी अच्छे से जानते हैं और उसे बता सकते हैं, ऐसा हम नहीं कह सकते। लेकिन वे अपनी भाषा को जानते हैं अतः सामान्य उपयोग व लेखन में वे ग़लती नहीं करते। हालाँकि अच्छा लिखने व सृजन के लिए व्याकरण से फ़ायदा होगा किन्तु शुरू में वह बोझ व रुकावट होगी। यह स्वाभाविक है कि चूँकि वे अपनी भाषा को अच्छे से जानते हैं तो यदि कभी वे महसूस करें कि उन्हें व्याकरण पढ़ने, समझने की ज़रूरत है तो वे उसे समझने की मेहनत कर लेंगे। और चूँकि तब वे व्याकरण अपनी रुचि, अपनी ज़रूरत के हिसाब से सीखेंगे तब वे व्याकरण को गहराई से समझने का प्रयास भी करेंगे न कि सिर्फ़ पास होने के लिए सीखेंगे। भारतीय भाषाओं का पोजीशन पेपर 2005 यह स्पष्ट तौर पर रेखांकित करता है कि भाषा, व्याकरण सीखने से नहीं बल्कि उसके अधिकाधिक उपयोग से आती है। *"यह जानकारी कि व्यक्ति में एक जन्मजात भाषिक क्षमता होती है दो ज़रूरी शिक्षाशास्त्रीय पहलू सामने रखती है : पर्याप्त अवसर मिलें तो बच्चा नयी भाषाओं को आसानी से सीखेगा; शिक्षण का फ़ोकस व्याकरण पर न होकर विषय–वस्तु पर होना चाहिए"* (पोजीशन पेपर, 2009 पेज –1 वही)।

मातृभाषा व बहु–भाषिकता

मातृभाषा के बारे में शिक्षकों के विचार परस्पर विरोधी हैं। अधिकांश शिक्षक यह मानते हैं कि मातृभाषा आनी ही चाहिए। यदि मातृभाषा में सीखने से बच्चों को ज्ञान सहज रूप से प्राप्त होगा, तो उन्हें अवधारणाओं को समझने में मदद मिलेगी और वे चीज़ों को बेहतरी से सीखेंगे, लेकिन

फिर वे कहते हैं कि कक्षा में मातृभाषा का प्रयोग प्रतिबन्धित हो, जैसे कि अधिकांश शिक्षकों ने कहा– "कक्षा में मातृभाषा का प्रयोग करने से मानक भाषा का सीखना बाधित होगा, और मानक भाषा सीखने हेतु बच्चे की तरफ़ से प्रयास होने आवश्यक हैं।" उनकी चिन्ता है कि यदि बच्चा मानक भाषा का प्रयोग ही नहीं करेगा तो हम ये भाषा उसे सिखायेंगें कैसे। उदाहरण के लिए, बच्चे बोलते हैं पापा आ रहा है न कि पिताजी आ रहे हैं। अब पिता पद प्रतिष्ठा में बड़े हैं आदरणीय हैं तो उनके साथ मित्रवत् भाषा का प्रयोग नहीं चलेगा, लेकिन बच्चे पापा आ रहा है यह नहीं बोलेंगे तो हम उन्हें सही कैसे करेंगे और हिन्दी में तो छोटे को भी सम्मान देने की परम्परा है।

कुछ अन्य शिक्षक जिन्होंने यह माना कि मातृभाषा में पढ़ाई हो सकती है उनका मानना था कि मातृभाषा का मतलब है हिन्दी भाषा। जब यह स्पष्ट किया गया कि नहीं मातृभाषा से मतलब बच्चे के घर की भाषा से है तो उनका कहना था कि 'घर की भाषाओं में पढ़ाई? यह सम्भव नहीं है'। यह ज़रूर है कि मातृभाषा, सीखने में पूरक का काम करती है, बच्चे के भावनात्मक विकास में, बच्चों से जुड़ने में भी इसकी भूमिका महत्त्वपूर्ण है लेकिन शिक्षण मातृभाषा में हो यह स्वीकार्य नहीं। बच्चों से तो स्कूल की भाषा ही सीखने की अपेक्षा है, हाँ यदि स्कूल की भाषा ही उनकी मातृभाषा है तो बात और है। विद्यालय का उद्देश्य बच्चों को शुद्ध व मानकीकृत भाषा सिखाना है, अतः मातृभाषा के प्रयोग की इज़ाज़त नहीं होनी चाहिए। एन.सी.एफ.–2005 के अनुसार *"भाषा विज्ञान की दृष्टि से देखें तो भाषाओं के बीच कोई अन्तर नहीं होता, चाहे वह मानक भाषा हो, शुद्ध भाषा हो, स्थानीय बोली हो।"* (पोजीशन पेपर, 2009, पेज 6)। साथ ही पोजीशन पेपर यह भी कहता कि *"कई बच्चे तीन या चार वर्ष के होते–होते न केवल एक बल्कि दो या तीन भाषाओं का धीरे–धीरे प्रवाह में प्रयोग करना सीख जाते हैं। यही नहीं वे दिये गये सन्दर्भ में भी उपयुक्त भाषा का इस्तेमाल करते हैं। इसका अर्थ है वे अपने भाषिक तन्त्रों को अलग रखने की क्षमता तो ग्रहण कर लेते हैं लेकिन साथ ही वे इन्हें मिलाना भी जानते हैं जब वे इन्हें मिलाने की इच्छा करते हैं।"* (पोजीशन पेपर, 2009, पेज 8)।

इन बिन्दुओं के निहितार्थ ये हैं कि सभी भाषाओं में एक–सी सम्भावनाएँ होती हैं। सभी भाषाओं में सम्प्रेषण की क्षमता होती है, सभी में विस्थापन

की क्षमता होती है, सभी में मनमानापन होता है, और सभी में कुछ सीमित ध्वनियों से असंख्य शब्दों को बनाने की क्षमता होती है। दूसरा, बच्चे भाषाओं में वो फ़र्क़ नहीं करते जो हम करते हैं और उन्हें करना सिखाते हैं, वे तो सभी भाषाओं को सीखने की समान क्षमता रखते हैं और उपयुक्त माहौल में सीख भी जाते हैं। फलां भाषा तो बेहतर है, ज़्यादा उपयुक्त है, मानक है लेकिन फलां भाषा कम उपयुक्त है, अमानक है, कम स्तर की है। *'ये ऐसी मान्यताएँ हैं जिसका ख़ामियाजा व्यक्ति व समाज दोनों को भुगतना पड़ता है और भुगत भी रहे हैं।'* (अग्निहोत्री, 1996)।

भाषाओं में ये फ़र्क़ क्यों किया जाता है इस बारे में नहीं सोचा जाता। इस प्रश्न का उत्तर पाने के लिए सोचना होगा कि मानकीकरण की आवश्यकता क्यों पड़ती है, कब पड़ती है, यह किनके द्वारा किया जाता है, क्यों किया जाता है, किन आधारों पर किया जाता है? क्या कुछ ही भाषाएँ मानक होती हैं? क्या किसी भाषा विशेष को बोलने वाले उस भाषा के मानक रूप को नहीं जानते? वास्तव में कौन–सी भाषा मानक भाषा बनेगी यह उस भाषा को बोलने वाले लोगों की सामाजिक, आर्थिक व राजनीतिक सामर्थ्य पर निर्भर करता है और इसके कई उदाहरण उपलब्ध हैं। हम जानते हैं कि प्रायः अभिजात्य वर्ग के द्वारा प्रयुक्त की गयी भाषा ही सत्तावान होती है और मानक दर्जा प्राप्त किये हुए रहती है, लेकिन यह नहीं जानते कि भाषा की सम्भावनाओं और विशेषताओं के आधार पर कोई भी भाषा मानक बनने की क्षमता रखती है।

अधिकांश शिक्षक यह मानते हैं कि एक बच्ची तीन–चार भाषाएँ सीख सकती है। तीन–चार भाषाएँ सीखने से बच्ची की भाषा समृद्ध होती है। एक भाषा दूसरी भाषा को सीखने में बाधक नहीं होती, लेकिन साथ ही वह यह भी कहते हैं कि वह तीन–चार भाषाएँ तभी सीख सकती है जब उसकी उन भाषाओं को सीखने में रुचि हो, लगन हो। प्रश्नों की गहराई में जाने पर और यह पूछने पर कि क्या कक्षा में बच्चों को तीन–चार भाषाएँ सिखाई जा सकती हैं? तीन–चार भाषाएँ सीखने से भाषा समृद्ध कैसे होती है? क्या आप उदाहरण देकर समझा सकते हैं? क्यों एक भाषा दूसरी भाषा सीखने में बाधक नहीं होती, एक भाषा की समझ कैसे दूसरी भाषा सीखने में मददगार होती है, तब उत्तर अस्पष्ट हो जाते हैं या फिर बदल जाते हैं या उनमें मज़बूती व विश्वास गायब हो जाता है। जैसे कक्षा में तीन–चार भाषाएँ सिखाना मुश्किल है, यदि बच्चे को इतनी

भाषाएँ सिखायेंगें तो वे किसी भी भाषा को अच्छी तरह से, समग्रता से नहीं सीख पायेंगे, कुछ भाषाएँ तो बच्चे घर पर अपने आस–पास से सीख ही लेते हैं उन्हें सिखाने की क्या ज़रूरत है? इसी तरह तीन–चार भाषाएँ सीखने से भाषा समृद्ध कैसे होती है? क्या आप उदाहरण देकर समझा सकते हैं तो उनका कहना था कि होगी ही, भाषाएँ एक–दूसरे से शब्द लेती–देती रहती हैं। हिन्दी में उर्दू, संस्कृत, अंग्रेज़ी के कई शब्द हैं, इसी तरह अंग्रेज़ी में कई शब्द हिन्दी के हैं। यदि बच्चे अपनी मातृभाषा का उपयोग हिन्दी, अंग्रेज़ी बोलते हुए करें तो क्या ठीक होगा? तब उनका कहना होता है नहीं, इसकी मंजूरी नहीं है। साथ ही यह बिन्दु कि जब कोई बच्ची तीन–चार भाषाओं का उपयोग करना जानती है तो वह उन तीन–चार भाषाओं की ध्वनियों, उनके क्रम, उनके वाक्य क्रम, उन भाषाओं में अलग–अलग वाक्य बनाने के तरीक़ों (प्रश्न वाक्य, नकारात्मक वाक्य, आदर सूचक वाक्य, आदि) को भी जानती है। वह इन भाषाओं को बोलने वाले लोगों से अन्तःक्रिया कर सकती है और उनके पास जो समझ है वह साझा करने की योग्यता रखती है। वह विविधता को समझ सकती है कि क्यों लोग अलग–अलग भाषाएँ बोलते हैं। अलग–अलग भाषाओं की अलग–अलग संस्कृति है, इसलिए कोई भाषा उत्कृष्ट या निकृष्ट नहीं है, साथ ही भाषाओं में क्या समानताएँ व विभिन्नताएँ हैं, वह यह समझने की भी क्षमता विकसित कर रही होती है और ये सभी उसकी भाषायी समृद्धता के सूचक हैं यह समझ कहीं परिलक्षित नहीं होती।

इन कथनों जैसे कि बहु–भाषी बच्चों का बौद्धिक विकास एक–भाषी की तुलना में बेहतर होता है, बहु–भाषी बच्चों में संवेदनशीलता और विविधता की समझ होती है आदि को अधिकांश अध्यापक सही मानते हैं, लेकिन यह सब कैसे होता है इस बारे में उनके विचार यहाँ तक ही सीमित थे कि इससे बच्चों को विविध संस्कृतियों को समझने में मदद मिलती है, कुछ का मानना है कि संवेदनशीलता, विविधता की समझ भाषा से आती है यह कहा नहीं जा सकता, संवेदनशीलता के और भी पैमाने हैं। इसी तरह बहु–भाषी कक्षा की कठिनाइयों के बारे में उनका मानना है कि एक बहु–भाषी कक्षा को संचालित कर पाना आसान नहीं है विशेषकर शुरुआती कक्षाओं में। शिक्षक को बच्चे की भाषा ही नहीं आयेगी तो वह बच्चे के साथ संवाद नहीं कर सकता और तब बच्चे की मदद नहीं कर सकता।

यदि अलग–अलग भाषा भाषी बच्चे होंगे तो कक्षा में एक निश्चित रफ़्तार रख पाना भी मुश्किल होगा।

मातृभाषा और बहु–भाषिकता के विचार को समझ पाना अपने आप में मुश्किल है। ये विचार भाषा की उस विस्तृत अवधारणा से निकलते हैं जिसमें भाषा को सिर्फ़ सम्प्रेषण का माध्यम नहीं माना जाता बल्कि इन्सान का वह विशेष गुण माना जाता है जो उसके अस्तित्व, उसकी पहचान, उसकी संवेदनशीलता, उसके समाज को गढ़ने की क्षमता रखता है और इसी से इसकी जटिलता भी ज़ाहिर हो जाती है। यदि एक शिक्षक ये सब बातें समझता है तो वह इस बात को सराह सकता है कि कक्षा में बच्चों की भाषाओं को जगह क्यों दी जाये और बच्चों की भाषाओं का उपयोग करते हुए, उनको बुनियाद बनाते हुए उन्हें कैसे स्कूल की भाषा/भाषाओं को सीखने में मदद की जाये। एन.सी.एफ. 2005 के अनुसार शिक्षक को मालूम होना चाहिए कि*" 'मानक' की श्रेणी प्राप्त भाषा ईश्वर की भाषा नहीं है या शून्य में नहीं जन्मी है, बल्कि वह सामाजिक शक्तियों द्वारा सृजित है।"* (पेज 21)। बच्चों का सीखना उनकी मातृभाषा का उपयोग नहीं करने देने से, बार–बार टोकते रहने से, बार–बार उनकी भाषा में ग़लतियाँ निकालने से नहीं बल्कि ऐसे माहौल में होता है जहाँ उनकी अपनी भाषा को भी जगह दी जाती है। पर फिर भी शिक्षकों की कुछ बातों को नज़रअन्दाज़ भी नहीं किया जा सकता जैसे– यदि एक कक्षा में दस मातृभाषाएँ हों तो शिक्षण कैसे हो? अगर शिक्षक को बच्चों की भाषा न आये तो शिक्षण कैसे हो? मातृभाषा में पुस्तकें उपलब्ध न हो तो शिक्षण कैसे हो। अच्छे प्रशिक्षण ज़रूर मदद कर सकते हैं, लेकिन शिक्षक से यह अपेक्षा रखना कि वह सब कुछ कर लेगा कहाँ तक उचित है?

भाषा व लिपि

इसी तरह भाषा व लिपि के बारे में भी प्रश्न है। क्या एक भाषा जिसकी लिपि नहीं है वह उस भाषा से स्तर में कम है जिसकी लिपि है? क्या लिपि के न होने से वह भाषा सम्प्रेषण का माध्यम नहीं रहती? क्या लिपि नहीं होने की वजह से उस भाषा को बोलने वाले लोग एक–दूसरे से बातचीत नहीं कर सकते, अपने विचारों को साझा नहीं कर सकते, क्या लिपि नहीं होने से उस भाषा में कविताएँ, क़िस्से–कहानियाँ, वाक़िये, गप्प, नहीं होंगे। क्या विश्व में जितनी भी भाषाएँ आज मौजूद हैं उन सभी की

अपनी विशेष लिपि है? क्या एक भाषा को विश्व की सभी लिपियों में नहीं लिखा जा सकता है, या एक लिपि का प्रयोग करते हुए विश्व की सभी भाषाएँ नहीं लिखी जा सकती हैं? पोजीशन पेपर के अनुसार *"दरअसल विश्व की सभी भाषाएँ थोड़े से फेरबदल से एक ही लिपि में लिखी जा सकती हैं। भाषा और लिपि के बीच इस तरह के रिश्ते के बोध का शिक्षा शास्त्रीय महत्त्व है। जो शिक्षक इस बात की जानकारी रखते हैं, वे प्रायः बच्चों की ग़लतियों के प्रति अपना रुख बदलकर पढ़ाने की नयी विधियाँ विकसित करते रहते हैं।"* (पोजीशन पेपर 2009, पेज 2–3)। भाषाओं में विभिन्न ध्वनियाँ होती हैं और इन ध्वनियों को लिखित रूप में प्रदर्शित करने के लिए हम लिपि का सहारा लेते हैं। "सभी भाषाओं में स्वनिमों की संख्या अलग–अलग होती है। कुछ अफ्रीकन भाषाओं में यह संख्या 100 से भी ऊपर है और कुछ अन्य भाषाओं में केवल 10 (जैसे–ब्राजीलियन भाषा पिराहा में केवल 10 ध्वनियाँ हैं –7 व्यंजन और 3 स्वर)। औसतन किसी भी भाषा में यह संख्या लगभग 25 है। हिन्दी में 52 है।" यानी संसार में इतनी सारी भाषाएँ हैं, लेकिन स्वनिमों की संख्या सीमित है। दूसरा इन स्वनिमों को लिखित रूप में प्रदर्शित करने के लिए भाषाओं ने अपना–अपना ढाँचा चुना है, जैसे–अंग्रेज़ी, फ्रेंच, स्पेनिश सहित लगभग 131 भाषाएँ हैं जो रोमन (लेटिन) लिपि में लिखी जाती हैं। इसी तरह हिन्दी, संस्कृत, मराठी, अवधी सहित लगभग 15 भाषाएँ हैं जो देवनागरी लिपि में लिखी जाती हैं। कई भाषाएँ ऐसी भी हैं, जैसे–डोगरी, ख़ासी, जो दो लिपियों का इस्तेमाल करती हैं, लेकिन इससे उन भाषाओं की कोई क्षति हुई हो ऐसा अभी तक तो नहीं हुआ है।

मातृभाषा में काम न करने के पीछे एक महत्त्वपूर्ण कारण होता है उसकी कोई लिपि न होना। जबकि तथ्य यह है कि हम भाषाओं को किसी भी लिपि में लिख सकते हैं। ऐसी कक्षा विरले ही देखने को मिलती है जहाँ शिक्षक बच्चों के साथ मातृभाषा में काम करते हुए मिलें। एक शिक्षक जो यह जानता है वह यह समझेगा कि हज़ारों/लाखों बच्चियों की मातृभाषाओं को भी देवनागरी लिपि में लिखा जा सकता है, रोमन लिपि में लिखा जा सकता है और इसी वजह से बच्चों की भाषा भी कक्षा में लिखने के अभ्यासों हेतु काम में ली जा सकती है, यानी उनकी भाषा का उपयोग करते हुए न केवल उन्हें देवनागरी लिपि के वर्णों से, रोमन लिपि के वर्णों से या किसी अन्य लिपि के वर्णों से परिचित करवाया जा

सकता है बल्कि लिखकर अभिव्यक्त करने की क्षमता भी विकसित की जा सकती है।

पोजीशन पेपर 2009 के अनुसार– *"यद्यपि भाषा–विज्ञानी सिद्धान्तों और अनुप्रयोगिक भाषा विज्ञान की अन्तःक्रिया ने कई तरह की शिक्षण पद्धतियों व सामग्री को जन्म दिया, लेकिन भाषा की कक्षाएँ अभी भी बोरियत भरी और उबाऊ बनी हुई हैं और व्यवहारवादी ढाँचे का ही अनुसरण कर रही हैं। वे भाषाएँ जिनसे बच्चा परिचित होता है, यानी जिनके साथ स्कूल में प्रवेश करता है उनमें विशेष प्रगति नहीं कर पाता, द्वितीय भाषा जैसे अंग्रेज़ी के मामले में 6 से 10 साल लगातार पढ़ाये जाने के बावजूद बच्चे आधारभूत आरम्भिक स्तर की दक्षता भी हासिल नहीं कर पाते और शास्त्रीय अथवा विदेशी भाषाओं के मामले में तो केवल कुछ चुनी हुई चीज़ों का रट्टा मारने का चलन जारी है"* (पोजीशन पेपर, 2009; पेज 9)। एक तीन–चार साल का बच्चा अपनी भाषा को जानता है और इतनी अच्छी तरह जानता है कि वह परिस्थिति के अनुरूप उसका उपयोग करने में कोई ग़लती नहीं करता। यदि उसे पर्याप्त अवसर मिलें तो कम–से–कम तीन–चार भाषाओं को सीखने की योग्यता रखता है। यह कहना ठीक होगा कि भाषा शिक्षण की गुणवत्ता बढ़ाने को लेकर हो रहे प्रयासों के परिणामस्वरूप अधिकांश शिक्षक, शिक्षक–प्रशिक्षक व अन्य इन तथ्यों को अब जानते हैं अथवा जानने लगे हैं, लेकिन बच्चा अपनी भाषा और उसका व्याकरण जानता है, वह परिस्थिति के अनुरूप अपनी भाषा का उपयोग करने की क्षमता रखता है। इस तथ्य को जानने और पूरी तरह समझकर, अपने भाषायी ज्ञान का महत्त्वपूर्ण हिस्सा बनाने में और बच्चों के साथ भाषा–शिक्षण के समय इनका प्रयोग करने में बहुत फ़र्क़ है।

शिक्षक–प्रशिक्षण

कक्षा में भाषा–शिक्षण की स्थिति और शिक्षकों के भाषा–शिक्षण के प्रति इस नज़रिये के लिए सिर्फ़ और सिर्फ़ शिक्षक ही ज़िम्मेदार हैं ऐसा कहना ग़लत होगा। बहुत–सी बातें हैं जो इनके लिए ज़िम्मेदार हैं, लेकिन एक महत्त्वपूर्ण पहलू है शिक्षकों हेतु उपलब्ध विभिन्न पाठ्यक्रम और प्रशिक्षण। *"देश में शिक्षक–प्रशिक्षणों की स्थिति से हम अनजान नहीं हैं। सेवापूर्व शिक्षक–प्रशिक्षण हो अथवा सेवारत शिक्षक–प्रशिक्षण दोनों ही शिक्षकों में भाषा व भाषा–शिक्षण की ऐसी समझ विकसित करने में अक्षम हैं जिससे*

कि वे आत्मविश्वासपूर्वक बच्चों की भाषा सीखने में मदद कर पायें" (एन.सी.एफ.–2005)। अधिकांश शिक्षक–प्रशिक्षण कार्यक्रम ऐसे हैं जो कक्षा में क्या करना है और कैसे करना है इसके लिए छात्राध्यापकों को तैयार करने में अक्षम हैं।

एन.सी.एफ.–2005 में एक फ़र्क़ तरह की भाषा कक्षा की कल्पना है, *"ऐसी कक्षा जहाँ बच्चे अपनी मातृभाषा से शुरुआत कर सकें, अपनी इच्छाओं, अपने सवालों, अपनी जिज्ञासाओं को व्यक्त कर सकें, किसी मुद्दे पर अपने विचार कक्षा में रख सकें और एक सहज भाषायी माहौल में भाषा सीख सकें।"* एन.सी.एफ.–2005 के अनुसार, "नये अध्यापक प्रशिक्षण कार्यक्रम शिक्षकों को भाषा की प्रकृति, भाषा की संरचना व प्रकार्यों, भाषिक सम्प्राप्ति तथा भाषिक परिवर्तनों के प्रति संवेदनशील बनायेंगें तथा उन्हें ऐसी कार्यनीतियों से परिपूर्ण करेंगे, जिससे वे बहु–भाषी कक्षा में स्थिति के अनुरूप संसाधन विकसित कर सकें। बच्चों और उनके अभिभावकों की वास्तविक आवाज़ शिक्षकों की एजेंसी के माध्यम से सुनी जायेगी। यदि हम अपने शिक्षकों को सभी भाषिक स्तरों, जैसे–ध्वनि, शब्द, वाक्यों, प्रोक्ति आदि के प्रति संवेदनशील और प्रेषक बनाने के लिए प्रशिक्षित कर सकते हैं तो इसमें कोई सन्देह नहीं कि हमें अधिकाधिक प्रभावशाली और चुनौतीपूर्ण पाठ्यपुस्तकें और शिक्षक सहायक सामग्री तैयार करने में सक्षम होना चाहिए" (पोजीशन पेपर, 2009)।

आर.टी.ई. 2009 निर्धारित लक्ष्यों तक पहुँचने हेतु अर्हता प्राप्त, व्यावसायिक रूप से प्रशिक्षित शिक्षकों के महत्त्व को रेखांकित करता है और यह भी कहता है कि *"समुचित शिक्षक–प्रशिक्षणों की व्यवस्था हो और केन्द्रीय सरकार, राज्य सरकार और स्थानीय सरकार की यह ज़िम्मेदारी है कि वे सेवापूर्व शिक्षक–प्रशिक्षण व सेवारत शिक्षक–प्रशिक्षण की विभिन्न स्कीम तैयार करें व उनकी मॉनिटरिंग भी करें।"* इन दस्तावेज़ों में जहाँ यह कहा गया है कि शिक्षक महत्त्वपूर्ण हैं वहीं उनकी तैयारी भी। भाषा शिक्षक के लिए आवश्यक प्रशिक्षण पाठ्यक्रम के मुख्य हिस्सों को एन.सी.एफ.–2005 काफ़ी विस्तार से व्यक्त करता है। इसमें व शिक्षक की तैयारी व सम्बलीकरण पर हुए अन्य विमर्शों में यह भी इंगित किया गया है कि शिक्षकों के साथ चर्चाओं में यह प्रयास होना चाहिए कि शिक्षक न केवल भाषा–शिक्षण कैसे होना चाहिए, यह समझे, बल्कि साथ–ही–साथ भाषा के विभिन्न आयामों से रू–ब–रू हो पायें।

लेकिन इन दस्तावेज़ों के बाद भी स्थितियों में कोई ख़ास सुधार नहीं हुआ है। इसका आंशिक कारण इसके प्रति प्रतिबद्धता का अभाव चिह्नित करना अतिश्योक्ति नहीं होगी, क्योंकि जहाँ पोजीशन पेपर, एन.सी.एफ.–2009 में इस पर विस्तृत विमर्श व चिन्तन है, आर.टी.ई.–2009 उसके सारे विमर्श को 'यथासम्भव' के शब्दों से दरकिनार कर देता है व उसके महत्त्व पर कुछ नहीं कहता। आर.टी.ई.–2009 प्रशिक्षण के लिए तो समयबद्ध योजना की माँग करता है किन्तु भाषा व उसके महत्त्व पर किसी भी तरह का कोई निर्देश नहीं है, और यह आर.टी.ई.–2009, बाक़ी सब बातों के बीच भाषा व मातृभाषा के बारे में मात्र इतना ही अपने मुख्य वक्तव्य में कहता है कि *'जहाँ तक हो सके शिक्षण मातृभाषा में होना चाहिए।'* यह कथन एन.सी.एफ.–2005 की अभिव्यक्तियों में अविश्वास की भावना तो दर्शाता है परन्तु साथ–साथ इस कार्य की जटिलता को भी रेखांकित करता है और जैसा हमने ऊपर कहा कि इस जटिलता का एक प्रमुख क्षेत्र शिक्षकों की तैयारी है।

यह बात और है कि न तो एन.सी.एफ.–2005 और न ही आर.टी.ई.–2009 द्वारा दिये निर्देशों का कोई बहुत अच्छा नतीजा नहीं मिला है। आज भी सेवापूर्व प्रशिक्षण हो अथवा सेवारत शिक्षक–प्रशिक्षण अधिकांश प्रशिक्षणकर्ता भाषा के सन्दर्भ में भी दो चार गतिविधियाँ करवा कर प्रशिक्षण की इतिश्री कर लेते हैं, और न ही प्रशिक्षण के लिए पर्याप्त आवंटन हो पाते हैं। भाषा शिक्षक तैयार करने के प्रयास में यह नहीं सोचा जाता कि ये गतिविधियाँ क्यों? इनसे बच्चे भाषा में क्या सीखेंगे? कैसे सीखेंगे? क्या ये पर्याप्त हैं? आगे क्या? इन सब सवालों को पर्याप्त तवज्जो नहीं दी जाती? न प्रशिक्षकों द्वारा और न ही प्रशिक्षु को लगता है कि इस बारे में बात होनी चाहिए। आगे के हिस्से में सेवापूर्व शिक्षक–प्रशिक्षण की पाठ्यचर्या और सेवारत शिक्षक–प्रशिक्षण की तैयारी के बारे में बातचीत है।

सेवापूर्व शिक्षक–प्रशिक्षण

इस हिस्से में मूलतः राष्ट्रीय अध्यापक शिक्षा परिषद् (एन.सी.टी.ई.) द्वारा वर्ष 2015 में बने डी.एड. पाठ्यक्रम की और 2014 में बनाये गये दो वर्षीय बी.एड. पाठ्यक्रम, विशेषकर भाषा से सम्बन्धित पाठ्यक्रमों, के बारे में चर्चा की गयी है। हाल ही में तैयार ये दोनों ही पाठ्यक्रम पारम्परिक पाठ्यक्रमों से कई मायनों में अलग हैं। इसका पहला एहसास भाषा से

सम्बन्धित विभिन्न हिस्सों को देखकर ही हो जाता है, जैसे–डी.एड. भाषा के पाठ्यक्रम में, अंडरस्टेंडिंग लैंग्वेज एंड अर्ली लिट्रेसी प्रोफ़िसिएनसी इन इंग्लिश, पैडागोजी ऑफ़ रीजनल लैंग्वेज/मदरटंग और पैडागोजी ऑफ़ इंग्लिश लैंग्वेज शामिल हैं। बी.एड. में, भाषा हेतु मुख्यतः तीन कोर्सेस हैं– लैंग्वेज अक्रोस द करिकुलम, विषय की पैडागोजी (हालाँकि विषय की पैडागोजी में भाषा की पैडागोजी होगी या नहीं यह स्पष्ट नहीं है) और रीडिंग एंड रिफ्लेक्टिंग ऑन टेक्स्ट, इसे भी भाषा का हिस्सा माना जा सकता है, लेकिन यह ऐच्छिक विषय है यानी हर शिक्षक के लिए इसे ज़रूरी नहीं समझा गया है।

दोनों ही पाठ्यक्रम बड़े ही व्यापक हैं, किन्तु इनमें सम्मिलित प्रकरणों का दायरा इंगित नहीं किया गया है। दूसरे शब्दों में, हर इकाई में क्या सम्मिलित होगा, किस विस्तार में सम्मिलित होगा, किस परिप्रेक्ष्य में सम्मिलित होगा यह स्पष्टता दोनों ही पाठ्यक्रमों में नहीं है, और बी.एड. के पाठ्यक्रम का दायरा तो और भी ज़्यादा विस्तृत है। फिर भी एन.सी.एफ. में भाषा और भाषा शिक्षण की महत्ता के बारे में इतनी गहराई से बातचीत के बाद भी, इन दस्तावेज़ों में उन कई पहलुओं का ज़िक्र ही नहीं है जो ज़्यादा आवश्यक हैं, जैसे–भाषा और लिपि का अन्तर्सम्बन्ध, भाषा के वैज्ञानिक अध्ययन के बारे में, भाषा और सृजनात्मकता के बारे में, भाषा और संवेदनशीलता के बारे में, मातृभाषा और बहु–भाषिकता के सन्दर्भ में।

दोनों ही दस्तावेज़ों में एन.सी.एफ.–2005 में मातृभाषा की बच्चे के जीवन में और उसके सीखने में भूमिका की विस्तृत बातचीत को भी छोड ही दिया गया है। हालाँकि डी.एड. पाठ्यक्रम में मातृभाषा व क्षेत्रीय भाषा (मदर टंग और रीज़नल लैंग्वेज़) पर एक कोर्स तो है पर वह ऐच्छिक है और बी.एड. में तो इस बारे में कोई बात ही नहीं है।

बहु–भाषिकता मातृभाषा से ही जुड़ा मुद्दा है। डी.एड. पाठ्यक्रम में एक प्रकरण के तौर पर तो बहु–भाषिकता की बात है लेकिन पूरे कोर्स से इसका जुड़ाव है, अथवा नहीं, कोर्स को पढ़ाने में इस वजह से कहाँ व क्या बदलाव करने होंगे, इस बारे में कुछ भी स्पष्ट नहीं है; जैसे– डी.एड. कक्षा में पढ़ने–लिखने की इकाइयों पर काम करते हुए बहु–भाषिकता के पहलू से कैसे जुड़ाव होगा?, डी.एड. के छात्र भी विभिन्न भाषायी पृष्ठभूमि से आयेंगे, तो डी.एड. की कक्षा में उनकी भाषा की क्षमता का क्या उपयोग होगा? बहु–भाषिकता को लेकर शिक्षक–प्रशिक्षकों की क्या

अप्रोच होगी? छात्र–अध्यापकों की विभिन्न भाषाओं को ध्यान में रखते हुए किस तरह की गतिविधियाँ इस पाठ्यक्रम में होंगी? यदि डी.एड. की कक्षाओं में छात्र–अध्यापकों की विभिन्न भाषाओं के लिए जगह नहीं होगी और उन्हें सिर्फ़ हिन्दी और अंग्रेज़ी का ही अध्ययन व विश्लेषण सीखना होगा तो उन्हें लगेगा कि उनकी भाषा को कम आँका जाता है, क्योंकि उनकी भाषा मानकीकृत नहीं है अथवा उतनी सत्तापूर्ण नहीं है, तो बहुत सम्भव है कि वे भी बच्चों के सन्दर्भ में यही करें। वे उनकी भाषाओं को कमतर मान, उन पर अपनी भाषा पूर्णतः छोड़कर हिन्दी सीखने के लिए दबाव बनायें और बहु–भाषिकता को कमज़ोरी के रूप में देखें।

इसी सन्दर्भ में एक और बात, जो दोनों ही पाठ्यक्रमों पर लागू होती है। बहु–भाषिकता की इतनी बात होती है लेकिन जब व्यवहारिक तौर पर कुछ करने की बात होती है तो वह हो नहीं पाता। डी.एड. में हर कोर्स के अन्त में सन्दर्भ सूची दी गयी है, और बी.एड. में दस्तावेज़ के अन्त में, इन सूचियों में हिन्दी और अंग्रेज़ी की पुस्तकों के सन्दर्भ भी दिये गये हैं। हम यह जानते हैं कि हमारे बहुत से छात्र–अध्यापक जो हिन्दी पृष्ठभूमि वाले भी हैं, लेकिन सन्दर्भ सूची बनाते समय यह ध्यान में रखकर हिन्दी में भाषा पर उपलब्ध साहित्य की खोज करने के सजग प्रयास हुए हों ऐसा नहीं लगता। ऐसी सामग्री जो हिन्दी में उपलब्ध है, ऐसी हिन्दी में लिखी है जो पढ़कर समझी जा सकती है, उपयोगी भी है उनके सन्दर्भ हैं ही नहीं। विभिन्न राज्यों द्वारा भी डी.एड. हेतु सामग्री बनाई गयी है, उसका भी ज़िक्र नहीं है। इन कार्यक्रमों का एक उद्देश्य शिक्षकों की पढ़ने–लिखने की क्षमता का भी विकास करना है और यदि यह उनकी अपनी भाषा में हो पाये तो शिक्षकों के लिए ज़्यादा सहज होगा। वे पढ़कर विभिन्न अवधारणाओं की बेहतर समझ बना सकेंगे, जो उन्हें फिर अंग्रेज़ी की पुस्तकों को भी पढ़ने में मददगार हो सकता है।

अधिकांश बच्चे सुनने व बोलने की क्षमता के साथ ही स्कूल में प्रवेश लेते हैं। शिक्षक का काम है ऐसा वातावरण बनाना कि बच्चे अपनी इन भाषायी क्षमताओं का अधिकाधिक उपयोग करते हुए इनको और विकसित कर सकें। *"बच्चे अच्छी ख़ासी भाषिक क्षमता के साथ ही स्कूल आते हैं इसलिए इसे ध्यान में रखते हुए ही स्कूली पाठ्यचर्या में शिक्षण के उद्देश्य तय किये जाने चाहिए। सबसे महत्त्वपूर्ण लक्ष्य बच्चे को इस प्रकार से साक्षर बनाना है कि बच्चा समझने के साथ पढ़ने व लिखने की क्षमता*

हासिल कर सके। साथ ही द्विभाषिक और पराभाषिक चेतना को बढ़ावा देना हमारा प्रयास होना चाहिए।" (पोजीशन पेपर–2009, पेज–1) इस हेतु शिक्षक की तैयारी में, विशेष तौर पर उन शिक्षकों की जो प्राथमिक कक्षाओं में पढ़ायेंगे, क्या–क्या होना चाहिए आदि के बारे में दस्तावेज़ों में कोई स्पष्ट बातचीत नहीं है। दस्तावेज़ में ज़िक्र ज़रूर है कि साहित्य के प्रति पाठक की प्रतिक्रिया, स्कीमा और टेक्स्ट का इंटरप्रिटेशन (readers response to literature, schemas and interpretation of the text), टेक्स्ट के साथ मशगूल होना (engagement with the text), साहित्यिक कविताओं को, कहानियों, आत्मकथाओं को पढ़ना (Various literary genres such as poem, story, biography, etc.)।

लेकिन यह कहीं नहीं कहा गया है कि छात्र–अध्यापकों के लिए इस साहित्य में क्या–क्या हो सकता है व क्यों? हम सभी परिचित हैं कि अधिकांश शिक्षक, शिक्षक–प्रशिक्षक का अच्छे साहित्य से तात्पर्य होता है ऐसी रचनाएँ जिनमें मूल्य शिक्षा और नैतिक शिक्षा की बात हो, चाहे पूरी कहानी में या कविता में बच्चों की पढ़ने में रुचि बना पाये या नहीं। न सन्दर्भ सूची में छात्र–अध्यापकों के लिए और न ही बच्चों के लिए अच्छे साहित्य की पुस्तकों का कोई ज़िक्र है। इसी तरह साहित्य के अन्तर्गत क्या उसे बच्चों के लिए लिखने वाले साहित्यकारों के नाम उनकी रचनाओं को पढ़ने का अनुभव नहीं होना चाहिए। कम–से–कम इतना कि वह अपनी कक्षा की ज़रूरत के अनुसार बच्चों के स्तर व रुचि को देखते हुए उपयुक्त रचनाएँ चुन सकें व उन पर बच्चों के साथ काम कर सकें। वह कविताएँ व कहानी सुनाने की शुरुआत कर सकें, लेकिन यह सब इस पाठ्यक्रम से स्पष्ट नहीं है।

एक प्राथमिक कक्षा के शिक्षक से अपेक्षा रहती है कि उसे बच्चों के लिए लिखने वाले कम–से–कम 100–150 अच्छे लेखकों की कविताओं, कहानियों के बारे में पता हो। यह समझ उसमें हो कि इन कहानियों, कविताओं को भाषा सीखने–सिखाने में कैसे उपयोग किया जा सकता है? कविता कहानियों को सुनने व सुनाने का लिखने–पढ़ने से सम्बन्ध, बातचीत करना, कविताएँ, कहानियाँ सुनना–सुनाना, इसी तरह सीखी गयी कविताओं–कहानियों को पढ़ना, पढ़कर उनका शीर्षक लिखना अथवा सारांश लिखना, पढ़कर मुख्य बातों को अपने शब्दों में लिखकर अथवा बोलकर बताना। क्या आरम्भिक कक्षाओं के शिक्षक की तैयारी में इस तरह

की गतिविधियों की समझ शामिल नहीं होनी चाहिए कि ये गतिविधियाँ बच्चों को सुनना, बोलना व पढ़ना–लिखना सीखने में कैसे मदद करती हैं? क्यों इन्हें अर्थपूर्ण गतिविधियाँ कहा जाता है? इस तरह कि अन्य गतिविधियाँ क्या हो सकती हैं? पाठ्यपुस्तक व इन गतिविधियों में जुडाव कैसे हो सकता है?

प्राथमिक कक्षाओं में बच्चे जब पढ़ने–लिखने के शुरुआती स्तर पर होते हैं तब यह महत्त्वपूर्ण होता है कि शिक्षक बच्चे द्वारा की जाने वाली विभिन्न गतिविधियों को समझे व उन्हीं गतिविधियों को बुनियाद बनाते हुए बच्चों की सीखने में मदद करें। बच्चे की मौखिक व लिखित अभिव्यक्तियों को समझना, दूसरे शब्दों में बच्चों की बातचीत को समझना, उनकी बातचीत को आगे बढ़ाने में मदद करना, उनके द्वारा बनाये गये चित्रों को समझना, इन चित्रों पर बातचीत करना यह सब शिक्षक समझे इसका कहीं ज़िक्र नहीं है।

कक्षा एक से आठ तक की भाषा की पुस्तकों को पढ़ना, उनको समझना बच्चों के साथ उन पुस्तकों को लेकर क्या काम किया जा सकता है और दिये गये पाठों में यदि रिक्तताएँ हैं उन्हें कैसे भरा जा सकता है, पाठ्यपुस्तकों और सन्दर्भ सामग्री का उपयोग भाषा कक्षा में कैसे हो इस तरह के पहलू जिनका रोज़ ही अध्यापक को सामना करना पड़ता है कहीं नहीं परिलक्षित होते? जैसा कि शिक्षक–शिक्षा की रिपोर्ट भी रेखांकित करती है *"अभी इसका शैक्षिक ज्ञान और सन्दर्भ से बहुत थोड़ा सम्बन्ध है और ज़मीनी हकीकत से कोई सम्बन्ध नहीं है। शिक्षक–प्रशिक्षण कार्यक्रम को ऐसी सैद्धान्तिक समझ की ज़रूरत है जो प्रशिक्षुओं को शिक्षा को समझने, उसे आज के सन्दर्भ से जोड़ने और बच्चों की पृष्ठभूमि को समझने में मदद करे। उनमें इस प्रकार की सैद्धान्तिक समझ की ज़रूरत है जो उन्हें सही रास्ते के चुनाव, नयी दिशा व तरीक़े खोजने में सक्षम बना सके।"* यह रिपोर्ट 2010 में मानव संसाधन विकास मन्त्रालय (एम.एच.आर.डी.) के शिक्षक–शिक्षा विभाग द्वारा प्रकाशित हुई थी लेकिन फिर भी नये पाठ्यक्रम वैसे–के–वैसे ही हैं।

किसी भी भाषा में दक्षता हासिल करने के लिए उस भाषा के वातावरण से अन्तःक्रिया ज़रूरी है और यह अन्तःक्रिया सहज व अर्थपूर्ण होनी चाहिए। छात्र–अध्यापकों को अंग्रेज़ी में दक्ष करने हेतु पाठ्यक्रम में सम्मिलित विषयों में कोई भी विषय ऐसा नहीं है जो सहज व अर्थपूर्ण प्रतीत होता है। बच्चे

विविध भाषायी पृष्ठभूमि से आते हैं यह ध्यान तो शिक्षक को रखना है लेकिन शिक्षक भी विविध भाषायी पृष्ठभूमि से आते हैं यह ध्यान रखा गया है ऐसा नहीं लगता। इतना कुछ समझने की अपेक्षा है शिक्षक से लेकिन शिक्षक किस तरह का पूर्व ज्ञान अंग्रेज़ी के सन्दर्भ में लेकर आता है यह बिलकुल भी ध्यान नहीं रखा गया है। न ही प्रोफ़िसिएंसी इन इंग्लिश के पाठ्यक्रम में और न ही पैडागोजी ऑफ़ इंग्लिश लैंग्वेज़ के पाठ्यक्रम में। ऐसा नहीं लगता कि अधिकांश छात्र–अध्यापक, यहाँ तक की छात्रों के शिक्षक भी इसे समझ पायेंगे।

अन्त में, क्या शिक्षक–प्रशिक्षक अपने संस्थान के स्तर पर यह कर पायेंगे? संस्थान यह ठीक से कर पायें इसके लिए किस तरह से मदद की जायेगी? सम्बन्धित पुस्तकें कैसे पहुँचेंगी? अध्यापक–शिक्षक की तैयारी कैसे होगी? यह सब भी इसके साथ ही सोचना होगा। यदि अध्यापक–शिक्षक स्वयं ही इसके लिए तैयार नहीं होंगे तो वे छात्र–अध्यापकों की तैयारी में कैसे मदद कर पायेंगे। जैसा कि शिक्षक–शिक्षा पर हुए सेमिनार में यह रेखांकित किया गया कि "हालाँकि इन कार्यक्रमों का लक्ष्य विभिन्न शिक्षण विधियों का अधिगम है, लेकिन छात्र–अध्यापक पाते हैं कि उनके अध्यापक–शिक्षक बताई गयी विधियों का उपयोग स्वयं अपनी कक्षाओं में नहीं करते (एम.एच.आर.डी.–2010)।" शिक्षण अधिगम विधियों का तो कक्षा में उपयोग होता ही नहीं, लेकिन जिस तरह की सैद्धान्तिक समझ की अपेक्षा अध्यापक–शिक्षक से इस तरह के पाठ्यक्रम के लिए है उस हेतु भी तैयारी करनी होगी।

यह बात भी कई मंचों पर होती रही है कि सेवापूर्व व सेवारत प्रशिक्षण विच्छिन्न नहीं होने चाहिए बल्कि इनमें एक जुड़ाव होना चाहिए। दोनों ही पाठ्यक्रमों में ऐसा प्रयास नहीं दिखता है। इनमें भी शिक्षकों की तैयारी को केवल कुछ सीमित वर्षों का मामला माना गया है। जिसके फलस्वरूप सेवापूर्व शिक्षक की तैयारी और सेवा में रहते हुए शिक्षक की तैयारी बिलकुल दो अलग–अलग विपरीत दिशा में जाने वाली धाराओं जैसी हो जाती है। दोनों के बीच कोई समन्वय नहीं रहता। जिसका परिणाम यह होता है कि अधिकांश सेवारत शिक्षक–प्रशिक्षण ाों में क्या होना है इसके बारे में एक दूरदर्शी योजना नहीं बन पाती? जैसे इतना कुछ शिक्षकों ने सेवापूर्व शिक्षक–प्रशिक्षण में किया है इन सभी के व्यावहारिक पहलुओं पर सोचा जाये। उदाहरण के लिए, मान

लीजिए शिक्षकों ने पढ़ना क्या है, बच्चे पढ़ना कैसे सीखते हैं इस बारे में पढ़ा है, अब वे स्कूल में हैं तो वे अपने इस सैद्धान्तिक ज्ञान को कक्षा में बच्चों की पढ़ना सीखने की प्रक्रिया का अवलोकन कर जाँचने का प्रयास करें। जो उन्होंने सीखा है उसको व्यावहारिक रूप से समझने का प्रयास करें, अपने अवलोकनों को लिखें, समझ में कुछ और जोड़ें और इस तरह सीखने को आगे बढ़ाते चले जायें, लेकिन यह जगह ही उपलब्ध नहीं है और न ही इस जगह को बनाने के पुरज़ोर प्रयास होते हैं, हालाँकि कई मंचों पर यह विमर्श हुआ भी है लेकिन इस दिशा में आगे अभी भी नहीं बढ़े हैं।

इस कमी का परिणाम यह होता है कि यदि भाषा का पाठ्यक्रम शिक्षकों को एक तरह की सोच के लिए तैयार भी करता है तो भी तन्त्र में आने के बाद धीरे–धीरे इसका प्रभाव ख़त्म होता जाता है, क्योंकि सेवारत शिक्षक–प्रशिक्षण किसी पाठ्यचर्या पर नहीं बल्कि उन संस्थाओं,व्यक्तियों की सोच का परिणाम होते हैं जिनको इन प्रशिक्षणों को संचालित करने का ज़िम्मा मिलता है। ऐसा बहुधा होता है कि शिक्षक भाषा के एक प्रशिक्षण में एक बात को समझने का प्रयास करते हैं और दूसरे प्रशिक्षण में उसके विपरीत बात सुनते हैं और जब वे साल दर साल इसी अनुभव से गुज़रते हैं तो धीरे–धीरे वे किसी भी प्रशिक्षण से कुछ भी सीखना बन्द कर देते हैं, ये प्रशिक्षण उन्हें बोझ लगने लगते हैं।

भाषा के लिए किये गये कई सेवारत प्रशिक्षणों के अवलोकन और संचालित करने के मेरे अनुभव में मैंने पाया कि अधिकांश प्रशिक्षणों में कुछ ख़ास नहीं होता। व्याकरण के कुछ बिन्दु, उच्चारण, सही वर्तनी, श्रुतलेख और ज़्यादा–से–ज़्यादा थोड़ा गद्य और पद्य। बच्चे की भाषा सीखने की क्षमता, उसकी भाषायी समझ का उपयोग करते हुए उसे भाषा में और आगे कैसे ले जायें, कविताओं और कहानियों की भूमिका क्या है? ये क्यों महत्त्वपूर्ण है, बच्चे पढ़ना कैसे सीखते हैं? पढ़ने को आदत कैसे बनायें, इन मुद्दों पर कोई बात नहीं होती, और यदि बात होती भी है तो कुछ इस तरह– कविता क्या है? उसकी परिभाषा? कविता को कक्षा में कैसे करें – हाव–भाव, लय के साथ गायें, उसका अर्थ बच्चों को समझायें, फिर उस पर उनसे प्रश्न–उत्तर करें, इत्यादि। कविता से बच्चों को होने वाले लाभ। इसी तरह कहानी, रेखाचित्र, निबन्ध, यात्रा वृत्तान्त इत्यादि के बारे में।

खुद कविता गाकर शिक्षक कविता को समझे, बच्चों के जीवन में कविता की अहमियत को समझने, कविता को अपना अर्थ देना सीखें और इसी तरह वे अन्य रचनाओं से अन्तःक्रिया करते हुए उनकी प्रकृति, उनके उपयोग व अहमियत जान पायें, ऐसे प्रयास नहीं होते। कविताएँ बच्चों को क्यों अच्छी लगती हैं? वे बच्चों को अपनी भाषा और एक नयी भाषा सीखने में कैसे मददगार हो सकती है? बच्चे कविता, कहानी की मदद से पढ़ना कैसे सीख सकते हैं, इनकी मदद से वे व्याकरण के विभिन्न विषयों को कैसे समझ सकते हैं, उनकी जाँच–पड़ताल कर सकते हैं, ये सब इन प्रशिक्षणों में नहीं होता? कुल मिलाकर के एक सहज भाषायी माहौल कैसे निर्मित किया जा सकता है, इस पर बिलकुल ध्यान नहीं दिया जाता।

क्या किया जा सकता है?

हमें भाषा–शिक्षण में बेहतरी के लिए इस तरह के शिक्षक तैयारी के कार्यक्रमों की आवश्यकता है जो समग्र तो हो हीं, पर एक नियमितता (Continuum) लिए हुए हों, जिसमें शिक्षक की पूरी यात्रा के लिए एक योजना हो। ऐसे पाठ्यक्रम ही शिक्षकों को लगातार सीखते रहने के लिए प्रोत्साहित कर पायेंगे। साथ ही उनको यह भी महसूस करा पायेंगे कि सीखने की इस यात्रा में उनको जो भी कठिनाइयाँ आयेंगी या जहाँ भी उनको मदद की ज़रूरत होगी, वह आसानी से उपलब्ध हो जायेगी।

साथ ही पाठ्यक्रम ऐसा हो जो भाषा के बारे में मौजूद रूढ़िबद्ध धारणाओं को तोड़ने में मददगार हो। सिद्धान्त इन धारणाओं को तोड़ने में मददगार होते हैं, लेकिन अधिकांश पाठ्यक्रम सिद्धान्तों को ऐसे चयनित करते हैं व फिर ऐसे प्रस्तुत करते हैं कि वे याद करने के बिन्दु बनकर रह जाते हैं। इस तरह के कार्यक्रम बनाने की आवश्यकता है जहाँ इन सिद्धान्तों को समग्र रूप में समझा जाये; सिद्धान्त को पढ़कर समझना, उसके निहितार्थों को समझना, अन्य सिद्धान्तों के साथ उसका जुड़ाव देख पाना, उसके विभिन्न हिस्सों को समझ पाना। सीखना कोई सीधी रेखा में चलने वाली प्रक्रिया नहीं है, अतः यह ज़रूरी नहीं कि पहले सिद्धान्त व फिर व्यावहारिक पक्ष। कहीं दोनों आगे–पीछे हो सकते हैं, कहीं साथ–साथ चल सकते हैं। भाषा के इन प्रशिक्षण कार्यक्रमों का उद्देश्य शिक्षकों की तैयारी है, सिर्फ़ कक्षा में पढ़ाने की तैयारी ही नहीं, बल्कि मानसिक, बौद्धिक रूप से उनकी अपने

जीवन को बेहतर करने की भी तैयारी है। शिक्षक बच्चों को भाषा सिखाने के साथ स्वयं भी पढ़ना–लिखना सीखें, अपनी भाषायी क्षमताओं को और पुख़्ता करें, तभी वे छात्रों की भी पूरी मदद कर पायेंगे।

सन्दर्भ सूची

1. *भारतीय भाषाओं का शिक्षण, पोजीशन पेपर, एन.सी.एफ.–2009*, एन.सी.ई.आर.टी., नयी दिल्ली।
2. *राष्ट्रीय पाठ्यचर्या की रूपरेखा*, 2005, एन.सी.ई.आर.टी., नयी दिल्ली।
3. अग्निहोत्री, रमाकान्त (1996), कौन भाषा कौन बोली, *सन्दर्भ*, सितम्बर–अक्टूबर, पृ. 37–43, एकलव्य, भोपाल।
4. अग्निहोत्री, रमाकान्त (1999), बच्चों की भाषा सीखने की क्षमता, भाग–1, *सन्दर्भ*, जुलाई–अगस्त पृ. 7–13, एकलव्य, भोपाल।
5. दीवान, ह्रदय कान्त, बच्चे की क्षमता, *लर्निंग कर्व*, issue XIII, अक्टूबर 2009, पृ. 6–10 (अनूदित), अज़ीम प्रेमजी फ़ाउंडेशन, बेंगलूरु।
6. सिन्हा, एस. (2012), बिना अर्थ के पढ़ना : भारतीय कक्षाओं की दुविधा, *भाषा व भाषा शिक्षण, भाग–1*, वाणी प्रकाशन, नयी दिल्ली।
7. सेवापूर्व आरम्भिक अध्यापक शिक्षा विषयक अन्तर्राष्ट्रीय सम्मलेन (2010), एक रिपोर्ट. मानव संसाधन विकास मन्त्रालय, दिल्ली।
8. द्विवेदी, आर., नागदा, एस. (2009), व्हॉट डू टीचर्स थिंक ऑफ़ लैंग्वेज टीचिंग, *लर्निंग कर्व*, XII, अक्टूबर 2009, पेज 55–59, अज़ीम प्रेमजी फ़ाउंडेशन, बेंगलूरु।
9. *डिप्लोमा इन एलिमेंटरी टीचर एजुकेशन प्रोग्राम (2015)*, एन.सी.टी.ई., एम.एच.आर.डी.,गवर्नमेंट ऑफ़ इंडिया।
10. *टू इयर बी.एड. प्रोग्राम (2014)*, एन.सी.टी.ई., एम.एच.आर.डी., गवर्नमेंट ऑफ़ इंडिया।
11. एचिसन, जीन (2008), *द आर्टिकुलेट मैमल*, 5th,एडीसन पेज 63, रूटलेज, लन्दन एंड न्यूयॉर्क

वेब सन्दर्भ

i. असर (2014) एन.पी.ई. (1968), http://img.asercentre.org/docs/Publications/ASER%20Reports/ASER%202014/fullaser2014mainreport_1.pdf.

ii. एन.पी.ई. (1968), http://mhrd.gov.in/sites/upload_files/mhrd/files/document-reports/NPE-1968.pdf.

iii. एन.सी.ई.एस.ई. (1988), http://www.ncert.nic.in/oth_anoun/एन.सी.ई.एस.ई._1988.pdf

iv.. एन.सी.एफ. (1975), http://www.ncert.nic.in/oth_anoun/एन.सी.एफ._10_Year_School_eng.pdf

v. एन.सी.एफ. (2000), http://www.ncert.nic.in/oth_anoun/एन.सी.एफ._2000_Eng.pdf.

vi. आर.टी.ई. (2009) http://www.mhrd.gov.in/sites/upload_files/mhrd/files/upload_document/rte.pdf.

शिक्षक/शिक्षिका शिक्षा कार्यक्रमों में विषय–शिक्षण सम्बन्धी मनोन्मुख

–हनीत गाँधी और रुचि गर्ग

यह लेख गणित की कक्षाओं में बन रही पाठ–योजनाओं में व उन पर शिक्षक–शिक्षिकाओं की टिप्पणियों के आधार पर लिखा गया है। यह इस बात को रेखांकित करता है कि मात्र एक्टिविटी आधारित, छात्र के प्रति संवेदना आधारित, बच्चों की भागीदारी व ऐसे और मसलों के मन्थन पर आधारित कक्षाएँ अच्छी व सफल गणित की कक्षाएँ नहीं कही जा सकतीं। लेख विषय आधारित मसलों पर शिक्षिकाओं की तैयारी को ज़्यादा जगह देने की माँग करता है।

शिक्षकों की तैयारी का कार्य दो स्तरों पर होता है : सेवापूर्व शिक्षक–शिक्षा व सेवा–कालीन शिक्षक–शिक्षा। हमारे देश में औपचारिक सेवापूर्व शिक्षक–शिक्षा कई शिक्षक–शिक्षा संस्थाएँ, जैसे–राज्य शैक्षिक अनुसन्धान और प्रशिक्षण परिषद् (एस.सी.ई.आर.टी.), राष्ट्रीय शैक्षिक अनुसन्धान और प्रशिक्षण परिषद् (एन.सी.ई.आर.टी.) और विभिन्न विश्वविद्यालयों में चलाये जा रहे कई तरह के अध्ययन कार्यक्रमों यथा डी.एल.एड.,बी.एड., बी.एल. एड. आदि द्वारा दी जाती है। इसी तरह सेवाकालीन शिक्षा मुख्य रूप से एन.सी.ई.आर.टी., एस.सी.ई.आर.टी. और कई स्वयं–सेवी संस्थाओं (उदाहरण के तौर पर ग़ैर–सरकारी संस्थाएँ–एन.जी.ओ.) द्वारा कार्यशालाओं, संगोष्ठियों और सम्मेलनों के रूप में दी जाती है। इन सभी शिक्षक–शिक्षा कार्यक्रमों का उद्देश्य शिक्षण व्यवसाय में प्रवेश से पहले और व्यवसाय में रहते हुए शिक्षकों की गहन तैयारी कराना होता है ताकि वे आत्म–विश्वास के साथ इस व्यवसाय में प्रवेश करें और सफलतापूर्वक व्यवसाय में बने रहें। इन सभी सेवापूर्व व सेवाकालीन कार्यक्रमों का उद्देश्य शिक्षिकाओं को ऐसी

व्यावसायिक सहायता प्रदान करना होता है जिससे वे स्वयं को अद्यतन (Updated) रख सकें, अपने विषय सम्बन्धित ज्ञान को पुख़्ता कर सकें, नयी शैक्षणिक तकनीकों व ज्ञान को जान सकें, और व्यावसायिक माँग के अनुरूप सुचारू रूप से शिक्षण कर सकें।

जहाँ एक ओर हमारे समक्ष शिक्षकों की तैयारी में व्यस्त शिक्षक–शिक्षा संस्थानों की सूची है तो वहीं दूसरी ओर ऐसे आँकड़े भी हैं जो यह बताते हैं कि बच्चों में अनुशासन आधारित समझ, या यूँ कहें कि विषय ज्ञान की समझ कहीं–न–कहीं एक उपयुक्त स्तर तक नहीं पहुँच पा रही है। हम बच्चों की समझ में एक प्रकार की कमी का अनुभव करते हैं। कथित प्रयासों के बावजूद हम यह पाते हैं कि स्कूल बच्चों को आकर्षित कर पाने में असफल प्रतीत होते हैं। कई लोगों ने इस बात को सामने लाने का प्रयास किया है कि बच्चों की विषय की समझ में गिरावट आ रही है। इसे बच्चों के स्कूल छोड़ने के कई कारणों में से एक कारण के रूप में देखा जा सकता है। कई शोध परिणामों से यह ज्ञात होता है कि बच्चों की स्कूली स्तर पर असफलता व स्कूली पाठ्यक्रम में रुचि न लेने की वजह अधिकाशंतः शिक्षकों की तैयारी में होने वाली कमी है। यद्यपि शिक्षिकाएँ विभिन्न सेवापूर्व व सेवा–कालीन कार्यक्रमों द्वारा शिक्षा ग्रहण कर रही हैं, लेकिन इसके बावजूद भी उनमें विषय आधारित शिक्षाशास्त्र के लिए आवश्यक कौशलों का अभाव है।

प्रस्तुत लेख में हम, गणित के शिक्षक–शिक्षिकाओं के रूप में, कुछ ऐसे पहलुओं को सामने लाने का प्रयत्न करेंगे, जो हमने मनन अथवा रिफ्लेक्शन के दौरान महसूस किये हैं और जो कुछ हद तक बच्चों की निम्न उपलब्धि का कारण भी कहे जा सकते हैं। हमने अपनी बात को स्पष्ट रूप से रखने के लिए शिक्षिकाओं की तैयारी में होने वाली विषयी ज्ञान की कमी को एक मुख्य कारण के रूप में प्रस्तुत किया है। हमारे द्वारा दिये जाने वाले तर्क मुख्य रूप से गणित शिक्षक की तैयारी से ही जुड़े होंगे, हालाँकि इसी प्रकार के निष्कर्ष अन्य विषयों के लिए भी निकाले जा सकते हैं। अपने विचारों को प्रस्तुत करने के लिए हमने जिन अनुभवों का सहारा लिया है वे मुख्य रूप से गणित की कक्षाओं व पाठ–योजनाओं से लिए गये हैं।

कक्षाओं के क्रियाकलापों को परखने के दो नज़रिये

चर्चा के लिए निम्न परिस्थिति को उदाहरण के रूप में लिया गया है :

एक शिक्षिका की गणित की कक्षा के लिए बनाई गयी पाठ–योजना में लिखे उद्देश्यों में यह भी शामिल है– 'बच्चों में सम्बन्धित अवधारणा के प्रति रुचि पैदा करना' व 'बच्चों में सहयोग की भावना का विकास करना'। इसी प्रकार, एक अन्य पाठ–योजना में बच्चों की गणित सम्बन्धित अवधारणा के मूल्यांकन का आधार लिखा गया है– 'बच्चों की मूल्यांकन गतिविधि में भागीदारी व अपनी बात को व्यक्त करने के आधार पर किया जायेगा।' तीसरी कक्षा के बच्चों को भार की अवधारणा पढ़ाते समय एक शिक्षिका बच्चों से कहती हैं, 'अब हम एक एक्टिविटी करेंगे।' जब यह गतिविधि 20–25 मिनट के बाद समाप्त होती है, तो वह शिक्षिका बच्चों से कहती हैं, 'अब हम एक और एक्टिविटी करेंगे, जिसमें मैं आपको एक कहानी सुनाऊँगी...।'

वर्णित उदाहरण उन प्रतिशब्दों से लिए गये हैं, जो सामान्यतः हमें किसी भी पाठ–योजना में देखने को मिलते हैं या दूसरे शब्दों में एक प्रतीकात्मक (Typical) गतिविधि–आधारित गणित कक्षा के अन्दर देखने को मिलते हैं। यदि हम उपरोक्त पंक्तियों पर ग़ौर करें तो उनमें सामान्य तौर पर मान्य एक सफल कक्षा के सारे प्रमाण मिलते हैं। वर्णित उदाहरण के समान कक्षाएँ वास्तव में एक अच्छी या सफल कक्षाएँ कहलाने लायक हैं, क्योंकि इन कक्षाओं में शिक्षिकाएँ बच्चों की भागीदारी को सुनिश्चित करने का प्रयास करती हैं, वे प्रत्येक बच्चे पर व्यक्तिगत रूप से ध्यान देती हैं, बच्चों से बहुत संवेदनशीलता से बात करती हैं, बच्चों को पढ़ाने के लिए वे काफ़ी अभिप्रेरित दिखाई देती हैं और बच्चों को भी समय–समय पर अभिप्रेरणा देती हुई दिखाई देती हैं, ताकि वे दिये गये कार्य को भली–भाँति पूर्ण कर सकें। यह कहा जा सकता है कि इस तरह की कक्षाएँ बच्चों के अनुकूल हैं। ये कक्षाएँ एक सफल कक्षा कहलाने योग्य हैं क्योंकि ये कक्षाएँ बच्चों को शिक्षा के लिए एक अनुकूल वातावरण प्रदान करने के सभी प्रचलित आधारों पर खरी उतरती प्रतीत होती हैं। ऐसी कक्षाएँ बच्चों के चहुँमुखी विकास को ध्यान में रखने के साथ–साथ उनमें विभिन्न मूल्यों को विकसित करने का भी भरसक प्रयास करती हैं।

परन्तु, यदि आप उपरोक्त पंक्तियों पर पुनर्दृष्टि डालें तो पायेंगे कि यह एक तरह से सफल कक्षा तो कही जा सकती है, लेकिन क्या इसी

कक्षा को गणित की एक सफल कक्षा भी कहा जा सकता है? हमारा मानना है कि यह ज़रूरी नहीं कि 'एक सफल कक्षा' 'गणित विषय की सफल कक्षा' भी हो। उपरोक्त उदाहरण पर नज़र डालने पर पता लगता है कि इन कक्षाओं में शिक्षाशास्त्रीय पक्ष तो काफ़ी मज़बूत प्रतीत होता है, परन्तु अनुशासन आधारित पक्ष में कुछ कमी महसूस होती है। शिक्षिकाओं का बच्चों को कक्षा में शामिल रखने का व उनकी रुचि बनाये रखने का प्रयत्न शत–प्रतिशत सफल साबित होता है, परन्तु इन्हीं कक्षाओं में गणितीय प्रक्रियाओं पर ज़ोर नहीं दिया जा रहा है।

एक्टिविटी का बार–बार प्रयोग देखकर पहली नज़र में प्रतीत होता है कि ये शिक्षिकाएँ बच्चों की सक्रिय भागीदारी को बढ़ावा देना चाहती हैं और बच्चों को सक्रिय रूप से ज्ञान निर्मित करने को अभिप्रेरित कर पा रही हैं, लेकिन हमारा तर्क है कि यह प्रक्रिया गणितीय अवधारणाओं व विषयी ज्ञान के बिना खोखली–सी लगती है। शिक्षिकाएँ कक्षा के बच्चों की रुचि बनाये रखने के लिए उन्हें कहानी सुनाती हैं, खेलने के लिए तरह–तरह के गेम व पहेलियाँ उपलब्ध कराती हैं, और यह प्रयास करती हैं कि पाठ–योजना में विभिन्न प्रकार की शैक्षिक–सामग्री का प्रयोग सम्भव हो सके। यदि आप किसी पाठ–योजना को सरसरी निग़ाह से देखें, तो उसमें शिक्षण सामग्री, अधिगम सामग्री या आवश्यक संसाधन सामग्री आदि जैसे शब्द ज़रूर मिलेंगे। ये सभी किसी–न–किसी गतिविधि को कक्षा में प्रयोग करने की बात करते हैं, किन्तु पाठ–योजना में लिखी जाने वाली प्रक्रियाएँ बहुत ही सतही स्तर की मालूम होती हैं; जैसे–बैठने की व्यवस्था, बच्चों को समूहों में बाँटने से सम्बन्धित जानकारी और एक सहायक के रूप में शिक्षिका की भूमिका आदि का वर्णन। शिक्षिका द्वारा गणित शिक्षण के लिए अपनाये गये दृष्टिकोण का मुखौटा बाल केन्द्रित, मनोरंजक व प्रायोगिक है और इस तरह की कक्षा को कोई भी एक सफल या अच्छी कक्षा कहने में संकोच नहीं करेगा। हालाँकि इसी अनुभव का जब गहराई से विश्लेषण किया जाता है तो यह बात भी उतनी ही सटीकता से कही जा सकती है कि ऐसी कक्षाएँ गणित सीखने में निहित अनुशासन सम्बन्धी माँग से दूरी पाटने में समर्थ साबित नहीं होती हैं। ये कक्षाएँ गणितीय प्रक्रियाओं के लिए आवश्यक पद्धतियों, जैसे–समस्या–समाधान, इंडक्टिव (Inductive) तर्क व प्रमाणों को जाँचने आदि का प्रयोग करने से चूक जाती हैं। एक गणित की कक्षा के अन्तर्गत बच्चों के लिए गणितीय विचारों,

अनुमान प्रस्तावों, अपने अनुमानों को जाँचने और गणित सम्बन्धी जुड़ाव देखने के भरपूर अवसर उपलब्ध करने की आवश्यकता है, जो अभी भी कहीं–न–कहीं कक्षाओं से लुप्त है।

किसी भी अन्य व्यावसायिक कार्यक्रम, जैसे–डॉक्टरी व वकालत आदि की भाँति शिक्षण में भी इंटर्नशिप, तैयारी का महत्त्वपूर्ण चरण है। यह कार्यक्रम की रीढ़ की हड्डी की भाँति है। यह चरण सिद्धान्तों को अभ्यास में, वास्तविक क्षेत्र, जैसे–स्कूल में जाकर सीखने से और वास्तविकताओं को समझकर किसी को अपने अनुभव बताने हेतु आधार निर्माण के लिए रास्ते खोलता है। यह चरण साथ ही कौशलों को विकसित करने, महत्त्वपूर्ण निर्णय लेने और भविष्य के कार्य के लिए उचित अन्तर्सम्बन्ध बनाने में सहयोग देता है। अनुभवी लोग, जैसे–अध्यापक–शिक्षिकाएँ व पहले से स्कूलों में कार्य कर रही शिक्षिकाएँ, नौसिखियों को क्षेत्र की समझ बनाने में, उनके कार्यों को सुधारने में व महत्त्वपूर्ण निर्णयों को लेने में मदद करते हैं। इसमें प्रतिक्रिया व सुझाव एक अहम चरण के रूप में कार्य करते हैं। दी गयी प्रतिक्रियाओं की प्रकृति व सीमा शिक्षिका–विद्यार्थियों को उत्प्रेरित करती हैं। अध्यापक–शिक्षिकाएँ भी अनुभवी स्कूल शिक्षिकाओं द्वारा दी गयी प्रतिक्रियाओं के बारे में चिन्तन करती हैं। इस सम्पूर्ण प्रक्रिया के दौरान यदि आपको कभी इंटर्न्स को दी गयी प्रतिक्रियाओं व सुझावों सम्बन्धी टिप्पणियों को जाँचने का अवसर मिला हो, तो आप अवश्य ही उसमें निहित धारणा को परख लेंगे।

अधिकतर पाठ–योजना डायरी में अध्यापक–शिक्षिकाओं द्वारा दिये गये सुझाव, विषय सम्बन्धित ज्ञान से न होकर कक्षा अन्तर्सम्बन्ध पर आधारित होते हैं। उदाहरण के लिए, हमने शिक्षिका–विद्यार्थियों को दी जाने वाली प्रतिक्रियाओं की प्रकृति व प्रकार पर दृष्टि डाली और उनमें से कुछ टिप्पणियों को यहाँ आपके साथ साझा भी कर रहे हैं, कक्षा सुव्यवस्थित थी, बच्चे ध्यानपूर्वक सुन रहे थे, बोर्ड पर चित्रों को सुन्दरता व स्पष्टता से बनाया गया जो सभी के लिए उपयुक्त थे व गतिविधि को अच्छे से कराया गया, बच्चों को नाम से पुकारना एक अच्छा विचार है, आदि। इंटर्न को दी गयी ऐसी प्रतिक्रियाएँ व सुझाव शिक्षण के सकारात्मक रवैये पर तो केन्द्रित हैं, परन्तु इस प्रकार की प्रतिक्रियाओं से विषय–वस्तु के सम्बन्ध में कोई जानकारी नहीं मिलती। ऐसे रवैये से जो धारणा उभरकर सामने आती है, उसके अनुसार 'सफल शिक्षण' के लिए शिक्षण सामग्री बनाने का

कौशल और कक्षाओं में असल में हो रही घटनाओं को किनारे करके कक्षा को केवल प्रभावी शिक्षण स्थल के रूप में देखा जाये। इंटर्न्स को निरीक्षण के दौरान मिलने वाले सुझावों में शिक्षिका बच्चों को कक्षा में किस प्रकार व्यवस्थित रखती है, उसका बच्चों से सम्बन्ध और बच्चे उसको किस प्रकार अनुक्रियाएँ दे रहे हैं आदि मसले शामिल हैं। ऐसी परिस्थिति में बच्चों के विषयी सम्बन्धी जुड़ाव को चर्चा व सुझावों में स्थान ही नहीं मिल पाता, जबकि असल में प्रशिक्षु शिक्षिकाओं को विषयी वितरण के तरीक़े जानने की ज़रूरत है। यह जाँचने की ज़रूरत है कि वे क्या बच्चों को गणितीय रूप से चर्चा में शामिल कर पा रही हैं? क्या विषय को अच्छे से समझने व समझाने का प्रयास किया गया? क्या गणित पढ़ाने के कुछ अन्य तरीक़े भी हो सकते हैं? क्या सामान्य रूप से पायी जाने वाली ग़लत अवधारण ाओं को ध्यान में लिया गया?

हम यह बिलकुल मानते हैं कि पाठ–योजना में गतिविधियों का प्रयोग एक बाल–केन्द्रित उपागम में महत्त्वपूर्ण भूमिका निभाता है, परन्तु इसके साथ ही हम यह भी देखते हैं कि गणित की कक्षाएँ गणितीय अवधारणा को केन्द्र में रखे बिना ही किसी भी गतिविधि से प्रारम्भ व समाप्त हो जाती हैं इनमें अवधारणा सम्बन्धित चर्चा को न तो गतिविधि से पहले स्थान मिलता है, न गतिविधि के दौरान और न ही गतिविधि के समाप्त होने के पश्चात् यह सम्भव है कि इस तरह की कक्षाएँ बच्चों के अन्दर से गणित विषय के प्रति जो भय है उसको कम करें, लेकिन इसके साथ–साथ ही ये बच्चों को वास्तविक गणित के मूल्यों की ओर आकर्षित कर पाने में असफल साबित होती हैं। इसके फलस्वरूप बच्चों को गणितीय सोच के सन्दर्भ में न तो स्व–विश्लेषण का स्थान मिलता है और न ही उस पर मनन करने का।

अतः आज के समय गणितीय कक्षाएँ पहले की अपेक्षा बहुत मनोरंजक हैं, बाल केन्द्रित हैं और बच्चों की भागीदारी को तो बढ़ावा दे रही हैं, परन्तु यही कक्षाएँ गणितीय सोच को पोषित करने में विफल साबित होती प्रतीत होती हैं।

शिक्षक–शिक्षा कार्यक्रमों में महत्वपूर्ण मुद्दों को खोजना

अब तक हमने उन सीमाओं को जाना जो हमें 'एक सफल कक्षा' को 'एक गणित की सफल कक्षा' कहने से रोकती हैं। जब हम इससे आगे बढ़ते हैं तो पाते हैं कि इस सीमा के पीछे कुछ कारण हैं जो इस तरह

की परिस्थिति को बढ़ावा देते हैं। अनुमान के रूप में यह कहा जा सकता है कि ये कारण शिक्षकों की तैयारी से जुड़े हुए हैं। हमारे शिक्षक–शिक्षा कार्यक्रम (सेवापूर्व व सेवाकालीन) शिक्षकों को एक उचित विषयी आधारित शिक्षाशास्त्र की समझ प्रदान करने में सीमित साबित हो रहे हैं।

उपरोक्त वर्णित मुद्दों से एक बात जो साफ़तौर पर उभरकर सामने आती है वह यह है कि अधिकतर बदलाव जो शिक्षक–शिक्षा कार्यक्रम की गुणवत्ता सुधारने के लिए किये गये हैं उनका मुख्य केन्द्र केवल शिक्षण पद्धतियाँ अथवा शिक्षणशास्त्र ही बनकर रह गया है और यह इतना अहम हो गया है कि हम विषय–वस्तु को उसके प्राकृतिक रूप में न देखकर केवल इस शिक्षणशास्त्र के लेंस से ही देख रहे हैं। शिक्षिकाएँ यह भली–भाँति जानती हैं कि उनको कौन–सा तरीक़ा प्रयोग में लाना है, परन्तु यह जानकारी उनके सम्पूर्ण शिक्षण पर हावी हो रही है।

किसी भी शिक्षक–प्रशिक्षण का एक प्रमुख उद्देश्य सैद्धान्तिक ज्ञान, प्रायोगिक ज्ञान व कौशलों के बीच सन्तुलन स्थापित कराना है। इसके अलावा ऐसे योग्य शिक्षक भी मुहैय्या कराना ज़रूरी है जो अपने विषयी ज्ञान को सफलतापूर्वक संचारित कर सकें। अधिकतर शिक्षक–प्रशिक्षण कोर्स व कार्यक्रम बाल–केन्द्रित शिक्षा पर आधारित हैं। ये बच्चों के चहुँमुखी विकास की बात करते हैं और बच्चों में विभिन्न मूल्यों को विकसित करने के लिए उम्दा प्रयत्न करते प्रतीत होते हैं, परन्तु जब इन्हीं शिक्षक–प्रशिक्षण संस्थान के पाठ्यक्रम व प्रक्रियाओं को हम एक विषय–अध्यापक–शिक्षिका के दृष्टिकोण से देखते हैं तो सिक्के का एक दूसरा पहलू नज़र आता है, जो हमें इन प्रक्रियाओं में होने वाली एक प्रकार की असन्तुष्टि प्रकट करता है और हमें इसके सम्मुख प्रश्न उठाने के लिए अभिप्रेरित करता है।

बच्चों के लिए मनोरंजक कक्षा का वातावरण उपलब्ध कराने की दिशा में शिक्षिका के झुकाव का कारण उनका सेवापूर्व शिक्षा का उन्मुखीकरण हो सकता है। अधिकतर शिक्षक–शिक्षा कार्यक्रमों में आप पायेंगे कि बुनियादी (फ़ाउंडेशन) विषयों, जैसे–मनोविज्ञान, समाजशास्त्र व दर्शनशास्त्र पर विषय आधारित शिक्षाशास्त्र (Subject-based Pedagogy) की तुलना में अधिक ध्यान दिया गया है। इन सभी शिक्षक–शिक्षा कार्यक्रमों में फ़ाउण्डेशन विषयों को दी जाने वाली तवज्ज़ो विषय आधारित शिक्षाशास्त्र विषयों की तुलना में लगभग तीन गुना है जो आवश्यक रूप से किसी विषय शिक्षण की गुणवत्ता को प्रभावित करती है। हम यह बिलकुल मानते हैं कि

फ़ाउण्डेशन कोर्स से ही किसी भी शिक्षक–शिक्षा कार्यक्रम में बच्चों की विभिन्न सिद्धान्तों के विषय में समझ बनती है, परन्तु इसी के साथ–साथ उन्हें विषयी आधारित शिक्षाशास्त्र से सम्बन्धित बारीकियों को जानने के लिए भी अलग से प्रयास करना होगा।

स्कूली विषयों का मनोवैज्ञानिक प्रत्ययों में रूपान्तरण किसी शिक्षक–शिक्षण कार्यक्रम के लिए एक आम बात है। उदाहरणार्थ, गणित में विषयी आधारित अन्तर्सम्बन्ध किसी भाषा व संगीत के विषयी आधारित अन्तर्सम्बन्ध से बहुत अलग है। हालाँकि, बहुत से शिक्षक–शिक्षण पाठ्यक्रम में ये सभी विषय एकसमान प्रकार के सिद्धान्तों से प्रभावित लगते हैं। गणित, भाषा और संगीत तीनों विषयों में ही हम बच्चों के मनोविज्ञान से सम्बन्धित पहलुओं को ध्यान में रखते हैं। यह अधिकतर सिर्फ़ बच्चों के आयु आधारित अधिगम के मनोवैज्ञानिक अध्ययन से ही जुड़ा रहता है। शायद इसीलिए स्कूली विषय अब बच्चों व शिक्षिका के मनोवैज्ञानिक प्रदर्शन तक सीमित होकर रह गये हैं।

अधिकतर शिक्षक–शिक्षण कार्यक्रम बच्चों की शुरुआती समझ निर्मित करने, उन्हें स्वयं के रवैये व तर्क बनाने में मदद करने, सकारात्मक वातावरण बनाने, बच्चों के साथ एक अच्छी रेपो बनाने व शिक्षिकाओं को बच्चों के विकासात्मक व सामाजिक आर्थिक दृष्टिकोण को समझने पर ध्यान केन्द्रित करते हैं। इस प्रकार के उद्देश्य शिक्षण क्रिया को सामान्य करने व अधिकतर शिक्षिकाओं को बाल सहयोगी बनने में मदद करते हैं। शिक्षक–शिक्षण कार्यक्रमों में स्कूली विषयों का सामाजिक–मनोवैज्ञानिक विषयों के साथ मिश्रण कहीं–न–कहीं स्कूली विषयों के महत्त्वपूर्ण आयामों को भी प्रशस्त करने का दम रखता है। फिर भी वह पर्याप्त नहीं है। अन्य शब्दों में, अनुशासन आधारित क्षेत्रों को अनुदेशन व बच्चों की विशेषताओं से सम्बन्ध सिद्धान्तों के सामाजिक–मनोवैज्ञानिक क्षेत्रों में बदल दिया गया है। अकादमिक क्षेत्र को एक बार फिर से समझे जाने की ज़रूरत है क्योंकि वही ज्ञान की नींव बनाने का कार्य करते हैं।

सतही रूप से, सकारात्मक वातावरण निर्माण, रेपो आदि की यह चर्चा बच्चों के गणित शिक्षण से सम्बन्धित प्रतीत होती है, लेकिन जब आप अधिगम सम्बन्धी सभी पहलुओं की जाँच करते हैं तो पाते हैं कि इनमें भागीदारी, सामाजिक–मनोवैज्ञानिक प्रत्ययों की भूमिका तुलनात्मक रूप से अधिक मात्रा में है। इनके अनुसार स्व–सुधार, स्वायत्तता, ज़िम्मेदारी

भरा जीवन व तमाम उम्र चलने वाला अधिगम पाठ के मुख्य तत्त्वों के रूप में नज़र आते हैं, जिनका उद्देश्य बच्चों को छोटे समूहों में सहयोगात्मक रूप से कार्य करवाना, उन्हें अभिप्रेरित करना व उन्हें स्व–मूल्यांकन के मापदण्ड पर खरा उतारना है। प्रयोग किये जाने वाले शब्द मनोविज्ञान अथवा समाज मनोविज्ञान के होते हैं न कि गणित के।

गणित–शिक्षण दो शब्दों–'गणित' और 'शिक्षण' से बना है, परन्तु जिस प्रकार का गणित शिक्षिकाओं–विद्यार्थियों द्वारा कक्षा में संचालित किया जा रहा है उसमें केवल शिक्षण शब्द ही शेष रह गया है और गणित का भाग ओझल होता हुआ प्रतीत होता है। शिक्षणशास्त्र में शैक्षिक व सामाजिक मनोविज्ञान का गणित विषय के अनुशासन से कोई सम्बन्ध दिखाई नहीं देता, हालाँकि शिक्षणशास्त्रीय विषयों की भूमिका अनुशासन आधारित विषयों, जैसे गणित, विज्ञान व हिन्दी आदि को सरलता से समझाने की है, परन्तु वे इस प्रक्रिया में विषय की प्रकृति को ही कमज़ोर कर देते हैं। हम यह मानते हैं कि पद्धतियों की जानकारी महत्त्वपूर्ण है, लेकिन हमें किसी विषय को सीखने की महत्ता को भी ध्यान में रखना होगा। पद्धतियों के साथ–साथ हमें अपना ध्यान विषय प्रकृति की समझ की ओर भी देना होगा। शायद इस तरह हम गणितीय सोच के मानकों को सुधारने का प्रयत्न कर सकेंगे।

अस्वीकरण (डिस्क्लेमर)

इस लेख का इरादा शिक्षक–शिक्षा कार्यक्रमों व बाल केन्द्रित उपागम की आलोचना करना या उनको लक्ष्य बनाना कतई भी नहीं है। शिक्षिकाएँ वास्तव में अपना कार्य ठीक प्रकार से कर रही हैं जैसा कि प्रणाली द्वारा सुनिश्चित किया गया है। हमारा उद्देश्य शिक्षा–प्रणाली के उन पहलुओं को सामने लाना है जो विषय आधारित चिन्तन को कम आँकते हैं।

हम यह भी स्पष्ट रूप से कहना चाहते हैं कि हम बाल केन्द्रित शिक्षा का आदर करते हैं और हमारा मक़सद यहाँ बच्चों को सीखने का एक मनोरंजक वातावरण देने की दिशा में उठाये जाने वाले क़दमों के ख़िलाफ़ प्रश्न उठाना भी नहीं है। हमारा प्रयत्न बस इतना सा है कि विषयी ज्ञान समझ व बाल–केन्द्रित शिक्षा में एक सन्तुलन बना रहे। इनमें से किसी भी एक की ओर झुकाव होने से वास्तविक शिक्षा का अर्थ बदल सकता है।

विज्ञान शिक्षक बनने की प्रक्रिया : एक विचारात्मक लेखा–जोखा

–युक्ति शर्मा और नेहा मलिक

यह पर्चा एक ऐसे शिक्षक–शिक्षा कार्यक्रम, जहाँ विज्ञान शिक्षक की तैयारी पर ध्यान से कार्य होता है, में शिक्षक–प्रशिक्षुओं की विज्ञान, विज्ञान शिक्षण कार्य, प्रयोग, पाठ्यपुस्तक उपयोग जैसे मसलों पर समझ का प्रस्तुतिकरण व विश्लेषण है। यह अनौपचारिक अवलोकनों व चर्चाओं पर आधारित है। यह रेखांकित करता है कि प्रशिक्षु शिक्षकों को तैयार करने में कक्षा व शाला शिक्षण के अलावा कई और मसलों पर ध्यान देने की आवश्यकता है। इसमें अन्य शिक्षा महाविद्यालयों व वहाँ के प्रशिक्षकों के साथ संवाद व आदान–प्रदान की बड़ी भूमिका है।

आज के समय में विज्ञान की भूमिका केवल सुविधाएँ देना या कार्य सरल करना मात्र नहीं है, अपितु सामाजिक उद्देश्यों को प्राप्त करना भी है। विज्ञान को वस्तुनिष्ठ जानकारियों और निर्णय बनाने, यहाँ तक कि नैतिकता व नीति–निर्धारण में भी महत्त्वपूर्ण माना जाता है। विज्ञान शिक्षण की महत्त्वपूर्ण भूमिका वैज्ञानिक स्वभाव और जिज्ञासा विकसित करने की है। राष्ट्रीय पाठ्यचर्या की रूपरेखा एन.सी.एफ.–2005 के अनुसार, विज्ञान का उद्देश्य है कि विद्यार्थियों में अपने आस–पास होने वाली विभिन्न क्रियाओं को लेकर जिज्ञासा जागृत हो, जिन्हें समझने के लिए वे खोजबीन करें। इस दृष्टि से कक्षा में हो रहे विज्ञान शिक्षण के हर एक पहलू, यथा विषय, विषय व विषय सामग्री, अनुदेशात्मक विधि और मूल्यांकन आदि निर्धारित हों। ज़ाहिर है ये सभी शिक्षक के विश्वासों, मान्यताओं, अनुभूतियों और अपेक्षाओं से प्रभावित होते हैं। एक विज्ञान शिक्षक के विश्वासों, मान्यताओं व अनुभूतियों के बनने में शिक्षक–प्रशिक्षण संस्थान अत्यन्त महत्त्वपूर्ण भूमिका

निभाते हैं। आज विज्ञान शिक्षा केवल विद्यालय/संस्थानों तक सीमित नहीं रह गया है, अपितु हर एक व्यक्ति की पहुँच के दायरे में है। आज गूगल और इंटरनेट के युग में ज्ञान एवं वैज्ञानिक प्रदत्त तो विद्यार्थी के पहुँच में है परन्तु ज्ञान का प्रयोग, उन प्रदत्तों की समझ के साथ–साथ इन सिद्धान्तों से जुड़े हुए मूल्यों की चर्चा कक्षा में अति आवश्यक है।

विज्ञान में शामिल है अवलोकन, परिकल्पना, निर्माण, भविष्यवाणी, प्रयोग और इस सबके आधार पर निष्कर्ष निकालना, और यह सब वैज्ञानिकों के ज़ेहन में उठने वाले सवालों के जवाब ढूँढ़ने के सन्दर्भ में किया जाता है। विज्ञान एक निरन्तर प्रयास है जिसमें प्रगतिशीलता है, क्योंकि वैज्ञानिक ज्ञान में नया ज्ञान जुड़ता रहता है। नया ज्ञान मौजूदा विचारों को चुनौती देता है और नये विचारों और सिद्धान्तों द्वारा ग़लत साबित हो जाता है। पुराने ज्ञान को त्याग दिया जाता है। नारलीकर (2007) बाल वैज्ञानिक किताबों का परिचय देते हुए यह चर्चा करते हैं कि विज्ञान की सुन्दरता यह है कि वो अपने ज्ञान की फ़ाइन ट्यूनिंग और उसका अलंकरण करता रहता है। इसे वे निरन्तर नवीकरण की प्रक्रिया के रूप में सन्दर्भित करते हैं। उनके अनुसार यह प्रक्रिया प्रयोग और परीक्षण दोनों एवं सैद्धान्तिक चर्चा और मानसिक मन्थन के द्वारा होती है। इसलिए विज्ञान की सही प्रकृति को समझने के लिए यह महत्त्वपूर्ण है कि छात्र–शिक्षक विज्ञान के विकास और उस में आये परिवर्तन को समझें और अपनी कक्षाओं में उन बदलावों को प्रतिबिम्बित करने का प्रयास करें। यह आवश्यक है कि वे ख़ुद को नये और हाल के वैज्ञानिक ज्ञान के साथ अद्यतन करने का महत्त्व समझें और उसके अनुसार अपनी समझ को टटोलते हुए अपने विचारों में बदलाव लाने के लिए तत्पर रहें। अतः विज्ञान शिक्षण का एकमात्र ध्येय केवल विज्ञान की अवधारणाओं का सरलीकरण ही नहीं है। विज्ञान शिक्षण के महत्त्वपूर्ण लक्ष्य हैं कि विद्यार्थियों में अपने आस–पास के वातावरण का प्रेक्षण करते हुए पैटर्न्स का पता लगाना, उनसे सम्बन्धित प्रश्न पूछना व उन सवालों का उत्तर ढूँढ़ने के लिए प्रयोग करना अथवा प्रमाणों की खोज करना और कक्षा में मिल–जुलकर विज्ञान के प्रत्ययों को निर्मित करना। आवश्यकता यह है कि सही–ग़लत की पहचान, साथ–साथ मिल–जुलकर रहने की भावना जागृत हो न कि प्रतिस्पर्धा की। इसके लिए विज्ञान कक्षा में तार्किक वार्ता एक महत्त्वपूर्ण भूमिका निभाती है। परन्तु कई शोध (शुलमैन,1987; फ्रेडरिकसेन एंड दाना, 2005; पार्क **एट.एएल.**,

2011; काइंड, 2016।) यह प्रमाणित करते हैं कि शिक्षक के जीवन के पूर्व अनुभव उसके विचारों, मान्यताओं और यहाँ तक कि आज शिक्षण में उसके शिक्षण से जुड़े व्यवहार को बहुत तरह से प्रभावित करते हैं। इसलिए एक विज्ञान का शिक्षक विज्ञान शिक्षण के बारे में क्या सोचता है यह अत्यन्त आवश्यक हो जाता है?

इस आलेख में लेखिकाओं ने अपने उन विचारों पर रोशनी डालने की कोशिश की है जोकि उन्होंने शिक्षक–प्रशिक्षुओं से, गत वर्षों में विभिन्न चर्चाओं द्वारा एकत्रित किये हैं। आलेख शिक्षक–प्रशिक्षुओं के विज्ञान अध्ययन और विज्ञान शिक्षण से सम्बन्धित विचारों को प्रस्तुत करता है। यह चिन्तनशील प्रक्रिया निम्नलिखित प्रश्नों द्वारा निर्देशित है, जोकि लेखिकाओं के अनुभवों और समझ द्वारा निर्मित हुए हैं :

- आज के युग में कक्षा में क्या शिक्षक–प्रशिक्षु विज्ञान के सिद्धान्तों और प्रदत्तों के स्पष्टीकरण मात्र तक ही सीमित हैं या वे शिक्षक की भूमिका को किसी और नज़रिये से भी देखते हैं?
- क्या अपने शिक्षकों से प्रेरित होकर वे केवल उन्हें दोहराने की कोशिश करते हैं, इसके अलावा वे शिक्षण–प्रशिक्षण प्रक्रिया के दौरान प्राप्त हुए विचारों का प्रयोग करते हैं या इन दोनों का समावेश अपनी कक्षा में करते हैं?
- क्या वे विज्ञान के शिक्षक को सामाजिक सुधार का सम्प्रेषक मानते हैं और उसके आधार पर अपनी कक्षा प्रणाली को भी नियोजित करते हैं?
- क्या वे विज्ञान को स्थिर अथवा परिवर्तनशील मानते हैं?
- आज के सन्दर्भ में हम पूर्व सत्यापित ज्ञान पर ही नहीं रुक सकते अपितु हमें लगातार अपनी क्षमताओं और कौशलों का विकास एवं नवीनीकरण करते रहना पड़ेगा। क्या वे स्वयं को इस दृष्टिकोण से देखते हैं?

विज्ञान शिक्षक क्या करें?

शिक्षक–प्रशिक्षुओं से विभिन्न चर्चाओं के दौरान यह पाया गया कि विज्ञान शिक्षक के बारे में उनके पास पहले से कुछ पैटर्न या मापदण्ड बने हुए हैं। विभिन्न चर्चाओं में ज़्यादातर उनके ख़ुद के स्कूली दिनों के उदाहरण सामने आये। उनके अनुसार विज्ञान का शिक्षक एक अच्छा शिक्षक तभी

होगा जब वह किसी प्रदत्त को सुनियोजित रूप से स्पष्ट कर सके। यह दर्शाता है कि वे विज्ञान की प्रकृति को ही जटिल मानते हैं तथा उनके अनुसार विज्ञान शिक्षक की भूमिका इसके सरलीकरण की ही है। यही नहीं वे यह भी मानते हैं कि विज्ञान मुख्यतया जटिल और अमूर्त अवधारणाओं से भरा एक पुंज है, जिसे प्रमाण व साक्ष्य की अपेक्षा, व्याख्या व विवरण द्वारा ही समझाया जा सकता है। उनका यह मानना कि विज्ञान शिक्षक की भूमिका–विज्ञान के सिद्धान्तों और प्रदत्तों को विद्यार्थियों के लिए बोधगम्य बनाना है; हमें विद्यार्थियों और विज्ञान शिक्षण को लेकर उनकी कुछ पूर्व निर्धारित मान्यताओं से अवगत कराता है। ऐसा नहीं है कि सारे शिक्षक–प्रशिक्षु ही ऐसा सोचते हैं, परन्तु ज़्यादातर का ज़ोर प्रदत्त स्पष्टीकरण पर है। कुछ शिक्षक–प्रशिक्षु विज्ञान की वस्तुनिष्ठ जानकारियों को निर्णय तक पहुँचने, यहाँ तक कि समाज से जोड़ने में सफल भी होते हैं, परन्तु यह उनकी स्वाभाविक व स्वप्रेरित कक्षा प्रक्रिया नहीं है, अपितु उन्हें इसके लिए कक्षा में विज्ञान पढ़ाने में अथक प्रयास करने पढ़ते हैं। कहीं–न–कहीं यह उनके लिए कठिन कार्य बन जाता है। प्रशिक्षण के दौरान इन सब में बदलाव का अधिक प्रयास किया जाता है और कई में कुछ बदलाव आते भी हैं, किन्तु यह स्वाभाविक अथवा स्थायी नहीं बनते। हमारे अध्यापन के दौरान उनके साथ अन्तःक्रिया व चर्चाओं में ऐसे कुछ बदलाव देखे गये, किन्तु ये बदलाव उनके अध्यापन कार्य में कब तक बने रहते हैं, यह कहना कठिन है। इनमें से कुछ देखे गये कुछ परिवर्तनों के बारे में ऐसा भी लगा कि उनमें से कुछ कक्षा में सीखने की प्रक्रिया के सन्दर्भ में स्वयं को एक ऐसे ज़रिये के रूप में देखते हैं जोकि विद्यार्थियों में जिज्ञासा उत्पन्न करने की महत्त्वपूर्ण भूमिका निभाते हैं।

प्रयोग क्यों हों?

शिक्षक–प्रशिक्षु प्रयोगशाला सम्बन्धित गतिविधियों को विज्ञान के प्रदत्तों की समझ विकसित करने के लिए ही अत्यन्त महत्त्वपूर्ण मानते हैं। उनके अनुसार प्रयोगशाला सम्बन्धित गतिविधियाँ 'कर के सीखने' में मदद करती हैं, अतः ये प्रदत्त को पूर्ण रूप से स्पष्ट करने के लिए उचित है। विज्ञान की अमूर्त अवधारणाओं को सरल और मूर्त रूप में प्रस्तुत करने में भी प्रयोगशाला सम्बन्धित गतिविधियाँ ज़रूरी हैं। इनसे विद्यार्थियों को चरणबद्ध तरीक़े से वैज्ञानिक प्रक्रिया को समझने का अवसर प्राप्त होता

है। शिक्षक–प्रशिक्षु प्रयोगशाला सम्बन्धित गतिविधियों को केवल सही या मानक परिणाम लाने की दृष्टि से देखते हैं न कि अन्वेषण की दृष्टि से। शिक्षक–प्रशिक्षु विज्ञान में प्रयोगशाला सम्बन्धित गतिविधियों को केवल पंक्तिबद्ध क्रियाओं के अनुसार चलना या पहले से सिद्ध किये हुए सिद्धान्तों को जाँचने की दृष्टि से देखते हैं, किन्तु विज्ञान में प्रयोगों की वास्तविक उपायदेयता इससे बहुत अलग समझी जाती है (बीट्टी एंड वूल्नो, 1982; वूल्नो एंड ऑलसोप, 1985; लुनेटा एट. एएल., 2007) इन सब में स्पष्ट है कि प्रयोगशाला सम्बन्धित गतिविधियाँ पंक्तिबद्ध सोपान नहीं हो सकती हैं। इनमें परिकल्पना जाँच, तुलना का प्रावधान, जाँच व अवलोकन व फिर प्रक्रिया में बदलाव जैसे पहलू एवं परीक्षण व अवलोकन जैसी क्रियाएँ भी अहम हैं। ये विज्ञान की प्रकृति और वैज्ञानिक प्रक्रिया की बुनियाद हैं। शिक्षक–प्रशिक्षुओं के साथ विभिन्न चर्चाओं में ऐसा प्रतीत हुआ कि शिक्षक–प्रशिक्षु प्रयोग में मानसिक व स्वयं करने के श्रम, ग़लती करने–सीखने की प्रक्रिया व समूह में चर्चा व तर्क तक पहुँचने की अनदेखी करते हैं, जोकि वैज्ञानिक स्वभाव विकसित करने में अत्यावश्यक हैं।

डायग्राम, चित्र, प्रारूप की गड्मगड

शिक्षक–प्रशिक्षु किसी भी सिद्धान्त को स्पष्ट और सरल बनाने हेतु 'सुन्दर' डायग्राम को अत्यन्त महत्त्वपूर्ण मानते हैं। उनके अनुसार यह ज़रूरी है कि डायग्राम रंग–बिरंगा हो। वे मानते हैं कि ऐसे डायग्राम विद्यार्थियों को अपनी ओर आकर्षित करते हैं और उससे ही विद्यार्थियों की समझ बन पाती है। उनके अनुसार विद्यार्थी देखकर बेहतर सीखते हैं। वे मानते हैं कि डायग्राम से अमूर्त प्रदत्त को मूर्त बनाने में मदद मिलती है। डायग्राम किसी प्रदत्त का सरलीकृत संस्करण तो हैं ही, परन्तु साथ ही ये प्रदत्त के विश्लेषण में भी सहायक हैं। वे ये भी समझते हैं कि डायग्राम किसी चीज़ का चित्र मात्र नहीं, अपितु एक प्रदत्त का प्रतिरूप है। उनके द्वारा दिये गये उदाहरणों से यह प्रतीत हुआ कि वे डायग्राम को प्रत्यय के स्पष्टीकरण का एक माध्यम मानते हैं। इससे वे एक ही तरह से डायग्राम को बनाने पर ज़ोर देते हैं व श्यामपट्ट से उन्हें हू–ब–हू उतारने के महत्त्व को व्यक्त करते हैं, परन्तु वे यह बताने में असमर्थ हैं कि किस प्रकार डायग्राम प्रदत्त का प्रतिरूप है। उनके अनुसार डायग्राम चित्र की तरह ही किसी प्रदत्त को दर्शाने का माध्यम है। वे डायग्राम की तुलना चित्र से करते हैं, जबकि

डायग्राम तो चित्र से अलग है, क्योंकि डायग्राम एक मानसिक चित्र से ही प्रदत्त को दर्शा रहा है। वे केवल इतना ही कह पाते हैं कि डायग्राम भी दृश्य हैं, जो देखे जा सकते हैं। इसलिए वे समझने में आसान हैं।

विभिन्न चित्रों के माध्यम से किस प्रकार के प्रारूप का निर्माण किया जा सकता है यह समझना बहुत आवश्यक है। डायग्राम, जोकि एक मानसिक चित्र पर आधारित है, की समझ बनाने के लिए भी यह आवश्यक है कि छात्रों को उस डायग्राम से जुड़े विभिन्न उदाहरण दिखाये जायें और उनके चित्र बनाने के लिए उन्हें प्रेरित किया जाये। इस प्रक्रिया से छात्र स्वयं उन चित्रों से एक प्रारूप का निर्माण कर डायग्राम का स्वरूप दे सकेंगे। यह उनकी प्रेक्षण की क्षमता को भी विकसित करने में सहायक होगा और उनसे जुड़े हुए प्रत्ययों की समझ बनाने में भी। जैसा कि हेडॉक (2001) भी अपने लेख में विज्ञान में चित्रकारी के योगदान का वर्णन करते हुए उदाहरण सहित चर्चा करती हैं कि जब बच्चे सजीव चीज़ों का चित्र बनाते हैं तो उससे न केवल उनके प्रेक्षण की क्षमता का विकास होता है अपितु उन्हें विभिन्न जीवों की पहचान बनाने में अथवा विभिन्न प्रक्रियाओं को समझने में भी मदद मिलती है। शिक्षक–प्रशिक्षण संस्थानों में विभिन्न चर्चाओं के दौरान उन्हें इन दोनों के अन्तर के बारे में सोचने के लिए प्रोत्साहित किया जाता है। वैसे तो यह उनकी समझ में प्रकट तो होता है, परन्तु वे डायग्राम और चित्र के अन्तर को सोचकर व्यक्त ही नहीं कर पाते। डायग्राम को अलग दृष्टिकोण से देखने की समझ को वे कक्षा में किस तरह ला पायेंगे, यह कहना कठिन है क्योंकि यह उनकी पाठ–योजनाओं में भी प्रदर्शित नहीं हो पाता है। डायग्राम का प्रयोग प्रत्यय के विभिन्न रूपों की चर्चा करने की जगह, प्रत्यय को एक ही तरह से दिखाने के लिए किया जाता है।

कक्षा में संचार प्रौद्योगिकी

शिक्षक–प्रशिक्षुओं ने जानकारी एवं संचार प्रौद्योगिकी को भी विज्ञान शिक्षण की कक्षा का अभिन्न अंग माना है। उनके अनुसार जानकारी एवं संचार प्रौद्योगिकी न केवल विद्यार्थियों के लिए विषय को सुगम और बोधगम्य बनाने में सहायक है, अपितु कक्षा को दिलचस्प भी बनाती है। क्योंकि इसमें विद्यार्थियों की ज़्यादा–से–ज़्यादा इन्द्रियाँ प्रदत्त को समझने में व्यस्त होती हैं। परन्तु सवाल यह है कि क्या जानकारी एवं संचार प्रौद्योगिकी विद्यार्थियों

का ध्यान मात्र आकर्षित करने के लिए है? हमारे अनुसार जानकारी एवं संचार प्रौद्योगिकी को वास्तविकता के एक विकल्प के तौर पर देखा जाना चाहिए। यदि प्रदत्त का स्पष्टीकरण स्थानिक और लौकिक समकालीन दृष्टिकोण से सम्भव न हो, तब जानकारी एवं संचार प्रौद्योगिकी अत्यन्त सहायक होगी। उदाहरण के लिए, इसके बिना 'मानव के क्रमिक विकास' जैसे विषय को प्रस्तुत करना कठिन है क्योंकि यहाँ प्रदत्त के प्रभाव और उदाहरण नहीं देखे जा सकते।

विज्ञान शिक्षण व पुस्तक

शिक्षक–प्रशिक्षु विज्ञान में पुस्तक पढ़ने पर ज़्यादा ज़ोर नहीं देते अपितु केवल प्रयोगशाला सम्बन्धित दर्शाने की गतिविधियों को महत्त्व देते हैं। उनके अनुसार इससे विज्ञान की अमूर्त अवधारणाओं को मूर्त रूप में स्पष्ट किया जा सकेगा। इस स्पष्टीकरण की प्रक्रिया में शिक्षक–प्रशिक्षु विज्ञान की पुस्तक पढ़ने के महत्त्व को नगण्य मानते हैं। प्रायः यह देखा गया है कि विज्ञान में पुस्तकें अधिकतर गृहकार्य देने के लिए इस्तेमाल होती हैं। प्रयोगशाला सम्बन्धित गतिविधियों के संचालन करने और विज्ञान के प्रयोग में इस्तेमाल होने वाले यन्त्रों और उपकरणों को व्यवस्थित करने हेतु नहीं। कहने का अभिप्राय है कि प्रयोग केवल पहले से सिद्ध किये हुए सिद्धान्तों को जाँचने के लिए किये जाते हैं जिनमें पंक्तिबद्ध क्रियाओं का प्रयोग किया जाता है। पुस्तकों को इसलिए पढ़ा जाता है जिससे प्रयोगों को ज्यों–का–त्यों किया जा सके, परन्तु विज्ञान की शब्दावली को सीखने और समझने के लिए विज्ञान की पुस्तकों को पढ़ने की अपनी अलग महत्ता है। यह विद्यार्थियों को विज्ञान को लेकर अपनी समझ गढ़ने, अपने विचार बनाने में मदद करता है। विज्ञान की शब्दावली का ज्ञान विद्यार्थी को प्रदत्त टैक्स्ट को समझने में आत्मनिर्भर बनाता है और उस दिशा में खोज करने के लिए प्रोत्साहित करता है जिससे कि विद्यार्थी की विज्ञान की समझ सुदृढ़ होती है। विज्ञान की शब्दावली के ज्ञान से ही विद्यार्थी प्रदत्त की व्याख्या कर, उसके अर्थ को सुनियोजित ढंग से समझ सकता/सकती है और दूसरों को समझा सकता/सकती है।

संक्षेप में

हम यह जानते हैं कि शिक्षण–प्रशिक्षण कार्यक्रम विज्ञान की प्रकृति और

शिक्षण तरीक़ों से प्रभावित होते हैं, परन्तु शिक्षक–प्रशिक्षुओं के प्रतिदिन के स्कूली अनुभवों से उनमें काफ़ी द्वन्द्व और संघर्ष रहता है। शिक्षक–प्रशिक्षुओं के साथ अनुभवों का लेखा–जोखा यह दर्शाता है कि शिक्षक–प्रशिक्षुओं की विज्ञान और विज्ञान शिक्षण की समझ काफ़ी हद तक उनके पिछले अनुभवों द्वारा निर्मित होती है। शिक्षण–प्रशिक्षण में अध्ययनरत शिक्षक–प्रशिक्षु अपने स्कूल व उच्चतर शैक्षणिक संस्थानों के अनुभवों, जिनमें वे काफ़ी समय तक रहें, से ही अपनी समझ बनाते हैं। शिक्षण उन्मुखी कार्यक्रमों में, उनके विज्ञान–शिक्षक बनने की प्रक्रिया को भी यह अनुभव व उससे बनी समझ बहुत प्रभावित करती है। ये अनुभव विद्यालय में विज्ञान समझने से प्रारम्भ होते हैं और विश्वविद्यालयों में विज्ञान पढ़ने तक निर्मित होते रहते हैं। यह लगभग एक दशक का समय है। विज्ञान–शिक्षण की तैयारी प्रक्रिया उनकी 'विज्ञान–शिक्षक' व शिक्षण की पहले से विकसित मान्यताओं पर प्रश्न उठाना और भूलना सिखाती है। यह बात हमारा उस खाई की ओर ध्यान आकर्षित करती है जो विभिन्न संस्थानों में विज्ञान सीखने और विज्ञान शोध में साफ़ झलकती है। इस सब की वजह से विज्ञान शिक्षकों की तैयारी में बदलाव के महत्त्व को कुछ महाविद्यालयों में काफ़ी हद तक समझा जाता है। अतः यहाँ शिक्षण–प्रशिक्षण के दौरान शिक्षक–प्रशिक्षुओं से चर्चाओं का आरम्भ ही आमतौर पर उनके विज्ञान और विज्ञान–शिक्षण से जुड़े विचारों को जान कर होता है। इसके लिए आवश्यकता है उनके विज्ञान के पुराने अनुभवों को दोहराने की व उनके विश्लेषण व समालोचना की। इसलिए उनके पहले से मौजूद विचारों को चुनौती देना, उनका विस्तार करना और साथ ही विज्ञान के विभिन्न पहलुओं पर ध्यान केन्द्रित करने के लिए मदद करना, विज्ञान–शिक्षण की कक्षा का प्राथमिक उद्देश्य बन जाता है। इस प्रक्रिया के दौरान शिक्षक–प्रशिक्षुओं के साथ विज्ञान के स्वरूप और उसकी विभिन्न गतिविधियों के बारे में चर्चा की जाती है। विज्ञान किस प्रकार से एक सोच एवं प्रक्रिया है, के विषय में उपयुक्त उदाहरण लेकर चर्चा की जाती है। विभिन्न दार्शनिकों के विचारों से अवगत कराते हुए उनके साथ विज्ञान के विकास एवं उसे समझने के विभिन्न दृष्टिकोणों को समझने और समीक्षा करने का प्रयास किया जाता है। ये चर्चाएँ उन्हें विज्ञान में जिज्ञासा व उनसे उत्पन्न होने वाले प्रश्नों का महत्त्व समझने में सहायक होती हैं। इस बात पर चर्चा की जाती है कि इन प्रश्नों का उत्तर ढूँढ़ने में किस प्रकार विज्ञान की विभिन्न प्रक्रियाएँ प्रयोग की जाती हैं। इसे

विद्यार्थियों के अधिगम प्रक्रिया से जोड़ते हुए विज्ञान की कक्षा में 'खोज' द्वारा सीखने के महत्त्व को समझने का प्रयास किया जाता है। इसके लिए विभिन्न नवीन विज्ञान–शिक्षण कार्यक्रमों जैसे कि नफ़ील्ड विज्ञान शिक्षण प्रोजेक्ट, होशंगाबाद विज्ञान शिक्षण कार्यक्रम (हो.वि.शि.का.) का विश्लेषण किया जाता है। इस सन्दर्भ में बच्चे किस प्रकार विज्ञान समझते हैं, से जुड़े सिद्धान्तों अथवा विचारों की चर्चा की जाती है। दूसरी तरफ़ विद्याथियों की क्षमताओं, उनके अनुभवों व विचारों का एक विज्ञान की कक्षा में क्या महत्त्व है, आदि की उदाहरणों सहित व्याख्या की जाती है।

शिक्षक–प्रशिक्षुओं से निरन्तर ये चर्चाएँ और बातचीत की प्रक्रिया, उनकी पहले से स्थापित अवधारणाओं में बदलाव तो करती हैं, परन्तु ये बदलाव उनके अध्यापन कार्य में कब तक बने रहते हैं, यह कहना कठिन है। इस स्तर पर विज्ञान की पूर्व–अवधारणाओं को भुलाकर, उन्हें पुनः खोजने की प्रक्रिया का समावेश इस प्रकार किया जाना चाहिए कि इन बदलावों को लेकर उनमें दृढ़ मत विकसित हो सके। अतः विज्ञान–शिक्षण में हम जिन मुद्दों और प्रयोजनों के साथ सम्बद्ध होते हैं, उनका ताल्लुक औपचारिक विज्ञान के सीखने के विभिन्न पहलुओं से है, अतः इस पर गहन चिन्तन किया जाना चाहिए। इसके लिए शिक्षण संगठनों, संस्थानों, विश्वविद्यालयों व उच्चतर शैक्षणिक संस्थानों में विचारों के सतत् आदान–प्रदान की, आपसी भागीदारी की अति आवश्यकता है, न कि केवल विद्यालयों पर ध्यान केन्द्रित करने की।

सन्दर्भ सूची

1. बीट्टी, जे.डब्ल्यू. एंड वूल्नो, बी.ई. (1982), *प्रैक्टिकल वर्क इन 11–13 साइंस : दी कॉनटेक्स्ट, टाइप एंड एमस् ऑफ़ करंट प्रैक्टिस,* ब्रिटिश एजुकेशनल रिसर्च जर्नल, 8 : 23–30, doi: 10.1080/0141192820080103।
2. फ्रेडरिकसेन, पी.एम. एंड दाना, टी.एम. (2005), *सबसेंसिटिव लेवल थ्योरी ऑफ़ हाइली रिग्रेडेड सेकेंडरी बायोलॉजी टीचर्स साइंस टीचिंग ओरियनटेशन,* जर्नल ऑफ़ रिसर्च इन साइंस टीचिंग, वॉल्यूम 4, नम्बर 2, पेज 218–244।
3. हेडॉक, के. (2001), *ऑब्जर्वेशन एंड ड्राइंग इन लर्निंग साइंस, साइंस टेक्नोलॉजी एंड मैथमेटिक्स एजुकेशन फॉर ह्यूमन डेवलपमेंट (2001) वॉल्यूम* II, प्रोसीडिंग ऑफ़ दी CASTME-UNESCO-HBCSE इंटरनेशनल कॉन्फ्रेंस, गोवा, पेज 398–402, रिट्राइब्ड फ्रॉम https://mafiadoc.com/observation-and-drawing-in-learning-science-karen haydock_5984528e1723ddcc692ec308.html on 20.2.2018.

4. पार्क, एस., जंग, जे., चेन, वाई. एंड जंग, जे. (2011), इज़ पेडागॉजिकल कंटेंट नॉलेज नेसेसरी फ़ॉर रिफोर्म्ड साइंस टीचिंग? एवीडेंस फ्रॉम एप एम्पीरिकल स्टडी, *रिसर्च इन साइंस एजुकेशन, 41, 245–260।*
5. काइंड, वी. (2016), प्री–सर्विस साइंस टीचर्स साइंस टीचिंग ओरियनटेशन एंड बिलीव्स अबाउट साइंस, *साइंस एजुकेशन, 100 (1), 122–152*।
6. लुनेटा, वी.एन., हॉफस्टीन, ए. एंड क्लो, एम. पी. (2007), *टीचिंग एंड लर्निंग इन दी स्कूल साइंस लेबोरेटरी, एन एनालिसिस ऑफ़ रिसर्च, थ्योरी, एंड प्रैक्टिस, इन एस.के. एबेल एंड एन.जी. लेडरमैन (ईडीएस), हैंडबुक ऑफ़ रिसर्च ऑन साइंस एजुकेशन (पेज 393–431),* महवा, एनजे : लॉरेंस एर्लबम एसोसिएट्स।
7. नार्लीकर, जे. (2007), *'टू वर्ड्स' इन बाल वैज्ञानिक (क्लास 7),* एकलव्य, भोपाल।
8. नेशनल करिकुलम फ्रेमवर्क, 2005, एन.सी.ई.आर.टी., 2005।
9. शुलमैन, एल. (1987), *नॉलेज एंड टीचिंग : फ़ाउंडेशन ऑफ़ दी न्यू रिफोर्म,* हार्वर्ड एजुकेशनल रिव्यू, 57 (1), 1–22 ।
10. वूल्नो, बी. ई. एंड ऑलसोप, टी. (1985), *प्रैक्टिकल वर्क इन साइंस,* कैम्ब्रिज : कैम्ब्रिज यूनिवर्सिटी प्रेस।

शिक्षक–प्रशिक्षण कार्यशालाओं में पाठ्यचर्या, पाठ्यक्रम और पाठ्यपुस्तकों की समीक्षा का महत्त्व

–हिमांशु श्रीवास्तव

यह पर्चा शिक्षकों द्वारा पाठ्यचर्या, पाठ्यक्रम और पाठ्यपुस्तकों की समीक्षा कर पाने की योग्यता को महत्त्वपूर्ण मानता है और यह तर्क रखता है कि शिक्षक–शिक्षा कार्यक्रमों में शिक्षकों के भीतर इस योग्यता को विकसित और प्रोत्साहित करने के अवसर उपलब्ध करवाने चाहिए। इस पर्चे में विज्ञान सम्बन्धित पाठ्यपुस्तक और पाठ्यचर्या की समीक्षा के मापदण्डों को भी प्रस्तुत किया गया है। साथ ही लेखक ने विज्ञान शिक्षा पर हुई एक कार्यशाला के अनुभवों को भी साझा किया है जिसमें शिक्षकों को समीक्षा जैसी बौद्धिक गतिविधियों का अवसर उपलब्ध करवाकर उन्हें सशक्त करने का प्रयास किया गया था।

शिक्षक–शिक्षा में पाठ्यपुस्तक समीक्षा जैसी बौद्धिक गतिविधि महत्त्वपूर्ण भूमिका अदा कर सकती है। इस लेख में, मैं विज्ञान शिक्षकों के साथ पाठ्यपुस्तक समीक्षा का सत्र कराने के मेरे अनुभवों पर थोड़ी बात करते हुए यह तर्क कर रहा हूँ कि इस तरह के सत्र शिक्षकों के व्यावसायिक विकास में काफ़ी मददगार साबित हो सकते हैं और इसलिए शिक्षक–शिक्षा में इनके लिए ख़ास जगह बनाये जाने की ज़रूरत है। चूँकि शिक्षकों के साथ काम करने का मेरा अनुभव सिर्फ़ सेवारत विज्ञान शिक्षकों तक ही सीमित है, इसलिए इस लेख में मैं इस सीमा में रहते हुए ही अपनी बात रख रहा हूँ।

विज्ञान शिक्षकों की मौजूदा प्रशिक्षण प्रक्रिया पर अगर एक नज़र डालें तो पता चलता है कि प्रशिक्षणों में किस बात पर ज़ोर दिया जाये?

उसको लेकर शिक्षाविदों में कुछ ख़ास सहमति नहीं है। कुछ लोग विषय–वस्तु की समझ (Content Knowledge) को पुख़्ता करने पर बल देते हैं और यह तर्क रखते हैं कि विषय–वस्तु की अच्छी समझ के बग़ैर शिक्षक विषय पढ़ाने के साथ न्याय नहीं कर सकते, तो कुछ लोग सामान्य शिक्षाशास्त्रीय बातों (General Pedagogical Knowledge) या विषय विशेष से जुड़ी शिक्षाशास्त्रीय बातों (Pedagogical Content Knowledge) पर समझ बनाने पर अधिक ज़ोर देते हैं (शुलमैन, 1986; हशवेह, 1987; कार्लसन, 1989, 1991; ग्रॉसमैन, 1990; वैन ड्रिएल, वरलूप एंड डे वॉस, 1998; मैग्नेसन, क्राजिक एंड बोरको, 1999; गेस–न्यूजोम एंड लेडरमैन, 2001; बॉल, टेम्स एंड फेल्प्स, 2008)। इसी सन्दर्भ में एक और तर्क आता है कि प्रशिक्षण के दौरान शिक्षकों को विज्ञान–शिक्षण की प्रक्रिया का सीधा और भरपूर अनुभव मिलना चाहिए, उन्हें विज्ञान के इतिहास की भी समझ होनी चाहिए ताकि वे विज्ञान विषय और उसकी प्रकृति के बारे में कुछ समझ बना पायें। (हॉफस्टीन एंड लुनेटा, 1982; सोलोमन, ड्यूवेन, स्कॉट एंड मैककार्थी, 1992; मैथ्यूज, 1994)। इन्हीं बातों को थोड़ा और आगे ले जाते हुए मैं यह तर्क रखना चाहता हूँ कि विज्ञान शिक्षकों की तैयारी में पाठ्यचर्या, पाठ्यक्रम और पाठ्यपुस्तक समीक्षा जैसी गतिविधियाँ भी उतनी ही महत्त्वपूर्ण हैं जितनी उनकी विषय–वस्तु की तैयारी या विषय की प्रकृति के बारे में समझ विकसित करने की बात। आगे लेख में, मैं इसी बात को थोड़ा तफ़सील से रखूँगा।

हमारे देश में यह बात किसी से छिपी नहीं है कि स्कूल में क्या पढ़ाया जायेगा और क्या नहीं, यह इस बात से तय होता है कि पाठ्यपुस्तकों में अमुक विषय को कैसे शामिल किया गया है, बल्कि किया भी गया है या नहीं, और परीक्षा में उसके लिए कितने अंक निर्धारित हैं। इससे जुड़ा हुआ एक और कड़वा सच जो नज़रअन्दाज़ नहीं किया जा सकता, वह यह कि ज़्यादातर शिक्षकों के पास उनकी पाठ्यपुस्तकों के अलावा कोई और शिक्षण सामग्री उपलब्ध ही नहीं होती। दिल्ली विश्वविद्यालय के जाने–माने शिक्षाविद् प्रोफ़ेसर कृष्ण कुमार कहते हैं कि देश में ज़्यादातर स्कूलों की स्थिति ऐसी है कि शिक्षकों के पास संसाधनों के रूप में एकमात्र चीज़ जो उपलब्ध है, वह है उनकी पाठ्यपुस्तकें। इस तथ्य को राष्ट्रीय फ़ोकस समूह के 'पाठ्यचर्या, पाठ्यक्रम और पाठ्यपुस्तकें' नाम से तैयार आधार

पत्र में भी उजागर किया गया है और इस बात पर भी चिन्ता जताई गयी है कि पाठ्यपुस्तकें कक्षाओं में किस तरह से इस्तेमाल होती हैं।

पाठ्यपुस्तक, पाठ्यक्रम का एक मूर्त रूप बन जाती है। उसमें जितना भी है उसे ही पढ़ाया जाना है। वह कार्य–प्रणाली की एक कुंजी बन जाती है जिसमें पढ़ना होता है और एक अच्छा ख़ासा भाग बार–बार पढ़कर याद करने के लिए होता है। वह मूल्यांकन की एक व्यवस्था बन जाती है। पाठ के अन्त में प्रश्नों का मौलिक एवं लिखित उत्तर देना होता है जिसके लिए पाठ की लिखित सामग्री को उसी तरह लिखना होता है। (आधार पत्र – पाठ्यचर्या, पाठ्यक्रम और पाठ्यपुस्तकें, 2006 ए, पेज 14)

अगर यह बात सही है कि पाठ्यपुस्तकें शिक्षकों के पास उपलब्ध एकमात्र संसाधन हैं, यही उनके औज़ार हैं, तो इन औज़ारों की गुणवत्ता की जाँच–पड़ताल करना काफ़ी ज़रूरी हो जाता है। आख़िर किसी भी पेशे में लगे लोग अपने पेशे से जुड़े औज़ारों की अच्छी परख रखते हैं और हमेशा इस बात को लेकर सतर्क रहते हैं कि उनके औज़ार एकदम दुरूस्त रहें ताकि वे अपने काम में उनका अच्छे से अच्छा इस्तेमाल कर सकें।

इन्हीं बातों के मद्देनज़र, पिछले कुछ वर्षों से एकलव्य[1] की लगभग एक हफ़्ते चलने वाली आवासीय शिक्षक–प्रशिक्षण कार्यशालाओं में हमने विषय–वस्तु और विज्ञान की प्रक्रिया पर होने वाले सत्रों के साथ–साथ एक और सत्र को भी शामिल किया है जिसमें हमारी कोशिश है कि कार्यशाला में भाग लेने वाले शिक्षक–शिक्षिकाएँ पाठ्यचर्या, पाठ्यक्रम और पाठ्यपुस्तकों से जुड़े तमाम पहलुओं पर कुछ समझ बना सकें और इस समझ और अपने अनुभव के आधार पर इन दस्तावेज़ों की समीक्षा कर पायें।

हमारा मानना है कि पाठ्यपुस्तक में क्या शामिल किया जाये और क्या नहीं और उसे कैसे प्रस्तुत किया जाये? इस बारे में शिक्षकों की राय सबसे ज़्यादा मायने रखती है, क्योंकि वे शिक्षक ही हैं जो कक्षा में बच्चों को पाठ्यपुस्तक समझने में मदद करते हैं, न कि राष्ट्रीय और राज्यस्तरीय संस्थाओं में बैठे शिक्षाशास्त्री या विषय विशेषज्ञ। वे शिक्षक ही हैं जो यह जानते हैं कि अमुख सन्दर्भ में कौन–से तरीक़े और कौन–से उदाहरण

1. एकलव्य एक स्वैच्छिक संस्था है जो पिछले कई वर्षों से शिक्षा एवं जनविज्ञान के क्षेत्र में काम कर रही है। संस्था के काम का एक प्रमुख हिस्सा विज्ञान एवं अन्य विषयों में शैक्षिक शोध करना और बच्चों, पालकों एवं शिक्षकों के लिए गुणवत्तापूर्ण सामग्री तैयार करना है। समय–समय पर संस्था शिक्षक–प्रशिक्षण कार्यशालाएँ भी आयोजित करती है।

काम करते हैं और कौन–से नहीं। हर दिन उन्हें ही बच्चों के सवालों से जूझना होता है और वे ही आये दिन बच्चों के माँ–बाप की शिकायतों का भी सामना करते हैं। अगर उन्हें सिर्फ़ राज्य द्वारा निर्धारित पाठ्यपुस्तकों को बिना दिमाग़ लगाये कक्षा में करवाना पड़े और पूरा ध्यान इस बात में लगा हो कि पाठ्यक्रम को कैसे ख़त्म करें, तो यह समझना कतई मुश्किल नहीं है कि क्यों उन्हें अपना ही काम काफ़ी उबाऊ लगने लगता है और क्यों उनका उनके काम के प्रति सम्मान कम होता जा रहा है?

शिक्षक–शिक्षा के सन्दर्भ में तैयार राष्ट्रीय पाठ्यचर्या की रूपरेखा (एन.सी.एफ., 2005) में इस बात को ज़ोर देकर कहा गया है कि शिक्षकों को पाठ्यचर्या की अच्छी समझ होनी चाहिए और उन्हें प्रस्तावित पाठ्यक्रम व पाठ्यपुस्तकों को आँख मूँदकर स्वीकार कर लेने की बजाय उनके प्रति एक समीक्षात्मक रवैया अपनाना चाहिए ताकि वे पाठ्यक्रम और पाठ्यपुस्तक निर्माण की प्रक्रिया में शामिल होने के लिए पूरी तरह तैयार रहें [शिक्षक–शिक्षा की राष्ट्रीय पाठ्यचर्या (एन.सी.एफ.टी.ई.–2009), पेज 3)]।

हम मानते हैं कि पाठ्यचर्या, पाठ्यक्रम और पाठ्यपुस्तक समीक्षा जैसी बौद्धिक गतिविधियाँ शिक्षकों को ऐसे मौक़े उपलब्ध कराती हैं, जिनके तहत वे शिक्षा के व्यापक और विशिष्ट उद्देश्यों पर मनन करते हैं, सीखने–सिखाने से जुड़े तमाम सामाजिक एवं शिक्षाशास्त्रीय मुद्दों पर विचार करते हैं, सिखाने के लिए उपलब्ध संसाधनों की गुणवत्ता पर विमर्श करते हैं और रोज़मर्रा की गतिविधियों को एक परिप्रेक्ष्य में देखना शुरू करते हैं। इस सन्दर्भ में हम यह भी उम्मीद करते हैं कि इस तरह की गतिविधि में जुड़ने से शिक्षक स्वयं को रोज़–रोज़ की दिशाहीन दौड़–भाग का सामना करने में कहीं अधिक मज़बूत स्थिति में पायेंगे और अपने अनुभवों को एक परिप्रेक्ष्य में देखना शुरू करेंगे।

पाठ्यपुस्तक समीक्षा सत्र का ढाँचा

ऐसे किसी सत्र में बातचीत की शुरुआत में हम शिक्षकों को यह सोचने के लिए प्रोत्साहित करते हैं कि विज्ञान शिक्षा के क्या उद्देश्य होने चाहिए, बच्चों को विज्ञान क्यों पढ़ाया जाना चाहिए और यह भी कि यही उद्देश्य क्यों होने चाहिए? उन्हें इस बात पर भी सोचना होता है कि अगर किसी उद्देश्य को चुना गया है तो उस उद्देश्य को पूरा करने के लिए किस तरह का पाठ्यक्रम होना चाहिए, किन मुद्दों पर ध्यान दिया जाना चाहिए और

पढ़ाने का तरीक़ा क्या होना चाहिए, लगभग 40 शिक्षकों की इन कार्यशालाओं में 4–5 शिक्षकों के समूह बनाये जाते हैं और ज़्यादातर बातचीत समूह स्तर पर ही होती है। आधे–पौने घण्टे की मशक़्क़त के बाद समूहों से विज्ञान शिक्षा के जो उद्देश्य उभरकर आते हैं, उन्हें ब्लैकबोर्ड पर लिख दिया जाता है। हमारा अनुभव है कि इस प्रक्रिया से जो उद्देश्य निकलकर आते हैं, वे किसी भी मानक पाठ्यचर्या में उल्लिखित उद्देश्यों के तक़रीबन समान ही होते हैं, हालाँकि अभिव्यक्ति का तरीक़ा थोड़ा अलग होता है।

फिर यह बातचीत होती है कि पाठ्यचर्या बनाते समय कौन–कौन लोग शामिल होते हैं, किस तरह की बहसें होती हैं, और कितनी लम्बी और सघन प्रक्रिया से गुज़रकर इस तरह के दस्तावेज़ तैयार होते हैं? चूँकि शिक्षक उस प्रक्रिया का एक छोटा स्वरूप खुद अनुभव कर चुके होते हैं, वे पाठ्यचर्या में शामिल मुद्दों को, उनको बनाने के पीछे की सोच और उनको तैयार करने की प्रक्रिया को कहीं बेहतर समझ पाते हैं।

इसके बाद कुछ समय लगाया जाता है नीतिगत दस्तावेज़ों से रू–ब–रू होने में। राष्ट्रीय पाठ्यचर्या की रूपरेखा और विशेषकर विज्ञान शिक्षण के बारे में राष्ट्रीय फ़ोकस समूह के आधार पत्र के कुछ हिस्से शिक्षक समूहों में पढ़ते हैं जिनमें विज्ञान शिक्षा के उद्देश्यों पर विमर्श किया गया है और एक आदर्श विज्ञान पाठ्यचर्या के लिए छह मानदण्ड सुझाये गये हैं (संज्ञानात्मक वैधता, विषय–वस्तु वैधता, प्रक्रिया वैधता, ऐतिहासिक वैधता, पर्यावरणीय वैधता और नैतिक वैधता) [राष्ट्रीय शैक्षिक अनुसन्धान और प्रशिक्षण संस्थान (एन.सी.ई. आर.टी.), 2006 बी, पेज III)]। थोड़ी चर्चा राष्ट्रीय पाठ्यचर्या की रूपरेखा बनने की निर्माण प्रक्रिया पर भी बनती है। शिक्षकों को यह समझते देर नहीं लगती कि जो मुद्दे उन्होंने इतनी मशक़्क़त के बाद निकाले थे, तक़रीबन वही मुद्दे इन कागज़ों में दिये गये हैं–हाँ, लिखने का तरीक़ा कुछ अलग है, बोलचाल की हिन्दी नहीं बल्कि मानक हिन्दी का इस्तेमाल[2] किया गया है।

---

2. जैसे – सरल शब्दों में यह कहने की बजाय कि विज्ञान शिक्षा का एक उद्देश्य बच्चों को विज्ञान करने के तरीक़ों से परिचित कराना है, एन.सी.एफ. के विज्ञान शिक्षण वाले आधार पत्र में इसे कुछ इस तरह रखा गया है –"विज्ञान शिक्षा विद्यार्थी को इस लायक बना दे ताकि वह उन तरीक़ों और प्रक्रियाओं को समझ सके जिनसे वैज्ञानिक ज्ञान का सृजन किया जा सके तथा इसका वैधीकरण भी किया जा सके।" ज़ाहिर है कि आधार पत्र में लिखी हुई बात कहीं अधिक दुरूस्त है, पर यहाँ सिर्फ़ यह कहने की कोशिश है कि भले ही शिक्षकों की मंशा वही हो, उनकी आपसी चर्चा से इतने परिष्कृत वाक्य नहीं निकलते।

पिछले कुछ सालों के अनुभव के आधार पर हमने आधार पत्र में उल्लिखित मानदण्डों को कुछ सवालों के रूप में तब्दील कर लिया है। जैसे–

1. अमुक पाठ विज्ञान शिक्षा के किन उद्देश्यों को पूरा करने में मदद कर रहा है?
2. इस पाठ को लिखने वाले लोग बच्चों के सामाजिक–आर्थिक परिवेश के बारे में क्या मानकर चले हैं? किस परिवेश के बच्चों के सवालों और अनुभवों को शामिल किया गया है और किस परिवेश को बिल्कुल जगह नहीं मिली है?
3. क्या कोई ऐसे मुद्दे हैं जो विषय–वस्तु के हिसाब से ज़रूरी हैं, पर पाठ में शामिल नहीं किये गये हैं? इसको तय करने का क्या आधार हो सकता है?
4. क्या पाठ की विषय–वस्तु उस कक्षा के स्तर पर चर्चा करने के लिए उपयुक्त लगती है?
5. बच्चे इस पाठ को पढ़ने के बाद किस तरह के मूल्य सीखेंगे (मसलन, पर्यावरण के प्रति संवेदनशीलता, अपने आसपास की दुनिया के बारे में जिज्ञासा, वस्तुनिष्ठता, प्रयोग करने और अपने परिणामों को साझा करने में ईमानदारी, कुदरती और सामाजिक विविधता के प्रति सम्मान, सामाजिक न्याय आदि)? क्या पाठ में व्यापक सामाजिक और पर्यावरणीय मुद्दों की ओर भी ध्यान खींचने की कोशिश की गयी है?
6. क्या पाठ के पीछे दिये गये प्रश्न बच्चों को सोचने पर मजबूर करते हैं और सीखी हुई बातों को अलग–अलग स्थितियों में उपयोग करने के अवसर देते हैं या बच्चे सिर्फ़ रटकर उन प्रश्नों का उत्तर दे पायेंगे?
7. पाठ में बच्चों को सवाल पूछने, अपने अनुभव साझा करने, एक–दूसरे से तर्क करने, किसी वैज्ञानिक कथन या तर्क की प्रामाणिकता की जाँच करने के क्या अवसर उपलब्ध कराये गये हैं?
8. अगर आपको इस पाठ में अपने सन्दर्भ के बच्चों की ज़रूरतों को ध्यान में रखते हुए कुछ फेरबदल करने का मौक़ा मिले, तो आप पाठ में क्या बदलाव करना चाहेंगे?

समय सीमा को ध्यान में रखते हुए पाठ्यपुस्तक समीक्षा के वक़्त मोटे

तौर पर इन्हीं 7–8 सवालों पर फ़ोकस करने के लिए कहा जाता है। सत्र के अन्त में सभी समूह अपनी–अपनी समीक्षाएँ प्रस्तुत करते हैं और बाक़ी साथियों के सवालों और टिप्पणियों का जवाब देते हैं।

हर साल की कार्यशाला के ढाँचे में थोड़ा–बहुत फेरबदल होता रहता है, पर मूल ढाँचा यही रहता है। सन् 2013 की कार्यशाला में सत्र की शुरुआत में ही हमने शिक्षकों को प्रकाश संश्लेषण विषय पर तीन राज्यों की पाठ्यपुस्तकों के अध्याय दिये थे और उन्हें इनकी तुलनात्मक समीक्षा करने को कहा था। तुलना के आधार बिन्दुओं को ब्लैकबोर्ड पर सूचीबद्ध किया गया था और वही पाठ्यपुस्तक समीक्षा पर होने वाली चर्चा का आधार बना था। 2015 में भी इसी तरीक़े से इस सत्र की शुरुआत हुई थी, पर 2016 में तुलनात्मक समीक्षा के लिए समय न होने की वजह से हमने सीधे ही विज्ञान शिक्षा के उद्देश्यों पर बातचीत शुरू की थी।

समीक्षा के लिए पाठ्यपुस्तक के कौन–से अध्याय चुने जायें, यह भी एक गम्भीर मसला है। हमने इस बारे में दो–तीन प्रयोग किये हैं। 2013 में हमने शिक्षकों को एक ही विषय–वस्तु पर तीन अलग–अलग राज्यों की अलग–अलग स्तर की पाठ्यपुस्तकों से लिए गये अध्यायों की समीक्षा करने को कहा था। यह अनुभव बहुत अच्छा नहीं रहा था जिसकी दो प्रमुख वजहें थीं–(1) शिक्षकों का विषय–वस्तु पर पकड़ का अभाव, और (2) विविधता के चलते समीक्षाओं की तुलना न कर पाने की सीमा। 2014 की कार्यशाला में किसी वजह से हम यह सत्र नहीं रख पाये थे, पर 2015 में हमने अपनी रणनीति में थोड़ा बदलाव किया और विषय–वस्तु की समझ को समीक्षा में आड़े न आने देने के लिए एन.सी.ई.आर.टी. की कक्षा 7 और 8 की विज्ञान की पाठ्यपुस्तकों से चार अध्यायों –ऊष्मा, मिट्टी, पौधों में पोषण और तारे एवं सौर परिवार को चुना। इससे समीक्षा में होने वाली विविधता को भी हम कुछ हद तक नियन्त्रित कर पाये। 2016 में एक प्रयोग के तौर पर हमने दो राज्यों की कक्षा 9 की विज्ञान की पाठ्यपुस्तकों से कचरा प्रबन्धन और स्वास्थ्य के अध्यायों को समीक्षा के लिए चुना ताकि विषय–वस्तु के साथ–साथ सामाजिक मूल्यों पर भी बातचीत की गुंजाइश हो।

हमारे अनुभव

कुल मिलाकर विज्ञान शिक्षा के उद्देश्यों पर होने वाली समूह स्तर की बातचीत

में जो बिन्दु बहुत सहजता से उभरकर आ जाते हैं, उनमें शामिल हैं – बच्चों में वैज्ञानिक दृष्टिकोण का विकास, विज्ञान में नयी–नयी खोजों और आविष्कारों से बच्चों को परिचित कराना, प्रायोगिक कार्य में कुशलता का विकास, तकनीकी ज्ञान का इस्तेमाल कर पाने की क़ाबिलियत, वैज्ञानिक साक्षरता का विकास, विज्ञान विषय की प्रकृति के बारे में समझ बनाना और कुछ विशिष्ट मूल्यों की सीख, जैसे–तार्किक सोच, आलोचनात्मक दृष्टिकोण, प्रयोग करने और परिणाम साझा करने में ईमानदारी आदि।

अमूमन शिक्षक इस बात पर ध्यान नहीं देते कि विज्ञान या किसी भी विषय में ज्ञान का निर्माण एक लम्बी सामाजिक, सांस्कृतिक प्रक्रिया से होकर ही अपना अमूर्त और जटिल रूप धारण करता है और विज्ञान शिक्षा का एक मक़सद इस ऐतिहासिक उपक्रम से उपजे ज्ञान को आगे आने वाली पीढ़ी तक पहुँचाना भी है। यह बिन्दु अक्सर समूह चर्चा में छूट जाता है और किसी न किसी स्रोत व्यक्ति को इसे अपनी ओर से जोड़ना पड़ता है। इस सवाल के जवाब में कि उन्हें यही उद्देश्य क्यों महत्त्वपूर्ण लगते हैं, तीन तरह के तर्क निकलकर आते हैं–(1) समाज में किसी भी स्तर पर बदलाव लाने के लिए, (2) लोगों को अपनी रोज़ी–रोटी कमाने के लिए ज़रूरी कौशल सीखने के लिए और (3) विषय में ज्ञान निर्माण की प्रक्रिया में सक्रिय भूमिका निभाने के लिए। अभी तक जो सत्र हुए हैं, उनमें हम इन तर्कों की सार्थकता पर बहुत बातचीत नहीं कर पाये हैं। हमारी कोशिश रहेगी कि आगे हम जब भी यह सत्र करें, इन तर्कों को भी थोड़ा टटोलकर देखा जाये।

इन उद्देश्यों की पूर्ति के लिए पढ़ाने के तरीक़ों के रूप में अब तक जो सुझाव आये हैं, उनमें प्रमुख हैं–बच्चों को खोजबीन आधारित प्रोजेक्ट्स के मौक़े देना, प्रयोग करने के मौक़े देना, शैक्षिक भ्रमण पर ले जाना, केस स्टडी का विश्लेषण करना, विवादित मुद्दों पर चर्चा करना, आदि। कक्षा में एक शिक्षक की भूमिका कैसी हो–इस पर बात करते हुए शिक्षक ख़ुद ही यह पैरवी करते हैं कि उन्हें सिर्फ़ सीखने में एक मददगार व्यक्ति की भूमिका निभानी चाहिए।

हमारा अनुभव बताता है कि सत्र के दौरान जहाँ यह चर्चा काफ़ी सन्तोषजनक तरीक़े से हो जाती है, पाठों की समीक्षा की गतिविधि में कई बातें ठीक से नहीं आ पातीं। कई बार विषय–वस्तु की ख़राब समझ और पाठ में शामिल अवधारणाओं की समझ के ऐतिहासिक विकास के बारे में

आधी–अधूरी जानकारी होने की वजह से शिक्षक न तो तकनीकी गड़बड़ियाँ ठीक से पकड़ पाते हैं और न ही उस विषय के ऐतिहासिक महत्त्व के बारे में बात रख पाते हैं। पर पाठ की भाषा, गतिविधियों की प्रकृति, पाठ में पूछे गये प्रश्नों की प्रकृति, चित्रों की गुणवत्ता, तकनीकी शब्दों का इस्तेमाल, परिभाषाओं की ज़रूरत, बच्चों के पूर्व ज्ञान और उनके परिवेश के बारे में मान्यताएँ, बच्चों के लिए दी गयी गतिविधियाँ और पाठ पढ़ने के बाद सम्भावित मूल्यों की सीख के बारे में काफ़ी ठीक से बातचीत हो पाती है।

शायद इन सभी मुद्दों पर विमर्श के लिए और समय लगाने की ज़रूरत है। समीक्षा के लिए भी उन्हें कुछ और संसाधन और सहयोग उपलब्ध कराये जाने चाहिए, मसलन समूहों में होने वाली बातचीत को शायद थोड़ा और निर्देशित किये जाने की ज़रूरत है। अनुभवी और कम–अनुभवी शिक्षकों के अलग–अलग समूह बनाने से भी कुछ फ़ायदा हो सकता है। हमारी कोशिश जारी है।

अन्त में बस इतना ही

इस पूरी गतिविधि के तहत हमारी कोशिश रहती है कि शिक्षक यह समझ सकें कि पढ़ाने के लिए मौजूद तमाम संसाधनों में से उनकी पाठ्यपुस्तक मात्र एक संसाधन है और उन्हें सक्रिय रूप से वैकल्पिक संसाधनों को ढूँढ़ने की ज़रूरत है। यह भी कि पाठ्यपुस्तकें राज्य की ओर से सुझाई गयी सामग्री है और उनका शब्दशः पालन करना क़तई ज़रूरी नहीं है। पाठ्यपुस्तक का शब्दशः पालन करने से बच्चों की सोच और उनके सवालों या उनके अनुभवों के लिए कक्षा में कोई जगह नहीं बचती। बच्चों की ज़रूरतों और उनके परिवेश को समझते हुए शिक्षकों को पाठ्यपुस्तकों के क्रियान्वयन में फेरबदल करना ही चाहिए। यह बात समझना भी उतना ही ज़रूरी है कि पाठ्यपुस्तक लिखने वाला समूह चाहे कितनी भी कोशिश कर ले, कहीं–न–कहीं कुछ ग़लती रह ही जाती है। इसलिए पाठ्यपुस्तक में लिखी हुई बात को परम सत्य मान लेना और उस पर आँख मूँदकर भरोसा करना, भारी ग़लती होगी। ख़ासतौर पर पाठ्यपुस्तक किस तरह के मूल्यों और किस विचारधारा को बढ़ावा दे रही है, उस पर एक पैनी नज़र होना बेहद ज़रूरी है, फिर वह चाहे विज्ञान की पाठ्यपुस्तक हो या किसी अन्य विषय की। शिक्षक जो हमारी शिक्षा व्यवस्था के प्रमुख कर्ता–धर्ता हैं, उनके कन्धों पर यह भी सुनिश्चित करने की ज़िम्मेदारी आ

जाती है कि पाठ्यपुस्तक कहीं ग़ैर–बराबरी या पहचान आधारित भेदभाव जैसे असंवैधानिक मूल्यों को तो बढ़ावा नहीं दे रही।

इस सत्र की उपयोगिता के बारे में हमारा मानना है कि विज्ञान शिक्षा के उद्देश्यों पर विमर्श और अपनी कक्षा के अनुभवों को ध्यान में रखते हुए पाठ्यपुस्तकों की समीक्षा का न केवल पाठ्यपुस्तकों को बेहतर बनाने के लिए उपयोग सम्भव है, बल्कि यह पूरी प्रक्रिया समीक्षा में लगे शिक्षकों को पाठ्यपुस्तकों को बनाने के पीछे की सोच और परिप्रेक्ष्य को समझने में भी मदद करती है और इस व्यवसाय में उन्हें एक कहीं मज़बूत आधार प्रदान करती है।

ऐसी शिक्षा व्यवस्था में जहाँ शिक्षक सबसे निचले पायदान पर समझे जाते हैं और जिनके काम की तन्त्र में कोई क़द्र नहीं होती, ऐसा देखा गया है कि शिक्षक सिर्फ़ खानापूर्ति के लिए पाठ्यपुस्तक निर्माण की प्रक्रिया में शामिल किये जाते हैं, और जो शिक्षक उस मुक़ाम तक पहुँचते भी हैं, वे भी अक्सर वहाँ मौजूद विशेषज्ञों के आगे अभिभूत हो जाते हैं और विषय–वस्तु पर सवाल उठाने की बात पीछे छूट जाती है। अगर शिक्षक अपनी समीक्षा के दौरान यह समझ बना पायें कि विशेषज्ञों से भी ग़लतियाँ होती हैं और कई बार पाठ्यपुस्तक में दी गयी विषय–वस्तु शिक्षा के व्यापक और विशिष्ट उद्देश्यों को पूरा करने में मदद नहीं करती तो वे इस व्यवस्था में अपने आप को कहीं अधिक सशक्त भूमिका में देख पायेंगे। और इन्हीं सब वजहों से ऐसी बौद्धिक गतिविधि के लिए शिक्षक–प्रशिक्षण कार्यशालाओं में ख़ास जगह बनाये जाने की ज़रूरत है।

सन्दर्भ सूची

1. बॉल, डी.एल., थेम्स, एम.एच. एंड फेल्प्स, जी. (2008), *कंटेंट नॉलेज फ़ॉर टीचिंग : व्हॉट मेक्स इट स्पेशल?* जर्नल ऑफ़ टीचर एजुकेशन, 59(5), 389–407।
2. कॉर्लसन, डब्ल्यू.एस. (1989), *द एफेक्ट्स ऑफ़ साइंस टीचर सब्जेक्ट–मैटर नॉलेज ऑन टीचर क्वेश्चनिंग एंड क्लासरूम डिस्कोर्स*।
3. कॉर्लसन, डब्ल्यू.एस.(1991), *एफेक्ट्स ऑफ़ न्यू बायोलॉजी टीचर्स सब्जेक्ट–मैटर नॉलेज ऑन करिकुलम प्लानिंग,* साइंस एजुकेशन।
4. कुमार, के. (1988), *ऑरिजिन ऑफ़ इंडिया'स 'टेक्स्टबुक कल्चर',* कम्पेरेटिव एजुकेशन रिव्यू , 32(4), 452–464।
5. गेस–न्यूसम, जे., एंड लेडरमैन, एन.जी. (एडीटर्स) (2001), *ऐक्ज़ामिनिंग पेडागॉजिकल कंटेंट नॉलेज : द कन्स्ट्रक्ट एंड इट्स इम्पलीकेशन्स फ़ॉर साइंस एजुकेशन (वॉल्यूम 6),* स्प्रिंगर साइंस एंड बिज़नेस मीडिया।

6. ग्रॉसमैन, पी.एल. (1990), *द मेकिंग ऑफ़ अ टीचर : टीचर नॉलेज एंड टीचर एजुकेशन,* टीचर कॉलेज प्रेस।

7. हाशवे, एम. जेड. (1987), *एफेक्ट्स ऑफ़ सब्जेक्ट–मैटर नॉलेज इन द टीचिंग ऑफ़ बायोलॉजी एंड फिजिक्स,* टीचिंग एंड टीचर एजुकेशन, 3(2), 109–120।

8. हॉफस्टीन, ए., एंड लुनेटा, वी.एन. (1982), *द रोल ऑफ़ लेबोरेटरी इन साइंस टीचिंग : नेग्लेक्टेड एस्पेक्ट्स ऑफ़ रिसर्च,* रिव्यू ऑफ़ एजुकेशनल रिसर्च, 52(2), 201–217।

9. मैग्नयुसन, एस., क्रैजिक, जे. एंड बोर्को, एच. (1999), *नेचर, सोर्सेज़, एंड डेवेलपमेंट ऑफ़ पेडागॉजिकल कन्टेंट नॉलेज फ़ॉर साइंस टीचिंग, इन ऐक्ज़ामिनिंग पेडागॉजिकल कन्टेंट नॉलेज (पेज 95–132)* स्प्रिंगर, डॉरड्रेक्त।

10. मैथ्यूस, एम.आर. (1994), *साइंस टीचिंग : द रोल ऑफ़ हिस्ट्री एंड फिलॉसॉफी ऑफ़ साइंस,* साइकोलॉजी प्रेस।

11. एन.सी.ई.आर.टी. (2006 ए), *पोज़ीशन पेपर, नेशनल फोकस ग्रुप ऑन करिकुलम, सिलेबस एंड टेक्स्टबुक्स,* नयी दिल्ली : नेशनल कॉउंसिल ऑफ़ एजुकेशनल रिसर्च एंड ट्रेनिंग।

12. एन.सी.ई.आर.टी. (2006 बी), *पोज़ीशन पेपर, नेशनल फोकस ग्रुप ऑन टीचिंग साइंस,* नयी दिल्ली : नेशनल कॉउंसिल ऑफ़ एजुकेशनल रिसर्च एंड ट्रेनिंग।

13. एन.सी.ई.आर.टी. (2009), *नेशनल करिकुलम फ्रेमवर्क फ़ॉर टीचर एजुकेशन,* नयी दिल्ली : नेशनल कॉउंसिल ऑफ़ एजुकेशनल रिसर्च एंड ट्रेनिंग।

14. शुलमैन, एल.एस. (1986), *दोज़ हू अंडरस्टैंड : नॉलेज ग्रोथ इन टीचिंग,* एजुकेशनल रिसर्चर, 15(2), 4–14।

15. सोलोमन, जे., डुवीन, जे., स्कॉट, एल., एंड मैककार्थी, एस. (1992), टीचिंग अबाउट द नेचर ऑफ़ साइंस थ्रू हिस्ट्री : एक्शन रिसर्च इन द क्लासरूम, *जर्नल ऑफ़ रिसर्च इन साइंस टीचिंग,* 29(4), 409–421।

16. वैन ड्रिएल, जे.एच., वरलूप, एन., एंड डे वॉस, डब्ल्यू. (1998), डेवेलपिंग साइंस टीचर्स पेडागॉजिकल कन्टेंट नॉलेज, *जर्नल ऑफ़ रिसर्च इन साइंस टीचिंग,* 35 (6), 673–695।

खण्ड 5

शिक्षक-शिक्षा : कुछ व्यापक प्रश्न

अध्यापक केन्द्रित अध्यापक–शिक्षा

–शरद चन्द्र बेहार

यह लेख शिक्षक को एक अमूर्त समूह का हिस्सा न मानकर बल्कि उसे एक अलग और समग्र इन्सान समझकर, अध्यापक–केन्द्रित अध्यापक–शिक्षा का समर्थन करता है। इस लेख में लेखक ने मानवतावादी मनोवैज्ञानिक सिद्धान्तों को आधार मानकर एक अध्यापक केन्द्रित शिक्षा के बुनियादी सिद्धान्त, उसका स्वरूप और उसकी कार्ययोजना को प्रस्तुत करने की कोशिश की है। लेखक का मानना है कि एक समग्र इन्सान के रूप में एक शिक्षक का विकास और उसके स्वत्व एवं अस्मिता का विकास एक अध्यापक केन्द्रित अध्यापक–शिक्षा के प्रमुख उद्देश्य होने चाहिए।

वैयक्तिक अस्मिता

हमारी शिक्षा व्यवस्था का एक बुनियादी दोष यह है कि वह विद्यार्थी और शिक्षक को केवल विद्यार्थी और शिक्षक की भूमिका में ही देखती है और यह लगभग भुला देती है कि वे भी एक इन्सान हैं; उन्हें यदि एक इन्सान के रूप में देखा जाये और यह मान लिया जाये कि शिक्षक या विद्यार्थी की भूमिका उस व्यक्ति की अपने जीवन में निभायी जा रही कई भूमिकाओं में से मात्र एक है, तो शिक्षा का स्वरूप आज की प्रचलित व्यवस्था से बहुत अलग होना होगा।

हम इस विमर्श में अपना ध्यान अध्यापक–शिक्षा पर केन्द्रित करेंगे क्योंकि हम इसके ज़रिये एक साथ दो मसलों की ओर ध्यान आकर्षित कर सकेंगे। अध्यापक–शिक्षा प्राप्त करने वाला इन्सान अपनी इस शिक्षा के दौरान विद्यार्थी भी होता है और शिक्षक भी। इसलिए हम इसके ज़रिये प्रत्यक्ष रूप से शिक्षकों और परोक्ष रूप से विद्यार्थियों, दोनों को सामने

रखकर अपनी चर्चा आगे बढ़ाएँगे। यद्यपि हम लगातार शिक्षक कहते रहेंगे परन्तु उसका अर्थ उन शिक्षकों से है जो विद्यार्थी की भूमिका अदा कर रहे हैं और इसलिए बहुत सीमा तक अन्य स्तरों और अन्य प्रकार की शिक्षा के लिए भी हम परोक्ष रूप से महत्त्वपूर्ण संकेत देते रहेंगे।

व्यक्ति के रूप में किसी की अस्मिता का अर्थ है उसकी अलग पहचान होना। पहचान का एक बड़ा पहलू तो दूसरों के लिए और दूसरों से है, पर दूसरे लोग किसी व्यक्ति के सम्बन्ध में जो कुछ समझते हैं और उनके व्यवहार से जो निष्कर्ष निकलता है, व्यक्ति केवल उतना ही नहीं होता है। उसके अलावा भी उसके मन में अपने बारे में कुछ छवि है। व्यक्ति की आत्म–छवि और सामाजिक छवि का मिश्रण ही व्यक्ति की अस्मिता है। अपने को पूरी तरह समझना अत्यन्त कठिन है। भारतीय दर्शन परम्परा में आत्मज्ञान को सर्वोच्च ज्ञान माना गया है। यद्यपि पाश्चात्य विचार परम्परा में आत्मज्ञान का अर्थ बहुत भिन्न है, तथापि वहाँ भी इसे सबसे अधिक दुरूह ज्ञान माना गया है। पाश्चात्य विचार परम्परा के पुरोधा सुकरात अपने आप को जानने को अनिवार्य मानते हैं (ब्रिट्ज़मैन, 1998; xii)। इस परम्परा में व्यापक प्रभाव रखने वाले दार्शनिक इमेनुएल कांट भी मानते हैं कि आत्मज्ञान सभी प्रकार के ज्ञान और विवेक की कुंजी है।

नृतत्व शास्त्री, मीड (1967) आधुनिक युग में आत्म (सेल्फ़) के सम्बन्ध में विचार करने वालों में अग्रणी माने जाते हैं। वे आत्म को दो स्वरूप में देखते हैं–'मैं' (I) और 'मुझ' (me)। उनके अनुसार 'मैं' का तात्पर्य व्यक्ति की वह चेतना है जिससे वह अपने को या दुनिया की अन्य वस्तुओं को जानता–समझता है। 'मुझ' का तात्पर्य उसकी आत्म–छवि से है अर्थात् वह अपने को कौन, कैसा, कहाँ, किस तरह का मानता है? दूसरे शब्दों में व्यक्ति ज्ञाता भी है 'मैं' (सब्जेक्ट) और ज्ञान का विषय (ऑब्जेक्ट) भी है। मीड ने अस्मिता को इन दो हिस्सों में बाँटकर आत्म के बहुत सारे पहलुओं पर अच्छी तरह तर्कयुक्त चिन्तन करने का एक उपयोगी ढाँचा पेश किया है। किसी का व्यक्तित्व, और उसका अब तक की जिन्दगी का इतिहास, उसकी शारीरिक संवेदनाएँ सब मिलकर व्यक्ति को उसकी अस्मिता का ज्ञान कराती है (फोंटाना, 1995; 255)।

कार्ल रोज़र्स मानवतावादी मनोविज्ञान के जनकों में से हैं। उन्होंने अस्मिता को समझने के लिए तीन अवधारणाएँ पेश की हैं (रोज़र्स, 1961)। सम्पूर्ण अस्मिता को वे जीव/प्राणी (ऑर्गानिस्म) कहते हैं। इसमें व्यक्ति

का सारा अस्तित्व आता है। इसमें शामिल है–(क) ज़िन्दा रह सकने की ज़रूरतें अर्थात् भोजन, आश्रय और यौन आदि की; (ख) भावनाएँ, अहसास, संवेदनाएँ; (ग) सामाजिक ज़रूरतें। सामाजिक ज़रूरतों में भी दूसरों के द्वारा अपने प्रति सकारात्मक दृष्टिकोण की ज़रूरत को वे सबसे महत्त्वपूर्ण मानते हैं। दूसरों द्वारा स्वीकार किये जाने और प्रशंसा प्राप्त करने की बुनियादी इच्छा हर व्यक्ति में होती है। यही समाजीकरण का सबसे बड़ा अस्त्र भी है। समाज के दूसरों से–माता–पिता, अन्य वयस्कों, शिक्षकों जैसे महत्त्वपूर्ण व्यक्तियों से स्वीकृति और प्रशंसा प्राप्त करने की इच्छा दुनिया को आज्ञाकारी बनाती है तथा समाज के रीति रिवाजों, विश्वासों, मूल्यों और आदर्शों को स्वीकार करने का बड़ा कारण बनती है। यह सब उसके आत्मा और आत्म–छवि को गढ़ता भी है। लोगों की स्वीकृति और प्रशंसा प्राप्त होना उसकी आत्म–छवि को सकारात्मक ढंग से पोषित करता रहता है। इससे उसकी ऊपर बताई मनोवैज्ञानिक आवश्यकताएँ पूरी होती रहती हैं और उसकी आत्म–छवि और सम्पूर्ण व्यक्तित्व के अनुभव के बीच सामंजस्य रहता है। यदि आवश्यकताएँ पूरी नहीं होती तो व्यक्तित्व, अस्मिता तथा आत्म–छवि में विसंगति होती है जो व्यवहार में समस्याओं को जन्म देती है।

रोज़र्स के अनुसार हर व्यक्ति का वास्तविक आत्म (रियल सेल्फ़) होता है और साथ ही वह अपने लिए एक ऐसे आदर्श का भी सृजन करता है जैसा वह बनना चाहता है। कार्ल रोज़र्स इसे आदर्श आत्म (आइडियल सेल्फ़) कहते हैं (पृ. 256)। इस आदर्श आत्म और वास्तविक आत्म के बीच सामंजस्य, अन्तराल या विरोधाभास विभिन्न मात्रा में हो सकते हैं।

किसी व्यक्ति को अभिप्रेरित करने के लिए इस मसले को समझना अत्यन्त उपयोगी है। यदि एक व्यक्ति का वास्तविक आत्म उसके आदर्श आत्म से बहुत भिन्न है, उसे इस भिन्नता का भान है और साथ ही उसके वास्तविक आत्म के लिए उसे स्वीकृति भी नहीं मिल पाती है, तो वह यह मानकर चलेगा कि वह उस आदर्श को तो कभी भी प्राप्त नहीं कर सकता और इसलिए उस ओर प्रयत्न निरर्थक है। ऐसे में यह आवश्यक होगा कि हम उसके वास्तविक आत्म को स्वीकारते हुए उसे वास्तविक और आदर्श के बीच की दूरी को कम करने के लिए प्रेरित करें। उसे यह एहसास करा दें कि उसकी आदर्श छवि उसकी पहुँच के अन्दर है बशर्ते कि वह गम्भीरता से, उसे लक्ष्य बनाकर आवश्यक क़दम उठाये। यानी एक ओर

उसमें आदर्श आत्म की कल्पना हो और दूसरी ओर यह विश्वास भी रहे कि वह जो भी है ठीक है और स्वयं को स्वीकार कर पाता है।

एक बात और ज़रूरी है–आदर्श आत्म और वास्तविक आत्म में अन्तर का अभाव या नगण्य अन्तर का होना भी व्यक्ति के विकास के लिए घातक हो सकता है। जब उसे लगता है कि वह आदर्श है तो उसे आगे बढ़ने के लिए उसके पास कोई प्रेरणा नहीं रह जायेगी। ऐसे में उसे या तो उसकी आत्म–छवि को अधिक वास्तविक बनाने में मदद करनी चाहिए या एक बहुत बेहतर आदर्श छवि गढ़कर उसे लक्ष्य के रूप में देखने में मदद करनी होगी ताकि वह उसे प्राप्त करने के लिए जी जान से कोशिश करे। अन्यथा अपने आपको आदर्श मानकर वह अन्य को हिक़ारत से भी देखेगा व आत्म गौरव में ही खो जायेगा।

जब वास्तविक आत्म और आदर्श आत्म के बीच केवल इतना अन्तर होता है कि व्यक्ति को लगता है कि वह उसे प्रयत्न से प्राप्त कर सकता है तो अपने आप को बेहतर करने के लिए प्रयत्नशील रहता है। ऐसे लोग स्वयं अपने आप अन्दर से अभिप्रेरित भी होते हैं व अपने आप व समाज के साथ सामंजस्य में भी रहते हैं। यानी शिक्षक व उसे सिखाने वाले की भूमिका ऐसी हो जिसमें बेशुबह स्वीकार्यता झलके व हर पल दो पल व्यवहार का आकलन और उस पर टिप्पणी न झलके। एक ऐसी स्वीकार्यता जो व्यक्ति को उसी के फ्रेमवर्क में समझे व उसके आधार पर उसके साथ व्यवहार करे। आज की शिक्षा व्यवस्था में व्यक्ति में उपस्थित कमी को पहचान, उजागर कर, रेखांकित कर उस कमी को भरने के प्रयास इसके विपरीत जाते हैं और व्यक्ति की आत्म–छवि व आदर्श छवि के चित्रण के बीच अथाह खाई बना देते हैं। यह खाई व्यक्ति की प्रेरणा पर, स्वत्व पर व कार्य कुशलता पर कुठाराघात करती है।

यदि शिक्षा का उद्देश्य अच्छे इन्सान बनाना है तो हमें इन सिद्धान्तों को व्यवहारिक रूप से शिक्षा व्यवस्था में शामिल करना होगा। अध्यापक–शिक्षा के द्वारा हम न केवल अच्छा इन्सान बनना चाहते हैं बल्कि एक अच्छा और हमेशा अभिप्रेरित शिक्षक भी बनाना चाहते हैं।

इसके बावजूद यह बड़े आश्चर्य की बात है कि शिक्षा व्यवस्था में इसका ध्यान बिल्कुल नहीं रखा जाता। हमारा मानना है कि एक अच्छा शिक्षक वही हो सकता है जो बाहरी अभिप्रेरणा का मोहताज न हो और लगातार अन्दर से अभिप्रेरित हो, और इसके लिए उसके साथ उसकी तैयारी के

दौरान और बाद में भी ऐसा व्यवहार हो जिससे वह अपने आपको पहचान भी पाये और स्वीकार भी कर पाये।

वैयक्तिक अन्तरों का महत्त्व

व्यक्तियों के बीच के विभिन्न अन्तरों को समझने के लिए मनोविज्ञान की एक अलग शाखा ही है जिसे वैयक्तिक अन्तरों का मनोविज्ञान (साइकोलॉजी ऑफ़ इंडिविजुअल डिफ़रेंसेस) कहा जाता है। इससे प्राप्त अन्तर्दृष्टि और अवधारणाओं, सिद्धान्तों एवं वैचारिक ढाँचे को समझना किसी भी समूह केन्द्रित व्यवस्था के निर्माण और परिचालन में बहुत उपयोगी होगा। शिक्षा व्यवस्था में इसे शामिल करना विद्यार्थियों को आत्मज्ञान की बेहतर क्षमता दे सकता है, तथा शिक्षकों को हर विद्यार्थी को समझने और तदनुसार शैक्षिक रणनीतियाँ बनाने में बहुत महत्त्वपूर्ण भूमिका अदा कर सकता है।

मनोविज्ञान की इस धारणा में एक मान्यता यह भी है कि इन्सान बुनियादी तौर पर जिज्ञासु है। वह निरन्तर इस दुनिया और अपने अस्तित्व को समझने, परिभाषित करने तथा उसमें अर्थ ढूँढ़ने के प्रयास में लगा रहता है। इसके लिए वह उन सभी प्रक्रियाओं से गुज़रता है जिसे हम वैज्ञानिक प्रक्रिया कहते हैं। इसके ज़रिये वह विश्व और अस्तित्व की ऐसी सारी वस्तु, विषय, घटना और व्यक्ति के सम्बन्ध में, जो उसके अनुभव में आते हैं, विचार या अवधारणाओं का निर्माण करता है जिसे वैयक्तिक निर्मिति कहते हैं। हम इसे व्यक्ति की विश्व दृष्टि कह सकते हैं। इसमें स्वयं के सम्बन्ध में भी विचार और एक छवि का निर्माण शामिल है। यह उसकी आत्म–छवि है या उसकी समझ की अस्मिता है। चूँकि इन्सान अपने अनुभव, अपने प्रयोग, अपने अवलोकन, अपने निष्कर्षों के आधार पर इस निर्मिति तक पहुँचता है इसलिए यह उसका अपना वैयक्तिक विश्व–दर्शन होता है और इसलिए यह प्रत्येक व्यक्ति का अलग–अलग होता है। यह भी व्यक्तियों के बीच अन्तर का एक बड़ा कारण बनता है। इस सिद्धान्त के अनुसार किन्हीं दो व्यक्तियों के बीच भी वैयक्तिक निर्मिति किसी एक वस्तु, संस्था या विचार के लिए वही नहीं हो सकती। इनमें कुछ–कुछ भिन्नता अवश्य होती है। यही प्रक्रिया व्यक्तियों के बीच अलग प्रकार के विश्वास, दृष्टिकोण और मान्यताओं तथा मनोवृत्तियों को जन्म देती है।

इस पूरी समझ को शिक्षक की तैयारी प्रक्रिया में शामिल करने की ज़रूरत है।

अध्यापक केन्द्रित अध्यापक–शिक्षा : बुनियादी सिद्धान्त

यदि वैयक्तिक अस्मिता को शिक्षा व्यवस्था में स्थापित करना है तो निश्चय ही शिक्षक उसका प्रस्थान बिन्दु होना चाहिए। अध्यापक–शिक्षा, शिक्षा के क्षेत्र में शिक्षक के प्रवेश का पहला क़दम है। इसलिए अध्यापक–शिक्षा की व्यवस्था में ही, प्रवेशार्थी अध्यापक की वैयक्तिव अस्मिता को केन्द्रीय स्थान देना तर्कसंगत सुधार नज़र आता है। यह कुछ अजीब–सा लगता है कि, इसके बावजूद बाल केन्द्रित शिक्षा का नारा या अवधारणा या प्रयोग बहुत समय से शिक्षा के विमर्श में महत्त्वपूर्ण स्थान प्राप्त करता रहा है, परन्तु इसका तार्किक प्रथम क़दम, अध्यापक केन्द्रित अध्यापक–शिक्षा अभी भी शैक्षिक विमर्श के किसी अनजान कोने में पड़ा है। अभिव्यक्ति 'अध्यापक केन्द्रित अध्यापक–शिक्षा' यदि प्रत्यक्ष रूप से नहीं तो परोक्ष रूप से इसे रेखांकित करने की कोशिश है। इसके ज़रिये यह आलोचना भी प्रस्तुत की जा रही है कि वर्तमान अध्यापक–शिक्षा व्यवस्था, अध्यापक केन्द्रित नहीं है। इस आलोचना को सही सिद्ध करने के लिए विस्तार से प्रमाण और तर्क देने के बजाय हम अपने नये प्रतिमान और उसके बुनियादी सिद्धान्तों को प्रस्तुत करेंगे। इसके ज़रिये आज की व्यवस्था और नयी प्रस्तावित व्यवस्था के अन्तर उजागर हो जायेंगे जिसमें आज की व्यवस्था की आलोचना अन्तर्निहित है।

हम यहाँ यह स्पष्ट करना चाहेंगे कि आगे इस विमर्श में बार–बार अभिव्यक्ति 'अध्यापक–विद्यार्थी' को इस्तेमाल करने के बजाय, जो अंग्रेज़ी में प्रयुक्त होने वाले टीचर–प्यूपिल, का अनुवाद है और जो अध्यापक–शिक्षा के पाठ्यक्रम में अध्ययनरत विद्यार्थियों के लिए प्रयुक्त किया जाता है, हम आमतौर पर विद्यार्थी ही कहेंगे। जहाँ तात्पर्य स्कूल के विद्यार्थियों को इंगित करने का होगा, वहाँ यह अन्तर प्रसंग स्पष्ट कर देगा।

आज की व्यवस्था और प्रस्तावित व्यवस्था के बीच के अन्तर और उनके बुनियादी सिद्धान्तों की भिन्नता को देखना–समझना ही इस उद्देश्य के लिए पर्याप्त है। ये सिद्धान्त निम्नानुसार हैं :–

1. **समग्र इन्सान का विकास** : अध्यापक–शिक्षा अन्य पेशों के लिए दी जाने वाली शिक्षा से भिन्न है क्योंकि जहाँ अन्य पेशे समाज के किसी एक सीमित क्षेत्र से सम्बन्धित होते हैं, वही शिक्षक का पेशा समग्र इन्सान के विकास से सम्बन्धित है। इससे शारीरिक,

मानसिक, संज्ञानात्मक, तार्किक, भावनात्मक, संवेगात्मक, आत्मिक, सामाजिक, आर्थिक, राजनीतिक, सांस्कृतिक, कलात्मक, रचनात्मक, सृजनात्मक, आध्यात्मिक और भौतिक विकास की अपेक्षा है। इन सब शब्दों का उपयोग आवश्यक है क्योंकि सभी पहलुओं को अच्छी तरह समझने के लिए सम्भावित आस–पास के अर्थ रखने वाले शब्दों को एक साथ रखने पर ही व्यापक समझ बनेगी। हमारा मानना है इस सबके विकास का ध्येय शिक्षक तैयारी में हो। यानी अध्यापक–शिक्षा का उद्देश्य होगा अध्यापक को हर इन्सान के सर्वांगीण विकास के लिए सक्षम और प्रतिबद्ध बनाना। इस मानववादी दर्शन के ढाँचे में हर मनुष्य, अपने आप में महत्त्वपूर्ण है और उसमें अन्तर्निहित समस्त सम्भावनाओं का प्रस्फुटन, निरन्तर गतिशील विकास और उच्चतम उत्कर्ष के द्वारा, जीवन की सार्थकता का सम्पूर्ण एहसास पर पहुँचना जीवन का उद्देश्य है। इस उद्देश्य की प्राप्ति में मनुष्य को हर प्रकार के लिए निरन्तर मदद करने की व्यवस्था ही शिक्षा है। इस दर्शन में मनुष्य स्वयं लक्ष्य है। आज के पूँजीवादी समाज और वैश्वीकरण के भौतिकवादी दर्शन में मनुष्य केवल संसाधन है और शिक्षा इन्सान को संसाधन के रूप में विकसित करने का प्रकरण। इसमें विकास शब्द का अर्थ वह है जो लगभग तीन–चौथाई शताब्दी से ज़ोर पकड़ रहा है और इसलिए इसने जो रूढ़ अर्थ ग्रहण कर लिए हैं, वही आम समझ हो गयी है। अतः इस विमर्श का मोड़ने के लिए, आगे बढ़ने के लिए हम एक नया पद 'मानव उत्कर्ष' उपयोग करेंगे।

2. अध्यापक–शिक्षा का उद्देश्य होगा कि विद्यार्थी–अध्यापक स्वयं भी अपने जीवन की सार्थकता तक पहुँच जाये और दूसरों की मदद करने की योग्यता रखें, यह किसी सर्टिफिकेट या डिग्री से निर्धारित नहीं हो सकता।

3. एक अतिरिक्त पहलू यह है कि आजकल एक आम धारणा है कि कुछ बिरले अपवादों को छोड़ बाक़ी सभी विद्यार्थी–अध्यापक और अध्यापक बेहतर पेशों में अवसर मिलने के अभाव से यहाँ आते हैं। इस धारणा की परख किये बिना ही इसे स्वीकार कर, इसके आधार पर नीति–निर्धारण व कार्य संचालन होता है। हमारे अनुसार यह सही नहीं है और साथ ही शिक्षा में क्षमताओं व उससे उत्तीर्ण

होने वाले विद्यार्थियों का दायरा इतना व्यापक होना चाहिए कि अन्य पेशों में भी सफल हो सकें। यह व्यवहारिक और सम्भव हो सकता है क्योंकि अन्य पेशे मनुष्य के जीवन से इस तरह सम्पूर्णता से नहीं जुड़ते। इसका यह लाभ होगा कि शिक्षा के पेशे में वास्तव में वही लोग आगे जारी रहेंगे जिनकी उसमें रुचि व विश्वास है।

4. हमारा यह भी मानना है शिक्षा व्यवस्था व शिक्षा के क्षेत्र से शिक्षा प्रशासक, शिक्षा प्रबन्धक, शिक्षाविद्, शिक्षा के नीति–निर्माता सभी को इस कार्यक्रम से गुज़रना चाहिए। इस तरह की व्यापक दायरे वाली अध्यापक–शिक्षा, जिसे हमने मानव उत्कर्ष शिक्षा का नाम दिया है, शिक्षा के क्षेत्र में व्याप्त पदों और हैसियत की असमानता को दूर नहीं तो कम अवश्य करेगी और सबसे बड़ी बात उन्हें स्कूल व परिस्थिति व्यवस्था के यथार्थ व उसमें उपज व रोपित हो सकने वाली सम्भावनाओं को समझने में मदद करेगी। वे शिक्षक, स्कूल व उनके कार्य व उनकी दिक्क़तों को समझ पायेंगे व उन्हें अकारण नकारा घोषित न करेंगें और न ही उन पर अस्वाभाविक ज़िम्मेदारी व असम्भव लक्ष्य थोपेंगे।
5. शिक्षक व शिक्षा में कार्यरत सभी व्यक्ति एक–दूसरे की विशेषज्ञता की इज़्ज़त करेंगे। यह भावना, समतामूलक समाज के लिए कार्य करने वालों के लिए अनिवार्य है। असमान मूल्य और संस्कृति से अनुप्राणित कोई भी व्यवस्था एक समतामूलक सामाजिक व्यवस्था के लिए प्रभावी काम कभी नहीं कर सकती। शिक्षा के रूपान्तरण के महत्त्वाकांक्षी उद्देश्य और उसके लिए किये जाने वाले प्रयोगों के लिए भी शिक्षा के क्षेत्र में समतामूलक संस्कृति महत्त्वपूर्ण होगी। पिछली आधी शताब्दी से अधिक का अनुभव रहा है कि शिक्षा में रूपान्तरण का हर प्रयोग व हस्तक्षेप केवल प्रयोग व क्षणिक प्रयास रह जाता है व व्यवस्था को नहीं छेड़ पाता।
6. अध्यापक–शिक्षा के लिए प्रवेश लेने वाला व्यक्ति वयस्क है। उचित सहायता और मार्गदर्शन चाहिए व स्वयं सीखने का मौक़ा जिसमें उसे ज़िम्मेदार और जवाबदेह विद्यार्थी माना जाये। उसने अपने जीवन से एक विश्व दृष्टि का निर्माण किया है जिसमें संज्ञानात्मक, संवेगात्मक, नैतिक, सामाजिक विकास सब शामिल हैं। उसके पास स्वयं के विश्वास, मूल्य, दृष्टिकोण, जीवन के कौशल हैं,

जिनमें से कुछ सकारात्मक होंगे और कुछ सम्भवतः नकारात्मक। इस पूरे इतिहास, अनुभव और उसके आधार पर उसकी आज की बनावट को निरन्तर ध्यान में रखने से ही अध्यापक–शिक्षा प्रभावी, सफल और सार्थक होगी। इस का अर्थ है कि उसे अपने व्यक्तित्व के समग्र विकास की दिशा एवं तौर–तरीक़े तय करने में पर्याप्त स्वायत्तता हो, परन्तु उसके साथ लगातार संवाद हो और उसे मार्गदर्शन भी मिले।

7. यह भी ध्यान रखने योग्य है कि अन्य व्यक्ति समूहों की तरह हर शिक्षक भी दूसरे से अलग होता है। उसकी अलग आवश्यकताएँ, प्रतिभाएँ, सम्भावनाएँ और महत्त्वाकांक्षाएँ होती हैं। जैसा कि पालमेर (1998) कहते हैं, शिक्षक के अन्दर की ज़िन्दगी में केवल अच्छाइयाँ नहीं हैं, बल्कि बहुत सारे अन्धकार, सीमाएँ, घाव, अन्धविश्वास और अज्ञानता भी होती हैं। साथ ही बहुत सारी क्षमताएँ और अनन्त सम्भावनाएँ भी होती हैं। मनुष्य के मन की बहुत परतें होती हैं, जिन्हें वह स्वयं भी नहीं जानता। इसको ध्यान में रखकर ही अध्यापक–शिक्षा की इमारत खड़ी हो सकती है। हर व्यक्ति की अस्मिता, उसकी प्रतिष्ठा, उसका एक अलग अस्तित्व और उस अस्तित्व का भान महत्त्वपूर्ण है। इसे पूरी तरह प्रस्फुटित करने का अवसर दिया जायेगा। शिक्षा का उद्देश्य होगा हर व्यक्ति की समग्र व्यक्ति के रूप में देखते हुए, अन्तर्निहित सम्भावनाओं को प्रस्फुटित होकर अधिकतर सम्भावित उत्कर्ष तक पहुँचने में मदद करना तथा ऐसी नयी क्षमताओं का भी विकास करने के लिए उत्प्रेरित तथा मदद करना जो उसके व्यक्तित्व को और नया आयाम दे सकें। वासिस्को (2007) एक अध्ययन के आधार पर बताते हैं कि हज़ारों विद्यार्थियों से जब पूछा गया कि उनके जीवन में सबसे अधिक प्रभाव डालने वाले शिक्षक कैसे थे, तो उनके उत्तरों से निष्कर्ष यह निकला कि शिक्षक कितना जानता और क्या करता है, से ज़्यादा शिक्षक कैसा इन्सान है? यह सबसे महत्त्वपूर्ण विशिष्टता के रूप में उभरा (पृ. 53–54)।

8. उक्त सिद्धान्त हर स्तर की शिक्षण संस्थाओं में लागू होना चाहिए। इसलिए भावी शिक्षक में भी इस मनोवृत्ति और क्षमता का विकास ज़रूरी है। ब्रेसे और नवरोकी–चबीन (2007) अध्यापक के आवश्यक

गुणों पर चर्चा करते हुए कहते हैं यद्यपि ऐसा शिक्षक जो विद्यार्थियों के साथ मिलकर सहभागी अध्ययन की व्यवस्था करता है, अच्छा शिक्षक माना जा सकता है, परन्तु वे उस शिक्षक की प्रशंसा करेंगे जिसकी पठन–पाठन के सम्बन्ध में ऐसी मनोवृत्ति होगी कि वह बाध्य हो जाये कि हर विद्यार्थी की क्षमताओं और कमज़ोरियों और विकास के क्षेत्रों में पसन्द–नापसन्द को जाने। साथ ही विद्यार्थी के पूर्व ज्ञान और संस्कृति को मानने और सम्पूर्ण विद्यार्थी के केवल बौद्धिक विकास के बजाय सम्पूर्ण विकास के लिए प्रतिबद्ध हो (पृष्ठ 31–32)। उन्होंने मककोम्ब्स के हवाले से बताया है कि ऐसे शोध हैं जो यह बताते हैं कि यदि शिक्षक हर विद्यार्थी की अलग ज़रूरतों को ध्यान में रखता है तो विद्यार्थी के सीखने की ललक बहुत अधिक बढ़ जाती है और वह अधिक अच्छी तरह सीखता है। विद्यार्थी के इस तरह के समग्र विकास के लिए उसे समग्र रूप से जानना भी ज़रूरी होगा और इसके लिए उसके पूरे अनुभव को समझना होगा।

9. वासिस्को (2007) के उक्त अध्ययन में विद्यार्थियों ने अच्छे इन्सान की अपनी समझ में ज्ञान से अधिक ऊँचा स्थान शिक्षक के भावनात्मक पक्ष को दिया है, तो हम दूसरे स्थान पर उसके नैतिक गुणों को रखना चाहेंगे। हमने प्रेम के जिस व्यापक स्वरूप को प्रस्तुत किया है, उसमें नैतिकता अविच्छिन्न रूप से जुड़ी है। नैतिकता और अनैतिकता के गहरे विमर्श में न जाकर, हम केवल इतना कहना चाहेंगे कि व्याख्यानों से कोई व्यक्ति नैतिक नहीं बनता। नैतिक वातावरण में रहकर, वहाँ जी कर, साँस लेकर, अनजाने ही, अचेतन रूप से नैतिकता इन्सान के अन्दर बस जाती है। इसलिए, अध्यापक केन्द्रित अध्यापक–शिक्षा के लिए बुनियादी सिद्धान्तों में हम ऐसे वातावरण के निर्माण को भी एक सिद्धान्त मानेंगे।
10. हमारे अनुसार हर व्यक्ति की अलग अस्मिता को ध्यान में रखकर बनाई जाने वाली अध्यापक केन्द्रित अध्यापक–शिक्षा की व्यवस्था, विद्यार्थी केन्द्रित शिक्षा की पारम्परिक अवधारणा से कई क़दम आगे जाने वाली अवधारणा है। विद्यार्थी केन्द्रित शिक्षा की अवधारणा इस मान्यता पर प्रस्तुत की जाती है कि विद्यमान शिक्षा व्यवस्था में शिक्षक केन्द्र में है और विद्यार्थियों की निष्क्रिय या हाशिए की

भूमिका होती है जिसे बदलकर विद्यार्थियों को सक्रिय रूप में सीखने वाला समूह बनाया जाये। इसमें हर विद्यार्थी को अलग मानकर शिक्षा की व्यवस्था करने का विचार शामिल नहीं है, जबकि हम हर व्यक्ति को केन्द्र में बनाकर अध्यापक–शिक्षा व्यवस्था का प्रतिमान प्रस्तुत कर रहे हैं। इसके कई निहितार्थ हैं, जिनमें से एक यह है कि यह प्रक्रिया व उसकी सामग्री हर नये समूह के लिए पुनर्गठित होगी। यह बनी–बनाई वैसे–की–वैसे लागू नहीं की जा सकती।

11. बीबर (1975) के अनुसार, "पाठ्यक्रमों की एक सूची नहीं रखी जा सकती और विद्यार्थियों से नहीं कहा जा सकता कि आप इसे सीखें।" विद्यार्थियों के अनुभव से सृजित कोर्स से ही सीखना सम्भव हो सकता है एक पूर्व निर्धारित योजनाबद्ध कार्यक्रम से नहीं"(page15A)। इस सिद्धान्त का व्यावहारिक हल यह है कि यदि शिक्षा के व्यवस्थापक एक मार्गदर्शक पाठ्यक्रम बनाने की ज़रूरत समझते हैं तो वह बनाकर रख सकते हैं, परन्तु वह एक पूर्व निर्धारित क्रम में बढ़ने और चलने वाला नहीं होगा। शिक्षार्थी का अनुभव और ज़रूरत उसे स्वाभाविक रूप से आगे बढ़ायेगा और इसलिए न केवल क्रमबद्धता बिखरकर रह जायेगी, बल्कि कई नयी बातों का समावेश होगा, जो पूर्व निर्धारित पाठ्यक्रम में नहीं थीं और कुछ ऐसी बातें छोड़ दी जायेंगी, जो उसमें थीं।

12. हमारे अनुसार आपसी विश्वास, सद्भाव, प्रेम और सहानुभूति का माहौल सीखने–सिखाने के लिए आवश्यक है। इसका अभाव ही विद्यमान शिक्षा को हिंसक रूप देता है, जहाँ हर विद्यार्थी डरा हुआ है। प्रस्तावित अध्यापक–शिक्षा व्यवस्था का यह बुनियादी सिद्धान्त है कि यदि विद्यालयों एवं महाविद्यालयों में अच्छी शिक्षा होनी है और उसके लिए अलग प्रकार का माहौल चाहिए तो वह तभी सम्भव है जब अध्यापक–शिक्षा संस्था में वह माहौल हो। इसलिए विश्वास, प्रेम, सद्भाव, करुणा, सहानुभूति जैसी सकारात्मक भावनाएँ हर प्रक्रिया और हर व्यवस्था का आधार होंगी।

13. हमारे अनुसार अध्यापक–शिक्षा की संस्था उस आदर्श समाज और संस्कृति का छोटा स्वरूप होना चाहिए जिसका चित्रण भारतीय संविधान में किया गया है और जिसे और आगे बढ़ाने के लिए

हम शिक्षा को एक महत्त्वपूर्ण माध्यम मानते हैं। इसके बिना उन मूल्यों की ओर बढ़ना असम्भव है।

14. एक ओर मुश्किल काम है लोगों का चुनाव। अध्यापक शिक्षण संस्था को ऐसे समाज की संस्कृति से अनुप्राणित बनाने के लिए प्रारम्भ से ही उस पर कार्य करने वाले सभी लोगों का अत्यन्त सावधानी से चयन और उन्मुखीकरण ज़रूरी होगा। यहाँ ज्ञान, कौशल और क्षमताएँ उतनी महत्त्वपूर्ण नहीं होंगी, जितनी विद्यमान व्यापक समाज के अन्दर रहते हुए भी उससे भिन्न आदर्श संस्कृति से अनुप्राणित संस्था को बनाने और ऐसी संस्कृति वाली संस्था बनाये रखने की प्रतिबद्धता और अदम्य ललक का होना हो। ऐसे लोगों का एकत्र होकर गहरे और व्यापक विचार–विमर्श, चिन्तन और वार्तालाप से उक्त सिद्धान्तों या उस पर यथा आवश्यक संशोधन, परिवर्तन–परिवर्द्धन, जोड़–घटाव से सहभागी प्रतिमान की रूपरेखा बनानी होगी ताकि संस्था व उसके कार्य को सब अपना समझें। यह कार्य पुरानी संस्थाओं के साथ कैसे होगा? यह एक ज़्यादा बड़ी चुनौती है, हालाँकि नयी बन रही संस्थाओं में यह हो पाना भी आसान नहीं है।

अध्यापक केन्द्रित अध्यापक–शिक्षा : कार्ययोजना की झलक

उपरोक्त सिद्धान्तों से तो स्पष्ट हो गया होगा कि प्रस्तावित प्रतिमान प्रचलित व्यवस्था में सुधार मात्र न होकर क्रान्तिकारी रूपान्तरण है। इसलिए यह आवश्यक है कि इसे इस्तेमाल करने वाले व नये संस्थानों व संस्थाओं को प्रारम्भ करने वाले सभी लोगों को आत्मसात करना होगा। इसी तरह यह भी सुनिश्चित करना होगा कि इसमें प्रवेश लेने वाले इन सिद्धान्तों से अवगत हों और इसमें विद्यार्थी के रूप में सहभागी होने के लिए तत्पर हैं।

इन पूर्व शर्तों के साथ नये प्रतिमान को लागू करने की एक संक्षिप्त कार्ययोजना हम नीचे प्रस्तुत कर रहे हैं :–

1. प्रवेश लेने के पहले ही समग्रता के सिद्धान्त से परिचय व उससे रू–ब–रू होने की तैयारी व स्वीकार्यता।
2. यह स्पष्टता कि इस शिक्षण कार्यक्रम में अध्ययन की अवधि के दौरान उसका लगभग सारा समय सीखने व जानने के लिए होगा।

3. प्रवेश के लिए आवेदन के समय अपने जीवन का विवरण, आत्मकथा, उस पर अपना चिन्तन तथा भविष्य के सपनों और महत्त्वाकांक्षाओं के सम्बन्ध में भी आलेख लिखकर भेजना। इससे सभी लोगों को दूसरे को जानने का अवसर मिलेंगे व संस्था को प्रवेशार्थियों की आकांक्षाओं, उनके अनुभव व चुनौतियों की झलक भी मिल जायेगी।
4. प्रवेश के पहले साक्षात्कार में यह समझने का प्रयास कि प्रवेशार्थी वास्तव में अपने जीवन की अस्मिता के विकास तथा शिक्षा जगत से जुड़ने की आकांक्षा के साथ आ रहा है अथवा अन्य कारणों से (पर इस कार्यक्रम में भाग लेना, जेल समान नहीं है, वह बाद में अपना मन बदल भी सकता है)। हो सकता है कि बाद में उसका मन बदल जाये।

हमारे नये प्रतिमान में एक दिलचस्प विरोधाभासी लाभ या गुण है। आज की शिक्षा एक पूरे समूह के लिए होती है उसमें हर व्यक्ति की ज़रूरत और अस्मिता के विकास को ध्यान में नहीं रखा जाता फिर भी उसका परिणाम प्रायः ठीक विपरीत होता है। समूह में प्रेम और सामूहिकता की भावना के बजाय प्रतियोगिता की भावना पैदा होती है, वह उन्हें समाज में भी एक प्रतियोगी व्यक्ति के रूप में प्रतिस्थापित करता है। दूसरों से प्रेम और सहज सहयोग करने वाले व्यक्ति के रूप में नहीं। हमारे प्रतिमान में हर व्यक्ति की अस्मिता के विकास के लिए व्यक्ति केन्द्रित अलग–अलग पाठ्यचर्या होने की वजह से प्रतियोगिता के लिए कोई स्थान नहीं है। पाठ्यचर्चा के समान हिस्से जिनमें सभी को शामिल होना है, उनके लिए सामूहिक कार्य के बहुत मौक़े होंगे। इससे सभी के बीच सहयोग, लगाव और आपसी प्रेम की स्थापना होगी। प्रतियोगिता नहीं, क्योंकि हरेक की पाठ्यचर्या व समग्र लक्ष्य एक जैसा नहीं है।

पाठ्यक्रम में व्यावहारिक अनुभव का मौक़ा भी होना चाहिए। ड्यूवी (1904) द्वारा दिये गये दो अलग प्रतिमानों यथा प्रयोगशाला प्रतिमान व शिक्षुता प्रतिमान में से हम दूसरे की वकालत करेंगे। पहले में तो सैद्धान्तिक अध्ययन अध्यापन के साथ कुछ व्यावहारिक अनुभवों के लिए मौक़ा दिया जाता है, किन्तु दूसरे (शिक्षुता–अप्रेंटिसशिप) प्रतिमान में सैद्धान्तिक ज्ञान अच्छी तरह प्राप्त कर लेने के बाद एक तुलनात्मक रूप से अधिक समय तक अध्यापन के अनुभव की व्यवस्था की जाती है, किन्तु फिर भी हमारा प्रतिमान न प्रयोगशाला है न अप्रेंटिसशिप व्यवस्था; इन

दोनों का सन्तुलित मिश्रण है, जिसमें सैद्धान्तिक और व्यावहारिक पक्ष के बीच सन्तुलन पर लगातार चिन्तन हो रहा है। जैसा कि ली शुलमैन भी कहते हैं कि सभी व्यावसायिक शिक्षण व्यवस्थाओं में सिद्धान्त और व्यवहार के बीच के अनिवार्य तनाव के बीच रास्ता ढूँढ़ना है।

पाठशालाओं में पढ़ाने के व्यावहारिक अनुभव तक सीमित न रखकर विद्यार्थी के सारे जीवन के अनुभव को ज्ञान से जोड़ने के ताने–बाने बुनने की प्रक्रिया का एक उद्देश्य शिक्षकों के पूर्वाग्रहों को सतह पर लाकर यथासम्भव उनसे युक्त होने और एक अधिक खुला दृष्टिकोण अपनाने में में मदद करना भी है।

भारत के सन्दर्भ में शिक्षा में सुधार के कार्य की बहुत ज़रूरत है, किन्तु सुधारों और नवाचारों की नियति यही रही है कि इन प्रयासों को स्वीकार नहीं किया गया है। इसकी मनोविश्लेषण के दृष्टिकोण से व्याख्या करते हुए ब्रिट्ज़मैन (1998) मानते हैं कि नवाचार और परिवर्तन का विरोध वास्तव में शिक्षक की अस्मिता का संकट है। नवाचार और परिवर्तन उनकी अपनी पहचान आत्मबोध की कमज़ोरी के कारण उनकी मनोस्थिति की सुसंगति में व्यवधान करते हैं। शिक्षकों की अपनी समझ में हस्तक्षेप करते हैं; सीखे गये पूर्वाग्रहों के विपरीत होते हैं और नयी सीख की माँग करते हैं, जिसके लिए उनकी मानसिक तैयारी नहीं है। अच्छे कार्यक्रम में भावी शिक्षक को सम्पूर्ण इन्सान के रूप में देख उसकी पूरी अस्मिता को ध्यान में रखना होगा और अध्यापक–शिक्षा व्यवस्था को शिक्षण संस्था की दीवारों के अन्दर नहीं वरन् पूरे जीवन और जीवन के अनुभव को समाहित करने के सन्दर्भ से रचना होगा। हमारा विश्वास है कि इसे सही ढंग से लागू करने पर पुरानी सीख को भूल जाने और नयी सीख को स्वीकार करने की प्रक्रिया सहज होगी और उनकी अस्मिता या पहचान का संकट नहीं उपस्थित होगा।

संक्षेपिका

शिक्षक समाज रचते हैं, अतः उनकी तैयारी में ध्यान आवश्यक है। इस रचना में स्वयं उनकी वैचारिक, मानसिक, संवेगिक व अन्य तरह के व्यक्ति को गढ़ने व परिभाषित करने वाले गुणों का शामिल होना आवश्यक है। इसमें उनके साथ वैसा ही व्यवहार होना चाहिए जैसा उनसे उम्मीद है। हर व्यक्ति अपने आप में विशिष्ट होता है, अतः हरेक के लिए पाठ्यचर्या

का स्वरूप व क्रियान्वयन उसके अनुसार होना चाहिए। ज़ाहिर है यह सब होना आसान नहीं है और इसके लिए कई बुनियादी शर्त हैं जिनमें से काफ़ी उलझी हुई हैं। शिक्षक के स्वत्व, आत्मबोध व अस्मिता का विकसित होते रहना शिक्षक के लिए बहुत बढ़िया है।

सन्दर्भ सूची

1. बीबर, बी. (8/13/75), ओरल हिस्ट्रीज़, एडिथ गार्डन पेपर्स, बैंक स्ट्रीट आरकाइव, स्पेशल कलेक्शंस, मिलबैंक मेमोरियल लाइब्रेरी, टीचर्स कॉलेज, कोलम्बिया यूनिवर्सिटी, न्यूयॉर्क।
2. ब्रेसे, ली; एंड नवरोकी–चबीन, रीता (2007), द सोशल कोग्निटिव पर्सपेक्टिव इन डिसपोजीशनल डेवलपमेंट, इन मैरी ई. डायज़ एंड जेम्स डी. रथ्स (एडिट.), डिसपोजिसंस इन टीचर एजुकेशन, इनफॉर्मेशन एज़ पब; 31–52.।
3. ब्रिट्ज़मैन, डेबोरा पी. (1998), *लॉस्ट सब्जेक्ट्स, कॉन्टेस्टेड ऑब्जेक्ट्स : टुवर्ड अ साइकोएनालिटिक इंक्वायरी ऑफ़ लर्निंग*, न्यूयॉर्क : स्टेट यूनिवर्सिटी ऑफ़ न्यूयॉर्क प्रेस ।
4. ड्यूवी, जॉन, (1904), *द रिलेशन ऑफ़ थ्योरी टू प्रेक्टिस इन एजुकेशन, इन द थर्ड ईयरबुक ऑफ़ दी नेशनल सोसायटी फ़ॉर द साइंटिफिक स्टडी ऑफ़ एजुकेशन : पार्ट 1:* दी रिलेशन ऑफ़ थ्योरी टू प्रेक्टिस इन द एजुकेशन ऑफ़ टीचर्स, शिकागो : यूनिवर्सिटी ऑफ़ शिकागो प्रेस, पेज 9–30।
5. फोंटाना, डेविड (1995), *सायकोलॉजी फ़ॉर टीचर्स*, पालग्रेव पब्लिकेशंस।
6. मीड, जी.एच. (1967), माइंड, *सेल्फ एंड सोसाइटी फ्रॉम द स्टेंडप्वॉइंट ऑफ़ ए सोशल बिहेवियरिस्ट*, शिकागो : यूनिवर्सिटी ऑफ़ शिकागो प्रेस।
7. पालमर, पार्कर जे. (1998), *द क्रेज टू टीच : एक्सपोलेरिंग द इनर लैंडस्केप ऑफ़ ए टीचर्स लाइफ*, सैन फ्रांसिस्को, कैलिफोर्निया : जॉसी–बास।
8. रोजर्स, कार्ल. (1961), *ऑन बिकमिंग ए पर्सन : ए थियरेपिस्ट्स व्यू ऑफ़ सायकोथेरेपी*, लन्दन : कांस्टेबल।
9. शिमट, मार्गरेट (2010), लर्निंग फ्रॉम टीचिंग एक्सपीयरेंस : ड्यूवी थ्योरी एंड प्री–सर्विस टीचर्स लर्निंग, *जर्नल ऑफ़ रिसर्च इन म्यूजिक एजुकेशन, वॉल्यूम 58 (2)*, 131–146।
10. वासिस्को, मार्क एम. (2007), दी प्रीकैप्चुअल एप्रोच टू टीचर डिस्पोजिसंस : द इफेक्टिव टीचर एज़ एन इफेक्टिव पर्सन, इन एम.ई. डिज एंड जे. रथ्स् (एडिट.), *डिस्पोजिसंस इन टीचर एजुकेशन* (पेज. 55–91), शार्लोट, एनसी : इनफॉर्मेशन एज़ 3।

भारत की अध्यापक–शिक्षा में नीतिगत सुधार

–गुंजन शर्मा

यह आलेख अध्यापक–शिक्षा के क्षेत्र में पिछले दो दशक में हुए नीतिगत बदलावों और बहसों पर केन्द्रित है। यह लेख वर्तमान के नीतिगत बदलावों की पहले की नीतियों से निरन्तरता और परिवर्तन तथा अध्यापक शिक्षा में सुधार की चुनौतियाँ पर ध्यान केन्द्रित करता है। इसी क्रम में एक अनुशासन के रूप में शिक्षा की पहचान और विश्वविद्यालयों में उसके स्थान तथा राज्य के नियन्त्रण से जुड़े महत्त्वपूर्ण प्रश्न उठाये गये हैं।

परिचय

यह पर्चा अध्यापक–शिक्षा के क्षेत्र में हाल (2009–16) के नीतिगत बदलावों की समीक्षा करता है। यह चार मुख्य प्रश्नों को सम्बोधित करता है : वे कौन–से मुख्य विधायी रूपरेखा और शिक्षायी सरोकार हैं जो अध्यापक–शिक्षा के हाल के नीतिगत बदलाव को प्रभावित करते हैं? इन बदलावों और सुधारों को हम किस प्रकार रेखांकित कर सकते हैं? ये बदलाव किस हद तक पहले की अध्यापक–शिक्षा की नीति से निरन्तरता बनाये हुए हैं? और इन बदलावों से किस तरह की चुनौतियाँ और बहस सामने आ रही हैं?[1]

1. भारत में, नई राष्ट्रीय शिक्षा नीति अभी अपने बनने की प्रक्रिया में है और इससे पहले 1968 और 1986 में राष्ट्रीय शिक्षा नीतियाँ बनाई गयी थीं। राष्ट्रीय शिक्षा नीति 1986 को 1992 में संशोधित किया गया था। संशोधित नीति के दस्तावेज़ों में इसे 1986–92 के दौरान हुए 'विकास' और 'नीति के कार्यान्वयन में अनुभव' के रूप में दर्ज किया गया (भारत सरकार, 1992, पृष्ठ 1)। राष्ट्रीय शिक्षा नीति 1968, जो कि कोठारी आयोग की रिपोर्ट (1964–66) पर आधारित थी, का मुख्य सरोकार, अनिवार्य प्राथमिक शिक्षा सुनिश्चित करने और शैक्षणिक अवसरों को समान करने का था। राष्ट्रीय शिक्षा नीति 1986 ने अध्यापकों की नियुक्ति और बुनियादी ढाँचे के लिए प्रावधान जैसी सिफ़ारिशों के माध्यम से प्रारम्भिक स्कूलों की शिक्षा को 'बाल–केन्द्रित' बनाने की पहल करके इन सरोकारों को जारी रखा और इसके साथ 'शिक्षा की गुणवत्ता' का एक और सरोकार (हालाँकि, एक सीमित और बहुत आलोचनात्मक तरीक़े से) जुड़ा।

इस पर्चे को चार भागों में आयोजित किया गया है। पहला भाग भारत में हाल के अध्यापक–शिक्षा की नीतियों की रूपरेखा प्रस्तुत करता है। दूसरा भाग अध्यापक–शिक्षा में नीतिगत बदलाव की दिशा को इंगित करता है। तीसरे और चौथे भाग में इस बदलाव की प्रक्रिया के दौरान उपजी चुनौतियों को रखा गया है। हालाँकि यह पर्चा मुख्य तौर पर अध्यापक–शिक्षा सम्बन्धी नीतियों में बदलाव पर एक टिप्पणी है, पर इसके साथ ही इस पर्चे में यह तर्क भी प्रस्तुत किया गया है कि भारत में अध्यापक–शिक्षा की नीति निर्माण का यह क्षेत्र निहायत चुनौतीपूर्ण है जोकि इस क्षेत्र के अकादमिक नेटवर्क और गठबन्धनों की मौजूदगी और उनके काम करने के तरीक़ों से लगातार प्रभावित होता रहा है।

हाल के नीतिगत सन्दर्भ

इस ख़याल को दिन–ब–दिन बल मिलता जा रहा है कि अगर किसी देश को वैश्विक अर्थ तन्त्र में अपनी प्रतिस्पर्द्धात्मक उपस्थिति को बनाये रखना है, अपने कार्य बल की गुणवत्ता को सुनिश्चित करना है और विविधता व समानता से सम्बन्धित सामाजिक अपेक्षाओं को पूरा करना है, तो उसे शिक्षक की गुणवत्ता को एक केन्द्रीय रणनीति के तौर पर लेकर आगे बढ़ना होगा (फरलोंग, 2013)। हालाँकि, शिक्षकों की तैयारी को लेकर कई देशों में यह बहस भी चल रही है कि क्या शिक्षकों की गुणवत्ता को मानक निर्धारित करने वाले नियमों, कार्यक्रमों की गुणवत्ता, स्कूलों की स्थितियों और व्यापक नीतिगत पहल और जवाबदेही तय करने जैसी चीज़ों से बढ़ाया जा सकता है। ज़्यादातर परिस्थितियों में इन मुद्दों का ख़ासा राजनीतिकरण होता है, जोकि शिक्षक की तैयारी के बारे में इस तथ्य को दर्शाता है कि यह मसला केवल 'सर्वोत्तम' नीति को बनाने और प्रचलन को स्थापित करने का नहीं है, बल्कि यह मूल रूप से एक राजनीतिक मामला है (कोचरन–स्मिथ, फरलोंग एंड ब्रेनान, 2009; फरलोंग, 2013)। उपरोक्त विश्लेषण भारतीय अध्यापक–शिक्षा के नीतिगत सन्दर्भ पर भी लागू होता है।

2009–16 के दौरान के अध्यापक–शिक्षा की नीति और विमर्श ख़ासतौर से जो अध्यापक–शिक्षा के राष्ट्रीय पाठ्यचर्या की रूपरेखा [नेशनल करिकुलम फ्रेमवर्क फ़ॉर टीचर एजुकेशन : एन.सी.एफ.टी.ई. 2009 (नेशनल कॉउंसिल ऑफ़ टीचर एजुकेशन (एन.सी.टी.ई., 2009), सर्वोच्च

न्यायालय द्वारा उच्च अधिकार सम्पन्न जस्टिस वर्मा कमीशन (जे.वी.सी.) की रिपोर्ट मानव संसाधन विकास मन्त्रालय (एम.एच.आर.डी.), 2012] और अन्य सम्बन्धित दस्तावेज़ों (एन.सी.टी.ई.–2014ए) में प्रस्तुत हैं, को भारत की बृहदतर शिक्षा नीति में हुए बदलावों के सन्दर्भ में समझा जा सकता है। इन महत्त्वपूर्ण बदलावों में से दो का ज़िक्र नीचे किया गया है।

इनमें पहला यह है कि भारत की स्कूली शिक्षा के विस्तार और उसकी गुणवत्ता को सुनिश्चित करने के क्रम में जो बड़ी चुनौती आयी उसका सीधा असर अध्यापक–शिक्षा पर पड़ा, जिससे अध्यापक–शिक्षा में बदलाव ज़रूरी हो गया। एन.सी.एफ.टी.ई.–2009 और जे.वी.सी.–2012 ये दर्शाते हैं कि किस तरह स्कूली शिक्षा में गुणवत्ता के मसले ने देश में अध्यापक–शिक्षा को लेकर लम्बे समय से लम्बित सुधार के सन्दर्भ में चर्चा को बढ़ावा दिया है। आख़िरी राष्ट्रीय शिक्षा नीति (1986–92) के बाद से भारत में शिक्षा के क्षेत्र में अभूतपूर्व बदलाव हुए हैं, ख़ासकर 1990 के आर्थिक सुधारों की शुरुआत के बाद से। इस अवधि में, सामाजिक और आर्थिक आकांक्षाओं में भारी वृद्धि हुई जिससे भारत के असमान सामाजिक परिवेश के सभी तबकों में शिक्षा की माँग (अलग–अलग तरह से) कई गुना बढ़ी। इस वजह से सभी स्तरों पर अलग–अलग रूप में शिक्षा का बड़े पैमाने पर विस्तार हुआ, जिसे वैश्विक स्तर पर बने 'ज्ञान आधारित अर्थव्यवस्था' के दबाव और उसके चलते बनी माँग के रूप में देखा जा सकता है। इस विस्तार में शिक्षा की 'गुणवत्ता' और शिक्षा में 'समता' के सरोकार कई स्तरों पर बने रहें, विशेषकर स्कूल शिक्षा के स्तर पर, शिक्षा के विस्तार की माँग के साथ गुणवत्ता और समता के सरोकार को सन्तुलित रूप से सम्बोधित करना आज भारत में शिक्षा की मुख्य चुनौती बन गयी है (शर्मा, 2015)।

उपरोक्त चुनौतियों के मद्देनज़र, 1992 के बाद से कोई राष्ट्रीय शिक्षा नीति नहीं बनी है, पर ऐसे कुछ अन्य नीतिगत विकास हुए हैं, जिन्होंने शिक्षा के क्षेत्र (विशेष रूप से स्कूल शिक्षा) को प्रभावित किया या कर रहे हैं। इनमें से दो हैं–निःशुल्क और अनिवार्य बाल शिक्षा का अधिकार अधिनियम–2009, राष्ट्रीय पाठ्यचर्या की रूपरेखा–2005 (नेशनल करिकुलम फ्रेमवर्क : एन.सी.एफ.) (एन.सी.ई.आर.टी.–2005)। एक तरफ़, निःशुल्क और अनिवार्य बाल शिक्षा का अधिकार अधिनियम–2009, भारतीय संविधान के अनुच्छेद 21ए को लागू करने के लिए है, जोकि 6 से 14 साल के बच्चों के लिए प्रारम्भिक शिक्षा को एक न्यायसंगत अधिकार बनाता है ताकि उनकी

स्कूल तक पहुँच बने और उन्हें इसका हक़ मिले। दूसरी ओर, एन.सी.एफ.–2005 स्कूलों के ज़रिये दिये जाने वाले शिक्षायी और पाठ्यचर्यागत अनुभव की 'गुणवत्ता' की प्रकृति और उसके घटकों को परिभाषित करता है। ये दोनों दस्तावेज़ मिलकर (विशेषकर आरम्भिक स्तर पर) शिक्षा को बच्चों के अधिकार के रूप में रेखांकित करते हैं और स्कूलों और कक्षाओं में बाल–केन्द्रित माहौल की बात करते हैं। इस सम्बन्ध में एन.सी.एफ.टी.ई.–2009 और जे.वी.सी.–2012 स्कूलों में अपेक्षित सुधार के बरअक्स देश की अध्यापक–शिक्षा के सुधार की रूपरेखा प्रस्तुत करते हैं।

दूसरी बात यह कि एन.सी.एफ.टी.ई.–2009 और जे.वी.सी.–2012 जिन सरोकारों से जुड़े हैं उनकी प्रकृति संरचनात्मक और नियामक भी है। विशेष रूप से जे.वी.सी.–2012 का मुख्य सरोकार नियमावली व नियामक रूपरेखा सम्बन्धी वे गहरी समस्याएँ थीं जो अध्यापक–शिक्षा की गुणवत्ता पर असर डालती हैं। भारत के सर्वोच्च न्यायालय ने जे.वी.सी. का गठन, महाराष्ट्र राज्य में 291 निजी डी.एड. कॉलेजों को मान्यता देने के मामले[2] की पूरी जानकारी के लिए और 'उन तमाम मुद्दों की पूरी तरह से जाँच करने के लिए जो शिक्षकों की शिक्षा की गुणवत्ता में और साथ ही एन.सी.टी.ई. के नियामक कार्यों में सुधार ला सकते हैं', किया था (एम.एच.आर.डी.–2012, खण्ड 1, पृष्ठ 3)।

जे.वी.सी. की सिफ़ारिशों के क्रियान्वयन की कार्य–योजना को विकसित करने के लिए सुप्रीम कोर्ट ने एक समिति गठित की। इस समिति को जे.वी.सी. की प्रत्येक सिफ़ारिश के कार्यान्वयन के लिए आवश्यक प्रक्रियाओं और समय–सीमा की रूपरेखा को तैयार करना था।

क्रियान्वयन की इस योजना के मद्देनज़र, जे.वी.सी. की मूल सिफ़ारिशों पर काम करने के लिए एन.सी.टी.ई. ने विभिन्न उप–समितियों का गठन

2. 2008 में, राष्ट्रीय अध्यापक शिक्षा परिषद् के पश्चिमी क्षेत्रीय समिति (डब्ल्यू.आर.सी.) ने शिक्षा में डिप्लोमा (डी.एड.) कार्यक्रम शुरू करने के लिए महाराष्ट्र के 291 कॉलेजों को मान्यता दी और यह महाराष्ट्र सरकार की इस स्पष्ट सिफ़ारिश के बावजूद हुआ, कि राज्य को और अधिक डी.एड. की आवश्यकता नहीं है, क्योंकि इस कार्यक्रम के स्नातकों के लिए रोज़गार के सीमित अवसर हैं। जब मामला मुम्बई उच्च न्यायालय (नागपुर खण्डपीठ) के सामने आया, तो कोर्ट ने डब्ल्यू.आर.सी. द्वारा 291कॉलेजों को मान्यता देने के आदेश को ख़ारिज कर दिया। इन संस्थानों ने उच्च न्यायालय के फ़ैसले को चुनौती दी और भारत के सर्वोच्च न्यायालय में याचिका दायर की। उच्चतम न्यायालय ने डब्ल्यू.आर.सी. द्वारा मान्यता प्राप्त संस्थानों को इसकी अनुमति दी कि वे छात्रों को इस कार्यक्रम में दाख़िला दे सकते हैं।

किया (जिसमें विभिन्न प्रकार के अध्यापक–शिक्षा कार्यक्रमों के लिए पाठ्यक्रम की रूपरेखा तैयार करने वाली उप–समितियों सहित और अन्य नियामक पहलुओं को तय करने वाली उप–समितियाँ भी शामिल थीं)। इसके परिणामस्वरूप एन.सी.टी.ई. का नियम (मानदण्ड और मानक) 2014 (एन.सी.टी.ई.–2014 ए) बना। जे.वी.सी. की सिफ़ारिशों को लागू करने के लिए बनी एन.सी.टी.ई. की विभिन्न उप–समितियों ने अध्यापक–शिक्षा में मूलचूल बदलाव के लिए भविष्य की जिस रूपरेखा को प्रस्तुत किया और उस पर जिस प्रकार की बहस छिड़ी, उसे कुछ लोगों ने 'अध्यापक–शिक्षा के युद्ध' (धनकर, 2014) के रूप में दर्ज किया।

एक ओर इस मामले ने अध्यापक–शिक्षा में बड़े पैमाने पर वाणिज्यिक हितों से ग्रसित और अध्यापक–शिक्षा कार्यक्रमों की गुणवत्ता को प्रभावित (गिराने) करने वाले एन.सी.टी.ई. के ख़राब नियमन की ओर इशारा किया;[3] दूसरी ओर इस सन्दर्भ में हुई बहस ने यह भी दर्शाया कि अध्यापक शिक्षा में नियमन और नीति–निर्माण एक राजनीतिक मसला है जिसमें कई विपरीत हित समूहों में (शिक्षकों के शिक्षक, निजी क्षेत्र, ग़ैर–सरकारी संगठनों, सरकारों के भीतर काम कर रहे समूह) एक–दूसरे के बरअक्स अपनी बात स्थापित करने की होड़ रहती है (मेनन और मैथ्यू, 2016, पृ. 164)। इन घटनाओं और बहसों की मुकम्मल प्रस्तुति इस पर्चे के दायरे से परे है। इसलिए आगे के पन्नों में, एन.सी.एफ.टी.ई. और जे.वी.सी. में सुझाए गये प्रमुख सुधारों, जिनको एन.सी.टी.ई. द्वारा बनाई गयी उप–समितियों ने भी अपनाया, का सारांश और इससे सम्बन्धित बहस का संक्षिप्त अवलोकन किया गया है।

अध्यापक–शिक्षा में नीतिगत बदलाव के व्यापक निर्देश

मूल तौर पर जे.वी.सी. और एन.सी.एफ.टी.ई. दोनों ने अध्यापक–शिक्षा को पेशेवर बनाने की आवश्यकता पर ज़ोर दिया और इसके लिए एक रूपरेखा प्रस्तुत की। इन दो दस्तावेज़ों की सिफ़ारिशों में कई समानताएँ हैं–विशेषकर पाठ्यक्रम और पाठ्यचर्या की सिफ़ारिशों के सम्बन्ध में। दरअसल जे.वी.सी. रिपोर्ट ने सुझाव दिया है कि एन.सी.एफ.टी.ई. को पाठ्यचर्या और

3. आज तक के आँकड़े बताते हैं कि, अध्यापक शिक्षा के 92 प्रतिशत संस्थान और विद्यार्थी मुख्य रूप से निजी क्षेत्र में हैं। लगभग 88 प्रतिशत डिप्लोमा कार्यक्रम और लगभग 96 प्रतिशत बी.एड. निजी संस्थाओं के ज़रिये दिये जाते हैं (मेनन और मैथ्यू, 2016,पृ.150)।

पाठ्यक्रम सुधार के लिए मार्गदर्शक रूपरेखा के तौर पर लिया जाये। जे.वी.सी. और एन.सी.एफ.टी.ई. के बीच इस दुहराव या तालमेल (साथ ही शिक्षा का अधिकार अधिनियम–2009, एन.सी.एफ.–2005, एन.सी.एफ.टी.ई.–2009 और जे.वी.सी. के बीच भी) का विश्लेषण बताता है कि इसकी वजह, इनमें से कई सदस्यों का एक से अधिक समितियों में होना या/और समिति के सदस्यों का अकादमिक 'सोशल–नेटवर्क' (गरानोवेटर, 1973) में जुड़े होना था (वर्मा, 2015)।

व्यापक रूप से दोनों दस्तावेज़ों में निम्नलिखित मुख्य बदलाव प्रस्तुत किये गये :

अध्यापक–शिक्षा के पाठ्यचर्या में सुधार : एन.सी.एफ.टी.ई. के मुताबिक़ इसका (दस्तावेज़ का) उद्देश्य 'आरम्भिक, माध्यमिक और स्नातकोत्तर स्तर पर अध्यापक–शिक्षा के संरचनात्मक पहलुओं में परिवर्तन के लिए दिशा निर्देश' मुहैया कराना है (एन.सी.टी.ई.–2009, पृ. IV)। यह रूपरेखा शिक्षक की तैयारी के लिए पाठ्यचर्या में सुधार, अध्यापक–शिक्षण में पेशेवर सघनता और इसमें शोध और अनुसन्धान का एकीकरण कर देश में अध्यापक–शिक्षा के ख़ाके में बदलाव की परिकल्पना करती है। इन सुधारों को एन.सी.एफ.टी.ई. द्वारा एक ख़ास सन्दर्भ में प्रस्तुत किया गया है, जिसे यह दस्तावेज़ 'अध्यापक–शिक्षा में प्रभुत्वशाली प्रचलन' या 'परम्परागत' अध्यापक–शिक्षा (एन.सी.टी.ई., 2009, पृ. 52) की समस्याओं के तौर पर दर्ज करता है। 'इन प्रस्तावित पाठ्यचर्या सुधारों में से अधिकांश, बी.एल.एड. कार्यक्रम को बनाने, उसको चलाने और दिल्ली विश्वविद्यालय में इसके संस्थायीकरण की प्रक्रिया के अनुभव और सीख पर आधारित थे, या यूँ कहें कि उनसे उपजे थे' (सेट्टी, 2014, पृ. 71)। ये सुधार, स्कूल पाठ्यचर्या के सम्बन्ध में एन.सी.एफ.–2005 और शिक्षा का अधिकार अधिनियम–2009 की धारा 29 (2), द्वारा प्रस्तावित सुधारों के क्रम में ही थे।

इसके बरअक्स जे.वी.सी. ने बहुत अधिक विस्तार से नियामक सुधारों की पड़ताल की। इस समिति का एक उद्देश्य यह देखना था कि "बच्चों के निःशुल्क और अनिवार्य शिक्षा के अधिकार अधिनियम, 2009 के प्रावधानों के सन्दर्भ में मान्यता देने वाले के मानकों की नियमावलियाँ और एन.सी.टी.ई. द्वारा अपनाई जाने वाली विधि, जो विभिन्न अध्यापक–शिक्षा पाठ्यक्रमों के लिए मानदण्ड और प्रक्रिया को निर्धारित करती हैं, पर्याप्त हैं या उनकी

समीक्षा की आवश्यकता है' (एम.एच.आर.डी., 2012, पृ. 3)। इस उद्देश्य को पूरा करने के लिए जे.वी.सी. ने एन.सी.एफ.टी.ई. को ही अपनाया।[4]

इस प्रकार प्रस्तावित पाठ्यचर्या सुधारों के मुख्य सिद्धान्तों में शामिल हैं [5]:

1. पाठ्यचर्या और पाठ्यक्रम के लिए एक समग्र दृष्टिकोण
2. शिक्षा के सिद्धान्त और आधारभूत दृष्टिकोण को समझने और इस्तेमाल करने पर ज़ोर।
3. चिन्तनशील, मानवीय और पेशेवर होने के लिए प्रशिक्षण देना
4. गहन शाला अनुभव/स्कूल का अनुभव।
5. शिक्षकों की तैयारी इस प्रकार हो कि वे बाल–केन्द्रित तरीक़े से सीखने–सिखाने की योजना बनाकर उसको लागू करें
6. स्कूल के विभिन्न स्तरों के लिए अध्यापक के प्रशिक्षण में उस चरण की विशिष्टता हो और विभिन्न स्तरों के बीच के पदानुक्रम को समाप्त किया जाये
7. अध्यापक–शिक्षा को अन्तर्विषयक परिवेश में स्थित किया जाये।

एन.सी.टी.ई. की विभिन्न उप–समितियों ने अध्यापक–शिक्षा के कार्यक्रमों के मानदण्डों और मानकों को तय करने के लिए, पाठ्यचर्या सम्बन्धी उपरोक्त विचारों और रूपरेखाओं को अपने काम का आधार बनाया। यह पहली बार हुआ कि अध्यापक–शिक्षा के कार्यक्रमों की विषय–वस्तु एन.सी.टी.ई. की नियमवाली का हिस्सा बनी। ध्यान देने योग्य है कि इन उप–समितियों के गठन ने, उस शैक्षणिक गठबन्धन और सोशल–नेटवर्कों को काफ़ी हद तक (यद्यपि पूरी तरह से नहीं) बनाये रखा, जो जे.वी.सी. और एन.सी.एफ.टी.ई. में थे।

अध्यापक–शिक्षा कार्यक्रमों की अवधि का विस्तार : अध्यापकों की शिक्षा के क्षेत्र के एक बड़े उद्देश्य के मद्देनज़र की गयी यह सिफ़ारिश इस धारणा पर आधारित थी कि लम्बी अवधि के कार्यक्रमों में भावी शिक्षकों को सघनता से शामिल करने के लिए पर्याप्त समय और अवसर उपलब्ध होंगे। एन.सी.एफ.टी.ई. से चार प्रकार के अध्यापक शिक्षा की सम्भावनाएँ

---

4. "वर्तमान अध्यापक–शिक्षा कार्यक्रमों को अध्यापक शिक्षा के लिए अध्यापक शिक्षा के राष्ट्रीय पाठ्यचर्या की रूपरेखा (एन.सी.टी.ई., 2009) और अन्य प्रासंगिक सिफ़ारिशों को ध्यान में रखते हुए फिर से तैयार किया जा सकता है।" (एम.एच.आर.डी., 2012, पृ. 95)
5. यह एन.सी.एफ.टी.ई. से चयनित अंश (एन.सी.टी.ई., 2009, पृ.23–24 और पृ.52–55) और एन.सी.टी.ई. उप–समिति की रिपोर्ट के द्वारा किये गये नोटों पर आधारित है।

उभरकर सामने आती हैं–प्रारम्भिक और माध्यमिक स्तरों पर शिक्षक की शुरुआती तैयारी के लिए दो साल की दूसरी स्नातक डिग्री; और दोनों स्तरों के लिए चार साल (या उससे अधिक) का एकीकृत प्रथम स्नातक। इसके अलावा, जे.वी.सी., 2 वर्षीय एम.एड. कार्यक्रमों की आवश्यकता की ओर इंगित करता है और एन.सी.एफ.टी.ई. ने एक विशेष कैडर, वरिष्ठ माध्यमिक विद्यालय के शिक्षकों और शिक्षकों के शिक्षकों (प्राध्यापकों), के विकास के लिए 3 साल की अवधि के स्नातकोत्तर पाठ्यक्रम की सिफ़ारिश की है (एन.सी.टी.ई.–2009, पृ. 87)। जे.वी.सी. के बाद, पेशेवर अध्यापक–शिक्षक बनने के लिए प्रस्तावित लम्बी अवधि के कार्यक्रमों की इन सिफ़ारिशों ने बहुत जल्द एक बहस या बल्कि एक तरह की चिन्ता का रूप ले लिया कि इसका असर इस क्षेत्र के सम्भावित उम्मीदवारों की संख्या और गुणवत्ता पर होगा।

अध्यापक–शिक्षा के लिए नियामक तन्त्र की संरचना, मानदण्डों और मानकों का सुधार और पुनर्गठन : जे.वी.सी. में अनुशंसित इन परिवर्तनों ने एक व्यापक दायरे को सम्बोधित किया ताकि एन.सी.टी.ई. की कार्य–प्रणाली को मूल रूप से बदला जा सके। इसमें एन.सी.टी.ई. अधिनियम 1983 में संशोधन, एन.सी.टी.ई. के भीतर सतर्कता प्रकोष्ठ की स्थापना, अध्यक्ष का कार्यकाल, एन.सी.टी.ई. परिषद् और क्षेत्रीय परिषद् की नियुक्तियाँ और एन.सी.टी.ई. के मान्यता प्राप्त अध्यापक–शिक्षा कार्यक्रमों के मानदण्डों और मानकों को बदलना इत्यादि शामिल था। एन.सी.टी.ई. की विभिन्न उप–समितियों द्वारा अध्यापक–शिक्षा कार्यक्रमों के लिए बनाये गये नियम और मानक तीखी बहस और चर्चा का केन्द्र बन गये। हालाँकि इन बहसों का समाधान नहीं हुआ, पर इस विमर्श से अध्यापक–शिक्षा के क्षेत्र में विभिन्न पहलुओं पर नज़रियों की विविधता और इस क्षेत्र में नीति–निर्णय की जटिलता उभरकर सामने आयी।

अध्यापक–शिक्षा को विश्वविद्यालय प्रणाली के दायरे में लाया जाये : जे.वी.सी. और एन.सी.एफ.टी.ई. दोनों की सिफ़ारिश थी कि सेवा–पूर्व अध्यापक–शिक्षा के कार्यक्रमों (विशेषकर आरम्भिक) के गुणवत्ता सम्बन्धी मुद्दों का सामना करने के लिए इन्हें डिग्री कार्यक्रमों के स्तर तक बढ़ाया जाये (दिल्ली विश्वविद्यालय के 4 वर्षीय एकीकृत बी.एल.एड. कार्यक्रम की तर्ज पर)। तर्क यह था कि 'एक पेशेवर अभ्यास के रूप में शिक्षण की जटिलता और महत्त्व को ध्यान में रखते हुए, यह आवश्यक है कि

अध्यापक–शिक्षा का पूरा उद्यम विश्वविद्यालय स्तर तक उठाया जाना चाहिए और कार्यक्रमों की अवधि और सघनता को उचित रूप से बढ़ाया जाना चाहिए' (एन.सी.टी.ई., 2009, पृ. 8) :

> 'इसकी तत्काल आवश्यकता है कि प्रशिक्षण की अवधि को बढ़ाकर सेवा–पूर्व आरम्भिक अध्यापक–शिक्षा के स्तर को बढ़ाया जाये; इसे एक एकीकृत डिग्री प्रोग्राम के बराबर बनाया जाये और विश्वविद्यालयों के भीतर आरम्भिक अध्यापक–शिक्षा के प्रबन्धन और नियन्त्रण को सुनिश्चित किया जाये। ऐसा करना इसलिए आवश्यक है क्योंकि उच्च माध्यमिक (+2) का प्रवेश स्तर भावी शिक्षकों को प्राथमिक स्तर पर पढ़ाने के लिए विषयों के बुनियादी ज्ञान से लैस नहीं करता है। पाठ्यक्रम की छोटी अवधि, इन भावी शिक्षकों को, बच्चों की मनोवैज्ञानिक–सामाजिक आवश्यकताओं को समझने और उनकी शिक्षा को सुगम बनाने के लिए आवश्यक शैक्षणिक ज्ञान और व्यावसायिक तकनीकों से लैस नहीं करती है'(एम.एच.आर.डी., 2012, पृ.15)।

यह सिफ़ारिश मुख्य रूप से जे.वी.सी. और एन.सी.एफ.टी. द्वारा दर्ज की गयी इस चिन्ता से उत्पन्न होती है कि शिक्षक की तैयारी के लिए एक अन्तर्विषयक वातावरण आवश्यक है। चूँकि वर्तमान अध्यापक–शिक्षा संस्थानों की एक बड़ी संख्या वैसे पृथक् संस्थानों की है जो सिर्फ़ शिक्षक–शिक्षा में व उसमें भी अकेले काम करते हैं, और उस अन्तर्विषयक माहौल से अलग–थलग रहते हैं जो केवल एक विश्वविद्यालय दे सकता है। जे.वी.सी. की इस सिफ़ारिश को पूरा करना सबके लिए एक मुश्किल काम था, चाहे वह एन.सी.टी.ई. हो, केन्द्र सरकार हो या राज्य सरकार। यह आरम्भिक स्तर के अध्यापक–शिक्षा कार्यक्रमों, जो डायट और निजी संस्थानों द्वारा चलाये जाते हैं, का विश्वविद्यालय स्तर पर उन्नयन व इनमें संरचनात्मक स्तर के परिवर्तन की माँग करता है। आगे के पन्नों में इसकी कुछ चुनौतियों पर चर्चा की गयी है।

नीतिगत बहस

बदलावों के उपरोक्त प्रस्तावों और एन.सी.टी.ई. की विभिन्न उप–समितियों द्वारा उनका क्रियान्वयन–विशेष रूप से वे उपसमितियाँ, जिन्होंने मान्यता

की नियमावली (मानदण्ड और मानक)–2014 (एन.सी.टी.ई.–2014ए) पर काम किया, ने इस क्षेत्र के एक अत्यन्त मौलिक सरोकार पर बहस की शुरुआत की कि शिक्षा के क्षेत्र की बुनियादी प्रकृति ही क्या है? अध्यापक–शिक्षा, अध्ययन की दूसरी उदार शाखाओं से अलग कैसे है? अध्यापक–शिक्षा के 'पेशेवर' घटकों को कैसे परिभाषित किया गया है या किया जाये? अध्यापक–शिक्षा के कार्यक्रमों को किस प्रकार के संस्थागत दायरों में स्थित होना चाहिए? इन कार्यक्रमों को किनके द्वारा और किस प्रकार पढ़ाया जाना चाहिए? (एन.सी.टी.ई.–2015)।

यह बहस मुख्य रूप से बत्रा उप–समिति की सिफ़ारिशों (एन.सी.टी.ई.–2014बी) से शुरू हुई, और जंगीरा समिति की रिपोर्ट के बाद ये और सघन हुई (एन.सी.टी.ई.–2014 सी)। हालाँकि सार्वजनिक तौर पर कई तरह से तर्क किये गये, पर उनमें से केवल कुछ ने ही सन्तुलित और सुविज्ञ तरीक़े से सारभूत तर्कों को व्यक्त किया। मोटे तौर पर इस बहस में एक तरफ़ यह तर्क था कि अध्यापक–शिक्षा के क्षेत्र को परिभाषित करने में उदार अध्ययन शाखाओं के विषय केन्द्रीय हैं :–

> ''जब ध्यान से सोचें तो, इस अर्थ में शिक्षा, जीवन, मानव और समाज के बारे में बहुत सारे मौलिक सवालों को जन्म देती है। ये इसके मूलभूत प्रश्न हैं। इन सवालों के समाधान के लिए विभिन्न विषयों से प्राप्त चेतना, आवश्यक अवधारणात्मक औज़ार बन जाते हैं। ऐसे में इन सवालों को सम्बोधित करने के लिए आवश्यक ज्ञान मूलभूत हो जाता है; लेकिन मार्गदर्शक सिद्धान्त शिक्षण के केन्द्रीय सरोकारों से उभरता है, योगदान देने वाले उदार विषयों से नहीं...उदाहरण के लिए, शिक्षा के उद्देश्य को तय करने के लिए दार्शनिक, सामाजिक और ऐतिहासिक दृष्टिकोणों को शामिल करना आवश्यक है...इसलिए, शिक्षा अध्ययन की शाखा में हम शिक्षा की एक बौद्धिक रूप से सुसंगत और व्यापक समझ के लिए प्रयास करते हैं; और यह समझ, अन्य विषयों से मिली ज़रूरी अन्तर्दृष्टि का इस्तेमाल करती है (धनकर, 2014, पृ. 3)।''

दूसरी तरफ़ का मुख्य सरोकार शिक्षा में पेशेवर दक्षताओं का केन्द्र में होना था, जो उपरोक्त तर्कों में हाशिए पर थीं–

> "अध्यापकों के शिक्षकों की तैयारी और उनके सतत् व्यावसायिक

विकास के दो प्रमुख घटकों के बीच अन्तर करना महत्त्वपूर्ण है–अध्यापक–शिक्षा में परिप्रेक्ष्य निर्माण और दक्षता विकास। हालाँकि परिप्रेक्ष्य निर्माण में विभिन्न मूलभूत ज्ञान क्षेत्रों के योगदान को स्वीकार करना चाहिए, पर साथ ही इस बात पर भी ज़ोर दिया जाना चाहिए कि शिक्षकों की व्यावसायिक तैयारी का सार चिन्तनशील प्रचलन है जिसमें व्यवहारिक रूप से शिक्षा की मुख्य प्रक्रियाओं में संलग्न होना शामिल है (एन.सी.टी.ई., 2015, पृ. 8)।"

अलग–अलग अवसरों पर इन बहसों को अलग–अलग रूप लेते हुए देखा गया है। इसका विस्तार कई तरह की असहमतियों में दिखा, जैसे–वे कौन–से मूल तत्त्व हैं, जिन्हें अध्यापक–शिक्षा के कार्यक्रमों के पाठ्यक्रमों में होना चाहिए या फिर प्रारम्भिक स्तर पर शिक्षक की तैयारी के कार्यक्रम को पूरा करना और उसके आगे के प्रशिक्षण (एम.एड.) की शिक्षकों के शिक्षक (प्राध्यापक) बनने के लिए एक अनिवार्य आवश्यकता होना। हालाँकि अध्यापन की पेशेवर स्थिति और अन्य सहायक प्रक्रियाओं (जैसे–पाठ्यक्रम और पाठ्यचर्या की रचना, शैक्षणिक नेतृत्व, पाठ्यपुस्तक विकास) के बारे में एक आम सहमति थी, पर इस बात पर कोई स्वीकृत समझ नहीं बनी कि भविष्य के पेशेवर अध्यापक–शिक्षकों की तैयारी के क्या मायने हैं? ये वाद–विवाद शिक्षा के क्षेत्र में नये नहीं हैं और स्वाभाविक रूप से एक अनुशासन के या ज्ञान–क्षेत्र के रूप में शिक्षा की संघर्षशील पहचान से सम्बन्धित हैं (सारंगपाणि, 2011)।

नीतिगत सुधारों से उत्पन्न मुद्दे और चुनौतियाँ

इन बहसों के साथ जे.वी.सी. की सिफ़ारिशों ने और कई चुनौतियों को प्रस्तुत किया। इनमें से दो पृथक् चलने वाले अध्यापक शिक्षा के संस्थानों/कार्यक्रमों का विश्वविद्यालय स्तर पर उन्नयन और पाठ्यचर्या सम्बन्धी संशोधन के बारे में आगे चर्चा की गयी है। यहाँ इन्हें एक साथ प्रस्तुत किया गया है क्योंकि दोनों के बीच एक महत्त्वपूर्ण जुड़ाव है।

पृथक् चलने वाले अध्यापक शिक्षा के संस्थानों (विशेष रूप से आरम्भिक स्तर के) का विश्वविद्यालय स्तर पर उन्नयन अभी तक शुरू नहीं किया गया है और इन्हें मानदण्डों में कुछ छूट दी गयी है। फिर भी इस सिफ़ारिश ने एक मुश्किल चुनौती पेश की है और इसकी अपनी समस्याएँ भी हैं। जैसा कि अनुमान लगाया जा सकता है अध्यापक–शिक्षा के संस्थानों का

विश्वविद्यालय स्तर पर प्रस्तावित उन्नयन एक सरल रेखीय प्रक्रिया नहीं होगी, क्योंकि अध्यापक–शिक्षा के निकाय का नेटवर्क विभिन्न प्रकार के संस्थानों और संरचनाओं के साथ है, और ये बदलाव जिन्हें कि जे.वी.सी. ने प्रस्तावित किया है, उसके लिए इन नेटवर्कों की मुकम्मल तरीक़े से समझ बनाने की आवश्यकता होगी। इसके अलावा बदलाव के लिए किसी मानक तरीक़े को भी नहीं अपनाया जा सकता क्योंकि प्रत्येक राज्य की शिक्षा व्यवस्था और संस्थानों की प्रकृति में भिन्नताएँ हैं (उदाहरण के लिए, एस.सी.ई.आर.टी., डायट, परीक्षा बोर्ड, अध्यापकों की भर्ती प्रणाली जैसे संस्थानों के बीच सम्बन्धों में अन्तर)।

जबकि राज्य और सरकारी संस्थानों के मामले में प्रस्तावित उन्नयन को चरणबद्ध तरीक़े से प्राप्त किया जा सकता है, निजी संस्थानों (जिनकी भागीदारी अध्यापक शिक्षा की समूची प्रणाली में काफ़ी ज़्यादा है) के मामले में यह काम विशेष रूप से चुनौतीपूर्ण होगा। विश्वविद्यालयों के साथ इन संस्थानों की सम्बद्धता की सम्भावनाओं पर विचार किया जा सकता है। हालाँकि, केवल सम्बद्धता ऐसे बदलावों को नहीं लायेगी जैसा कि जे.वी.सी. में प्रस्तावित और अनुशंसित था। यह उन्नयन एक मुकम्मल बदलाव की माँग करता है जिससे मौजूदा व्यवस्था में अध्यापक की शिक्षा जिस प्रकार से स्थित है उसका पूर्ण नवीनीकरण हो। यह नवीनीकरण कई चुनौतियों को प्रस्तुत करता है जिनमें संकाय सदस्यों का उन्नयन, संस्थानों के भौगोलिक स्थानों या ढाँचों में बदलाव, और पाठ्यक्रम विकास और उसको पढ़ाये जाने के संस्थागत सन्दर्भों की चुनौतियाँ इत्यादि शामिल हैं। पृथक् संस्थानों को चरणबद्ध तरीक़े से बन्द करने और अन्तर्विषयक संस्थानों में इतनी बड़ी संख्या में अध्यापक–शिक्षा के कार्यक्रमों को शुरू करने के विकल्प की चुनौतियाँ भी उतनी ही मुश्किल हैं। एक मसला यह भी है कि जे.वी.सी. की सिफ़ारिशें इस परिकल्पना पर आधारित हैं कि जो कार्यक्रम अन्तर्विषयक परिवेश में स्थित होंगे, वे उस परिवेश का अच्छी तरह से उपयोग करेंगे। हालाँकि यह अनिवार्य रूप से सही हो ऐसा ज़रूरी नहीं है (श्रीनिवासन, 2015), बल्कि देश में असमान गुणवत्ता वाले उच्च शिक्षा के सन्दर्भ को देखते हुए ऐसा लगता है कि इसके होने और न होने की गुंजाइश बराबर है।

जैसा कि इस पर्चे में पहले कहा गया था, एन.सी.एफ.टी.ई. के पाठ्यचर्या सुधार (जिनमें अध्यापक शिक्षा के संस्थानों का उन्नयन एक अविभाज्य हिस्सा

है), दिल्ली विश्वविद्यालय के बी.एल.एड. कार्यक्रम के अनुभव पर आधारित थे (सेट्टी, 2014)। और यह सन्देह से परे था कि दिल्ली विश्वविद्यालय के इस बी.एल.एड. मॉडल का जे.वी.सी.–एन.सी.एफ.टी.ई. की सिफ़ारिशों और एन.सी.टी.ई. के नियमों के ज़रिये राष्ट्रीय स्तर पर मानकीकरण किया जा रहा था। हालाँकि इस तरह की सिफ़ारिशों की व्यावहारिक समस्याओं के आकलन की आवश्यकता है। यह मानकीकरण अध्यापक–शिक्षा क्षेत्र में विविधता की आवश्यकता को कैसे प्रभावित करेगा? इस पर चर्चा और बहस और भी ज़रूरी है। अध्यापक शिक्षा के कार्यक्रमों के अकादमिक पहलुओं के मानकीकरण के ये सवाल, एन.सी.टी.ई. के नियमों में शामिल अन्य कार्यक्रमों के लिए भी महत्त्वपूर्ण हैं।

मानदण्डों और मानकों में केन्द्रीय रूप से पूर्व निर्धारित पाठ्यचर्या को लेकर किसी भी तरह का पाठ्यचर्या 'सुधार' कर पाना मुश्किल है। अध्यापक शिक्षा कार्यक्रमों के लिए बनाये गये एन.सी.टी.ई. के नियमन, मानदण्ड और मानक इस हद तक विस्तृत हैं कि इनमें पाठ्यक्रम के शीर्षक, कार्यक्रम के विभिन्न घटकों के लिए कितने क्रेडिट दिये जायें और विभिन्न पाठ्यक्रमों और कोर्स को पढ़ाने के लिए क्या योग्यताएँ हों जैसे पक्ष भी निर्धारित किये गये हैं। एन.सी.एफ.टी.ई. और जे.वी.सी. में परिकल्पित अध्यापक–शिक्षा कार्यक्रमों की दिशा में बढ़ने के लिए यह ज़रूरी है कि सभी संस्थाएँ इन नये कार्यक्रमों की अवधारणा को समझें और उन्हें नये सिरे से डिज़ाइन करने का कार्य करें। मौजूदा चल रहे कार्यक्रमों के विस्तार मात्र से (जैसे–पाठ्यक्रम की अवधि के सन्दर्भ में, कोर्स के क्रम और शीर्षक में बदलाव, कोर्स की संख्या में बढ़ोतरी आदि)। उनकी गुणवत्ता और सघनता पर कोई प्रभाव नहीं होगा और यह मौजूदा समस्याओं को पुनः उत्पन्न करेगा। इसकी बड़ी सम्भावना थी कि ज़्यादातर संस्थान ऊपरी तौर पर ही जे.वी.सी. के सुझावों को कार्यान्वित करेंगे, इसलिए कुछ प्रकार के नियमों की आवश्यकता थी, लेकिन सूक्ष्म–प्रबन्धन करने वाले मानदण्डों और एन.सी.टी.ई. द्वारा बाँटे गये पाठ्यक्रम/पाठ्यचर्या दस्तावेज़ों ने भी बेतरतीब तरीक़े से सुधारों के लागू किये जाने और उन्हीं समस्याओं के पुनः उत्पन्न होने की सम्भावनाओं को बढ़ाया ही है।

2015 के बाद अध्यापक–शिक्षा के विभिन्न कार्यक्रमों के संशोधित पाठ्यक्रम व पाठ्यचर्या का कोई व्यवस्थित अध्ययन अभी तक सार्वजनिक रूप से उपलब्ध नहीं है, लेकिन 2015 के दौरान एन.सी.टी.ई. द्वारा आयोजित

क्षेत्रीय कार्यशालाओं का अनुभव इंगित करता है कि संशोधित कार्यक्रमों की एक बड़ी संख्या में किसी हद तक भी 'सुधार' के मूल भाव को लागू नहीं किया गया है। इन कार्यशालाओं में यह भी दिखा कि पाठयचर्या सुधार से सम्बन्धित 'शैक्षिक अभिजात वर्ग' की भाषा और यह सुधार जिस समूह को सम्बोधित है उनकी भाषा के बीच एक बड़ा फ़ासला है (सेट्टी, 2014, पृ. 89)।

निष्कर्ष

भारत व अन्य देशों के शिक्षाविदों ने एक अनुशासन के रूप में 'शिक्षा' की पहचान, इसके अर्थ और विश्वविद्यालय या अकादमिक जगत में इसके स्थान पर चिन्तन किया है (फरलोंग, 2013; फरलोंग एंड लॉन, 2011; सारंगपाणि, 2011)। ये सभी काम उन संघर्षों को दर्शाते हैं जिनसे शिक्षा का 'क्षेत्र' (जिसकी पहचान ऐतिहासिक रूप से शिक्षक की तैयारी के साथ जुड़ी है) अकादमिक विषयों के बीच वैधता हासिल करने के लिए गुज़रा है। यह संघर्ष शिक्षायी ज्ञान की परिभाषा और 'शैक्षिक कर्मियों' ('प्रैक्टिशनर्स') और विश्वविद्यालय के 'विद्वानों' के भेद के बदलते प्रारूप को भी चिह्नित करते हैं (फरलोंग, 2013, पृ. 41)।

भारत में हाल के अध्यापक–शिक्षा के नीतिगत सुधार को शैक्षिक–कर्मियों और विद्वानों के बीच के तीखे लेकिन मनमाने ढंग से किये गये विभाजन और उनसे सम्बन्धित गठबन्धनों ने आकार दिया। मौलिक चिन्ताओं की बजाय, इस क्षेत्र पर अधिक नियन्त्रण पाने के इन गठबन्धनों के बीच हुए संघर्ष ने इस सुधार प्रक्रिया में केन्द्रीय स्थान ले लिया। एक तर्क यह भी दिया गया है कि 'इस पूरे विमर्श में विश्वविद्यालयों में नौकरियाँ हासिल करने की राजनीति अन्तर्निहित है' (मेनन और मैथ्यू, 2016, पृ. 166)।

'शिक्षा के क्षेत्र में अनुसन्धान, नीति और अभ्यास के बीच का सम्बन्ध कई देशों में एक लम्बे समय से चला आ रहा मुद्दा है' (व्हीटी, 2006, पृ.159)। भारत में भी अध्यापक–शिक्षा के नीतिगत सुधारों के सन्दर्भ में अनुसन्धान, नीति और अभ्यास के बीच के इस बिखराव को देखा जा सकता है। यह बिखराव विश्वविद्यालय के दायरे में इस क्षेत्र के भविष्य की दिशा को तय करने में ख़ासा मायने रखता है; हालाँकि यह और बात है कि वर्तमान समय में विश्वविद्यालय की स्वयं की स्वायत्तता ही लगातार सन्देह में है। यह शिक्षा के क्षेत्र को राज्य नियन्त्रण व हस्तक्षेप या ग़ैर–पेशेवर होने के मामले में और असुरक्षित बनाता है (फरलोंग, 2013)।

इन परिवर्तनों के माध्यम से यह भी सामने आया कि एन.सी.टी.ई. एक नियामक निकाय के तौर पर अपने जनादेश का निर्वहन करने के लिए अकादमिक और प्रशासनिक रूप से सक्षम और स्वायत्त नहीं है। सुधार प्रक्रिया के दौरान इसके विभिन्न पहलुओं और मसलों पर समझ बनाने के लिए एन.सी.टी.ई. कुछ विश्वविद्यालयों (मुख्य रूप से दिल्ली में स्थित) की शैक्षणिक क्षमताओं पर निर्भर रहा, कभी–कभी काफ़ी अनियोजित ढंग से। इस सुधार क़वायद के बाद भी, एन.सी.टी.ई. की क्षमताओं को सुधार की इस समूची प्रक्रिया को लागू करने के लिए पर्याप्त रूप से विकसित नहीं किया गया है।

इस बीच 2014 में भारत में राजनीतिक व्यवस्था में बदलाव के साथ, ऐसा लगता है कि अध्यापक–शिक्षा में नीति परिवर्तन का एक और दौर हो सकता है। भारत सरकार एक नयी राष्ट्रीय शिक्षा नीति विकसित कर रही है जिसमें अध्यापक–शिक्षा में सुधार भी शामिल है। नयी राष्ट्रीय शिक्षा नीति सम्बन्धित दस्तावेज़, जिन्हें सरकार ने सार्वजनिक किया है, के अध्ययन से यह स्पष्ट है कि उसमें जे.वी.सी. और एन.सी.एफ.टी. के सन्दर्भ की पूरी तरह से अनदेखी की गयी है (शर्मा, 2016)। दरअसल, बच्चों के अधिकार के रूप में शिक्षा की अवधारणा और 'बाल–केन्द्रित' शिक्षा के सरोकारों को, इन नये एन.ई.पी. दस्तावेज़ों में जगह ही नहीं मिली है। यह सम्भावना नहीं है कि यह केवल चूक है और इससे यह समझने में मदद मिलती है कि भारत में अध्यापक–शिक्षा की नीति केवल राजनीतिक नहीं बल्कि कभी–कभी राजनीतिकृत भी होती है।

सन्दर्भ सूची

1. कोचरन–स्मिथ, एम., फरलोंग, जे. एंड ब्रेनान, एम. (एडिट), (2009), *पॉलिसी एंड पॉलिटिक्स इन टीचर एजुकेशन : इंटरनेशनल पर्सपेक्टिव्स*, लन्दन : रूटलेज।
2. धनकर, आर. (2014), हाउ इम्पोर्टेन्ट इज़ एम.एड. डिग्री टू बी ए टीचर एडुकेटर? [http://rohitdhankar.com/2014/06/10/how&important-is-an-m-ed-degree-to-be-a-teacher-educator/]।
3. फरलोंग, जे. (2013), एजुकेशन–एन एनाटोमी ऑफ़ ए डिसिप्लिन : रेसक्यूइंग द यूनिवर्सिटी प्रोजेक्ट? एबिन्दोन : रूटलेज।
4. फरलोंग, जे. एंड लॉन, एम. (एडिट), (2011), डिसिप्लिंस ऑफ़ एजुकेशन : देयर रोल इन द फ्यूचर ऑफ़ एजुकेशन रिसर्च, लन्दन : रूटलेज।

5. गरानोवेटर, एम.एस. (1973), द स्ट्रेंथ ऑफ़ वीक टाइस, *अमेरिकन जर्नल ऑफ़ सोशियोलॉजी,* 78 (6),1360–1380।
6. एम.एच.आर.डी., (2012), विज़न ऑफ़ टीचर एजुकेशन इन इंडिया : क्वालिटी एंड रेगुलेटरी पर्सपेक्टिव, रिपोर्ट ऑफ़ दी हाई–पोवरड कमीशन ऑन टीचर एजुकेशन कोंस्टीटूटेड बाई दी सुप्रीम कोर्ट ऑफ़ इंडिया (चेयरपर्सन : जस्टिस वी.एस. वर्मा) नयी दिल्ली : एम.एच.आर.डी.।
7. मेनन, एस. एंड मैथ्यू, आर. (2016), टीचर एजुकेशन इन यूनिवर्सिटीज : ए केस फ्रॉम इंडिया इन बॉब मून (एडिट) डू यूनिवर्सिटीज हेव ए रोल इन द एजुकेशन एंड ट्रेनिंग ऑफ़ टीचर्स? एन इंटरनेशनल एनालिसिस ऑफ़ पॉलिसी एंड प्रैक्टिस, पृ. 149–168, कैम्ब्रिज : कैम्ब्रिज यूनिवर्सिटी प्रेस।
8. एन.सी.टी.ई., (2015), रिपोर्ट ऑफ़ द एन.सी.टी.ई. सब–कमिटी ऑन 2–ईयर एम.एड. प्रोग्राम (श्याम मेनन, चेयरपर्सन), दिल्ली : एन.सी.टी.ई.।
9. एन.सी.टी.ई., (2014 ए), नेशनल कॉउंसिल फ़ॉर टीचर एजुकेशन : नोटिफिकेशन, नयी दिल्ली : द गजट ऑफ़ इंडिया, [http://www.ncteindia.org/regulation2014/english/Notification-pdf.] ।
10. एन.सी.टी.ई., (2014 बी), रिपोर्ट ऑफ़ द एन.सी.टी.ई. सब–कमिटी ऑन रिवाइज़्ड रेगुलेशंस [नॉर्म्स एंड स्टैंडड्र्स फ़ॉर सलेक्ट टीचर एजुकेशन प्रोग्रामेज, 2013 (पूनम बत्रा, चेयरपर्सन)] दिल्ली : एन.सी.टी.ई.।
11. एन.सी.टी.ई., (2014 सी), रिपोर्ट ऑफ़ द एन.सी.टी.ई. सब–कमिटी ऑन फैकल्टी रिक्वायरमेंट्स एंड क्वॉलिफिकेशन्स फ़ॉर बी.एल.एड. एंड डी.एल.एड. प्रोग्राम्स [एन.के. जंगीरा, चेयरपर्सन] [http://ncte-india-org/Jnagira%20Committee.pdf.]।
12. एन.सी.टी.ई., (2009). नेशनल करिकुलम फ्रेमवर्क फ़ॉर टीचर एजुकेशन : टुवड्र्स प्रिपेयरिंग प्रोफ़ेशनल एंड ह्यूमेन टीचर, नयी दिल्ली : एन.सी.टी.ई.।
13. निःशुल्क और अनिवार्य बाल शिक्षा का अधिकार अधिनियम, 2009 [http://mhrd.gov.in/sites/upload_files/mhrd/files/free_and_compulsory_NEW.pdf.]।
14. नेशनल कॉउंसिल ऑफ़ एजुकेशनल रिसर्च एंड ट्रेनिंग (2005), नेशनल करिकुलम फ्रेमवर्क 2005 (यशपाल, चेयरपर्सन). दिल्ली : एन.सी.आर.टी.।
15. सारंगपाणि, पी. (2011), सॉफ्ट डिसिप्लिंस एंड हार्ड बैटल्स, *कंटेंपरेरी एजुकेशन डायलॉग,* , 8(1), 67–84।
16. सेट्टी, आर. (2014), डायलोजिसम इन इंडिया'ज़ न्यू नेशनल करिकुलम फ्रेमवर्क फ़ॉर टीचर एजुकेशन, *कंटेंपरेरी एजुकेशन डायलॉग,* 11(1), 67–94।
17. शर्मा, जी. (2016), राइट टू एजुकेशन एंड फ्रेमिंग ऑफ़ दी नेशनल पॉलिसी ऑन एजुकेशन, पेपर प्रेसेंटेड एट द सेकण्ड अनिल बोर्दिया मेमोरियल सेमिनार ऑन राइट्स बेस्ड एप्रोच टू एजुकेशन : पॉलिसी, प्रेमिसेस एंड प्रैक्टिसेज, ऑर्गनाइज़्ड बाई न्यूपा, 15–16 फरवरी 2016।

18. शर्मा, जी. (2015), कंसल्टेशन ऑन द नेशनल पॉलिसी ऑन एजुकेशन 2015 : कॉनसेप्ट नोट [Conceptnote.http://cprindia.org@sites/default/files/events/1_NPEConceptNote_Final. Pdf.] ।

19. श्रीनिवासन, एस. (2015), रिवैम्पिंग टीचर एजुकेशन, *इकोनॉमिक एंड पॉलिटिकल वीकली,* 50(35) ।

20. वर्मा, वी. (2015), पॉलिसी नेटवर्क्स इन टीचर एजुकेशन : ए स्टडी ऑफ़ जस्टिस वर्मा कमीशन रिपोर्ट एंड रिलेटिड डाक्यूमेंट्स, *अनपब्लिश्ड एम.ए. थीसिस,* स्कूल ऑफ़ एजुकेशन स्टडीज, अम्बेडकर यूनिवर्सिटी दिल्ली, दिल्ली।

21. व्हीटी, जी. (2006), एजुकेशन(अल) रिसर्च एंड एजुकेशन पॉलिसी मेकिंग : इज़ कनफ्लिक्ट इनेवाइटेबल? *ब्रिटिश एजुकेशनल रिसर्च जर्नल,* 32(2), 159–176. doi: 10.1080/01411920600568919।

प्रारम्भिक अध्यापक–शिक्षा में प्रभावी शिक्षण–अभ्यास

–निमरत खण्डपुर

यह पर्चा शिक्षक की तैयारी के लिए आवश्यक अभ्यास शिक्षण व सैद्धान्तिक पक्ष के बीच की अन्तःक्रिया व इनके बीच के द्वन्द पर चर्चा करता है। विभिन्न स्रोतों का उपयोग कर वह इनकी परस्पर सम्पूरकता को उभारता है व उदाहरणों द्वारा उसे स्पष्ट करता है। पर्चा अभ्यास शिक्षण को बेहतर बनाने व उसकी चिन्तनशील शिक्षा की रचना के लिए महत्ता की चर्चा करता है।

परिचय

किसी भी व्यवसाय में प्रवेश से पहले एक लम्बे समय की तैयारी अनिवार्य है। शिक्षकीय विकास के लिए भी सीमित समय की प्रारम्भिक शिक्षा और उसके बाद समय–समय पर सेवारत अध्यापक–शिक्षा का प्रावधान किया गया है। शिक्षण अभ्यास प्रारम्भिक अध्यापक–शिक्षा का एक अहम हिस्सा है। छात्र–अध्यापक जब विद्यालय का हिस्सा बनते हैं, तब उनके मन में शिक्षा और शिक्षण को लेकर कुछ अवधारणाएँ होती हैं, परन्तु जब वे एक शिक्षक के रूप में कार्य करते हैं, तो मन में, जो कुछ उन्होंने अध्यापक–शिक्षा के कार्यक्रम की कक्षाओं में अब तक जाना है और जो विद्यालय की हक़ीक़त है, के बीच एक द्वन्द उठता है। शिक्षण अभ्यास का एक महत्त्वपूर्ण उद्देश्य कक्षा के सैद्धान्तिक ज्ञान और विद्यालय में अभ्यास के बीच जुड़ाव स्थापित करना है। साथ ही, शिक्षण अभ्यास छात्र–अध्यापक में एक समेकित दृष्टिकोण विकसित करने का प्रयास भी है। ज़ाहिर है, शिक्षण अभ्यास की प्रक्रिया के लिए ध्यान से योजना बनाना अनिवार्य है ताकि शिक्षण अभ्यास एक उद्देश्यविहीन अनुष्ठान न बनकर रह जाये। छात्र–अध्यापक का ध्यान बच्चों और शिक्षण–अधिगम की बारीकियों पर

न जाकर, 'आज के कार्य' से जुड़ी विधि तक ही सीमित न रह जाये। अब प्रश्न यह उठता है कि शिक्षण अभ्यास से चिन्तनशील शिक्षक का विकास कैसे सम्भव है? इस लेख के पहले भाग में इस प्रश्न को लिया जायेगा कि सिद्धान्त और अभ्यास के बीच में जुड़ाव कैसे बनाया जाये? साथ ही में शिक्षण अभ्यास में इस जुड़ाव को स्थापित करने के निहितार्थ पर चर्चा की जायेगी। दूसरे भाग में शिक्षण अभ्यास को प्रभावी बनाने में कुछ मुख्य कारकों की चर्चा की जायेगी; ये हैं, (i) उस विद्यालय की भूमिका जहाँ शिक्षण अभ्यास किया जाता है, (ii) शिक्षण अभ्यास विद्यालय के शिक्षक, जिनकी कक्षाओं में छात्र–अध्यापक शिक्षण अभ्यास करते हैं, (iii) अध्यापक–शिक्षक की भूमिका, और (iv) छात्र–अध्यापक के विकास का अवलोकन। इसके साथ लेख में छात्र–अध्यापकों को चिन्तनशील बनाने में शिक्षण अभ्यास की भूमिका पर भी प्रकाश डाला जायेगा।

सन्दर्भ

किसी भी कार्य क्षेत्र में प्रवेश से पहले, उस क्षेत्र से सम्बन्धित सैद्धान्तिक ज्ञान की समझ का होना अभ्यास करने की पात्रता प्रदान करता है। परन्तु यह आवश्यक नहीं है कि शिक्षण अभ्यास की तैयारी के लिए केवल सैद्धान्तिक ज्ञान पूर्ण रूप से पर्याप्त हो। यह अनिवार्य है कि इसके साथ–साथ कार्य की समझ विकसित हो गयी हो और कार्य–स्थल का कुछ अनुभव भी हो। यह सब भी शिक्षण अभ्यास के लिए ज़रूरी है।

वर्तमान की लगभग सभी अध्यापक–शिक्षा पाठ्यचर्या में परियोजनाएँ/प्रोजेक्ट शामिल हैं। उदाहरण के लिए, बच्चों और विद्यालय का अवलोकन, कार्य क्षेत्र और सम्बन्धित प्रक्रियाओं को समझना आदि। उम्मीद यह है कि ये प्रक्रियाएँ छात्र–अध्यापक की समझ के विकास में सहायक होंगी। इसके कुछ उदाहरण हैं, बच्चे को समझना, सीखना–सिखाना, अध्यापक से अपेक्षाएँ, विद्यालय, समुदाय एवं शिक्षा व्यवस्था के साथ अध्यापक के जुड़ाव की समझ और साथ ही, अध्यापक बनने की प्रारम्भिक तैयारी। इस सबका एक अहम भाग विद्यालय का हिस्सा बनकर अध्यापन का अनुभव है, जिसे शिक्षण–अभ्यास कहा जाता है। इन सब प्रक्रियाओं का लक्ष्य छात्र–अध्यापक में शिक्षा को लेकर एक समेकित दृष्टिकोण विकसित करना है।

इस समेकित दृष्टिकोण को विकसित करने का एक पक्ष सैद्धान्तिक ज्ञान और अध्यापन के अभ्यास में जुड़ाव उत्पन्न करना है। यह भी

शिक्षण–अभ्यास का एक मुख्य लक्ष्य है। इस पर्चे के अगले भाग में इस विषय पर चर्चा की गयी है।

प्रारम्भिक अध्यापक–शिक्षा में शिक्षण–अभ्यास की प्रासंगिकता

प्रारम्भिक अध्यापक–शिक्षा को लेकर एक विचार यह भी है कि इसका सैद्धान्तिक ज्ञान व उसका अध्यापन विद्यालय और कक्षा से बहुत दूर है और छात्र–अध्यापकों को कार्य क्षेत्र के लिए तैयार करने के लिए पर्याप्त नहीं है। अध्यापक–शिक्षा की कक्षाओं में जो बातें कही जाती हैं, वे ज़मीनी वास्तविकताओं से बहुत दूर हैं (आर्य, 2014; थानवी, 2012)।

कई छात्र–अध्यापक तो यह प्रश्न भी उठाते हैं कि जो कक्षा में सीखा और जो विद्यालय में अनुभव किया, वे दोनों इतने अलग–अलग क्यों हैं? (कोचरण–स्मिथ, 1991; रिकमन और होलोवल, 1981) हमारे अनुसार इस द्वन्द्व का कारण है कक्षा के सैद्धान्तिक ज्ञान और अध्यापन के अभ्यास में अलगाव। विडम्बना यह है कि छात्र–अध्यापक के मन में इन दोनों में सम्बन्ध स्थापित करना ही शिक्षण–अभ्यास का एक महत्त्वपूर्ण लक्ष्य है। इस लक्ष्य को अधिक समझने के लिए हमें सैद्धान्तिक ज्ञान और अभ्यास के अन्तर–सम्बन्ध को समझने की ज़रूरत है। हम कुछ शिक्षाविदों के विचारों के आधार पर इसे समझने का प्रयत्न करते हैं।

ड्यूवी (1904) का कहना है कि इस सम्बन्ध को अध्यापक–शिक्षा के परिप्रेक्ष्य में समझने के लिए सैद्धान्तिक ज्ञान एवं अभ्यास की प्रकृति और उद्देश्य को समझना आवश्यक है। क्या अभ्यास का उद्देश्य कक्षा में उपयोग में लाने वाले कौशल को विकसित करना है या किसी सिद्धान्त की जाँच कर उसकी वास्तविकता और महत्त्व को समझना है? पहला प्रस्ताव एक सीमित काम करने वाला व्यक्ति तैयार करेगा। परन्तु दूसरा प्रस्ताव, एक ऐसी मानसिक बौद्धिक स्थिति देगा जिससे कि एक चिन्तनशील अध्यापक विकसित होगा। ऐसा अध्यापक ज़रूरत के अनुसार अपने कौशल विकसित कर सकता है। तो अभ्यास ऐसा होना चाहिए जो बौद्धिक अन्तःक्रियाओं को प्रेरित करे। ये बौद्धिक अन्तःक्रियाएँ विषय और शिक्षा से जुड़े सैद्धान्तिक ज्ञान की समझ को बढ़ावा भी देती हैं।

ड्यूवी की ही बात को आगे ले जाते हुए शुलमैन (1998) का कहना है कि किसी भी व्यवसाय से जुड़े सैद्धान्तिक ज्ञान का निर्माण, परीक्षण, विस्तारीकरण, पुष्टिकरण, जाँच, उसमें परिवर्तन और पुनर्गठन आदि

महाविद्यालयों, विश्वविद्यालयों, प्रयोगशालाओं और पुस्तकालयों में होता है और सैद्धान्तिक ज्ञान के इस मंथन से अभ्यास में भी बदलाव आता है। यह बदलाव नये दृष्टिकोण और समझ का परिणाम है। इसी तरह अन्य किसी भी व्यवसाय का अभ्यास भी सैद्धान्तिक ज्ञान से पुष्ट होता है।

श्वाब (1959), शिक्षा में सैद्धान्तिक ज्ञान की बात करते हुए कहते हैं कि इस ज्ञान का उद्देश्य स्थिर समझ बनाना नहीं है, बल्कि अभ्यास शुरू करने के लिए क्षमताएँ प्रदान करना है। साथ ही, न केवल सैद्धान्तिक ज्ञान अभ्यास को पुष्ट करता है, अपितु शिक्षा से जुड़े सैद्धान्तिक ज्ञान का वैधीकरण भी अभ्यास से ही होता है।

श्वाब इस बात पर भी ज़ोर देते हैं कि शिक्षा से सम्बन्धित सिद्धान्त को पूरी तरह से तभी समझा जा सकता है जब इससे जुड़े तथ्यों को अनुभव किया जाये। इस अनुभव को वे जिस तरह परिभाषित करते हैं, इस प्रकार उसके प्रमुख पहलू हैं–देखना, अनुभव करना और स्वयं करके देखना। उदाहरण के लिए, अध्यापक–शिक्षा की कक्षाओं में बच्चे कैसे सीखते हैं इस पर चर्चा की जाती है। शिक्षण–अभ्यास के दौरान, छात्र–अध्यापक को बच्चों का अवलोकन करने का और सीखने की प्रक्रिया में उनकी सहायता करने का अवसर मिलता है। यह परखते हुए कि उनको ख़ास मदद की आवश्यकता कहाँ है, वे अपने अभ्यास को बदल सकते हैं।

शुलमैन (1998) के अनुसार, अभ्यास द्वारा प्राप्त शिक्षण के अनुभव से सैद्धान्तिक ज्ञान व्यवसायिक ज्ञान में परिवर्तित हो जाता है। परन्तु इस चर्चा का एक और अहम पहलू है कि अभ्यास कैसे सैद्धान्तिक ज्ञान को प्रभावित करता है। शूलमैन सैद्धान्तिक ज्ञान का विवरण करते हुए कहते हैं कि यह वास्तविकता का सरलीकृत संस्करण है। सैद्धान्तिक ज्ञान का सृजन करने के लिए शोध भी नियन्त्रित और अप्राकृतिक परिस्थितियों में होता है। साथ ही जो अध्यापक पहले से विद्यालयों में लगे हैं, जिनकी कक्षाओं में छात्र–अध्यापक शिक्षण–अभ्यास करते हैं, और इस ज्ञान से बहुत दूर हैं। अगर छात्र–अध्यापकों को यह ज्ञान अपने अनुभव से भिन्न लगे, तो इसमें आश्चर्य की कोई बात नहीं है।

शुलमैन इस स्थिति का विवरण करते हुए लिखते हैं कि सैद्धान्तिक ज्ञान को सीधा अभ्यास में नहीं उतारा जा सकता। निर्णय की प्रक्रिया ज्ञान और प्रयोग के बीच अन्तःक्रिया करती है और इस प्रक्रिया से सैद्धान्तिक ज्ञान व्यावसायिक ज्ञान बन जाता है। एक छात्र–अध्यापक कक्षा

में वाइगोतस्की के सिद्धान्तों पर विचार करता है और एक अध्यापक इन सिद्धान्तों से बच्चों को सीखने में मददगार होता है।

पूर्वगामी चर्चा को संक्षेप में प्रस्तुत किया जाये, तो सैद्धान्तिक ज्ञान और अभ्यास के बीच सम्बन्ध को लेकर कुछ मुख्य बिन्दु उभरते हैं–(i) सैद्धान्तिक ज्ञान वास्तविकता का सरलीकृत संस्करण है–सैद्धान्तिक ज्ञान के सृजन के लिए शोध नियन्त्रित और अप्राकृतिक परिस्थितियों में होता है; (ii) अभ्यास का आधार सैद्धान्तिक ज्ञान से उत्पन्न होता है और यह सैद्धान्तिक ज्ञान अभ्यास से पुष्ट होता है; (iii) सैद्धान्तिक ज्ञान की वृद्धि से बनते नये दृष्टिकोण और समझ की वजह से अभ्यास में परिवर्तन आता है; (iv) अभ्यास के दौरान जब सवाल उठते हैं, तो अध्यापक उन्हें सुलझाने के लिए सैद्धान्तिक ज्ञान और अपने अनुभव के आधार पर कुछ निर्णय लेता है, और इस प्रकार (v) सैद्धान्तिक ज्ञान अभ्यास के माध्यम से व्यावसायिक ज्ञान बन जाता है।

शिक्षण–अभ्यास छात्र–अध्यापकों के लिए एक सुरक्षित और सक्षम वातावरण में मिला अवसर है, जो उन्हें इस सम्बन्ध को समझने और फिर उसे विद्यालय की कक्षा में उतारने की जगह देता है। अगर हम श्वाब (1959) की परिभाषा लें, तो शिक्षण–अनुभव एक सुविचारित और आयोजित प्रक्रिया है, जिससे गुज़रने के बाद, छात्र–अध्यापक एक प्रभावी अध्यापक बनने की ओर अग्रसर होगा। ज़ाहिर है कि इसके लिए शिक्षण–अनुभव को प्रभावी बनाने में महत्त्वपूर्ण कारकों पर चर्चा अनिवार्य होगी, पर उससे पहले छात्र–अध्यापक के शिक्षण–अभ्यास के दौरान हो रहे विकास को समझना आवश्यक है।

शिक्षण–अभ्यास के दौरान विकास : प्रत्याशा, प्रवेश, उन्मुखीकरण और प्रवीणता

फ़ेइमन–एनेमसर और बुचमैन (1985) का कहना है कि विद्यालय की कक्षा एक प्रयोगशाला नहीं है जिसका उपयोग पढ़ाना सीखने के लिए हो। इन कक्षाओं में छात्र–अध्यापक सीखने वाले शिक्षक की तरह नहीं देखे जाते हैं, बल्कि उन्हें एक सम्पूर्ण अध्यापक की तरह देखा जाता है।

छात्र–अध्यापक शिक्षण–अधिगम की कुछ निजी समझ भी रखते हैं। अपनी विद्यालयीन शिक्षा के वे अनुभव जिन्होंने उन पर असर डाला, उनके साथ रहते हैं; साथ ही उन्होंने कई वर्षों तक अपने अध्यापकों का

अवलोकन भी किया होता है। इनके आधार पर उनके शिक्षण–अधिगम को लेकर कुछ अवधारणाएँ होती हैं (लैबरी, 2000)। ये अवधारणाएँ अधिकतर वर्तमान में सामान्य तौर पर चल रहे अभ्यास के प्रकार पर आधारित होती हैं। अतः इनका रुझान नवाचार न होकर, स्थायीकरण की ओर होता है।

शिक्षण–अनुभव के पहले की अपनी अध्यापक–शिक्षा की कक्षाओं में जो शैक्षिक अनुभव उन्हें मिले हैं, उनके आधार पर ये अवधारणाएँ कुछ हद तक बदल सकती हैं। परन्तु, इन अनुभवों के दौरान उन्हें अवलोकन करने का ज़्यादा और अवलोकन पर अमल करने का कम अवसर मिलता है। उदाहरण के लिए, अगर उन्होंने कक्षा का अवलोकन कर कुछ बदलाव लाने की योजना बनायी है, तो उस योजना पर अमल करने का अवसर उन्हें नहीं मिलता। तो इसी मिली–जुली समझ के साथ, छात्र–अध्यापक शिक्षण–अभ्यास के लिए विद्यालय में पहुँचते हैं।

शोध सामग्री में अध्यापक–शिक्षा के कारण छात्र–अध्यापक में हुए विकास के चरणों का विवरण मिलता है (अंगलीन, 1991; कारुसो, 1977)। इसका पहला चरण है प्रत्याशा : कुछ समझ और कुछ शंका। अगला चरण है प्रवेश : जब छात्र–अध्यापक अध्यापक जैसे व्यवहार को अपनाने लगता है। यह व्यवहार कुछ हद तक उनकी अवधारणाओं पर आधारित होता है, परन्तु अधिकांशतः विद्यालय के अन्य अध्यापकों के व्यवहार पर आधारित होते हैं।

एक सार्वजनिक नज़र कक्षा में विद्यार्थी, विद्यालय के अध्यापक और अध्यापक–शिक्षक की उपस्थिति में छात्र–अध्यापक सीखता है। इस स्थिति में उनका ज़ोर 'आज के कार्य' पर होता है। जो सिद्धान्त उन्होंने अध्यापक–शिक्षा की कक्षाओं में सीखे हैं, वे उन्हें आदर्शवादी लगते हैं। विद्यालय की हक़ीक़त इनसे बहुत दूर लगती है। साथ ही, विद्यालय में अध्यापक जिस आत्मविश्वास और क्षमता के साथ अपना कार्य कर रहे होते हैं, उन्हें देखकर लगता है कि उनकी नकल करना ही ठीक होगा। जो परिचित हैं और जो हो रहा है, इन दोनों में भी उन्हें मेल दिखता है, और इस प्रकार से मौजूदा प्रथाएँ ही चलती रहती हैं। जो सैद्धान्तिक ज्ञान उनके पास है, चाहे जितना भी मूल्यवान हो, वह उचित प्रदर्शन करने के दबाव के नीचे तो जैसे उड़ ही जाता है।

अगर छात्र–अध्यापक को उचित वातावरण मिले, जिसकी हम थोड़ी देर में चर्चा करेंगे, तो वह विकास के अगले चरण तक पहुँचता है :उन्मुखीकरण। अब छात्र–अध्यापक शिक्षण की जटिलताओं को समझने लगता है और इसके बाद परीक्षण और उससे सीखने का चरण आता है, जब छात्र–अध्यापक में 'कुछ नया' करने की समझ और आत्मविश्वास आता है। इस चरण में 'कुछ नया' करने के लिए वह सैद्धान्तिक ज्ञान की तरफ़ देखते हैं। फ़ेइमन–एनेमसर और बुचमैन (1985) का कहना है कि इस दौरान सैद्धान्तिक ज्ञान का उपयोग तब होता है जब उसका जुड़ाव किसी ऐसी ख़ास घटना से हो जिसमें छात्र–अध्यापक को व्यक्तिगत महत्त्व महसूस हो, पर इससे पहले, छात्र–अध्यापक को यह समझ होनी चाहिए कि सैद्धान्तिक ज्ञान को ठोस स्थिति में कैसे लागू करें। उदाहरण के लिए, ब्लेंक (2012) छात्र–अध्यापकों के रेफ्लेक्टिव जर्नल के कुछ अंश साझा करते हैं। इनमें छात्र–अध्यापक कक्षा में कठिनाइयों का विवरण देते हुए बताते हैं कि उन्होंने विषय–वस्तु और शिक्षण–शास्त्र के सिद्धान्तों का प्रयोग कर किस प्रकार इन का समाधान किया साथ में, छात्र–अध्यापक इस बात की भी चर्चा करते हैं कि जो उन्होंने सीखा, वह सीधा वैसे ही लागू नहीं किया, परन्तु ज़रूरत के हिसाब से बदल लिया। किसी छात्र–अध्यापक ने कठिनाई का समाधान कक्षा प्रबन्धन में ढूँढ़ा तो किसी ने अक्षांश (Latitude) और देशान्तर (Longitude) की चर्चा में आयी कठिनाई को सुलझाने के लिए विषय–वस्तु और शिक्षण–शास्त्र दोनों का सहारा लिया।

जब छात्र–अध्यापक एक समेकित दृष्टिकोण विकसित कर, अपनी ज़रूरतों से बढ़कर, विद्यार्थियों की ज़रूरतों को पूरा करने के लिए योजना बनाते हैं, तब ही शिक्षण–अभ्यास को प्रभावी कहा जा सकता है। छात्र–अध्यापक के विकास का आख़िरी चरण प्रवीणता है : इस समय वह अपनी क्षमताओं को समझ प्रभावी अध्यापन के लक्ष्य की तरफ़ अग्रसर होगा; वह एक चिन्तनशील व्यावसायिक के रूप में उभरेगा।

शिक्षण–अभ्यास को प्रभावी कैसे बनाया जाये?

पूर्वगामी चर्चा के आधार पर शिक्षण–अभ्यास को प्रभावी बनाने में कुछ महत्त्वपूर्ण कारकों की पहचान की जा सकती है। ये हैं – (i) उस विद्यालय की भूमिका जहाँ शिक्षण–अभ्यास किया जाता है, (ii) शिक्षण–अभ्यास विद्यालय के अध्यापक, जिनकी कक्षाओं में छात्र–अध्यापक शिक्षण–अभ्यास

करते हैं, (iii) स्वयं अध्यापक–शिक्षक की भूमिका, और (iv) छात्र–अध्यापक के विकास का अवलोकन व उस पर फ़ीडबैक। इनसे सम्बन्धित चर्चा के कुछ भाव निम्न हैं–

विद्यालय की भूमिका–अध्यापक–शिक्षा की शोध सामग्री में यह प्रश्न भी चर्चित है कि छात्र–अध्यापकों को शिक्षण–अभ्यास के लिए किस प्रकार के विद्यालय में भेजा जाये? क्या उन्हें एक 'आदर्श' विद्यालय में भेजा जाये, जहाँ वे आराम से शिक्षण की बारीकियों को समझ सकें या उन्हें एक 'असली' विद्यालय में भेजा जाये; जहाँ उनका हकीक़त से जुड़ी समस्याओं से सामना हो, जिन्हें करने में उन्हें अध्यापक–शिक्षक और विद्यालय के अध्यापकों से सहायता मिल सके? (रॉनफेल्ड, 2012; एडवर्ड्स और मटन, 2007; प्रिया, 2012)

अगर हम भारत के सन्दर्भ में इस विवाद को देखें, तो उत्तर शायद यह मिले कि 'आदर्श' विद्यालय है ही कहाँ? तो 'असली' विद्यालय में छात्र–अध्यापक के विकास के लिए क्या प्रयोजन किये जा सकते हैं?

हमारे अनुसार पहली आवश्यक बात तो यह है कि छात्र–अध्यापक विद्यालय का एक हिस्सा बनकर ही शिक्षण–अभ्यास पूरा करें, पूरे समय के लिए उन्हें एक ही कक्षा दी जाये और उन्हें अतिरिक्त उपलब्ध विकल्प की तरह न देखा जाये।

यह भी आवश्यक है कि शिक्षण–अनुभव के उद्देश्य से विद्यालय में कार्य करने वाले सभी व्यक्ति (अध्यापक, मुख्य अध्यापक, प्राध्यापक, कार्यालय कर्मचारी) अवगत हों और उनकी पूर्ति की प्रक्रिया की समझ रखते हों। यह तभी सम्भव होगा जब अध्यापक–शिक्षा संस्थान और शिक्षण अनुभव विद्यालय में गहरा सम्बन्ध हो। केवल शिक्षण अनुभव से पहले उन्मुखीकरण के आयोजन से यह मुमकिन नहीं है। शिक्षण अनुभव को एक भागीदारी मॉडल के रूप में लेना होगा–अध्यापक–शिक्षक संस्थानों को विद्यालय को ऐसे गतिशील स्थल में विकसित होने में सहायता करनी होगी, जहाँ छात्र–अध्यापक के विकास पर सकारात्मक प्रभाव पड़े। साथ में, अध्यापक–शिक्षक संस्थानों को विद्यालय के सदस्यों के व्यावसायिक विकास की ज़िम्मेदारी लेनी होगी। दस्तावेज़ों में यह सुझाव भी दिया गया है कि ये विद्यालय 'लैब स्कूल' के रूप में विकसित किये जायें। इससे न केवल विद्यालय को लाभ होगा साथ ही छात्र–अध्यापकों को भी सक्षम सलाहकार मिलेंगे जो हर समय उनके साथ होंगे।

शिक्षण–अभ्यास विद्यालय के अध्यापक–शिक्षण–अभ्यास विद्यालय के अध्यापकों की छात्र–अध्यापक के विकास में अहम भूमिका है (अंगलीन, 1991; दूनने और बानैत, 1997; एवर्त और स्ट्रॉ, 2005)। वे अपनी कक्षाओं को छात्र–अध्यापक के हवाले करते हैं और उनके अभ्यास को काफ़ी हद तक प्रभावित कर सकते हैं। परन्तु, आज की परिस्थिति में चाहने पर भी, वे छात्र–अध्यापकों को स्वायत्तता नहीं दे पायेंगे, यहाँ विद्यालय के मुख्य अध्यापक की भूमिका अहम हो जाती है। उन्हें अपने अध्यापकों को यह आश्वासन देना होगा कि वे अपनी कक्षा की ज़िम्मेदारी कुछ देर तक छात्र–अध्यापकों के साथ साझा करें।

शिक्षण–अभ्यास विद्यालय के अध्यापकों को शिक्षण–अभ्यास के उद्देश्यों के मद्देनज़र छात्र–अध्यापकों का आत्मविश्वास बढ़ाकर, नयी प्रकार की कक्षा योजना बनाने में उनकी मदद कर, उनका आत्मविश्वास बढ़ाना चाहिए। उन्हें निर्णय लेने और पहल करने के लिए प्रोत्साहित करना चाहिए। समय और धैर्य रखते हुए, समय–समय पर सकारात्मक प्रतिक्रिया के साथ–साथ ज़रूरत पड़ने पर भावनात्मक सहारा भी देना चाहिए।

ऊपर बताई गयी स्थितियाँ तभी मुमकिन हैं, जब शिक्षण–अभ्यास विद्यालय के अध्यापकों को इस प्रक्रिया में भागीदार बनाकर, छात्र–अध्यापक और अध्यापक–शिक्षक एक टीम की तरह काम करें।

अध्यापक–शिक्षक–अपने विकास के सफ़र में छात्र–अध्यापक को सतत् सहयोग की ज़रूरत है–शैक्षिक सहयोग के साथ–साथ भावात्मक सहयोग की भी और इस सफ़र में अध्यापक–शिक्षक एक ऐसा व्यक्ति है जो उनका सतत् सहयोग कर सकता है (कैर्स और अल्मेदा, 2007; शूल्ज़, 2005)।

अध्यापक–शिक्षक छात्र–अध्यापक को विद्यालय में प्रवेश दिलवाने के साथ–साथ सभी प्रक्रियाओं में भागीदार बनने में सहायक होते हैं। वे कक्षा के लिए बनी योजना की समीक्षा द्वारा रचनात्मक सुझाव देकर उनका मनोबल बढ़ाते हुए उन्हें प्रभावी अध्यापक बनने की ओर ले जा सकते हैं।

लेकिन अध्यापक–शिक्षक की सबसे महत्त्वपूर्ण भूमिका छात्र–अध्यापकों के साथ बातचीत और उनके बीच आपस की बातचीत को सुगम बनाना है। इस बातचीत से छात्र–अध्यापक की बदलती समझ व उनकी नयी सोच के स्थापित होने में सहायता मिल सकती है। वे नयी प्रकार की कक्षा योजनाओं को बेहतर ढंग से समझकर अपनी शंकाएँ दूर कर सकते

हैं। वे छात्र–अध्यापक के द्वन्द्व को दूर करने में उनके सहायक हो सकते हैं। वे अध्यापक–शिक्षा की कक्षाओं की चर्चा और विद्यालय के अनुभव में जुड़ाव बनाने में सहायक हो सकते हैं। सबसे महत्त्वपूर्ण बात यह है कि इन सबसे अध्यापक–शिक्षक छात्र–अध्यापक के विकास का भी अवलोकन कर सकते हैं।

छात्र–अध्यापक के विकास का अवलोकन–किसी व्यक्ति का सम्पूर्ण विकास तभी सम्भव है जब उनका सतत् अवलोकन हो। छात्र–अध्यापक में हुए विकास के अवलोकन के लिए कई क्षेत्र हो सकते हैं–आगे कुछ उदाहरण के माध्यम से इनकी व्याख्या की गयी है। पहला है, शिक्षण–प्रत्यक्ष निर्देश से लेकर उनकी बच्चों के साथ सुनियोजित बातचीत। दूसरा है, विषय वस्तु और शिक्षण–शास्त्र का ज्ञान–शिक्षण से बढ़ती हुई समझ और प्रस्तुति के नये तरीक़े जो छात्र–अध्यापक की शिक्षण पद्धतियाँ और विषय–वस्तु की मिली–जुली समझ दर्शाते हों। तीसरा, सामग्री का प्रबन्धन–तैयारी, प्रावधान, चयन और विकास। चौथा, कक्षा का प्रबन्धन–भौतिक मूल ढाँचे और सामाजिक वातावरण से समावेशन। पाँचवाँ, बच्चों का अवलोकन–लिखित परीक्षा से सतत् अवलोकन तक। छठवाँ, योजना और तैयारी–पाठ–योजना से शुरू होकर एक एकत्रित, समेकित शिक्षण योजना। सातवाँ, लेखन–पाठ–योजना से रेफ्लेक्टिव जर्नल तक। (ओज़ोगुल, ओलीना और सूलिवन, 2008; राइनर, 1993; प्रिया, 2012)

यह अवलोकन छात्र–अध्यापक को उनके विकास में भागीदार बनाने के उद्देश्य से होना चाहिए। सतत् अवलोकन के साथ सतत् सुझाव आवश्यक है, क्योंकि अध्यापक–शिक्षक हर समय छात्र–अध्यापक के साथ नहीं हो सकता, इसलिए इस प्रक्रिया में विद्यालय के अध्यापक और सह–छात्र–अध्यापक को भागीदार बनाया जा सकता है। स्व–मूल्यांकन भी एक शक्तिशाली उपकरण हो सकता है।

एक और आयाम है दस्तावेज़ीकरण–शिक्षण–अभ्यास के समय कई दस्तावेज़ तैयार किये जाते हैं, जो छात्र–अध्यापक के विकास को दर्शाते हैं। इनमें से, शिक्षण–अभ्यास के तात्पर्य में रेफ्लेक्टिव जर्नल का अक्सर हवाला दिया जाता है।

पर्चे के अन्त में शिक्षण–अभ्यास के एक अन्य अहम पहलू पर अनिवार्य चर्चा है।

एक चिन्तनशील पेशेवर का विकास

ऊपर हुई चर्चा में अभ्यास के अध्यापक–शिक्षा में महत्त्व को लेकर ड्यूवी (1904) के विचार दोहराये गये हैं। उनका कहना है की अभ्यास ख़ासतौर पर अध्यापक–शिक्षा में सम्मिलित किया गया है क्योंकि वह बौद्धिक प्रतिक्रियाओं को उकसाता है। साथ ही, शूलमैन (1998) ने सुविज्ञ निर्णय को महत्त्व दिया है, जिससे सैद्धान्तिक ज्ञान अभ्यास के माध्यम से व्यावसायिक ज्ञान में परिवर्तित होता है। इस निर्णय के आयाम को शूलमैन ने तकनीकी और नैतिक दोनों बताया है। छात्र–अध्यापक के ज्ञान के साथ उनके स्वभाव का भी विकास होता है–यह सरल कार्य नहीं है (गुलाटी, 2013)।

अब एक चिन्तनशील पेशेवर को समझने का प्रयत्न करते हैं। धनकर (2013) का कहना है कि चिन्तनशील अभ्यास के लिए पहले अभ्यास की समझ आवश्यक है। उनका कहना है कि चिन्तन का अर्थ अपने अनुभव और समझ पर एक सुविचारित, तीखी नज़र डालना है। यह नज़र उद्देश्यपूर्ण है–किसी लक्ष्य की प्राप्ति के लिए होगी, समझ में किसी कमी को पूरा करने के लिए होगी या किसी अवैधता को परखने के लिए होगी। तो ज़ाहिर है कि चिन्तन के लिए किसी सैद्धान्तिक ढाँचे की आवश्यकता है।

अतः, शिक्षण–अभ्यास चिन्तनशील पेशेवर विकसित करने की राह में अध्यापक–शिक्षा का एक अनिवार्य भाग है। श्वाब (1959) के सुविचारित और आयोजित शिक्षण–अभ्यास के माध्यम से हम छात्र–अध्यापकों को सोचने वाले, बौद्धिक प्रतिक्रियाओं उकसाने वाले अनुभव दें। ऐसे अनुभव जिन्हें वह अपने सैद्धान्तिक ज्ञान से परखे और उन पर ऐसे निर्णय ले जो न केवल व्यावहारिक हों, परन्तु भावनात्मक भी हों। इस प्रक्रिया से हर छात्र–अध्यापक अपने अनुभवों और अभ्यास को परखने और ज़रूरत के अनुसार बदलने के लिए एक सैद्धान्तिक ढाँचा तैयार कर लेगा। इसके लिए जो व्यक्ति छात्र–अध्यापक के विकास में हितधारक है, वह उन्हें इस प्रक्रिया से अवगत करा कर, उन्हें इस प्रकार कार्य करने की आदत डालने में सहयोगी हो।

कार्य सरल नहीं, पर अगर हम चाहते हैं कि हमारी कक्षाओं में बदलाव हो, तो हमें इस ओर परिश्रम करना होगा।

आभार : पर्चे को प्रस्तुति के योग्य बनाने के लिए मैं तहे दिल से अपनी मित्र रंजना का शुक्रिया करना चाहती हूँ।

सन्दर्भ सूची

1. आर्य, क. (2014), ड्यूवी मेरे स्कूल आते तो...*शिक्षा विमर्श*, जुलाई–अगस्त, 2014, पृष्ठ 30–34।
2. थानवी, श. (2012), क्या ज़रूरत है बी.एड. की? शिक्षा विमर्श, नवम्बर 2011–फरवरी 2012, पृष्ठ 95–100।
3. प्रिया, न. (2012), पढ़ाना सीखने के लिए स्कूल चाहिए, *शिक्षा विमर्श*, नवम्बर 2011–फरवरी 2012, पृष्ठ 113–118।
4. अंगलीन, ज. (1991), सो यू आर गेटिंग ए मिडिल स्कूल स्टूडेंट टीचर! *मिडिल स्कूल जर्नल*, वॉल्यूम 26, नम्बर 1, पेज 27–31।
5. ब्लेंक जूनियर, वू. (2012), *द शैलो एंड इज़ बोरिंग : गेटिंग साइन्स बॅक इंटू द एलिमेंटरी क्लासरूम*, कौंतेर्पोइंट्स, वॉल्यूम 411, पेज 58–83।
6. कैर्स, एस. एंड अल्मेदा, एल.एस. (2007), पोजिटिव एस्पेक्ट्स ऑफ़ द टीचर ट्रेनिंग सुपेरविजन : द स्टूडेंट टीचर्स पर्सपेक्टिव, *यूरोपियन जर्नल ऑफ़ साइकोलॉजी ऑफ़ एजुकेशन*, वॉल्यूम 22, पेज 515–528।
7. कारुसो, जे. जे. (1977), फेसस इन स्टूडेंट टीचिंग, *यंग चिल्ड्रन, वॉल्यूम 33*, नम्बर 1, पेज 57–63।
8. कोचरण–स्मिथ, एम. (1991), रिइनवेंटिंग स्टूडेंट टीचिंग, *जर्नल ऑफ़ टीचर एजुकेशन, वॉल्यूम 42*, नम्बर 2, पेज 104–118।
9. ड्यूवी, जे. (1904), द रिलेशन ऑफ़ थ्योरी टु प्रैक्टिस इन एजुकेशन, इन : सी.ए. द रिलेशन ऑफ़ थ्योरी टू प्रैक्टिस इन द एजुकेशन ऑफ़ टीचर्स, पार्ट 1. ब्लूमिंगटोन, इलिनोएस : पब्लिक स्कूल पब्लिशिंग कंपनी; पेज 9–30।
10. धनकर, आर. (2013), केन रिफ्लेक्टिव प्रैक्टिस बी टोट? *टीचर प्लस*, 1 अक्टूबर।
11. दूनने, ई., बानैत, एन. (1997), मेंटोरिंग प्रोसेसेस इन स्कूल–बेस्ड ट्रेनिंग, *ब्रिटिश एजुकेशनल रिसर्च जर्नल, वॉल्यूम 23*, नम्बर 2, पेज 227–237।
12. एडवर्ड्स, ए., मटन, टी. (2007), रिथिंकिंग प्रोफ़ेशनल लर्निंग F : पार्टनरशिप अरेंजमेंट्स इन इनिशियल टीचर एजुकेशन, *ऑक्सफ़ोर्ड रिव्यू ऑफ़ एजुकेशन, वॉल्यूम 33*, नम्बर 4, पेज 503–519।
13. एवर्त, जी., स्ट्रॉ, एस.बी. (2005), ए सेवन–मंथ प्रैक्टिकम : कोलाबोरेटिंग टीचर्स रेस्पोंस, *कनेडियन जर्नल ऑफ़ एजुकेशन, वॉल्यूम 28*, नम्बर 1/2, पेज 185–202 ।
14. फ़ेइमन–एनमेसर, एस., बुचमन, एम. (1985), पिटफ़ल्स ऑफ़ एक्सपिरियंस इन टीचर प्रिपरेशन, ओकेशनल पेपर नम्बर 65, ईस्ट लांसिंग : द इंस्टीट्यूट फ़ॉर रिसर्च ऑन टीचिंग, मिशिगन स्टेट यूनिवर्सिटी।
15. गुलाटी, एन. (2013), बिकमिंग ए टीचर, वोइसेस फ्रॉम ग्रेजुएट्स ऑफ़ ए

प्रोफ़ेशनल टीचर एजुकेशन प्रोग्राम, *वोइसेस ऑफ़ टीचर्स एंड टीचर एजुकेटर्स, वॉल्यूम II*, नम्बर 2, पेज 23–34।

16. लैबरी, डी.एफ. (2000), ऑन द नेचर ऑफ़ टीचिंग एंड टीचर एजुकेशन, डिफिकल्ट प्रैक्टिस देट लुक ईज़ी, *जर्नल ऑफ़ टीचर एजुकेशन, वॉल्यूम 3*, पेज 228–233।
17. ओज़ोगुल, जी., ओलीना, जेड., सूलिवन, एच. (2008), टीचर, सेल्फ एंड पीअर, इवैलुएशन ऑफ़ लेसन प्लान्स रिटर्न बाई प्रीसर्विस टीचर्स, *एजुकेशनल टेक्नोलॉजी रिसर्च एंड डेवलपमेंट, वॉल्यूम 56*, पेज 181–201।
18. रिकमन, एल. व. एंड होलोवल, जे. (1981), सम कोजेज़ ऑफ़ स्टूडेंट टीचर फ़ेल्युर, *इम्प्रोविंग कॉलेज एंड यूनिवर्सिटी टीचिंग, वॉल्यूम 29*, नम्बर 4, पेज 176–179।
19. राइनर, पी.एस. (1993), इवैलुएटिंग स्टूडेंट टीचिंग बाई मल्टीपिल लाइंस ऑफ़ एविडेन्स, *टीचर एजुकेशन क्वार्टरली, वॉल्यूम 20*, नम्बर 4, पेज 29–47।
20. रोंफेल्ड, एम. (2012), छात्र शिक्षकों को कहाँ सिखाना चाहिए? शिक्षक प्रतिधारण और प्रभावशीलता पर क्षेत्र प्लेसमेंट स्कूल विशेषताओं का प्रभाव, *शैक्षिक मूल्यांकन और नीति विश्लेषण, वॉल्यूम 34*, पृष्ठ 3–26।
21. शुलमैन, एल.एस. (1998), थ्योरी, प्रैक्टिस एंड द एजुकेशन ऑफ़ प्रोफ़ेशनल्स, *द एलिमेंट्री स्कूल जर्नल, वॉल्यूम 98*, नम्बर 5, पेज 511–526 ।
22. शूल्ज़, आर. (2005), द प्रैक्टिकम : मोर देन प्रैक्टिस, *कनेडियन जर्नल ऑफ़ एजुकेशन, वॉल्यूम 28*, पेज 147–167।
23. श्वाब, जे.जे. (1959), द "इम्पॉसिबल" रोल ऑफ़ द टीचर इन प्रोग्रेसिव एजुकेशन, *द स्कूल रिव्यू, वॉल्यूम 67*, नम्बर 2, पेज 139–159।

शिक्षक बनने की तैयारी पर पुनर्विचार : आज की महती आवश्यकता

—भारती पण्डित

ज़मीनी अनुभवों, विभिन्न नीतिगत दस्तावेज़ों एवं रपटों के आधार पर यह पर्चा वर्तमान समय में सेवा पूर्व एवं सेवाकालीन शिक्षक–शिक्षा की स्थिति और चुनौतियों को बयाँ करता है। साथ ही पेशेवर शिक्षक बनाने के लिए विभिन्न समकालीन दस्तावेज़ों में शिक्षक–शिक्षा में सुधार की अनुशंसाओं पर चर्चा करता है।

भारत में गुणवत्तापूर्ण शिक्षा के लिए शिक्षक–शिक्षा के नवीकरण का मुद्दा स्वतन्त्रता के बाद गठित हर समिति और आयोग के केन्द्र में रहा है। कोठारी आयोग (1964–66) के दशक से ही यह बात की जाने लगी थी कि शिक्षा में गुणात्मक सुधार लाने के लिए शिक्षकों को बतौर पेशेवर तैयार करना बहुत आवश्यक है। 1986 की राष्ट्रीय शिक्षा नीति, यशपाल समिति (1993) आदि सभी में शिक्षा की गुणवत्ता में सुधार लाने के लिए शिक्षक–शिक्षा की पाठ्यचर्या, पाठ्यक्रम और प्रक्रियाओं में सुधार लाने की बात लगातार कही गयी।

इसी सन्दर्भ में चट्टोपाध्याय आयोग (1983–85) का कहना था कि यदि स्कूली शिक्षकों से यह उम्मीद की जाती है कि वे पढ़ाने के उपागम में क्रान्ति लायें तो यह क्रान्ति सबसे पहले शिक्षा महाविद्यालयों में होनी चाहिए।

हरेक शिक्षक स्कूली शिक्षा के बृहत्तर ढाँचे के अन्दर काम करता है, अतः शिक्षक–शिक्षा का पाठ्यक्रम भी स्कूली शिक्षा के अनुरूप होना चाहिए और शिक्षक की तैयारी भी स्कूली शिक्षा के तात्कालिक सन्दर्भों की माँग के अनुरूप होनी चाहिए। समाज में हो रहे बृहत्तर सामाजिक, राजनीतिक और आर्थिक परिवर्तनों के अनुसार स्कूली शिक्षा तन्त्र की शिक्षकों से

अपेक्षाएँ भी बदलती जाती हैं। अतः शिक्षक की तैयारी इस तरह से कराई जानी चाहिए कि वह बदलते शैक्षिक परिदृश्य के समकक्ष अपने दायित्वों का भली–भाँति निर्वाह करते हुए गुणात्मक शिक्षा में योगदान दे सके।

पिछले दशक में राष्ट्रीय पाठ्यचर्या की रूपरेखा (एन.सी.एफ.–2005) ने जहाँ शिक्षा के उद्देश्य और ज्ञान सम्बन्धी धारणाओं को नयी सोच प्रदान की है, स्कूली शिक्षा के क्षेत्र में शिक्षा का अधिकार (आर.टी.ई.–2009) अर्थात् सबके लिए शिक्षा के कानून का लागू होना क्रान्तिकारी परिवर्तन के रूप में सामने आया है। स्पष्ट है कि जब शिक्षा सर्वशिक्षा में बदली है तो इस व्यवस्था को संचालित करने के लिए हमें बड़ी संख्या में पेशेवर अध्यापक चाहिए। साथ ही इस बात को भी ध्यान में रखना होगा कि आर.टी.ई. लागू होने के बाद स्कूलों में आने वाले बहुतेरे बच्चों की सामाजिक–आर्थिक पृष्ठभूमि में बदलाव आया है। सम्भव है कि इन बच्चों के घर में ऐसा कोई न हो जो पढ़ाई में उनकी कोई मदद कर सके, इनके घर में पढ़ाई–लिखाई का माहौल हो ही नहीं, कुछ लोगों को शायद बच्चों को स्कूल भेजना भी आवश्यक न लगता हो, हो सकता है कई बच्चे आर्थिक–शारीरिक परेशानियों से ही इस तरह जूझ रहे हों कि उनके लिए शिक्षा प्राप्त करना एक गौण मुद्दा हो।

ऐसी स्थिति में अध्यापक के रूप में ऐसे पेशेवर की अपेक्षा है जो अपने विषय में महारत रखने के साथ–साथ यह भी समझते हों कि बच्चे सीखते कैसे हैं? उनका परिवेश उनके सीखने को किस प्रकार सकारात्मक या नकारात्मक रूप से प्रभावित करता है। ज्ञान का निर्माण होता कैसे है और समाज निर्माण में अध्यापक का क्या योगदान है? साथ ही वे पाठ्यचर्या और पाठ्यपुस्तकों के विश्लेषण में भी सक्षम हो। संक्षेप में उन्हें शिक्षा के दर्शनशास्त्र, समाजशास्त्र और मनोविज्ञान की व्यवस्थित जानकारी होनी आवश्यक है। उक्त सन्दर्भ में अध्यापक की तैयारी बहुत मायने रखती है।

शिक्षक की तैयारी का दायित्व पूरी तरह से सेवापूर्व शिक्षक–शिक्षा प्रणाली और सेवाकालीन शिक्षक–शिक्षा प्रणाली के कन्धों पर है। दूसरे शब्दों में, अध्यापक की तैयारी का पूरा दारोमदार सेवापूर्व शिक्षक–शिक्षा के पाठ्यक्रम, अध्यापक शिक्षकों की क्षमता और कक्षा–शिक्षण की प्रक्रियाओं पर होता है, साथ ही उनके निरन्तर पेशेवर विकास का रास्ता सेवाकालीन शिक्षक–शिक्षा द्वारा प्रशस्त किया जाता है।

एन.सी.एफ.–2005 और पेशेवर शिक्षक

एन.सी.एफ.–2005 के आने के बाद शिक्षा के क्षेत्र के विमर्श ने नया रुख़ इख़्तियार कर लिया। इसने शिक्षा के बारे में अब तक की सारी धारणाओं को बदलते हुए ज्ञान को प्रदत्त उद्यम न मानते हुए इसका सृजन किया जाता है। इस पाठ्यचर्या में यह रेखांकित किया गया है कि सन्दर्भ से कटी हुई शिक्षा सच्चे अर्थों में शिक्षा हो ही नहीं सकती (अध्याय 5, भाग–5.2.2, 5.2.3)। ऐसे में शिक्षक–शिक्षा के पाठ्यक्रम में इन सब बातों का शामिल किया जाना अत्यन्त आवश्यक हो गया, जिनके द्वारा शिक्षक–शिक्षा के दर्शनशास्त्र और समाजशास्त्र, बाल–मनोविज्ञान, विविध सामाजिक–आर्थिक परिस्थितियों में सीखने की प्रक्रिया आदि के बारे में समझ बना सके।

एन.सी.एफ.–2005 (अध्याय 5, पृष्ठ 142) के अनुसार यदि शिक्षण को एक पेशे के रूप में मान्यता दी जानी है और शिक्षक को एक पेशेवर के रूप में देखा जाना है, तो ऐसे शिक्षकों को तैयार करना होगा जो पेशेवर के रूप में काम करने की योग्यता रखते हों अर्थात् शिक्षकों की ऐसी तैयारी हो कि –

- वे बच्चों का ख़याल रख सकें और उनके साथ रहना पसन्द करें।
- सामाजिक, सांस्कृतिक एवं राजनीतिक सन्दर्भों में बच्चों को समझ सकें।
- ग्रहणशील और निरन्तर सीखने वाले हों।
- शिक्षा को अपने व्यक्तिगत अनुभवों की सार्थकता की खोज के रूप में देखें तथा ज्ञान निर्माण को मननशील अधिगम की लगातार उभरती प्रक्रिया के रूप में स्वीकार करें।
- ज्ञान को पाठ्यपुस्तकों के बाह्य–ज्ञान के रूप में न देखकर साझा सन्दर्भों और व्यक्तिगत सन्दर्भों में उसके निर्माण को देखें।
- समाज के प्रति अपना दायित्व समझें और बेहतर विश्व के लिए काम करें।
- उत्पादक कार्य के महत्त्व को समझें तथा कक्षा के बाहर और अन्दर व्यावहारिक अनुभव देने के लिए कार्य को शिक्षण का माध्यम बनायें।
- पाठ्यचर्या की रूपरेखा और उसके नीतिगत निहितार्थ को समझें एवं पाठों का विश्लेषण करें।

एन.सी.एफ. 2005 (5.2) शिक्षक–शिक्षा पाठ्यक्रम के नवीकरण की

आवश्यकता के लिए तर्क देते हुए शिक्षक–शिक्षा में व्याप्त कुछ भ्रामक मान्यताओं को चुनौती दी। ये भ्रामक मान्यताएँ नीचे प्रस्तुत हैं :–

मान्यता–1 : किसी कक्षा में कोई विषय पढ़ाने के लिए उस कक्षा के पाठ्यक्रम की जानकारी भर होना आवश्यक है, यानी कक्षा पाँच में पर्यावरण पढ़ाने के लिए कक्षा पाँच के पाठ्यक्रम की जानकारी पर्याप्त है। विषय के अध्यापन के लिए शिक्षक को विषय ज्ञान के अतिरिक्त विषय की प्रकृति और उसके शिक्षाशास्त्र की जानकारी की आवश्यकता नहीं है, जो कि अनुचित मान्यता है।

मान्यता–2 : विद्यार्थी–शिक्षकों को भाषा तो आती ही है, तो इसके प्रशिक्षण की क्या आवश्यकता है? जबकि सच तो यह है कि अपनी बात को कक्षा में किस तरह कहा जाये कि वह बच्चों तक पहुँचे, इसके लिए विशेष ध्यान दिया जाना आवश्यक है।

मान्यता–3 : अलग–अलग पाठों को पढ़ाने का अभ्यास हो जाये तो उतना शिक्षक के लिए पर्याप्त है, उसे बाल विकास सिद्धान्त और अधिगम के बीच के सम्बन्ध, विषयों को पढ़ाने के तरीक़ों, समाजशास्त्रीय पहलू आदि की जानकारी स्वयमेव ही हो जाती है।

मान्यता–4 : पाठ्यक्रम में और पाठ्यपुस्तकों में दिया गया ज्ञान ही सर्वश्रेष्ठ और अन्तिम है। उसे आलोचनात्मक ढंग से परखने की आवश्यकता नहीं होती।

मान्यता–5 : शिक्षक कक्षा में जाते ही आसानी से विद्यार्थी, ज्ञान और सीखने सम्बन्धी अपने पूर्वाग्रहों और मान्यताओं को दूर रखते हुए सिखाई जा रही विधियों को अपना लेंगे। मगर क्या ऐसा सम्भव है?

शिक्षक–शिक्षा पाठ्यक्रम पर 'ज्वॉइंट रिव्यू मिशन' के अवलोकन

इन सब अपेक्षाओं के बरअक्स 2009–10 के दौरान जब देशभर के डी.एल.एड. या बी.एड.. के पाठ्यक्रम को देखा गया तो वह वास्तविक आवश्यकताओं से कोसों दूर दिखाई पड़ता था। यह पाठ्यक्रम न तो शिक्षकों को अपने अनुभवों पर चिन्तन–मनन करने का मौक़ा देता था, न ही अपने पूर्वाग्रहों और मान्यताओं को जाँचने–परखने का। साथ ही

सैद्धान्तिक पाठ्यक्रम, व्यावहारिक कार्यानुभव और ज़मीनी हक़ीकत से कोसों दूर था। मौजूदा पाठ्यक्रम में संशोधन की अनुशंसा के चलते 2005 के बाद देशभर के एस.सी.ई.आर.टी. के लिए यह अनिवार्य हो गया कि वे अपने प्रदेश में सेवा पूर्व शिक्षक–शिक्षा के पाठ्यक्रम में संशोधन के प्रयास करें। ऐसा नहीं कि संशोधन किये नहीं गये, मगर बहुतेरे स्थानों पर ये संशोधन कर्मकाण्ड मात्र बनकर रह गये, इन संशोधनों के पीछे की सोच स्पष्ट नहीं हो सकी। उदाहरण के लिए उत्तर प्रदेश के पाठ्यक्रम का अवलोकन करते हुए ज्वाँइंट रिव्यू मिशन (जे.आर.एम.) 2014 (मध्य प्रदेश, छत्तीसगढ़, बिहार, महाराष्ट्र–भाग–शिक्षक–शिक्षा पाठ्यक्रम संशोधन) की रिपोर्ट उल्लेखित करती है :

> "बेसिक प्रशिक्षण सर्टीफिकेट पाठ्यक्रम के विभिन्न दस्तावेज़ों को देखने के बाद पता चला कि सैद्धान्तिक प्रश्न–पत्रों के पीछे निहित दर्शनशास्त्रीय और ज्ञानमीमांसीय सोच के बारे में अधिक स्पष्टता नहीं है। जैसे–समसामयिक भारतीय समाज शीर्षक के अन्तर्गत कई पाठ दिये गये हैं। मगर ये पाठ भारतीय सामाजिक सन्दर्भों, सामाजिक वास्तविकताओं के बारे में जानने में और उन्हें एक संवेदनशील, पेशेवर शिक्षक के रूप में विकसित होने में, किस तरह विद्यार्थी शिक्षकों की मदद कर रहे होंगे, यह बिलकुल भी स्पष्ट नहीं है। साथ ही मानक भाषा में पढ़ाने पर बहुत ज़ोर दिया गया है जबकि एन.सी.एफ.–2005 तो बहुभाषिकता की बात कहता है। इसी तरह से शिक्षा के लक्ष्य वाला हिस्सा देखें तो यह समझना मुश्किल है कि ये लक्ष्य हमारे संवैधानिक मूल्यों से किस तरह से जुड़ते हैं और इन्हें पाने के लिए कक्षा की प्रक्रियाएँ कैसी होनी चाहिए? बाल–मनोविज्ञान वाला हिस्सा बच्चे के सामाजिक सन्दर्भ के साथ जुड़ाव की बात ही नहीं करता, जबकि एन.सी.एफ.–2005 में यह बात स्पष्टता से आयी है। शिक्षक के मननशील होने की बात कही तो जा रही है मगर मननशील होने के मायने क्या हैं? इसकी स्पष्टता नहीं है।"

मध्य प्रदेश के पाठ्यक्रम को देखा जाये, तो विषयों की इकाइयाँ तो शिक्षक–शिक्षा की राष्ट्रीय पाठ्यचर्या की रूपरेखा (एन.सी.एफ.टी.ई.) के अनुरूप दिखाई देती हैं, मगर जैसे ही उनकी गहराई में जाते हैं और सन्दर्भ

सामग्री पर नज़र डालते हैं तो अन्तर समझ में आता है। समसामयिक भारत प्रश्न–पत्र में जेंडर भेदभाव, जाति प्रथा या धार्मिक भेदभाव के मुद्दों पर गहराई से बातचीत करने से युक्तिपूर्वक बचा गया है। शिक्षा के लक्ष्य किस तरह संविधान से जुड़ते हैं और उन्हें प्राप्त करने के लिए कक्षा की प्रक्रियाएँ कैसी होंगी? इसके लिए स्पष्ट उदाहरण नहीं हैं। शिक्षक को मननशील होना चाहिए यह तो कहा जा रहा है मगर इसके मायने आख़िर हैं क्या? इसके बारे में भी यह सामग्री किसी तरह के सुझाव नहीं देती।

इसी तरह महाराष्ट्र के डी.एड. के मराठी भाषा शिक्षण के पाठ्यक्रम को देखें तो उसमें मराठी की वर्णमाला, शब्द संरचना, व्याकरण, पाठ–योजनाओं आदि की भरमार मिलेगी। मगर महाराष्ट्र के भाषिक सन्दर्भ में मराठी कैसे पढ़ाई जानी चाहिए, मानक मराठी और मराठी के अन्य प्रचलित रूपों के बीच शिक्षक को सामंजस्य किस तरह बिठाना चाहिए आदि के बारे में कोई स्पष्टता दिखाई नहीं देती।

छत्तीसगढ़ की जे.आर.एम. 2013–2014 की रिपोर्ट इस बारे में बड़ी मज़ेदार बात कहती है। वह कहती है कि एस.सी.ई.आर.टी. द्वारा कुछ विशेषज्ञों के सहयोग से 2009 में ही डी.एल.एड. के पाठ्यक्रम को संशोधित कर लिया गया था, मगर जब डायट में इस पाठ्यक्रम का अन्तरण कर रहे व्याख्याताओं से बात की गयी तो पता चला कि उनमें से बहुत से लोगों ने वास्तव में एन.सी.एफ. या एन.सी.एफ.टी.ई. को पढ़ा तक नहीं है, कितनों ने तो इनका नाम ही पहली बार सुना था? अतः सन्दर्भ सामग्री जो भी हो, अन्तरण पुराने तरीक़ों से ही हो रहा है।

इसी राज्य की हाल ही में आई जे.आर.एम. रिपोर्ट 2016 भी फिर यह दोहराती है कि डी.एल.एड. का पाठ्यक्रम संशोधित तो हो गया है, मगर कक्षाएँ अब भी व्याख्यान विधि से ही चल रही हैं और छात्राध्यापक सन्दर्भ सामग्री का उपयोग करने की बजाय कुछ पुस्तकों को पाठ्यपुस्तकों की तरह से इस्तेमाल कर रहे हैं।

स्थिति जैसी भी हो, इतनी तसल्ली अवश्य है कि डी.एल.एड. के पाठ्यक्रम में संशोधन के क्षेत्र में कम–से–कम कुछ प्रयास तो अवश्य हुए हैं, मगर बी.एड. के पाठ्यक्रम में बदलाव के लिए अधिकांश स्थानों पर अभी सोच–विचार ही चल रहा है। दिल्ली विश्वविद्यालय ने ज़रूर एन.सी.एफ.टी.ई.–2014 की अनुशंसाओं के अनुरूप पाठ्यक्रम को संशोधित किया

है। पश्चिम बंगाल और मणिपुर आदि में एन.सी.एफ.टी.ई. द्वारा सुझाये गये पाठ्यक्रम को मामूली से परिवर्तन के साथ लागू कर दिया गया है मगर कई अन्य स्थानों पर अभी इस विषय में स्पष्टता नहीं आ सकी है। उदाहरण के लिए, मध्य प्रदेश में जीवाजी विश्वविद्यालय और रानी दुर्गावती विश्वविद्यालय ने सभी विषयों में भाषा नामक प्रश्न–पत्र में एन.सी.एफ.टी.ई. द्वारा दिये गये सैद्धान्तिक मुद्दे हटाते हुए केवल प्रैक्टिकम पर ही पूरे प्रश्न–पत्र की रचना कर डाली है। जे.आर.एम.–2016 के अनुसार असम, छत्तीसगढ़, झारखण्ड आदि के पाठ्यक्रम भी एन.सी.एफ.टी.ई.–2014 की अनुशंसाओं के मुताबिक़ नहीं पाये गये।

वास्तव में पाठ्यक्रम संशोधन के पहले पूर्व तैयारी के तहत कई प्रक्रियाओं का चलाया जाना आवश्यक होता है। सबसे पहले इसके लिए गठित कोर समूह के साथ–साथ इसका अन्तरण करने वाले समूहों को भी यह स्पष्टता होनी आवश्यक होगी कि पाठ्यक्रम संशोधन के उद्देश्य और इसका आधार क्या है? जैसे–हर शिक्षा महाविद्यालय के शिक्षकों को एन.सी.एफ.–2005, आर.टी.ई.–2009, एन.सी.एफ.टी.आई.–2009 आदि के बारे में जानकारी और समझ हो। साथ ही शिक्षा के बारे में वर्तमान विमर्श की जानकारी भी हो। देश के और अपने क्षेत्र के सामाजिक और सांस्कृतिक परिवेश से परिचय हो तथा शिक्षणशास्त्र की बारीकियों की पर्याप्त जानकारी हो और ये सारे मुद्दे एक बार की बातचीत से नहीं वरन् सतत् चर्चाओं, कार्यशालाओं और गोष्ठियों के आयोजन से ही समझे जा सकते हैं। अतः यदि सही मायनों में शिक्षक–शिक्षा में बदलाव किया जाना अपेक्षित है तो जड़ से शुरुआत करनी होगी।

अध्यापक शिक्षकों का क्षमतावर्द्धन

पाठ्यक्रम में संशोधन के बाद बड़ा मुद्दा आता है शिक्षक–शिक्षा संस्थानों में इन पाठ्यक्रमों का अन्तरण करने वाले अध्यापक–शिक्षकों के क्षमतावर्द्धन का। अध्यापक–शिक्षक जितने अधिक क्षमतावान होंगे, वे अपनी भूमिकाओं को उतनी ही कुशलता से पूरा करेंगे, मगर 2013–14 और 2014–15 में जे.आर.एम. के सदस्यों द्वारा देशभर के शिक्षक–शिक्षा संस्थानों का अवलोकन किया गया और उनके द्वारा दी गयी रपट में यह सामने आया है कि अधिकांश ज़िलों में शिक्षक–शिक्षा के कॉलेज (डायट, सी.टी.ई. और आई.ए.एस.ई.) अपनी तय भूमिका का निर्वाह नहीं कर पा रहे हैं। अभी

2016–17 में भी कुछ प्रदेशों में जे.आर.एम. ने अवलोकन किया और उन रपटों के अनुसार भी स्थिति में विशेष बदलाव नहीं हुआ है।

सैद्धान्तिक रूप से 1986 की शिक्षा नीति की अनुशंसाओं के मद्देनज़र डायट की संकल्पना ज़िले के एक ऐसे संस्थान के रूप में की गयी थी जो ज़िले भर के शिक्षकों/विद्यालयों को अकादमिक नेतृत्व उपलब्ध करायेगा, साथ ही उनके लिए शोध एवं संसाधन केन्द्र का भी काम करेगा, साथ ही सेवापूर्व शिक्षक–शिक्षा (डी.एल.एड.) तथा ज़िले में संचालित होने वाले सेवाकालीन शिक्षक–प्रशिक्षण का दायित्व भी दक्षता से पूर्ण करेगा। इसी तरह सी.टी.ई. और आई.ए.एस.ई. की संकल्पना ऐसे अकादमिक संस्थानों के रूप में की गयी थी जो सेवापूर्व शिक्षक–शिक्षा के उच्च स्तरीय पाठ्यक्रम (बी.एड.,एम.एड.) संचालित कर रहे होंगे। साथ ही ये संस्थान अपने अन्तर्गत आने वाले ज़िलों को अकादमिक सहयोग, उच्च स्तरीय शोध तथा प्रशिक्षण आदि में सहयोग प्रदान कर रहे होंगे, मगर अधिकांश स्थानों पर शिक्षक–शिक्षा संस्थान अपनी अपेक्षाओं पर खरे नहीं उतर पा रहे हैं। मानव संसाधनों की कमी तो एक बड़ा मुद्दा है ही पर इसके अतिरिक्त अध्यापक–शिक्षकों के क्षमतावर्द्धन की ठोस योजना की अनुपस्थिति भी इसका एक बड़ा कारण है।

जे.आर.एम. मध्य प्रदेश, छत्तीसगढ़ और बिहार की रिपोर्ट्स के अनुसार शिक्षक–शिक्षा संस्थानों के अध्यापक शिक्षकों का विषय की अवधारणाओं/विषय–वस्तु का ज्ञान तो अपेक्षा के अनुरूप है, मगर शिक्षा के उद्देश्य, विषयों के अध्यापन का दृष्टिकोण, उद्देश्य और उनके शिक्षाशास्त्र के बारे में ज्ञान की स्थिति उतनी अच्छी नहीं है। शिक्षा के विविध मुद्दों पर पूर्णकालिक शोध करना और एक्शन रिसर्च करना, उनके लिए मुद्दे पहचानना और इस शोध के लिए सघन प्रक्रिया संचालित करना भी इन संस्थानों का प्रमुख कार्य है, मगर जे.आर.एम. रिपोर्ट्स के मुताबिक़ संस्थानों के प्रमुखों से हुई बातचीत के दौरान यह अहसास हुआ कि संस्थागत स्तर पर शोध के वास्तविक मायने क्या हैं? इसकी स्पष्टता कम है। कई स्थानों पर शोध कर्मकाण्ड की तरह किये जा रहे हैं और उनके लिए जा रहे विषय भी सन्दर्भ से कटे हुए दिखाई देते हैं। हालिया जे.आर.एम. रिपोर्टस के अनुसार भी अधिकांश स्थानों पर केवल एक्शन रिसर्च किये जा रहे हैं और उनके परिणामों का भी उपयोग कक्षा में नहीं किया जा रहा है।

इन संस्थानों को ज़िले और प्रदेश के लिए संसाधन केन्द्र माना जाता है और इसके लिए स्पष्ट दृष्टि के साथ पठन–पाठन सामग्री आदि बनाने के कार्य अपेक्षित हैं। जे.आर.एम. रिपोर्ट्स इनके बारे में भी उल्लेख करती हुई कहती है कि इन सामग्रियों को तैयार करते समय ये सुन्दर दिखाई दें, इसका ध्यान तो रखा गया है, मगर विषय की प्रकृति या शिक्षण विधियों से इनका सम्बन्ध इन सामग्रियों को बनाने वाले और उपयोग करने वाले दोनों ही के मन में स्पष्ट नहीं है।

शिक्षक–शिक्षा संस्थानों के साथ अपने कार्य के दौरान जब मैंने 2014 से 2016 के बीच डायट देवास, भोपाल और सी.टी.ई. देवास और आई.ए.एस.ई. जबलपुर के शिक्षकों से मौजूदा क्षमतावर्द्धन योजनाओं की जानकारी ली तो स्पष्ट हुआ कि इस बारे में कोई व्यवस्थित योजना मौजूद नहीं है। रस्म पूर्ति के नाते साल में एकाध बार किसी संस्थान का भ्रमण, कोई संगोष्ठी या भाषण/परिचर्चा का आयोजन कर लिया जाता है, मगर इसके पीछे कोई व्यवस्थित योजना नहीं बनाई जाती। सी.टी.ई. और आई.ए.एस.ई. के शिक्षकों के लिए पीएच.डी. करना ही पेशेवर विकास का सबसे बड़ा माध्यम बनता है। इसके अलावा राज्यस्तरीय कार्यशालाओं में हिस्सा लेने के मौक़े मिलते हैं, मगर इसमें भी आकस्मिकता का भाव अधिक रहता है।

इन संस्थानों में किये गये कक्षावलोकनों में यह बात भी सामने आयी कि पाठ्यक्रम में हम जिन संवैधानिक मूल्यों की बात करते हैं, उन्हें व्यवहार में बिलकुल भी नहीं अपनाया जाता। कक्षाओं में छात्राध्यापक लड़के और लड़कियाँ अलग–अलग पंक्तियों में बैठते हैं, किसी गतिविधि के दौरान भी वे न तो एक–दूसरे के साथ बैठने के लिए राज़ी होते हैं, न ही एक–दूसरे से खुलकर बातचीत कर पाते हैं और उनके शिक्षक इसके लिए प्रयास या कोई बातचीत तक नहीं करते। संस्थान में आयोजित किसी भी समारोह के दौरान सभा–कक्ष की सफ़ाई, रंगोली, माँडना आदि डालने का काम लड़कियाँ ही करती हैं। यदि कोई लड़का इसमें रुचि दिखाता है तो उसका उपहास किया जाता है। शिक्षक–शिक्षा संस्थान होने के नाते ऐसे संस्थानों में किसी धर्म विशेष से सम्बन्धित पूजन–अर्चन होना चाहिए या नहीं, इस बारे में शायद ही किसी ने सोचा हो। जाति विशेष के बच्चों के साथ न बैठना या उनके साथ भोजन न करना जैसे उदाहरण भी एक जगह देखने को मिलें। यदि शिक्षक–शिक्षा महाविद्यालय जैसे स्थान पर भी इन मुद्दों पर बात नहीं हो रही है, तो इन छात्राध्यापकों से इन संवैधानिक मूल्यों

को अपनी कक्षाओं में लाने की अपेक्षा करना बेकार ही होगा। इसी तरह डायट में संचालित एक कक्षा में रचनावाद और रचनावादी पाठ–योजना का अन्तरण व्याख्यान तरीक़े से भी होते देखा।

हाल ही में भोपाल की एक शाला में जाना हुआ। वहाँ बी.एड. के विद्यार्थी इंटर्नशिप के लिए आये थे। उस दिन उनका अन्तिम आकलन था। मुझे देखकर आश्चर्य हुआ कि सहायक सामग्री के रूप में वे इतने बड़े–बड़े मॉडल बनाकर लाये थे, जिन्हें नित्य प्रति के शिक्षण में बनाना सम्भव ही नहीं था। गाँव को पढ़ाने के लिए गाँव का थर्माकोल का प्रारूप बना हुआ था। कई मॉडल तो बाहर से बनवाये गये प्रतीत हो रहे थे। मज़े की बात कि उनके शिक्षक इस तैयारी की प्रशंसा कर रहे थे। मैंने एक छात्राध्यापक से पूछा, क्या शिक्षक बनने के बाद हर कक्षा के लिए यह सब करना सम्भव होगा? वह बोला, इसकी आवश्यकता क्यों पड़ेगी?

शिक्षकों के पेशेवर विकास के लिए अनुशंसाएँ

एन.सी.एफ.टी.आई.–2009 और जे.आर.एम. 14–15, 16–17 ने शिक्षक–शिक्षा संस्थानों के शिक्षकों के पेशेवर विकास के लिए कुछ अनुशंसाएँ की हैं जिनके अनुसार –

- हरेक शिक्षक–शिक्षा संस्थान में अध्यापक शिक्षकों के पेशेवर विकास के लिए व्यवस्थित योजना बनाई जानी चाहिए।
- शिक्षक–शिक्षा संस्थानों और उच्च शिक्षा संस्थानों के बीच जुड़ाव न होना शिक्षक–शिक्षा संस्थानों की बुरी हालत का एक प्रमुख कारण है। इसके लिए विश्वविद्यालयों के विविध विषयों के प्राध्यापकों को शिक्षक–शिक्षा संस्थानों से जोड़ते हुए उनके ज्ञान और अनुभव का लाभ लिया जाना चाहिए।
- एन.सी.ई.आर.टी.,न्यूपा, टिस आदि के साथ समन्वयन द्वारा अध्यापक शिक्षकों को यहाँ समय–समय पर होने वाली कार्यशालाओं, संगोष्ठियों आदि में भाग लेने के अवसर दिये जाने चाहिए। इसके लिए राज्य सरकारों द्वारा भी प्रयास किया जाना अपेक्षित है।
- विविध विषयों जैसे, भाषा, गणित, मनोविज्ञान, विज्ञान, सामाजिक विज्ञान आदि तथा शिक्षा के बारे में समसामयिक विमर्श पर आधारित लघु अवधि पाठ्यक्रम चलाये जाने चाहिए, जिसमें अध्यापक–शिक्षक हिस्सा ले सकें और समय–समय पर अपने ज्ञान को अद्यतन कर सकें।

- अध्यापक शिक्षकों के लिए विश्वविद्यालय के शिक्षा विभाग के सहयोग से पुनश्चर्या पाठ्यक्रम या रिफ्रेशर कोर्स शुरू किये जाने चाहिए। इसके लिए ऐसे कुछ संस्थानों की पहचान की जा सकती है जो 15 या 21 दिन के ऐसे पाठ्यक्रम बना सकें और उन्हें साल में दो बार चलाया जाये।
- शिक्षा सम्बन्धी मुद्दों पर शोध के क्या मायने हैं और दीर्घकालिक और लघु अवधि के शोध कार्य को संचालित करने हेतु मुद्दों का चयन किस तरह किया जाये और शोध की प्रक्रियाएँ क्या हों, इस बारे में भी कार्यशालाओं में भागीदारी के अवसर और सतत् मार्गदर्शन सुलभ कराया जाना चाहिए।
- हरेक शिक्षक–शिक्षा संस्थान के पुस्तकालय को भी नया जीवन देना होगा और अद्यतन पुस्तकों के लिए पर्याप्त राशि उपलब्ध हो सके, यह देखना होगा। साथ ही पुस्तकालय में ऐसी प्रक्रियाएँ शुरू करनी होंगी, जिनके अन्तर्गत विविध पुस्तकों को पढ़ा जाये और उन पर बातचीत आदि की जाये, उनकी समीक्षा की जाये।
- हरेक शिक्षक–शिक्षा संस्थान में विविध विषयों पर व्याख्यान और सेमिनार आयोजित किये जाने चाहिए, जिनमें सम्बन्धित संस्थानों के अध्यापक शिक्षक अपने पर्चे प्रस्तुत कर सकें और उन पर कोई प्रमुख विशेषज्ञ वक्ता अपनी राय दे सके।
- अध्यापक–शिक्षकों को विभिन्न शिक्षा संस्थानों के शैक्षिक भ्रमण के अवसर मिलने चाहिए, जहाँ वे उन संस्थानों की कार्य–प्रणाली को समझ सकें और वहाँ के शिक्षकों आदि से प्रक्रियाओं की जानकारी ले सकें। हालाँकि यह प्रावधान काग़ज़ों में तो है मगर इसे वास्तव में पेशेवर विकास में कारगर कैसे बनाया जा सके, इस पर विचार करने की आवश्यकता है।
- अन्तिम और सबसे महत्त्वपूर्ण बात यह कि सभी अध्यापक शिक्षकों को सूचना प्रौद्योगिकी (आई.टी.) का व्यवस्थित ज्ञान होना आवश्यक है। इसके लिए सरकार के स्तर पर तथा संस्थागत स्तर पर भी प्रयास किये जाने आवश्यक हैं, जिससे अध्यापक शिक्षक आधुनिक संचार प्रणाली से जुड़ सकें और उपलब्ध सुविधाओं और जानकारी का लाभ अपने शिक्षण के लिए ले सकें।

यह स्पष्ट है कि जब अध्यापक शिक्षकों का क्षमतावर्द्धन होगा तो इसकी

छाप उनकी कक्षा प्रक्रियाओं और संस्थागत प्रक्रियाओं सभी में दिखाई देगी। उदाहरण के लिए, यदि अध्यापक शिक्षक जेंडर समानता के विमर्श से परिचित होंगे या संविधान में बताये गये पन्थ निरपेक्षता के महत्त्व को समझते होंगे, तो उनकी कक्षा प्रक्रियाओं में यह समझ परिलक्षित हो रही होगी और यही समझ धीरे–धीरे संस्थागत प्रक्रियाओं में भी दिखाई देगी। उस समय अध्यापक–शिक्षक सही मायनों में बदलाव के कारक के रूप में कार्य कर रहे होंगे और एक न्यायप्रिय, समानतावादी समाज की रचना की ओर बढ़ रहे होंगे।

सेवाकालीन शिक्षक–शिक्षा में सुधार

इस कटु सत्य को स्वीकार करने में कोई परेशानी नहीं होनी चाहिए कि वर्तमान में देशभर में कार्यरत आठ लाख शिक्षक इन्हीं शिक्षक–शिक्षा संस्थानों से निकले हैं जिनके पाठ्यक्रम और प्रक्रियाएँ त्रुटिपूर्ण हैं। यदि सेवापूर्व शिक्षक–शिक्षा में चमत्कारिक रूप से त्वरित सुधार कर भी दिये जायें तो जब तक विद्यमान सेवारत शिक्षकों का क्षमतावर्द्धन नहीं किया जाता, शिक्षा के क्षेत्र में अगले 20–25 वर्षों तक कोई स्पष्ट सुधार परिलक्षित नहीं हो सकेगा। वास्तव में, सेवापूर्व शिक्षक–शिक्षा की स्थिति दोषपूर्ण होने से शिक्षण कार्य हेतु आवश्यक क्षमता और वास्तविक क्षमता के बीच उत्पन्न हुई खाई बड़ी गहरी है। यह अन्तराल वास्तव में विषय और उसके शिक्षाशास्त्र का ज्ञान न होने तथा सामाजिक और शैक्षिक दृष्टिकोण में कमी होने से उत्पन्न हुआ है। यह ऐसी स्थिति नहीं है जिसे पेशेवर विकास हेतु किये जा रहे कुछ सतही और संकीर्ण प्रयासों द्वारा ठीक किया जा सके। विद्यमान शिक्षकों के क्षमतावर्द्धन के लिए सेवाकालीन शिक्षक–प्रशिक्षण कार्यक्रम चलाये जाते हैं, मगर उनकी गुणवत्ता को लेकर भी समय–समय पर विभिन्न आयोगों और समितियों ने चिन्ता ज़ाहिर की है। एन.सी.एफ.–2005 में भी सेवाकालीन शिक्षक–प्रशिक्षण की गुणवत्ता पर सवाल उठाते हुए उसमें बदलाव की सिफ़ारिश की है।

सेवाकालीन शिक्षक–शिक्षा या शिक्षक के पेशेवर विकास को केवल प्रशिक्षण के रूप में देखा जाना अपने आप में बड़ी समस्या है। अब तक शिक्षण को एक पेशे के रूप में माना ही नहीं गया है, अतः इस पेशे के लिए आवश्यक मानकों की समझ में भी स्पष्टता नहीं है। इसके अलावा इन प्रशिक्षणों की योजना बनाते समय शिक्षकों की आवश्यकताओं का ध्यान नहीं

रखा जाता, बल्कि आवश्यकता का आकलन करना और प्रशिक्षण मॉड्यूल बनाना दोनों ही कार्य राज्य स्तर पर किये जाते हैं और एक ही मॉड्यूल को सालों–साल चलाया जाता है। इसके अलावा ये प्रशिक्षण कास्केड मॉडल में चलाये जाते हैं और हर स्तर पर अच्छे शिक्षक–प्रशिक्षकों के न होने से निचले स्तर तक जाते–जाते प्रशिक्षण का स्तर गिरता जाता है। साथ ही शिक्षकों के पेशेवर विकास के मापन की कोई व्यवस्थित योजना भी नहीं है। शिक्षकों के प्रशिक्षण का रिकॉर्ड केवल विषयवार आँकड़ों के रूप में रखा जाता है जिससे वस्तुस्थिति का पता नहीं चल पाता।

एन.सी.एफ. 2005 और सी.ए.बी.ई. समिति की अनुशंसाओं के अनुसार सेवाकालीन शिक्षक–शिक्षा की स्थिति में सुधार के लिए निम्नलिखित प्रयास किये जाने आवश्यक होंगे –

- शिक्षकों के पेशेवर विकास के लिए स्पष्ट मानकों को निर्धारित किया जाना चाहिए। इसके लिए एक व्यवस्थित पाठ्यक्रम बनाया जाना चाहिए जो उद्देश्य को स्पष्ट करता हो।
- हर ज़िले में डायट की स्थिति को मज़बूत करते हुए कुशल शिक्षक–प्रशिक्षकों की उपलब्धता को सुनिश्चित किया जाना चाहिए।
- शिक्षकों के क्षमतावर्द्धन के लिए प्रशिक्षण को एक मात्र तरीक़ा न मानते हुए उन्हें सीखने के कई तरीक़े विकल्प के रूप में दिये जाने होंगे। उदाहरण के लिए, कार्यशालाएँ, स्कूल में जाकर सहयोग, दीर्घकालीन प्रकल्प और शैक्षिक भ्रमण (एक्सपोज़र विज़िट) आदि।
- शिक्षक–शिक्षण के दौरान अल्पकालीन शोध और अध्ययन के लिए समय निकाल सके, इसकी व्यवस्थित योजना बनाते हुए उन्हें डायट के स्तर पर व्यवस्थित मार्गदर्शन दिया जाना चाहिए।
- डायट स्तर पर विविध विषयों पर अल्पकालिक पाठ्यक्रम चलाये जाने चाहिए जिनमें से शिक्षक अपनी रुचिनुसार किसी विकल्प का चयन कर सकें और अपना क्षमतावर्द्धन कर सकें।
- इसके अलावा एक–दूसरे से सीखने और सहयोग लेने के अवसर देने वाले ऐसे मंच भी बनाने की आवश्यकता होगी जहाँ कोई अनुभवी मेंटर उनका मार्गदर्शन कर सके। ऐसा करने के लिए देश के हर ज़िले में शैक्षिक सामर्थ्य से युक्त छोटे–छोटे समूह बनाने होंगे।
- अन्तिम मगर सबसे महत्त्वपूर्ण बात यह है कि शिक्षकों को अपने विकास का मार्ग स्वयं तय करने दिया जाये जोकि उनके क्षमतावर्द्धन

का मूल है और इसके लिए सबसे आवश्यक है शिक्षकों पर विश्वास दर्शाना। ऐसी प्रक्रियाओं को स्थापित करना होगा जहाँ शिक्षक स्वयं अपने पेशेवर विकास के क्षेत्र चुन सकें और उसके लिए प्रयास कर सकें।

सन्दर्भ सूची

1. एन.सी.ई.आर.टी. (2005), *अध्याय 5, भाग–5.2.2, 5.2.3 : राष्ट्रीय पाठ्यचर्या की रूपरेखा 2005,* नयी दिल्ली, एन.सी.ई.आर.टी.।
2. एन.सी.टी.ई. (2009), *प्रस्तावना : शिक्षक–शिक्षा की राष्ट्रीय पाठ्यचर्या की रूपरेखा 2009,* नयी दिल्ली, एन.सी.ई.आर.टी.।
3. आर.टी.ई. (2009), *अध्याय 5 : मानव संसाधन विकास मन्त्रालय,* भारत सरकार।
4. एन.सी.टी.ई. (2014), *प्रस्तावना : शिक्षक–शिक्षा की राष्ट्रीय पाठ्यचर्या की रूपरेखा 2014,* नयी दिल्ली, एन.सी.ई.आर.टी.।
5. *एम.एच.आर.डी.:ज्वॉइंट रिव्यू कमीशन रिपोर्ट,* 2014–15, 2016–17 (पेज 4–13)
6. डी.एल.एड. एंड बी.एड. सिलेबस ऑफ़ डिफरेंट स्टेट्स।
7. सी.ए.बी.ई. कमेटी रिपोर्ट ऑन टीचर्स एजुकेशन।
8. स्वयं के अवलोकन।